历史书写中的女性话语建构：
中国妇女/性别史研究集萃

Constructing Gender Discourse in Historical Writing:

A Reader of Chinese Women's / Gender History Studies

全国妇联妇女研究所
主　编　谭　琳
副主编　杜　洁　宓瑞新
编　者　宓瑞新　杨玉静　史凯亮

中国书籍出版社
China Book Press

前　言

　　2016年5月17日，习近平总书记在哲学社会科学工作座谈会上发表重要讲话，提出要按照立足中国、借鉴国外、挖掘历史、把握当代、关怀人类、面向未来的思路，着力构建中国特色哲学社会科学，在指导思想、学科体系、学术体系、话语体系等方面充分体现中国特色、中国风格、中国气派。

　　为了在新形势下更好地推动中国妇女/性别史研究的创新发展，我们需要总结经验，温故而知新。因此，《妇女研究论丛》（以下简称《论丛》）编辑部从1996—2016年刊发的妇女/性别史优秀论文中精选47篇，编辑成册，以小见大，一方面力求透过一个学术刊物呈现20年来中国妇女/性别史在研究议题、研究视角、研究方法、史料运用等方面的新变化、新面貌，另一方面也试图促进从事历史研究和性别研究的学者思考如何在新形势下博采中外、洞鉴古今、立足本土、扎根现实，向更宽广、更多元的妇女/性别史方向发展，继续产出具有较高学术追求和学术品质的研究成果。

　　本书的成果反映出，20年来中国妇女/性别史的研究具有鲜明特点。

　　第一，多学科跨学科研究趋势明显。从妇女史到妇女/性别史的深刻转变，意味着妇女/性别史开始成为史学一个新的生长点，在其发展过程中逐步引入其他学科的概念、理论和方法，社会性别范畴与种族、民族、阶级、空间等其他范畴互相交叉和融合，构成更有解释力、更为丰富的分析工具和框架。史学研究的跨学科趋势也愈发明晰，尤其是社会史、文化史异军突起，对史学发展走向产生了深远影响，在相互交叉、吸取、互补过程中产生了新的研究领域和方向，如性别与社会生活史、性别与医疗史、性别与科技史、性别与经济史、性别与宗教史等。这些新的研究方向极大地拓展了妇女史研究的内容，也丰富了整个史学领域的研究视野。

　　第二，新史料挖掘和新方法运用。多学科跨学科背景下的妇女/性别史研究方法更加多元，所运用的材料也更加丰富广泛。在研究方法上，除了史学研究中传统的文献研究外，人类学和社会学中常用的田野调查、访谈，哲学研究中的话语分析，文学中的文本分析等研究方法大量被运用到妇女/性别史研究中来；在史料选用方面，妇女/性别史研究不再局限于著作、报刊、档案、方志等传统史料，开始在日记书信、契约、歌曲、墓志铭等新文本中寻找线索，并大胆运用口述、风俗、图像、实物等非文字资料，中国妇女/性别史研究更接地气，一些传统研究议题焕发新的生机，历史的丰富性和复杂性得到更有效的还原。

第三，立足国情的反思意识增强。近些年来，随着国内外学术交流的加深，中国妇女/性别史学者视野日渐开阔。对于一些妇女/性别史研究中存在的简单移植西方理论现象以及一些成见和固化思维模式，持反思和批判态度的研究有所增多，提倡基于中国国情批判地借鉴西方女性主义理论，重新审视马克思主义妇女解放理论和中国传统文化中的女性观，对中国妇女解放与国家语境、马克思主义妇女观的发展与中国化、妇女在民族战争中的角色和参与等问题进行了深入分析，并有意识地对中国特色的妇女解放和妇女运动实践进行理论提炼和总结。

第四，学科建设的步伐加快。随着中国妇女/性别史研究迅速发展，国内越来越多的高校和研究机构逐步开始相关学科建设工作。通过举办读书研讨会、培训师资和学术骨干、开设课程、开发教材、设立研究生培养方向等途径，中国妇女/性别史学科建设不断完善，妇女/性别史研究队伍日益壮大。

自 1992 年创刊以来，《论丛》编辑部就以推动中国妇女/性别史研究、促进妇女/性别史学科建设为己任，先后开辟了"史学研究与反思""妇运观察"等常设栏目，专门刊发妇女/性别史研究论文；为鼓励和推动青年学者成长，还以"青年论坛"栏目为平台，积极呈现妇女/性别史青年学者的优秀研究成果。可以说，作为中国妇女/性别史研究成果的重要载体，《论丛》见证和推动了北京世妇会以来妇女/性别史研究的不断成长和进步。

本论文集凝聚了众多专家学者和出版者的心血，是多方面合作和努力的结晶。在编撰加工的过程中，专家学者们认真修改论文，保证了论文集的学术质量；在全国妇联副主席、书记处书记、中国妇女研究会副会长兼秘书长谭琳和

《妇女研究论丛》主编杜洁的带领下,《论丛》编辑部的宓瑞新、杨玉静、史凯亮及王庆红与作者积极沟通、精心筛选、认真编辑、校对及排版,保证了本书的编辑进度和编辑质量;中国书籍出版社的领导和编辑人员在编辑和出版方面予以支持。对以上来自各个方面的贡献,我们谨致谢忱!对于书中的疏漏,敬请读者批评指正。

编者

2017 年 6 月

目 录

服制与礼俗

——周代妇女"三从"的礼仪符号及制度展现 ………… 王小健 / 1

身体与空间：汉魏六朝时期上巳节中的女性与女性活动 ………… 夏增民 / 14

才女"越界"、声望竞赛与明清江南社会运行 ………… 张 杰 / 25

谁之身体，谁之孝？

——对明清浙江方志记载女性"割股疗亲"现象的考察 ………… 徐 鹏 / 40

明末清初战争中女性遭受性暴力探析 ………… 刘正刚 / 54

限制与保护：清代司法对涉讼女性的特别应对 ………… 李相森 / 63

清代士绅家族对女性的道德形塑

——以女性忆传为中心 ………… 石晓玲 / 80

被动的主动：清末广州高第街妇女权利与地位研究

——以契约文书为例 ………… 张启龙 徐 哲 / 94

近代反缠足话语下的差异视角

——以 19 世纪末天津天足会为中心的考察 ………… 秦 方 / 110

清末的媒体与女性的戒缠足

——以《大公报》白话文宣传为中心 ………… 林绪武 / 122

平等和差异：近代性"别"观念双重特性的建构 ………… 宋少鹏 / 132

晚清革命话语中的"贬男"想象

——以女杰传记为中心的考察 ………… [韩]李贞玉 / 147

性别解放的"中间路径"：张竹君女性启蒙思想及实践 ………… 高翔宇 / 159

晚清女性服饰改革：女性身体与国家、细节和时尚

——从废缠足谈起 ………… 邓如冰 / 177

始信英雄亦有雌
　　——中日学者笔下的秋瑾装束……………………………黄　华 / 190
从传统到近代：民间年画与中国女性生活
　　——以杨柳青年画为中心的考察……………………侯　杰　王　凤 / 205
清末民初女性的赈灾实践及角色变迁………………………………赵晓华 / 223
由客体到主体：民初女性婚姻权利的变化
　　——以大理院婚约判解为例………………………………徐静莉 / 234
杨三姐告状案：民初女性诉讼案中的道义、法律与舆情…………王小蕾 / 247
现代知识女性的角色困境与突围策略
　　——以陈衡哲、袁昌英、林徽因为例……………………夏一雪 / 260
"观念解放"还是"情感解放"？
　　——民初湖南新女性"离家"的实践困境…………………杭苏红 / 272
同乡、媒体和新女性
　　——刘廉彬自杀案再审视……………………………………周　宁 / 283
近代中国女性人体艺术的解放与沦陷
　　——再论民国"人体模特儿"事件…………………………曾　越 / 299
清季民国戏剧改良与妇女解放的互动关系考察
　　——以河南为例………………………………………………黄文记 / 308
舆论高扬与结局落败的反差
　　——以1921年广东女子参政权案为例……………………付金柱 / 321
《妇女杂志》与民国女性的科学启蒙………………………章梅芳　李　倩 / 331
"三八"国际妇女节：中国妇女运动的特殊场域
　　与公共文化空间………………………………………………陈　雁 / 349
民国南京政府时期的妇女离婚问题
　　——以江苏省高等法院1927—1936年民事案例为例………谭志云 / 360
中国妇女运动的"阶级"
　　——中国共产党全国代表大会妇女运动决议研究…………韩贺南 / 376
英语教育在民国新女性认同建构中的作用
　　——以金陵女子大学为个案的研究…………………………刘媛媛 / 390

冲破科学的性别樊篱
　　——金陵女子大学的教育实践及其启示 …………………… 杨　笛 / 411
苏区妇女运动中的性别与阶级 ………………………………… 宋少鹏 / 433
"花瓶"：20世纪30年代职业女性的形象及其语境 …………… 桂　涛 / 449
"无冕皇后"还是"交际花"：民国女记者的媒介形象
　　与自我认同 ………………………………………………… 冯剑侠 / 461
抗日烽火中的知识女性
　　——以"金女大人"为例 …………………………………… 金一虹 / 470
抗战宣传画中的女性形象研究 ……………………… 姚　霏　马　培 / 494
抗战动员与性别实践
　　——以战时国统区妇女医疗救护为中心 ………………… 赵　婧 / 507
组织下乡：现代国家中的妇女组织建构
　　——以华北黄县的史料分析与实证调查为例 …………… 杨翠萍 / 523
资源、技术与政策：妇女的角色转变
　　——以近现代的胶东渔村为例 …………………………… 王　楠 / 534
组织动员下新疆支边妇女的婚恋研究 ……………… 王　颖　石　彤 / 547
20世纪50年代"劳动光荣"话语的建构与中国妇女解放 …… 光梅红 / 564
党和国家话语与农村女性的声音
　　——以白茆山歌为例的观察（1956—1966）……………… 叶敏磊 / 576
塑造和表彰
　　——对20世纪五六十年代"五好"活动的历史考察 …… 周　蕾 / 591
家—国逻辑之间
　　——中国社会主义时期"大跃进妇女"的"泥饭碗" …… 唐晓菁 / 602
王苹与中国社会主义女性电影
　　——主流女性主义文化、多维主体实践和互嵌性作者身份
　　……………………………[美] 王玲珍 著　王玲珍　肖　画译 / 619
人民公社时期大田农作的女性化现象
　　——基于对西部两个村落的研究 ………………………… 胡玉坤 / 643
论妇女解放、妇女发展和妇女运动 …………………………… 李静之 / 664

Contents

Costume and Ritual: Demonstration of Rites of Women's
　　"Three Obediences" in Zhou Dynasty ·················· Wang Xiaojian / 1

Body and Space: Women and Women's Activities during Han
　　Wei and Six Dynasties ································ Xia Zengmin / 14

"Crossing Gender Boundaries" of Talented Women, Competition for
　　Reputation and the Running of Jiangnan Regional Society during
　　Ming and Qing Dynasties ·································· Zhang Jie / 25

Whose Body? Whose Piety?: The Phenomenon of Women "Cutting
　　Flesh to Heal Parents" Recorded in Local Gazetteer of Zhejiang in
　　Ming and Qing Dynasties ···································· Xu Peng / 40

Sexual Violence Sustained by Women in Wars in Late Ming and
　　Early Qing Periods ·································· Liu Zhenggang / 54

Restriction and Protection: Special Judicial Responses to Female
　　Plaintiff and Defendant in Qing Dynasty ·············· Li Xiangsen / 63

Moral Images of Women in Gentry Households in Qing Dynasty:
　　Based on Women's Memorial-Biographies ············ Shi Xiaoling / 80

Passive and Active: Study about Rights and Status of Women in
　　Guangzhou Gaodijie in Late Qing Dynasty: Taking Contracts as
　　Examples ································ Zhang Qilong & Xu Zhe / 94

Different Perspectives in the Modern Discourse against Foot-Binding:
　　Based on a Study of the Tien Tsu Hui in Tianjin in Late 19th Century
　　·· Qin Fang / 110

The Media in Late Qing and Women Giving up Foot-Binding:
　　Focus on the Vernacular Writings of *Ta Kung Pao* ········· Lin Xuwu / 122

Equality and Difference: Dual Characteristics of Differences between
　　Sexes in Modern China ·· Song Shaopeng / 132
The Image of "Degraded Men" in the Revolutionary Discourse in
　　Late Qing Dynasty: A Study Based on Biographies of Women Martyrs
　　··· Li Zhenyu (Korean) / 147
"Middle Pathway" to Gender Liberation: Zhang Zhujun's
　　Enlightening Thoughts and Practice ································ Gao Xiangyu / 159
Changes in Women's Dress in the Late Qing Dynasty: Women's Body and the State
　　and the Fashion: Starting from "Unbinding the Feet" ········· Deng Rubing / 177
The Beginning Knowledge of the Female Hero: The Different Outfits of
　　Qiu Jin under the Records of Chinese and Japanese Writers
　　·· Huang Hua / 190
From Antiquity to Modernity: Falk Art and Women's Lives in China
　　Based on Paintings for New Years from Yangliuqing
　　··· Hou Jie & Wang Feng / 205
Changes of Women's Role in Famine Relief Practices at the End of
　　Qing Dynasty and the Beginning of the Republic of China
　　·· Zhao Xiaohua / 223
From Object to Subject: Changes in Women's Marital Rights at the
　　Early Nationalist Period Using Resolution Cases of Marital Disputes
　　Handled by the Da Li Yuan ··· Xu Jingli / 234
Yang Sanjie's Litigation: The Morality, Law and Public Opinion in the
　　Lawsuit Initiated by a Woman in the Early Repubic ········· Wang Xiaolei / 247
Dilemma in the Role and Breakthrough Strategy of Women Intellectuals:
　　Taking Chen Heng-zhe, Yuan Chang-ying, Lin Hui-yin as Examples
　　··· Xia Yixue / 260
"Liberation of the Mind" or "Liberation of Emotions"?: Difficulties
　　Women in Hunan Faced When They First "Left Home" at the
　　Beginning of the Republic of China ······························ Hang Suhong / 272
Fellow Natives, the Media and the New Women: Reexamining the Case

of Liu Lianbin's Suicide ……………………………………… Zhou Ning / 283
Rise and Fall of Women's Body Arts in Modern China:
　"Human Models" in the Republican Period ……………… Zeng Yue / 299
Relationship between the Reform of Theatre and Women Emancipation in
　Late Qing Dynasty and the Early Republic of China:
　He'nan as an Example ……………………………………… Huang Wenji / 308
Contrast between Public Opinion Rising and Ending in Defeat:
　Guangdong Women's Right to Political Participation in 1921 … Fu Jinzhu / 321
Women's Magazine and the Scientific Enlightenment for Women
　in the Republic of China ………………………… Zhang Meifang & Li Qian / 331
International Women's Day: A Special Field of Women's Movement
　and Public Cultural Space …………………………………… Chen Yan / 349
Women's Divorces in the Period of the Nanjing Nationalist Government:
　Civil Litigation Cases at the Jiangsu Supreme Court 1927–1936
　………………………………………………………………… Tan Zhiyun / 360
"Class" in the Chinese Women's Movement: Study of the Decision on
　Women's Movement by the National Congress of the Chinese Communist
　Party ……………………………………………………………… Han He'nan / 376
The Significance of English Language Education for the Construction of
　"New Women" Identity in the Republican Period: A Case Study of Ginling
　College ……………………………………………………… Liu Yuanyuan / 390
Breaking through the Barriers of Science and Gender: The Enlightenment
　of Educational Practice of Ginling College ……………………… Yang Di / 411
Gender and Class: Women's Liberation Movement during the Soviet Area
　…………………………………………………………………… Song Shaopeng / 433
"Flower Vase": Image and Discourse of Female Clerks in China in the 1930s
　……………………………………………………………………… Gui Tao / 449
"Queen without Crown" or "Party Girl": The Media Image and Self-identity
　of Women Journalists in the Republic of China ……………… Feng Jianxia / 461
Intellectual Women in the Resistance War against Japanese Invasion:

The Case of the "Honorable Group from Ginling College" ...... Jin Yihong / 470
Women Poster Images during the Anti – Japanese War
.... Yao Fei & Ma Pei / 494
Mobilization of Anti – Japanese War and Gendering Practice:
  Women's Participation in Medical Aid during the Anti – Japanese
  War .... Zhao Jing / 507
Organized Visits to the Countryside: Women's Organization in Modern
  State: Case with Huang County in Huabei Based on Historical
  Records and Field Studies .... Yang Cuiping / 523
Resources, Technology and Policy: Transition of Women's Role in
  Fishing Villages in Jiaodong .... Wang Nan / 534
Organizational Mobilization to Marriage and Love of Xinjiang Women
  Who Support the Border Regions .... Wang Ying & Shi Tong / 547
The Construction of the Discourse of "Labor Glory" in the 1950s and
  Chinese Women's Liberation .... Guang Meihong / 564
Party – State Discourse and Voices of Rural Women: Thought from
  Baimao Folksongs, 1956 – 1966 .... Ye Minlei / 576
Modeling and Commending: A Historical Review of the "Five Good"
  Role Model Campaigns in the 1950s and 1960s .... Zhou Lei / 591
Between the Family and the State, Women's "Clay Rice – Bowl"
  during the Great Leap Forward Movement .... Tang Xiaojing / 602
Wang Ping and Socialist Chinese Women's Cinema: Mainstream
  Feminist Culture, Multifaceted Practice, and Embedded Authorship
  .... Wang Lingzhen Trans. Wang Lingzhen & Xiao Hua / 619
The Feminization of Farm Work during the People's Communes Period:
  Based on a Study of Two Villages in Western China .... Hu Yukun / 643
Analysis of Women's Emancipation, Women's Development and
  Women's Movement .... Li Jingzhi / 664

服制与礼俗[①]
——周代妇女"三从"的礼仪符号及制度展现

王小健[②]

摘　要：妇女"三从"的提法最早见于《仪礼·丧服》传中。"未嫁从父，既嫁从夫，夫死从子"是作传者对既嫁妇女为什么为夫服斩而不为父服斩的解释性说明，从现代学术眼光看已经略带符号学意义。由此开始，我们以妇女"三从"为中心，分析丧服制和婚姻礼俗所隐含的象征意义，能更清晰地观察礼仪符号所反映的群体结构、组织原则和价值以及这些规范因素与个体情感之间通过仪式形成的互动。在仪式符号的构建和传承过程中，妇女"三从"的象征意义不断地被复制，成为人们的生活经验并指导他们的行为，从而形成内化于心的性别制度。

关键词：三从　斩衰　象征符号　父系继嗣　性别制度

妇女"三从"是中国古代对妇女地位的典型概括，以往人们习惯以"服从"理解"三从"之从，但在中国古代社会早期，"三从"之从主要意指"从属"。妇女"三从"的提法始见于《仪礼·丧服》，篇中从丧服与守丧方面明确规定了男女不对等的地位，女性的从属地位非常明显。这种从属性是周代丧服制、婚姻礼俗所包含的文化意象之一，但其更深层次的文化内涵在于父系继嗣制，这是周代社会宗族结构的组织原则。因此，分析周代服制和婚姻礼俗所体现的妇女"三从"的象征意义，能够深入理解仪式符号在性别制度的建构和传承中所起的作用，并对这种性别制度的社会土壤和文化机制有更清晰的认识。

[①] 基金项目：本文为2015年辽宁省教育厅人文社会科学重点研究基地项目"父系继承、母系继承与妇女地位研究"（项目编号：ZJ2015003）的阶段性成果。

[②] 作者简介：王小健，女，大连大学历史学院副教授，博士。研究方向：中国文化史。

一、服制象征与妇女"三从"

(一) 从斩衰服看妇女"三从"

丧服制度是中国古代划分亲属关系的制度,简称服制。服制通过穿戴精粗不同的丧服以及守丧期限的长短,表现出生者与死者的亲疏关系。丧服设计的基本原则是为亲近者服重、守丧时间长;为疏远者服轻、守丧时间短,重服粗恶,轻服精细。为亲疏不同的亲属服不同的丧服,是丧服制最显而易见的表征。但是在这些显见的表征下,丧服作为概念的载体还具有符号意义,具有象征性,是概念可感知的象征符号。所谓象征符号,"是指某物,它通过与另一些事物有类似的品质或在事实或思维上有联系,被人们普遍认作另一些事物理所当然的典型或代表物体,或使人们联想另一些物体"。"从经验的意义上说,指的是仪式语境中的物体、行动、关系、事件、体态和空间单位。"① 仪式是由一个个象征符号联结起来的,象征符号构成了仪式语境中的基本单元。在丧礼仪式中,这个基本单元就是人们为死者所服的丧服,在丧礼仪式的反复举行中,丧服制已经成为表征生者与死者关系的象征符号体系。斩衰是五等丧服中最重的一等。据《仪礼·丧服传》:"斩者何?不缉也。"斩衰就是毛边外露,丧期为三年。《丧服传》对妇女"三从"的提法就源于斩衰。

妇女"三从"的提法最早见于《仪礼·丧服》"齐衰不杖期章":"女子子适人者为其父母。传曰:为父何以期也?妇人不二斩也。妇人有'三从'之义,无专用之道。故未嫁从父,既嫁从夫,夫死从子。故父者,子之天也。夫者,妻之天也。妇人不二斩者,犹曰不二天也。"女子子指女儿。传是对经的解释,传统的说法认为,传是孔子门人子夏所作。这段话是作传者对已经出嫁的女儿为什么要为父亲服一年丧(期),而不服三年丧(斩)的说明。按照正常的丧制,子女为父需服最重的斩衰三年,但女儿既已出嫁,就只能为丈夫服斩衰三年,不能再为父亲服斩衰三年,这就是"妇人不二斩"的含义。未嫁女儿为父亲服斩,表征的是女儿与父亲的关系,出嫁女儿为丈夫服斩,表征的是妻子与丈夫的关系。这种关系的象征意义是,妇女不具有自主性,出嫁前从属于父亲,出嫁后从属于丈夫,丈夫死后从属于儿子。这就是传者对"妇人不二斩"象征意义的解释。

未嫁女儿为什么为父服斩衰?《丧服传》"斩衰章"中云:"为父何以斩衰

---

① [英] 维克多·特纳:《象征之林——恩登布人仪式散论》,赵玉燕等译,商务印书馆,2006年,第19页。

也？父至尊也。"贾疏曰："父至尊也，天无二日，家无二尊，父是一家之尊，尊中之极，故为之斩也。"父亲是家中至尊，因此为其服最重的斩衰三年。"子嫁，反在父之室，为父三年。"女儿出嫁后，如果离婚重返父家，也要为父服斩。对此，盛世佐解释说："女子嫁而降其本宗之服。妇人之义内夫家而外父母家也。被出而归仍与未嫁者同，以其与夫绝族也。"① 离婚女回归本宗，已与丈夫断绝姻亲关系，所以等同于未嫁女，为父仍服斩衰三年。就父女关系而言，未嫁女或离婚女是从属于父的，为父服斩象征着父权，这是父权制高度发展的表现。

妻为夫为什么服斩衰？《仪礼·丧服》"斩衰章"载："妻为夫，传曰：夫至尊也。"贾疏："妻者，齐也，言与夫齐也。""妻为夫者，上从天子，下至庶人，皆同为夫斩衰也。夫至尊者，虽是体敌齐等，夫者，犹是妻之尊敬，以其在家天父，出则天夫，是其男尊女卑之义。故同之于君父也。"妻子与丈夫虽然是体敌齐等的关系，但却尊卑有别，对妻子来说，丈夫是至尊，故为夫服斩。就夫妻关系而言，妻子是从属于夫的，为夫服斩象征着夫权，这是夫权制高度发展的表现。

父为长子为什么服斩衰？母为长子为什么服齐衰？丧服之礼，父母为子正服当齐衰不杖期，但如果死去的是长子，情况就大有不同。《仪礼·丧服》"斩衰章"载："父为长子，传曰：何以三年也？正体于上，又乃将有所传重也。庶子不得为长子三年，不继祖也。"这里的长子是指将来要继承父亲宗子地位的那个人。在周代宗法社会中，唯有长子具有继承父祖成为宗子的权利，因而长子死后，作为宗子的父亲要为其服最重的斩衰三年。母亲按理也应该为长子服斩，但因其位卑于父亲，故降等服齐衰三年。这里父母为长子所服远超为众子所服，已经打破了辈分的界限，这是因为只有长子才能为父后，他是父亲未来的接替者。因此，父亲为长子服斩衰，其实也是父权的象征，而母亲要为长子服齐衰，也正是服从父权的表达。每种仪式都有明确要表达的目标，在长子的丧礼上，父亲服斩、母亲服齐传递的仍然是父权和夫权的含义。所以说，即使是母亲也要从子，从子也就意味着从夫，这是夫死从子所要表达的含义。

关于夫死从子的问题，人们常因儿子孝母的现象而表示怀疑。如何理解母与子的这种关系，有时是现代人难以把握和体会的。我们不妨以《列女传·邹孟轲母》中孟母的一番话加以说明。本篇记载孟子因担心母老而无法离国远

---

① 丁鼎：《〈仪礼·丧服〉考论》，社会科学文献出版社，2003 年，第 138 页。

游，对于孟子的忧虑，孟母是这样说的："妇人无擅制之义，而有'三从'之道也。故年少则从乎父母，出嫁则从乎夫，夫死则从乎子，礼也。今子成人也，而我老矣。子行乎子义，吾行乎吾礼。"这里孟母不想以儿子对自己的孝顺来束缚孟子，孟子已经成年，离母远游并非不孝，母亲应该从子，以儿子的志向抱负为重，积极支持而不是拖累。刘向因此赞颂孟母"知妇道也"。

诸侯为天子、臣为君为什么服斩衰？《仪礼·丧服》"斩衰章"载："天子至尊也"，"君至尊也"。天子至尊是对诸侯而言，君至尊是对臣而言。在这里，斩衰服是对君臣关系的表征，象征着君权。

从以上分析中可知，斩衰服可以表征子女与父亲的关系、妻子与丈夫的关系、臣与君的关系，在不同仪式语境中其所指不同，具有浓缩性特征，即"一个简单的形式表示许多事物和行动"①，是多重指涉而非单一指涉。但斩衰服又是一个如维克多·特纳（Victor Tuener）所说的"支配性象征符号"。"一个支配性象征符号是迥然不同的各个所指的统一体。这些迥然不同的各个所指因其共具的类似品质或事实上或理念中的联系而相互连接。"②"支配性象征符号代表着价值，而这些价值本身又被认为是仪式的目标，也就是说，它代表着自显的价值。"③父子（女）、夫妻、君臣这三种关系虽然分属不同范畴，但都以其共有的价值统一于斩衰服这个支配性象征符号中，这个共有的价值就是子女从属于父亲、妻子从属于丈夫、臣从属于君的社会秩序，从属的主题贯穿于这些多样的所指中，其象征意义在丧服制的整个象征系统中具有高度的持续性和一致性。这种从属性即是后来"三纲"思想的由来。"三纲"一词最早见于董仲舒的《春秋繁露·基义》篇："君臣、父子、夫妇之义，皆取诸阴阳之道。君为阳，臣为阴；父为阳，子为阴；夫为阳，妻为阴……王道之三纲，可求于天。"其实"三纲"思想不必上求于天，其源头可以上溯至丧服之制。现代礼学名家吴检斋先生曾指出："三纲之名，虽始于汉，而三纲之实，则本于《丧服》。《丧服》中首列三斩衰：子为父斩衰，表示家长制；臣为君斩衰，表示封建制；妻为夫斩衰，表示男统制。这是古代三位一体的一个意识形态，汉儒把它抽象化，即名之为三纲。"④"三纲"作为规范君臣、父子、夫妇关系的意识

---

① ［英］维克多·特纳：《象征之林——恩登布人仪式散论》，赵玉燕等译，商务印书馆，2006年，第27页。
② ［英］维克多·特纳：《象征之林——恩登布人仪式散论》，赵玉燕等译，商务印书馆，2006年，第27页。
③ ［英］维克多·特纳：《象征之林——恩登布人仪式散论》，赵玉燕等译，商务印书馆，2006年，第20页。
④ 丁鼎：《〈仪礼·丧服〉考论》，社会科学文献出版社，2003年，第282页。

形态，其本身也成为一种象征符号表达。

（二）从齐衰服看妇女"三从"

丧服中次斩衰一等的是齐衰服，它是夫为妻、子女为母的主要服制。据《丧服传》："齐者何？缉也。"即将衣服的毛边掩饰起来。前文说过，妻为夫服斩衰三年，而夫为妻仅服齐衰一年。《仪礼·丧服》"齐衰杖期章"："传曰：为妻何以期也？妻，至亲也。"妻对夫只是至亲，非至尊，妻子从属于丈夫，所以服制不对等。

对子女来说，父母都是至亲，从血缘亲情的角度看丧服本应一致，但子女为母服却减父斩衰一等，而且还要视父在与否有三年和一年的丧期之别。《仪礼·丧服》"齐衰杖期章"载："父在为母，传曰：何以期也？屈也。至尊在，不敢伸其私尊也。"《礼记·丧服四制》进一步解释道："资于事父以事母而爱同，天无二日，土无二王，国无二君，家无二尊，以一治之也。故父在为母齐衰期者，见无二尊也。"子女虽然对父母的爱相同，但为母服要以父亲的至尊地位为旨归，父亲健在，就不能为母服三年丧，只能为母服齐衰一年丧。《仪礼·丧服》"齐衰三年章"中曰："父卒则为母。"郑注曰："尊得申也。"父亲已去世，子女才可伸其私尊，为母服三年丧，但在丧服的规格上仍要屈尊于为父的斩衰，而是齐衰。

子女不仅要为生母，还要以同等服制为继母、慈母服丧。《仪礼·丧服》"齐衰三年章"载："继母如母，传曰：继母何以如母？继母之配父，与因母同，故孝子不敢殊也。"郑注："因，犹亲也。"继母虽不是生母，但由于她是"配父"的，出于尊父之故，也要为她服与生母相同的丧服。"齐衰三年章"中曰："慈母者何也？传曰：妾之无子者，妾子之无母者，父命妾曰：女（汝）以为子。命子曰：女以为母。若是，则生养之，终其身如母，死则丧之三年如母，贵父之命也。"慈母于己既无血缘关系，又无配父之尊，也要为其服齐衰三年，是因为要尊重父亲之命。

以上是正常情况下为母所服。若母被父出，又未改嫁，子女应何服？这有两种情况，一种是庶子为出母服齐衰杖期，一种是嫡长子为出母无服。《仪礼·丧服》"齐衰杖期章"云："出妻之子为母，传曰：出妻之子为母期，则为外祖父母无服。传曰：绝族无施服，亲者属。出妻之子为父后者，则为出母无服。传曰：与尊者为一体，不敢服其私亲也。"母亲是至亲，虽然被父亲休弃，正常情况下子女仍有服，但要降格对待，只能服齐衰杖期，不能服齐衰三年，对母系亲属则无服，因出母与自己已经绝族，绝族只服最近的直系亲属,不服旁系。这是针对庶子而言。如果儿子是嫡长子(为父后者),对出母则无服,因为出母不配父,而己与父一体,是父亲的继承人,母亲只是自己的私亲,所以无服,这里明显体现的是父系继嗣优先的原则。

对改嫁之母是否服丧要看儿子是否随母改嫁。《仪礼·丧服》"齐衰杖期章"载:"父卒,继母嫁,从,为之服。"随继母改嫁之子,因为继母有养育之恩,要为继母服期,继母如母,则为生母必亦服期。《丧服》只有母嫁而从者之服,无母嫁不从者之服,可知母嫁不从者不服,也就是说,儿子未随母亲改嫁则不为母服。改嫁之母另从新夫,义已绝于父,但犹有抚养幼子之恩,故从之则为期,不从则并绝于子,故子无服。《礼记·檀弓》记载,孔子曾孙子上之母死而子上不为母服丧,门人怪而问之。其父子思回答:"昔者吾先君子无所失道,道隆则从而隆,道污则从而污,伋则安能!为伋(子思)也妻者,是为白(子上)也母;不为伋也妻者,是不为白也母。"子上不服被出且已改嫁的母亲,这叫"道污则从而污",母改嫁而子未从,所以不服。

还有一种情况是庶子为父后者为生母服。《仪礼·丧服》"缌麻章"中曰:"庶子为父后者为其母。传曰:何以缌也?传曰:与尊者为一体,不敢服其私亲也。"庶子与父为一体,成为父亲的继承人,而妾母非父之配,只是自己的私亲生母,所以不敢正服,而服最轻的缌麻三月。这与上文的"为父后者为出母无服",含义相近,体现的仍是父系继承的原则。

总之,子女为父、妻为夫只有斩衰一等,而夫为妻、子女为母则是降一等的齐衰服,而且丧期长短有别,这说明妻子对于丈夫、母亲对于子女的意义不如丈夫对于妻子、父亲对于子女的意义重大。而且为母服往往不是由生养恩情所定,而是由母亲与父家长的关系来界定。以父家长为依据、为轴心,视不同情况有不同的服制。父在为母服齐衰杖期,父卒为母服齐衰三年,至于为继母、慈母、出母、妾母、改嫁母之服,都要视母亲与父亲、自己与父亲的关系确定,或三年,或一年,或三月,甚至无服,反映了父系继嗣下父权本位的宗法特点。在《丧服传》中,父亲被称为"至尊",母亲充其量只能被称为"私尊",父母的尊卑关系实际反映了夫妻的尊卑关系,子女为母亲的各种服制说明作为妻子的母亲在身份上从属于作为父亲的丈夫,父权与夫权在此是统一的。因此,齐衰服的符号意义也是非常明显的,不过与支配性的斩衰服相比,齐衰服在这里只是一种工具性象征符号,传递的是支配性象征符号——斩衰服所要表达的意义,它在仪式中是作为父权和夫权的工具在使用,所显示的主题仍然是妻子对丈夫、子女对父亲的从属性。

二、礼俗仪式与妇女"三从"

(一) 妇女"三从"的仪式操作背景

爱米尔·涂尔干(Emile Durkheim)说过:"原始宗教遵从于现实并对其进行表达。人们必须学会透过象征符号来看该象征符号所表征的,并赋予了该象征符号意义的现实。"① 如果套用这句话,我们可以说丧服制遵从于现实并对其进行表达,那么赋予妇女"三从"的现实又是什么呢?

这里我们还需要考虑宗族群体的结构和组织——这些群体在仪式中使用了这些象征符号。女儿为父亲服斩,只有一种可能,就是女儿尚未出嫁或离婚回归本宗,她这时是从属于父亲的,所以要为父亲服斩衰,驱使女儿服斩的是其所属的父亲宗族。当她出嫁成为妻子并从夫居后,就从属于丈夫及其家族,驱使妻子为丈夫服斩的是丈夫宗族。长子死后,母亲要服齐衰三年,驱使母亲为儿子服齐衰的仍是丈夫宗族。妇女"三从"的从属性意味着家长是父亲、丈夫或成年儿子,很显然这样的宗亲组织是父系继嗣制的,同时也是父权制和夫权制的。父权和夫权是父系宗族组织延续的支柱,它们虽然所指不同,却有内在的联系,因为明确的父子关系有赖于稳定的夫妻关系,因此在父系宗族组织中,丈夫对妻子的绝对控制是必要的,妻为夫服斩正说明了这个道理。夫权是父权的基础,二者又构成了君权的社会基础,君权是更高层次的政治组织延续的支柱。三者之间的关系正如《礼记·昏义》所云:"男女有别,而后夫妇有义;夫妇有义,而后父子有亲;父子有亲,而后君臣有正。故曰:'昏礼者,礼之本也。'"礼的现代意义就是指文明,古人之所以视婚礼为文明的根本,就在于婚礼可以确立稳定的夫妇关系。这种稳定性是以妻子从属于丈夫为代价实现的,所以礼制要极力强化夫妻之间的主从关系,女子为丈夫服斩而不是为父亲服斩正隐含了这层深意。就最高层面的抽象来说,子女为父、妻为夫、臣为君服斩体现了周代社会组织的原则和价值,是周代家庭结构、政治结构的象征。妇女的从属性、父权和夫权、父系继嗣规则、父系宗族,它们构成了一个整体的仪式背景和价值意义。这些意义的大部分在丧礼仪式中是隐含着的,并不直接表现出来,所以一个象征符号是对一个相对未知的事实可能的最好表达,能触及越来越深的无意识根部。

以上讨论的是仪式象征符号的理念极。理念极指的是"道德和秩序的组成

---

① [英] 维克多·特纳:《象征之林——恩登布人仪式散论》,赵玉燕等译,商务印书馆,2006年,第36页。

部分、社会组织的原则、团体的种类，以及结构关系中内在固有的规范和价值""能使人发现规范和价值，它们引导和控制人作为社会团体和社会范畴成员的行为"①。仪式象征符号的另一极是感觉极意义，"感觉极聚集了那些被期望激起人的欲望和情感的所指"②。丧服制的原则是根据生者与死者亲疏远近而服精粗不同的丧服，与自己亲属关系越近，丧服越重；亲属关系越远，丧服越轻。之所以如此安排，也是出于人的情感需要，与自己关系越近的亲属，其去世后家人越悲痛，为了表达这种悲痛，丧服就越重，守丧时间也就越长。父亲于女儿、丈夫于妻子是最重要的亲属，因此服斩衰，以表达最悲痛的情感。为父亲服斩衰、为丈夫服斩衰具有引领性作用，它可以激发、唤起服丧者对父亲或丈夫应有的情感，这也是仪式象征符号的一个重要功能。这一点，荀子早在两千年前已经充分认识到了。《荀子·礼论》曰："三年之丧何也？曰：称情而立文，因以饰群别，亲疏、贵贱之节而不可易损也。故曰无适不易之术也。创巨者其日久，痛甚者其愈迟，三年之丧，称情而立文，所以为至痛极也。……凡生乎天地之间者，有血气之属必有知，有知之属莫不爱其类。今夫大鸟兽则失亡其群匹，越月逾时，则必藩铅过故乡，则必徘徊焉，鸣号焉，踯躅焉，踯躅焉然后能去之也。小者是燕爵，犹有啁噍之顷焉，然后能去之。故有血气之属，莫知于人，故人至于其亲也，至死无穷。"荀子对三年之丧的解释是"称情而立文"，连鸟类都知道爱其类，更何况是人对父母之丧更是"痛甚者其愈迟"，三年之丧就是要表达这种"至痛极也"的情感。仪式象征符号是情感的催化剂，当女子在父亲或丈夫的丧礼中，身穿斩衰服践履仪式时，我们不能怀疑悲痛的情感真的在她们心中被激起。这种情感与父权、夫权对她们的规范交织在一起，实现了象征符号的多重功能。正如特纳所说："涂尔干曾着迷于探寻，为什么许多社会规范和责任被人们感到既是应该做到的，又是想要做的。现在学者们正逐渐看到，仪式正是这么一个机制。"③仪式通过象征符号将社会的价值和规范与强烈的情感刺激紧密联系起来，规范和责任渗透在情感中，引领情感，又在人们的情感体验中，将其转换成想要做和应该做的规范和责任。规范因素与个体情感之间通过仪式形成互动，"令人厌烦的道德约束转换成为

---

① [英] 维克多·特纳：《象征之林——恩登布人仪式散论》，赵玉燕等译，商务印书馆，2006年，第28页。
② [英] 维克多·特纳：《象征之林——恩登布人仪式散论》，赵玉燕等译，商务印书馆，2006年，第28页。
③ [英] 维克多·特纳：《象征之林——恩登布人仪式散论》，赵玉燕等译，商务印书馆，2006年，第29页。

对美德的热爱"①。

（二）妇女"三从"在婚制中的体现

春秋时期实行从夫居住的外婚制，天子与诸侯、诸侯之间、卿大夫之间皆联络有亲。《左传》记载了很多女性，她们在自身婚姻中，很少有自主性，大都只是被动的工具而已。婚礼非合两性之好，而是合两姓之好，上以事宗庙，下以继后世者也。根据《仪礼·士昏礼》的记载，贵族婚礼有六个递进的仪式——六礼，分别是纳采、问名、纳吉、纳征、请期和亲迎。从纳采至请期属于议婚阶段，在这个阶段，始终是男方家长通过中间人与女方家长沟通，女方家长在宗庙接待。据《仪礼·士昏礼》："记士昏礼，凡行事必用昏昕，受诸祢庙。"祢庙是父庙，即女子的祖父庙，婚礼从纳采至亲迎都要在宗庙进行。《礼记·冠义》以冠礼解释了这样做的意义："行之于庙者，所以尊重事。尊重事，而不敢擅重事。不敢擅重事，所以自卑而尊先祖也。"它的形式意义在于对祖先的尊重，但其更深层次的内涵是指这个女子作为本姓祖先的后人，其人身是属于父系宗族的，所以要在祖先宗庙中举行仪式，宗庙在这里就是一个象征符号。周代重礼必行之于庙，说明宗庙也是在许多不同的仪式语境中反复出现的支配性象征符号载体，其价值代表着祖先，在整个象征系统中也具有高度的持续性和一致性。

女子通过亲迎仪式来到夫家，这时已由从属于父亲转为从属于丈夫，因此夫家才是自己真正的家。古语常以出嫁曰"归"，就含有归宿、归属的意思，也具有象征意义。如《左传·隐公元年》："仲子归于我。"《诗·周南·桃夭》："之子于归，宜其室家。"《易》泰卦："帝乙归妹，以祉元吉。"既然夫家才是归属，女子出嫁以后就不能随意再回父母家。《诗·邶风·泉水》："女子有行，远父母兄弟。"女子既已出嫁，就要远离父母兄弟。《谷梁传·庄公二年》："妇人既嫁不逾竟，逾竟非正也。"女子出嫁后就不能离开夫家，离开夫家不是正确的行为。除非归宁（以礼探望父母）及父母丧等大故可以回父母家，否则便不合礼制。父母死后，更不能再回去，只能使人归问兄弟，不能亲自成行。《左传·襄公十二年》："秦嬴归于楚，楚司马子庚聘于秦，为夫人宁，礼也。"秦嬴嫁到楚国为国君夫人，派楚国司马子庚出访秦国，向家人问好，这样做就很符合礼制，因而受到君子的赞赏。《诗经》国风中有关出嫁女思归但碍于礼制又不能回的例子很常见，《泉水》《竹竿》都是其例，甚至于国灭

---

① ［英］维克多·特纳：《象征之林——恩登布人仪式散论》，赵玉燕等译，商务印书馆，2006年，第29页。

君死也不得归国吊唁。《鄘风·载驰》据说是卫宣姜之女许穆夫人自作诗,她嫁给许穆公,因忧心于卫国灭亡,打算在漕邑慰问其兄卫侯,终因众臣反对未能成行,于是作此诗以想象自己风驰电掣前去探望卫侯的情景。《列女传·母仪传》记录了鲁国一个堪称母仪的老太太的故事,有助于我们了解妇女出嫁后回母家探视的礼节。"母师者,鲁九子之寡母也。腊日休作者,岁祀礼事毕,悉召诸子,谓曰:'妇人之义,非有大故,不出夫家。然吾父母家多幼稚,岁时礼不理,吾从汝谒往监之。'诸子皆顿首许诺。又召诸妇,曰:'妇人有三从之义而无专制之行,少系于父母,长系于夫,老系于子。今诸子许我归视私家,虽逾正礼,顾与少子俱,以备妇人出入之制。诸妇其慎房户之守,吾夕而返。'于是使少子仆,归办家事。"母师是因为这个老太太堪称母亲的表率而给予的敬称。她首先忙完了自己家中的事情,然后对诸子说明回娘家探望并非无故,而是因为娘家孩子多年幼,过年的事情办不周到,因此要回去帮助料理。得到诸子的同意后,又对众子妇们表明这样做是有违妇人礼制的,但自己带着小儿子一起回去,权且可行,并嘱咐媳妇们看好家,还特意说明自己晚上就回来,不在娘家过夜。母师的每个细节都做得很周到,很符合礼制,刘向因此赞颂说:"九子之母,诚知礼经。"

婚礼中还有一个仪式也具有妇女从属的象征意义。《礼记·郊特牲》云:"夫妇共牢而食,同尊卑也。故妇人无爵,从夫之爵,坐以夫之齿。"婚礼当晚有一个仪式,就是妻子与丈夫共用一份肉,所谓共牢而食。这个仪式既可以激发夫妻间的亲密情感,属于象征符号的感觉极,又意味着妇合于夫,妻子的存在从属于丈夫的存在。所以要与丈夫同尊卑、共进退,这里的同尊卑不是指夫妻平等,而是指妻子的尊卑荣辱完全系于丈夫。夫妻间的亲密情感附着在这种主从关系中,夫妻关系被强化。故周代妇人无受爵命之法,其社会地位取决于丈夫爵位的高低。夫为天子,妻为后,夫为诸侯,妻为夫人,夫为大夫,妻为内子;妻齿从夫齿,兄弟之妻,其娣姒之序,不以己年而以夫年,夫为兄,妻为嫂,夫为弟,妻为妇。《礼记·大传》称之为:"其夫属乎父道者,妻皆母道也;其夫属乎子道者,妻皆妇道也。"宗庙祭祀时,丈夫有主祭权,妻子就有助祭权,"舅没则姑老",丈夫如果去世,妻子就失去了助祭权。这些都是对既嫁从夫夫妻关系的说明和印证。所以《左传》在称呼妇人时经常将丈夫的氏、爵、谥等名号冠在女子姓前。以夫氏冠妻姓的有卫之孔姬、晋之赵姬、息侯夫人息妫、雍纠之妻雍姬之类,孔、赵、息、雍都是夫方宗族的氏;以夫爵冠妻姓的有齐棠姜之类;以夫谥冠妻姓的有郑之武姜、晋之怀嬴、宋之共姬、卫之庄姜之类。还有将女姓系于儿子名后的，如陈夏姬、宋景曹之类，这属于夫死从子的情况了，可见对女子的称呼也包含从属的象征意义。这种从属性称呼如果体现在日常用语中则更具有典型性。《庄子·盗跖》篇有言："盗跖从卒九千人，横行天下……驱人牛马，取人妻女。"这里，牛马和妻女并论，牛马为主人所有，妻子和女儿为丈夫和父亲所有，主人（丈夫或父亲）是主体，牛马、妻子、女儿是从属于主体的客体，从某种意义上说，妻子、女儿甚至可以等同于牛马之类的财产。

那么，居于从属地位的妇女其命运又如何呢？以下我们用《左传》中的几个实例加以说明。

《左传·昭公十三年》载，楚灵王"缢于芋尹申亥氏，申亥以其二女殉而葬之"。鲁昭公十三年，楚国发生政变，楚灵王避难于芋尹申亥家中，后见大势已去便自缢身亡，芋尹申亥为了表达臣义，杀了自己的两个女儿为楚灵王殉葬。父亲杀女的做法虽然在《左传》中并不多见，但《左传》中的君子并未对此作任何评论，可见这种杀女行为应属正常。看来，未嫁女不仅在身份上从属于父亲，其性命甚至也属于父亲。

《左传·僖公元年》载，鲁国人"以齐人之杀哀姜也为已甚矣，女子，从人者也"。鲁庄公死后，其夫人哀姜私通其丈夫的兄弟庆父而祸乱鲁国，结果被自己的母国——齐国所杀，哀姜既然已经嫁到鲁国，有过错就应该由鲁国处分，齐国却越俎代庖，显然违反了"女子从人之义"，鲁国很不满，认为齐国这样做太过分了。齐国这样做很显然行使的是父权。

《左传·成公十一年》载："声伯之母不聘，穆姜曰：'吾不以妾为姒。'生声伯而出之，嫁于齐管于奚，生二子而寡，以归声伯。声伯以其外弟为大夫，而嫁其外妹于施孝叔。郤犨来聘，求妇于声伯。声伯夺施氏妇以与之。妇人曰：'鸟兽犹不失俪，子将若何？'曰：'吾不能死亡。'妇人遂行。生二子于郤氏。郤氏亡，晋人归之施氏。施氏逆诸河，沈其二子。妇人怒曰：'己不能庇其伉俪而亡之，又不能字人之孤而杀之，将何以终。'"声伯是鲁国大夫，声伯之父与鲁宣公是同胞兄弟，穆姜为鲁宣公夫人。根据婚姻礼法，"聘则为妻"，不聘则为妾，声伯之母没有经过媒聘之礼而为妾，所以穆姜不以其为妯娌，在其生下声伯后迫使声伯之父将其休弃。声伯之母后来嫁给齐国管于奚，生下一儿一女。管于奚死后，声伯之母没有了依靠，重新被送回声伯身边。在这个家庭中，声伯身兼儿子和兄长双重身份，其母在丈夫死后归于声伯属于夫死从子，同时他也是其同母异父妹妹（外妹）的所有者和监护人。声伯把外妹嫁给了施孝叔，其妹由从属于其兄转归从属于其夫施孝叔，但实际上他们谁都没能保护住这个妇人，当晋国卿大夫郤犨来向声伯求妇时，声伯又将其外妹强嫁给郤犨。《左传》不书声伯夺其妹，而书夺"施氏妇"，说明这个妇人是从属于施孝叔的，不过施孝叔并不想为此搭上性命，就把妻子送了出去。后来郤氏在晋国内乱中被消灭，晋国人又把施氏妇送还给施孝叔，不过这次他倒是充分展现了丈夫的权利，将妻子与郤犨生的两个儿子沉到河里淹死。在这个事例中，《左传》没有记录这个妇人的名字，只是以声伯之妹或施氏妇称之，象征了其从属于兄或从属于夫的身份，只能听凭兄长和丈夫的安排，以至于连孩子都无法保护。

可见，在妇女"三从"的从属体制下，妇女的命运常常并不由自己掌握，而是依托于他们所从属的人身上。正如宋人袁采所说："妇人依人而立，其未嫁之前，有好祖不如有好父，有好父不如有好兄弟，有好兄弟不如有好侄。其既嫁之后，有好翁不如有好夫，有好夫不如有好子，有好子不如有好孙。故妇人多有少壮富贵而暮年无聊者，盖由此也。"[①]

三、结语

"礼"是整个先秦时期社会生活各个侧面的集中表现，其内涵是人们的社会行为规范，这些行为规范往往伸向了个人生活的每个角落，包括出生礼、冠笄礼、婚礼、丧葬礼等，贯穿了个人的一生。但礼最初对个人所应遵循的规范并不是直接表达的，而是隐含在有关礼的仪式中，这些仪式被辑录在《仪礼》中可谓蔚为大观，《丧服》只是其中之一。仪式中的每个环节都有特定的含义，并富有象征性，有些象征性是明显的，有些象征性则是隐含的。"人们不肯把社会的意志通过直截了当的方式和盘托出，而是把它深深地隐藏在一些仪式中，只要人们反复不断地举行这一系列的仪式，对社会的意志便可以心领神会。"[②] 这一系列仪式构成了周代社会文化的整个象征系统。在丧服制的仪式情境中，被颂扬和唤起的支配性原则是父系继嗣制，妇女为父亲服斩、为丈夫服斩、为长子服齐衰就是这一继嗣制对妇女从属性的规范，这些规范钳制着妇女的行为，使她们的举止符合其性别角色——为人女、为人妻、为人母。这类仪式以及其他隐含这种规则的仪式，实际是以象征方式劝诱妇女去接受她们在文

[①] 陈东原：《中国妇女生活史》，商务印书馆，1937年。
[②] 常金仓：《周代礼俗研究》，黑龙江人民出版社，2004年。

化上被规定的命运，起到预防与其性别角色相背离和冲突的作用。所以说，象征符号是有生命的，它孕育着意义。而人的思想是在文化行为过程中形成的，也就是在与有意义的象征符号的交流中形成的，这些符号可以是词汇，也可以是仪式上所使用的物品，如丧服之类，它们被用来将意义赋予生活经验。从个人的角度来说，这类符号大部分是后天赋予的。"他发现这些符号在他出生时的社区中已经流行，并且以他可能或不可能干涉的增加、减少和部分修改，在他死后仍然流行。当他活着的时候，他使用它们或它们中的一部分，有的时候是刻意或小心的，绝大多数时候是下意识的和随意的。""人是如此需要这一类的符号源启示他去发现自己在世界上的位置。"[1] 因此，象征符号实际上起着文化控制的作用，而"人明显的是这样一种动物，他极度依赖于超出遗传的、在其皮肤之外的控制机制和文化程序来控制自己的行为"[2]，不受有组织有意义的符号象征体系指引的人的行为是无意义的。以上所论无非是要表明文化是人存在的基本条件，因此丧礼仪式中服制所包含的妇女"三从"的象征性不仅是对妇女地位的定位，也是妇女借以给自己定位的文化机制，这种文化机制也表现在出生礼、冠笄礼、婚礼仪式中两性关系、性别角色的象征符号中。在仪式的反复举行中，符号所具有的象征意义不仅世代传承，也使"三从"作为性别制度被内化于心，为妇女本身所接受。所以说，文化是一个有序的意义与象征体系，是"使用各种符号来表达的一套世代相传的概念，人们凭借这些符号可以交流、延续并发展他们有关生活的知识和对待生活的态度"[3]。

（原载《妇女研究论丛》2015 年第 5 期）

---

[1] ［美］克利福德·格尔茨：《文化的解释》，韩莉译，译林出版社，1999 年，第 57 - 58 页。
[2] ［美］克利福德·格尔茨：《文化的解释》，韩莉译，译林出版社，1999 年，第 57 页。
[3] ［美］克利福德·格尔茨：《文化的解释》，韩莉译，译林出版社，1999 年。

身体与空间：汉魏六朝时期上巳节中的女性与女性活动

夏增民[①]

摘　要：上巳节是先秦现实社会生活场景在汉代的仪式化。汉代主流文化中的学者通过一系列的理论阐释和文化建构，使春季户外活动成为以女性民俗为中心的上巳节庆。在汉至六朝时期，上巳节的仪式内容经历了水滨祓禊、洛水之游和园池之宴的转变，作为以女性为主体或言女性广泛参与的节庆活动，在其变迁过程中，女性的活动空间也经历了一个由广阔到狭窄的演变过程。而她们自己，也由身体在自然空间的自由舒展，过渡成为在亭台楼阁等人工空间被男性所观赏的对象。女性身体的被束缚和活动空间的被限定，是父权制社会发展的自然结果。

关键词：上巳节　女性民俗　性别　空间

上巳节是在汉代定型的一个传统节日，初于三月第一个巳日举行，魏以后改在三月三日，又有元巳、上除或除巳之称。在中国古代节庆和风俗的研究中，关于上巳节的讨论已经很多，使古代上巳节的面貌基本上得到了复原[②]。但在厘清了一些细节问题的同时，也忽视了对上巳节做整体的考察，比如从长时段的角度考察其在仪式内容变迁的过程中，主题上发生了什么样的转换，其动力又是什么？本文试图在学界已有研究成果的基础上再做一个过程的梳理。

[①] 作者简介：夏增民，男，华中科技大学历史研究所讲师、博士，社会性别研究中心副主任。研究方向：政治思想史、社会性别史。

[②] 主要论文有：劳干：《上巳考》，载《中央研究院民族学研究所集刊》1970年第29集；宋兆麟：《上巳节考》，载《中国历史博物馆刊》1989年总第13—14期；李道和：《上巳杂说》，载《岁时民俗与古小说研究》，天津：天津古籍出版社，2004年；彭维：《上巳风俗流变》，载《寻根》2004年第3期；孙思旺：《上巳节渊源名实述略》，载《湖南大学学报》2006年第2期；丁武军：《从"曲水流觞"到"曲水之宴"：中日上巳节文化源流》，载《日本研究》2005年第4期，另有《日本典籍中所见上巳风俗略考》，载《农业考古》2005年第6期；刘维治：《从唐诗看唐代三月三上巳节俗的流变》，载《民间文学论坛》1997年第2期；吕静：《上巳节沐浴消灾习俗探研》，载《史林》1994年第2期。另外，关于上巳节的介绍还散见于各种民俗学教材，兹不赘述。

一、问题的提出：女性民俗、性别与空间

女性是传统节庆中的主要参与者甚至是主体，"一年之中可谓月月有节，节节关涉妇女"[1]，因此形成女性民俗文化，但从整体来看，关注女性民俗这一选题的，通俗、短小的介绍性作品很多，学术性较强的文章较少，在研究中引入社会性别视角的则更少。而上巳节作为女性参与较多或者说以女性为主体的传统节庆，则是进行性别研究特别适合的案例，因为它的仪式内容不仅包含了女性个体，还包含了男女两性关系。本文即拟从上巳节仪式内容的整体转换入手，探讨其中女性身体解放/束缚与活动空间扩展/压缩的过程。

一般来说，以往的研究者更关注家庭内部空间与性别的关系，如许圣伦等以厨房空间为论述范畴，对家庭内男女两性权力斗争和整体家户的空间与权力关系的研究；章立明对傣族村落人聚空间的性别禁忌的描述；金泽经过比较研究，指明先民对居住空间的分割与使用，存在着性别隔离和禁忌[2]。同样地，翁乃群通过川滇边界纳日人的房屋结构和物品摆放规矩，揭示了其隐喻所表达的是"一种社会文化制度，一种家户成员结构关系"，其中也寄寓了社会性别结构关系的内容[3]。另外，在中国社会性别史的研究中，必须提到高彦颐对性别与空间问题的探索，她不仅描述了明末清初江南地区"家内领域"的女文人文化[4]；还探讨了明清妇女的起居空间及旅游活动范围，从中了解她们共处的外在环境与多彩的内心世界，试图重绘一部动态的新的中国妇女生活史，给研究者以很大启示。

以上文献在研究性别与空间时，强调的是建筑结构和"家"与女性生存的关系，而本文则着眼于更广阔的女性生活空间，即女性在节日中的活动场域，也试图从身体和空间的角度，从上巳节这一活动中女性活动的变迁轨迹，追问女性在社会中的生存境遇。因为上巳节唐宋以后式微，故本文选定汉魏六朝时期（约相当于公元前3世纪中期到公元7世纪）这一长时段作为考察对象。

---

[1] 罗时进：《中国妇女生活风俗史》，陕西人民出版社，1994年，第45页。

[2] 分别见于：许圣伦、夏铸九、翁注重：《传统厨房炉灶的空间、性别与权力》，载《浙江学刊》2006年第4期；章立明：《傣族村落人聚空间的性别禁忌》，载《民族艺术研究》2003年第4期；金泽：《宗教禁忌》，社会科学文献出版社，1998年，第139-156页。

[3] 翁乃群：《溯源与顺流：对纳日村民祭拜白蒂拉姆女神仪式的文化解读》，载郭于华主编：《仪式与社会变迁》，社会科学文献出版社，2000年，第116、122页。

[4] [美]高彦颐：《闺塾师：明末清初江南的才女文化》，李志生译，江苏人民出版社，2005年；高彦颐：《空间与家：论明末清初妇女的生活空间》，载《近代中国妇女史研究》1995年第3期。

二、从生活到巫事：节日内容中女性主题的凸显

上巳节的最初起源，或说起自巫术，或说起自男女游艺乃至自由交友，无论如何，都脱不开先秦时期现实的社会生活场景。事实上，上巳节的活动确是先秦生活方式的一部分，后经学者理论阐释和文化建构，在"附魅"的过程中衍生出种种巫术的仪式，进而演进成节庆，并形成风俗。

一般说来，在中国社会早期，女性有着较大的自由活动空间和较充分的自主权，尤其是在男女两性方面。通览《诗经》，明显带有恋爱自由和性爱开放色彩的诗篇有很多，展现了先秦女性恋爱和婚嫁的自然情感心态，那是一种追求幸福和自由的自然流露；而社会对女性也是持宽容的态度和开明的立场。但随着父权制社会性别制度的不断发展，这种开放、自由渐被禁止，社会对女性的强制也不断加深，父权制强调男性对女性的性独占、性约束乃至守节成为社会习俗的要求。而这种客观存在过的生活方式，势必要通过一定的仪式"合法化"，被"掩盖"起来。

很多学者认为，传统节日的源起与原始宗教仪式有关，而宗教仪式则是先民们生产、生活场景的仪式化。上巳节的源起也可做如是推断，它是带有明显宗教仪式的节庆活动。苑利等认为，上巳节"从时间上看应与远古春社有关。古之春社在立春后的第五个戊日，即清明前后举行，离上巳日相去不远。春社源于祭土，在古人观念中，世上万物都是大地孕育的结果。为增强大地的生育能力，人们在春社这天，除祭土外，还要通过男女交配的方式，促进土地的孕育能力并获得农业丰收，于是社日无形中又成为中国历史上的一个性开放节日。无论婚否，人们都可在这天获得最大的性自由"[1]。先民把传统上在春季里举行的欢会落实到了三月的第一个巳日，大概是上巳节作为节庆和风俗的最初来源。也就是说，先有相关的社会生产、生活活动，然后才形成有固定仪式的节庆。

因此，所谓节庆不过是对日常生活的仪式化而已。这种仪式化的结果，就是祭祀或原始宗教仪式，也就是后来的"礼"，此所谓"礼从俗"。在风俗形成以后，"礼"又起到"正俗"的作用，即通过一定的风俗或"仪式"，增强和固化文化的某项功能。既然如此，如何解释或掩盖季春时节这种活动中的恋爱自由、性开放，以达到"正俗"的目的？因为恋爱和性活动可导致生育，而

---

[1] 苑利、顾军编：《中国民俗学教程》，光明日报出版社，2003年，第322－323页。

生育是有正当理由的,所以"仪式化"的重点就放到了生育上。于是,"高禖"出现,高禖神就是管理结婚与生子的女神。

据《西京杂记》载,刘邦与戚夫人曾"出百子池边濯濯,以祓妖邪";《三辅黄图》云:"百子池,三月上巳,张乐于水上。"另《汉书·外戚传上》载:"武帝即位,数年无子,平阳主求良家女子十余人,饰置家。帝祓霸上。"颜师古注曰"祓,除也。于霸水上自祓除,今三月上巳祓禊也",表明汉初开始已有在水滨祈子的做法。正史的记载始见于司马彪《后汉书志·礼仪上》,其曰:"仲春之月,立高禖祠于城南,祀于特牲。"李贤注曰:"汉武帝晚得太子,始为立高禖之祠。高禖者,人之先也。故立石为主,祀以太牢。"可见祠"高禖"约始于西汉中期,祈子的风俗始上升为礼制。

这一过程正好反映了三月水滨活动巫术式的仪式建构。《周礼·地官·媒氏》云:"媒氏掌万民之判……中春之月,令会男女。于是时也,奔者不禁。"已经把这种自由的男女相会与相关管理官员联系到了一起。以前是自发的群众活动,现在则有了管理者和主持者。而在《礼记》里,则进一步正式有了"高禖"的说法,《礼记·月令》即曰:"仲春之月……玄鸟至,至之日以大牢祠于高禖。天子亲往,后妃帅九嫔御;乃礼天子所御,带以弓韣,授以弓矢于高禖之前。"为增加神圣性和权威性,每个部族最早的女性始祖,如夏之修己,商之简狄,周之姜嫄都成为本族的高禖神。闻一多考证夏、商、周的高禖都是祀其先妣,是为明证①。她们的生育事例明显带有神秘的色彩,或采食苡仁,或践大人履,或吞食玄鸟卵;而且共同之处,其发生的场域都是野外。尤其是简狄,她的生育传说明确标明了地点(水滨)和时间(仲春),从而更有可靠性和可信度。

正是如此,她们被神化成为祈子祷告的对象,而三月水滨活动也演化成为一场祈子的仪式。《诗经·生民》毛苌传曰:"去无子,求有子。古者必立郊禖焉。玄鸟至之日,以太牢祀于郊禖。"这里"郊禖"亦即"高禖",以其设于郊外而名之。《礼记·月令》"以太牢祠于高禖"句郑玄注曰:"燕以施生时来,巢人堂宇而孚乳,嫁娶之象也。媒氏之官以为候。高辛氏之出,玄鸟遗卵,娀简吞之而生契,后王以为媒官嘉祥,而立其祠焉。变媒为禖,神之也。"这说明"高禖"一说是汉儒对上巳风俗所作的神化的修正,是对性自由所作的巫术上的掩饰,充分说明了中国古代风俗的儒化过程,即儒学的价值观和思想

———————
① 闻一多:《高唐神女传说之分析》,载《闻一多全集》(第一册),上海书店,1982年,第98页。

渗入风俗中，加强社会教化功能，实现正俗的目的①。《后汉书·鲜卑传》一语道破天机，其云："唯婚姻先髡头，以季春月大会于饶乐水上，饮宴毕，然后配合。"鲜卑社会发展阶段稍落后于中原地区，故清晰地揭示了上巳水滨活动的真相②。闻一多指出水滨即性自由开展的活动场域，《诗经》中的溱洧场景所昭示的风俗，也"都是祀高禖的故事。这些事实可能证明高禖这祀典，确乎是十足地代表着那以生殖机能为宗教的原始时代的一种礼俗"③。关乎生殖不假，但不过是后来的"巫术"化或曰"雅化"，在当时不过是一场普通的生活场景而已④。

所以，由性自由再到高禖，是通过特定仪式的"合法化"，从此高禖成为一种国家礼仪，虽于春天施行，但基本与上巳节分离。《后汉书志·礼仪上》《晋书·礼志上》和《隋书·礼仪二》都详细记录了自汉至南北朝时期的"祀高禖之神"，其中《隋书》还标明其功能就是"以祈子"⑤。"高禖"祭祀的出现使水滨情爱活动得以"合法化"，但也屏蔽了女性在自然空间中身体的自然舒展，使这一生活场景产生功能性的转化，即规定性地认为女性的社会分工而且最重要的分工就是生育，从而在仪式上强化了女性作为"生殖工具"的社会认同。三代女性始祖浮出水面，并成为各族祭祠祈子的神灵，强化了这种社会、文化认同和正当性。同时，上巳节的活动主体也由开始的男女集体活动，有了向女性单独活动转变的倾向，从而使之有了性别的区分。风俗的儒化把儒家的性别理论渗透进来，儒家对女性生育功用的限定性明白地表现出来了，女性这种性别角色还不断得到塑造和强化，从此，"妇女的社会从属性——尽管有人强调这是一种光荣的分工，只是角色不同而已——就能被视作生物—历史事实而不可避免"，"只要生育仍是一种自然现象，妇女就注定要成为社会剥削

---

① 可参见赵东玉：《中华传统节庆的儒学化倾向》，载《兰州大学学报》2001年第1期。《周礼》和《礼记》中虽有部分篇章作于先秦，但其体本、结集于汉，已成定论，因此打下汉代思想的深刻烙印。参见彭林：《〈周礼〉主体思想与成书年代研究》（增订版），中国人民大学出版社，2009年；王锷：《〈礼记〉成书考》，中华书局，2007年。
② 孙思旺认为汉代人之所以用上巳节来诠释《诗经·溱洧》，是因为诗中所描绘情境像极了汉代的上巳风俗，他同意将上巳节称为性自由节的提法。见孙思旺：《上巳节渊源名实述略》，载《湖南大学学报》2006年第2期。
③ 闻一多：《高唐神女传说之分析》，载《闻一多全集》（第一册），上海书店，1982年，第105－107页。
④ 孙作云认为，"上"与"尚"古通用，上巳的"巳"即"子"字，已由甲骨文和金文所证实，上巳即尚子。正名定义，上巳节的最初意义就是为了求子。见：《关于上巳节（三月三日）二三事》，载孙作云：《诗经与周代社会研究》，中华书局，1966年，第322页。
⑤ 《三国志·魏书·王朗传》注引《魏名臣奏》载其奏曰："明堂所以祀上帝，灵台所以观天文，辟雍所以修礼乐，太学所以集儒林，高禖所以祈休祥，又所以察时务，扬教化。"魏晋时期上巳节正处于转换时期，盖特为掩饰；而南北朝史籍虽语焉不详，但指祈子之意甚明。而休祥之说，也正合上巳被祓禳灾祈福的功能。

的对象"①。

仪式化的改造使水滨男女的自由活动巫术化，进而成为一种"礼"，然而，自西汉以降，上巳活动的功能和事象又发生了另一重大的变化，即增添了祓禊的内容。

三、从巫事到风俗：女性活动的空间延伸和精神表达

祓禊，就是到水滨举行洗浴（净身或净手）的仪式，以达到驱邪、除灾、祈福的目的，同样是一种与巫术相关的活动，先秦时期即流行，但似不限于特定的时间。因为春天水滨活动的特定环境，相会的男女又往往拿着表达情意的花草，互相馈赠祝福，那么，把祓禊的形式移入上巳活动，也就顺理成章了。

较早记载这一仪式的大约是薛汉的《韩诗章句》。《后汉书·袁绍传》李贤注引薛汉之语："郑国之俗，三月上巳之辰，两水之上招魂续魄，拂除不祥，故诗人愿与所说者俱往也。"从应劭《风俗通义·祀典》、《周礼·春官·女巫》郑玄注、《后汉书志·礼仪上》及其李贤注的资料来看，大约到东汉时，人们才注明祓禊是三月上巳节的活动。首先是东汉初年的薛汉把溱洧场景坐实为汉代已盛行的上巳节庆；进而应劭、郑玄又把祓除衅浴落实进来；应劭从《尚书》中找到了仲春百姓出游的根据，认为在水滨"釁洁"，可以消除疾病，郑玄继续这种说法，加入了"香薰草药"的内容，其旨也在于此，所以《后汉书志》说"洗濯祓除宿垢疢"，认定了汉代上巳节以求清洁卫生并有治疗作用的主旨。孙作云推断古人相信一切疾病、灾难可以用水洗掉，因为水是至洁之物，所以可以拂除不祥。祭祀高禖是为了求子，不生子是一种病气，为了解除这种病气或促进生育，在祭祀高禖时顺便在河里洗浴，这样去做，即可以得子②。东汉人这样比附是有原因的，一是时节（春季）的契合；二是女性参与或主导这两项活动，这样使得上巳节内容和仪式的转换合乎逻辑，水到渠成。

随着对生育的正确认识，祈子之说恐难以服众，于是又衍生出祓禊的民俗事象。经过以上的程序，祓禊就顺理成章了，成为"合法"的、必需的户外水滨活动，只是再不会有公开的"性自由"了。久而久之，水滨祓禊的巫术功能蜕减，演变成为季春水滨的集体游会，成为一个重要的节日。生活场景在经过巫术的文化修饰之后，又重归生活场景。只不过男女之间的性自由被屏蔽，成

---

① ［英］朱丽叶·米切尔：《妇女：最漫长的革命》，载李银河主编：《妇女：最漫长的革命——当代西方女权主义理论精选》，生活·读书·新知三联书店，1997年，第20-21页。

② 孙作云：《诗经恋歌发微》，载《诗经与周代社会研究》，中华书局，1966年，第300页。

为祈福和追求健康的民俗活动了。在这场民众的狂欢中,女性并没有缺席,而具有与男性同样的地位和权利。在水边,在林下,汲水洗濯,游饮嬉戏,演出的是一幕不分社会阶层的男女共同活动的群众游乐活动。

《后汉书志·礼仪上》曰:"是月上巳,官民皆絜于东流水上,曰洗濯祓除宿垢疢为大絜。"《晋书·礼志下》曰:"汉仪,季春上巳,官及百姓皆禊于东流水上,洗濯祓除去宿垢。而自魏以后,但用三日,不以上巳也。晋中朝公卿以下至于庶人,皆禊洛水之侧……会天泉池,赋诗。"从上列资料看,汉至西晋,无论官民、贫富、贵贱,甚至包括皇帝,都参与到上巳节的活动当中,使之成为全社会的节日。最初的上巳节,大约仅仅是在自然河流岸边举行欢会,东汉以降,因首都在洛水之畔,则大多选择在洛水两岸。在水滨,除例行的祓禊以禳灾祈福外,更附带了丰富的娱乐内容,人们往往布下帷帐,于斯宴会、饮酒、赋诗、奏乐,甚至还有讲论学术者,凡此种种。

杜笃《祓禊赋》云:"王侯公主,暨乎富商,用事伊雒,帷幔玄黄,于是旨酒嘉肴,方丈盈前,浮枣绛水,酹酒醲川。……若乃隐逸未用,鸿生俊儒,冠高冕,曳长裾,坐沙渚,谈诗书,咏伊吕,歌唐虞。"杜笃生活在两汉之交,从该赋中可以看到,这时候祓禊于水滨的人除了贵族,还有富商和文人,他们饮酒歌咏,谈论诗书。另外,还举行"浮枣"的游戏。其后,张衡《南都赋》和《后汉书·周举传》《袁绍传》以及徐干《齐都赋》都有同样的描述和记载,可见,从东汉到三国,上巳游艺盛行不衰,而到了西晋,似达到高潮,略见于晋张协《洛禊赋》及阮修《上巳会诗》。凡此歌赋,浓墨重彩描写上巳盛景,不一而足,《艺文类聚》卷四岁时中"三月三日"条类列了很多东汉至晋朝的诗赋,都表现了上巳节的各种游乐活动。这种民众狂欢的形式一直延续到南北朝时期,宗懔《荆楚岁时记》即云:"三月三日,四民并出江诸池沼间,为流杯曲水之饮。"

不唯南朝,十六国北朝亦继承了这个节日。陆翙《邺中记》云:"三月三日,石季龙及皇后、百官,临水宴赏。"又云:"石虎三月三日临水会公主妃嫔,名家妇女无不毕出。临水施帐幔、车服灿烂,走马步射,饮宴终日。"另见《晋书》之《李玄盛传》《刘聪载记》,及《魏书》之《赵逸列传》《杨播列传》《夏侯夬传》,都是北朝同样有上巳节的例证。

从以上资料可以看出,既然上巳水畔之游无分长少贫富贵贱,那自然包括女性。事实上,经过对文献的爬梳不难发现,这一时期的上巳节理所当然也是女性的节日,她们盛妆出行,活动空间丝毫不输于男性。前引杜笃《祓禊赋》

云:"若乃窈窕淑女,美媵艳姝,戴翡翠,珥明珠,曳离褂,立水涯,微风掩墦,纤縠低徊,兰苏盼蛋,感动情魂。"《京师上巳篇》云:"窈窕淑女美胜艳。妃戴翡翠珥明珠"。描绘了东汉初年,年轻少女们装扮高贵,在水畔明眸盼顾,令人心旌摇荡。类似于此的场景描写在文献中不是孤例,在上巳时节,女性衣饰鲜艳,彩妆娇媚,在水滨坐沐春风,振手濯足,并没有与男性分隔开来,而是共同的嬉戏宴饮。如蔡邕《祓禊文》曰:"洋洋暮春,厥日除巳。尊卑烟骛,惟女与士,自求百福,在洛之涘。"此景另见魏刘劭《赵都赋》,晋成公绥、张协《洛禊赋》;亦见《艺文类聚》卷四"岁时中""三月三日"条引《夏仲御别传》和《晋书·隐逸·夏统传》。

从上述略引的资料中,可以看到其时女性的自由状态,她们的活动空间仍较广阔。然而自有汉以来,儒学日益得到政府的支持而成为思想主流,它不断建构民俗以推行其价值观,这也包括正在建构的儒家社会性别观念和制度,确立男尊女卑的社会准则,强化男女两性的"公""私""内""外"界定和划分,把女性规范在"私人领域"和"家内",以完成其社会性别制度下的性别分工。在观念上,以阳阴的理念(阳主阴辅)确立男性的尊贵高崇地位,以"三从"来限制女性的人身权利,强调女人对男人的屈从;在生活空间上,将女性限制在家庭之内;在两性交往上,则采取男女隔离的仪则。主流社会也通过各种手段来加强这种思想观念在社会生活中的落实,其中政府和儒士起了积极的作用。如"循吏"对所任官地方风俗的整顿、《列女传》的出现等;甚至出现了女性的自我规范,如班昭《女诫》的创作,都显示了主流价值观话语权力的强势。

然而从东汉至西晋时期上巳节的女性参与情况来看,儒家所追求的社会性别观念和理论并没有取得更大的成效。虽然性开放受到了很大的限制,而恋爱自由的限制则要小得多。尽管自由性爱被"雅化"为政府主导的以祈子为中心的高禖祭祀,但女性活动的空间并没有明显缩小。在上巳节的水滨,简直就是女性的狂欢,不仅可以解放空间对身体的束缚,回到大自然,实现身体的自由舒展;而且,通过对身体的装扮,显示了美的追求,通过歌舞、宴饮乃至赋诗,从祓禊那种巫术仪式的神秘"恐惧"中解脱,实现了精神的自由。由巫术仪式到社会风俗的蜕化,使女性完成了从身体到精神的双重解放。然而,主流社会对维持两性隔离和对女性的压制仍在继续,从西晋开始,上巳节的仪式内容再度变迁,女性的活动空间开始被挤压。

四、由民间到庙堂：上巳节庆活动主体向男性的转移

东晋南北朝时期上巳节仪式内容的变化，主要体现在它已转变成为以男性尤其是以高层社会男性为主的活动，即园林之宴、曲水流觞。活动的场所也多由自然水域，逐步移入人工环境，比如皇家或私人园林。当然，民间的节庆活动仍然像往常一样继续，比如上引《荆楚岁时记》所载的"四民并出"，而《搜神记》记卢充幽婚事，亦云"三月三日，充临水戏"。在一些文学作品中，也作了相同的描述，如《月节折杨柳歌十三首》之《三月歌》，其曰："泛舟临曲池，仰头看春花，杜鹃纬林啼，折杨柳，双下俱徘徊，我与欢共取。"然而，更多的文献显示在这一时期的上巳节中，社会上层及文人雅士的活动逐渐与民间活动分离，开始了向文人雅会的转向，形成一种新的特殊节日形态。皇帝一如既往地参与，并开始起主导作用，于上巳节时在指定的地点向群臣赐宴；而女性开始被排除在活动主体之外①。

曲水流觞，就是把酒杯放入水中，任其漂浮，漂至谁人跟前，谁即饮之。其最早可能是源自上巳祈子活动中的曲水浮卵或曲水浮枣。在汉晋诗中，对此类活动多有描述。这其实是从春季出游活动携带食物饮品聚餐中推衍而出的游艺节目。在汉代的上巳节，无论是祓禊祈子还是水滨之游，都携带有食物，以供宴饮用。

《宋书·礼志二》云："魏明帝天渊池南，设流杯石沟，燕群臣。晋海西钟山后流杯曲水，延百僚，皆其事也。官人循之至今。"由此可见，自魏时起，上巳节的皇家宴饮已有了固定场所，为"曲水流觞"创造了人工环境。大约在西晋后期司马奕当政时，始称这个人工河渠为"曲水"。这样，临水狂欢的内容就发生了变化，文人行曲水流觞，饮酒赋诗，形成了名士雅集的现象；王羲之《兰亭集序》所记"暮春之初，会于会稽山阴之兰亭，修禊事也。……引以为流觞曲水，列坐其次"，则是文人雅集、饮酒赋诗典型事例。在当时的文人诗中大量出现这样场景的描述，考诸逯钦立辑校《先秦汉魏南北朝诗》及其他诸书，总计两晋南朝上巳诗约近百首，典型反映了上巳节内容的转换，这是这个节庆活动的又一次雅化。

---

① 与此同时，上层有知识的女性也像男人一样，玄谈赋诗，如《世说新语》中《贤媛》诸篇所见；曼素恩（Susan Mann）仅仅根据女性文学作品判断，"六朝时期是中国妇女史上妇女生活最活跃、最丰富多彩的时期"（见［美］曼素恩：《缀珍录：十八世纪及其前后的中国妇女》，定宜庄、颜宜葳译，江苏人民出版社，2005年，第270页）。然而，女性对男性的"模仿"，恰恰是其丧失主体性的表现。

文人雅集自有其文化背景，魏晋时期名士多归居园林，寄情山水，这无疑已具备了上巳节活动的一些元素，但为了寻找其合理化的政治正确的来源，遂溯源至"曲水之宴"之说，然而这种溯源的建构也经历了一个过程。

《后汉书志·礼仪上》记载其始于东汉郭虞生女而夭、祈禳祛邪的传说；此亦略见于《宋书·礼志二》及吴均《续齐谐记》。这些传说都把曲水流觞归根到生育和祓禊，不仅表明了汉代上巳节祈子和祓禊的主要内容，而且揭示了上巳节的"女性"主题。从先秦《诗经》的"溱洧"原型开始，它就被打上性别的烙印，解经者都是从女性"淫"的角度来看待的；汉代"雅化"成祈子主题以后，并与《周礼》"女巫"的意象结合，则更是强化了节日的女性倾向。生女而夭，遂成为忌讳，人们以此日祓除不详，却增加了"厌女"的因素，然而女性主题并没有改变。

而且，在《太平广记》王嘉《拾遗记》中，虽然其载"东瓯贡女"的传说把上巳祓禊的理由改为落水的亡女，但其思路和主旨跟生女而夭依然相同，即通过某种禁忌达到限制女性活动的目的，这事实上已经构成了对女性的歧视，建构了男女两性的不平等。魏晋时人反对这些传说与曲水流觞的关系，就是要把上巳节与女性，尤其是女性与巫术结合的气氛撇清，进而排斥女性在上巳节中的主体地位，为使之向文人集会寻找理由。结果，上述传说都被儒士和史家否认，认为上巳节祓禊活动其源有自，是来自古远的圣人，而非民间的传说。这种观点在南北朝时期已成为共识，但到底源自何处，有说自周公者，亦有说自孔子者。但无论如何，正如吴自牧《梦粱录》所云："三月三日上巳之辰，曲水流觞故事，起于晋时。"而曲水之说的源由言人人殊，都表明了他们欲其合理化的愿望，无论如何，他们都试图把曲水的游艺活动与巫术和民间分离开来，是加重曲水流觞正当性和权威性的表现。他们强调它的起源与女性——哪怕是女性禁忌——都无关系，试图否定这个节日的神秘色彩，使之成为一个普通节庆和社会风俗。

由于汉代以后的父权制社会不断加强两性关系的隔离，女性很难进入男性的活动之中，因此，上巳节中的曲水流觞开始成为以男性为主体的高雅游艺，并得到政府的重视和支持。每年上巳节，皇帝都赐宴群臣于皇家园林中。而女性从中退出，不再是活动内容的主体，仅仅作为男性娱乐的陪衬，或歌舞，或乐咏，成为被观赏的对象。如刘遵《四时行生回诗》："三月三日咄泉水，七月七日芍陂塘，凤靥娥眉妆玉面，朱帘绣户映新妆。"她们的美丽装扮不是为了自己在自然场域中的展现，而是为了给宴饮的男性观看，"朱帘绣户"显示出其活动的场所是楼台亭阁，而不再是外间的水滨。刘孝绰《三日侍光华殿曲水宴诗》："薰袚三阳暮，濯禊元巳初。……妍歌已嘹亮，妙舞复纤余。九成变丝竹，百戏起龙鱼。"庾肩吾《三日侍兰亭曲水宴诗》："百戏俱临水，千钟共逐流。"和"百戏"一样，女性的歌舞只是为男性雅会服务的陪衬节目而已。另，萧纲《三月三日率尔成诗》、陈叔宝《上巳宴丽晖殿各赋一字十韵诗》和《上巳玄圃宣猷堂禊饮同共八韵诗》、江总《三日侍宴宣猷堂曲水诗》等都揭示了女性不再是为自己的欢乐而存在，只是为了满足男性节日娱乐的需要。上巳节的女性主体被抽空，女性也不能像以前一样，自由地在水滨展现身体的解放，她们越来越被鼓励身穿华服，足着舞屐，在男性宴会上歌舞。这样，女性的身体也被包裹、被束缚，她们的活动空间在不断缩小，由野外到庭院，又由庭院转到家内，这种由外向内的空间转移，凸显了女性地位的变迁。

隋唐以后，上巳节的活动内容仍然在变化，但上巳节基本上处于消亡阶段。唐代，皇帝仍在上巳曲江赐宴群臣，但多流于形式，还往往因干旱、战乱等原因停止。而民间活动在持续举行，仍表现为春游踏青和文人雅集。宋以后，上巳节与清明节庆的活动归合到一起，渐湮没不闻。伴随着上巳节活动的变迁和消失，是女性活动空间的不断狭小；在身体上，缠足成为大多数女性必需的人生经历，被紧紧裹缚的，不仅仅是双足，而是整个身体乃至精神。女性在丧失生产能力的同时，也造成了日常生活上极大的不便，委身于内闱，是社会性别文化的要求，也是身体不得已的选择。

（原载《妇女研究论丛》2012年第6期）

才女"越界"、声望竞赛与明清江南社会运行[①]

张 杰[②]

摘 要：明清江南社会出现了才女群体与男性士人交游的社会性别空间"越界"现象。与男性士人"越界"交往的才女群体得到了江南社会的容忍和鼓励。明清江南社会的声望竞赛是才女群体"越界"交往这一历史现象得以出现的关键。才女群体的个体才华，可以使得自身加入江南社会的文化网络，为家庭和男性士人赢得文化资本与社会资本，从而提升自身家庭与男性士人在江南社会中的声望，而通过才女群体婚后对社会性别空间秩序的遵守，才女"越界"交往仅被定义为生命周期中的阶段性事件，从而又保证了江南社会秩序的稳定运行。

关键词：才女群体 "越界"交往 声望竞赛 社会秩序运行

才女，在明清的江南社会作为一个群体出现，特别是在清代中叶迅猛发展。有些才女群体呈现出跨地域、跨血缘的特征，与明代以前才女以零星的个体面目出现迥然不同[③]。

才女往往是才德美兼备的闺秀，她们不仅相互唱和，还与男性士人发生诗文交往，从而在一定程度上威胁了"男女有别""男外女内"的社会性别秩序。对于这种才女群体的社会空间行动，研究者们从女性主义建构论的角度予

[①] 基金项目：本文系 2010 年度教育部人文社会科学研究一般项目青年基金"'陌生人'的社会学研究：基于不确定性的视角"（项目编号：10YJC840087）的阶段性成果。

[②] 作者简介：张杰，男，南京航空航天大学人文与社会科学学院副教授、博士，复旦大学新闻传播学博士后。研究方向：历史社会学。

[③] 从目前学界研究情况来看，才女群体在明代已经出现，如晚明著名的叶氏家族才女群，但还是以血缘关系为主。建立在地域唱和基础上的才女群体在清代远多于明代，如随园女弟子群、陈文述女弟子群、蕉园诗社、吴中十子等地域性才女群体，呈现以江南地域为中心的唱和交往情况，互动频繁。

以了较高评价，认为其在一定程度上是女性主体性和空间能动性的体现①。

然而，如果将这种社会空间行为理解为一种对现有性别秩序的挑战与新的建构的话，也就意味着才女群体与男性士人的"越界"交往行为（本文的"越界"是指才女群体跨越"内外有别"的社会性别空间边界去与男性士人进行诗文交往）会给江南社会秩序运行带来威胁。但是面对才女群体的这种威胁，当时的江南社会却采取了有别于对待一般女子的策略。江南社会一方面要求普通女性遵守"内外有别"的社会性别空间边界，一方面又默认甚至鼓励才女们由"内"而"外"，允许他们同男性士人的"越界"交往。为什么才女群体由"内"而"外"的"越界"交往活动，会被当时的江南社会予以容忍呢？这种"越界"交往活动对于明清江南社会秩序运行而言究竟意味着什么？如何从社会秩序运行的微观层面去重新理解才女群体在明清特别是清代中叶的江南社会，可以由"内"而"外"与男性士人发生交往从而跨越社会性别空间边界这一历史现象？本研究拟从历史社会学的视角，来重新审视这一被以文学和历史学为主体的才女研究和江南社会研究所忽略的问题②。

一、才女"越界"交往与江南社会对才女交游的宽容

明清时期，封建礼教对女子和异性交往是严格控制的，对于性别空间秩序而言，男外女内、男女有别是最重要的空间秩序。然而，明清时期的才女群体和一般女子不同的地方在于，她们往往会通过群体的唱和活动由"内"而"外"，从而与男性士人群体发生交往。对于这种越出当时"女子"性别空间边界的行为，江南社会却多采取一种包容的态度③。这种将才女和一般女子区别对待的态度是耐人寻味的。

总体来看，在强调女子三从四德的封建社会，对于才女群体也是强调德行和内外有别这样的将女性禁锢在家庭中的社会性别秩序的④。因而长期以来，

---

① 持这种观点影响较大者为曼素恩（Susan Mann）和高彦颐（Dorothy Ko）。曼素恩在《缀珍录：十八世纪及其前后的中国妇女》一书中强调才女群体作为社会上层群体，其动用的资源和与男性的权力关系同文艺复兴时期的西欧阅读女性群体的不一致性，进而讨论了中国社会的"内"与"外"不仅仅是一种性别压迫机制，同时也赋予了女性特别是作为上层的才女群体以一定的自由。而高彦颐在其影响很大的《闺塾师：明末清初江南的才女文化》中更是将才女群体的这种主体性演绎到了极致，认为才女群体事实上利用各种策略获得了行动和挣脱男权意义的自由。

② 目前对于清代地域性知识女性群体的研究相对较少，且集中在文学和史学研究领域，对于清代江南知识女性群体盛行与江南社会的微观运行之间关系的研究相对缺乏。

③ 关于这种宽容，详见张杰：《才女为何？明清江南社会对"才女"群体的社会认知和秩序生产》，载《开放时代》2014年第4期。

④ 张杰：《才女为何？明清江南社会对"才女"群体的社会认知和秩序生产》，载《开放时代》2014年第4期。

在社会性别秩序中是贬抑才女的，即使是记诸史书的谢道韫、李清照、蔡文姬等才女，社会秩序维护者也是对她们大加驳斥，认为有亏妇德。"文学之妇，史传所载，班班脍炙人口。然大节有亏，则众长难掩。无论如蔡文姬、李易安、朱淑贞辈，即回文绝技，咏雪高才，过而知悔，德尚及人，余且不录，他可知矣。"①

然而当时江南文人称赞才女时却多以蔡、谢比拟，"继祖母高明大学士文端公讳仪曾孙女也，相国和梅之裔，一代高华，大家起絮之才"②，并不将以谢道韫为代表的才女视为无德女子。

当时的江南才女也多以蔡、李、谢称誉或自诩，并不看重其德行有亏的一面。如徐媛在《屠母黄孺人墓志铭》中称颂黄孺人"其文才藻绘，上可方班姬，下亦不愧曹大家……诗才柳絮，宁让谢太傅之名，闺词鲜色，丝不减蔡中郎之令女"③。墓志铭或有过誉成分，但这恰恰说明当时江南社会认为将有才有德的女子比作文学之妇是一种赞美。再如吴筠。"吴筠，字湘屏，号畹芬，上虞吴竹溪季女。适嘉兴李杏村。杏村好学擅诗歌，畹芬相与唱酬，常欲出杏村上。有句赠杏村云：'柳絮因风传谢女，梅花何福作林妻。'其自负如此。"④以谢道韫自诩，其实强调的是自己比丈夫强（谢道韫嫁王凝之，有"天壤王郎"之叹）。这并不符合明清社会"男高女低""男外女内"的社会性别秩序的要求，可见当时江南士人主要重视的是才女的"才"，对女才的重视程度高于女德。如晚明士林领袖钱谦益对明代末期叶绍袁家一门才女赞赏有加："宛君与三女相与题花赋草，镂月裁云。中庭之咏，不逊谢家；娇女之篇，有逾左氏。于是诸姑伯姊，后先娣拟，靡不屏刀尺而事篇章，弃组红而工子墨。"⑤在才女群体的影响之下，才华而非女红成为当时江南士女的时尚⑥。

晚明时人曾记录当时江南社会对才女个体才华的器重。"近吴越中，稍有名媛篇什行者，人宝如昭华，琬能使闺合声名驾藁砧而上之。"⑦而明末清初士人甚至以本地才女辈出作为江南社会的骄傲。顾若群在《卧月轩稿序》中说：

---

① ［明］吕新吾：《闺范》，载［汉］班昭等撰：《蒙养书集成》（二），三秦出版社，1990年，第116页。
② ［清］袁藻功：《继祖母高太孺人传》，载《思绮堂文集》（卷三），清康熙六十一年刻本，第181页。
③ ［清］徐媛：《络纬吟》（卷十一文部）》，明末钞本，第68－69页。
④ 王蕴章：《然脂余韵》（卷二），民国铅印本，第24页。
⑤ ［清］钱谦益编：《列朝诗集小传·闺集·沈氏宛君》，上海古籍出版社，1983年，第753页。
⑥ 张杰：《才女为何？明清江南社会对"才女"群体的社会认知和秩序生产》，载《开放时代》2014年第4期。
⑦ ［清］王思任：《钟山献序》，载《谑庵文饭小品》（卷五），清顺治刻本，第179页。

"吾杭数十年以来，子萩田先生女玉燕氏则有玉树楼遗草，长孺虞先生女净芳氏则有镜园遗咏。而存者为张琼如氏之书。为梁孟昭氏之画。为张似音氏之诗。若文皆闺阁秀丽，垂艳流芬。宜马先生谓：钱塘山水，蜿蜒磅礴之气，非搢绅学士所能独擅。而马先生尤啧啧余亡妻黄字鸿氏所为闺晚吟，至拟之杜之北征韩之南山。顾谓吾姊（指顾若璞）氏之文，不徒以五言七字争奇于险韵，知言哉！"① 顾若群的这番话充满了对其姐、其妻以及其他杭郡才女作品的自豪感。才女与家族认同之间的关联在男性文人的自豪感中微妙地展现出来。

对才女"越界"的欣赏和包容在当时的文人对传颂江南社会的才女记录中可见一斑。"吾乡多才女"②，"兰陵蒋氏多才女"③。甚至有文人认为清中叶时江南文运钟于女子。"同时闺秀著名者，吴门有金纤纤、王梅卿、曹墨琴，黎里有吴珊珊，常熟有席佩兰、归佩珊，上海有赵韫玉，淛江有方芳佩、孙令仪，毘陵有钱浣青，皆卓卓可传者。相传乾嘉之间，文昌星扫牛女，度故闺秀诗词极一时之选。"④ 这可以被视为一种替才女群体张目的合法性话语策略。

可见，明清两代，特别是到了清代中叶，才女群体俨然成为"士"这个阶层争相赞赏的对象。固然，当时被视为才女的，基本上都是才德兼备的所谓"闺秀"，但是在其生命周期的青年阶段，作为才女，她们却是"动"的，呈现出一定的"越界"交往性。当时的江南社会对一般女子与男子的交往有着严格的限定，强调"男外女内""男女有别"，而才女与男性的交游活动却与当时江南社会的这种性别秩序安排有一定的冲突，在一定程度上越出了当时的社会性别空间边界。由于才女"越界"交往甚为普遍，以至于章学诚要发出感慨："今之号才女者，何其动耶？何扰扰之甚耶噫！"⑤

为什么才女群体没有像一般女子那样被要求严守"男外女内"的性别空间边界，相反，其"越界"交往行为却被当时的江南社会的士人予以容忍和一定程度的鼓励呢？要想解释这个现象，必须把才女"越界"交往这个历史现象同当时江南社会的声望竞赛联系起来。

---

① [清] 阮元辑：《两浙輶轩录》（卷四十），清嘉庆刻本，第1647页。
② [清] 袁枚：《随园诗话》（卷八），清乾隆十四年刻本，第128页。
③ [清] 法式善：《梧门诗话》（卷十二），稿本，第118页。
④ [清] 徐康：《前尘梦影录》（卷下），清光绪二十三年江标刻本，第29页。
⑤ [清] 章学诚：《妇学》，清嘉庆艺海珠尘本，第6页。

二、才女"越界"与明清江南社会的声望竞赛

（一）才女"越界"与家庭社会地位提升

当时的江南社会，对于女子的要求普遍是强调德行。择妇以德，是封建社会家庭秩序再生产的内在要求。对女子德行的强调，在很大程度上是中国社会的"父子"关系逻辑——长幼尊卑秩序再生产的需要，是家庭秩序稳定的需要。江南社会的家庭秩序生产是一种充满张力的空间生产。这种张力体现在江南社会作为一个社会空间，其秩序运行是稳定的，其秩序要求是强调把人固定在土地和关系之中，处于低社会流动的状态。这就要求人际关系重视先赋性关系。所谓先赋性关系，即血缘、姻缘、地缘等先在于个体的关系而非个体后天交往获得的关系。先赋性关系强调关系中的义务性和强制性而非选择性，强调关系的等级性而非平等性。这种对关系先赋性和稳定性的强调，就使得家庭秩序生产首先是一套对上下尊卑的义务性、等级性关系的生产。所谓"女德"本身就是对这类关系和社会秩序的遵守和内化。但是在江南社会内部，每一个具体家庭的秩序生产，同时又具有不确定性，对社会秩序的遵守和内化，并不能保障家庭社会地位的再生产一定能够成功，因为江南社会中有一定的社会流动性存在。家庭在江南社会中所占据的社会位置从等级的角度来说是相对稳定的，士农工商四民社会是一个既定的等级社会，这是社会秩序稳定性的一面，但是对于每一个具体的家庭来说，其社会地位又是可以通过自身的努力发生变化的，这种可变性在明清就来自科举制这种社会流动机制。

科举的录取率很低，使得即使已经通过科举考试成为江南社会的精英——士绅群体的家庭，也无法保证自己的下一代能够继续通过科举考试。而只有子代通过科举考试，成为"士"这个阶层中的一员，才能使自己的家庭在江南社会中长期处于较高的社会位置。在这种情况下，每个家庭都必须尽一切努力提升下一代通过科考的概率。这是江南社会内的家庭竞赛。这种由家庭社会地位再生产的不确定性引发的竞争使得每个具体的家庭不仅要考虑家庭内社会秩序包括性别秩序的再生产，而且要考虑家庭在江南社会中的社会地位和社会声望的再生产。

然而清中叶以后，科举录取的比例逐年降低。在科举竞争激烈的江南社会中，随着科举通道的日益堵塞，对于每一个具体的家庭来说，男性士人向上流动的可能性在不断下降。因此，要想保障家庭在江南社会中的社会地位再生产，男性之外的家庭成员——才女群体就为家庭的声望竞赛提供了新的资本：

才女的才华转变成为家庭竞赛中新的文化资本，其与男性交往唱和所建构的人际网络也成为家庭声望竞赛中新的社会资本。

才女与士人的"越界"交往可以帮助家庭成员提升其在江南社会中的社会声望。这样的记载很多。"幼舆尝与渔洋诸公九日饮宋子昭小园，限蟹字韵，启姬代为诗，末云：'予本淡荡人，读书不求解。《尔雅》读不熟，蜞蟆误为蟹。'一座大惊。"① 才女的才气使得王士禛这样的诗坛领袖也为之叹服，自然增加了幼舆作为男性主人的声望。

除了与男性士人诗文唱和以外，才女与男性士人"越界"交往的一个常见方式是通过拜师成为著名文人的女弟子。对于才女所属的家庭来说，意味着其家庭通过才女进入一个新的人际与文化网络中，从而有可能提升其在江南社会中的社会位置和声望，在江南社会的家庭竞赛中增加新的向上流动的机会。正是出于这个动机，很多士人家庭容忍甚至鼓励家中的才女加入女性和男性的才人网络中，例如随园女弟子群体。

随园女弟子严蕊珠就凭借自身的才华而非传统的熟人介绍，让袁枚接纳了她。"吴江严蕊珠女子，年才十八，而聪明绝世，典环簪为束修，受业门下。余问：'曾读仓山诗否？'曰：'不读不来受业也。他人诗，或有句无篇，或有篇无句。惟先生能兼之。尤爱先生骈体文字。'因朗背《于忠肃庙碑》干余言。余问：'此中典故颇多，汝能知所出处乎？'曰：'能知十之四五。'随即引据某书某史，历历如指掌。且曰：'人但知先生之四六用典，而不知先生之诗用典乎？先生之诗，专主性灵，故运化成语，驱使百家，人习而不察。譬如盐在水中，食者但知盐味，不见有盐也。然非读破万卷、且细心者，不能指其出处。'因又历指数联为证。余为骇然。"②

从严蕊珠的事例中可见，才女加入文人领袖的门下，不完全需要如男性那样太多的门第、父辈等交往因素，而主要依靠自身的才华。即使与袁枚不认识，也可以直接求见纳入门墙。这种强调个体吸引的新型交往方式，为处于"士"这个阶层内的下层普通士人家庭的才女跨越社会分层的障碍，加入以袁枚这样的文坛领袖为中心的人际网络提供了便利。袁枚所到之处，才女们蜂拥而至，欲求拜入门墙，成为其人际网络中的一员。这种新型的人际网络本质上

---

① 王蕴章：《然脂余韵》（卷四），民国铅印本。
② [清]袁枚：《随园诗话补遗卷十第四十一条》，载《随园诗话》（下），云南人民出版社，2003年，第1585页。

是一个陌生人群体，它首先强调的是个体才华这样的个体因素而非家庭关系和社会地位。即如前述的严蕊珠，虽然其外祖父为吴江李宁人，曾做过按察使，但其父仅为诸生，未有功名，在江南社会的家庭竞赛中显然处于下风。然而，家里出了才女，严蕊珠在没有人介绍的情况下面见袁枚，凭借其出色的才华，成为袁枚的弟子和三大知己之一。另一个著名的随园女弟子骆绮兰也曾经自荐投袁枚门下，后经袁枚介绍转投镇江士林领袖王文治门下，成为两大文人领袖的共同弟子。很多出身一般甚至寒微的才女得以成为才女网络中的一员，从而提升自身和家庭的社会声望。如吴江另外一个出身商家的贫寒才女汪玉轸就是如此。

（二）才女"越界"交往与男性士人、才女的声望提升

当时的江南社会，不仅才女有走出家庭、"越界"交往的动机和需要，男性士人出于种种考虑，也乐于与才女交游。

当时的士人领袖收女弟子蔚然成风。"吴玉松太守云传载辞官逍遥里社，所受业女弟子多至数十人，年八十有余之。"① "齐梅麓有女弟子张云裳襄，张丽坡参戎之女也。归汤价人观察之子，才貌双优，事梅麓如父。"② "昔毛西河有女弟子徐昭华，为西河佳话。乾隆末年袁简斋太史效之，刻十三女弟子诗，当时有议其非，然简斋年已八旬，尚不妨受老树着花之诮，近有士子自负才华，先后收得五十三女弟子诗都为一集，其中有贵有贱，杂出不伦，或本人不能诗为代作一二首以实之。以夸其桃李门墙之盛，此虽从事风流而实有关名教。曩余在三松堂客有艳称其事者。"③

可见，招收女弟子这种行为虽然依然受到江南社会秩序维护者的批评，但是在江南社会内部也不乏"艳称其事者"。这种羡慕的背后，恰恰说明才女群体的出现，无形中使得男性士人在江南社会中的声望竞争方式变得多样起来。才女的鼓吹者和保护者身份成为一种新的提高男性士人社会声望的方式。这不仅给男性士人带来了更多的关注度，还可以将男性士人自身的文化资本（文化场域中的较高位置）转换成社会资本和经济资本，从而成为切实提升其在江南

---

① ［清］梁章钜：《楹联续话》（卷三），清道光南浦寓斋刻本，第29页。
② ［清］梁章钜：《楹联续话》（卷四），清道光南浦寓斋刻本，第51页。
③ ［清］钱泳：《履园丛话》（卷二十一），道光十八年述德堂刻本，第317页。

社会中社会位置的一种手段①。

在文化场域中占据较高位置的士人需要才女群体来实现其文化资本的转换，而处于较低层级的男性士人也同样可以凭借和有声望的才女交往来提升自身在江南社会中的社会声望。清代中叶以后，科举录取人数大幅降低，大量的士人无法通过科举考试来实现向上的社会流动，沦为寒士②。科举正途以外的社会声望成为他们维系自身在江南社会中的社会地位的重要竞争方式。对才女及其作品的鼓吹成为部分男性士人维持和改善自身社会地位的新的竞争武器。"余在里门偶见装潢家有残画一束，中有黄皆令设色山水扇头，妍妙绝伦，余问肯售否？答云本系托销之物。余适有虞山之行，不及还值，且扇头单款只署皆令二字，贾人亦并不知其为何许人也。意此画未必遽有识者，终落余手耳。往虞山不数日，即归急觅之，则有客从吴门来，见之即重价购去矣。妙画不易得，交臂失之，是天下第一恨事。皆令名媛介，嘉兴才女，诗文书画皆佳绝……诗笺未有刊本，余尝于友人斋中见之，今不能记忆矣。"③

黄媛介是明末才女，从这段男性士人对黄媛介的画欲得还失的记载中，可以看出才女及其作品在当时江南社会中的受欢迎程度以及男性士人对于拥有才女作品的渴望。类似的还有清代男性士人对明末才女叶小鸾的接受与痴迷。

由于才女在江南社会中广受士人欢迎，以至于还出现假才女的事情。"昔船山太守寓吴中，眷莲缘校书绳之，甚至同时文士咸赋诗张之，其美丽可想。叔曾慕名往见，肥黑而麻，非但不美而已。吾乡女冠韵香能书能画，兰貌已容。为空山听雨图，梁山舟侍讲首题一诗，遂遍征名流题咏。享艳名二十余年。然其对客酬和之作，咸复壁中人为之。叔亦捉刀中一人也。忆余在装潢铺见便面上韵香自书诗词，曾录其采桑子词出以相质。叔曰，此虽不知伊谁笔墨，然韵香不藉词传，词或藉韵香传，又何必辨为非。"④

借才女得以成名，恰恰来自部分男性士人以才女自重，借与才女的交往提

---

① 事实上，如袁枚等在文化场域中占据较高位置的士人，通过广泛吸收女弟子，从而可以将这种文化资本和社会资本转化为经济资本。详见王标：《城市知识分子的社会形态——袁枚及其交游网络的研究》，上海三联书店，2008年。

② 清代进士录取率呈现波动状态。据研究者李润强统计，自乾隆十三年至六十年（1748—1795）的22科共取中进士3753名，平均每科录取170.6人，远低于清代单科录取平均值239.7人。而乾隆六十年递减至81人，为清代单科人数和每科平均人数最少的一个时期。见李润强：《清代进士的时空分布研究》，载《西北师大学报（社会科学版）》2005年第1期。

③ ［清］盛大士：《溪山卧游录》（卷四），清道光刻本，第32－33页。

④ ［清］丁绍仪：《听秋声馆词话》（卷五），清同治八年刻本，第37页。

高自身在江南社会中的声望与地位所致。也正因为此，部分男性士人不仅乐于与才女交往，而且还要大为宣扬。"纤纤题湘湄诗稿有云，江东独步推君在，天遣飘零郭十三。余嘱武林蒋山堂以落句作一私印，佩之终身以志知己之感也。"① 郭麐对苏州才女金逸的题诗如此看重，固然有个体情感（知己）的因素在内，但也从一个侧面说明与才女的交往是当时部分男性士人在文化场域内进行身份区隔的一种重要手段。

而吴江才女汪玉轸给郭麐的画题诗，"频迦因之更请叔美画万梅花拥一柴门图，名家题辞甚众"②，时人认为郭麐好事，确实也道出了文人利用才女提升自身在文化场域中的位置的这一面。

可见，与才女诗文交往成为当时部分男性士人在文化场域中身份竞争的新手段。"乾隆间闽中徐两松藩伯首唱素心兰四律，一时都人士次韵者至数百家，旁及闺秀亦有和章。先资政公本在方伯门下。因命先太夫人同作。时藩伯将和诗汇次成帙，属鳌峰院长孟瓶庵先生甲乙之。先太夫人诗中有三霄桂窟输清绝，万顷芝田伫后缘句，先生辗然曰，此两句居然诗兆梁氏之兴，未有艾也。藩伯以为知言。"③

由于与才女的诗文交往在男性士人中日趋竞争激烈，部分男性士人甚至退而求其次，将编辑才女作品也作为自身在文化场域竞争的手段。"夔臣字山臒，以诗名，曾辑女子诗为《雕华集》。待梓，翁绣君女史以寄他氏，损增刻之，别立集名，夔臣抑抑病殁。文人好名之弊如此。"④ 男性士人因为编女性作品集不遂，从而无法在江南社会的声望竞争中获胜，竟抑郁而终。这从一个侧面说明才女及其作品对于部分男性士人在江南社会中声望竞争的重要性。

（三）独立声望：才女"越界"的内在动力

由于家庭和男性士人的鼓励，才女群体"越界"与男性士人交往的合法性得到确认。而在与男性的交往唱和中，其经常呈现出才华超越男性士人，与之分庭抗礼的现象。

"沈佩玉夫人，叶克昌室也。有《月下睡起》云：'蚕吟深夜月，人卧一庭花。'十字颇为士林传诵。"⑤ "虞山王云上，名岱，能诗。家素贫，常出门

---

① ［清］郭麐：《樗园销夏录》（卷下），清嘉庆刻本，第33页。
② ［清］徐康：《前尘梦影录》（卷下），清光绪二十三年江标刻本，第29页。
③ ［清］梁章钜：《先女比王太夫人条》，载《闽川闺秀诗话》（卷三），清道光二十九年刻本，第18页。
④ ［清］王培荀辑：《乡园忆旧录》（卷三），清道光二十五年刻本，第127页。
⑤ ［清］钱泳：《履园丛话》（卷二十四），道光十八年述德堂刻本，第359页。

负米。其夫人席氏亦工吟咏，有'愁连双鬓改，贫觉一身多'之句，传诵艺林。"①

"《五色蝶次韵五首》，闽县汪淑瑞女士作。藻思绮句，传诵一时。"② "蕙孙号散花女史，教授起凤女。善洞箫，制有《箫谱》。其所著有《绣余集》、《翡翠楼诗文集》。《浣纱词》尝有'听残红雨到清明'之句，脍炙人口，咸称'红雨诗人'。"③

才女的才华被男性士人广为传颂，甚至得到了以往一般男性士人才能得到的评价（如"红雨诗人"的别号），这说明，在与男性士人的"越界"交往中，才女不再仅仅作为男性士人的附庸，而开始依赖才华赢得属于自身的声望。再如著名的才女王端淑。"玉映，名端淑，号映然子，王思任季女，宛平丁肇圣室。著有《吟红》、《留箧》、《恒心》等集。……负才荦荦，能对座客挥毫，而陈其年且称其长于史学。初得徐文长青藤书屋居之，后寓武林之吴山，与四方名流相倡和。毛西河选浙中闺秀诗，未及玉映，因奇诗云：'王嫱未必无颜色，争奈毛君下笔何。'引用恰合，一时盛称之。……玉映善书作画，长于花草，有疏落苍秀之致。顺治中，欲援曹大家故事，延入禁中教授诸妃主，玉映力辞乃止。卒年八十余。"④

讥讽毛西河这样的文坛领袖而且"一时盛称之"，毛西河也作诗道歉，这充分说明了王端淑已经不满足于作为男性士人的竞争性工具和附庸，试图寻找才女自身在江南文化场域中的独立位置。而她被清室聘为教师，虽然可能为野史，但也说明江南社会对王端淑这样的才女在文化场域中占据独立位置合法性的肯定。前述的才女采石，在与男性才人的竞争中也处于上风。"署中东偏花畦中有白牡丹一株，郑夫人尝置酒招采石赏之。采石赋诗云：'素心毕竟让花王，侍从多骑白凤凰。富贵自应留本色，天人原不要浓妆。馆陶仙子情如玉，虢国夫人影亦香。寄语谰言莫相戏，洗红久已谱清商。'幕中同人有拈此题者，见此诗都为阁笔。"⑤ 类似才女与才子同场竞赛，让男性士人拜服的例子还有很多，如清中叶吴江才女汪玉轸。"同人欲制挽联未成，适汪宜秋内史玉轸挽对至，众遂藉口阁笔。其词云：'入梦想从君，鹤背恐嫌凡骨重；遗真添画我，

---

① [清] 钱泳：《履园丛话》（卷二十四），道光十八年述德堂刻本，第361页。
② 王蕴章：《然脂余韵》（卷二），民国铅印本，第31页。
③ 王蕴章：《然脂余韵》（卷二），民国铅印本，第33页。
④ 王蕴章：《然脂余韵》（卷五），民国铅印本，第110页。
⑤ [清] 梁章钜：《楹联续话》（卷四），清道光南浦寓斋刻本，第38－39页。

飞仙可要侍儿扶。'"①

可见，在明清，相当一部分才女开始凭借自身的才华在江南社会的文化场域中建构自身的位置。才女群体成为江南文化场域中新的竞争者而不再仅仅依赖于男性才子的鼓吹和提携。

这种独立的场域位置无疑给当时的才女提供了新的"越界"交往的动力，所以当长辈劝说梁章钜的妇人郑氏学琴时，郑氏却说："与其学琴，不如学诗，尚冀有片纸只字留示后昆也。"②

当才女与男性的交往、竞争中获得独立位置后，才女的自我评价就不再仅仅依赖于男性士人的评价，也包括来自于才女群体内部的独立评价。这种对才女独立声望和群体内部评价的重视在骆绮兰的自序中和袁枚对其儿媳的评价中也得到了证实。骆绮兰在《听秋轩闺中同人集诗序》中道："深悔向者好名太过，适以自招口实。"③ 而在袁枚给骆绮兰的信中，提到"八月驾到，定到随园，得与所慕爱之儿妇相聚谈诗。渠读来书夸美之词，笑声不绝。甚矣！女子之好名更甚于男子也"④。可见，成为才女，可能在江南社会中拥有独立名望，这也是众多女子成为才女的动力。"识字岂真忧患始，作诗宁冀姓名留。当时幸有怜才者，应愿将丝绣蒋侯。"⑤

影响所及，如果自身才华不足以在与男性的诗文交往中获胜，那么，对才女作品予以编辑也成为部分才女进行自身独立声望获得的竞争性手段。"合肥女史赵景淑，字筠湄，少有凤慧，喜读书。尝集古今名媛四百余人，各为小传，题曰《壶史》。又着《香奁杂考》一卷，征引详博。至于韵语，特其余事耳。"⑥ "严廷镆妻孙嬜，吴郡人，幼明慧，娴经史，兼工藻绘。早寡寒灯败帷，辛苦四十载，晚课女孙辑古名媛文百余首，细为评注，名曰古文馨鉴。识者以为可补中垒列女传、汝南女典之缺，巡抚张伯行表其庐榜曰：独娴大义。"⑦

可见，在家庭社会地位再生产和江南士人文化场域竞赛压力的合力下，由于才女"越界"交往对于家庭和男性士人社会地位再生产具有重要功能，才女

---

① 王蕴章：《然脂余韵》（卷一），民国铅印本，第56页。
② ［清］梁章钜：《先女比王太夫人条》，载《闽川闺秀诗话》（卷三），清道光二十九年刻本，第19页。
③ 胡晓明、彭国忠主编：《江南女性别集二编》，黄山书社，2010年，第696页。
④ 胡晓明、彭国忠主编：《江南女性别集二编》，黄山书社，2010年，第790页。
⑤ ［清］蔡殿齐：《国朝闺阁诗钞第十册小鸥波馆诗钞》（卷二），清道光嫏嬛别馆刻本，第1330页。
⑥ ［清］钱泳：《履园丛话》（卷二十四），道光十八年述德堂刻本，第361页。
⑦ ［清］赵宏恩修：《（乾隆）江南通志（卷176）人物志·列女》，清文渊阁四库本，第3202页。

"越界"成为江南社会容忍和鼓励的行为。而这种对"越界"的容忍和鼓励又往往会促使才女获得独立场域位置和独立声望，并成为驱动才女群体"越界"交往的内在动力。但是，不可否认的是，这种"越界"交往对于整个江南社会的秩序运行而言，还是带来了一定的冲击。面对才女群体的"越界"，江南社会是如何来予以规训从而保障其性别秩序和社会秩序的稳定运行的呢？

三、作为生命周期的才女"越界"：江南社会秩序对才女"越界"的规训

"马氏名间卿，字芷居，金陵人。陈翰林鲁南之继室也。鲁南丧耦，知其贤而有文，遂委禽焉。"① 陈中之女"端容止，不妄言笑。女工精致过人，读《女诫》、《孝经》等，皆通大意。太平君（陈）爱之，邑大家争聘"②。

当时的才女在婚姻市场上较受欢迎，例如才女凌兴凤，当丈夫去世以后，大家皆欲聘，以为才女有利其家。才女之所以在婚姻市场上受欢迎，关键还在于才女的"越界"并没有真正冲击到"男外女内""男女有别"的社会性别秩序，而相反，才女的"越界"交往是建立在社会性别秩序对当时女性的规训基础上的。才女被社会性别秩序定义为"德才兼备"。德，作为才女群体的基本要素，始终是存在的，只不过，在其生命周期的青年阶段，其个体才华得到承认和尊重，并可以凭借其个体才华"越界"与男性士人交往，但是这种"越界"依然是建立在"德"的基础上。大多数才女与男性士人的交往依然是建立在诗文的基础上，才女在交往过程中，必须始终恪守女德。因而，女德，作为社会性别秩序的主要规范，始终是对才女的交往行动产生制约作用的。

同时，必须意识到，才女"越界"交往只是其生命周期中的阶段性活动。如果说，在才女未嫁的青年阶段，"才"是评价才女的主要标准和声望来源，才女可以依靠其才华"越界"交往的话，那么，婚后，"德"就上升为才女的主要评价标准和声望来源，必须严守"男外女内"的性别空间边界，相夫课子③，其与其他男性士人的交往基本上停止。

在科举制的背景下，课子对于家庭社会地位的代际生产无疑十分重要。而

---

① [清] 钱谦益：《陈宜人马氏》，载《列朝诗集小传.闰集》（卷四），清顺治九年毛氏汲古阁刻本，第3080页。
② [明] 顾清：《太安人陈氏墓志铭》，载《东江家藏集（卷三十）北游稿》，清文渊阁四库本，第370页。
③ 关于这一点，见张杰：《才女为何？明清江南社会对"才女"群体的社会认知和秩序生产》，载《开放时代》2014年第4期。

才女的才华，对于子代教育来说，无疑大有裨益。这方面的例子不胜枚举。如王凤娴"暇则拈书课其子女，吟咏自如"，丈夫卒于官后，"孺人茹荼十余年，卒教子伯元君以明经荐乡书。是时孺人昼则操管钥，课臧获，勤瘁于家政；夜则课伯元君学，非丙夜不休"①。顾若璞，丈夫早逝，更是身兼严父慈母两职。"酒浆组纴之暇，陈发所藏书，自四子经传以及《古史鉴》《皇明通纪》《大政记》之属，日夜披览如不及。二子者从外傅入，辄令篝灯坐隅，为陈说吾所明。更相率呷吾至丙夜乃罢。"② 桐乡孔继英，课子严而有法。"家贫不能购书，命长子启震借书抄读时，复代为手缮。"③ 无锡杨氏幼时从叔父学习，"二子稍长，亲授句读，后虽已就师，每夜归必篝灯火与相对以助其勤"④。苏州朱氏幼通《女诫》诸书，"教二子无所不至，家有塾师，而复自课不废"⑤。南京户部郎中陆恺的母亲李氏更是"教诸子甚严，自外传归，夜则课之"⑥。

才女婚后不仅可以为"令子之母"，同时也是丈夫的陪读良伴，使丈夫的攻读更有效率，帮助其在家庭竞赛中获胜。如仁和郭素媛"娴女训，于归后佐其夫读书，恒达旦，以为常"⑦。王璐卿"江南通州人孝廉马振飞配。天姿颖异，读书过目成诵。于归后励夫子以读书，脱钗典衣以佐膏火，有不足则篝灯刺绣以继之。每遇花晨月夕，辄贯酒为欢，间制小诗则彼此酬和"⑧。而常熟孙原湘与妻子才女席佩兰感情弥笃。其《示内》诗有云："赖有闺房如学舍，一编横放两人看。"⑨ 这种夫妻同读互动所产生的愉悦，会增强丈夫的攻读效率。同样的事例很多，如"周云英，字逸仙，宝山人。嫁竹旬里徐阶三。家贫不废吟咏。阶三亦工诗词，……著有《卫花居诗草》。……与逸仙诗同一潇洒，可谓纸阁双声矣"⑩。"吴江张春水……续配陆璞卿女史，名惠，幼即明慧，并长诗画。春水丧偶，读其《绣余吟》而善之，遂倩人委禽焉。由是巡檐索句，刻

---

① [明]王凤娴：《焚余草王献吉序》，载胡文楷编：《历代妇女著作考》，上海古籍出版社，1985年，第91页。
② 王蕴章：《然脂余韵》（卷六），民国铅印本，第143页。
③ [明]唐顺之：《杨孺人旌节碑铭》，载《荆川集》（卷十五），四部丛刊景明本，第150页。
④ [明]唐顺之：《杨孺人旌节碑铭》，载《荆川集》（卷十五），四部丛刊景明本，第302页。
⑤ 王国平、唐力行：《明清以来苏州社会史碑刻集四十九范母朱硕人墓志铭》，苏州大学出版社，1998年。
⑥ [明]徐溥：《陆太宜人李氏墓志铭》，载《谦斋文集》（卷三），文渊阁四库本，第79页。
⑦ [清]潘衍桐撰：《两浙輶轩续录（卷五十二）郭素媛条》，清光绪刻本，第2529页。
⑧ [清]冯金伯撰：《国朝画识（卷十六）王璐卿条》，清道光刻本，第169页。
⑨ [清]孙原湘：《病起》，载《天真阁集（卷一）诗一》，清嘉庆五年刻增修本，第1页。
⑩ 王蕴章：《然脂余韵》（卷五），民国铅印本，第124页。

烛联吟，殆无虚日。春水编其闺中倡和诸作为《双声合刻》，传为艺林韵事。"①

因而，才女的"越界"交往被社会性别秩序规训为阶段性事件，才女在婚后和其他女性一样安于"内"，"女德"取代"女才"成为才女婚后的首要规范。这样，婚后的才女成为对社会性别秩序完全无害的群体。她们通过课子和相夫，帮助子代或者夫婿通过科举考试，从而对于家庭社会地位再生产和社会秩序再生产起着显著的作用，并且，其才华又会让其夫婿产生建立在个体吸引基础上的愉悦感。因而，选择才女成为当时很多士人择偶的现实标准。

甚至当夫婿在江南社会中无法维持自身社会地位时，才女还可以由内而外，利用自身的才华，维持家庭在江南社会中的社会位置，从而间接地对于江南社会的秩序稳定起到维持的功能。如"采石，嘉兴人，归吾闽曾茂才颐吉。茂才游幕江南，寄孥吴下。采石卖诗画自给"②。

可见，才女不仅意味着有可能通过相夫课子等活动来帮助家庭社会地位的稳定和提升，也意味着在特殊情况下（丈夫无法承担"外"的责任）可以由内而外，保障其家庭在江南社会中的生存和社会地位的维持，从而使得江南社会在总体向上流动性下降③的同时依然能维持其社会秩序的稳定与再生产。

四、结语

明清的江南社会是由士绅掌握权力的社会。一方面它具有稳定性，强调社会阶层之间的固定性，士农工商的四民划分和各安其位是这种等级社会稳定性和秩序再生产的需要和表现。然而，与这种稳定性相对立的是，江南社会在微观的家庭层面，同时又是一个有着流动性的竞争的社会。由于造就士绅阶层的科举制本身就是一个社会流动机制，要想维持和提升家庭在江南社会中的社会地位，就意味着江南社会中的每一个家庭都处于科举考试的高度竞争之中。这种以家庭为单位的竞争性不仅在士绅阶层中存在，随着明清江南商人和市民阶层的发育，上下有别的阶层界限开始模糊，僭越性开始显现，维持自身家庭在江南社会中的社会地位已经不再能够仅仅依赖江南社会自身秩序包括性别秩序

---

① 王蕴章：《然脂余韵》（卷五），民国铅印本，第125页。
② ［清］梁章矩：《先女比王太夫人条》，载《闽川闺秀诗话》（卷四），清道光二十九年刻本，第37－38页。
③ 科举录取率在嘉庆年间有了大幅度的下降，而监生、廪生和捐官的泛滥使得低级士人的社会地位下降，出现了大量的所谓的"寒士"。由于科举无望，同时又拥有流动的合法性，这些寒士对江南社会低流动性的社会空间秩序带来一定的威胁。

的运行，而必须是一个动态的与其他阶层竞争的过程。如何让自身的家庭和家族在江南社会的竞争和流动中保持甚至提升其社会位置和社会声望，成为每一个家庭秩序维护者和运行者的首要职责。这就意味着，江南社会与家庭之间在秩序维护方面开始出现微妙的缝隙。对于江南社会来说，社会秩序必须优先强调非流动性和上下尊卑的家庭和社会等级规范，这样才能保障江南社会甚至国家的稳定性。而对于家庭来说，这些强调稳定化和固定化的社会空间秩序和技术虽然依然重要，但首要的紧迫性任务是如何让家庭在江南社会中的社会地位再生产和声望竞争中获胜。因而，在晚明和清代中叶，随着商品经济的发展以及科举制竞争的日益加剧，江南社会的秩序运行和家庭竞赛之间出现了张力。正是在这种张力中，才女群体在江南社会中开始盛行。

才女的个体才华使得才女成为无法完全用江南社会中"女子"范畴来定义的对象，才女群体与男性士人的交往使得她们在一定程度上越出了"男外女内"的社会性别空间边界，在与男性人士交往中，才女凭借其个体才华来提升家庭和男性士人在江南社会中的社会声望，这构成了家庭和男性士人在江南社会中竞赛的新的手段和文化资本。

正是因为才女之才有维持和提升家庭在江南社会中的社会声望的功能，因而，江南社会一方面容忍和鼓励才女群体的"越界"交往；然而另一方面，通过种种规训手段来确保才女与男性的"越界"交往始终只是其生命周期中的一个阶段性事件，使才女婚后完全恪守社会性别秩序的规训，成为贤妻良母，不对社会性别秩序带来真正的威胁，其相夫课子的行为，又有助于家庭社会地位的向上提升，从而有助于江南社会秩序的稳定运行。随着才女越界被定义为一个生命周期中的阶段性事件，才女越界交往对性别秩序的威胁也就被化解，才女"越界"成为明清江南社会默认甚至鼓励的现象。才女群体的存在及其与男性士人的交游没有混淆江南社会的社会性别空间边界。相反，不仅使得社会性别空间边界更为明晰，也使得江南社会秩序的再生产更为顺畅。

（原载《妇女研究论丛》2015 年第 2 期）

谁之身体，谁之孝？
——对明清浙江方志记载女性"割股疗亲"现象的考察

徐 鹏[①]

摘 要：文章以明清浙江方志中内容丰富的"孝女""孝妇"为资料基础，透过性别化的身体观这一视角，着力探讨了方志文本中女性"割股疗亲"的类型特质、传主身份及其身体归属等问题，指出修志者为了吸引更多年轻女性代父、代夫、代兄尽孝，通过调整编纂体例与叙事策略等手段，实现了对女性割股数量扩大化、个体低龄化、行事主动化的新规范，进而满足了儒家精英知识分子以女性身体玉成自身孝义及自我主体建构的需要。

关键词：浙江方志 割股疗亲 性别 身体

一、引言

割股疗亲，又称割股奉亲、刲股疗亲，主要是指当家庭或家族里的长辈罹患重病、沉疴难愈的情况下，晚辈或同辈割取某一身体组织入药予以疗救的行为。作为中国传统孝文化的重要组成部分，学界对这一"奇行"的讨论与批判由来已久，概而言之，多从社会史、文化史、医疗史或风俗史等角度进行阐发[②]，所聚焦之研究对象、史料亦多以男性、正史和《古今图书集成》为主，旁及女性或方志则多作附证、边缘史料用以征引。目前，将方志作为"基料"来审视女性割股现象的仅李敖《中国女人割股考》一文。该文爬梳择取了近200种方志中唐至民国615位中国女性的割股事迹，并以此为据，讨论了股肉

[①] 作者简介：徐鹏，女，浙江省社会科学院副研究员。研究方向：方志史与社会性别。

[②] 关于唐至清代国家政令、儒家士大夫对"割股疗亲"这一现象的是非论断，台湾学者邱仲麟在《人药与血气——"割股"疗亲现象中的医疗观念》一文的第四部分"割股与儒家孝道伦理"中的论述最为精到，可资参考，兹不赘述。此处所指学者之研究成果，声名较著者有：周作人《关于割股》，李敖《中国女人割股考》《中国男人割股考》，邱仲麟《不孝之孝——唐以来割股疗亲现象的社会史初探》《人药与血气——"割股"疗亲现象中的医疗观念》，于庚哲《割股奉亲缘起的社会背景考察——以唐代为中心》，金宝祥《和印度佛教寓言有关的两件唐代风俗》，李华瑞《唐末五代宋初的食人现象——兼说中国古代食人现象与文化陋俗的关系》，桑原骘藏《支那人的食人肉风习》等。

疗效的可信度、割股行为的形式与原因、历朝官方的态度等问题，虽然分析稍显疏略，亦未跃出窠臼，但无疑有启于后来者。事实上，自20世纪80年代以来，由于女性主义对父权化社会和身体建构的批评与质疑，"身体""性别"二词在社会科学领域的能见度和关注度大幅提升，尤其是海外学者费侠莉、高彦颐等人对女性身体的研究，取得了受人瞩目的成果。与此同时，对中国女性而言，由于历史上长期处于男权秩序之下，"失语"成为普遍的生存状态，有关女性的研究资料极为匮乏，而方志细摹一地，泽及小民，"好为妇人出脱"的比例自然也就高些。因此，循着身体史的研究理路，以方志作为资料基础，将女性置于性别化视域中加以检视，不失为一种解读"割股疗亲"现象的新路径。

至于以明清时期的浙江一域作为考察中心，其一是浙江属当时社会、经济、文化最为发达的江南地区，不仅方志数量相对丰富，也较有代表性；其二是唐代以降，女性割股行为发生次数最频繁的地区为长江下游三省——安徽、江苏、浙江，约占总数的50%，且目前所见最早的割股女性是唐穆宗长庆三年（823年）的钱塘冯孝女①；其三是明清浙江方志中有关"割股疗亲"的记载，孝女、孝妇数量明显多于孝子，这一此消彼长的背后暗含了何种性别权利话语，其意图、目的何在？这些文本中的女性身体在"孝"之名义下究竟归属于谁？诸如此类问题，现有宏观层面的梳理呈现已然无法满足或解决，而对一时一地做"深描"无疑有助于我们将女性从以往的宏大叙事中剥离出来，不再是简单的统计数字，而视之为活生生的独立个体，其"身体"亦折射了当时的社会、文化与性别观念。

有鉴于此，本文拟从性别化的身体观这一角度出发，透过对"孝女""孝妇"这类地方文本的释读，对明清时期浙江女性的"割股疗亲"行为及其与家庭的动态关系做一探讨，不仅希望借此揭示明清社会中女性割股的地位及实况，同时对我们该如何认识和解读女性行孝之"身体"做一番考索，并试图洞见这种被男性审视、规训的"身体"所隐藏的社会性别含义。

二、方志文本中的女性"割股"

明清时期，随着江南地区商品化和城市化进度的加快以及地方情感的复

---

① 关于冯孝女的割股疗亲，首现应在淳祐《临安志》，但因该志人物卷已佚，其具体事迹目前最早见于咸淳《临安志》，该条目后注"以淳祐《志》修"。明清两代的《浙江通志》《杭州府志》《钱塘县志》基本承袭了咸淳志的叙述模式。

兴，方志编纂与出版蔚为兴盛、数量可观，仅浙江存世的明清两代方志就有499种①，而有关女性割股的载录除了散见于诗文集、墓志、碑文、家谱等地方文献外，各类方志是其集中出现的文本场域。因而，以此为基础，看一看掌握地方书写特权的士绅阶层是如何乐此不疲地言说并呈现这种"妇人之孝"，其类型特质与传主身份较之前代又产生了何种变化，应是较为理想的选择②。

邱仲麟在《人药与血气——"割股"疗亲现象中的医疗观念》一文中，讨论了作为传统中医入药的"股肉"所用的六种人体组织、脏器及其所疗疾病，并查考了各个部位发生的讫止时间，分别为人肉（隋至民国）、人血（五代至民国）、目睛（始于宋，明仍见）、骨髓和脑髓（始于宋，元继存，明后未见）、人肝（宋至民国）、手指和脚趾（普遍存在于明清）。从这个角度来看，明清浙江女性的割股类型亦不外乎上述所列，据笔者对方志中抽样的340例统计显示，刲肉323例，剖肝3例，断指6例，取血8例，可见割取人肉入药应是当时女性最常见以"身体"行孝之模式。除此之外，还有其他一些身体组织被用以疗救亲疾，如刲乳、剜心、断臂等，所割部位的不同往往也印证了"同类相补"的感应观念。同时，这种女性孝亲行为，常被置于"焚香祷天—吁天求代—密割股肉—和药（粥、羹、糜）以进—不效复割"的程式化叙述中。高度的雷同，提醒我们注意当时士大夫认同并集中塑造的女德典范，虽然其本身有悖"身体发肤，受之父母，不敢毁伤"的儒家孝义和国家禁令③，但似乎并不妨碍他们对孝女、孝妇的属意与褒奖，道德理想和道德实践在女性"身体"中显示出前所未有的张力。

值得注意的是，也有前辈学人在研究明清女性的孝行时，认为割股女性数量的增加不仅表明这种"不孝之孝"的普遍流行，表现类型较前代也更具新异性与极端性。笔者颇为赞同从社会文化史角度考释女性行孝模式的嬗变，但对其因量变而简单指向这一时期女性的孝行更激烈、求异或创新的结论则不敢完全苟同。实际上，自宋代开始各类文献对此奇行的载录就已呈上升之势，至于"凿脑取髓"这样的畸孝更是在明后不复再现。通过对现存浙江方志的查考也不难发现，明清"割股疗亲"女性记录的大量增加，可能与当时国家政策、社

---

① 据《中国地方志总目提要》载录，现存世的明代浙江方志有121种，清代378种。
② 笔者所取之浙江绝不等同于全国，下文呈现之类型、特点等亦难以全面，愿能起到抛砖引玉之效，以期将来与贤者进一步研究。
③ 唐宋以来，朝野对"割股疗亲"这一种孝行褒贬不一，政府的旌表也有不同的做法，具体到明清时期，亦有曲折变化，可参见邱仲麟：《不孝之孝——唐以来割股疗亲现象的社会史初探》，载《新史学》1995年第1期。

会文化资源以及记载原则等方面的变化有关，反而是同一教化场域中，男女"割股"人数的消长、疗亲对象的异同以及被"标准化"的女性身体，更能凸显明清女性"割股疗亲"现象的新特质。

（一）被遮蔽的男消女长

"割股疗亲"于中国社会至少有1300年的历史，考之现存可靠文献，这一行为最晚在隋代已存在，到唐代则颇为盛行了①，此后至明前期，虽然历代国家政令多有出入，但可以明确的是，被朝廷旌表或文献记载的对象，无不以孝子为主。这一局面在嘉靖二十九年（1550年）发生转变，据《礼部志稿》载，这年十二月，浙江东阳县郑绮奏称县民赵惟机妻郭氏事姑至孝，疏请旌表，礼部回复："本部查无旌表孝妇事例，移咨都察院，转行巡按衙门，许有司量行旌表，以励风化。"②

孝女、孝妇的旌表由地方官量行为之，从此成为定例，礼部称其为"例外旌奖"。这一女德奖励制度推行的结果是导致各级地方志书中以孝入志女性人数的骤升。而作为至孝的重要表现形式，割股女性顺势成为府州县官自行旌表以及乡绅儒士记录揄扬的主要对象，以笔者抽样为例，明确载有"县令旌之""有司旌之"或某名士"为之作传"的就占到30%以上。相较而言，同时期至清末割股孝子的数量虽看似有所增加，但男性显然已把这项极具危险性的尽孝义务让渡给了在"内"的妻妾与姐妹。在他们看来，女性割股不仅更易受旌，为家族带来实质性利益，且因其鲜读儒家经典，行为多是"至诚""天性"所致，并不悖于圣人的"孝悌"之道。此类观念于方志中，即是修志者采取了一种隐蔽策略——于孝子、孝妇"普涨"的情况下，让入志割股男性人数明升暗降、男消女长，如此既无碍地方教化，又能全身而退，可谓精妙。清中期后，一些方志纂修者，甚至以男性割股格于例为由，否认其为孝行，不加选录，而对于女性则照收不误，并称："虽割股有禁，然女子不知书，质不可泥矣。其它以人子割股者颇众，概不敢录云。"③

至民国，余绍宋在《龙游县志》中仍持此论："割股疗疾，人物传悉不载，前例已详。兹传列女则不然，盖前代妇女智识较短，才能较弱，又复囿于闺门

---

① 关于"割股疗亲"出现的年代，于赓哲在《割股奉亲缘起的社会背景考察——以唐代为中心》一文中有详细的考证，兹不赘述。
② ［明］林尧俞等纂修，俞汝楫编撰：《礼部志稿》，台湾"商务印书馆"，1984年，第75页。
③ ［清］储元升纂修：《（乾隆）东明县志·人物志·孝妇》，国家方志馆数字方志，乾隆二十年刻本，卷6第34页。

不能外出，其遇尊长病，亟计无复之一时，激于至诚而出于此，非有市于名义，其情实有可原，不能与男子相提并论。"①

毫无疑问，从国家制度到地方书写，男性以诸多冠冕堂皇的理由，在力赞女性割股行为的同时，将自身蜷缩到了以身尽孝舞台的一隅，而这恰也暗合了"以男权为中心的社会文化生态主导下的历史叙事逻辑"②。

(二) 被强调的夫家至上

有学者曾注意到"中国男人割股，范围比女人窄得多，他们以割给自己的直系尊亲为主，间或割给兄弟，却没有割给国老泰山丈母娘的例子，也没有割给太太的例子"③。与中国女人比起来，这确是一个有趣的问题。事实上，如果说这种差异在明之前还不十分显著的话，那么明以后的方志则提供了足够多的例子，来证明这一现象存在的普遍性，兹以雍正《浙江通志》为例（见表1）。

表1 雍正《浙江通志》男女割股人数及对象一览

朝代 对象	唐 男	唐 女	宋 男	宋 女	元 男	元 女	明 男	明 女	清 男	清 女
父				5			12	5	4	4
母		2	25	4	3		31	6	7	8
舅								3		4
姑				2		2		18		17
夫						2		13		8
其他	兄1		兄1 不详3	祖母1			弟1		祖父1	正妻1 祖母1
总计	1	2	34	7	3	4	44	45	12	43

以表1为据，我们可以清晰绘制出一幅唐至清前期男女割股人数及其所疗对象变化的曲线图，很明显，女性割股的范围自宋开始突破血缘关系到明清重点落到了"拟血缘"的舅姑及丈夫身上④，而男性则一直保持着至纯的直系血

---

① 余绍宋纂：《（民国）龙游县志·叙例》，载《中国地方志集成·浙江府县志辑（57）》，上海书店，1993年影印本，卷首第8页。
② 黄朴民：《走出历史图谱化的认知"误区"》，载《中华读书报》2014年6月25日。
③ 李敖：《李敖大全集·胡适与我中国迷信新研》，中国友谊出版公司，2011年，第252页。
④ 以表1统计为据，有明一代及清初，女性以舅姑和丈夫为对象的"拟血缘"割股行为已分别占到85%和73%，远远超出了为直系血缘的父母割股的人数。

缘原则。这种"不断地以家族血脉的型式衍伸"①，是否有违中医"血气相补"的初衷，不得而知，但可以肯定的是，一股更为强大的"事夫主义"教育推动着明清女性"割股疗亲"对象的重心转移。特别是有明一代，无论官私女教书中对"事舅姑"观念的阐发，远迈前朝。先有明成祖徐皇后《内训》与万历间礼部侍郎吕坤《闺范》中对相夫事姑"为妇之道"提倡的不遗余力，明末，历任会稽、长兴、仁和三县训导的唐彪又在《人生必读书》中继而起之：

媳妇之倚仗为天者，公姑与丈夫三人而已。故事三人，必须愉色婉容，曲体欢心，不可纤毫触犯。若公姑不喜，丈夫不悦，久久则恶名昭著，为人所不齿矣，奴仆皆得而抵触我矣。故妇人之善事公姑丈夫也，非止为贤与孝也，且以远辱也。②

可见，其所教内容不仅肯定了妇人应以公婆与夫婿三人并尊的观念，而且强调"泽及母家"和"远辱"的效用。由此，如何做一名乡党称孝的贤妻顺妇，一脉相承地成为女德施教和地方教化之中心，而割股疗救垂危的舅姑和丈夫，自然是表明对夫家完全顺命曲从的绝佳脚注。明清浙江方志中有关此类记载，俯拾皆是，不一而足：

徐梦旗妻詹氏，性柔顺孝谨。梦旗病将危，割左股疗之。病复作，又割右臂。及卒，引刀自刎死。③

金彩莲妻陈氏，楠溪竹林里人。彩莲性至孝，氏善承夫志，敬事舅姑，姑王氏尝患痰迷，氏告天咬指，滴血和姜汁灌下即苏，夫妇笃孝，乡里翕然称之。④

拥有地方书写权力的士绅阶层，赋予语言文字以特有的象征意义和道德评判标准，而"性柔顺孝谨""善承夫志""乡里翕然称之"等关键词不单有力回应了以"夫家为天"的女教体系，也在集体记忆中成功建构了一套有关"妇

---

① 邱仲麟在《人药与血气——"割股"疗亲现象中的医疗观念》一文中通过对家族性"割股网络"的考察，指出"民间'割股'行为中的血气相补对象，不断地以家族血脉的形式衍伸，既可用于纯血缘关系，也可用于拟血缘的情况"。笔者不否认这一现象本身，但明清时期女性"拟血缘"割股行为明显占上风的景象，显然还有更深层次的社会性别含义值得探讨。

② ［明］唐彪著，［清］陈弘谋辑：《人生必读书》，载《五种遗规·教女遗规．教女遗规译注》，中国华侨出版社，2013年，第194页。

③ ［清］李卫、嵇曾筠等修，沈翼机、傅王露等纂：《（雍正）浙江通志·人物·列女十五》（第11册），中华书局，2001标点本，卷216第6122页。

④ ［清］张宝琳修，王棻、戴咸弼纂：《（光绪）永嘉县志·列女志一》（中册），中华书局，2010年标点本，卷19第783页。

人之孝"的典范认知，进而强化男性支配女性身体的性别论述。

清中期以后，修志者对女性"割股疗亲"的言说与审视更甚。如王棻在光绪《永嘉县志》中将"妇德之贤否"提升到"下系家道之盛衰，上关国运之隆替"的高度，且别于旧《志》"以时代叙次，都为一编"的做法，承袭吕坤"万善百行，惟孝为尊，故孝妇先焉"①的编排原则，"析而出之，区为四类：曰孝，嬺顺德也；曰贞，标清芬也；曰烈，重死义也；曰节，阐幽光也"②，不仅将孝女、孝妇置于首位，还备载清代永嘉一地"割股疗亲"的在室女7例，占孝女总数的54%；出嫁女10例，占孝妇总数的91%。不难发现，晚清的书写者们希望通过调整编纂体例以及增加割股女性人数，进一步确立并强调自身在整个社会性别体系中的形象。

（三）被模塑的女性身体

对明清浙江方志中的女性"割股疗亲"现象进行考察，还有一些较为显见的特征，值得我们去探讨、思索，比如割股者以年轻女性为主且有幼龄化的趋势，割股妇人中多节孝同构者，且传达出女性自身对这一复合行为的诉求，等等。凡此种种，无不以凸显女性身体备受多重磨难，更甚于牺牲性命为代价，进而树立社会性别视野中的女德标杆。

一般而言，女性割股疗救的对象多为长辈或丈夫，本不该在年龄问题上出现明显分野，然而现有明清浙江方志载录的孝女、孝妇主要集中在10～30岁，年幼的女儿和年轻的媳妇是士大夫们着力形塑的对象：

> 张继志妻姚氏，淳安人，年十三父遘危疾割股和粥以进，父疾遂愈。及适继志，孝事舅姑，夫亡矢志守节以终其身。③

> 林氏双孝，庠生大儒女。长字阿珈，生而孝爱，年十四，侍母疾，调护甚谨，每夜吁天祈代，三年不懈。母病剧。妹阿金，年十岁，各刲股以疗，病遂愈。其祖林兆斗作《双孝咏》记其事。④

---

① [明]吕坤著，[清]陈弘谋辑：《吕新吾闺范》，载《五种遗规·教女遗规·教女遗规译注》，中国华侨出版社，2013年，第75页。
② [清]张宝琳修，王棻、戴咸弼纂：《(光绪)永嘉县志·列女志一》(中册)，中华书局，2010年标点本，卷19第780页。
③ [清]吴士进原本，吴世荣续修，邹伯森、马斯藏等续纂：《(光绪)严州府志·人物》，载《中国地方志集成·浙江府县志辑(8)》，上海书店，1993年影印本，卷21第507页。
④ [清]张宝琳修，王棻、戴咸弼纂：《(光绪)永嘉县志·列女志一》(中册)，中华书局，2010年标点本，卷19第782页。

谁之身体，谁之孝？
——对明清浙江方志记载女性"割股疗亲"现象的考察

在修志者看来，年轻女性的血肉无疑是救治病者气血衰竭身体的最佳选择，一些志书中出现孙女给祖父母或孙媳给祖舅姑割股的范例，原因亦不外乎此。更有说服力的例子，来自于他们对同一女性在不同年龄段"割股疗亲"所持的迥异态度：

> 方氏，七岁时母疾即茹素昼夜不离卧榻，及殁毁甚。十五归杭州庠生胡承虞，事两世堂上人，皆得欢心。年十八，祖姑汪疾，方祷天割股肉以进而愈。越十年，姑谢疾，孺人复割臂进于姑，疾瘳。后承虞病剧，孺人又割臂焉。丙申，承虞病又剧，医皆谢去，孺人私念："吾三刲肉而三效，知不可更邀天佑也"，时年已五十五，臂肉瘦不中割，强剪之，和药饮夫，夫疾仍起，人皆异之。①

文中甫一开始即描述了一位自幼"天成其孝"，及归后事夫家"两世堂上人，皆得欢心"的孝妇。在接下来展现主人公具体孝行的过程中，特别强调其年轻时曾"三刲肉而三效"，后在其夫"病又剧，医皆谢去"的绝境下，又借方氏之口透露出男性对老年妇人股肉药效的质疑。最后，虽然"瘦不中割"的臂肉起到了一定作用，却也是"邀天佑"的结果，且"人皆异之"。可见，当时士庶共同认定有价值的是年轻女性的血肉，一旦年老，身体便失去了疗救的价值。

至于节孝两全者，特指两类女性：一为许聘未嫁的在室女，一为出嫁女。无论她们是否已入夫家，从许字那天开始就义不容辞地"被充当"了"拟血缘"这一割股脉络中的主力军，与之并行的是"未有贞妻不为孝妇者"②的闺范。以康熙《杭州府志》为例，所载明清两朝割股孝女、孝妇共45人，夫死守节者37人，其中在室女1人，兹举两例：

> 周招姑，钱塘周友闻女。幼闻潘圣姑事，索传求父训姑。年十二许字同里郁从善，从善讣至，招姑欲往视含，父母靳之，无何。郁母病蛊危甚，请往问，父母默然，时方制衣取剪自刺，母知不可夺，偕往。……侍姑病，朝夕不离，汤药必亲，刲臂和羹以进，姑遂愈。继族宜后者，叹曰："吾无忧矣，当

---

① [清]马如龙修，杨鼐纂：《(康熙)杭州府志·人物·节妇》，载《浙江图书馆稀见方志丛刊》（第18册），国家图书馆出版社，2011年影印本，卷33第161页。

② [明]吕坤著，[清]陈弘谋辑：《吕新吾闺范》，载《五种遗规·教女遗规.教女遗规译注》，中国华侨出版社，2013年，第94页。

效潘圣姑报先死者于九原耳"，绝食数日死。①

吴氏，仁和人，系出新安世家，归张觐光。觐光病危，氏日夜祷籲，刲臂肉和汤药进，终不愈，遂殁，氏一恸绝，诘朝始甦，复恸。姑朱慰之曰："予子死，予见妇犹子也，予老矣，二孙俱襁褓，汝善抚之，是节之大者，身殉何益？"氏领其言，乃稍解，时年二十六。②

可以说，明清浙江的修志者为读者建构了这样一种逻辑：为人妇者，舅、姑、夫病需亲侍汤药、割股疗救；夫卒则需矢志守节、抚孤孝养，如是才不失为节孝两全的"里党女范"。还需注意的是，上述两例强调了女性自身对贞妻、孝妇同构的肯定。周招姑自幼仰慕同里潘圣姑的节孝事迹，当类似的事情发生时，便义无反顾地效而仿之；吴氏则在夫病刲肉和药以进罔效后，悲痛欲绝，其姑却意味深长地指出何为节之大者，即未尽孝立子前，妇人的身体由不得自己做主。如此看来，掌握话语权的地方士绅为了让女德故事更具说服力，极可能主观虚构了格套化的女性"言论"，将规训内容转化为女性自己的声音，由此表明施于女性身体的种种苦难，实在是其天性使然的自愿自为之举。

诚然，随着明清时期江南地区才女文化的日渐繁盛，方志文本中割股女性的传主身份也发生了新的变化。从蒐集的例子来看，士人之女的比例无疑要高于前代，虽然很难说她们在数量上一定超过了平民之女，但修志者对割股行为的态度已然大不同于宋人的"委巷之孝"③。同时，女教书籍的普及、盛行以及割股女性所受的颂扬、旌奖，对士人阶层女眷们的事夫与尽孝都形成了某种程度上的压力，她们在自我角色的定位中，通常也认为"割股疗亲"是其分内之事，一旦家人抱恙，就无可避免地遁入损伤身体乃至舍弃性命的迷局。具体到志书中，明清浙江的修志者将儒家女孜孜以求的身后留名，通过郡守为之旌表、亲眷为之刻集、文士为之立传等形式，标举"一时之痛可换一世之名"的道德教化，塑造出诸多可供效仿的切近对象，成功绘制了一幅男性定义的性别图景。

---

① ［清］马如龙修，杨鼐纂：《（康熙）杭州府志·人物·节妇》，载《浙江图书馆稀见方志丛刊》（第18册），国家图书馆出版社，2011年影印本，卷33第140页。

② ［清］马如龙修，杨鼐纂：《（康熙）杭州府志·人物·节妇》，载《浙江图书馆稀见方志丛刊》（第18册），国家图书馆出版社，2011年影印本，卷33第156页。

③ 宋代潜说友在咸淳《临安志》卷70《孝感拾遗》中直斥"割股疗亲"行为是"委巷之孝"，认为"若为士者效之，则君子无取"。

三、儒家孝义下的女性"身体"

在中国传统文化里，人们认为与生俱来的身体是不可改变的，然而从上述分析中可以看到，虽然割股有悖儒家孝义甚至国家禁令，女性却被教导通过改善她们的道德特质来获得看似更美好的生活。那么，置于这种悖论性的语境中，士大夫们除了强调"至诚""本心""良知"在割股行为中的地位[①]以及加大地方旌奖力度外，又是如何将女性"活生生的身体"（lived body）"家庭化、照顾化、弱势化"[②]，进而创造出既有利于男性自身孝义又能为女性自觉认同的典范呢？

（一）归属于男性的身体

在传统家庭分工中，"男主外，女主内"的模式罕有变化，对于深居内闱的女性而言，无论其扮演的角色是女儿还是媳妇，她们所承担的孝道义务主要是侍奉父母、舅姑的生活起居，男性则多在外仕宦、经商或从军，以谋取物质上的供养。因此，一旦长辈身患危疾、医祷无效，计无所出的孝女、孝妇们唯有冒险以身救亲，让兄弟、丈夫安心学业仕途、勇战贾市沙场，才不失于女教妇职。如开化方氏，其夫在太学"俯首举业"，直至去世装殓时才发现数次割股的妻子"刀痕历历，两臂无完肤"[③]；又如余姚陈氏，夫"贾荆襄间，十一年不还"，面对持续贫困与突来之疫病，妻子直言"夫客于外，今姑遭危病，妾闻人肉可疗死，愿刲肉以进，惟天神默祐，俾姑更生，得再面其子，妾死无恨"[④]，舍身顾全了家人安危。显然，在修志者眼中，方氏、陈氏之所以可敬，是因为她们无悔代夫尽孝，而非割股本身。再比如明清浙江的志书还记录了一些主动替兄弟割股疗亲的姐妹，于她们而言，娘家的血脉是要靠同辈男丁来延续的，倘若因此断绝香火，即是愧对父母乃至列祖列宗，所以割股女性中也常出现已嫁为人妇的女儿，因父母患疾而归侍奉亲者。此外，如果遇到丈夫早

[①] 邱仲麟指出，从明中叶以后，士人阶层认为割股应论其本心，这种"论本心"的看法，可能与王学有关，详见《不孝之孝——唐以来割股疗亲现象的社会史初探》，载《新史学》1995 年第 6 卷第 1 期，第 85 页。

[②] 美国著名女性主义政治家艾利斯·杨（Iris Yong）在其著名文集《像女孩那样丢球：论女性身体经验》中，从日常生活里女性的各种身体经历出发，建构了"活生生的身体"（lived body）的概念，从政治哲学的角度分析了男权社会如何把性别规范强加于女性，把女性家庭化、照顾化、弱势化，并使之与权力、权威渐行渐远。Yong, I. M. *On Female Body Experience*: "Throwing Like a Girl" and Other Essays, Oxford: Oxford University Press, 2005.

[③] [清] 杨廷望重修：《（康熙）衢州府志·列女传第十一》，载一地《衢州府志集成》，西泠印社出版社，2009 年点校本，卷 40 第 1080 页。

[④] [明] 萧良幹修，张元忭、孙鑛纂：《（万历）绍兴府志·人物志十三·列女》，宁波出版社，2012 年点校本，卷 47 第 883 页。

亡、家中无兄弟等特殊情况，女性更应责无旁贷以身尽孝。可以说，男性在家庭中或隐或现的缺席，无一例外地导致了女性成为其行孝的代替品。

尽管支配着社会性别关系的男性精英巧妙利用了儒家孝道伦理为自身辩解，又极尽赞扬之能事：

呜呼，孝者天之经、地之义，然士大夫有终身读书敦行而不能尽者，以一女子乃能刺血剜肉、呼号于其亲疾痛之顷。①

肢体勿伤论虽正，仓卒奚暇争智愚。况以妇职较子职，揆情本有难易殊。女而士行妇即子，至性激发堪垂模。②

却也无意间指认了这样一个事实，割股行孝实为"子职"，因有碍圣人之教难以尽责，于是只能由妻妾姐妹"女而士行""以妇代子"。也就是说，"妻子的身体归属于丈夫，女人的身体归属于男人"这一性别论述已被编码进了儒家的孝道伦理体系，并负载着男性中心的欲望，以"割股疗亲"的方式加重了对女性身体的支配。

（二）归属于家长的身体

作为一种深植于民间文化的启示性话语，"人肉疗羸疾"主要是基于中医"同类相补""血气相连"的理论，而贯穿两者的中心概念即是对亲人之间"血脉相系"的认定③。在中国传统的看法中，虽有身体"不敢毁伤"的意旨，但"子身皆父母之身"，以子女的身肤体肉回奉父母，并无不可，这或许也是割疗者和受疗者认知中的主要逻辑。

如前文所述，明清时期的男性尤其是受教于儒家孝义的士大夫们，对孝道常常乐于空谈却止于实践，其更多的行孝义务是居于家内的年轻女眷代由完成的，同时基于"天下无不是之父母，只有不是之子女"这一先验预设，方志文本呈现出诸多"曲尽孝养"的割股女性：

续孔教妻陈氏，姑病日久，氏割股，吁天求代。舅之嬖婢与氏有隙，以珠兰根和药脱姑发，诡言氏进。姑怒，亦命氏髡发，逐之另居。后姑死，舅知割股事，因得婢陷害故，欲置之死，氏又为贷宥焉。值夫死于难，讣闻，不食

---

① ［清］陈鹏年：《徐孝女小传》，载《碑传集（第12册）》，中华书局，1993年，卷150第4396页。
② ［清］林则徐：《题吴母徐孝妇〈刲臂疗姑墨刻〉》，载《林则徐诗集》，海峡文艺出版社，1987年，第374页。
③ 邱仲麟：《人药与血气——"割股"疗亲现象中的医疗观念》，载《新史学》1999年第4期。

而死。①

可见，哪怕是刲股救姑反被诬陷髡发这样的冤屈，作为媳妇也只能曲意承顺、以德报怨，而对公公宠婢的宽容，也透露当时的孝其实不仅仅是善事父母，也包括与父母关系密切之人，以身疗救继母即是其中典型，如光绪《杭州府志》"朱霖妻吴氏，刲股疗继母病"②。按常理，女儿对继母并无直接尽孝的义务，只因她们既属父亲爱惜之对象，又帮母亲行未尽之职责，对其行孝自然也就不得不等量齐观、循例割之，唯有如此，才足以愉父慰母。

实际上，方志中的大部分父母对子女割股行孝多有不忍，但终是经不起医者告之、邻里传闻或是地方文本"顿愈""即瘳"的诱惑，仍视子女之血肉为其化险为夷的灵丹妙药，对于女儿、媳妇代子"奉还"的身体愈发接受得心安理得。

周孝女，性至孝，母病刲臂肉作羹进之，竟愈。母偶见其臂创，固诘之，始以实告，且曰："儿吁天默祷，勿令人知，愿母勿泄也。"母诺之。周学浚作孝女传，俞樾做周孝女诗。③

当然，出于教化需要，修志者常曲笔隐之，代以"神语"：

金玟妻周氏，年十七适金，期年而寡，举一子。姑病不起，医祷无效，夜梦神语曰："尔一指可愈姑疾。"遂断指煮汁进曰："药也。"姑啜之，无何，强健如常。有司月给粟帛，旌表其门。④

作为"媳妇之倚仗为天者"，不管其是否在世，舅姑与丈夫三人都有可能是这位托梦神语者的真身。年轻女性的身体在这张被无限扩大的"割股网络"中，身不由己地成为践行孝义的祭品。

（三）归属于家族的身体

"在重视家族制度的传统中国，'孝'具有家族精神纽带的作用，其伦理价值在社会文化中影响尤为深远。"⑤ 因此，于割股"这一文化现象中，人的身体

---

① [清]李卫、嵇曾筠等修，沈翼机、傅王露等纂：《（雍正）浙江通志·人物·列女十五》（第11册），中华书局，2001年标点本，卷216第6113页。
② [清]陈璚修，王棻等纂：《（光绪）杭州府志．人物十二·列女九》，1922年铅印本，卷195。
③ [清]严辰纂：《（光绪）桐乡县志·列女下·孝女》，载《中国地方志集成·浙江府县志辑（23）》，上海书店，1993年影印本，卷18第786页。
④ [清]李卫、嵇曾筠等修，沈翼机、傅王露等纂：《（雍正）浙江通志·人物·列女十五》（第11册），中华书局，2001年标点本，卷208第5908页。
⑤ 林月丽：《孝道与妇道：明代孝妇的文化史考察》，载《近代中国妇女史研究》1998年第6期。

可以作为药物;就另一个层面而言,人子、人妇的身体虽然是自己的,却也是家族的"①。延至明清,上行下效、递相传袭的割股行为更是着上了明显的家族色彩,年轻女性成为名门望族获取孝道门风不可或缺的制胜利器。光绪《桐乡县志》的纂修者严辰,就用该志做了详注。书中孝女一目共录十位割股女性,其中包括他的两位妹妹,尤其是七妹严澄华:

  同治八年秋,母年七十病痢甚剧,七姑炷香祷神,请以身代,复潜刲臂肉和药以进,不数日母病骤愈。七姑感微疾,暴卒……同乡钱侍郎宝廉、夏侍郎同善,率乡人之宦京者为请于朝,得旌孝女,建坊于桐城学宫之港南,并入祀节孝祠。

严氏亲题孝女坊诗:

  古人议刲股,称之为愚孝。吾意殊不然,此事关风教……里党争传说,三世得十人,岂非家乘光。奈何九不效,孝心徒自伤。独我七姑事,可喜弥可荣。刲股救吾母,母病庆更生。母生而妹死,格天本天性。众为请于朝,褒旌出帝命。春秋列祀典,绰楔诗可留。牵连一家人,附名传千秋。②

  从以上记述中,可缕析出严家三代共有十人割股,遗憾的是疗救效果不尽如人意,只有七姑救母得效,也正因如此,这项前赴后继的家族尽孝事业终以"一女成名天下知",荣耀千古。

  与此相类,志书中载录母女、婆媳、姊妹、姑嫂、妻妾或是父女、兄妹、夫妻之间因袭效仿的行谊,亦无不用女性尽孝之身体来装点门楣。如前提及的林氏姐妹,对于二孙女相继为母割股,祖父林兆斗非但毫无心痛之意,反而创作了长达五百余字的《双孝咏》详其纪事:

  发肤受父母,古训戒毁伤。圣贤惧灭性,以此慎其防。岂其少小女,片念起苍黄。但欲疗亲疴,危险非所量。……粤稽股蓁氏,姊妹重洛阳。凿脑剜股肉,活父于濒亡。至今数百祀,双名寿表坊。吾家二孙女,差足与相颉颃。援笔志其概,隐行庶以彰。匪敢事虚饰,于以要旌扬。③

  这位曾考取拔贡的祖父,认为圣贤古训有违天性,力赞孙女救母孝行直追洛阳蓁氏姐妹,并毫不掩饰对"至今数百祀,双名寿表坊"的艳羡,最后表明

---

① 邱仲麟:《人药与血气——"割股"疗亲现象中的医疗观念》,载《新史学》1999 年第 4 期。
② [清]严辰纂:《(光绪)桐乡县志·列女下·孝女》,载《中国地方志集成·浙江府县志辑(23)》,上海书店,1993 年影印本,卷 18 第 787 页。
③ [清]张宝琳修、王棻、戴咸弼纂:《(光绪)永嘉县志·列女志一》(中册),中华书局,2010 年标点本,卷 34 第 1595 页。

援笔之目的，即彰其行、请旌表，以示林氏的孝道传家。此类褒扬之辞，愈发促成了家族甚至地方之间的攀比、竞争。于是乎，女性行孝之身体完全沦为满足男性所谓"家族荣耀"的牺牲品。

揆诸以上讨论，"在中国传统礼法文化的规制下，超越物质性更具精神性的身体在绝大程度上并非归属自己，而主要归属于家长、家族和国家"①。换言之，在"割股疗亲"这一行为中，女性的身体被四分五裂为各种权力和话语争夺、角逐的场域，其所言所行亦在男性如影随形的"凝视"下，内化为一种扭曲的自觉自愿。

四、结论

明清之际，浙江地区的修志者目睹了女性"割股疗亲"的渐成风尚，希望借由书写，呈现各种"对美德规范自我耽溺"②的女德典范，以吸引更多居于家内的年轻女性代父、代夫、代兄尽孝。为了达成这一目标，他们通过调整编纂体例、入志标准、男女比例及赋予女性割股以旌表门闾、文士作传、刊刻诗集、乡党称颂等叙事策略，实现了对女性割股数量扩大化、个体低龄化、行事主动化的新规范，进而满足了儒家精英知识分子以女性身体玉成自身孝义及自我主体建构的需要。

进一步来说，男性除了是割股的最早"发明者""实践者"与后期的"推动者"外，割股的每一种文化内涵和性别指向，都源于他们的男权社会观念。男人们不但在地方教化中，审视着女性的割股行为，也在择偶标准上行使着"规训权力"——"闻其孝者争欲缔姻"③。由此带来的是，女性对自主意识和身体的双重"失控"，她们只能用一种潜在的、男性的尺度去丈量自己的言行，不断以"标准化"调整改变自己，努力成为男性所定义、认同的孝女、孝妇，甚而不惜性命！

（原载《妇女研究论丛》2015 年第 5 期）

---

① 方潇：《中国传统礼法规制下的身体归属及其在近代的法律转向》，载《环球法律评论》2009 年第 6 期。
② ［美］孙康宜：《剑桥中国文学史（下册）》，生活·读书·新知三联书店，2013 年，第 503 页。
③ ［清］李卫、嵇曾筠等修，沈翼机、傅王露等纂：《（雍正）浙江通志·人物·列女十五》（第 11 册），中华书局，2001 年标点本，卷 202 第 5694 页。

明末清初战争中女性遭受性暴力探析

刘正刚①

摘　要： 明清之际，战争频仍，社会秩序严重混乱。女性作为弱势群体在残酷的战争中遭受了肉体与心灵的双重蹂躏。战争期间，女性遭受的性暴力是最令人毛骨悚然的浩劫，性暴力具有施暴者残忍、受害女性人数众多、地域分布广泛等特点，性暴力事件揭示了战争对人性的极端扭曲。

关键词： 明代　战争　女性　性暴力

中国古代历次改朝换代基本上都离不开战争，明清之际的改朝换代也发生过无数次的战争。交战期间的残酷屠杀使社会秩序严重失控，作为弱势群体的女性受到的蹂躏更令人触目惊心，而性暴力是对女性的致命摧残。所谓性暴力是指违背女性的意愿，以暴力手段侵害女性的身体乃至戕害女性的生命。性暴力是古今中外战争的丑恶伴生物，中外学术界对此的关注多集中于现当代战争，而对古代战争中的性暴力问题却鲜有研究。本文拟通过明清交战中女性遭受的性暴力探讨，试图揭示战争对人性的极端扭曲及其给社会造成的深重灾难。

一、战时参战男性的施暴行为

在明末和清初的战争中，参战规模较大的军队主要是明朝军队、农民军和清军。此外，还有各地小股地方武装。在这些规模大小不一的军队中，明军和清军属于训练有素的正规军，农民军与地方武装其实是临时拼凑起来的杂牌军。战争期间，这些性质不同的军队几乎都参与了对女性的性暴力侵害。

明末大规模战争的爆发最先开始于农民起义，农民军以李自成、张献忠为主力部队。农民军遽然起事，在短期内形成声势浩大的队伍，难免会泥沙俱下，缺乏必要的军纪军规训练，人员素质较差。所以，其对女性的性暴力残害

---

① 作者简介：刘正刚，男，暨南大学历史系教授，博士。研究方向：明清史研究。

行为尤其残酷。李自成起义后，曾规定士兵不得淫掠，并晓谕："杀一人如杀我父，淫一妇如入我母。"① 然而，这一禁令并未发生多大效力。农民军进入北京后，享乐思想迅速滋生，《明季实录》卷16记载，由于军纪涣散，起义军中的士兵深夜在所驻扎的百姓家里强奸人家妻女，并嫁祸于俘虏，"杀降兵于棋盘街，诈称贼兵淫人妻女者弃市，以示警"。一些农民军士兵甚至公开强迫百姓妻女陪睡，肆意淫掠女性，"初入人家，曰借锅灶。少焉，曰借床眠。顷之，曰借汝妻女姊妹作伴"；见有姿色妇人，"爱则搂置马上，有一贼挟三四人者，又有身搂一人，而余马挟带二三人者"；农民军士兵集体轮奸女性的事件也时有发生，"有八贼轮奸一幼女，立刻而毙"的兽行。而守城的农民军，"每得一妇女即舁拥城上，挨次行奸，循环不已，妇女即时殒命"②。

另一位农民军领袖张献忠领导的队伍，同样在战时对女性犯下了滔天罪行。起义军攻占武昌后，精选城内妇女有"殊色者"送到"婆子营"充当营妓供士兵淫乐。古人认为女阴具有辟邪魔的"神秘"作用，所以，战争期间，许多女性被迫赤身裸体上阵助战，充当炮灰。崇祯九年正月，张献忠率领农民军久攻滁州不下，部队伤亡惨重，为鼓舞士气，农民军"掠妇女数百，裸而沓淫之"，然后"尽断其头，环向堞，植其跗而倒埋之，露其下私，以厌诸炮"，称为"阴门阵"③。《明季南略》卷10记载，明军在重庆围攻张献忠时，也是"命妇人裸体在城下秽骂"。以后在围攻六安、舒城、汴州等地时，农民军也采用过类似的方法，"掠民间妇女数千，裸之，詈于城下"④。这里已不单纯是女性身体辟邪法术问题，而是女性先被蹂躏甚至杀死，然后才被用来作为施行法术的标的物，这恰恰是对女性身体最残酷的施暴。

当然，由于这些史料作者大都从维系正统明王朝的观点出发，对农民军极尽蔑视丑化，视农民军为洪水猛兽，其对农民军的记载与评价必然会有些夸张。但农民军在战争过程中确实对女性施行过性暴力则是不容怀疑的事实。

清军在战争期间对女性施行的性暴力比农民军有过之而无不及，尤其是在抗清最坚决的地方，女性遭受清军的蹂躏也最残酷。据《扬州十日记》记载，

---

① 顾炎武：《明季实录》（第三十二册），载四川大学图书馆编：《中国野史集成》，巴蜀出版社，1993年，第120页。
② 计六奇：《明季北略（卷20）》，中华书局，1984年，第480–481页。
③ 刘石溪：《蜀龟鉴》（卷1第二十九册），载四川大学图书馆编：《中国野史集成》，巴蜀出版社，1993年，第592页。
④ 戴笠、吴乔：《流寇长编》（卷8），书目文献出版社，1991年，第279页。

清军在扬州的淫虐暴行令人不寒而栗,顺治二年(1645)四月,清兵攻陷扬州城,有数卒"掳四五妇人,内二老者悲泣,……忽一卒将少妇负至树下野合,余二妇亦就被污,老妇哭泣求免",二少妇被"数十人互为奸淫",以致"其中一少妇已不能起走矣"。因为下雨,清军遂命令掳掠来的"诸妇女尽解湿衣",这些女性"因威逼不已,遂至裸体相向,隐私尽露,羞涩欲死之状难以言喻。(兵)乃拥之饮酒,哗笑不已"①。女性已成为男性军人随意摆弄的玩物。

嘉定、江阴的女性也惨遭清军的蹂躏,文献的记载更是惨不忍睹。《嘉定屠城纪略》载,清将李成栋围困嘉定城时,将在城外掳掠来的妇女,"选美妇室女数十人,……悉去衣裙,淫蛊毒虐"。城陷后,清兵见到相貌丑陋的妇女就疯狂砍杀,而对那些"大家闺彦及民间妇女有美色者生房,白昼于街坊当众奸淫;……有不从者,用长钉钉其两手于板,仍逼淫之"。一些妇女因不堪多人的性暴力轮奸而当场丧生,"妇女不胜其嬲,毙者七人"②。

史料显示,遭受清军性暴力的女性涉及面十分广泛,下至民妇,上至王妃,都难以逃脱施暴者的魔掌,顺治二年(1645)5月9日,南京失陷时,当涂县孙陶氏守节已10年,被清兵所掠,"缚其手,介刃于两指之间,曰:从我则完,不从则裂。陶曰:义不以身辱,速尽为惠。兵稍创其指,血流竟手。曰:从乎?曰:不从。卒怒,裂其手而下,且剜其胸,寸磔死"③。广州的益阳王妃也死于清军的性侵害,史载顺治四年春,益阳王死,妃"有殊色"。为了对付清兵的性迫害,王妃在身上捆缚了许多刀尖朝外的小刀,"兵欲犯妃,妃大骂。兵抱持益急,身数十处被创,血涔涔仆地。妃乃反刀自杀"④。这种自杀实际上是保护自己而迫不得已的下策。

相对农民军和清军来讲,明朝军队作为国家正规的武装军队,其对女性的性犯罪似乎有所收敛。这大约与明政府平时的军纪训练不无关系,崇祯帝曾多

---

① 王秀楚:《扬州十日记》,载中国历史研究社编:《中国历史研究资料丛书》,上海书店,1982年,第233—240页。
② 朱子素:《嘉定屠城纪略》,载中国历史研究社编:《中国历史研究资料丛书》,上海书店,1982年,第251、264—265页。
③ 张廷玉:《明史》(卷303),中华书局,1974年,第7760页。
④ 戴肇辰:《广州府志》(卷145),成文出版社,1967年,第543页。

次谕示，兵丁不许入村堡劫掠，"违者听民间堵御，将官不得故纵"①。不仅如此，还在军营设置监视员，"专核有无侵掠，更不时召居民父老，令其自诉。有犯立诛，监视隐罪者同斩"②。即使这样，处在战争时期失控的社会秩序中，明军还是参与制造了不少骇人的性暴力事件。明将左良玉统率的军队，号称"兵半群盗，甚淫毒……所掠妇女，公淫于市"③。崇祯九年（1636）七月，左部尾随张献忠占据襄阳城，城内百姓家家驻有左军，女性受明军"淫污之状不可言"，以至于百姓"不恨贼而恨兵"④。崇祯十七年（1644）五月，凤阳总督马士英部的士兵在白天径直闯入新城一杨姓大家，以"奉军门将令，欲借银数百两助饷"为名，直奔女眷内室，"诸贼乱掠妇女，互相争夺。"杨家老奴仆鸣锣呼救，但"已有二女子被污矣"⑤。光天化日之下，军纪严明的明军竟兽性毕露，恣肆奸淫女性，这是战争对人性的极大扭曲。

战争期间，地方小股流动武装也屡屡对手无寸铁的女性施暴。明末小股武装遍布全国各地，史料称之为"土寇"，其组织相当涣散，常出没于山野乡村，对地方社会危害极大。乾隆《诸暨县志》卷32记载，顺治四年（1647）土寇蚁聚东白山上林，村妇黄氏被寇掳，"随至申命亭，亭下潭深叵测，黄挈子女及婢银桂俱投潭而死。民国《无棣县志》卷14载，顺治初年，"土寇至，乡人窜避，"17岁的郭氏"女密缝衣裾以待死，贼劫去，痛苦骂贼，自马上数投于地，遂被害"。类似的记载，在各地方志中颇为常见。

二、女性在性暴力中的无奈抗争

明清之际战争期间出现的性暴力，严重摧残了妇女的身心健康，甚至剥夺了女性最起码的生存权利，"不从则死，从而不当意者亦死，一人不堪众嬲亦死"⑥，它的直接后果就是导致妇女因此而大量死亡。换言之，在性暴力过程中，女性以失去生命为代价进行了各种形式的本能抗争。

遭受性暴力的许多妇女宁愿被杀、自杀也不愿向强暴者屈从。据乾隆《闻

---

① 文秉：《烈皇小识》（卷4），载中国历史研究社编：《中国历史研究资料丛书》，上海书店，1982年，第106页。
② 冯钦明：《甲申纪事·上家邺仙大司马书》（第三十册），载四川大学图书馆编：《中国野史集成》，巴蜀出版社，1993年，第318页。
③ 李清：《三垣笔记》，中华书局，1982年，第139页。
④ 高斗枢：《守郧纪略》，载中国历史研究社编：《中国历史研究资料丛书》，上海书店，1982年，第8页。
⑤ 佚名：《淮城纪事》，载中国历史研究社编：《中国历史研究资料丛书》，上海书店，1982年，第134-139页。
⑥ 计六奇：《明季北略》（卷20），中华书局，1984年，第480页。

喜县志》卷8载,崇祯四年(1631)杨贵川妻张氏被掠,骂不绝口,"贼怒,钉其手足于板,胸刺数枪而去"。民国《芮城县志》记载,崇祯十五年(1642)"流寇犯县",年仅14岁的龙氏女被掠,贼"剥衣欲辱之,女骂贼,不从,贼断其手,骂愈厉,贼又剖其心"。为避免遭受性暴力,有些妇女被执后以自杀方式了结生命。据《明实录类纂·人物传记卷》载,崇祯三年(1641)冬,流贼攻破清涧县神崖寨,寨中妇女50多名全部被掳走,唯独17岁的刘贵姐坚决不从,"贼再三胁迫",贵姐"径投崖,身碎而死",以死保持清白①。临汾县平阳某烈妇绝命书反映了女性对性暴力的反抗心态:"(妾)为兵所掠,一路强逼为婚,抵死不从,行至古淞中山陶唐古墟,回首家乡,后会无期,涉水登山,何时是止!思父母不得见,想丈夫不能睹,时庚寅(顺治七年即1650)四月十五夕也。明月在天,清水在旁,愿得自尽于此,上不愧于父母,次无惭于夫婿,庶几与水同清,与月同明而已。"② 在暴徒面前,除了选择死亡,女性别无出路。为了保全女儿名节,有些父母甚至亲手杀死自己的女儿,嘉庆《如皋县志》卷18载,顺治三年(1646)谢家店一妇女被执,兵"欲犯之,夺贼刀刺其女,复自刎死"。顺治四年清兵进入京口,施振环妻"见兵至,挈其女投河"③。这种惨剧在清代修纂的各地方志中都屡有记述。

少数女性面对即将发生的暴力,甚至奋起反击。光绪《昆新两县续修合志》卷36记载,顺治二年观音桥南一妇人丈夫被杀,"兵以丑语挑之,妇佯笑曰:此亦易事,须放下刀。兵不疑,遂解衣甲,夫即挈其刀杀之,门外兵随入,挥作三截"。《明季北略》卷21下记载,张氏被农民军掳,"贼见其美,欲淫之。女绐曰:我渴甚,取水饮我。贼信之,至井所,女奋力挤贼堕井"。农民军攻下和州,甘氏被掠,"将欲污之",甘氏屡次借口推辞,"一日,密以巴豆进贼,贼暴死"④。这些反抗的妇女最终几乎都是被杀或被迫自杀,但其勇于抗争、宁死不屈的精神是无奈中的最后选择,时人杨廷枢写诗赞道:"有妻慷慨死同归,有女坚贞志不移,不是一番同患难,谁知闺阁有奇儿!"⑤

另一些妇女则采取了自污自残的方式予以反抗,试图躲过这场惨绝人寰的

---

① 李国祥:《明实录类纂》(人物传记卷),武汉出版社,1990年,第1243页。
② 潘如海:《临汾县志》(卷4),成文出版社,1977年,第392-493页。
③ 黄宗羲:《弘光实录钞》(卷4),载中国历史研究社编:《中国历史研究资料丛书》,上海书店,1982年,第260页。
④ 计六奇:《明季北略》(卷11),中华书局,1984年,第184-185页。
⑤ 计六奇:《明季南略》(卷4),中华书局,1984年,第256页。

浩劫。史载，昆山县庠生胡泓时遇害，其妻陆氏21岁抱着3岁的儿子，欲跳井，被一清兵所执。"氏徒跣被发，解佩刀自破其面，……氏骂不绝口，至维亭挥刀剖腹而死。"① 赞黄县知县朱德成妻姜氏被执，"以簪自剔一目，示贼曰：吾已成废人矣！速杀为幸！贼怒，杀之"②。《扬州十日记》载，扬州妇女为了防止受辱，"以血膏体，缀发以煤，饰面形如鬼魅"，甚至藏匿于坟冢之中，"泥首涂足，殆无人形"。在残酷的战争面前，人的尊严被严重地扭曲。

战争加重了社会的无序和混乱，民众被迫"逃入深山，不得食而死者，委填岸谷；或采草木食之，得生者久乃化为野人，裸处林栖，体生白毛"③。这些难民当然包括广大妇女在内。未逃走妇女则整日惶惶如惊弓之鸟，一闻风声，便预先"密缝其衣裾前后"，乃至"取鱼纲结体甚固"。《淮城纪事》记载，崇祯十七年（1644）夏，"忽传北路李总兵逃兵要到村中打粮，各村男女逃窜，老少妇女将衣裙前前后后连结大哭而走"。城中女恐被敌人污辱，当攻城开始或城池攻破时，就做好自杀准备，这种集体性女性自杀在战争期间颇为常见，《明史》卷303记载了江都孙道升家11口女性在战时自杀，年龄最大者约80岁，最小三四岁。道光《江阴县志》记载了城破后戚勋继妻妾女婢共21人自焚死。乾隆《闻喜县志》卷8载，崇祯时流寇至，西韩村杨刘氏、杨张氏、杨宋氏、杨孙氏妯娌四人联袂投井而死。这是女性对战争对性暴力的极端反抗手段。

三、战时性暴力犯罪的特征

通过上文史料的梳理描述，我们认为明末清初战争中女性遭受的性暴力具有典型的残虐性、综合性和地域广泛性等特征。而对这些特征进行再分析，我们甚至对以往学术界关于农民战争研究的某些论断及理念，很有必要进行重新认识与探讨。

（一）残虐性

施暴者凶残暴虐，其手段极其狠毒残忍。《平寇志》卷12记载，清兴安总兵任珍"强夺营兵妇女"及良家女达100多人，"淫欲无厌"。制作长押床，裸姬妾数十人于床，"次第就押床淫之。复植木桩于地，锐其表，将众姬一一签木桩上，刀剜其阴，以线贯之为玩弄，抛其尸于江上"。乾隆《西安府志》卷

---

① 李福沂：《昆新两县续修合志》（卷36），成文出版社，1971年，第642页。
② 康熙：《临清州志》，载中国科学院图书馆选编：《中国地方志汇刊（第九册）》，中国书店，1992年，第1146页。
③ 王夫之：《永历实录》，岳麓书社，1982年，第121页。

39 记载，鄠邑杨遇的妻子何氏，守节在家，"贼至，强挟不从。乃缚于树。氏忿骂，贼以刀割乳塞其口，氏仍骂不绝口，贼剖其腹而死"。有些女性被淫杀后，施暴者甚至"割其阴悬枪而去"①。施暴者兽性大发时，甚至"剖孕妇，注婴儿于槊"以为乐，或"刳剔孕妇，取胎油为灯"②。为记取军功，施暴者对"妇人各取阴肉或割乳头，验功之所，积成丘阜"③。更有甚者，据《明季北略》卷 11 载："有缚人之夫与父而淫其女，然后杀之者；有驱人之父淫其女以为戏，而后杀之者；甚至裸孕妇于前，共卜腹中男女，剖而验之以为戏，一试不已，至再至三者。"民国《许昌县志》卷 14 载，某女 18 岁，"贼悦其色，迫之使行，前奉衣，女厉声曰：'城破，我分应死！'贼懼以刃，益痛骂。贼怒，裹以缊絮，卷以席箔，灌以膏油。女无怖色，系而竖于树，引火烛之，及身，大呼娘者三，呼天者三，须臾灰烬树下"。史料中类似这些令人毛骨悚然的记载比比皆是，这些残忍的施暴者既有农民军，也有清军与明军。这是战争期间，参战男性道德意识的集体沦丧之表现，史料中频繁出现"众嬲"字样，说明女性是被士兵集体轮奸，有些女性因此被摧残致死。

施暴者还别出心裁地创制了"砺石""尺雀""接宝"等残暴的性暴力方式，"妇人奸淫后即以试刀"，称为"砺石"④；"剖孕妇之腹"叫作"接宝"；"聚少妇百人缚之马栓，驱兵数千因淫之。妇死，则割男子之势"，称作"尺雀"⑤。酷刑"插烛"更令人不寒而栗，据《清初莆变小乘》载，用一条长丈二的木棍，埋一半于地下，一半削尖向上，将人衣服剥尽，两股扯开，谷口放木棍尖上，用力下压，如插烛一般。顺治四年冬，周察院到福清县巡视，因县城外"俱是贼"，于是出兵围剿，"贼皆远避"。一新婚夫妇被兵拿解，周察院见少妇有姿色，先斩杀其夫，"留妇，欲淫之。妇不从，受插烛之刑"⑥。

（二）地域的广泛性

根据各地方志记载，战争期间，各地只要有军队经过，就会发生不同程度

---

① 陈舜系：《乱离见闻录》，江苏人民出版社，1983 年，第 255 页。
② 周在浚：《大梁守城记》（第二十九册），载四川大学图书馆编：《中国野史集成》，巴蜀出版社，1993 年，第 453 页。
③ 吴伟业：《鹿樵纪闻》（卷中），载中国历史研究社编：《中国历史研究资料丛书》，上海书店，1982 年，第 163 页。
④ 李清：《南渡录（卷 2）》，载黄宗羲等撰：《南明史料（八种）》，江苏古籍出版社，1999 年，第 213 页。
⑤ 抱阳生：《甲申朝事小记（第三编卷 2）》，书目文献出版社，1987 年，第 515 页。
⑥ 陈鸿、陈邦贤：《清初莆变小乘》，载中国社会科学院历史研究所清史研究室编：《清史资料（第一辑）》，中华书局，1980 年，第 65 - 71 页。

的性暴力案件。各地纂修的地方志对此都有记载。除上文已引的资料外，我们从明代 15 个省级政区中，各选取某一县之史料罗列成下表，以显示地域的广泛性（见表1）。

表1 明末15省级行政区性暴力情况例证

行政区	性暴行个案	资料来源
京 师	甲申逆变，侯郑氏阴置厨刀于被中，用线麻密织其衣。贼至，挟持至床侧，氏出被中刀击贼，不中，自刎死	同治《元城县志》卷5
南 京	顺治二年扬州城破，清兵突至，欲犯闵吴氏，不从，被重创七处，投水死	雍正《扬州府志》卷34
山 西	贼掳燕李氏，欲污之，氏坚执不从，骂不绝口，被杀剖腹	同治《阳城县志》卷12
陕 西	凤翔府马润姐被执，贼逼污之，女以梃击贼，被磔杀死	雍正《陕西通志》卷67
河 南	崇祯末，流寇至，张氏女被掳，女大骂，贼怒，拔刀杀之	乾隆《杞县志》卷19
山 东	明末东阿刘氏女为土寇掳，骂贼，贼挺挞杀之	道光《东阿县志》卷14
湖 广	崇祯年间王刘氏避乱至白马庙，为贼所逼，不从，骂贼死	光绪《襄阳府志》卷25
四 川	崇祯间万县城破，古谭氏被执，骂贼不绝口，随取刀毁其面，贼摸其乳，又割之，触阶而死	光绪《梁山县志》卷9
浙 江	顺治四年王师渡江，徐沈氏为兵所逼，乘间自缢而死。翁氏二女，长年十六，幼年十四，被获置马上，乘间俱跳水死	康熙《萧山县志》卷20
江 西	顺治五年郭王氏年十九，被贼执，欲辱之不从，驱之行，伏地大骂，贼怒断其手，骂不绝，复断其喉而死	顺治《吉安府志》卷30
福 建	顺治三年长乐陈蒋氏和陈周氏被掠，逼污之，不从，贼怒磔之	乾隆《福州府志》卷67
广 东	顺治七年清军入广州城，赵朱氏有殊色，军欲犯之，朱氏大骂，夺刀断发割鼻而死	同治《番禺县志》卷51
广 西	顺治四年段周氏被流寇执，欲污之，不从，贼以石击杀之	咸丰《南宁县志》卷7
贵 州	顺治四年流寇攻遵义，王都氏被掠，欲污之，氏骂贼死	道光《遵义府志》卷36
云 南	崇祯十六年，碌碑民家女黄氏遇贼于碌碌河边，贼逼之，跳入河死	乾隆《河西县志》卷3

从表1可以推断，明清之际战争中的性暴行几乎遍及全国各地。这种地域的广泛性反过来又说明了受害女性人数的庞大。尽管对遭受过性暴力的女性确

切人数难以考证，但从一些零星数字的记载仍可看到冰山一角。农民军初入北京时，市内治安异常混乱，安福胡同妇女一夜之间被奸污者就达370余人[1]；道光《江阴县志》卷20《烈女》统计，江阴城破时死于性暴力的就达101人；而雍正《扬州府志》卷34记载，扬州城破时，死于性暴力的妇女也多达100余人；《江变纪略》记载，顺治五年清军包围赣州时，将掳掠的妇女"各旗分取之，同营者迭嬲无昼夜"，这些女性"除所杀及道死、水死、自经死，而在营者亦十余万"。所谓在营者应是被迫提供性服务者。

（三）综合性

战争性暴力行为常常与抢劫、屠杀等罪行结合在一起，表现出某种程度的综合性。如《明季北略》载，崇祯八年春，农民军进入巢县，"先索骡马，次索金银女子，女子悉贯以索，闭于县内，大肆淫秽"。民国《盩厔县志》卷6记载，顺治元年四月，清兵一路追杀农民军到达盩厔县境内，生员孙文光的妻子费氏被执，"计无可托，因绐之曰：我有金帛藏智井中，幸取从之。兵喜，与俱至井旁，氏探身窥井，即倒股而下。兵恨无金又兼失妇，遂连下巨石击之而去"。民国《氾水县志》卷9记载，寡妇张周氏守节不移，"被贼执，佯从行，绐河旁有藏金，贼俯首掘金，遽取贼刀杀之，众贼嗔怒，来击，氏仍持刀力敌，贼伤一，投河而死"。《研堂见闻杂录》则载，顺治二年七月，清军李都督回兵沙镇，"见者即逼索金银，索金讫，即挥刀下斩，女人或拥之行淫，讫，即掳之入舟"。"遇男女，则牵颈而发其地中之藏，少或支吾，即剖腹刳肠。"《明季南略》卷4也载，顺治二年清军追赶南明政权至无锡时，"舟中俱有妇人，自扬州掠来者，装饰俱罗绮珠翠，粉白黛绿"。先抢劫金银财物，再掳掠妇女，最后是惨无人性的大屠杀，甚至放一把火统统烧掉，几乎是清军南下的一种程式，对嘉定及扬州的屠杀就是明证。

明末清初，战争期间男性集体无意识地对女性实施了惨无人道的强暴性行为，极度地戕害了广大女性的身心健康，加重了战争期间女性的身心痛苦，是对妇女基本生存权利的严重践踏。性暴力的产生是与战争这一特定时代和社会背景分不开的，只有遏制与消除战争，才能避免大规模性暴力的发生。而对历史上战争时期性暴力的全面而深入的考察，也有助于我们对历史事件进行客观、公正与理性的评判。

（原载《妇女研究论丛》2004年第1期）

---

[1] 钱稚农：《甲申传信录》（卷6），载中国历史研究社编：《中国历史研究资料丛书》，中国书店，1982年，第119页。

限制与保护：清代司法对涉讼女性的特别应对[①]

李相森[②]

摘　要：清代司法对涉讼女性予以特别应对：谨慎对待涉及女性的控告呈词；优先选择以批词、调解的方式结案，不轻易传唤女性出庭，避免女性在诉讼中的公开出场；在审讯过程中，限制对女性的监禁及刑讯，司法官特别注意面对涉讼女性时的仪态、言语及行动的庄重严肃；对女性执行刑罚时亦有不同于男性的方式方法。在官方表达中，保护女性的名节、颜面是对女性予以特别对待的主因。通过限制女性进入诉讼来保护女性，是男权社会对女性进行"限制性保护"逻辑的产物。面对涉讼女性，司法活动的谨慎、谦抑，实质上是为了符合并维护围绕女性所形成的社会伦理道德规范。

关键词：清代司法　女性诉讼　涉讼女性　限制性保护　女犯

在中国传统法制文化中，诉讼为凶事。官方不愿民众纷争诉讼，极力息讼，追求和谐、无讼的理想社会状态。而被赋予安娴贞静、柔弱卑顺形象的女性，更不宜与诉讼发生关联。实际上，传统司法极力避免女性参与诉讼，对涉讼女性予以特别应对。以清代为例，司法官对涉及女性的控告呈词进行严格审查；审理涉讼女性案件的方式有特别之考虑；不轻易传唤女性出庭接受讯问；对出现于公堂之上的女性，予以特别审慎之对待；施于女性的监禁、刑讯、刑罚亦有特别之处。一方面，女性参与诉讼受到官府的严格限制；另一方面，面对涉讼女性，司法官极为审慎，表现出了一定的谦抑性和自我限制。在官方表达中，之所以如此是为保护女性名节、顾全女性颜面、保存女性廉耻。清代司法制度限制女性在诉讼中的出场是否剥夺了女性的诉讼权益，构成了对女性的歧视，还是如其所宣称的切实保护了女性？强势司法为何在面对弱势女性时表

[①] 基金项目：本文系国家社会科学基金项目"中国传统司法中的理性与经验研究"（项目编号：11BFX016）的阶段性成果。

[②] 作者简介：李相森，男，南京大学法学院 2013 级博士研究生。研究方向：中国法制史。

现出了不应有的谨慎小心？本文以一套完整的清代诉讼程序为序，结合官方法令、官箴书记载及司法案例，考察清代司法针对涉讼女性的一系列特别应对举措，并揭示其背后的实质。

一、限制女性提起控告及词讼内牵连女性

在清代，女性与诉讼发生直接关联而成为诉讼当事人，发生在如下两种情形：一是主动提起诉讼而参与到诉讼中，二是被动牵连到诉讼中。但不管是主动进入，还是被动牵连，官府都会予以严格审查，从源头上避免女性进入诉讼程序之中。

（一）限制女性提起控告

对于女性主动提起的控告，清代法制从两个方面进行限制。

首先，限定女性的控诉范围，仅允许其对部分案件享有控诉权。《大清律例》规定："若妇人，除谋反、叛逆、子孙不孝，或己身及同居之内为人盗诈、侵夺财产及杀伤之类听告。余并不得告。"① "妇人非有切己重情，不准告举他人之事"②，所谓"切己"即与自身利益密切相关，而"重情"则谓人身、财产安全等遭遇严重威胁或侵害。司法实践中，对妇女诉讼的受案范围更为狭窄，"遇有妇人……出名呈诉者，除真正尸亲，或失物事主，并呈送忤逆三项外，概不可轻易受理"③。当然，对于女性呈诉准理与否，司法官有一定的自由裁量权；对于何谓"切己重情"，司法官可自行判断。同时，对女性控告"不可轻易受理"是一种谨慎态度，并不是对女性提起的所有非重情之诉一概不予受理。比如，清代张船山在山东莱州府任上审得无赖窥浴一案。无赖李大根偷窥邻居杨二姐洗浴，结果被杨二姐"扭赴讼庭"④。此案并非律例所规定的严格意义上的"切己重情"，但因与名节有关，司法官便毫不犹豫地予以受理，并最终做出了判决。

其次，女性控告实行诉讼代理制度，即抱告制度⑤。在男性家长能够提起诉讼的情况下，不允许妇女提起诉讼。如果丈夫死亡、外出或被监禁，或者无

---

① 张荣铮、刘勇强、金懋初点校：《大清律例》，天津古籍出版社，1998 年，第 525 页。
② ［清］裕谦：《再谕各代书牌》，载徐栋辑：《牧令书》，清道光二十八年刊本，卷十八第 5 页。
③ ［清］刚毅：《牧令须知》，载官箴书集成编纂委员会：《官箴书集成》（九），黄山书社，1997 年，第 261 页。
④ ［清］张船山：《张船山判牍》，中央书店，1934 年，第 1－2 页。
⑤ 有关清代抱告制度的研究，可参见吴欣：《清代妇女民事诉讼权利考析——以档案与判牍资料为研究对象》，载《社会科学》2005 年第 9 期；徐忠明、姚志伟：《清代抱告制度考论》，载《中山大学学报》2008 年第 2 期；邓建鹏：《清代诉讼代理制度研究》，载《法制与社会发展》2009 年第 3 期。

嗣、子幼，确需妇女具词呈控，则由其成丁弟兄、子侄或母家至戚代为告诉。凡妇女告状用抱告者，"务要将抱告住址、年岁据实开明"①。如有不实，则严惩抱告人②。实践中，对于女性提起的控告呈词，司法官予以特别注意，进行严格审查。"如有妇女出头，则问明有无夫男，有无子孙，现年若干，何不听其夫男子孙呈控，填注明白。"③ "遇有妇人来府递呈，当即问明因何不听伊夫出名具告缘由。若系孀妇，亦须问明有无子嗣，其子现年若干，逐一于词内声叙明白，方准投递。"④ 对于那些家有夫男，而令妇女出头告状的，予以惩罚，"有妇人具控而丈夫作抱告者，先责丈夫；有老妇具控而其子作抱告者，先责其子"⑤。"家有夫男，不亲身具控，而令妇女出头告状，明系捏词图诈，为将来审虚地步。无论有理无理，一概不准。仍将妇女掌责以儆。凡有夫男之家自不敢令妇女轻于尝试。"⑥

之所以对女性控告的限制如此严格，"因其罪得收赎，恐故意诬告害人"⑦。虽然清律规定诬告反坐⑧，但女性所犯大部分犯罪皆可以交钱而免刑，无须为诬告付出过高代价。结果，女性成为一种诉讼工具。现实中发生纠纷，往往由妇女具名控诉，混淆事实，无理争三分；更有无赖流氓、讼棍等无事生非，唆使妇女出头告状，以图讹诈被告人。清代民间社会，由妇女出头告状，相习成风，"其意恃妇逗刁，希图泼赖，甚至乡里中偶有口角，辄率妇女涂闹，以为

---

① ［清］方大湜：《平平言》，载官箴书集成编纂委员会：《官箴书集成》（七），黄山书社，1997年，第639页。
② 清末法学家薛允升在其《读例存疑》中言"现在罪坐代告之例竟成具文"，现实中即使女性控告不实，官府亦不深究。参见［清］薛允升：《读例存疑》，载胡星桥、邓又天主编：《读例存疑点注》，中国人民公安大学出版社，1994年，第53页。
③ ［清］周石藩：《海陵从政录》，道光十九年家荫堂刊本，第9页。
④ ［清］裕谦：《再谕各代书牌》，载徐栋辑：《牧令书》，清道光二十八年刊本，卷十八第5页。
⑤ ［清］周石藩：《海陵从政录》，道光十九年家荫堂刊本，第9页。
⑥ ［清］方大湜：《平平言》，载官箴书集成编纂委员会：《官箴书集成》（七），黄山书社，1997年，第677页。
⑦ 张荣铮、刘勇强、金懋初点校：《大清律例》，天津古籍出版社，1998年，第525页。
⑧ 所谓诬告反坐，即将诬告之人以诬告他人之罪定罪处罚。清律不仅实行诬告反坐，而且在所诬之罪的基础上加罪。《大清律例》规定：凡诬告人笞罪者，加所诬罪二等；流、徒、杖罪（不论已决配、未决配），加所诬罪三等，各罪止杖一百，流三千里。（不加入于绞）若所诬徒罪人已役，流罪人已配，虽经改正放回，（须）验（其被逮、发回之）日，于犯人名下追征用过路费给还。（被诬之人）若曾经典卖田宅者，着落犯人备价取赎；因而致死随行有服亲属一人者，绞（监候，除偿费赎产外，仍）将犯人财产一半断付被诬之人。至死罪，所诬之人已决者，（依本绞、斩）反坐（诬告人）以死。（虽坐死罪，仍令备尝取赎，断付养赡）未决者，杖一百流三千里，（就于配所）加徒役三年。参见张荣铮、刘勇强、金懋初点校：《大清律例》，天津古籍出版社，1998年，第516-517页。

莫之敢撄"①。清代判牍中,"恃妇兴讼""恃妇混渎""架母生事"的案例屡见不鲜②。例如,光绪年间,陕西省咸宁县民妇朱方氏在儿子尚在的情形下,"恃妇出头,捏报抢劫",结果控告被驳回③。

(二) 限制词讼内牵连女性

对于女性被动牵连进诉讼的情形,清代法制更是予以严格控制。清代民人争讼,牵连无关妇女,成为一种风气。"凡与一人争讼,词内必牵引父兄子弟多人。甚至无涉之家,偶有宿憾,辄指其妇女为证。意为未辨是非,且得追呼一扰,费耗其钱物,凌辱其妇女"④,"词连妇女,图泄一时之忿"⑤。控告人在呈词中牵连妇女,意欲官府传讯妇女,让被告人家的妇女抛头露面,而受凌辱,以发泄一己之愤恨。

有鉴于此,《大清律例》规定"凡词状,止许一告、一诉",在第一次控告之后又陆续投词告诉的,"如有牵连妇女,另具投词"⑥,即要求另行起诉,以防止牵连妇女。实践中,司法官对于牵连妇女的词状,"于吏呈票稿内即除其名,勿勾到案"⑦,或者直接令书吏上报主官知道后删除,"词内及供内情节,牵涉闺阃妇女,或事属暧昧,准尔回明摘删。不许径行列名,叙稿送签"⑧。在起诉书、供词送主审官之前,书吏已将其中牵连的女性摘删,以避免女性出现在诉讼中。而已进入诉讼程序的女性,很有可能不会被传唤到案。

二、避免女性在诉讼进程中公开出场

如果女性符合诉讼资格,案件确实需要官方出面进行处理,司法官也可能采取特别审理方式,或以批词形式结案,或饬令调解,而不公开审理。对于那些必须进行审理、做出判决的案件,清代司法官亦不轻易传讯女性出庭,极力避免女性在审讯中出场。

---

① [清] 周石藩:《海陵从政录》,道光十九年家荫堂刊本,第9页。
② 阿凤:《谈谈明清时期诉讼过程中的"恃妇"现象》,载《中国社会科学报》2010年4月8日。
③ [清] 樊增祥:《樊山政书》,中华书局,2007年,第62页。
④ [清] 陆陇其:《莅政摘要》,载于箴书集成编纂委员会编:《官箴书集成》(二),黄山书社,1997年,第626页。
⑤ 戴兆佳:《天台治略》,载官箴书集成编纂委员会编:《官箴书集成》(四),黄山书社,1997年,第172页。
⑥ 张荣铮、刘勇强、金懋初点校:《大清律例》,天津古籍出版社,1998年,第518页。
⑦ [清] 袁守定:《图民录》,载官箴书集成编纂委员会编:《官箴书集成》(五),黄山书社,1997年,第202页。
⑧ [清] 刘衡:《州县须知》,载官箴书集成编纂委员会编:《官箴书集成》(六),黄山书社,1997年,第93页。

（一）涉及女性案件的特别审理方式

案件如涉及女性名节，司法官有时会选择以批词形式结案。宣统元年（1909年），湖南省新宁县寡妇江刘氏控告侄辈江某侮辱其名节，到县鸣鼓呼冤①。原来，江某因江刘氏经常与一位陈姓男子来往，便写了一张陈某再来以"奸盗论"的条子贴在江刘氏的门上。知县吴兆梅收到呈词之后，与师爷陈天锡商量如何处理。鉴于案件涉及本地江、刘两大世家②，且是名节攸关的重情，陈天锡认为不宜公开审判，以谨慎消弭为上策，建议吴知县不要坐堂讯问。最终，陈天锡代吴知县起草批词，剖释"奸盗"之"奸"不专指"奸淫"，令江刘氏不要自诬自陷；告诫江某不应妄书揭帖，滋生事故；指责陈某与江刘氏非亲非故，参与他人家事，以致亲属不和。批词一出，讼息事了。

司法实践中，对于女性提起的部分诉讼，在审理程序上，还有先予调处的做法。光绪年间，樊增祥在陕西臬司任上，批西安府详曰："妇女无识，戚族教唆，涉讼公庭，照例批饬调处。"③ 可见当时对于妇女诉讼的一般处理方式。樊增祥在批薛康氏呈词中亦言："尔妯娌均系孤孀，何事不可容忍。必欲露面公堂，有何好处？"并做出调解处理："饬差协约暨该亲族人等查明，秉公处息覆夺。"④ 当然，经由调处的案件可再由官府裁判。但此种针对女性诉讼"照例"先行调处的做法，表明司法官对女性诉讼的审理方式有特别之考量。

（二）不轻易传讯女性出庭受审

《大清律例》规定"妇女有犯奸、盗、人命等重情，及别案牵连身系正犯，仍行提审。其余小事牵连，提子侄兄弟代审"⑤，除涉嫌奸、盗、人命等重案或别案牵连身系正犯外，对妇女不予拘传提审。在某些特定案件中，即使事关妇女，也禁止提审妇女，"如遇亏空、累赔、追赃、搜查家产杂犯等案，将妇女提审永行禁止。违者，以违制治罪"⑥。

清代官箴书中一再告诫："妇女毋轻拘传"⑦；"若妇人，未可遽行追呼，

---

① 张伟仁访问、俞瑜珍记录：《清季地方司法——陈天锡先生访问记》，载张伟仁编：《磨镜——法学教育论文集》，清华大学出版社，2012年，第189-190页。
② 湖南新宁江家为晚清名将江忠源的后裔，刘家则为刘长佑、刘坤一的后裔。
③ ［清］樊增祥：《樊山政书》，中华书局，2007年，第264页。
④ ［清］樊增祥：《樊山判牍正编》，达文书店，1936年，第97页。
⑤ 张荣铮、刘勇强、金懋初点校：《大清律例》，天津古籍出版社，1998年，第651页。
⑥ 张荣铮、刘勇强、金懋初点校：《大清律例》，天津古籍出版社，1998年，第651页。
⑦ ［清］翁传照：《书生初见》，载官箴书集成编纂委员会编：《官箴书集成》（九），黄山书社，1997年，第363页。

且须下乡审责供状，待其紧急方可引追"①；"非大关节事，不可轻提妇女"②；"非万不得已，断断不宜轻传对簿"③；"案内牵涉妇女，非万不得已，不可轻易传讯。寡妇、闺女尤不可令其出头露面，对簿公堂"④。"其有不待呼即至者，不许上堂，只讯男丁结案"⑤，即使女性已径自到衙，亦不许其上堂接受公审。

若必须传唤提审涉讼女性，裁判官亦极为审慎。"年少妇女非身自犯奸，宜令僻处静待，不可与众人同跪点名，养其廉耻"⑥，不令女性同男性一同上堂点名跪候。如需女性当堂对质，"先唤彼至亲丁男代质"⑦，由男性亲属代为受审。"如无亲属，令家人雇工上堂听审"⑧，只有到了万不得已，才令女性亲自出场，"必不得已，方唤亲质"⑨。对于女性优先录供，然后令其回家，并不予扣押，"其有大案待质者，只唤到一次，先取其供，即令归寓"⑩。"遽解妇女，令于二门外听点"⑪，对于那些当场拘捕押解到衙的女性，并不令其直接上堂接受讯问，而是在二门外等候，由司法官决定是否传讯。

对于因奸案涉讼的女性，司法官亦尽量避免其在诉讼中公开出场，"其犯奸尚在疑似者，亦免唤讯，只就现犯讯结"⑫。若妇女确犯和奸罪，在道德上已被谴责，难以得到司法官及社会公众的同情，令其出庭受审，于理于法，并无不合，但司法官对此仍是特别谨慎，以免致其轻生自尽，造无心之孽。如，乾隆五十二年（1787年）四川巴县县民王嘉栋控告妻子曾氏与王仕爵私通，要

---

① [清] 陆陇其：《莅政摘要》，载官箴书集成编纂委员会编：《官箴书集成》（二），黄山书社，1997年，第626页。
② [清] 王景贤：《牧民赘语》，义停山馆集本，第3页。
③ [清] 汪辉祖：《佐治药言》，载沈云龙主编：《近代中国史料丛刊》（27），文海出版社，1968年，第149页。
④ [清] 方大湜：《平平言》，载官箴书集成编纂委员会编：《官箴书集成》（七），黄山书社，1997年，第677页。
⑤ [清] 袁守定：《图民录》，载官箴书集成编纂委员会编：《官箴书集成》（五），黄山书社，1997年，第202页。
⑥ [清] 黄六鸿：《福惠全书》，清光绪十九年文昌会馆刻本，第129页。
⑦ [清] 刚毅：《牧令须知》，载官箴书集成编纂委员会编：《官箴书集成》（九），黄山书社，1997年，第261页。
⑧ [清] 刚毅：《牧令须知》，载官箴书集成编纂委员会编：《官箴书集成》（九），黄山书社，1997年，第261页。
⑨ [清] 潘月山：《未信编》，载官箴书集成编纂委员会编：《官箴书集成》（三），黄山书社，1997年，第80页。
⑩ [清] 袁守定：《图民录》，载官箴书集成编纂委员会编：《官箴书集成》（五），黄山书社，1997年，第202页。
⑪ [清] 袁守定：《图民录》，载官箴书集成编纂委员会编：《官箴书集成》（五），黄山书社，1997年，第202页。
⑫ [清] 袁守定：《图民录》，载官箴书集成编纂委员会编：《官箴书集成》（五），黄山书社，1997年，第202页。

求严审究除王仕爵,将曾氏发官媒另嫁。县官批准唤讯,但"仅将王仕爵唤案押候",并未传讯曾氏。结果,曾氏自行到官①。强奸案件中,女性已受凌辱,如果证据确凿,并不传妇女到案,防止其再次受到伤害。"其强奸者,有部议云:或邻佑闻声救护,或夺下衣帽,或当时拿获,或声喊逃跑之时有人见闻,多有确据者,原不必本妇到官。斯亦仁厚之一端也。"②

(三)避免女性在诉讼中出场背后的考量

首先,避免女性在诉讼中出场可保全女性的名节颜面,以"励廉耻、厚风俗"③。封建社会后期,贞操名节被视为女子之生命。女性被要求全身守节,深藏闺阁之中,不轻易示人,即使外出,也要遮盖严实。而一旦与讼事相涉,经官过衙,抛头露面,于名节有损,直接影响其此后的正常生活。不轻易传讯女性,可全其颜面、保其贞操,所谓"幽娴之女全其颜面,即以保其贞操"④。"至于闺女,断不可轻拘听审。已字者,出身露面,辱及夫家;未字者,逐众经官,谁为求聘?亦所以敦风化,存忠厚也。"⑤亦有原本安闲幽静之女子,因诉讼抛头露面而"厚颜无耻",行为愈发嚣张放肆,毫无顾忌。"妇女颜面最宜顾惜,万不得已方令到官。盖出头露面一经习惯,顽钝无耻以后,肆行无忌矣。"⑥"每见妇女出官之后,而皮一老,遂致无所不为。"⑦这于社会风化不利。

其次,不轻易传唤妇女对簿公堂,还有防止泼悍之妇于公堂之上撒泼耍横的现实考虑。清代案牍中,涉讼女性做出吵嚷、叫骂、哭号、打滚、拼命等过激行为"闹堂"的案例不在少数。如清代能吏端方曾审得"杨史氏卖寡媳"一案,杨史氏以卖淫为生,欲将其寡媳曹氏卖掉。端方判定将杨史氏"鞭背五百,以正风化",但杨史氏"当堂撒泼,打滚哭嚷,与媳拼命"⑧。更有泼悍妇人于公堂之上,伪装自杀,撞墙触柱,刺颈割腕。这不仅让案件愈难解决,还令堂上裁判官威仪尽失。因而,不轻易令妇女上堂,可以避免女性恃其妇人,

---

① 四川省档案馆编:《清代巴县档案汇编(乾隆卷)》,档案出版社,1991年,第151页。
② [清]何耿绳:《例案简明》,载徐栋辑:《牧令书》,清道光二十八年刊本,卷十九第63页。
③ [清]薛允升撰、胡星桥、邓又天主编:《读例存疑点注》,中国人民公安大学出版社,1994年,第873页。
④ [清]汪辉祖:《佐治药言》,载沈云龙主编:《近代中国史料丛刊》(27),文海出版社,1968年,第149页。
⑤ [清]黄六鸿:《福惠全书》,清光绪十九年文昌会馆刻本,第129页。
⑥ [清]万维翰:《幕学举要》,载沈云龙主编:《近代中国史料丛刊》(27),文海出版社,1968年,第47页。
⑦ [清]潘月山:《未信编》,载官箴书集成编纂委员会编:《官箴书集成》(三),黄山书社,1997年,第80页。
⑧ [清]端方:《端午桥判牍》,中央书店,1937年,第24页。

当堂撒泼刁狡。

再次，裁判官不轻易传讯妇女，还有为自己积阴德的考虑。所谓"居官能为妇女养廉耻，莫大阴德"①，"人之颜面所系，即己之阴骘所关也"②，不保全别人颜面，则有损自己的阴德。若女子因受到审讯而恼羞自杀，无疑给裁判官蒙上了一层心理阴影，在果报思想的影响下，往往愧疚惶恐，不可终日。清代名幕汪辉祖在《佐治药言》中记载了一起出于不良动机传唤妇女而遭报应的案例③。叶某在山东馆陶做幕友时，有士人告恶少调戏其妇。叶某本不欲提妇人质对，但友人谢某认为该妇应有姿色，可以寓目，遂提审之。结果该妇愤激，投缳而死。恶少因而被判死刑。但恶少之子控于冥府，认为恶少之死实由妇之死，而妇之死实由官之传质，而官之传质始于窥色而非理冤。最终，八年之后，叶某遭报应而死。汪辉祖总结道："以法所应传之妇，起念不端，尚不能幸逃阴谴，况法之可以不传者乎？"④可见，司法者面对涉讼妇女时的司法态度和行为深受阴德观念影响，怕遭阴遣而谨慎对待涉讼女性。

最后，不令女性到案可防止其被胥吏衙役欺侮凌辱。"凶恶捕快往往以牵及妇女，饱图诈索，更有私系而污辱之者"⑤；"奸妇到案，每有衙役戏呷、啰唣、凌辱、诈钱"⑥。还有的涉案女性不等官府拘拿，即惶恐不已，甚至因此自尽。宣统二年（1910年），湖南沅陵县有一贫苦妇人，拾取遗落田间的稻穗，而田主却以盗罪向沅陵县典史（捕厅）呈控。典史违例擅受，派遣差役去拘拿妇人究办。结果，妇人畏惧不已，自缢而死⑦。涉讼女性在面对司法裁判时的脆弱，也让司法官不得不谨慎小心，妥当应对。

---

① [清]陈宏谋：《从政遗规》，清乾隆七年培远堂刻汇印本，第80页。
② [清]方大湜：《平平言》，载官箴书集成编纂委员会编：《官箴书集成》（七），黄山书社，1997年，第677页。
③ [清]汪辉祖：《佐治药言》，载沈云龙主编：《近代中国史料丛刊》（27），文海出版社，1968年，第149-151页。
④ [清]汪辉祖：《佐治药言》，载沈云龙主编：《近代中国史料丛刊》（27），文海出版社，1968年，第150-151页。
⑤ [清]陈宏谋：《在官法戒录》，清乾隆八年培远堂刻汇印本，第19页。
⑥ [清]万维翰：《幕学举要》，载沈云龙主编：《近代中国史料丛刊》（27），文海出版社，1968年，第50页。
⑦ 张伟仁访问、俞瑜珍记录：《清季地方司法——陈天锡先生访问记》，载张伟仁编：《磨镜——法学教育论文集》，清华大学出版社，2012年，第202页。

三、限制对女性的监禁及刑讯

(一) 限制监禁女性

"清代监禁类似今日之羁押,而其监狱则犹如今日之看守所。"① 在审讯过程中,女性若非确实犯有不可宽恕之死罪,拘提到案质对后,即由亲属作保领回,或者由官媒看守,而不予羁押监禁。如必须收监待审,则由专设的女监监禁管理。"妇人非犯重辟,不得轻易收监"②,《大清律例》规定:"凡妇人犯罪,除犯奸及死罪收禁外,其余杂犯责付本夫收管。如无夫者,责付有服亲属、邻里保管,随衙听候,不许一概监禁"③,"妇女除实犯死罪,例应收禁者,另设女监羁禁外;其非实犯死罪者,承审官拘提录供,即交亲属保领,听候发落,不得一概羁禁"④。实践中,有的司法官更是将应予拘禁的女性嫌犯的罪名限定为谋杀亲夫、殴杀舅姑两项,"妇人有必不可宽之罪,势必系之狱者,惟谋杀亲夫、殴杀舅姑二项,亦必审实定案而后纳之。此外即有重罪,非着稳婆看守,即发亲属保回"⑤。即使一时不能质问明白,也不轻易关押,"即因人证未齐,尚须待质,亦宜仍令亲属领回,取保保候。慎勿轻辄管押,致滋弊窦"⑥。

对女性不予羁禁,是为保全女性的贞操名节。女性入监所往往被"监中诸犯轻薄及牢头狱卒调戏"⑦。"男女有别,廉耻为重。皂快一拘妇人,无穷之利;妇人一入公门,无限之辱。掏摸戏狎,无所不至,有因之而丧名节者。"⑧ 即使没有失节之事,被羁押之妇女也会蒙受来自他人的怀疑,"即贞端自守者,终身行检难以自明。归而姊娌嘲谈,亲党窃笑,兼之夫主嫌疑"⑨。"妇人幽系一宵,则终身不能自白。无论乡邻共訾,里巷交传,指为不洁之妇,即至亲如父母、恩爱若良人,亦难深信其无他。而公姑姊娌又可知己?此种不白之羞,虽有孝子慈孙百世不能湔洗。"⑩ 至于发官媒看管,亦极为审慎,"妇女非犯奸、

---

① 那思陆:《清代州县衙门审判制度》,中国政法大学出版社,2006年,第97页。
② [清] 李渔:《资治新书》(初集),浙江古籍出版社,1992年,第5页。
③ 张荣铮、刘勇强、金懋初点校:《大清律例》,天津古籍出版社,1998年,第650页。
④ 张荣铮、刘勇强、金懋初点校:《大清律例》,天津古籍出版社,1998年,第651页。
⑤ [清] 李渔:《资治新书》(初集),浙江古籍出版社,1992年,第5页。
⑥ [清] 觉罗乌尔通阿:《居官日省录》,载官箴书集成编纂委员会编:《官箴书集成》(八),黄山书社,1997年,第118页。
⑦ [清] 黄六鸿:《福惠全书》,清光绪十九年文昌会馆刻本,第149页。
⑧ [清] 郑端:《政学录》,载官箴书集成编纂委员会编:《官箴书集成》(二),黄山书社,1997年,第348页。
⑨ [清] 黄六鸿:《福惠全书》,清光绪十九年文昌会馆刻本,第149页。
⑩ [清] 李渔:《资治新书》(初集),浙江古籍出版社,1992年,第5页。

非犯命案,不可轻易交官媒看管,官媒需索凌虐与班房看役同。引诱卖奸,逼勒卖奸则官媒所独也"①。

监禁女犯有专设之女监,由专人管理,防范严密。清朝初年并没有专门的女监,也未派设专人管理女犯,结果导致她们成为刑吏禁卒之"妻妾",受人欺侮凌辱。康熙九年(1670年)定例强调"犯该死罪收禁者,必须另设女监,毋得纷纭杂处"②,始有专门女监之设,并由伴婆照应女犯,"于养济院中老妇,择其稍精壮者二人,作为伴婆。其犯妇接送饭食及门前呼唤应答,皆以伴婆代之"③。女监的管理颇为严格,"早间放风,应谆饬禁卒、稳婆拘管出入,不许男犯近前。晚须监门锁闭,不许与男犯通奸。恐囚头纵淫争闹,致生他变也"④。

(二) 限制刑讯女性

中国古代审案定谳尤重口供,为求得供词,不惜对犯罪嫌疑人严刑拷掠。虽律典对刑讯方法、器具、限度进行了严格规定,但实际上往往有酷吏发明种种残酷手段刑讯囚人,如入瓮烘烤、箍头加楔、熏耳灌鼻、鞭背烙胸、掌嘴钉指等。重刑之下,犯人被折磨致死者,所在多有。女性身体较为柔弱,抗击打能力较差。因此,"问案,妇女不可轻易用刑"⑤。"妇人莫轻打"更为重要的原因是受刑讯之妇女往往"羞愧轻生,因人耻笑,必自殒命"⑥。即使对女性进行刑讯,其手段及强度都与男性不同。

清代讯囚用杖,命盗重案供词不实者,男子许用夹棍,女子许用桚指⑦。桚指用圆木五根为之,各长七寸,径圆四分五厘。刑讯时,将桚子套在手指上用力收紧。清代法律对女性的刑讯进行了一定的限定,"妇人桚指,通不得过二次"⑧,而且不允许将用于男子的夹棍施之于妇女,"将妇人用夹棍者,革职,

---

① [清]方大湜:《平平言》,载官箴书集成编纂委员会编:《官箴书集成》(七),黄山书社,1997年,第678页。
② [清]昆冈、李鸿章等:《钦定大清会典事例》,光绪二十五年重修本,卷839。
③ [清]郑端:《政学录》,载官箴书集成编纂委员会编:《官箴书集成》(二),黄山书社,1997年,第348页。
④ [清]觉罗乌尔通阿:《居官日省录》,载官箴书集成编纂委员会编:《官箴书集成》(八),黄山书社,1997年,第127-128页。
⑤ [清]褚瑛:《州县初仕小补》,载官箴书集成编纂委员会编:《官箴书集成》(八),黄山书社,1997年,第749页。
⑥ [清]张运青撰、隋人鹏集解:《治镜录集解》,载官箴书集成编纂委员会编:《官箴书集成》(三),黄山书社,1997年,第739页。
⑦ 陈顾远:《中国法制史》,商务印书馆,1934年,第258页。
⑧ 赵尔巽等:《清史稿》,中华书局,1977年,第4213-4214页。

上司降二级调用,督抚降一级留任"①。

审讯孕妇,不能施以刑讯,以防止伤及胎儿。《大清律例》规定:"若妇人怀孕,犯罪应拷决者,依上保管,皆待产后一百日拷决。"② "将孕妇用桚指者降一级调用,上司罚俸一年,督抚罚俸半年。"③ 因此,清代司法官在刑讯女性时一般先问明其是否怀孕,"凡妇人应动刑者,必先问明曾否怀孕,以免加刑"④。

实践中,司法官还总结了对妇女用刑的特别注意事项,如"已桚莫又打","桚重之人,血方奔心,又复用刑,心慌血入,必致损命"⑤,以免女性嫌犯经受不住连续刑讯而发生意外。

四、裁判官审讯涉讼女性时应庄重严肃

女性最终出现于公堂之上接受审讯,裁判官需要特别注意自身的仪态、言语、行动。一为保持官员威严,二可保全妇女廉耻名节。清代司法官员特别注重对涉奸女性的审判。涉奸之案最关女性名节,又事关一地之风化。"公堂之上,为阖州县士民观瞻所系;奸情又民间风化所关"⑥;"当思平时之举动,原系观瞻,而此际之威仪,尤关风教"⑦。审讯涉奸妇女时,往往观者众多,作为父母官的裁判者,一举一动都事关风俗教化、帝国威严。裁判官"务须庄重严肃,色厉言正"⑧,"庄词肃容,推情研讯"⑨,特别应注意意念端正、仪态庄重,行为得体。否则,裁判官稍有轻浮之举,便会引发士民议论,或者被讥

---

① [清] 姚雨卿原纂、胡仰山增辑:《大清律例会通新纂》,载沈云龙主编:《近代中国史料丛刊三编》(22),文海出版社,1987年,第3732页。
② 张荣铮、刘勇强、金懋初点校:《大清律例》,天津古籍出版社,1998年,第650-651页。
③ [清] 姚雨卿原纂、胡仰山增辑:《大清律例会通新纂》,载沈云龙主编:《近代中国史料丛刊三编》(22),文海出版社,1987年,第3732页。
④ [清] 无名:《审理杂案》,载徐栋辑:《牧令书》,清道光二十八年刊本,卷十七第10页。
⑤ [清] 觉罗乌尔通阿:《居官日省录》,载官箴书集成编纂委员会编:《官箴书集成》(八),黄山书社,1997年,第134页。
⑥ [清] 黄六鸿:《福惠全书》,清光绪十九年文昌会馆刻本,第224页。
⑦ [清] 盘峤野人辑:《居官寡过录》,载官箴书集成编纂委员会编:《官箴书集成》(五),黄山书社,1997年,第155页。
⑧ [清] 褚瑛:《州县初仕小补》,载官箴书集成编纂委员会编:《官箴书集成》(八),黄山书社,1997年,第749页。
⑨ [清] 黄六鸿:《福惠全书》,清光绪十九年文昌会馆刻本,第224页。

笑，传作歌谣话柄，"百姓有轻佻之讥，起怠慢之心"①，有失威仪，有伤风化。

对于犯和奸之女性的审问，应紧扣案情，语言严肃庄重，不可戏谑诙谐。"若系和奸，只问其始末原由，起自何时，往来久暂。亵事琐情，一概不究。断不可任意描画，轻言笑谑。显己诙谐，形人丑态。"② 否则，会令旁观民众产生误解，以为裁判官作风不正，喜好风情。"稍涉诙谐，略假颦笑，在我原无成见，不过因其可谑而谑之。彼从旁睨视者，谬谓官长喜说风情，乐于见此。"③ 裁判官举止言行的不严肃、不端庄，不仅难以让当事人认错悔过，甚至有的犯人将本不涉奸情的案件说成是和奸，以此来投裁判官之所好。因此，裁判官"不得以狱涉风流，遂以戏谑之语亵狎之、态临之"④。

裁判官应与犯妇在空间上保持足够的距离，不得有过多的语言、目光交流。对于接受审讯的妇人，裁判官"不得唤近案前，低声悄问"⑤，"不可饬令跪近堂前，频频斜窥"⑥。在妇女"退去时，不得定睛目送"⑦。"唤近案前""饬令跪近堂前"有窥视女性姿色的嫌疑。"低声悄问"则人不知所问者何，亦生流言蜚语。所谓"偶有非礼之视，非官也"⑧，"频频斜窥""定睛目送"不仅有失为民父母之威仪，更是贻人贪恋女色之口实。所有这些不端行为都于裁判官"公正无私""正大光明"的形象有损，结果本应主持风化者，反而败坏了风化。

裁判官的言语、举动一方面涉及官威、风化，更与妇女的颜面、廉耻相关，甚至直接关乎女性的性命，所谓"妇女一登公堂，便损其一分廉耻，为民

---

① [清] 褚瑛：《州县初仕小补》，载官箴书集成编纂委员会编：《官箴书集成》（八），黄山书社，1997年，第749页。
② [清] 褚瑛：《州县初仕小补》，载官箴书集成编纂委员会编：《官箴书集成》（八），黄山书社，1997年，第749页。
③ [清] 盘峤野人辑：《居官寡过录》，载官箴书集成编纂委员会编：《官箴书集成》（五），黄山书社，1997年，第155页。
④ [清] 黄六鸿：《福惠全书》，清光绪十九年文昌会馆刻本，第224页。
⑤ [清] 方大湜：《平平言》，载官箴书集成编纂委员会编：《官箴书集成》（七），黄山书社，1997年，第677页。
⑥ [清] 陈宏谋：《在官法戒录》，清乾隆八年培远堂刻汇印本，第749页。
⑦ [清] 方大湜：《平平言》，载官箴书集成编纂委员会编：《官箴书集成》（七），黄山书社，1997年，第677页。
⑧ [清] 袁守定：《图民录》，载官箴书集成编纂委员会编：《官箴书集成》（五），黄山书社，1997年，第234页。

父母者宜护惜焉"①。前举汪辉祖所记案例中,不应被传唤到案的妇女因裁判者欲窥其色而被传唤,结果愤激而死。如果公堂之上公然羞辱之,往往引发尚有羞耻心的女性的过激反应,导致不可挽回的后果。清代名吏于成龙任广西罗城知县时,有一男子名元元红者,扮成女装,进入孙家,与孙家女同榻,致其怀孕。事发后,于成龙判处元元红站笼站死,孙氏女薄责一百,由家人领回管束,生子后,将孩子送入育婴堂抚养。孙氏女回家之后,当晚便自缢身死②。孙氏女青春年少,被骗失身,已属不幸,又被于成龙斥责"贻羞乡里,不贞不孝",自然无脸苟活于世。虽然于成龙已本于仁厚,仅予以"薄责",斥责之语也是本于教化,但悲剧仍不可避免。可见,女性涉讼,审断尤须审慎,裁判者不但不应有戏谑之语、亵狎之举,言辞亦不宜过于激烈。而应当要言捷语,迅速结案,不可"故为逗留,使其长跪羞愧难堪"③,"不可轻易吹求"④,"不得节外生枝,再牵妇女"⑤,以全其廉耻,为其留活路。

五、对女性犯人刑罚执行的特殊对待

中国传统社会历来有"妇人无刑"的观念,视妇女为弱者,而予以体恤⑥。清代司法对女性犯人处以刑罚极为审慎,即使责罚亦允许变通执行。

清代继承明代律例,规定妇人除犯奸、盗、不孝之罪,依律确实执行刑罚外,其余之罪可收赎。奸、盗、不孝属于"十恶"重罪,故不准收赎。笞杖之刑亦准收赎⑦,是为顾惜女性廉耻,"盖妇人非犯奸、盗、不孝,犹为惜其廉耻。……故并准纳钞赎罪,免其决打"⑧。徒流之刑需要发配应役,女性"应役则与男子迥殊,则以徒配必去家数百里故也"⑨,而且女性体力柔弱"不任徒役之事"⑩,故亦可交赎金而免发配服役。

---

① [清]王景贤:《牧民赘语》,义停山馆集本,第3页。
② [清]于成龙:《于成龙判牍》,中央书店,1936年,第45–47页。
③ [清]褚瑛:《州县初仕小补》,载官箴书集成编纂委员会编:《官箴书集成》(八),黄山书社,1997年,第749页。
④ [清]万维翰:《幕学举要》,载沈云龙主编:《近代中国史料丛刊》(27),文海出版社,1968年,第47页。
⑤ [清]黄六鸿:《福惠全书》,清光绪十九年文昌会馆刻本,第224页。
⑥ 黄嫣梨:《中国传统社会的法律与妇女地位》,载《北京大学学报》1997年第3期。
⑦ 在清代"杖罪情重者则枷示",女性因犯奸而受枷刑的,"杖罪的决,枷罪收赎"。参见张荣铮、刘勇强、金懋初点校:《大清律例》,天津古籍出版社,1998年,第92页。
⑧ [明]雷梦麟、怀效锋、李俊点校:《读律琐言》,法律出版社,2000年,第32页。
⑨ [清]薛允升撰,胡星桥、邓又天主编:《读例存疑点注》,中国人民公安大学出版社,1994年,第52页。
⑩ [明]雷梦麟、怀效锋、李俊点校:《读律琐言》,法律出版社,2000年,第29页。

按清律规定，妇女因犯奸罪被处杖刑时，应"去衣"执行，"妇人犯罪应决杖者，奸罪去衣裈［留］受刑"①。"奸妇去衣受刑，以其不知耻而耻之"②，"奸罪去衣，恶其无耻也"③。但对于娼妇，决杖时并不去衣，"因其无耻而不屑耻之也"④。可见，去衣并不专为羞辱女性，而有使其知耻之意。但裸杖又辱之过甚，且有无赖子弟趁机围观嬉闹，于风化有伤。同时，清代统治者为显宽大仁德，故对犯奸女性执行杖刑之时留裈，即保留裤子，以遮蔽其私处。女性因其他犯罪处以杖刑的，"单衣决罚"，"余罪单衣，犹有矜悯之意也"⑤。实际上，司法实践中"官吏多仰体朝廷德意，务崇宽大，于妇女杖罪多不的决"⑥，并不真打，而是以其他责罚方式代替，例如掌责。但责罚时亦注意顾全女性颜面，并不许差役等外人动手，避免女性受辱。"遇牵涉闺女之案，有万不能不责惩者，以手板授其父兄，饬令当堂责打手心，不特不令差役掌嘴，并不令差役捉手也。"⑦ 因为"闺女被官责打，已许字者，辱及夫家；未许字者，谁为聘问，颜面所系即性命所关，如之何弗慎"⑧。

对于怀孕的女犯，"若犯死罪，听令稳婆入禁看视，亦听产后百日乃行刑"，"其罪应凌迟处死者，产后一月期满，即按律正法"⑨。这被誉为仁义之举，"既保其胎于生前，复全其子于产后，仁之至也"⑩。妇女犯罪，"皆免刺字"，以免毁其容貌，终生受辱。对于判处枭首的女犯，斩后不予枭示，也是对女性的特殊对待，"其犹《春秋左氏传》所谓妇人无刑，虽有刑不在朝市之意"⑪。另外，由于女性生理上的原因，对女犯执行刑罚时亦有与男性不同的变通方式，"至于妇人、女子虽犯死罪，例不加杻。为其饮食、便溺不可假手于

---

① 张荣铮、刘勇强、金懋初点校：《大清律例》，天津古籍出版社，1998年，第112页。
② ［清］黄六鸿：《福惠全书》，清光绪十九年文昌会馆刻本，第220页。
③ ［清］沈之奇、怀效锋、李俊点校：《大清律辑注》，法律出版社，2000年，第50页。
④ ［清］黄六鸿：《福惠全书》，清光绪十九年文昌会馆刻本，第220页。
⑤ ［清］沈之奇、怀效锋、李俊点校：《大清律辑注》，法律出版社，2000年，第50页。
⑥ ［清］俞樾：《右台仙馆笔记》，齐鲁书社，1986年，第220页。
⑦ ［清］方大湜：《平平言》，载官箴书集成编纂委员会编：《官箴书集成》（七），黄山书社，1997年，第678页。
⑧ ［清］方大湜：《平平言》，载于官箴书集成编纂委员会编：《官箴书集成》（七），黄山书社，1997年，第677页。
⑨ 张荣铮、刘勇强、金懋初点校：《大清律例》，天津古籍出版社，1998年，第651页。
⑩ ［清］沈之奇、怀效锋、李俊点校：《大清律辑注》，法律出版社，2000年，第1047页。
⑪ ［清］薛允升撰，胡星桥、邓又天主编：《读例存疑点注》，中国人民公安大学出版社，1994年，第874页。

人。且以防他侮也"①，"重男女之别也"②。

六、结语：司法中被保护与被限制的女性

现代司法以适用法律、解决纠纷为目的，并以一套严格的程序保障裁判结果的公正性。"就解决争议的一般情况而言，程序标准最常用于对满意度的判断。"③ 在纠纷解决过程中，如果当事人拥有充分的自我表达机会，充分地参与诉讼程序，他们很可能心满意足。清代司法制度从接收呈词开始，便严格限制女性在诉讼中出场，没有为涉讼女性提供充分的表达和参与机会。这是否意味着"作为案件主要当事人的妇女无论是在案件审理或判罚中都未受到重视"④，女性在此遭遇了歧视？

在官方表达中，限制女性进入诉讼是出于对女性的爱护。"务存一分宽厚之心，保全妇女名节"⑤，"此忠厚之道也"，"为民父母者宜护惜焉"⑥，"当思地方官为民父母之义，诸凡谨慎以示爱民之意"⑦，"仁人君子，不可不虑及于此耳"⑧ 等表述，本质上是一种以"保护"为名义的"限制"，其背后仍是对女性的歧视。

依据男权社会的逻辑，女性的颜面、名节是与诉讼对立的，诉讼本身即对女性具有潜在的危险性。女性参与诉讼必然抛头露面，曝光于大庭广众之下，由内走向了外。这对应当深藏闺阁、不轻易示人的女性是一种伤害。所谓"讼则终凶"，与诉讼发生关联，不管有理无理，终是不祥。女性涉讼，卷入是非之中，饱受訾议，成为话题人物，是对女性名声的一种伤害。在诉讼过程中，控告者有意牵连女性，以追扰凌辱之；不良官吏乘机亵狎调戏，逼勒为奸，是对女性更为严重的伤害。拘拿、羁押、讯问、刑罚等正当的司法活动施之于女

---

① ［清］黄六鸿：《福惠全书》，清光绪十九年文昌会馆刻本，第130页。
② ［清］盘蛴野人辑：《居官寡过录》，载官箴书集成编纂委员会编：《官箴书集成》（五），黄山书社，1997年，第45页。
③ ［美］马修·戴弗雷姆：《法社会学讲义——学术脉络与理论体系》，郭星华、邢朝国、梁坤译，北京大学出版社，2010年，第171页。
④ 毛立平：《"妇愚无知"：嘉道时期民事案件审理中的县官与下层妇女》，载《清史研究》2012年第3期。
⑤ ［清］万维翰：《幕学举要》，载沈云龙主编：《近代中国史料丛刊》（27），文海出版社，1968年，第47页。
⑥ ［清］王景贤：《牧民赘语》，义停山馆集本，第3页。
⑦ ［清］褚瑛：《州县初仕小补》，载官箴书集成编纂委员会编：《官箴书集成》（八），黄山书社，1997年，第750页。
⑧ ［清］觉罗乌尔通阿：《居官日省录》，载官箴书集成编纂委员会编：《官箴书集成》（八），黄山书社，1997年，第128页。

性，或罪有应得，但从此女性颜面无存，被舆论谴责、社会抛弃。这无疑是对涉讼女性最致命的伤害。女性一旦涉讼即意味着其颜面、名节必然遭受或大或小的伤害。

司法面对涉讼女性时，不得不自我限制，这在一定程度上保护了涉讼女性，避免其遭受过多伤害。出现于诉讼中的女性是一类特殊主体：生理特殊，性情举止特殊，角色形象特殊，适用规范特殊，以及社会反应特殊。这种特殊性让司法官感到有予以特别对待的必要。清代司法官极力与涉讼女性保持充分的距离，以确保安全。其实，出现于诉讼中的女性并非仅仅是案件的当事人，还有与女性的身体连为一体的名节廉耻、道德风化。而司法活动亦被置于特殊的规则和社会舆论监控之下，司法官不得不谨小慎微、自我限制。

但这种以女性牺牲自由换取安全，丧失独立而获得庇护的"限制性保护"，是男性以"保护"为名义而对女性进行的"限制"，其本质仍是对女性的歧视。传统社会的女性被放入了一个由"三从四德""贞操名节"等伦理道德规范精密编织的规则之"笼"中。老实顺从、规规矩矩待在笼子里的女性被认为是安全的，名节可保，安度一生。但女性因此丧失了意志及行动自由，丧失了独立性。在行动空间上，女性被囿于闺阁之内，"大门不准出，二门不许迈"，不准走街上店、出入庙寺，"女子出门，必拥蔽其面"（《礼记·内则》），衙门公堂更非女性所能轻易进入。在权利能力上，"未嫁从父，既嫁从夫，夫死从子"（《仪礼·丧服传》），女性始终处于男权笼罩之下，没有独立的权力能力，充分表达和参与的"诉讼权利"更是天方夜谭。

所谓的"限制性保护"从表面上看似是保护女性，本质上其所保护的是"名节""廉耻""风化"等社会道德观念和"男女有别""严男女之大防"的社会伦理秩序。"妇女所享受的某些优遇，是为维护其礼教秩序而不得为之的结果"[1]，司法的谦抑、自我限制是为了符合围绕女性所形成的伦理道德规范的特殊要求，维护和加固约束女性的规则之笼，"在以家族、国家为本位、毫无平等观念的身份等级社会中，不论国家立法还是司法实践，尊重和保护女性都是不可能的"[2]。男权社会的女性被限制性保护着，实质上是在被男性以保护的名义限制着、束缚着。男权社会之下的女性已与男性对她们的角色期待、社会

---

[1] 杨晓辉：《清朝中期妇女犯罪问题研究》，中国政法大学出版社，2009年，第122页。
[2] 田小梅：《在"照顾"的历史表象背后——中国古代法律"照顾"女性的内在原因剖析》，载《妇女研究论丛》2008年第5期。

伦理道德融为一体，并不存在单纯的"女性"本身。由男性所定义的女性角色及形象并不是女性自身所能改变的，附加于女性之上的伦理、法律规范也没有经由女性的同意和参与。男性将女性设想为柔弱的、易受侵害的、需要保护的群体，构建了一整套的规则、制度，以保护的名义将她们关入笼子，接受男权的控制。

司法制度作为法律规则和精神的实施机制，其所实现的公平仅是既定法律所规定的公平，其所保护的利益也仅是法律所意图保护的利益。传统司法所谓保护女性，其实是为囚禁女性的笼子加上了一把锁，让她们即使权益受损，也不能走出笼子主张自己的权利，只能被动地等待"保护"。在司法面前，女性并没有话语权，只能接受那早已确定的命运：那些顾惜贞操名节，有羞耻之心的女子，或在司法的保护之下继续待在笼子里，或者一时激愤为名节而死，付出生命的代价；那些不顾颜面廉耻的"悍妇""泼妇"，恃妇控渎、泼赖，其所"恃"者不过是男性所给予的同情怜悯以及律法的优待宽免，最终她们遭到司法的惩罚、他人的耻笑，逃不出规制她们的社会牢笼。

（原载《妇女研究论丛》2015 年第 6 期）

清代士绅家族对女性的道德形塑
——以女性忆传为中心

石晓玲[①]

摘　要：在明清通俗文学中，悍妇、淫妇比比皆是，而在官方记载中，贞女节妇数量之大，超过了前代的总和，这些被旌表的女性有的只留名字，有的则以其父、夫指代——某某女、某某妻，有事迹留存者则只见其遭遇之惨烈悲苦，难以窥知其心态，显得空洞虚假，士人为自己家族女性所做的忆传则为我们提供了观照文人心态及士绅家庭女性的真实样本。在这里，贞女节妇及一般贤妻良母是如何养成的，文人如何以表彰贤良的方式撰文纪念他们的妻妾，以使家族中其他女性受到感召从而自觉顺从男权体制对她们的期许，贞孝节烈者各种极端行为之后的个人隐衷，家族荣誉对女性的道德绑架……都被有意无意地透露出来，清代女性被形塑和自我形塑以及成为男权制下道德偶像的过程都得到了细致而真实的呈现。

关键词：忆传　形塑　女教　贞孝节烈

清代女性忆传[②]的书写对象，最根本的共同点是：她们是其时代最符合文人理想的女性代表，在她们身上集中体现了文人对女性的理想和形塑。文人对女性的理想是从文人自身偏好出发的对女性在道德、才华和情感诸方面的设想和期许，具体来说就是孝妇、贤妻、良母、烈女、节妇、才女以及男性的闺中良友、情感伴侣等等——依据不同的时代风气和个体偏好会有所不同，但大体如此，忆传中的女性正是符合了文人的这种设想，才赢得了文人真诚的表彰和追忆。她们与通俗文学中某些被肆意歪曲、丑化的女性形象大相径庭，也比正史、地方志或者不相干的人作的墓志铭中的道德符号要丰满、鲜活得多，但大多仍然是无语的被言说者、被形塑者，所以我们在这里仍然只能看到文人的眼

[①] 作者简介：石晓玲，女，上海师范大学图书馆古文献特藏部编辑。研究方向：明清文学/文化和女性研究。

[②] "忆传"即 Memorial-Biography，本文"女性忆传文"指代为女性而作的带有情感追忆和传记色彩的纪实散文，以文体而言，忆传与碑传墓志、书序、寿序和忆语文等有交集。

光。当然，以上的"文人"可以等同于男性，因为女性忆传的作者只有极个别为女性，而有能力、有资格为女性亲友撰写忆传的女性大多是为男性主流社会所承认和接纳，并模仿男性声音说话的"荣誉男性"（honorary male）。

中国的女性传记从《列女传》开始，大体上延续了以德为主的书写传统，《世说新语》作为魏晋风度的缩影，其《贤媛》所表现出的魏晋女性风采、特质在一定程度上逸出了这个范围，在中国女性书写史上算是另类，清人便有微词："唯陶母能教子，为有母仪，余多以才智著，于妇德鲜可称者。题为《贤媛》，殊觉不称其名。"① 明清才女文化的繁盛和文人、地方志对女性的才华书写备受当代学者的关注，"忆语"② 文式的情爱书写近年也逐渐引起研究者的兴趣，但即使是在已经排除大部分纯道德说教后的女性忆传中，道德书写仍占绝对多数，遑论其他。由此我们认为，有清一代对女性的道德书写传统从未中断，仍为主流。

一、女子教育与女德典范的树立

女教与女性道德典范的树立最集中地代表了主流思想对女性的期许和塑造。中国的女教历来是"德本位"的，对"德"最为人熟知的经典概括便是"三从四德"③，所谓士有百行，女唯四德。从最早的《礼记·内则》、班昭的《女诫》开始，历代女教篇章莫不是教导女性如何"顺事"父母、舅姑和丈夫。而历代女子教育的提倡者和反对者，也均以其是否有益于女德为标准。宋人已经意识到对女子置而不教不利于其"卑顺之德"的养成，从而对家庭伦理秩序造成威胁："教子之所宜急，莫若女子之为甚，乃置而不教，此悍妇戾妻、骄奢淫佚、狠狈不可制者所以比比而家道不正。"④

明清礼教空前发达，女教的昌盛也是其一端⑤。这种对女性德行的教化可

---

① 此语出自余嘉锡（1884—1955）《世说新语笺疏》（中华书局，1983年，第664页）。余氏为清末人，尚有此语，可见此种观念影响之深远。
② "忆语"指文人为女性亲友所作追忆散文，以冒襄《影梅庵忆语》、陈裴之《香畹楼忆语》、蒋坦《秋灯琐忆》沈复《浮生六记》等为代表，近人称之为"忆语（体/文）"，"忆语"非典型传记文本，本文以其合乎"忆传"界定而将其纳入考察范围。
③ 所谓"三从"："妇人伏于人也，是故无专制之义，有三从之道，在家从父，适人从夫，夫死从子，无所敢自遂也。"（汉）戴德《大戴礼记》卷第十三《本命第八十》，四部丛刊景明袁氏嘉趣堂本；所谓"四德"，即妇德、妇言、妇容、妇功，又称"四行"，始见于《周礼·天官·九嫔》及《礼记·昏义》，又《诗经·周南·葛覃》："言告师氏。"汉毛亨《传》曰："师，女师也。古者女师教以妇德、妇言、妇容、妇功。"
④ ［宋］郑侠：《西塘集》，台湾商务印书馆影印文渊阁四库全书1117册，1986年，第411页。
⑤ 关于清代女教可参看郑观应《女教》、蓝鼎元《女学自序》等，今人研究著述也颇多，兹不列举。

说是自上而下的，整个知识阶层都参与其中，即使是满清皇室也不例外。《清史稿》公主表一载：

> 天命八年六月戊辰，太祖御八角殿，集诸公主、郡主训之曰："……朕择贤而有功之人以汝曹妻焉，汝曹当敬谨柔顺，苟陵侮其夫，恣为骄纵，恶莫大焉，法不汝容。"……复语皇妹曰："汝其以妇道训诸女，有犯，朕必罪之。"①

原本处于儒家礼制教化外围的少数民族，一旦准备攻入中原腹地取而代之，便也要讲求"妇道"，即便贵为公主也要对丈夫"敬谨柔顺"。宫闱之外，亦复如此。

一是重视女教。各种女教诗文纷纷涌现，其中不少是文人为教育自家女儿所作，如胡凤丹的《训女辞》教女"相夫子而无违""必敬必戒""克勤克俭""德胜才兮汝相助以为理，功胜容兮汝黎明其即起"②，还有以女教书作为嫁妆者，如陆圻的《新妇谱》③"皆详论为妇承顺之道"④，这类书籍大多以通俗晓畅而流传甚广。而这里面又包括曾经接受过这种教化的女性文人作为母亲对女儿的施教，将男性对女性的期许和塑造自觉地传递下去，如梁兰猗的《课女》"四德与三从，殷殷勤教汝。婉顺习坤仪，其余皆不取"⑤，高景芳的《诲女四章》"言勿外出，事无自专，淑慎柔嘉，女德斯全"，"汝其听诸，四德克绍"⑥。清人忆传文女性道德书写的一项重要内容便是呈现文人家中女性学习接受礼教的情形。如刘光第《王太恭人家传》回忆其母：

> 闲居辄令光第诵说《列女传》《女诫》诸书而听焉，论其情理，悉中肯会。至说义烈事，即泪涔涔下不可忍。一日，光第正理书而说之，光第之妇抱幼女才一岁侍坐于旁，见恭人泣，则亦泣，幼女亦泣以号。光第乃至废书不能竟说哽咽，至今未能忘此情也。此尤可得恭人之概矣。⑦

把家庭中的女教场面写得如此热烈，末一句"此尤可得恭人之概"表明作者认为母亲的种种嘉行懿德与对女教故事的热衷之间有着直接的联系。再如顾

---

① 赵尔巽：《清史稿》，中华书局，1976年，第5301页。
② ［清］胡凤丹：《退补斋文存》，载《续修四库全书1552册》，上海古籍出版社，1995年，第401页。
③ ［清］陆圻《新妇谱》载："丙申七月仓卒遭女，萧然无办，因作《新妇谱》赠之。……然恐予女材智下不能读父书，并以遗世之上流妇人循诵习传，为当世劝戒，至文不雅驯，欲使群婢通知，大雅君子幸毋加姗笑焉。"《四库存目丛书》子部第95册，第1页。
④ ［清］纪昀等著、四库全书研究所整理：《四库全书总目》，中华书局，1997年，第1676页。
⑤ ［清］梁兰猗：《课女》，载恽珠编选：《国朝闺秀正始集》，红香馆刻本，清道光十一年。
⑥ ［清］高景芳：《红雪轩稿》，载《四库未收书辑刊8辑28册》，北京出版社，1998年，第58页。
⑦ ［清］刘光第：《衷圣斋文集》，载《续修四库全书1568册》，上海古籍出版社，1995年，第170页。

广誉的《殇女仲娥小传》记女儿仲娥"生而婉娩有至性,少读《孝经》、四子书及诸女训,即知自重,每曰:'吾父讲学问,我侪不可同常儿嬉戏。'"① 但并非所有的女性都如此热衷于接受女德教化,方苞为其甥女所作的《鲍氏女球圹铭》中曾记载:

金陵俗浮惰,而女教尤不修,甘食、美服、嬉游而外,为女为妇之道胥无闻焉。其富女以此相高,贫者不得则以怼其父母、贱其夫,而外其舅姑。②

以道德文章自期的方苞对这种"女教不修"的情形颇有痛心疾首之态,故"每侍老母侧,见内外宗女,为陈古女妇仪法"③。有趣的是,方苞也很坦率地写出"群女往往心病余言,稍稍自引去"④,这些还不到出嫁年龄的女孩儿在未受到礼法熏染之前,大多天真烂漫,对这种枯燥的说教很不耐烦,"独球承听,久而益恭"⑤,后来鲍球助母操劳,携持弟妹,备尝成人之艰辛,直至病亡。细读全文会发现这篇圹志的写法很有代表性,即思路鲜明地告诉读者鲍球从小恭听女教,才能不同凡俗,不慕浮华,以勤俭孝亲艰苦自砺,并引导读者顺着这个思路想到鲍球若出嫁必为孝妇贤妻良母,夫死必为烈妇节妇,而那些自觉、坚决,甚至不顾亲人劝阻定要殉夫甚至殉未婚夫的女孩大概也曾受过这样的教化。这篇文人追念贤孝甥女的短文就这样将清代节烈妇女大量涌现的社会思想根源从一个侧面生动直观地展示给了读者。

二是积极树立各种道德典范。最重要的是来自官方的表彰——旌表节烈,明清受到旌表的节烈妇女人数大大超过前代;清代文人的别集内几乎都有几篇颂赞贞女节妇的诗文,从守旧派人士到清末的维新志士⑥,鲜有例外。还有专集式的节妇烈女传,如汪辉祖的《越女表微录》,以及"贤媛集"如《女红余览》⑦。通俗文学也不甘落后,从高明的"不关风化体,纵好也徒然"⑧ 开始,道德教化剧一直是明清传奇中的重头戏,弹词等更是传统的女教形式,明清知

---

① [清] 顾广誉:《悔过斋文集》,刻本,清咸丰七年。
② [清] 方苞:《方望溪全集》,中国书店,1991年,第199页。
③ [清] 方苞:《方望溪全集》,中国书店,1991年,第199页。
④ [清] 方苞:《方望溪全集》,中国书店,1991年,第199页。
⑤ [清] 方苞:《方望溪全集》,中国书店,1991年,第199页。
⑥ 如 [清] 谭嗣同著,李一飞编注:《谭嗣同诗集全编·莽苍苍斋诗》卷二有《邓贞女诗并状》,北京出版社,1998年,第105页。
⑦ [清] 余集《秋室学古录》卷一《女红余览序》称其为"许君默斋"所作(《续修四库全书》第1460册,第289页),[清] 沈初《兰韵堂诗文集》诗集卷八《容台集》《题女红余览》称为"武林许恭人所辑"(清乾隆刻本)。
⑧ [明] 高明:《琵琶记》,中华书局,1958年,第1页。

识阶层对女德的宣扬可谓不遗余力。此外，还有一个重要方式，便是女性墓志碑传的撰写。清人女性传状文多以宣扬女德为写作旨归，受此时代风气影响，即使在追忆自己女性亲友（多为至亲，如母亲、妻子、女儿等）的忆传文中，作者也大多声称其写作目的不单是出于追怀亲人的"私情"，而是要表彰自己亲人的德行以垂范后人。如蔡世远在《先妣吴太君行状》中写道：

念先慈一生孝行，淑德著闻族党远近。若不洒泪述之，将来史志何所据以入传，异日孙曾妇女何所取则焉？①

声称书写母亲的德行是为了给后世女、妇树立榜样。再如张永铨《荆妻金氏小像记（有赞）》中称自己"齿牙动摇，尚为老诸生"，而妻子安贫乐道，不相催逼，其"得宽心于读，托身名教中"，妻子"与有功焉"，故向妻子许诺"他日当为子志之"②，明白道出了忆传文的表彰功能。而在《荆妻金氏后小像记有赞》中，作者对妻子的安贫济人、和平纯粹大加赞美道：

假令今之为人妇者，尽能若氏之为妇，窃谓可以化其乡否？则使为我之子妇者，尽能若姑之为妇；为我之孙妇者，尽能若太姑之为妇，则亦可以化其家。即不然，或令我子之妇、我孙之妇，尝见氏之为妇，以传述之于后，则我清河氏之家风，或不至如世俗之所为耶？③

"西村为文手自写，留示清河为妇者"④ 道出为荆妻作像赞不单为表彰荆妻，更是要树立一个贤妇的典范，以化民风，其志可谓大矣。明确表示以表彰和垂范为写作动机的篇章在清人女性忆传文中触目皆是，举不胜举。

二、以悼贤为名的妻妾忆传

除了这种明确地以树立道德典范为写作动机的篇章，其他追怀色彩浓厚的忆传文，也往往以女性的德行作为其追怀的出发点，仿佛只有对德行的追怀才具有合法性，对血亲如母亲、祖母的追怀尚有孝思这一伦理盾牌，对姊妹则有友悌之情，而对妻妾尤其是妾则唯恐有沉溺私情之嫌，从而受到礼法之士的讥讽，不得不以悼贤为名进行。

管同（1780—1831）的《悼亡图记》细致全面地反映了这种心理：

妻当爱乎？私昵多而严正衰。妻不当爱乎？情义薄而伦理废。然则宜何

---

① ［清］蔡世远：《二希堂文集》，载《影印文渊阁四库全书1325册》，台湾商务印书馆，1986年，第785页。
② ［清］张永铨：《闲存堂集》，载《四库未收书辑刊8辑21册》，北京出版社，1998年，第494页。
③ ［清］张永铨：《闲存堂集》，载《四库未收书辑刊8辑21册》，北京出版社，1998年，第494页。
④ ［清］张永铨：《闲存堂集》，载《四库未收书辑刊8辑21册》，北京出版社，1998年，第496-497页。

处？曰：君子之于人也，爱其贤也。其人不贤，不以妻故，徇私而相昵；其人诚贤，不以妻故，引嫌而不亲。是在其人，吾何容心哉？且夫其人诚贤，当其生，斯爱之矣，及其死，斯念之矣。念则忆其音容而形诸文字，于是有绘像之图，有悼亡之作，以抒其哀而传其事，皆人情也。情而合正，虽君子无讥焉。①

对妻子是否当爱，还要小心翼翼地做一番辩解，免得与私昵扯上关系，然后终于找到了悼贤这一名目。接下来还要比附唐太宗思念长孙皇后而望其陵事："长孙诚贤，则帝之思念而望其陵者，抑好贤之思，而不徒区区私昵比也。……嗟乎！自天子至于庶人，贵贱虽殊，好贤之思，乌可一日忘于怀抱也哉？"② 夫妇有情本是天经地义之事，先圣也直言吾未见好德如好色者也，而清人却偏要将前人或自己对妻妾的深情追怀饰以好贤思贤之名，似乎矫情，但参以忆传文作者的自辩，便可知此实为时代风气使然，由于道德书写仍占据女性书写的主流，儿女之情难免为人所讥。试看陶元藻为其妻作的《先室孙孺人传》，开篇道：

昔祁奚外举不避仇，内举不失亲，叔向嘉之。嗟乎，纪善之书，宁与荐贤异哉！槎偗公为其配章宜人立传谱中，七十年来族未有议之者，盖记其实，不得疑其私也。然则余室人孙孺人之行，亦何忍矫而佚之。③

给自己的妻子作传，为免被人"疑其私"，要举先例为自己辩白，甚至还扯上"外举不避仇、内举不失亲"，在今之读者看来未免可笑，但清儒恪守礼法，认为夫妻间伦理关系的地位要远远高于个人感情，故处处要以礼掩情。

再看具体的书写过程。顺治帝对董鄂妃"眷之特厚，宠冠后宫"，妃薨，帝辍朝五日，追谥孝献庄和至德宣仁温惠端敬皇后，亲制行状，除赞其柔顺节俭外，称"后娴静循礼，事皇太后奉养甚至，左右趋走，皇太后安之"。病革之时，最担心的是"惟皇太后必伤悼，奈何？""殁后，皇太后哀之甚"④，极言其孝事皇太后，而殁后皇太后哀之甚，似乎自己对董鄂妃生前的宠爱、逝后的哀悼都是因为其贤孝。柔顺节俭姑且不论，董鄂妃与孝庄太后不睦是人尽皆知的事⑤，由于满清皇室入关便明智地选择了儒家礼制，推崇忠孝，故贵为皇

---

① ［清］管同：《因寄轩文集》，载《续修四库全书 1504 册》，上海古籍出版社，1995 年，第 441 页。
② ［清］管同：《因寄轩文集》，载《续修四库全书 1504 册》，上海古籍出版社，1995 年，第 441 页。
③ ［清］陶元藻：《泊鸥山房集》，载《续修四库全书 1441 册》，上海古籍出版社，1995 年，第 516 页。
④ 赵尔巽：《清史稿》，中华书局，1976 年，第 8908 页。
⑤ 孝庄与董鄂不睦亦未见得出于性情不合，政治利益才是根本，但不睦是不争的事实，对此清史研究者多有讨论，兹不赘述。

帝,悼念爱妃,也必得以贤孝为饰,节制"私情"的抒发,其他儒士更是如此。徐旭旦在为继妻作的传记《继配安人任太君传》中写道:

> 伤哉!夫以安人之贤淑若此,方期为予朝夕助理,俾终始有成,孰谓遽弃余而逝,是余失一良佐矣。①

措辞不像痛失爱侣,倒像失掉了一个工作伙伴,这种以德行书写代替"私情"抒发的书写模式是多数忆传文在悼妻时的共同选择。

夫妻之情本属人伦大事,尚需如此遮掩,对妾的追怀,就更有必要饰以悼贤之名。崔述在其《侍妾丽娥传》中称:

> 余阅《虞初新志》,见其所载妾媵之传多矣,然无甚过人者,不过技艺容颜之见长耳。夫妇人以德为贵,女工次之,为妾者,能善承事君子、女君,而佐之理,斯为贤耳,岂在他哉?②

表达了主流观念对妾媵传书写重才色的不屑,并指明了妾媵传书写的正途唯在记贤。《香畹楼忆语》的作者在抒发追悼之情外,极力塑造的是紫姬的贤孝形象,即便如此,仍招致礼法之士"或谓过情,或疑逾礼"的非议,可见道德书写传统的牢不可破。在通俗文学中,妾多是恃宠而骄的,甚至有不少阴毒泼辣的恶妾,但文人为自家姬妾所作的忆传文中,姬妾却个个都勤劳谦卑识大体,这与忆传文的表彰功能有关,也是男女之情必须依附道德才有其存在价值的礼法观念束缚所致。因此,多数作者在为姬妾所作的文字中都极力表白,其能得己爱重完全是由于贤良,并非出于私情。如沈起元《亡妾王氏述略》所写:

> 亡妾王氏,王恭人媵也。少鬻瘠,稍长,举止端严,不妄笑语。宅旁有花圃,常花时,家人竞出,氏独绩麻不动。余器之,畜为侧室。③

先言亡妾"少鬻瘠",排除自己因爱其色而纳之的嫌疑;再举家人竞出赏花而王独绩麻不动例,表明自己是因其庄重勤劳才器重之,并纳为侧室的,不像一般人印象中的纳妾以色。而对出身风尘的姬妾,就更有必要突出其德行,以表白自己并非好色,而是好德,从而使自己的悼念合乎礼法,以免为人指摘。卢世《亡妾桂枝墓砖记》记作者识桂枝于曲中,桂枝几次欲嫁,均为所拒,后以死相求,才得入门。其写桂枝得其爱重的原因,道:

---

① [清]徐旭旦:《世经堂初集》,载《四库未收书辑刊7辑29册》,北京出版社,1998年,第269页。
② [清]崔述:《无闻集》,载《续修四库全书1461册》,上海古籍出版社,1995年,第549页。
③ [清]沈起元:《敬亭诗文》,载《四库未收书辑刊8辑26册》,北京出版社,1998年,第137页。

方初纳桂时，我太安人尚无恙，桂叩头床下，太安人手之，桂喜不自胜；日入厨下，饪素馔上太安人，太安人甘之，桂愈益喜；及太安人没，桂哭之呕血失音，目尽肿，恶衣恶食毕三年如一日，余自此始重桂矣。①

表明自己爱重桂枝完全是因其至孝，与其聪慧善弹唱无关。即使是公认写情缠绵悱恻、哀感顽艳的忆语文也不脱此风。《影梅庵忆语》中冒襄述其写作缘由，是因为小宛的"慧心隐行，闻者叹者，莫不谓文人义士难与争俦也""姬之事余，始终本末，不缘狎昵"②，表白自己悼爱姬并非出于儿女私情，而是出于对其贤能知礼的敬重，仿佛不如此表白，便与自己终身恪守的礼法有所冲突。

三、道德嘉许遮蔽下的个人痛苦：孝节贞烈

对逝去的亲人，在忆传文中极力赞美其德行，虽未免有所矫饰，但尚属合乎人情，而道德书写另有一个传统的极端形式，便是对节孝贞烈事迹的表彰，正史、地方志中的女性书写多属此类，官方文献以表彰和树立女德典范为目的，这些以牺牲个人幸福乃至生命换得旌表、"光耀门楣"的女性及其亲人的真实感受，我们可以在女性忆传文中寻觅。

"至孝"几乎是忆传文中女性的关键词。如前所述，清人重视对女性的德行教化，勤俭柔顺是基本标准，贞孝节烈是最高目标。在这种教化思想影响下，对贞孝节烈的追求已经内化为不少女性的自我意识，甚至成为她们实现自我价值的最佳途径。贞、节、烈需特定形势，而"孝"是最易实现的价值目标，故女性忆传文中关于孝行的描写不胜枚举。除了一般的柔顺奉亲，亲人患病，祷神祈以身代是最常见的。如李邺嗣为亡女所作《李美兰小传》记：

余宿有肺疾，前岁更益大涌，几死。兰侍余，日手拊余背，不解带数月。每午夜出，露祷北极，百叩首愿以身代。③

写己病，女儿祷神愿以身代。再看陈文述的《先室龚宜人传》：

宜人之在室也，与女弟雪君各抚幼妹一人，以代母劳。母滑太孺人中年得不寐之疾，终夜枯坐，宜人与雪君日夕侍奉，夜辄礼斗露祷，乞以身代。④

写妻子未嫁之时，母病，祷神愿以身代。祷神愿替亲人受病痛之苦，尚合

---

① ［清］卢世：《尊水园集略》，载《续修四库全书1392册》，上海古籍出版社，1995年，第554页。
② ［清］冒襄：《影梅庵忆语》，载《续修四库全书1272册》，上海古籍出版社，1995年，第244页。
③ ［清］李邺嗣：《杲堂文钞六卷诗钞七卷》，载《四库存目丛书集部235册》，齐鲁书社，1997年，第580页。
④ ［清］陈文述：《颐道堂集》，载《续修四库全书1506册》，上海古籍出版社，1995年，第114页。

乎人情，而刲臂（股）疗亲这种极端的情节在清人女性忆传文中也是屡见不鲜。黄彭年《陶刘两淑人事略》记：

吾母病经年，昼夜侍汤药、涤厕窬不怠，病亟，刲臂和药以进，得少延。先是季瑜曾刲臂疗吾病，得瘳，故又刲臂以进母。及吾母弃养，乃悲感致疾。①

其妻刘季瑜出身名门，是一位"耽文史，娴绘事"②的才女，在丈夫和婆母生病时两次刲臂和药以进，可见这种愚孝行为被作为至性至孝之行得到表彰和宣传后荼毒女性之深广，即使是知识女性也不能幸免，反而可能由于更多地受到德行教化而更积极自觉地以身实践。而文人们却对此颇为赞赏，钱澄之《先妻方氏行略》道：

尝见其臂有刀瘢瘢，问之，终不言。乳媪言是十岁母病笃时所割臂疮也。其至性如此。③

十岁女童便知刲臂疗亲，而这被作为"至性"得到赞赏。还有择妻时以此作为重要参考的，如沈世焘《继室陈恭人小传》写其"欲求妇于贤且孝者。闻陈女柔顺知书，尝刲股以疗父疾，遂委禽焉"④。"刲臂疗亲"是孝行的传统极端表现形式之一，与殉夫一样"例无给奖专条，然有奏闻，无不俞允"⑤，朝廷欲抑还扬，儒士们又是如此推崇，自有追求"道德完善"的女性前赴后继，以至出现变种，如妻妾刲臂疗夫、侍妾刲臂疗正妻，这在忆传文中均被作为孝淑至性的具体表现，很少有人能指出其愚昧不人道的本质。

除"孝"以外，最普遍的便是对"节"的表现。焦循《书家奴陶裕妇杜氏与张芰塘》写家奴之妻杜氏，其夫陶裕死后，杜氏勉力抚养孤子，且葬其亲，守节三十二年不嫁。陈廷敬的《记女奴景事》写女奴丧夫，屡为夫家逼嫁而誓死不从之事。正如陈廷敬所言"女奴，微者耳，名义所不责"⑥，舆论本不要求下层妇女守节，但焦循、陈廷敬这样的上层士大夫为守节女奴撰文本身就是对下层女性中守节倾向的有力表彰和激励。而习儒家庭对妇节的坚守及再醮的歧视更是达到了无以复加的地步。笔者所见清代文人为寡母所作的忆传文

---

① ［清］黄彭年：《陶楼文钞》，载《续修四库全书1552册》，上海古籍出版社，1995年，第683页。
② ［清］黄彭年：《陶楼文钞》，载《续修四库全书1552册》，上海古籍出版社，1995年，第683页。
③ ［清］钱澄之：《田间诗文集》，载《四库禁毁书丛刊集部145册》，北京出版社，1997年，第188页。
④ ［清］沈世焘：《继室陈恭人小传》，载《续修四库全书1668册》，载王昶编：《湖海文传》，上海古籍出版社，1995年，第228页。
⑤ ［清］丁绍仪：《听秋声馆词话》，刻本，清同治八年。
⑥ ［清］陈廷敬：《午亭文编》，刻本，清康熙四十七年。

中，作者大多都会提到其父亡故时母亲坚欲殉夫，似乎少此情节，母亲的形象便不够完美。女性若为亲人以孝亲抚孤大义劝阻而未能殉夫，在作未亡人的岁月里则需不断表白"我所以不死，为若两人也。若等成立，我死无所憾"①，子嗣是丧夫女性继续生存的唯一理由。当然这些文人家庭的丧夫女性绝无再醮之礼，终生守节是她们殉夫外唯一的选择。所以，不同于唐宋之前，就目前收集到的清人女性忆传文来看，传主再嫁者百不一见②。政府和不相干的文人一味旌表赞美寡妇，而女性忆传文也会向我们展示孤儿寡母真实的悲惨处境。汪辉祖幼孤，叔父好赌，为人怂惠日夜向其母索钱，不得钱，则挞辉祖。彭而述母子的境遇也颇凄凉：

茕茕孺母，抚我孤儿。里胥人奴，互乘其郤。以相鱼肉，母以其身，之死而生，之生而死。形影相吊，鬼神为泣。③

西邻有豪，屠我耕牛。既拳且勇，我不敢仇。时维王父，八十有奇，黄耇鲐背，孙谋燕贻。夏雨潦至，蓑笠南庄，艺我黍稷，耘我稻粱。王父既殒，我年十四，铅椠而外，不晓一事。门祚衰薄，此时良苦，母也茕茕，有泪如雨。官吏在门，家无半缗，核秕而食，袒褐不完。我妻母侄，泣血相依。④

作者作为亲历者，将自己和寡母曾经孤独无依、备受欺凌的惨状以血泪之笔真实摹写出来，其感人力量是"寡妇行"一类的代言体作品所无法比拟的。但丧夫者若选择再醮，将需承受巨大的舆论压力，忆传文中也有对再醮妇人所受歧视的侧面反映。如刘光第的《王太恭人家传》记：

里有谋婚光第者，意良厚。恭人称其母再醮妇，女虽美，却之。恭人有堂姊，贫将去其夫，恭人厚周而力阻之；不得，遂绝之，终不令其踵得及门。其他赴义之勇，多类是者。⑤

刘母不仅自己守节，还对不肯守节的妇人深恶痛绝，不肯为子娶再醮妇之女，还与其"弃夫"的堂姊断绝来往，可见女性不仅自身为节烈观念所戕害，更已将其作为衡量评判女性的标准，从而亲自对违反者实施精神戕害。而从作

---

① [清]彭而述：《读史亭诗文集文集》，载《四库存目丛书集部第201册》，齐鲁书社，1997年，第270页。
② 仅见邱维屏《继配邱母刘氏硕人墓碑》记其嫂"始适魏氏，己亥镇江警闻，初，姑以再世皆寡，子女幼，难以奔亡，遂遣硕人"，其嫂因战乱为原婆母遣嫁，此情况较为特殊（邱维屏《邱邦士文集》卷十三《继配邱母刘氏硕人墓碑》，载《四库禁毁丛书》第52册，第398页）
③ [清]彭而述：《读史亭诗文集文集》，载《四库存目丛书集部第201册》，齐鲁书社，1997年，第268页。
④ [清]彭而述：《读史亭诗文集文集》，载《四库存目丛书集部第201册》，齐鲁书社，1997年，第269页。
⑤ [清]刘光第：《衷圣斋文集》，载《续修四库全书1568册》，上海古籍出版社，1995年，第170页。

者方面看，把这些作为"赴义也勇"的表现大加赞美的不仅只是顽固守旧派，还有作为维新志士、"戊戌六君子"之一的刘光第，可见妇人守节观念在有清一代持久而广泛的影响力。通过更细致的探究，我们发现，刘光第虽属维新重臣，但自称无新旧之见，同僚也赞其"于政事无新旧畛域，斟酌最平允"①，这篇家传中所表现的妇节观从一个小的侧面反映了其思想中守旧的一面，可看作新旧交替时期知识分子复杂矛盾思想状况的一个样本。

比寡妇守节更不近人情的是未婚守贞、殉夫乃至殉未婚夫。殉夫本已不合古礼，也屡为清政府所禁，但其作为女性"从一而终"的极端表现形式，具有强大的震撼力和示范作用，政府因此不能坚持执行禁令，不断地给予例外旌表，有些文人更是热衷于对这种超常行为进行宣扬。而未婚守贞的合礼性，在清代颇有争议，曾是礼法之士热议的话题之一，反对者不少，热烈肯定者也很多。在此氛围之下，不少生长于儒门的女子不顾亲人反对，坚持为未婚夫守贞，甚至殉夫，这样的事例在忆传文中屡有表现。计东《祭冢媳孝贞宋女文》祭其冢媳，而此冢媳实未及与其子成婚，其子已经亡故，其时此女不过十三岁，后坚持守贞十年，其间欲往未婚夫家"抚一嗣子，长依姑嫜，以毕此生"，而为计东坚辞，终至"悒悒以殁"②。计东此文，语甚沉痛，将内心对未婚守贞这种极端行为的不赞成和对这个年轻生命的疼惜，在表面的赞扬表彰中曲折地表现出来，非常感人。阮元《女婿张熙女安合葬墓碣》记其女阮安夫死时年二十，初有娠，冀得遗腹子而未当即殉夫，既产，为女，旋即猝死。阮元推测，"盖其久蓄死志，以死为愿，故产后不慎疾，若惟恐其疾不急，而死不速者"，将女儿之死视为变相殉夫，于是"虽哭之恸，而心许之曰礼也"，然后阐发了一通女儿的这种行为是多么思虑周详、合乎礼仪，但是父亲还是在文中用一个细节透露了女儿内心的求生欲和痛苦挣扎。其夫初亡时，"家人以岭路远，劝缓归江都，保娠冀得遗腹子，安乃节哀慎疾，夏秋身甚健，然尝指其腹私语其保母曰：'我望伊是子，我故保伊性命，将来伊真是子，乃保我性命'"③，此语可谓哀极痛极。阮安明知生于大儒之家，夫死若无孤可抚，殉夫是最符合众人期待的选择，于是将生存的唯一希望寄托在遗腹子为男上，希望借抚孤以自存，"将来伊真是子，乃保我性命"一语将内心对生命的留恋和对自身处境的

---

① 高楷：《刘杨合传》，载《碑传集补》（卷12），燕京大学国学研究所印，1932年。
② ［清］计东：《改亭诗文集》，载《续修四库全书1408册》，上海古籍出版社，1995年，第263页。
③ ［清］阮元：《揅经室集》，中华书局，1993年，第533页。

清醒判断及无奈表露无遗。

　　还有更惨烈的，便是女性遇到战乱等意外之急，为保贞洁而以各种方式牺牲生命，即所谓"烈"。官方文献和立言之士的烈女传记总是将烈女与忠臣烈士相提并论，给予极高的赞美。由明入清的彭而述在《先节母暨长女殉难纪略》写其长女殉难事：

　　烈女年十四，适里诸生李桂。丙子春，寇蹒邓郊，予携家入邓，女曰："身既归李氏，不可随父行。"乃奉厥姑井氏避乱家之高楼上。贼攻楼陷，人多苟全者，女大骂贼，碎身而死。时有通库公举述为连牍母疏中，遂得与祖母王氏事并上闻，孟津大学士王铎各为之传。①

　　简略记其殉难经过，不言悼女之情，只对其得以旌表略露欣慰之意。其《母节暨女烈建坊》诗也有"断臂焚身终古存"句，表达了其对女儿"舍身取义"选择的肯定，但诗末一语"一死何心来誉叹，鸺鹠风雨殢山根"②，终究透露出面对女儿惨死的哀痛之情。两相参照，便能看出《纪略》中的平淡、不动声色正比他人的誉叹更显沉痛。而清晚期的张佩纶《二姊事略》记其两姊、四姊遇战乱投河而死，七姊刲臂疗母疾，其叙四姊事尤详：

　　咸丰十年，粤贼烽及武康，母田淑人集家人，为避地谋，姊独前曰："今贼氛已逼，仓卒不得达于他，竟不如男皆出，女皆留，城破则皆死之。"淑人悚然异其言。③

　　正面描写遇难前家人共商避乱之策时四姊的这番言论。如果作者没有故意夸大，这番话确实惊心动魄。"女皆留，城破则皆死之"一语显然有不死不足以明志之意，这简直是把殒身成烈当作一项事业来追求了。从明末到清末，有清一代，很多出身儒士之家的女性，对殒身成烈表现出义无反顾的态度。在文人的书写中对此则表现出与其他立言之士一致的嘉许态度，只是忆传文从字里行间透露出来的悲痛之情令这种传统的道德书写具有了别样的意味。

　　明清注重对节妇烈女的表彰，有案可查的节妇烈女数大大超过了前朝。女性忆传文的传主也不乏节烈女性，传主与作者为伦理关系较疏的姻亲的篇目，往往属于此类，如王棻的《从嫂黄氏节孝传》、邵廷采的《拟外母王太孺人入绍兴府志贞节传》、王宝仁的《弟妇节孝仲孺人传》等，此类篇目的创作缘由

---

① [清]彭而述：《读史亭诗文集文集》，载《四库存目丛书集部第201册》，齐鲁书社，1997年，第190页。
② [清]彭而述：《读史亭诗文集诗集》，载《四库存目丛书集部第200册》，齐鲁书社，1997年，第677页。
③ [清]张佩纶：《涧于集》，载《续修四库全书1566册》，上海古籍出版社，1995年，第36页。

实际上更接近于一般立言之士为节烈女性所作的传状文，但作为传主的亲属，毕竟较一般陌生人更熟悉传主，也更有亲切感和家族自豪感，与一般的节妇烈女传还是有所不同。而从另一方面看，清代有些文人的女性观实际已经颇具近代平等色彩，对割臂疗亲、殉夫这样的极端行为也多有批判，如俞正燮在《贞女说》中反对未婚守贞和殉夫，叹道："男儿以忠义自责则可耳，妇女贞烈，岂是男子荣耀也！"① 即使是妇女观被认为比较保守的章学诚，也承认女性割臂疗亲是"计穷智竭，一时激切"②之行为，"典礼所不取"③，但就笔者搜集到的近千篇清代女性忆传文而言，这些贞孝节烈女性的亲人却很少对此类行为的愚昧表示异议，大多反将其作为至情至性的表现而给予赞美。我们当然不能因此认定女性忆传文的作者均为思想保守之士——实际上也并非如此，而应考虑到作者作为亲人，对传主的这些自苦自残行为有着比一般人更痛切的疼惜之情，他们的这种叙事态度既有顺从礼法的因素，更有疼惜之下不忍否定其牺牲的意味在内。但客观上，这些掌握着话语权的文人不断表彰积极实践三从四德、贞孝节烈要求的女性，无论出于何种心态，都起到了通过表彰来形塑女性的意识形态作用，因为这种表彰必然引起认真信从者——多数时候是同时代女性中的佼佼者的主动模仿，同时也导致一种可悲而又具反讽意味的局面屡屡出现，即曾向女儿灌输这些教条的父母面对要认真以身实践的女儿既心痛又无法阻挡。出于各种心态宣扬着这些教条的文人未必信以为真，而作为受教者或者说被形塑者的女性却认真地以自我牺牲践行男性们的理想，而反过来，男性对这些过于认真的实践者既衷心敬佩，又难免汗颜，若是自家亲人则又多了一重疼惜，而无论哪种心理都能促使男性将这种表彰继续下去，于是这种恶性循环便无止境。

翻检清代文集，会发现很多著名文人都为贞女烈妇作过传，在表彰女性节烈的同时，讥刺士人操守不如女子进而针砭时弊，是这类篇章的共同特点，可说是醉翁之意不在酒，但对于女性而言，这种表彰和宣扬却为她们确立了价值典范。如果说科举及其附带的封妻荫子、追赠父母制度为男性指明了"显身荣亲"之路，因此将多数读书人纳入了这一体系，使之终身乐此不疲，官方对贞孝节烈的旌表和文人的传扬则向女性宣示了属于她们的"显身荣亲"之路，封

---

① [清] 俞正燮撰、安徽古籍丛书编审委员会编纂：《俞正燮全集》，黄山书社，2005年，第631页。
② [清] 章学诚编著：《章氏遗书》（第33册），文物出版社，1982年，第158页。
③ [清] 章学诚编著：《章氏遗书》（第33册），文物出版社，1982年，第158页。

臂疗亲、未婚守贞、遇暴自杀这些今人看来或愚昧或不近人情之事在清代闺阁女性的世界中，却如男性寒窗苦读、追求功名一样是自身价值的最高体现。明清通俗文学中，悍妇、淫妇比比皆是，而官方记载中，贞女节妇数量之大，超过了前代的总和，这些被旌表的女性有的只留名字，有的则以其父、夫指代——某某女、某某妻，有事迹留存者则只见其遭遇之惨烈悲苦，难以窥知其心态，显得空洞虚假，而士人为自己家族女性所做的忆传则为我们提供了观照文人心态及士绅家庭女性的真实样本。在这里，贞女节妇及一般贤妻良母是如何养成的，文人如何以作文表彰贤良的方式纪念他们的妻妾、以使家族中其他女性受到感召而自觉顺从男权体制对她们的期许，贞孝节烈者各种极端行为之后的个人隐衷，家族荣誉对女性的道德绑架……都被有意无意地透露出来，清代女性被形塑和自我形塑的过程都得到了细致而真实的呈现。

（原载《妇女研究论丛》2015 年第 5 期）

被动的主动：清末广州高第街妇女权利与地位研究
——以契约文书为例

张启龙　徐　哲①

摘　要：清中后期，高第街作为广州城的商业老街聚集了众多盐商。在一批反映清末广州南城高第街房地产交易的契约文书中，出现了一些女性参与买卖过程的案例。通过对相关契约内容的分析发现，以寡母（寡妻）为主的一些高第街妇女能够以"买方""卖方"和"中人"等多元身份在家庭大宗交易中发挥重要作用，具有较高的社会地位。虽然是在特定情况下的被动行为，但一定程度上体现了传统社会男性家长制度下女性的经济能动性。

关键词：清代　广州高第街　契约文书　妇女

契约是人类社会关系中物权、债权关系的一类体现，并伴随着社会的发展而发展，因其能够体现经济交易中关系双方或多方的权利与义务，并以法律效应和道德约束的作用对经济活动给予保证和规范，故契约也具有一定维护社会秩序的作用。可以说，契约文书是民间社会经济活动的证明，在特定时间和空间范围内有普遍的一致性，立契流程、格式和规范都有着约定俗成的固定套路，如关系双方均需要在契约文书中体现，并以签字画押为证，同时需要明晰交易内容，并对"中介""中证"等参与交易的第三方进行交代。可见，契约文书以其直观的特性和比较正规的佐证方式，具有极高的社会承认度，在民间生活中被广泛接受和采纳。更重要的是，契约记载的是民间经济活动，尤其多是土地、房屋等大宗交易，与买卖双方的实际利益密切相关，多能真实地对社会经济活动进行还原，具有很高的研究价值。

在古代传统社会，契约文书所体现的是以男性为主导地位的社会经济关系。人们普遍认为，丈夫在世时，妻子是无权处置家庭财产的，一般只有在丈夫常年在外不归或丈夫离世等几种比较特殊的情况下，妇女以"守志寡居"的

---

① 作者简介：张启龙，男，暨南大学文学院2014级博士研究生。研究方向：中国社会史、文化史。徐哲，女，暨南大学文学院2014级博士研究生。研究方向：文化产业。

被动的主动：清末广州高第街妇女权利与地位研究
——以契约文书为例

95

身份才可以获得一定处置财产的权力并在家庭活动中担任主要角色，《明清时代妇女的地位与权利：以明清契约文书、诉讼档案为中心》一书中指出："土地买卖文书中的女性立契人基本上都是已婚女性，其中的大多数是寡妻（寡母）身份。"[①] 本文所指的妇女多是此类情况。但是，随着社会生产力的提高和商品经济的发展，妇女实际参与到土地、房产等大宗买卖中的案例越来越多，妇女社会地位的研究仍有许多值得拓展的空间。例如：妇女参与到经济活动中的程度如何？她们所扮演的角色和承担的作用有何特点？一份契约文书涉及多个关系人，既有交易双方的主体"卖方"和"买方"，也包括交易过程中的第三方，如"中人"等。那么，契约文书如何体现妇女在家庭生活中扮演的角色并彰显其在经济活动中的社会地位？直观的考察方式便是女性角色能否担当一份契约中所涉及的各个关系人，尤其是主要的交易关系人。

清朝末年，广州是清政府面向世界的重要门户，也是西方资本国家来华的首要之地，商品经济发展极为迅速，是较早开始近代转型的地区之一。有许氏等盐商大户和盐务公所落户的高第街[②]作为当时广州南城的著名商业街区，有着联系主城区与珠江商贸区的地理优势。本文选取一批反映1794年至1849年高第街房地产交易情况的契约文书[③]，对其中涉及女性参与的七份案例进行分析，以期窥见清末时期广州城以寡母（寡妻）为主的一些妇女如何能动地参与男性主导的房地产交易，并在其中增强自身的经济权利。

一、女性担当卖房者身份

在分析寡居妇女社会地位时，我们既要看到她们所遵循的"夫死从子"的纲常，也不能忽视社会"以长为尊"的"孝"文化。所谓"从子"更应从清律中"丧服制度"理解，而非理解成"绝对服从"。传统社会并非受到单一思想的影响，众多思想自有其先后逻辑，其中"长幼有序"的尊卑观优先于"夫

---

① 阿风：《明清时代妇女的地位与权利：以明清契约文书、诉讼档案为中心》，社会科学文献出版社，2009年，第89页。

② 高第街是广州著名的古老商业街之一，它的历史可以追溯到宋代，经历过数次繁华、萧条的转型。今天的高第街位于广州市越秀区，东接北京路，西连起义路，成为一条以内衣为主的服饰批发街道。高第街临街建筑保持骑楼风格，许氏家族的旧宅"许地"仍可以找到，现在整条街道内巷房屋全部被"改房成仓"并面临拆迁，各方多有呼吁保护这条著名老街的声音。

③ 本文所用契约为广州高第街许地许氏后人、现居香港的许子皓先生所藏，共计29份，始于乾隆五十九年，止于道光二十九年，均为高第街房地产契约文书。这批契约分为定帖2份，正式房产交易27份。本文所引契约尽量呈现文本的本来面目，契约中数字书写大小写并存、缺字现象皆系原文如此。

死从子"的伦理观，这使得寡居妇女作为家庭的长辈，始终有着一定的地位。高第街这七份契约中，担当直接卖房者身份的妇女多是以寡居身份来处置家庭财产的。虽然身份为寡居女性，但是具体到每宗交易的实际情况，妇女主持处置家庭财产的方式又各有不同。根据掌握材料来看，大致分为三类：一是"寡母携子同商"；二是"夫族长辈见证下寡妻主持"；三是"寡妻独自操办"。无论哪种情况，契约中的寡身妇女都承担着顶门立户的家庭责任，并且此类家庭结构在清末广州高第街区具有较高的认同程度。首先，"寡母携子同商"类的契约有一例。

（1）立明永远断卖房屋契人杨允中，系番禺县人氏，缘允中有自置房屋壹间，坐落大南门外高第街居仁坊，坐东向西，上盖连地壹间过，深一进半，活十七桁，前至街，后至旧临全馆，左至倪宅，右至张宅，墙心为界。兹因急用，母子商议情愿将此屋转卖与人，取要时价银四百两正，先召亲房人等，各不愿买，次凭中人何三引至许宜和堂，依口还足屋价银四百两正净元司码平兑。连签书洗业俱在其内。三面言明，两二家允肯，经于本年七月初二日书立定贴，杨允中亲手收到许宜和堂定银壹百两，标贴明白，订至七月初四日交易，兹届交易之期，允中又亲手收到许宜和堂屋价银三百两，连定银壹百两，共成四百两之数，即日书立永远断卖屋契一纸交与许宜和堂收执。此屋委系允中自置之业，与各房伯叔兄弟侄毫无干涉，亦非留尝业，又无重复典当债折加写等情，即日交与许宜和堂永远管业，任凭其拆卸起造，如有来历不明及别人争论，系卖主同中人理明，不干买主之事，其屋价银两委系允中亲手如数收足，并无低伪少欠，此是明买明卖，两相情愿，今欲有凭，立明永远断卖契壹纸，并付上手红白契四纸，一并交执为照。

一实卖出高第街居仁坊，坐东向西屋一间，深一进半，活十七桁，前至街，后至旧临全馆，左至倪宅，右至张宅，墙心为界。

一实收到屋价银四百两正净元员司码平兑。

一实交出上手红白契四纸，付与许宜和堂收执，如有日后检出远年老契，作为废纸，合并批明。

中人何三
道光廿八年七月初四日
立明永远断卖房屋契人杨允中的笔
允中之母杨马氏指模

道光二十八年七月初四日，番禺县人杨允中与其母杨马氏在中人何三的牵线下,将一间"坐东向西,位于高第街居仁坊内,深一进半,活十七桁"的自置房屋卖于许宜和堂,卖价银四百两。此屋立帖交定金,再立帖结全款,流程较为正规。由契约可知,此间房屋是杨允中之父离世后,"兹因急用","母子商议"之下,将此房屋出售。寡居母亲在这宗买卖交易中,起着重要的作用,儿子允中与母亲意见一致后才将此屋出售,落款也是由杨允中亲笔并同附母亲指模。

"无子寡母"或者"子幼寡母"在处置家庭财产时的情况又略有不同。"有子寡母"处置承夫之产时可与其子商议,无须夫族长辈或族人见证,而"无子寡母"或者"子幼寡母"虽也有权处置夫产,但是在处理过程中需要顾及夫家族人的意见和颜面,情况更为复杂和微妙,例如下则契约:

(2) 立断卖铺屋契人倪袁氏,今因急用,有自名下受分铺屋壹所,坐落新城高第街居仁坊口,坐北朝南,深壹进,正铺屋阔七桁,楼上阔十五桁,前至官街,后至章宅,左至远芳鞋店,右至高元登笔店,神楼、户扇,瓦面俱全,问明亲族,均不愿承买,今凭中出卖于王姓,议定价银足重番面银捌拾两,即日当中,番银铺屋两相交清,并无短少,亦无债折抵偿。此系自相情愿,明买明卖,亲族人等,日后不得另有别议。此铺屋系袁氏家公于嘉庆四年十二月买沈同人大屋,于十年三月拆大屋改造小屋二十四间,铺屋一间,袁氏于嘉庆十一年十二月初一日经亲族长分受养口,并无来历不明,所有上手原契现存长房收执,作为废纸,恐后无凭,立此为据。一批实收到铺屋价银捌拾两正。一批此铺屋并无另有税契,即后有税契亦作废纸论。

见中伯公倪珏,亲伯倪廷纶,沈何氏
嘉庆拾贰年陆月初五日
倪袁氏的笔

这份契约文书签于嘉庆十二年,是倪袁氏经家中伯公以及沈何氏为中人介绍,将自名下受分铺屋一所卖与王姓人家。此房坐北朝南,深壹进,正铺屋阔七桁,楼上阔十五桁,坐落新城高第街中心地段居仁坊口。倪袁氏这间房屋是袁氏家公于嘉庆四年十二月从沈同人之处购得的一间大屋,又于嘉庆十年将大屋拆改成二十四间小屋和一间铺室,后倪袁氏于嘉庆十一年十二月初一日经亲族长分得部分屋产以养家糊口,来历清晰可查。此处倪袁氏所承房屋是娘家袁氏配分的产业,即使如此,倪袁氏在处置这批房地产时,也需要在夫家亲伯等人的见证下完成交易,以避人口舌。故而契约中强调"亲族人等,日后不得另有别议"。

妇女独立主持家庭大宗财产交易的例子不多，尤其是以寡妇身份处置遗夫财产，一般需要先征求夫家长辈的意见，并要在其见证下完成交易。而高第街倪陶氏在其主持的两宗出售故夫遗屋的契约中，展现了少有的妇女独立处置家族大宗交易的一面。

（3）立明永远断卖房屋契文人倪陶氏，系绍兴府上虞县人氏，缘氏故夫倪衡斋遗有经分名下房屋一所，坐落高第街中约居仁坊内，西向，上盖连地，平排两间过，共阔叁拾贰桁，深叁进，前至自开之街，后至旧临全省馆，右至濠，左至许府，墙心为界，另屋前食井壹口，均在契内，氏于上年因楷弟三婿同往饶平县游幕，今年春间，氏在饶平寄信回省，嘱胞侄倪国安、婿胡椿龄将此屋出帐，召人承买，信内写明取实价银壹仟零伍拾两，另胞侄国安签书银壹佰两，如即时有人买受，即先行代立定贴，接收定银，倪氏于秋间返省交易，如买主急于改造，则于立定之后，先行出屋，任其拆卸等语。倪国安、胡椿龄于接信后，先召房亲人等，各不愿买，次凭中人赵昌、全石泉引至许宜和堂依口还足屋价银壹仟零伍拾两。另胞侄倪国安签书银壹佰两番面成元司码平兑，即于五月廿四日倪国安、胡椿龄亲手代收定价银壹佰伍拾两，由胞侄亲笔代立定帖，其余屋价银壹仟零伍拾两，签书银壹佰两由许府立交银单交国安收，俟倪陶氏回省立契交清。因许府正须兴工建造，即于二月初六日出屋，任从许府拆卸，兹氏于九月十九日回省，择吉于九月廿日立契交易，由许府将应我屋价银壹仟零伍拾两，签书银壹佰两，凭单兑交，氏手收用，由氏面嘱胞侄国安代写断卖文契，交许府收执，即日银契两相交易清楚，惟此屋上手红契前于道光十三年月间因氏夫倪衡斋与王三槐堂争讼将契呈堂，尚存番禺县署，并无领回，是以不能交付。今经转卖。另立此契赴县报换投税为据，其缴存县署之上手红契，将来毋论何人领出，均作为废纸。倘有人执持上手红契藉端向许府索诈者，由氏与国安自行理明，与许府无涉。至此屋委系氏故夫经分名下之业，与别房叔侄兄弟无干，亦非留祭尝产，并无重复典买等弊情，现系明买明卖，亦无债折等情，其屋前食井亦归许府之业，自立定之后，业经许府将此屋拆清改造，如有来历不明及别人争论，均系卖主同中人理明，不干买主之事，三面言明，两家允肯。今欲有凭，特立永远断卖契一纸交付许府收执为据。

一倪陶氏亲手收足应我屋价银壹仟零伍拾两，先日国安代收定银壹佰伍拾两，亦经交回氏手收讫。

一实卖居仁坊房屋壹间，平排两间过，深叁进。

一胞侄国安签书银壹佰两，亦经国安手收讫，验价银壹仟壹佰伍拾两正。

在场见议人王行庄
中人赵昌、全石泉
道光二十八年九月廿日立
永远断卖屋契人倪陶氏代笔胞侄倪国安的笔

(4) 立明永远断卖房屋连街文契人倪陶氏，系浙江绍兴府上虞县人。缘氏故夫倪衡斋有经分名下房屋四间，坐落高第街中，约居仁坊，西向，平排三间，内二间深一进半，共阔廿八桁，又一间深五尺五寸，阔廿一桁，前至本坊街，后至许宅，左至和生藤席店，右至许宅，其东向一间，深一进，阔九桁，前至本坊街，右至永生鞋店，左至隔壁，另有屋上楼一座，楼阁下另有小地一段。因氏夫在日，借与别人，今自卖之后，任从买主取回改造，统计四间，上盖连地，并本坊街道由本屋地段起至本坊街尾止，查本坊之街系氏故翁从前将大屋改造小屋，自行开造之街，其初原无别家房屋在本坊之内，嗣氏翁将各屋分与各房伯叔子侄，其后由各房伯叔子侄陆续分卖与人，始有别姓居住，惟现在别姓分卖本坊各屋，先经卖与许府承买，而倪陶氏名下之屋，现因急用出账，凭中人王竹庄说合亦卖与许府，依口还足屋价连街道共银捌佰两正成元司平。所有签书洗业酒席，一应在内，至居仁坊内之屋，既尽归许府承买清楚，则居仁坊之街亦应听从许府任意相造，契内合并声明，三面言明，二家允肯，当即写立定帖标贴明白，兹于本月十九日立契交易，由倪陶氏亲女王倪氏代笔写契，即日银契两交清讫，此屋委系倪陶氏故夫经分名下之业，与伯叔兄弟侄无涉，亦非烝尝祭产，并无重典重卖及债折等情，如有来历不明或别人争认，系卖主同中理明，不干受主之事，至氏尚有各房夫侄及侄孙数人皆系无赖之徒，向来各管各业，毫无干涉，无庸预名签书。倘有争执，由倪陶氏自行理论明白。自卖之后任从许府拆卸平地，任意起造，特立永远断卖文契一纸交许府收执为据。再此屋本由大屋改造，仅有大屋红契一纸，因经分以后，本坊房屋陆续卖与别人，且年代已久，其红契早已遗失，合并声明，将来如有人拾得，作为废纸，特此批明。

一实收到许府屋价银捌佰两正成元司平，由倪陶氏亲收。

一实卖出高第街中约居仁坊内房屋四间，另有地一小段，连本坊街道在内。

一批明倪陶氏未择继立嗣，故以长女王倪氏代笔书契。

此系倪陶氏之女王倪氏照此底稿摹写卖契，原稿底存倪陶氏，所写大吉昌三字，另行摹写，不是原稿，特此注明，以备日后稽查。

中人王竹庄
道光二十九年闰四月十九日立
断卖文契人倪陶氏立 大吉昌
代笔女王倪氏

契约（3）（4）均是由倪陶氏主张房屋出售所留下的记录。倪陶氏，浙江绍兴府上虞县人，她的丈夫倪衡斋已经离世，她所出售的房屋均是故夫留给她的遗产，但其所出售房屋的情况比较特殊，产权关系较为复杂。

首先，道光二十八年九月二十日所立的契约，是在倪陶氏不在场的情况下委托他人所立。这年所交易的房屋在高第街中约居仁坊内，西向，共阔三十二桁，深三进，另屋前食井一口，均在契内。倪陶氏在道光二十七年离乡出游，而在道光二十八年的春季时节，写信给家乡的侄子倪国安及女婿胡椿龄，委托他们将故夫倪衡斋的房子出售，写明卖价一千零五十两，交代其侄可以先收定银一百两，并立定银契约，待她秋季回乡再继续交易，还细致到如果买家着急，可以交了定金后便拆屋改造。倪国安和胡椿龄于接信后便立即着手此事，在中人赵昌、全石泉的牵引下，以银一千零五十两卖于许宜和堂，并于五月二十四日代收定价银一百五十两，由胞侄亲笔代立定帖，其余房款候倪陶氏回省立契交清。倪陶氏于九月十九日回省，并在九月廿一日完成交易。但是此屋上一手红契因为道光十三年与王三槐堂有所争议而存放在番禺县署，故在契约中有所说明。

在道光二十九年闰四月十九日的这纸契约中，倪陶氏又将其故夫倪衡斋名下的四间房屋售出。这四间房屋坐落于高第街居仁坊内，西向，平排三间，其东向一间，另有屋上楼一座，楼阁下另有小地一段。居仁坊自所售屋起到本坊街尾都是倪氏先翁由大间房屋所改，分于各房居住，后又各自买卖。这四间房屋于倪衡斋在世时借与他人居住，倪陶氏因急用出账，在中人王竹庄说合下，将房屋收回出售，再次卖给许府，以银八百两正成元司平成交。但是这份契约并非是原稿，而是倪陶氏的长女王倪氏代笔的摹写稿，写有大吉昌以便区分。

可以看出，此两份契约中所涉及的五间屋子，都是倪衡斋的妻子倪陶氏全权做主出售的，即使倪陶氏远在外地，也可以书信指挥乡中亲友帮其完成买卖事宜的前期工作，而重要的立契和结款事宜还是由其亲自接手处理。从倪氏占据居仁坊不少房屋的情况来看，倪氏也是规模不小的家族。倪陶氏在夫亡后，以寡居身份出游，并在她"未择继立嗣"的情况下，主持家中大事。倪陶氏的行为完全出于一家之主的身份,其故夫家族于她而言,是"各房夫侄及侄孙数人……向来各管各业,毫无干涉,无庸预名签书。倘有争执,由倪陶氏自行理论明白"。可见高第街区对于寡居妇女在经济活动中地位的接受程度。

综合以上契约来看,直接在经济交易中担当卖房者身份的女性有"杨允中其母""倪袁氏"和"倪陶氏"。"杨允中其母马氏"虽非以独立身份处置家庭资产,但在交易过程中她的意见对杨允中有着很大影响,契文中有其指模说明了寡母在处置家庭大宗交易时的参与程度。"倪袁氏"基本上能够主张自家房屋的出售,但是鉴于男权家庭寡母身份的尴尬,倪袁氏出售房屋需要有倪氏伯公的见证。倪陶氏是这批契约中妇女在经济活动中的主体地位得以充分展现的代表。倪陶氏故夫倪衡斋留给她不少房产,她在没有他人干预的情况下,主张将这些房产依次出售。第一次是在她于外省出游时,一封家书便可委派胞侄、女婿按照其预想的价格和步骤将房屋出售,要求先收定金,待她半年后回乡再亲自收齐尾款,可见她在家族中的地位和威望。倪国安等人也是完全按照她的要求去完成这次房屋的出卖事宜。第二次,她亲自操持将倪衡斋生前暂借于他人使用的四间房屋出售,在没有倪氏家族人员参证的情况下独立完成这次大宗交易,其长女代笔立契,原契亲自保留,细致到临摹契约一份并做好标注,处事比较周全独到。

可见,高第街妇女的确能够较大程度地参与家庭财产交易的经济活动。但"杨氏之母"要与儿子同商共议,"倪袁氏"交易需要在倪氏族人的参与和见证下完成等情况也说明,一方面"男尊女卑""男主女次"的传统思想依旧对当时社会有着深刻影响,使得妇女在孤寡的情况下才有支撑门户的可能;另一方面,社会舆论也使得妇女不得不更多地依赖夫家其他男性进行自家的财产处置。不过这种情况并非绝对,以高第街倪陶氏两次极为独立的出售案例来看,高第街对寡居妇女在家庭中担任主要角色并执行"家长"权力处置家庭财产的现象给予了一定的认可,这应与高第街特殊的商业环境不无关联。

二、女性担当买房者身份

阿风在统计契约文书中的女性参与者时强调:"相对于如此多的女性卖主而言,女性买主却十分少见。"[①] 道光十八年十月初八的一份契约则反映了这类

---

① 阿风:《明清时代妇女的地位与权利:以明清契约文书、诉讼档案为中心》,社会科学文献出版社,2009 年,第 97 页。

少有的情况：

(5) 立断卖屋契人番禺豹蔚堂赵，今因急用拮据，愿将承父自置遗下房屋壹间，坐落大南门外高第街居仁坊内，向西入巷第四间，深两进两间过，共计阔瓦面三拾贰桁，此屋上盖连地、瓦面、地基、神楼、板帐、门窗、户扇、井灶、门口、街石、砖瓦、木石，一并俱全。至因拮据急用，先召房亲人等，各不愿买，是凭中人出账，召人承买，要到时价银伍佰两正，凭中人王氏执帐引至秀杰堂盛府甘氏，三面言明，二家允肯，依口还足屋价银伍佰两正成元司码平兑，交收其屋价银伍佰两正，系豹蔚堂赵生桥亲手收迄，其屋就即十月初八日立契卖与秀杰堂盛府甘氏买受永远业，银屋交易，两相交讫，无得异言。此系明买明卖，并无债折等情，亦无重典重当，亦无兄弟分产等情，所有屋四至丈尺分明，自墙为界，南至左邻张宅，北至右邻陈宅，前通看墙为界，屋后宅四至自墙为界，亦无官租地税之纳。如有来历不明，不关买主之事，系赵生桥理明，同中人追究，不能多生事端，亦无异言，一卖永断。恐后无凭，立明契交执存据，并红契一纸，上手契一纸，如有契纸冒留，是为故纸。

一实收到卖屋价银伍佰两正。

中人王氏
道光十捌年十月初八日立
断卖契赵星桥的笔立

契约买卖双方为豹蔚堂赵星桥与秀杰堂盛府甘氏，中人为王氏。《广东碑刻集》光孝寺重修碑记中有载："盛秀杰堂捐银一十二两一钱。"[①] 可见，秀杰堂是盛氏家族的产业，那么盛府甘氏则应是名为盛甘氏的寡居妇女。契约中的房屋是赵星桥继承于父亲，坐落在大南门外高第街居仁坊内，向西入巷第四间，大小为两间深两间过，共三十二桁，屋内所有设置一切均归买方盛府甘氏，盛府出价五百两。

为何多有妇女参与、出售家庭大宗财产的案例，而鲜有寡居妇女购置大宗资产的现象呢？从现实环境来看，"明清中国妇女寡妻者多而且时间长是不争的事实"[②]。"受夫权、父权、皇权控制的汉族妇女……她们被排斥在社会生产之外。"[③] 可见，大部分妇女在古代传统社会基本很难从社会生产中获取财产收

---

① 谭棣华：《广东碑刻集》，广东高等教育出版社，2001年，第20页。
② 刘翠溶：《明清时期家族人口与社会经济变迁》，台湾"中央研究院"经济研究所，1992年，第56页。
③ 沈海梅：《明清云南妇女生活研究》，云南教育出版社，2001年，第266页。

入，一旦失去家庭男性这个主要劳动力，无子或者子幼的"守志寡妻"生活便很容易出现问题。在非固定资产不足以保证基本生存的情况下，出售故夫遗产成为换取生活所需的唯一办法。从价值观念的角度来看，"夫为妻纲"的男权社会十分强调男性在家庭中的主导权和对财产的支配权、继承权，一般只在男性离世或者长期外出不归的情况下，妇女才有机会以夫姓顶门立户。即便如此，其在处置家产时还需要顾及夫家长辈、兄弟甚至子侄的意见。寡居妇女生活存在巨大的压力和负担，夫族在人情道义上为了解决寡居妇女及其子女的生计问题，在一定条件下能够认可寡居妇女处置故夫遗产的行为，但往往需要征得他们的同意并在其见证和监督下完成。

由此可见，在古代传统社会中，妇女只有在失去家庭男性家长且"无子"或"子幼"的契机下，才能靠"以长为尊"孝文化的支撑担当起家长的角色并行使权力。即便如此，寡妻在行使权力的过程中还是受到了夫族和社会舆论的制约和束缚。出于生存的需要，寡妻出售故夫遗屋的现象比较普遍，也更容易让人接受。但是寡妻主张购置房产的行为往往并非出于基本生存考虑，一方面寡居妇女本身生存能力较为薄弱，另一方面寡居妇女如果出现此类行径，在没有特殊原因说明的情况下，会被夫家当作是她擅作主张侵犯了亡夫财产甚至是夫家尊严。但就此类行为本身而言，寡居妇女能够克服较大的生存压力，突破夫权、父权等男性主宰社会意识的束缚，在不受干预的情况下支配经济的行为折射出女性在经济领域和独立人格上愈发提升的能动性空间，其实质就是对伦理教条下男权社会生活体制的挑战。

以契约中的房产交易来看，"杨氏其母""倪袁氏"二人是将自家的房产折换成现银而并非挥霍自家的财产，卖因皆为急用，因此更容易为家族和社会所接受。以寡母或者寡妻身份主持资本消费，以钱财去购买地产或房产的大宗交易所体现的则是妇女在家庭活动中具有的决定地位和支配权力。契约（5）中，"秀杰堂盛府甘氏"用五百两银购入赵宅房屋的记载则证明高第街妇女已具有决定大宗交易的权力。

三、女性担当第三方身份

妇女在经济活动中除了担当交易中"买方"与"卖方"的直接关系人外，还有第三方身份，具体有"买卖参与者""中人"以及"代笔人"等。立于乾隆六十年五月十六日的这份契约，即是妇女以参与者的第三方身份出现在家庭经济活动中。

(6)立明断卖屋契人谭门麦氏,自置房屋一间,坐落高第街中约广司厅左便巷内,西向,深一大进半,阔十五桁,四围墙壁、板樟、砖石、木料、瓦,门扇上盖连地,一应俱全,四至分明,左至郑宅,右至杨宅,前至巷通街,后至朱。今因急用,夫妻姐弟商议,愿将自置业屋一间出卖与人,先召亲房人等,各不愿买,次凭中人问至周宅,取要价银番面银肆拾伍大员,当中收足重,签书洗业,一应在价内,三面言明,二家允肯,就日当中写立契约,交清银两,系麦氏夫妻亲手接回应用,并无少欠分厘,亦不是债折等情,亦无重叠典按,如有来历不明,系卖主同中理明,与买主无涉。自交银契之后,毋得异言,今欲有凭,立此断卖屋契一纸,并上手契一张,交与周永成收执为照。一实收到屋价银肆拾伍大元,夫妻亲接回应用,重叁拾贰两肆钱正。一实退出高第街一间,深一大进半,西向,门至通街见交银。

中人麦卿口 伍祥
代笔中人麦瑞英
乾隆六十年五月十六日立
卖断屋契人谭门麦氏指模

契约所载是由谭门麦氏经中人麦卿口和伍祥搭线,以银番面银四十五大元卖与周宅的一宗交易。此房是麦氏自置房屋,但因急用,由麦氏夫妻姐弟共同商议之后决定卖出,可见夫妻之间有着较为平等的地位,妻子有一定参与、处理家庭大事的权力。同时,麦氏与兄弟姐妹之间也比较团结,家庭成员共同参与讨论,其姐作为一名家庭成员,也以文字形式将其意见呈现在契约之上,能够看出麦氏之妻以及其姐在其家庭生活中有着一定的地位和家务参与权。最后交易所得钱银也是由夫妻二人共同亲手接收,说明麦氏之妻有权处理家庭的经济财产。

一份交易之所以能够立契成交,是因为交易双方或多方能够对交易本身达成意向。交易之初,买方或卖方的意向是不关联的,这就需要第三方"中介人"牵线搭桥以促使彼此意向的契合。同时,交易意向促成后,还需要在"中保人"的见证下完成交易,以避免产生纠纷。《二刻拍案惊奇》载有宋绍兴年间的一则熟人间的交易故事:"你我虽是相好,产业交关,少不得立个文书,也要用着个中人才使得。"[①] 即便是彼此熟识的亲友,立契交易也要有所谓的第三方"中人"参与,可见"中人"已经成为立契的一项重要因素。嘉庆十三

---

① 凌濛初:《二刻拍案惊奇》,华夏出版社,2012年,第209页。

被动的主动：清末广州高第街妇女权利与地位研究
——以契约文书为例

年四月二十八日，许拜庭①和倪双玉伯侄所立的三份契约便是妇女担任"中人"的例子，因三份契约除了在房屋格局以及交易价格的表述上略有不同，其余格式和内容均一致，故将三份契约整合如下：

（7）立明断卖屋契人倪双玉仝侄廷纶、廷森、廷栋、廷经，今有先年兄弟同置房屋壹所。坐在新城高第街中，约南向，平排五间，各深五进，每阔十七桁，后地一段，前至街，后至濠，左至　宅，右至　宅，四至明白，上盖连地，门窗、户扇、砖瓦、木石俱全/坐在新城内高第街中约，南向，平排二间，每深五进，各阔十七桁，前至街，后至濠，左至　宅，右至　宅，四至明白/坐在新城内高第街新胜里内，东向平排八间，内三间，各深二进半，阔各十五桁。前至街，后至宅，左至濠，右至宅，四至明白。上盖连地，门窗、户扇、神楼、板帐、砖瓦、木石俱全。

今因凑用，伯侄商议愿将此屋出帐，召人承买。先召房亲人等，各不愿买。次凭中人引至许拜廷兄承买。

一实还到屋价银九百两番面成元司码/一实还到屋价银六百二十两番面成元司码/一实还到屋价银九百两番面成元司码。

签书酒席在内，三面言定，二家允肯，先经下定标贴明白，今卜吉日立写卖屋契，银屋两相交易，其银系双玉与姪亲手照数兑收，并无短少。其屋听从许宅改造，永远管业。此屋实系双玉兄弟同置之屋，并非尝产，与房族兄弟无涉，亦无重典按。倘有来历不明，别人争论，均系双玉伯姪同中理明，不干许宅之事。今欲有凭，立明断卖屋契一纸，并付上手红契一纸，一并交执为照。

一实卖出高第街屋壹所，深阔列前/一实卖出高第街屋二间，深阔列前/一实卖出新胜里巷内屋捌间，深阔列前。

一实双玉、廷纶等亲手接到卖屋价银九百两番面成元司码/一实双玉、廷纶亲手接到卖屋价银六百二十两番面成元司码/一实双玉、廷纶亲手接到屋价银九百两成元司码。

中保人倪卢氏
中保人代笔凌自培
仝卖屋男松龄
仝卖屋孙积福
嘉庆拾叁年四月二十八日
立明断卖屋契人倪双玉、廷栋、廷纶、廷森、廷经

---

① 许拜庭（1772—1846），名赓飏，字美瑞，号拜庭，广州著名盐商，高第街许地许氏家族的创始人。

此契约的落款处写有"中保人倪卢氏"，可知作为妇女的倪卢氏是见证这场交易的保证人之一，以便日后产生不必要纠纷时可以出来佐证。而契约（2）记有："见中伯公倪珏，亲伯倪廷纶，沈何氏。"倪珏、倪廷纶是倪袁氏的夫家长辈，作为这宗交易的中人自不必说，沈何氏以外姓担当这份契约的中人，既起着牵线搭桥的介绍作用，又有见证担保之职，可见其有着一定的社会地位。

除了"中人"外，还有一类第三方身份。契约（4）记有："一批明倪陶氏未择继立嗣，故嗣改以长女王倪氏代笔书契。此系倪陶氏之女倪王氏照此底稿摹写卖契，原稿底存倪陶氏，所写大吉昌三字，另行摹写，不是原稿，特此注明，以备日后稽查。……代笔女王倪氏。"可知，倪陶氏未立子继嗣，选长女王倪氏代笔书契约。其女王倪氏虽非这份契约的主立人，但是作为家中长女，她以已嫁女的身份代母书契，用当今的观点看，女儿王倪氏是其母的法定代笔人，有权参与到家庭的大宗交易活动中。

四、妇女参与高第街区经济活动的特点

"妇女出卖土地等财产在明清时代已经是一种被认可（包括国家与宗族）的行为，……不仅仅在徽州，……其他地区……在明清时代地权变动日益频繁的大背景下，妇女也已经参与到土地买卖中来。"① 通过对这批契约中妇女参与经济活动案例的分析，可以看出清末广州南城高第街区妇女的确可以参与土地、房屋类的家庭大宗交易。妇女能够独立担当买、卖主体的角色或者以其他身份参与到经济活动中，彰显了她们的家庭权利以及地位在一定程度上得到了社会的默许和承认。

（一）妇女以主体地位处置家庭财产的权利被承认

以契约（3）（4）中的倪陶氏为例，她首次交易故夫遗产是在游历他乡之时，只凭一纸信函便可委命其侄、婿按照她的计划去执行交易步骤，且关键的立契环节和结款环节皆在她回乡之后完成，比起对夫家男性的请求，其性质更似对夫家男性的远程指挥。第二次交易则是倪陶氏完全独立地处置故夫遗产，没有任何夫族男性参与到这次交易中来。从倪陶氏的两则例子中能够发现，高第街区的妇女在丈夫去世后不仅可以有着非常自由的生存环境，对于故夫遗产的处置也不必太过顾虑所谓夫族的意见。《大清律例》明文规定："妇人夫亡无子守志者，合承夫分，须凭族长择昭穆相当之人继嗣。其改嫁者，夫家财产及原有妆奁，并听前夫之家为主。"② 倪陶氏"饶平县游幕"是否符合"守志贞

---

① 阿凤：《明清时期徽州妇女在土地买卖中的权力与地位》，载《历史研究》2000 年第 1 期，第 81 页。
② 沈之奇：《大清律辑注》，法律出版社，2000 年，第 199 页。

妇"的情况已经很难说清，又"未择继立嗣"，且认为"各房夫侄及侄孙数人皆系无赖之徒，向来各管各业，毫无干涉，无庸预名签书。倘有争执，由倪陶氏自行理论明白"。可见贞洁守志、立子继嗣、夫家为主这三个妇女继承亡夫遗产的要素倪陶氏都不甚符合，但她却能够在夫家认同或忽视夫家意见的情况下完成处置故夫遗产的一系列行为，倪陶氏可谓实现妇女执掌家庭财产的一则典型案例。同时，结合盛甘氏掷五百两购置一处房产，以独立的寡妻身份主持家庭大宗交易等案例，说明高第街妇女在家庭中的地位得到了一定的承认。

（二）妇女参与土地买卖的方式呈现多元化的特点

广州高第街妇女参与家庭财产交易的程度不仅较高，其在经济活动中所担当的角色也非常多元化。七份契约提及并参与的女性共有"谭门麦氏夫妻及其姐弟""倪袁氏及中人沈何氏""中保人沈何氏""杨允中其母""倪陶氏与其代笔亲女王倪氏"几位。虽然只有七则案例可供分析，但一份正规房产交易契中所应涉及的关系个体基本齐全，即卖方（含参与者）、买方、中人（介绍人和证明人）以及起草人等。以中人为例，作为促成交易完成的载体，首先要求"中人"有一定的经济意识和广泛的信息渠道，这是作为经济中介的基本要求。同时能够作为土地房产等大宗交易的见证人，其本身亦需要一定的资信地位。"中人在契约中最明显的作用是缔约双方之间的中介、见证，……同时起到调解人的作用和一种平衡作用。……中人的参与实际上已成为缔约时的一种必要程序。"[1] 可以说，中人是传统社会契约成立的一个必要成分，能够让妇女担任"中人"一职，执行中介和中保的功能，本身便说明清朝末期在广州高第街等商业活动区域，妇女已经具有了些许经济活动意识，能够走出家庭，承担一定的社会职能。而其他第三方角色，如"杨氏母子同商"的例子证明"长幼有序"的尊卑观在传统社会的确是先于"夫死从子"的礼教观，即妇女作为尊长时所具有的家庭地位是不可忽视和回避的事实；"谭门麦氏之妻姐"以家庭成员的身份共同参与到处置财产的商讨中，这是妇女家庭地位提升的表现；"王倪氏"以家中已出嫁长女的身份为母亲倪陶氏的代笔立契，体现了非长辈的妇女在日常生活中也可以参与到家庭经济活动中，有一定的社会地位。事实证明，妇女已经不单纯以"生存需要"为目的，通过买、卖这样直接的形式参与到经济活动中，而是开始以不同的身份和方式广泛地参与到家庭生活和经济活动当中，并且所担当的责任和起到的作用越来越多元。

（三）妇女处置财产权利的不充分性

虽然高第街的妇女能够参与到经济活动的多个方面，并且参与的程度比较

---

[1] 李祝环：《中国传统民事契约中的中人现象》，载《法学研究》1997年第6期，第139、141页。

高，但我们还是不能过分强调或夸大妇女在传统社会中的地位和她们能够发挥的主动性。从七份契约中的案例来看，除了谭门麦氏之妻与其丈夫一起参与房产的出售外，其他担当立契人的妇女始终未能跳出以寡居身份对家庭财产进行处置的前提。"纵观服制诸图，可以发现五服制度所确定的亲属等级关系……都是以男性血缘关系为枢纽兼及姻亲而建立。"① 自明律伊始，五服制度所建立的伦理教义正式入律，几千年来的伦理观念在不断强化的过程中，"'礼'已作为'法'"②，深深植根于社会大众的心中。以财产的来源来看，寡妻所置财产多是家族、故夫遗留下来或是夫妻共同奋斗攒下的家业。"如果丈夫去世，无子寡妻合承夫分"，这是基于"夫妇共财制"，寡妻行使"存命者权"（right of survivorship），而有子寡妻则形成"母子共财关系"③。契约中多见"承夫""遗有"等字样，可以说妇女所能主动处置的资产多是被动继承的，几乎看不到此时期未婚妇女或者已婚人妻的独立经济权。可见妇女在处置这些被动拥有的资产时，其主动性是有条件的。"妻为夫族服图"所展示的是男性为尊的社会，处于从属地位的妇女所掌控的大部分主动权利都是不充分、不完全的。因此，考察妇女在传统社会的地位以及权力，不可跳出妇女主动性并不充分的背景，即过分强调女性在传统社会中的地位和权利是不符合客观实际的。只有通过考察妇女参与经济活动中发挥主动性的方式和程度，才能较为真实和客观地分析妇女在一个被动和从属社会环境下，提升自身地位和发挥自身能力的过程，从而窥见传统社会妇女地位的全貌。

五、结论

岭南地区在很长一段时期内都是边陲之地，自古受中央王朝的控制较为宽松，在意识形态上受到的教化也不如北方中原地区和帝都周边严格。伴随着经济重心南移，岭南地区的经济发展水平有了较大的提高，成为经济发达且发展最快的地区之一。在此过程中，北方移民不断流入，同时海上航路的兴盛加强了与南洋诸国的交流，奠定了其比较自由和包容的文化。

清朝中后期，广州曾一度成为清王朝唯一对外通商的口岸，加之西方殖民主义和资本主义国家不断向东亚和东南亚地区的渗透，广州④作为一个兼容南

---

① 郑秦：《十八世纪中国亲属法的基本概念》，载《比较法研究》2000年第1期，第88页。
② 阿风：《明清时期徽州妇女在土地买卖中的权力与地位》，载《历史研究》2000年第1期，第88页。
③ 阿风：《明清时代妇女的地位与权利：以明清契约文书、诉讼档案为中心》，社会科学文献出版社，2009年，第12页。
④ "广州"有交广分治之意，辖南海、苍梧、郁林、合浦四郡，治所番禺是广州城的前称。文中所指广州在当时谓之"省城"。

北又融汇东西的商业城市,本身有其特殊性。而南城高第街所处的地理位置同样有其特殊之处。广州城的城市形态因明嘉靖四十二年增筑南城而大体确定下来,后又于清朝"加筑南城并于顺治四年由总督佟养甲将南城东西两翼加筑延伸到海边。即今外城东西临海二城也"①。当时广州城主要分内城和南城,内城为城市行政中心,多为行政衙署和军营,南城为商业区。随着清代珠江沿岸的不断发展,南城作为连接内城和沿江商业区的枢纽之地,城门数量极多,共有12道作为连接内城与江边商业区的通道,依靠发达的城市水系成为广州城商业发达的区域。高第街便位于南城的中央地带,毗临重要水道玉带濠。清中后期,盐务公所坐落于高第街区,使得这片区域成为广州盐业贸易的中心,许拜庭、李念德以及潘仕成等著名的盐商都与这里有着密切的关系,可见高第街是一条非常商业化的街区。高第街只是清中后期广州众多商业街道中的一条,这批存于许氏后人之手的29份契约,其中虽然只有9份涉及妇女参与房地产买卖的案例,已经较为丰富和全面地展现了妇女在大宗交易中可以扮演的角色以及发挥的作用,可以想见广州城乃至珠三角地区对于妇女参与经济活动的认同程度。已有学者指出:"寡居长辈女性主持买卖土地在清代珠三角已是一种被国家和地方社会认可的行为。"②

总之,清朝中后期,进步的社会经济、地权的频繁变更和广州地区多元文化的不断融合赋予妇女更多的空间和机会,在一定程度上突破了夫权至上的束缚,使其在家庭经济活动中拥有了更积极的能动性。一些生活在高第街的妇女以实际参与行动证明了她们在家庭经济活动中的重要作用,不仅能担任更多元的角色,在处置家庭财产时也拥有一定的主动权,但社会大秩序还是以男性为尊,妇女的主动权是有条件限制的。然而,妇女参与到家庭经济活动中的行为以契约文书为载体,用一种比较规范和具有普遍社会认同的书面材料保留下来,意味着妇女已参与到土地等大宗不动产的交易中并在一定程度上得到了社会的认可。

(原载《妇女研究论丛》2015年第2期)

---

① 史澄等:《番禺县志(全)》,成文出版社,1956年,第148页。
② 刘正刚、杜云南:《清代珠三角契约文书反映的妇女地位研究》,载《中国社会经济史研究》2013年第4期,第58页。

近代反缠足话语下的差异视角[①]
——以 19 世纪末天津天足会为中心的考察

秦 方[②]

摘 要：文章拟以 19 世纪末期由西方传教士在天津创办的一个天足会为切入点，借助《京津泰晤士报》这份珍贵的史料，探讨参与这场反缠足运动的各种群体如何凝聚在"放足"这一宏大话语下，借机言说自己的诉求，并强化自己的身份和地位。其中，西方男性（包括政治家和传教士）、西方女性以及接受新式教育的中国男性知识分子，因国籍、教育背景、性别的不同，对缠足和反缠足的理解和宣传存在很多差异。西方男性更多地从宗教的角度，将缠足视为一个空洞的中国习俗；西方女性传教士则将之视为一场女权主义的斗争，立志与男性霸权奋战到底。而中国男性知识分子则将缠足视为家国事务，试图掌控对中国女性的主导权。这个短暂存在的天足会，就好像是一个大世界的小缩影，反映着各种权力关系在其中的磋商。

关键词：天足会 天津 京津泰晤士报 缠足

本文主要借助当时在京津地区流通的一份外国报纸《京津泰晤士报》（*Peking and Tientsin Times*）[③]，考察 19 世纪末期曾经短暂存在的一个由西方传教士创办、中外力量共同参与的天津天足会（Tien Tsu Hui）的历史。此天足会的成立和式微正值中国近代反缠足运动萌芽的历史时期，通过审视当时投身这场运动的各种群体，我们可以看到这些群体如何以不同的视角阐释中国女性的缠足问题，以及那时的缠足女性又是如何应对这突如其来的挑战。笔者认为，包

[①] 基金项目：本文为 2014 年国家社会科学基金青年项目"晚清女子教育与女性形象建构研究"（项目编号：14CZS045）和首都文化中心建设协同创新中心资助的阶段性成果。
[②] 作者简介：秦方，女，首都师范大学历史学院讲师。研究方向：妇女史与晚清社会。
[③] 《京津泰晤士报》是英国人裴令汉（William Bellingham）在天津英租界创办的一份英文报纸，创刊于 1894 年 3 月 10 日，其最初的目的是满足华北地区外国人士对于新闻和交流的需求，参见 "To the Reader", *Peking and Tientsin Times*, 1898 – 03 – 10。有关其简史，参见雷穆森（O. D. Rasmussen）. *Tientsin*：*An Illustrated Outline History*, Tianjin：The Tientsin Press, Ltd., 1925, pp. 109 – 111。

括西方男性、西方女性和中国新式男性知识分子在内的各种群体凝聚在反缠足这样一个宏大的叙事之下,但是,他们却因国籍、性别、社会地位、教育背景等因素的不同,对中国女性的缠足问题有着不同的切入点。而在这些观点的背后,这些群体实际上是借助缠足来表达自己的诉求,加强和巩固自己在权力等级中的地位。同时,那些被代言的缠足女性,从表面上看似没有任何发言权,但是,她们对于自己的身体却有着相当的坚持,因而和这些社会群体所构建出来的那个"苍白、无力、痛苦"的中国女性形象产生了巨大的反差。

一、天津天足会的成立

中国反缠足作为一种社会运动①,其肇始可以追溯到1874年英国伦敦会传教士麦高温(John Macgowan)在厦门创立的天足会(Heavenly Foot Society)②。但是,传教士并没有真正将这一事业延承下去。直到20年后的1895年,一位英国商人的妻子——立德夫人(Mrs. Archibald Little)才在上海集合了一批西方女性,创办了天足会(Natural Foot Society),并借用各种宣传策略,将"天足"的意义在中国社会中传播开去③。

上海天足会,一开始只局限于南方,并没有向北方延展。直到1898年,在津的西方人士才开始提倡要在天津也成立一个天足会。这年的1月15日,在京津一带西方人士中颇有影响的《京津泰晤士报》上首先刊出了一封读者来信,作者宝复礼(Frederic Brown)提出应在天津创办一个天足会,以和上海成呼应之势④。

在进行了一个半月的筹备工作后,天津天足会正式宣告成立,并在英租界麦金托什(Mrs. Mackintosh)夫人家举行了成立大会。当时大会主席由英国领事司格达(B. C. George Scott)担任,英国长老会的郝立德(Samuel Lavington

---

① 此一事实并非要突出近代反缠足的现代意义,从而构建起传统/现代的二元对立。事实上,很多学者早有论证,中国传统文化中对缠足的反对和声讨是一直存在的。参见鲍家麟(Bao Jialin):"The Anti - Footbinding Movement in Late Ch'ing China: Indigenous Development and Western Influence",载《近代中国妇女史研究》1994年第2期,第146 – 148页。

② 李颖:《基督教与中国近代的反缠足运动——以福建为中心》,载《东方论坛》2004年第4期,第95 – 101页。

③ Elisabeth J. Croll, "Like the Chinese Goddess of Mercy: Mrs. Little and the Natural Foot Society", David S. G. Goodman, *China and the West: Ideas and Activists*, Manchester [England]; New York: Manchester University Press; New York: Distributed exclusively in the USA and Canada by St. Martin's Press, 1990, pp. 41 – 56.

④ 参见"Foot - Binding", *Peking and Tientsin Times*, 1898 – 01 – 15.

Hart)夫人以及天津军医学校的金博士在会上发言①。会议结束时,一个由 6 位已婚的女传教士组成的委员会宣告成立,负责日常事务和每月会议②。

在此后的 5 月和 6 月间,天足会假借天津青年会的场地召开了两次大规模的集会,由此开始和当时中国唯一的城市青年会结合,甚至一度被称为"天足会青年会分会"③。根据新闻报道,第一次有 190 位中国人到场,第二次有 130 位中国人到场。但是,好景不长。1898 年 7 月,北京的政治形势开始变得紧张起来,随后发生的戊戌政变以及清廷政治的诡谲多变,占去了《京津泰晤士报》的绝大部分篇幅,一直到 12 月份,《京津泰晤士报》才刊登了另外一篇简短的天津天足会的月会报道。此后,义和团运动又在山东兴起,一路北上,占据了京津地区。于是,《京津泰晤士报》上又充斥着华北外国人士对于义和团的臆想和猜测。在整个 1899 年,该报只刊登了两次天足会的委员会会议和一次大规模的公开集会。此后,随着 1900 年庚子事变的爆发,整个天津的租界社群遭到了极大的破坏。很多西方人士纷纷逃离天津,似乎再也没有人关注中国女性的缠足问题了。而天足会也就这样逐渐淡出了人们的视线。

二、天津天足会内部的各种反缠足话语

学者司徒安(Angela Zito)曾指出,反缠足运动其实是将缠足这一习俗中所蕴含的文化性和历史性一笔抹去,自然化地成为西方先进文明和中国落后文明之间的象征④。但是,如何抹去其中的文化性和历史性,这一问题仍需细化。以天津天足会为例,参与其中的西方男性、西方女性和中国新式男性知识分子,尽管都没有超越中西、先进和落后这样的框架,但是,他们在合理化废缠足时,其切入点并不一致。而且,缠足问题往往没有囿于表面,反而成为这些群体刻画和强化自身地位和身份的方式。

(一)西方男性:遥不可及的缠足

在由天津天足会组织召开的五次大规模集会中,西方男性的在场往往是不

---

① 在《京津泰晤士报》中,记者并没有给出 Dr. Kin 的全名,但是据前后文来看,这位金博士曾经有过美国留学经历,有医学背景,并在天津武备学堂任职,因此笔者在此推断为晚清留美幼童之一金大廷(? —1900)。金大廷原籍上海,是 1875 年第四批留美幼童之一,到美国后在马萨诸塞州学习,1882 年回国,曾先后在天津医学馆、直隶武备学堂学习、任职。参见石霓:《观念与悲剧:晚清留美幼童命运剖析》,上海人民出版社,2000 年,第 274 页。

② 参见 "The Meeting of the Tien Tsu Hui", *Peking and Tientsin Times*, 1898 – 03 – 05.

③ 参见 *Peking and Tientsin Times*, 1898 – 06 – 11.

④ Angela Zito, "Secularizing the Pain of Footbinding in China: Missionary and Medical Stagings of the Universal Body", *Journal of the American Academy of Religion*, 2007, 75 (1), pp. 1 – 24.

可或缺的组成部分。他们经常受邀担任大会主席，发表开幕词，然后在会议最后总结陈词（见表1）。

表1 历次参加天津天足会的西方男性

时间	姓名	备注
1898年3月5日（成立大会）	司格达（Benjiamin Charles George Seott）	英国总领事
1898年5月14日	花国香（G. W. Clarke）	1880年左右来华，隶属英国内地会
1898年6月11日	花国香	同上
1898年12月3日	理一视或理义期（Jonathan Lees）	1862年抵津伦敦会早期来津传教士之一
1899年12月16日	宝复礼	天津卫理公会传教士，天津传教士联合会秘书

从表1中我们可以看出，与会的西方男性大致可以分为两类：要么是资深的对华政治家，要么是天津传教事业中的先驱人物。将这些具有影响力的西方男性引入天足会中，一方面强化了"反缠足"的重要性，另一方面，也表现出天足会试图打破"缠足为女人之事"这样的刻板印象。当时《京津泰晤士报》就称，这些西方男性的在场，"纠正了大众的想法，认为这只是一个女性的团体"①。

这些男性在政治和宗教领域的权威很大一部分来自其在处理中国事务方面的经验，如英国领事司格达的发言致辞中，他说自己"在一定程度上无法胜任（天足会成立会议主席一职——笔者注），因为他对这一运动（指反缠足运动——笔者注）知之甚少。但是，对于任何一个在这个国家居住了三十一年且具有人类情感的人来说，很难不会对无数正在遭受这一野蛮的、无意义的、极为残忍的时尚的人而产生同情。而这一习俗正是天足会试图推翻的目标"。与司格达强调其31年的在华经历形成强烈对比的是，郝立德夫人在同一会议上发言时，"她感到就她而言，实在是不足以和那些对（缠足）这一议题有深厚了解的人进行对话，因为她只在这个国家待了五年"②。也就是说，这些西方男性的对华普遍经验，足以构成他们讨论中国女性缠足这一议题的权威。

但是，由于缠足的隐蔽性，即使是中国人自己也大都讳而不谈，更不用说

---

① 参见 *Peking and Tientsin Times*, 1898 - 02 - 26.
② 参见 "The Meeting of the Tien Tsu Hui", *Peking and Tientsin Times*, 1898 - 03 - 05.

直接展现在西方男性的眼前。如当时在北京的英国传教士德贞（John Dudgeon）就曾说道："小脚在图画中总是被包裹隐藏起来，在高尚的谈话和文雅的场合中也应避免提及；注视或是想要观察小脚的举动，既鲁莽又不道德。"[1] 即使连创建厦门天足会的麦高温，在听到了邻居家小女孩缠脚的惨叫声后，也只能是让妻子前往邻家一探究竟[2]。因此，一般而言，大部分的西方男性是无法直接接触或者看到那一双双裹起的小脚的。

这种普遍性的权威和现实中的远离所造成的差异，使这些西方男性在谈论缠足时，多将中国女性的身体架空，置于一种普世性的基督教宇宙观之中，强调对身体的损伤就是对上帝旨意的破坏[3]。如在1898年5月的会议上，当花国香担任主席发言时，他就明确指出："只有人类在被创造时是可以直立的，这很清楚地表明，男人和女人在身体和灵魂上都应该是直立的。这一点无疑是神圣的旨意。"[4] 同时，西方男性在寻求不缠足的依据时，也多借助他们在宣传基督教教义时经常用的策略之一，利用自己对于中国社会和文化的权威，将基督教和中国现存的宗教思想并立，将人们所陌生的宗教与人们所熟知的思想联系起来，由此及彼地论证缠足的害处[5]。花国香就曾论及，"（缠足）这一习俗极为残忍……在基督教、儒教或佛教教义中，找不到任何内容可以来合理化这一习俗。……孔子和耶稣教导（我们）身体的神圣性，任何对于身体的损伤，都是对儒家法规的直接破坏，以及对于父母的羞辱"[6]。由此可见，这些西方男性关注的最终焦点是宣扬基督教这一愿景，而反缠足仅仅是这一理想蓝图中的组成部分。可以说，在这些西方男性的眼中，缠足对他们而言是"遥"不可及，既在空间上无法直接接触，又在时间上回到上帝最初创世的那个时刻。

（二）西方女性：女人的工作为了女人

在天津天足会短暂的历史中，大约有十位西方女性踊跃参加，她们绝大部分都是当时在津传教士的妻子。这些女性在自己的文化中，被教育成具有服从

---

[1] John Dudgeon, "The Small Feet of Chinese Women", *The Chinese Recorder*, 1869, 2 (4), p. 93. 转引自苗延威：《从视觉科技看清末缠足》，载《中央研究院近代史研究所集刊》2007年第55期，第12页。

[2] Dorothy Ko, *Cinderella's Sisters: A Revisionist History of Footbinding*, University of California Press, 2007, p. 14.

[3] Zito 认为，当时麦高温创办的天足会取名为 Heavenly Feet Society，其"Heavenly"一词，也是强调上帝意志，认为缠足是对于上帝"神圣自然"的一种破坏。参见 Angela Zito, "Secularizing the Pain of Footbinding in China: Missionary and Medical Stagings of the Universal Body", *Journal of the American Academy of Religion*, 2007, 75 (1), pp. 8–11.

[4] 参见 "Tien Tsu Hui Meeting", *Peking and Tientsin Times*, 1898-05-14.

[5] Dorothy Ko, *Cinderella's Sisters: A Revisionist History of Footbinding*, University of California Press, 2007, p. 16.

[6] 参见 "Tien Tsu Hui Meeting", *Peking and Tientsin Times*, 1898-05-14.

性和自我否定性的一群女性,在婚姻中,她们要服从自己的丈夫;在宗教中,她们要顺从上帝的旨意①。但是,当这些女性跟随丈夫来到中国后,她们不仅要在宗教宣传中辅助丈夫的工作,而且还要在家中照顾丈夫、子女,履行为妻、为母的责任,这使得她们获得了很多实际的权力,在一些事情上,往往比她们的丈夫更有执行力和决策力。有学者甚至称她们的存在造成了"基督教事业的女性化"的结果②。

具体而言,当这些西方女性来到中国这块"异教"土地上时,一方面,她们认为,是上帝赋予其使命来拯救这些受难的、压抑的中国女性;另一方面,在为中国妇女代言的同时,这些传教士妻子也试图改变自己顺服的生活状态,并寻求更多机会,以获得成就、声名、满意、独立、冒险和地位③。就此而言,反缠足不仅仅是为了中国妇女,同样也是为了这批西方女性自身的利益。她们不仅要解救中国女性,而且也希望改变自己的生存状态。其结果是,她们往往站在女权主义的立场,将缠足的始作俑者指向中国的男性——她们无力反抗的丈夫和上帝的替罪羊。

在她们的观点中,缠足这一习俗之所以无法彻底根除,就在于中国男性在婚姻中对于女性身体(小脚)的吹毛求疵。郝立德夫人在其发言中尖锐地指出:"在中国,消除缠足一个很大的困难就在于与之紧密相连的婚姻问题。……所以只要(中国)男性继续需要小脚的太太,女人们就努力缠足,以希冀吸引一个好丈夫。"④ 因此,为了废除缠足这一习俗,这些西方女性自觉地成为中国女性的代言人,掀起了一场"我们欧洲女性"和"你们中国男性"之间的斗争。在史密斯夫人(Mrs. W. H. Smith)的演讲中,她强调:"(缠足)这一议题是和中国男人——而不是和中国女人——有关切的,这也就是为什么我们外国女士要请求你们这些(中国)男人,而不是去找你们的妻子、姊妹和母亲(谈这个问题)。"⑤ 同样地,郝立德夫人也认为,天足会需要迈出的

---

① 林美玫:《妇女与差传:19世纪美国圣公会女传教士在华差传研究》,社会科学文献出版社,2011年,第22—27页。

② Jane Hunter, *The Gospel of Gentility: American Women Missionaries in Turn-of-the-Century China*, New Haven: Yale University Press, 1984.

③ Jane Hunter, *The Gospel of Gentility: American Women Missionaries in Turn-of-the-Century China*, New Haven: Yale University Press, 1984, p. 51.

④ 参见 "The Meeting of the Tien Tsu Hui", *Peking and Tientsin Times*, 1898-03-05.

⑤ 参见 "Tien Tsu Hui Meeting", *Peking and Tientsin Times*, 1898-05-14.

第一步就是"去和男人接触，去说服这块土地上的父亲和丈夫，让他们认识到，让健康、积极和有能力的妻子来照顾家庭和家人远远要比占有一丝脆弱的、无助的、残废的人性更是一种令人愉悦的理想"①。这些女传教士在阐释缠足问题时，对中国男性如此咄咄逼人，其自信正是源于当时西方殖民主义在中西较量之中的优势，史密斯夫人就曾在大会上公开地说："西方的介入产生了互惠互利的结果。通过我们强加给你们的事情，你们个人和你们的国家一起，在很多方面都越来越好了。"② 可以说，对这群西方女性而言，废缠足不仅是一个性别议题，一个获得自我成就感的议题，也是一个中西权力关系的议题。

（三）中国男性：我们的女人，我们的事情

在天津天足会的几次公开集会上，大部分的中国男性只是作为参与者在场，只有很少数的一部分人受邀发言。而且，他们发言的顺序，也都在西方男性的开幕词和西方女性的长篇大论之后。如果我们将发言顺序视为一种社会等级的表现，那么中国男性无疑被放置在这一阶梯的下方。这些受邀的中国男性包括武备学堂的金博士（1898年3月5日、1898年6月11日、1898年12月3日、1899年12月16日）及其一些学生、《国闻报》的主编（1898年6月11日）③、北洋大学总办王修植（1898年6月11日）、来自卫理公会创办的成美学校的高铁池（音译，1898年12月3日）等。

从这个名单中我们可以看出，在公开场合上能够发言的中国男性，和"新"有着千丝万缕的联系。他们要么受益于近代洋务运动，要么接受近代教会教育，要么投身新闻媒体报业。这样的群体代表了中国男性知识分子在这一时期的巨大转型，从传统的科举考试体制转向新兴的西方教育和文化事业，在全球竞争的背景中思考中国所面临的危机。正是这一点使得这群男性知识分子被西方人誉为"中国更开明的人"，成为天津天足会反缠足宣传的最理想的支持者④。

这些中国新式知识分子游走于中西之间的特殊身份，使得他们在面对西方女传教士这样居高临下之势时，感觉十分复杂。一方面，这些西方女性代表了一种新的女性形象，她们颠覆了中国传统的女性特质（如缠足），重新构建了

---

① 参见 "The Meeting of the Tien Tsu Hui", *Peking and Tientsin Times*, 1898 – 03 – 05.
② 参见 "Tien Tsu Hui Meeting", *Peking and Tientsin Times*, 1898 – 05 – 14.
③ *Peking and Tientsin Time* 记者并没有提及这位《国闻报》主笔的名字，但据上下文推断，有可能是夏曾佑。参见 *Peking and Tientsin Times*, 1898 – 06 – 11.
④ 参见 *Peking and Tientsin Times*, 1898 – 02 – 26.

一种先进的、现代性的女性形象和性别伦理。"在虔诚、纯洁、服从与爱家的理念下，妇女足可以出户，可以上学，可以拥有事业，并与其他妇女在家中后花园以外的空间自由来往。"① 而这正是中国迈向现代所急需和必需的。因此，这些中国男性聆听着她们的演讲，敬佩着她们的努力，甚至将她们誉为"中国的雅典娜"②。

但是，在另一方面，这些西方女性所表现出的代言人立场却挑战了中国男性的权力和权威，"冲击了他们在中国社会中的性别优越感"③。缠足本应是家庭内部事宜，或者说是闺阁之内的事情，这些男人本应对他们的家庭和他们的女人有着绝对的权力和控制。但是在这些集会上，缠足却被赤裸裸地呈现在公众面前，成为这些西方女性用来攻击这些中国男性的利器。因此，在迎合西方女性有关反缠足的言论时，这些中国男性也在试图重新寻回他们对女性和家庭的控制权。"我们应该如何帮助（女性）来废除这一可怕的习俗呢；这个由我们来决定——而不是我们的姊妹——她们真的听我们的话！"④ 他们将自己视为中国社会和文化的局内人，带着一种理解的姿态，将缠足这一习俗回归到女性自身的文化传统中，肯定缠足作为维系中国家庭和婚姻关系、维护传统性别规范的意义。当金博士在会上发言时，他说："除了你们的丈夫和兄弟外，你们还需要取悦你们的父母和公婆。而且，这一风俗在这个国家已经流行了上千年。在你们接受了训练和教育后，我不知道除了跟随你们祖辈的脚步外还有什么其他的方式。"⑤

同时，这些新式知识分子也表现出对"先进的西方文明"的挑战和抗拒。在天足会的成立大会上，金博士就十分尖锐地提出："每一个民族，不管是文明的还是不文明的，从很久之前，就遵循某些多少扭曲人类身体的习俗，来取悦一个扭曲的心灵。"为支持他的观点，金博士将中国的缠足和美洲印第安人的文身、欧洲的束腰以及日本的黑齿相提并论。在他的观点里，即使先进如美国、欧洲和日本这样的国家和地区，它们仍有一些恶俗，与落后的中国不相上

---

① 林美玫：《妇女与差传：19 世纪美国圣公会女传教士在华差传研究》，社会科学文献出版社，2011 年，第 143 页。
② 参见 "The Meeting of the Tien Tsu Hui", *Peking and Tientsin Times*, 1898 – 03 – 05.
③ 林美玫：《妇女与差传：19 世纪美国圣公会女传教士在华差传研究》，社会科学文献出版社，2011 年，第 123 页。
④ 参见 "Tien Tsu Hui Meeting", *Peking and Tientsin Times*, 1899 – 12 – 16.
⑤ 参见 "Tien Tsu Hui Meeting", *Peking and Tientsin Times*, 1899 – 12 – 16.

下。而在此列举的这三个国家,恰好是当时中国的主要外来威胁。金博士因此建议,要将这些习俗历史化,以去除西方文明的神秘化倾向。"所有这些习俗都源于君主的奢侈生活,当他们生活在和平繁荣的时代时,无事可做,只好来发明一些新的方式来解闷自娱。"① 因此,西方文明就其本质而言,和中国文明并无二致,没有高下之分。

(四) 中国女性:被代言的群体

尽管西方男性、西方女性和中国男性知识分子对于缠足这一问题有着不同的切入点,但是,有一点却是一致的,即他们关注的对象都是中国缠足的女性。但是,在以上列举的历次公开会议中,并没有记录表明有任何中国女性前往参加。在此,具有讽刺意味的是,尽管每个群体各抒己见,大肆抨击缠足,但是,却没有一个缠足妇女在场,她们被各个群体所代言,却无法为自己发声。

唯一弥补中国妇女不在场的机会,是组织一次只有她们参加的会议,以尽最大可能地维系一种女性空间的对外隔绝。1899年4月15日,天足会委员会在长老会的礼拜堂举行了一次只有女性参加的反缠足集会。相较于对历次公开会议长篇累牍的报道,这篇文章异常地短,而且就是这样的篇幅中,记者还花了一半的时间来探讨礼拜堂内部的装饰问题,剩下对于会议本身的记录却寥寥无几。但是,就是在这有限的内容里,我们还是可以勾勒出这些缠足、放足女性的模糊轮廓。

在这次会议上,大约有150名妇女前来参加,整个会议以中文进行,这表明中国妇女要远多于西方女性。在会上,甘门夫人(Mrs. Gammon)代表西方女性发表讲话,而其余发言的是"四五个来自于不同差会的中国女性"②。中国女性被列入各个差会,在公开场合露面并加以区分,而不是传统的女、妻、母类别,这表明近代中国妇女一种新的社会身份正在形成。

这篇报道并没有详细地记载这些中国女性是如何看待缠足这一问题的,但是,根据记者的报道,这些女性异口同声地谴责缠足是一个野蛮的习俗。除了这些老生常谈的谴责口吻,记者还明确指出,这些女性都是天足女性。那么,她们究竟是谁?在这一时期,什么样的女性可以不缠足并且和外国女性同坐于教堂之中?她们极有可能是被称为"女传道"(Bible Women)的一群中国

---

① 参见 "The Meeting of the Tien Tsu Hui", *Peking and Tientsin Times*, 1898-03-05.
② 参见 *Peking and Tientsin Times*, 1899-04-15.

女性。

郭佩兰（Kwok Pei-lan）曾指出，女传道首次由美国南浸会传教士在广州开始任用，然后逐渐扩展到其他地区。这些妇女主要是协助传教士妻子或者单身女传教士进行教义宣传工作。一般而言，她们多是传教士所雇用的中国人的妻子或者母亲，或者是传教士医院的病人，年龄较大，家庭并不富裕，有人甚至是无夫无子的寡妇①。这些女性的社会阶层、婚姻状况和年龄等使得她们在性别制度和社会等级中都处于一种被边缘化的状态，可谓是基督教事业在中国的基层结构。

这群女性往往是第一批在教会中放足的女性，因为她们的放足对于西方女性而言，有力地证明了反缠足事业的成果。根据《京津泰晤士报》的报道，1899 年，当华北妇女会议在天津举行时，在场所有的人都因"打败一个老太太的骄傲这一巨大的胜利"而激动不已。原来有一位姓李的老妇人，她在天津担任女传道一职已经有 15 年之久，最终她"为了树立榜样，放弃了她曾经引以为傲的金莲"。作为这一胜利的结果，该差会宣称，"让我们很高兴的是，这个冬天，我们的四位助手都放足了。这样，我们的女传道、助手、女校监（Matron）以及西门的助手全部都是大脚了"②。

笔者无法得知，这些放足的女性究竟是真正理解了放足的意义，还是屈从于这些女传教士在自己实际生活中所占据的主导地位③。但是，李老太太在当了 15 年的女传道后才放足，这一事实可以从两个方面来解读④。首先，它表明中国女性对自己的"金莲"是多么执着。尽管她们已经被"先进的"西方文明和宗教教育了 15 年，但是，她们仍然固执地坚守到最后一刻。同时，李老太太最后放弃了缠足也表明，这些西方女性在宣扬反缠足时是多么耐心和锲而不舍，为了重建对于身体的认知，她们可以年复一年地进行说服工作。可以说，这双小脚凝聚着中国女性和外国女性对她们各自尊严和审美观念的一场斗

---

① Kwok Pui-lan, *Chinese Women and Christianity, 1860—1927*, Atlanta, Ga.: Scholars Press, 1992, pp. 80-82.
② 参见 *Peking and Tientsin Times*, 1899-12-02.
③ 如苗延威在其文中便提到《泰晤士报》的记者库克（G. W. Cooke）来到上海后，透过相识的传教士关系，仔细观察了五位女孩的缠足。这些女孩在经济、生活和教育方面多依附于传教士们。如她们来自贫苦家庭，接受传教士接济的白米，在传教士开办的学校上学，等等。这样的依附关系必然对这些女孩愿意展开自己的裹脚布，向一个外国人展示自己的缠足有一定的关系。苗延威：《从视觉科技看清末缠足》，载于《"中央研究院"近代史研究所集刊》2007 年第 55 期，第 12-13 页。
④ 杨念群：《从科学话语到国家控制——对女子缠足由"美"变"丑"历史进程的多元分析》，载汪民安编：《身体的文化政治学》，河南大学出版社，2004 年，第 2 页。

争。但是，因为材料不足，我们无法知道李老太太是否和这些外国女性一起欢呼这场胜利，或者是当她放足后，为了将脚骨扭正过来，她又经历了怎样的痛苦①。

具有讽刺性的是，中国女性在现实中对于她们双脚的坚持——不管是决定放足还是尽可能地保持缠足，都和在天足会公开集会上被展现出来的那个苍白、脆弱、无力的中国女性形象形成了鲜明的对比。在这些西方男性、西方女性和中国男性所发表的言论中，为了合理化反缠足的意义，这些群体经常将缠足女性刻画成为一群饱受苦痛、等待救赎的受害者。如在史密斯夫人的眼中，不管是年轻还是年长，中国女性都是"泪流满面、苍白无力的"，"蹒跚地行走"，或者是"痛苦地哀嚎"②。而像李老太太这样缠足但却仍然能够执行女传道任务15年的女性，却往往被忽略不计了。

值得一提的是，20世纪30年代，当浦爱德（Ida Pruitt）在采访山东的一位宁老太太时，得知这样一个故事。在1900年以前，由于一些西方传教士在山东宣传反缠足，一些女性取掉了裹脚布。但是，当义和团运动在山东兴起后，这些放足的女性则变得焦虑起来，因为"任何一位天足的女性，必然是和外国人有着联系"。而在义和拳拳民的眼中，任何和外国人有关的人、事、物则必然是他们打击的对象。因此，有放足女性跑到缠足女性的家中，恳求着借给她们一双缠足的小鞋，穿起来以为掩饰③。

三、余论

近代反缠足和放足运动是一场声势浩大的社会运动，它把女性身体、两性关系和社会审美等议题从传统儒家文化价值体系中脱离出来，并将之置于一种以现代性为特征、以文明为导向的新的价值体系中，而不同群体在这种转变中得以确认自己的身份认同和社会地位。天津天足会尽管存在时间不长，但它却为我们展现了此两种体系置换、互动的复杂过程。综上所述，天津天足会其内部的各个群体在阐释缠足问题时，表现出三种不同的切入途径。作为在中西权力关系中向来占据主导地位的西方男性（包括政治家和传教士），由于和中国

---

① 高彦颐认为缠足是一种"不可逆转的身体过程"（an irrevocable bodily process），放足后，女性走路甚至更为困难，而且她们原本扭曲过的脚则被扭曲了一次。Dorothy Ko, *Cinderella's Sisters: A Revisionist History of Footbinding*, University of California Press, 2007, p. 11.

② 参见"Tien Tsu Hui Meeting", *Peking and Tientsin Times*, 1898-05-14.

③ Ida Pruitt, *A Daughter of Han: The Autobiography of a Chinese Working Woman*, Stanford: Stanford University Press, 1967, pp. 151-152.

女性实际生活的远离，只能采取一种追溯缘起、在各种宗教中寻求普遍依据的方式；而西方女传教士则立足当下，将中国女性的缠足问题视为她们寻求自身解放的方式之一；中国新式男性知识分子一方面试图通过反缠足，重新掌握自己对于家庭和家中女性的控制权；另一方面，将眼光投向未来，认为现代化的教育是改变一切的关键所在。就此而言，"缠足女性的身体是在政治化的过程中被改造的，它其实是不断变换的政治需求的载体"[1]。这些群体努力构建起来的那个无助痛苦的中国女性形象，与其说是对现实的再现，不如说是沉浸在自我想象中，得意于自己作为解救者的角色。而正是在"反缠足"这一宏大话语下的各抒己见和自我论说，反而创造了一种真空，使得缠足女性仍可能保持对自己身体的权力，在缠足和放足之间游走。当然，我们也应该看到，历史中关于缠足、放足的论述大都是由西方传教士或者中国男性知识分子所撰写，书写本身成为一种对话语的掌控和塑造，而缠足女性作为当事者的自身经验很难呈现出来，依然沉于历史地表之下。这种与女性身体密切相关的重要议题，女性都无法自己发声，近代女性失语现象由此可见一斑，这也对历史研究者们提出了更多的挑战和机遇。

（原载《妇女研究论丛》2016 年第 3 期）

---

[1] 杨念群：《从科学话语到国家控制——对女子缠足由"美"变"丑"历史进程的多元分析》，载汪民安编：《身体的文化政治学》，河南大学出版社，2004 年，第 10 页。

清末的媒体与女性的戒缠足
——以《大公报》白话文宣传为中心

林绪武[①]

摘　要：论文主要是以《大公报》白话文为基本史料，从下层民众的角度切入，深入分析戒缠足问题。文章主要是运用传播学的理论解析了《大公报》白话文在劝说戒缠足中报馆、官府、受众互动的方法，分析了《大公报》白话文针对民众戒缠足的心理顾虑所做的适当引导，体现了媒体的一种说服技巧。因而，戒缠足在天津取得了一定的效果，开北方社会风气之先。

关键词：媒体　大公报　白话文　戒缠足　清末

一、引言

晚清社会，较早提倡女性戒缠足的是外国在华的传教士。[②] 而甲午中日战争后，中国知识分子对女性戒缠足的理论与主张达成了一种共识和自觉。康有为、梁启超、谭嗣同、黄遵宪、唐才常等人对此皆有精辟的论述[③]。但他们的论述均采用文言体，这难免会使阅读的对象受到限制。当然，他们通过所主办的报刊媒体的宣传，的确在极力推动女性的戒缠足中发挥了较强的舆论导向作用。近年来，学界研究近代中国戒缠足的成果不断出现。但学者们却少有从媒体的角度阐述戒缠足这一社会问题，而笔者在认真翻阅和仔细检视《大公报》时，发现关于戒缠足的白话文资料非常丰富，为研究提供了翔实的史料基础。为此，本文将从媒体的角度，以下层民众为切入点，解读《大公报》白话文在宣传女性戒缠足中所采取的方法及取得的效果。

1902年6月17日在天津创刊的《大公报》，是中国近代史上一份重要的媒

[①] 作者简介：林绪武，男，南开大学历史学院博士研究生。
[②] 中国近代第一所基督教教会女校于1844年在宁波创立，而1860年，就有部分教会女校开始将不缠足列为招生的条件之一。因此，最初倡行放足的是外国在华传教士，而最初实行放足、不缠足的是那些没有温饱，需要教会女校提供衣食救济的女孩。参见罗苏文：《女性与近代中国社会》，上海人民出版社，1996年，第67-68、192-193页。
[③] 王尔敏：《中国近代思想史论》，社会科学文献出版社，2003年，第101-109页。

体。该报在创刊号中强调"本馆以开风气,牖民智为主义",这体现了《大公报》独特的办报理念。西方传播学者沃伦·布里德指出:"无论承认与否,每家报纸都有自己的政策原则。"社会学家赫伯特·甘斯认为:"新闻本身不局限于对真实的判断,它也包含了价值观,或者说,关于倾向性的声明。"① 为了实现这一办报理念,《大公报》针对下层民众的特点,从创刊起就开设了"附件"专栏,刊登白话文,就社会上或日常生活中的所见所闻,阐发一些浅显易懂的道理,以"化俗美意"②。

《大公报》创刊号"附件"栏中登载的第一篇白话文,就是有关戒缠足的内容,这看似偶然,实际恰恰反映了作为媒体的《大公报》对女性戒缠足这一社会问题的重视。毕竟,女性占人口的半数,为国民之母,"女子者,教育之起点,社会之元素,风俗之主人也",如果女性不能得到身体与心灵的解放,影响的不仅是女性自身,而是全体国民、整个国家,所以应当"文明先女子"③。因而,《大公报》白话文对女性戒缠足的关注,体现了这一媒体的价值观念取向,非常值得深入探讨。

二、缠足之害

《大公报》白话文中谈论戒缠足,是从痛斥缠足之害开始。在第一篇劝戒缠足的白话文里就谈到了缠足的危害有三:"第一件伤身体,一个人周身的血脉,常要流通,缠了足,血脉便不流通,行走不便,日久便成肝郁的病。"④ 据儒家先贤的教导,身体发肤应该是不能毁伤的,"今给女孩缠足,既伤他皮肉,又折他骨头,这合乎身体发肤不敢毁伤的道理吗"⑤? 这实际是从身体的角度强调戒缠足,如果从身体史的视域来解读,非常值得肯定。第二件操作不便,因为女子缠足后连走路都不稳当,想办事更是麻烦,但有苦不能言。"第三件于生育受害不浅",因为缠足的妇女怀孕之后,生育时有难产的危险,生下来的小孩,体质也多孱弱⑥。这些是从中医学、生理学和伦理学角度剖析缠足的危

---

① [美]沃纳·赛佛林、小詹姆斯·坦卡德:《传播理论:起源、方法与应用》,郭镇之等译,华夏出版社,2000 年,第 361、358 页。
② 《讲看报的好处》,载《大公报》1902 年 6 月 22 日。
③ 《论文明先女子》,载《东方杂志》1907 年第 10 期。
④ 《戒缠足说》,载《大公报》1902 年 6 月 17 日。
⑤ 《庆云毕君绶珊劝戒缠足浅说》,载《大公报》1905 年 4 月 19 日。
⑥ 《戒缠足说》,载《大公报》1902 年 6 月 17 日。

害，而在以前的戒缠足论述中不常见到，是劝戒缠足中相当大的变化①。对下层民众来说，这样直观、形象、具体的说理方式，比较有说服力，较容易接受。

在劝戒缠足方面，一些地方官员的态度值得关注，他们不仅表示赞同，从中鼓吹，而且为了迎合下层民众心理，用白话文发布一些示谕、告示等。《大公报》极力予以刊登，并加上按语："今本馆觅得其原文，急为刊登以供众览，尚望各报亦皆照登，以便广为传布则幸甚。"② 从传播学来说，按语是体现媒体价值观的一个重要方式。因此，这就明确体现了《大公报》的立场，充分说明了报馆对戒缠足的重视。

其中《四川总督岑制军劝戒不缠足示谕》，阐述了缠足关系国家、众人的三种弊病。第一，"皆因女子缠足，一国男子的身体，都会慢慢软弱起来，国家也就会慢慢软弱起来"③。第二，因为女子缠足，男子的聪明会慢慢闭塞，德行会慢慢变坏，所以国家也就慢慢闭塞变坏。第三，"因为一人缠足，就少一人用处，少一人用处，就少一人力量，天下就会弱起来"④。《天津县唐大令劝戒缠足示谕》一文，认为缠足之害是"弱种妨身费事，诸般动作不便"⑤。这些是官员从事关国家、天下的大道理诉说缠足之害。

当然，这些地方官员的态度受到了朝廷的一定影响。此前，皇太后已经下达了禁缠足的谕旨。《大公报》不仅刊登了谕旨的原文，还将其用白话文形式刊载。从传统社会来看，"谕旨者仅可及于上流社会"⑥，因而，普通民众不可能看到谕旨。而媒体刊登谕旨，是一种将谕旨传达给民众的重要方式，但对于粗识文字的下层民众来说，难以读通谕旨的深奥内涵。《大公报》的突出之处在于将谕旨用白话文形式刊载。这样谕旨的传播范围会更广，受众人群会更多。而民众看到谕旨后，戒缠足的主动性可能会稍大。这是《大公报》白话文在劝说民众戒缠足中所采用的独特方式，其影响力当然会更大。因为从传播学

---

① 杨念群教授认为，最早把缠足放在一种公共卫生学的背景下进行分析的知识分子是康有为。杨念群：《戊戌维新时代关于"习性"改造的构想及其意义》，载薛君度、刘志琴主编：《近代中国社会生活与观念变迁》，中国社会科学出版社，2001年，第15页。
② 《四川总督岑制军劝戒不缠足示谕》，载《大公报》1903年4月22日。
③ 《四川总督岑制军劝戒不缠足示谕》，载《大公报》1903年4月22日。
④ 《四川总督岑制军劝戒不缠足示谕》，载《大公报》1903年4月22日。
⑤ 《天津县唐大令劝戒缠足示谕》，载《大公报》1904年1月21日。
⑥ 《戒缠足说》，载《大公报》1902年6月17日。

来看，"将官方的书写文件语言转换成一种通俗的谈话版本，这是公共语言——书写的也好，口头的也好——更加普遍地转换成私人语言的一个实例：这种语言转换本身是政治（经济、宗教）事件和社会机构的公共领域与共同经验的私人领域（'生活世界'领域）之间关系的再次阐明的组成部分"①。这样会拉近情感的距离，对受众产生更为有效的影响。

《大公报》抨击和批评缠足之害的白话文刊出后，得到了受众和其他报刊同仁的赞同和赏识，他们在给报纸的来稿中也痛陈缠足之害。《北京启蒙画报》给《大公报》来稿说"连日读《大公报》的附件，痛论缠足的害处，语语惊心"，认为"种种流弊，全从缠足而来"②。在天津较早创立天足会的刘孟扬，给《大公报》来稿说"凡缠足的妇女，多有得杂疾病的，活不到多大年岁就死了"，而那些活到老的，却都是早早地腿上患了病，行动不便，只能坐在炕上，"整个儿的是一个活死人，经著名的医生考验过，那全是缠脚的毛病"③。这是从医疗卫生学的角度来劝戒缠足。另有来稿劝戒缠足说："中国有一缠足女子，即多一疾病妇人，国安得不弱，民焉得能强？"④

《大公报》白话文中有关缠足之害的批驳，应该说有三种声音，一种是从报人口中说出来的，一种是通过官员说出来的，一种是通过受众说出来的。通过不同人群的声音，反复陈述缠足危害，从传播学来说，这增加了说服效果。传播学中有一个说服理论，强调要掌握说服的技巧。其中重复是说服的技巧之一，有助于受众记得消息，"增加了渗透的机会，突破了受众的漠不关心或抗拒心理"⑤。所以，我们觉得这种对戒缠足之害的多次痛斥，是为了通过一再的重复，逐渐达到打动下层民众戒缠足的目的。

三、劝戒缠足的方法

《大公报》白话文运用三种声音痛陈缠足之害，这实际上体现了一种劝戒缠足的方法，即报馆、官府与受众的三方互动。中国的许多事情，没有官府的介入，往往难以促成，但戒缠足一事，无论是报馆，还是受众，对官府仍有一定的期望。这一情况，在《大公报》有关劝戒缠足的白话文中体现得很明显。

---

① ［英］诺曼·费尔克拉夫：《话语与社会变迁》，殷晓蓉译，华夏出版社，2003年。
② 《大公报》1902年12月7日。
③ 刘孟扬：《缠脚的妇女多受脚的累》，载《大公报》1904年1月10日。
④ 《庆云毕君绥珊劝戒缠足浅说》，载《大公报》1905年4月19日。
⑤ ［美］沃纳·赛佛林、小詹姆斯·坦卡德：《传播理论：起源、方法与应用》，郭镇之等译，华夏出版社，2000年，第208页。

譬如，《劝政府宜勒令不许缠足议》（1903年3月28日）、《政务处果肯提倡天足否》（1904年9月15日）等白话文标题，就直接体现了报馆希望官府承担起一定的责任。还有的阐述指出："第一指望在官的身上……因为民间无论什么事，一有官的告示，就容易办了，原来官势最能动人，这劝戒缠足的事，若是出一张告示，委婉的劝导，也不必强逼着，日久自然能有效验。"① 在刊载《请看房山县毕大令劝戒缠足的白话告示》时，报馆加了按语："府县官要是都能如此劝戒，还会把这个恶俗改不过来吗？"② 这些无不体现出在戒缠足问题上，报馆寄希望于官府的一种态度。

当然，戒缠足是一个具体的行为，需要实际落实到民众的层面，虽然报馆频繁刊登劝戒缠足的白话文，政府戒缠足的一些谕旨、示谕、文告等，《大公报》也演变成白话文形式刊载，但如果受众对报馆和官府的倡导不予回应，还是收获不大。所以，《大公报》对于受众的反馈很重视，这些反馈中有赞成的也有反对的，但反对者较少。而《大公报》的白话文又适时地对受众的反馈加以答复。这种报馆与受众的互动，既表明了报馆劝戒缠足的信念，也缩短了报馆和受众之间的距离，沟通了双方之间的情感，更能够吸引受众阅读，因为从受众来看，他们的呼声得到了报馆的关注，这给他们以鼓舞。

譬如，有人给《大公报》来函，认为报馆屡次劝戒妇女缠足，是多管闲事，对此，《大公报》给以有力的反驳，指出"报馆为国民之向导，既然知道这个风俗不好，我们就当劝人改了，说一次人家听着不动心，故此须常常的说"，并强调"阁下于文明的程度尚低，故此信里的话，多是旧见识"③。此言一出，又有人给报馆来函，奉劝报馆不要将劝戒缠足的用意半途而止，这是对《大公报》劝戒缠足所给予的肯定。报馆又回复说"本馆对于社会人群有益的事，不惮为逆耳之言，屡屡烦渎，万不致因此人之来函，就缄口不复言"，表明了报馆的态度，还希望有更多的人参与到劝说女性的戒缠足之中，"同挽恶俗"④。

四、消除民众戒缠足的心理顾虑

报馆、官府、受众的互动，发挥了整体的优势，对缠足习俗形成了较强的

---

① 《力除恶习》，载《大公报》1903年11月21日。
② 《请看房山县毕大令劝戒缠足的白话告示》，载《大公报》1905年6月12日。
③ 《奉答来函》，载《大公报》1904年1月30日。
④ 《奉答来函》，载《大公报》1904年2月3日。

舆论攻势,对戒缠足是有力的推动。但下层民众之所以不愿戒缠足,是有现实顾虑的,一方面担心女孩天足不能成亲。虽然说经过戊戌时期的反缠足运动,社会风气有所好转,但在20世纪初,这一认识仍旧是戒缠足中的主要心理障碍。另一方面民众对于戒缠足普遍存在一种观望的心理。对此,《大公报》白话文有一段形象、生动的描述:

  劝他以后不要再给女孩儿缠足了,他也满口应允。第二天再见面,又改嘴了,他说家里老奶奶们不愿意,我也是无法。问他:家里因为什么不愿意呢?他说家里说道:"假如女孩儿不缠足,不能定亲,这不是把孩子害了吗?等着外间改的多了,咱们再改。"家家多半都是用这一套话搪塞。你们想想,这家等那家,那家等这家,全不肯从自家改起,彼此对等着,必须等到几时呢?这就是不能改这个恶俗的缘故。虽然是也有爱小脚说缠足好的,到底这等淫贱人没有多少,还是因为恐怕不易作亲,彼此观望不肯改的多。①

  这就需要作为媒体的《大公报》,能够顾及民众的这一心理并做出有针对性的劝导、解释。从传播学来看,受众的这一心理是由于认知不和谐产生的,进而导致心理障碍,而传播学强调"由于产生心理上的不舒服,会促使人试图减轻这种不和谐感,以达到和谐"②。为此,《大公报》中劝戒缠足的白话文在这方面做了一些努力,以期达到受众的认知一致,消除心理顾虑。

  首先,消除受众担心女孩天足不能成亲的顾虑心理。20世纪初,国家面临空前危机,社会有识之士劝戒缠足,不单纯是从解放女性自身的角度认识,更多是从强国保种的高度提倡,认为"欲强中国,必平男女之权;欲平男女之权,必先强女权;欲强女权,必兴女学;欲兴女学,必先戒缠足"(1903年4月14日)。这种由果求因的叙述,强调了戒缠足、兴女学、强女权的重要,而戒缠足是第一位的。实际上,这正是《大公报》白话文对下层民众劝戒缠足的主旨所在。又强调"妇女为国民之母,一国要强起,必须先从妇女起首",而中国妇女最宜改良的就是缠足③。如果父母一味地怕女儿难于成亲而缠足,真是看不到大事与小事之别,国家与个人的轻重关系。如果始终有这一顾虑,简直可以说是"第一无廉耻,第二无知识"④。这是告诫做父母的,成亲事小,缠

---

  ① 《政务处果肯提倡天足否》,载《大公报》1904年9月15日。
  ② [美]沃纳·赛佛林、小詹姆斯·坦卡德:《传播理论:起源、方法与应用》,郭镇之等译,华夏出版社,2000年,第166页。
  ③ 《强国先强种》,载《大公报》1911年8月3日。
  ④ 《四川总督岑制军劝戒不缠足示谕》,载《大公报》1903年4月22日。

足事大，关乎民族兴旺和国家前途。《大公报》白话文中劝戒缠足，多次提到是奉旨而行，并说："不但将来大脚的女儿，不怕没处许配，大家倒反要看高你们，说道这个是奉旨不缠足，何等光彩荣耀呢！"①

这样通过讲大道理来劝戒缠足，不失为是一种说服方法，但还必须有能让民众看得见、摸得着的具体的现身说法，方可真正博得民众的赞同，触动他们的心灵。1902年6月26日，《大公报》刊登了一则征婚广告，可谓首开先河，说："其主义如下：一要天足。二要通晓中西学术门径。三聘娶仪节悉照文明通例，尽除中国旧有之陋俗。"很明显，这位征婚人对婚姻另一半的第一要求是天足，那么，不缠足的女孩难成亲的顾虑就可以在一定程度上得到消解。

《以后缠足的女子不容易得好婿》的标题就是对这一心理的反驳，文中指出："如今学堂大兴，家家子弟心里全都开通了，他们都知道这缠足不是一件好事，那没定亲的，一定不愿意聘定缠足之女为妻了。……那缠足女子，又往那里择好婿去呢？如今人一听说不给女儿缠足，就愁着将来不易作亲，这真是知其一不知其二。"②这虽是反其道而攻之的说法，却真实地道出了原委和真相，毕竟不再缠足的，是一天比一天地多了。如果再不戒缠足，必后悔莫及。《大公报》在一篇白话文里明确告诉民众："作亲那一层，不必忧虑，况且天津不缠足的女儿，已竟有许多定亲的了。"③这是用很确切的事实把很可靠的信息，通过白话文传播给受众，会对受众产生直接效果。

其次，对民众的观望和从众心理，较好的办法是耐心地反复劝说，让他们在潜移默化中逐渐认识到戒缠足需要从自家做起。这恐怕正是《大公报》白话文"连篇累赘"劝戒缠足的原因之一。"你们看，连督宪及府尊，全从自己家里起，力戒缠足。听说县尊唐大令，也立志不给女儿缠足，众位何不遵？"④从官员来说，算是以身作则。这在某种程度上会对民众起到一定的引导作用。有一篇白话文强调"顶好是大家齐心把这个陋俗改了"⑤，字虽不多，但语重心长。

五、戒缠足的效果

《大公报》通过白话文形式对女性的戒缠足问题进行长期的舆论宣传，加

---

① 《戒缠足说》，载《大公报》1902年6月17日。
② 《以后缠足的女子不容易得好女婿》，载《大公报》1904年1月10日。
③ 《有女孩儿的请听》，载《大公报》1905年4月3日。
④ 刘孟扬：《缠脚的妇女多受脚的累》，载《大公报》1904年1月10日。
⑤ 《缠足的妇女请听》，载《大公报》1905年3月31日。

之采取了一定的说服技巧和方法,因而,戒缠足取得了一定的收效,在天津尤为明显。具体来看,1903年11月时,"近来就说天津一处,已竟有了百余家,不再给女儿缠足的了,还不算别处"①。1904年,"近来我们的报,一天比一天销的多,外间被感化不再缠足的,也一天比一天多了"②。1905年3—4月份,"这三年的光景,天津妇女不缠足的风气开通多了,或有人入天足会,或有不入天足会也不缠足的,约略着算计,天津一处,总有三四百家。有这三四百家文明种子,渐渐发生,不愁将来"③。还有一种说法,"须知天津不缠足的,已有三分之一了"④。从这些数字来看,虽然较为模糊但亦十分可观,说明戒缠足的女性慢慢增多。《大公报》白话文中把戒缠足的数目变化刊载出来,既表明劝戒缠足所取得的成就及其逐渐增加的趋势,也为进一步劝戒缠足提供了有力证据,从而增强了说服力,对下层社会的效果更明显。因此,对于天津戒缠足所取得的成就,人们不得不惊叹:"现在天津一带,风气大开。"⑤

这一成就的取得,应该说是报馆、官方、受众三方互动的结果。但《大公报》能够长时间、连篇累牍地刊登劝戒缠足的白话文,其功劳当居首位,这是无可置疑的。报人也认识到:"不敢说全是由本报劝过来的,到底本报常常的鼓动人心,暗含着的力量,也自不小。"⑥ 有一种学术观点认为,"在华北倡行不缠足,一靠教会女校推行,二靠家长支持"⑦。通过上述的分析,笔者以为这一观点有值得商榷之余地,忽视了媒体在清末戒缠足中所发挥的重要作用,尤其是《大公报》利用白话文劝戒缠足,其作用不可低估。

六、余论

《大公报》劝戒缠足的白话文中,还有两点值得重视。

其一,在劝戒缠足时采取了区别对待的办法,就是指把已经缠足者和未缠足者区分开来,不是要求所有的女性全部戒缠足。因为从现实层面来分析,要让已经缠足的女性一律戒缠足,那是万万做不到的,所以,《大公报》明确指出:"凡以前脚缠成了的,放不放听人自便,不必强逼着非解放不可。但是所

---

① 《力除恶习》,载《大公报》1903年11月21日。
② 《奉答来函》,载《大公报》1904年1月30日。
③ 《缠足的妇女请听》,载《大公报》1905年3月31日。
④ 《庆云毕君绶珊劝戒缠足浅说》,载《大公报》1905年4月19日。
⑤ 《请看房山县毕大令劝戒缠足的白话告示》,载《大公报》1905年6月12日。
⑥ 《力除恶习》,载《大公报》1903年11月21日。
⑦ 罗苏文:《女性与近代中国社会》,上海人民出版社,1996年,第195页。

有未缠足的女儿，从今以后不准再缠。如此的办法，既不强人所难，人自容易听从。"① 事实上，常常有的妇女愿意不再给女儿缠足，可当要让她自己也必须放脚时，结果是她自己不肯放，反倒依旧给女儿缠上了。因此，劝戒缠足中区别对待的办法，其效果会明显得多。《大公报》的白话文就多次强调："女人年纪大缠过脚的，愿意撒了随便，不愿意放的也随便。自从光绪二十五年起，凡所生的女儿，一概不准缠脚。"② "已经缠足妇女，不能勉强为难一概叫他撒放，不过以后不给小女孩儿缠足，就是遵宪谕了。"③ 尽管如此，不排除有些缠足的妇女愿意放足，为此，《大公报》中有一些介绍放足方法的白话文④。笔者觉得，这在一定程度上是劝戒缠足、开女智中更实际、更有效的办法，会收到积极的效果。

其二，希望男子在家庭的戒缠足中发挥作用。应该说，当时社会上倡导戒缠足的主要是一些男性有识之士，从社会性别视角来看，这是他者的建构。但是在下层民众家庭中，往往不同意戒缠足的多是女性，男性没有发挥好他者的作用。对此，报纸强调说，"倘或家中的妇人不十分明白，还仗着作爷们的慢慢的劝解"⑤，"父戒其子，夫勉其妻，弟兄告于姊妹，力改陋习，不得固执。"⑥ 这很明确地向社会发出一个信号，家庭中的戒缠足行为，男子要承担起一定的责任来。"这给女儿缠脚的事，往往说是他母亲的主意，或是他祖母不愿意等等的话。讲自立的君子……不可开导开导母亲妻子的糊涂吗？别的事男人做的主，咱们这件事反推脱呢？"⑦ 这反映出一种奇怪的性别现象，即戒缠足的阻力多来自作为母亲或祖母的女性。这虽然表明了戒缠足中的男性话语霸权，未尝不存在某种缺陷，但那时尚处于开女智的初期，这种家庭或社会上的他者建构，对于戒缠足会是较为有效的推进，毕竟女性的觉悟程度还很有限，而戒缠足真正兴起和普及还是需要靠女性自身的觉醒和倡导。

《大公报》白话文对戒缠足的倡议，用报人的话说就是"我们报馆，自从出报以来，因为劝戒妇女缠足这件事，不知费了多少笔墨"⑧，"这件事本报攻

---

① 《力除恶习》，载《大公报》1903年11月21日。
② 《也算自强的一件大事》，载《大公报》1902年10月2日。
③ 《请看房山县毕大令劝戒缠足的白话告示》，载《大公报》1905年6月12日。
④ 见《大公报》1904年3月28日、1905年8月3日、4日、5日。
⑤ 《通州绅民公议天足社劝世浅说》，载《大公报》1904年12月18日。
⑥ 《请看房山县毕大令劝戒缠足的白话告示》，载《大公报》1905年6月12日。
⑦ 刘桐轩：《哭缠脚》，载《大公报》1910年10月15日。
⑧ 《缠足的妇女请听》，载《大公报》1905年3月31日。

击最早，连篇累牍"①，事实确实如此。据不完全统计，《大公报》在1902—1911年，刊载有关劝戒缠足的白话约51篇。有研究者通过对《万国公报》的研究，认为"就妇女史而言，《万国公报》是中国近代非妇女专门报刊中对妇女问题最为关注的一家。它对不缠足、兴女学的重视程度在同时期报刊中无有可比者"②。据该书所列的《万国公报》有关妇女文章一览表来看，从1875年1月到1907年3月有关禁缠足的文章共40篇③。而《大公报》中仅有关戒缠足的白话文章就多达51篇，且只有短短的10年时间，如果再加上非白话的文章，一定会大大超过这个数目。因而，笔者觉得上述观点有待商榷。

概而述之，《大公报》中有关戒缠足的白话文，叙述时有血有肉，可读性很强，议论时较有针对性，所倡导的办法，有一定的可操作性。这充分体现了《大公报》白话文对社会的关注，展示了白话文在下层社会中的独特功能，诚如研究者指出，《大公报》作为报纸媒体，"在引导天津及周围地区社会舆论方面发挥了不容忽视的作用，推动了近代反缠足运动的发展"④。

在新的世纪，女性仍然面临大量的现实问题，女性的发展仍受到诸多因素的困扰，因而解决女性发展所面临的突出社会问题，真正创造一个公正、平等、和谐的社会环境，确实发挥她们的"半边天"作用，值得政府和社会方方面面的广泛关注与参与，而媒体即是一支重要的力量。一方面，媒体要为女性的发展提供一个公正的舆论空间；另一方面，媒体要考虑如何才能为女性问题的解决发挥更加有效的作用。这既需要不断深入社会，真正了解女性，正面宣传女性，也需要对历史上为女性问题的解决给以关注，采取适当方式、方法加以宣传并发挥过一定作用的媒体进行具体的研究，总结经验和方法，更好地为现实服务，展示媒体在促进女性进步中所应有的价值。而《大公报》在女性戒缠足问题上，通过白话文的方式，采取报馆、官府、受众三方互动的方法，根据民众在戒缠足中存在的心理顾虑进行有针对性的说服等具体做法和经验，都非常值得总结和借鉴。

（原载《妇女研究论丛》2007年第1期）

---

① 《这就是中国该当败亡的一条》，载《大公报》1910年10月16日。
② 王林：《西学与变法——〈万国公报〉研究》，齐鲁书社，2004年，第255页。
③ 王林：《西学与变法——〈万国公报〉研究》，齐鲁书社，2004年，第329-332页。
④ 侯杰：《〈大公报〉与近代中国社会》，南开大学出版社，2006年，第171页。

平等和差异：近代性"别"观念双重特性的建构

宋少鹏[①]

摘　要：近代生物进化论传入中国，彻底改变了儒家人伦关系中的"人"观，建立起以生物为基础的"人"的观念。同为人类和男女类分——依据生物性（sex）分成两个性属——的观念同步建立起来。平等和差异是内在于生物人观的两种规范，它们作为女权运动的两种基本理据，在近代却使女权运动陷入了两难困境：诉诸同类，希望成为和男人一样的人，就会落入男人已设定的标准；诉诸差异，做一个与男性不一样的女性，意味着成为男性的"她者"。

关键词：平等　差异　同类　类分　性"别"

20世纪初，生物进化论的传入，从知识论的角度摧毁了传统儒家秩序的立基之本——"人"的观念。在儒家秩序中，"人"与禽兽的区别在于"人"处于人伦秩序中。近代，建立起人是万物中一类的观念，生物性注入"人"，成了"人"的本质规定。"人"观的转变直接促成了性别观念从"男女有别"向"男女有分"的两性观念的转型：一方面建立起"人"类的同类意识，另一方面建立起以生物性（sex）为基础的"类"分观念。前者，产生了"男女等同"的平等观念，后者，产生了"男女有分"的差异观念。"同类"和"类分"是"类"意识的共生物。男女的同一性和差异性的同步建构，是生物"人"观这棵树结出的两种果实。

本文将具体分析近代性"别"观念——包含平等和差异——是如何同步建构起来，剖析性别观念的内在逻辑结构和逻辑关系。自从近代男女二元的"两性"观念建立起来后，对男女平等/女权的追求一直都在平等和差异的天平上摇摆，只是在不同的历史时期各有侧重和彰显，却从未摆脱过平等和差异的双重制约。

---

① 作者简介：宋少鹏，女，中国人民大学中共党史系副教授、博士。研究方向：妇女运动史、女权主义政治理论。

一、何为"男""女":古代汉语和现代汉语的释义区别

对"男""女"的理解在近代发生过重大的变化,这种观念转型可以从古代汉语和现代汉语的理解中窥见一斑。《辞源》[1]是一本专门为现代人阅读古籍准备的辞书,更能呈现古汉语词义的面貌,即,古代人的观念。《现代汉语词典》[2],顾名思义,反映的是现代汉语的语义,即现代人的观念。比较两者的"男"和"女"的词条,古代汉语与现代汉语对于"男""女"的不同观念就昭然若揭了。

1915年版《辞源》对"女"的解释:㈠男女之对称。㈡已嫁者为妇,未字曰女。㈢星名,见"女宿"条。㈣以女妻人曰女。㈤与汝同对我之称。㈥姓。商有女鸠女房。1979年修订的《辞源》中,"女"的解释与1915年版《辞源》的㈠和㈡的释义稍有不同。"女"的解释:㈠女性。《易·序卦》:"有男女,然后有夫妇"。古文对文,已嫁者为妇,未嫁者为女。㈡美、柔、弱小。第㈢㈣㈤释义相同,㈥可能因为"不成词或过于冷僻的词目"[3]被删除了。从表面上看,1979年版只是对1915年版的㈠㈡两个解释的合并,并增加了关女性气质的表述。但是,这两个版本释义的分合,却微妙地传达出对于"女子"的现代与古代两种不同的观念。1915年基本承袭了传统儒家人伦秩序中的"女子"观,第㈠个释义表明,"女"是与男子相对的女子通称;第㈡个释义表明,女/妇的身份是与婚姻和家庭内的具体人际关系相联,不存在所谓独立自存的女子身份。1979年版对释义㈠㈡的合并,说明20世纪后半叶"女性"作为一种抽象的本体论意义上的类属已经确立起来了。"女"与"性"结合之后,"女性"成为人类中的一个类属。"女性"作为一个类属出现之后,产生了什么样的性别观念?与传统的性别观念有何区别?这正是本文想探究的。

1915年版《辞源》对"男"的解释:㈠男子也。㈡子对父母自称曰男。㈢五等爵之第五等曰男。㈣姓。1979年版的《辞源》对"男"的解释基本与1915年版相同。不同的是,1979年版的"男"字词组中出现了"男女"一词,并解释为以下几种含义。㈠指两性生活。礼·礼运:饮食男女,人之大欲存

---

[1] 《辞源》是中国第一部大规模的语文辞书,编纂始于1908年(清光绪三十四年),1915年以甲乙丙丁戊版本出版。1931年《辞源》续编,1939年出版《辞源》合订本,1949年出版《辞源》简编。1979年再次修订,1998年出版第8版。
[2] 《现代汉语词典》1958年6月正式开编,1978年出版第1版。
[3] [法]西蒙娜·德·波伏娃:《第二性》,陶铁柱译,中国书籍出版社,1998年。

焉。㈡元明时的仆役自称，相当于"小的"。㈢骂人的话。

1915年版《辞源》同样显示，"男"的界定与生物性的"性"无关，却与父母的相对关系有关，再次说明"男"和"女"的主体身份是通过人伦秩序中的位置界定的。正所谓名分，"官方定物，正名育类"（《国语·晋语四》），有"名"才有类分。"女性"和"两性"都是20世纪初才进入中国的语言系统，是伴随生物学及其相应观念在中国传播的产物，是西文生物学的sex开始对译成"性"之后的结果①。"两性"应稍早于"女性"一词的出现。1915年版《辞源》未见"女性"和"男性"的组词。1979年修订的《辞源》中，以"女性"解释"女"和用"两性关系"解释"男女"，明显是用现代汉语解释古代汉语。

通过比较两个不同历史时期的《辞源》版本，清楚地呈现出以"性"（sex）为基础的"女性""男性"的性别观念是一种现代观念。《现代汉语词典》更直观清晰地展示出，生理属性——"精细胞"和"卵细胞"的科学语言——作为"女""男"的本质性规定，成为现代人的基本认知。"女"字词条的解释，结构上类似于《辞源》。㈠女性（跟"男"相对）；㈡女儿；㈢二十八宿之一。词组中出现了"女人""女性""女子"这样的组词，并由"女性"作为其基本界定。

［女性］㈠人类两性之一，能在体内产生卵细胞。㈡妇女：新女性。

［女人］女性的成年人。

［女子］女性的人。

"男"字释义是"女"字的相对版。㈠男性（跟"女"相对）㈡儿子。"男"的词条下有男人、男性、男女等词组。

［男性］人类两性之一，能在体内产生精细胞。

［男子］男性的人；

［男人］男性的成年人；

［男女］㈠男女和女性。㈡［方］儿女。

语言是观念的载体。《辞源》和《现代汉语词典》对于"男""女"的不同释义，折射出近代中国社会性别观念和性别认知的重大转型。

西蒙娜·德·波伏娃在她的名著《第二性》的结尾处意味深长地引用了马克思在《1844年经济学哲学手稿》中的一段话："人和人之间的直接的、自然

---

① 宋少鹏：《"女性"和性"别"观念在近代中国的建构》，载《中国现代文学研究丛刊》2012年第5期。

的、必然的关系是男女之间的关系……从这种关系的性质就可以看出，人在何种程度上成为并把自己理解为类存在物，人；**男女之间的关系是人和人之间最自然的关系。因此，这种关系表明人的自然的行为在何种程度上成了人的行为，或人的本质在何种程度上对他来说成了自然。**"（黑体字为《第二性》书中自带）①

如果说，波伏娃的工作揭示了"自然"关系转变成"人造"的社会关系，从而女人沦为第二性的奥秘，那么近代中国性别观念的转变却是完全相反的一个故事，讲述的是如何把男女关系从社会关系转变为一种"自然"关系，并为这种新的"自然"的性别化的社会秩序输入生物学和进化论的"科学"地基，然后，女性成为第二性的故事。

二、近代"人"观的建立：社会"人"向自然"人"转型

（一）儒家"人"观和"男女有别"的父权秩序

儒家以人伦之礼来区分"人"与禽兽的区别。《礼记·郊特牲》称"无别无义，禽兽之道也。"规范"别"和"义"的是"礼"，核心是人伦之序。《礼经》中说："鹦鹉能言，不离飞鸟。猩猩能言，不离禽兽。今人而无礼，虽能言，不亦禽兽之心乎？"《孟子》中有五处提到人与禽兽之区别，最著名的莫过于骂墨子兼爱，"无父无君，是禽兽也"（《孟子·滕文公下》）。由此可见，儒家观念中，"人之所以异于禽兽者几希"（《孟子·离娄下》），就"几希"在"察于人伦"。只有在人伦秩序中的人才是"人"，人伦关系成为"人"的本质性规定。"男女有别，然后父子亲。父子亲，然后义生。义生，然后礼作。礼作，然后万物安。无别无义，禽兽之道也。"（《礼记·郊特牲》）

儒家人伦秩序是一种父权男系的社会秩序，呈现为男系、父权和从父居。如果说父子关系是基于不可更改的自然人伦差序建立起来的等级关系，那么，夫妇之间的差序等级却需要人为后天建构。男系制只能通过外婚制来实现，正如"夫昏礼，万世之始也"。（《礼记·郊特牲》）这里的"万世"是男系的万世之世系。外婚制通过"同姓不婚"的禁忌和"附远厚别"的礼制来保证。

---

① ［法］西蒙娜·德·波伏娃：《第二性》，陶铁柱译，中国书籍出版社，1998年，第827页。

如果只有"别",没有"从",结两姓之好的婚姻仍无法保证男系的单系制[1],只有通过"别"确立"从"的关系,即,通过"男女有别"确立"男帅女,女从男"的"夫妇之义",才能确立男系的中心地位。所以,是男系单系制的婚姻制度必然要求外嫁女"从"的地位。在这种男系的世系传承中,"信"是对嫁入夫家的外姓女子道德的基本要求。郭店楚简的《六德》篇和《大戴礼记·本命》都有以"信"为妇德的明确记载。对女子日常行为的禁锢性规范和从一而终的要求,最初是为了确保远嫁而来的外姓女子对于夫家的诚信,后来上升为妇德的道德规范。从社会整体秩序而言,男系和父权的儒家秩序需要建立在异姓家庭之间交换女人的婚姻制度上。要使这种秩序得以实现和维持,首先在每个家庭内部必须树立起父亲的权威,建立起男女有别的具体而微的日常行为规范(如《礼记·内则》之规定)和"女从男"的道德规范,这样才能使"交换女人"的婚姻制度得以运转。简言之,儒家的人伦秩序作为一种性别化的社会秩序,这个秩序的塔基是"男女有别"。这种秩序不同于以希腊文明为起源的西方社会秩序,西方社会基于公/私二元分离的结构,西方女权主义奋斗的目标是控诉生活于家庭内部的妇女的"不可见",以及把妇女排挤出公共/政治领域[2]。而在中国,家国同构的儒家伦理/政治秩序中,家庭和性别关系具有基础性作用,对女子的规范从来没有离开过儒家话语,相反是其不可分离的内在组成部分。同时,儒家秩序中的"别"是人伦秩序中的"别",是社会性的差别,而非生理性的差别。

在传统儒家秩序中,女子的位置在家庭和婚姻之内,如 1915 年版《辞源》所揭示的,男、女在各种具体的人伦关系中获得自己的名分和位置:未嫁者为女,出嫁者为妇。未嫁时,相对于父母是女儿;出嫁后,相对丈夫是妻子,相对于公婆是媳妇,相对于儿女是母亲;还有姊妹、妯娌、叔嫂等基于婚姻家庭关系产生的各种人伦关系。在这种儒家秩序中,每个人都是在各种人伦关系中确立自己的社会位置和社会身份,从没有超越于社会关系之外的独立"个体人"的存在,也不存在"个体人"的观念。人伦的差序结构构造出了社会秩序的差序。当然,这个秩序中不可能存在平等的观念,所谓"有上下然后礼义有

---

[1] "别两姓"的外婚制,逻辑上并不能必然导致"女从男"。清末最早提倡男女平等的维新人士,起初并没有把孔教视为压迫妇女的思想根源,托古改制,把孔教视为重构男女平等的思想资源,通过重新解释"妻者,齐也""妻之言齐,非有等差",试图在儒家伦理秩序中重建平等的"夫妇",从而在不动摇家国结构的前提下,塑造一个以平等为基础的"齐家、治国、平家下"的局面。夏晓虹:《晚清文人妇女观》,作家出版社,1995 年,第 50 – 60 页。

[2] Susan Moller Okin, *Women in Western Political Thoughts*, Princeton University Press, 1979.

所错"(《周易·序卦》)。

(二)生物"人"观对于儒家秩序的颠覆

1915年版的《辞源》已是从生物的角度来释义"人"——动物之最灵者。这一定义与严复1898年翻译的《天演化》对"人"的界定如出一辙:"号物之数曰万,此无虑之言也,物固奚翅万哉!而人与居一焉。人,动物之灵者也,与不灵之禽兽鱼鳖昆虫对。"(《导言三·趋异》)金天翮在1902年的《女界钟》中这样描述女体形成的生物性进程:"胎者,人卵变人之始基也。基始不过英寸三百分之一卵珠,瞬息变化,数日而成鱼类之形,又数日而成抓虫之形,至六礼拜而成兽类之形,更八礼拜而成小犬之形,由是转移改换而成人也。故人者制造物也,由劣等生物而变为高等动物也。"①

可见,生物进化论以及生物"人"的观念在20世纪初已扎根于新型知识分子头脑中了。从此,人与禽兽之区分不再是人伦。人本身就是禽兽。人与其他生物的区别在于身体的生物结构。以生物性来定义人,为人的独立存在提供了新的知识论基础。"人"成为本体论意义上的存在物,即,"人"的存在不需要依据任何外部理由,比如儒家的人伦秩序。人是"人"自身存在的理由。以生物性为基础的本体存在的人,使"人"能够从传统儒家的人伦秩序中超拔出来,成为独立的"人",而且是个体的人。近代"自然科学"和"社会科学"知识,特别是生物学和社会进化论,为这种本体论的人提供了理据。

清末,也有论者用"受生于天"的概念来超越儒家人伦秩序。比如1882年的《万国公报》上一篇支持废缠足的文章,称人是上帝所造:"原上帝造人,四肢五官,各适其用,男女皆同。"人的身体不再是受之于父母,而是受之于上帝,缠足即"乃坏上主所造之形器"。父母为子女缠足就不再具有正当性,反之却是逆理,会获罪于上帝②。更多的清末知识分子不是从基督教的上帝那里获得超越人伦秩序的正当性,而是更多地调用混杂了西学的自然观和中学的"天理"观的"天",使"人"直接受生于"天",从而获得超越人伦的正当性。比如,"男女同为天地之精菁、同有无量之盛德大业,平等相均"(谭嗣

---

① 金天翮、陈雁编校:《女界钟》,上海古籍出版社,2003年,第9页。
② 全国妇联妇女运动历史研究室编:《中国近代妇女运动历史资料(1840—1918)》,中国妇女出版社,1991年,第24页。

同)①；"男女中分，人数为半，受生于天，受爱于父母，匪有异矣"（梁启超)②；"人者天所生也……男女虽异形，其为天民而共受天权一也"（康有为)③。在某种程度上，这个"天"已经融合了自然之天和形上的"天"，与以生物性来界定"人"的人观并不冲突，反而是对它的一种哲学提升。这种身体观，相比较于"身体发肤，受诸父母，不敢损伤，孝之始也"的儒家思想的身体观，是截然不同的。

生物性"人"观的建立，具有破与立的双重功效。从解构的角度讲，生物性"人"观的确立，破坏了儒家的人伦秩序，把人从儒家人伦秩序中解放出来。从建构的角度来讲，对新的世界图景的想象是以生物性的个人为基本构成单位，新的历史秩序和社会秩序都需要符合生物进化的"自然"规律。在这个秩序中，最基本的秩序是"类"的观念。"类"观念包括"同类"和"类分"两个互为依存同时起作用的双重规范。"人类"是万物中的一类，虽是最灵者，但跟其他物种相比，同样具有生物相似性。人类，是最大的人群单位。国家、种族、男/女等都只是"人类"这个大类之下不同的类分方式。康有为的《大同书》展示的就是人类各种"类分"的状态以及"去国界""去级界""去种界""去形界""去家界""去产界"，甚至越超人类类界的"去类界爱众生"的大同世界的乌托邦理想。

三、同类：平等意识和性别身份的认同

（一）同类意识与平等观念

当身体受生于"天"时，或是来自于自身的生物性时，以这种身体立身的"人"，包括男女、君民，都是一种独立存在，可以超越人伦秩序，超越等级尊卑而要求平等。儒家秩序虽强调等级次序，存在男女之间的等级尊卑，却不存在女人不是人的问题，从没否认过哪个等级的人不是人。女子是人，奴婢是人，小人同样是人。早期女权论述就是从"女人是人"出发，推翻"夫妇之别"，要求男女平等的。如《清议报》的《男女平等原理》开篇论证："古者夫妇之好，一男一女，而成家室之道，各具自由之权，……阴阳一也，其名曰元；男女一也，其名曰人。……不循其父子夫妇之特别，而率其天然交媾之性

---

① 谭嗣同：《仁学》，载蔡尚思、方行编《谭嗣同全集》（下），中华书局，1981年，第304页。
② 全国妇联妇女运动历史研究室编：《中国近代妇女运动历史资料（1840—1918）》，中国妇女出版社，1991年，第27页。
③ 康有为：《大同书》，上海古籍出版社，2005年，第125页。

质,人各自人,生各自生,其理与天地无间。"结尾呼应篇首:"夫天之生物,人为贵。君人也,民亦人也,男人也,女亦人也。……正夫妇而跻男女于平等,亲父子而予子女以自由,文明至此,大同至此,人道之乐,如是而已。"①

所以,当本体的"人"观建立起来之后,同类意识很容易化生为"人人平等"观念,对现存社会秩序中的一切等级提出挑战,要求男女平等、君民平等、阶级平等,等等。人权、女权、民权是"人观"这套话语体系中的同一组概念,这三个概念在清末近乎同步传入中国②,相互证成支持,也是一个证明。比如金天翮在《女界钟》中称"民权与女权如蝉联跗萼而生"③,而劳动问题和妇女问题经常被视为20世纪需要同步解决的两大问题。向警予曾经把三种"权"融为一体:"女权运动是妇女的人权运动,也是妇女的民权运动。"④ 人格、人道是"人观"这套话语体系中另外两个核心词,与"人"的定义经常循环论证同义反复,与人权的关系基本上是互释关系。19世纪末20世纪初期形成的人格、人道、人权、女权、民权这些新词,在新文化运动中被激活和大量使用,用来重新发现"人"和创造新人⑤。

(二) 同类意识与跨时空的身份认同

清末各类有关妇女的论述中,女子因共同的性别身份与其他国家的女人建立起"女"的同类意识。经常在同一篇文章中出现"中华妇女""西女""泰西妇女"之间的比较。而这种基于妇女的身份类属,甚至是超越时间、空间(包括国家界线)的妇女集体身份。《大同书》在论女界之苦时,中国的男女大防、印度的抑女、欧美女子不得议政任官,都被放入"女界"——作为人类整体的妇女群体——之苦的事例之中。在清末女权论述中常常古今中西的妇女典范并举:南北朝的花木兰、西汉的缇萦、宋代的梁红玉、明代的秦良玉,法国的罗兰、贞德,美国的批茶,俄国的苏菲亚是最常被引用的女英雄。金天翮

---

① 全国妇联妇女运动历史研究室编:《中国近代妇女运动历史资料(1840—1918)》,中国妇女出版社,1991年,第153-154页。
② 据日本学者须藤瑞代考据:"人权"在1895—1898年黄遵宪发表的诗歌里已出现;"民权"在郭嵩焘《伦敦与巴黎日记》1878年5月18日的日记中已出现。"女权"一词最早在1900年《清议报》第38期翻译福泽谕吉的《男女交际论》中出现,但这篇文章本身并不谈论女权,而是男女交际问题。同年第47期的《清议报》中翻译石川半山的《论女权之渐盛》,明确使用了女权之义。[日]须藤瑞代:《中国"女权"概念的变迁——清末民初的人权和社会性别》,[日]须藤瑞代、姚毅译,社会科学文献出版社,2010年,第16-23页。
③ 金天翮、陈雁编校:《女界钟》,上海古籍出版社,2003年,第4页。
④ 向警予:《中国妇女运动杂评》,载戴绪恭编:《向警予文集》,湖南人民出版社,1985年,第125页。
⑤ 周作人:《人的文学》,载《新青年》1918年第5卷第6期。

在他为"二百兆同胞姊妹"敲响《女界钟》后，在文章结尾处一口气列举了13个中国历史中的女典范和9个国外女英雄，作为中国女子学习的榜样[1]。须藤瑞代在研究近代中国"女权"概念的变迁时，认为跨国界的"同为女人"意识的建构，在观念层面上，只能发生在把"母"与"女"两种身份切割开来，"母"的角色与国家继续联动，而"女"被赋予了对抗"男"的角色，成为与国家问题无直接关联的主体时，才产生了超越国家界限、同为女人的意识。笔者认为，在逻辑上，当人类作为"类存在"的观念建立起来时，跨国的女人认同甚至跨时间的女人认同就会逻辑地建构起来。但是，这种跨时空的女人认同，虽不能完全否认"性属"在身份认同上的作用，但是，更多的认同基础来自同为被压迫者的身份认同之上。"女人"的同类意识，是跨国界学习和引介"先进国家"女权经验的原因。

周作人在他著名的《人的文学》[2]一文中清晰地表达了跨国界认同来源于"人类"意识。他认为："对于中外这个问题，我们也只须抱定时代这一个观念，不必再划出什么别的界限。地理上历史上，原有种种不同，但世界交通便了，空气流通也快了，人类可望逐渐接近，同一时代的人，便可相并存在。……人总与人类相关，彼此一样……仔细说，便只为我与张三李四或彼得约翰虽姓名不同，籍贯不同，但同是人类之一，同具感觉性情。"所以，"只能说时代，不能分中外"。这是近代大量的外国译著涌入中国的认识论基础。周作人说得很清楚："我们偶有创作，自然偏于见闻较确的中国一方面，其余大多数都还须绍介译述外国的著作，眼里看见了世界的人类，养成人的道德，实现人的生活。"

在"人类"意识和进化的公理观的关照下，与其说效仿西方，不如说是遵从"公理"。西方只是"公理"实现的一个例子。在民国初年女子参政权论争中，反对女子有参政权的论者以比中国进步的欧美女子还没有参政权作为反对的理由，支持参政权的女权主义者立即援引"人类"和"公理"说，来说明中国妇女完全能够为西方妇女树立榜样。"要求参政权，肇自英伦姊妹，我女同胞非好为过举，以相仿效，诚知为今日之所当为耳。一则女子之有参政权，为人类进化必至之阶级，今日不实行，必有他日；则与其留为日报争端，不若

---

[1] 金天翮、陈雁编校：《女界钟》，上海古籍出版社，2003年，第82-83页。
[2] 周作人：《人的文学》，载《新青年》1918年第5卷第6期。

乘此时机树立完全民权之模范。……有当与否,伏祈以公理为断,幸甚!企甚!"①

四、类分:"两性"和性"别"的近代建构

(一) 两性:sex/性成为分类标准

生物"人"观确立之后,儒家的"男女有别"转化成了"男女两分",而分的基础是性/sex。在古汉语中,"性"并不通 sex。1915 年的《辞源》中对"性"的释义。㈠生之质也。如性善性恶。㈡生命也。犹言性命。㈢无为而安行之曰性。又比如,"食色性也"。"性",对应的英文应是 nature;"色"才应该对应 sex。"性"跟 sex 的对应关系,是近代生物学等传入中国之后才形成的。性通 sex 用法,应是日本从中国引进"性"的汉字,然后赋予性对应于 sex,再从日本返回中国的那类名词②。周作人在《读〈性的崇拜〉》一文中提到"两性字样是从日本来的新名词"③。

sex 通"性",首先是指性属,即以 sex 分类的类属。1916 年出版的 *English - Chinese Dictionary of the Standard Chinese Spoken Language and Handbook for Translators, Including Scientific Technical, Modern and Documentary Terms*④ 中,sex 对应于"类、造、性、属";指称人类时,指"男女、乾坤、男女特性",与"人类"并称的是"鸟类、花、昆虫、哺乳动物"。换言之,sex 是指各种生物所具有的生物属性。比如,在 1917 年的刊物中,有"男性动物"和"女性动物"⑤ 的用法。人类依据 sex 的属性,分为"female sex 女性、女造,fair sex 闺阃、闺门"和"male sex 男性、男类、男造"。1903 年出版的《女界钟》中,已经出现了"女性国民"的用法:"中国普通人民有一种之特性,吾可执此以证女界之必发达者非他,则女性是也。法兰西之历史学家有言曰'纂地以北之民族,盖杂女子性,于女性国民中,故妇女独得显著之地位'。"⑥ 但前一

---

① 全国妇联妇女运动历史研究室编:《中国近代妇女运动历史资料(1840—1918)》,中国妇女出版社,1991 年,第 538 页。
② Leon Antonio Rocha, "Xing: The Discourse of Sex and Human Nature in Modern China", *Gender and History*, 2010, 22 (3).
③ 周作人:《读〈性的崇拜〉》,载《周作人书话》,北京出版社,1996 年。
④ Hemeling, Karl Ernst, *English - Chinese Dictionary of the Standard Chinese Spoken Language and Handbook for Translators, Including Scientific Technical, Modern and Documentary Terms*, Shanghai: Statistical Department of the Inspectorate General of Customs, 1916.
⑤ 天风、无我译:《女性动物与男性动物智慧之研究》,载《妇女杂志》1917 年第 3 卷第 5 期。
⑥ 金天翮、陈雁编校:《女界钟》,上海古籍出版社,2003 年,第 65 页。

个"女性"是指女子特性,这也是"女性"在现代汉语中最早的用法之一。

在日本人石川半山写于1900年的《论女权渐盛》中就有"两性"的用法,"人有男女。时如胶漆,合为一体。时如火水,迭为仇雠。古来两性势力,从时与地而异"①。当男女依据sex进行分类,"女性"成为一种性属,每个性属都有其属性,"女性"的性属就与生物性有了不可分割的密切关系。而作为类属的"女性"成为集合名词指代妇女时,是一种性化的主体②。

(二) 性别:对两性差异赋予社会意义

男女二分的性别——以"性属"分类的类别——观念建立起来之后,必须对男女的生理差异的社会意义或者说社会后果做出解释。事实上,当身体作为人的本体存在的基础时,平等主义者从一开始就不得不面对和处理"同为人类"和"男女类分"的内在困境。

在如何看待两性差异的思想光谱中,极端保守主义者把差异看成是一种缺陷,依据男女两性之差异得出"男女身体以至道德习惯思想感情意志等显有先天之异同。先天之异同乃又生后天之异同",然后推导出"女子先天本不宜与男子竞争,反其天性势必减灭其生殖力,而人类且有灭亡之结果"③。光谱中的另一端是女权主义者,否认差异的任何社会意义,秉持同类意识,经常援引马君武翻译的《斯宾塞的女权篇》之开首语,"人之为学,实男女二类之总名,而无特别之意义。公理固无男女之别也"④。否定男女差异的先天性,从环境和后天来解释特性:"窃思同为人类,苟与以操练,未有不能成材者。"⑤

比较复杂的是思想光谱的中间,这类论者一般地、抽象地承认男女平等,但是在处理具体的两性关系时,往往认为当下女子的身心是有缺陷或是不健全的,有待改善。而对女子身心不健全的判断,依据的是隐藏在标准——男子的身心为标准——背后的男性中心,所以,笔者称之为"男性中心的平等主义者"。自从近代生物"人"观确立之后,身心二元的观念也确立起来,即,"人的灵肉二重的生活"⑥。在"身"的问题上,男性中心的平等主义者会否认男女内在生理结构的差异具有社会意义,但都认识到"生育"这一男女差异在

---

① [日] 石川半山:《论女权之渐盛》,载《清议报》1900年第47期。
② Tani Barlow, *The Question of Women in Chinese Feminism*, Durhan and London: Duke University Press, 2004.
③ 天婴:《研究女性与男性之别及其适宜之教育》,载《妇女杂志》1915年第1卷第7—8期。
④ 吴曾兰:《女界缘起》,载《妇女杂志》1915年第1卷第11期。
⑤ 《杨季威女士来函》,载《民立报》1912年3月5日。
⑥ 周作人:《人的文学》,载《新青年》1918年第5卷第6期。

制造男女的社会差异方面具有核心作用。在对待"生育"与平等的问题时,又可细分成两派。一派认为生育阻碍了男女平等的实现。如毛泽东认为:"女子用其体力工作,本不下于男子,然不能在生育期内工作,男子便乘他这个弱点,蹈瑕抵隙,以服从为交换条件,而以食物噢咻之。这便是女子被压制不能翻身的总原因。"① 以女子在生育期间的身体困难作为女子地位历史性堕落的原因,在近代知识分子中极有影响力。这类平等主义者,不认为男女两性的平等应该止于"生育",而是应该帮助女性加以克服,以使女性完全与男子等同。在性别问题上,这派论者走向通过寻求儿童公育来解放妇女,而女权运动的最终归宿是男女在社会上的彻底等同,比如社会主义者。另一派认为男女平等的追求应止步于生育,女权之路随之导向母性主义。如《妇女杂志》的瑟庐,一方面认为"人类的有男女,本为只不过性的区别,并没有什么尊卑优劣可分"②,同时,又认为"盖人类之有男女,乃因于天性之自然,其本质上之不能无差异,犹其生理上之不能无差异。……固不当有主奴之分,然仍有分工之必要"③。这一派论者也追求男女平等,希望把女子提拔到与男子"平等"之地位后,两性可以展开平等的灵肉一致的恋爱,然后诞育优良的后代,促进人类进化,形成对个人和社会都有益的两性秩序,所以,把母权运动视为女权主义的最终归宿。而这两派有一个共同点,都是以男性为中心出发的论述。

关于"心"的差异,反映在女子人格问题的讨论上。同样,男性中心的平等主义者,抽象承认女子应该拥有人格,男女人格是平等的。但在具体现实生活中,认为当前女子的人格是不健全的。比如叶绍钧认为"除了最近时代,受有教育,有自立能力的女子,余外就难说了",原因是"他们没有确定的人生观","他们的生活既不健全又不独立",甚至认为造成女子人格的不完善并不是女子的过错,而是男子的罪恶。男子"把诱惑主义来骗女子,把势利主义来欺女子",结果,造成女子人格的逐渐丧失④。人格完善一方面自是女性应努力的事,王平陵甚至为新妇女开好了提升人格的处方⑤。同时,更大程度上,帮

---

① 毛泽东:《女子自立问题》,载中共中央文献研究室编:《毛泽东早期文稿》,湖南出版社,1990年,第422页。
② 瑟庐:《到妇女解放的途径》,载《妇女杂志》1921年第7卷第1期。
③ 瑟庐:《妇女之解放与改造》,载《妇女杂志》1919年第5卷第12期。
④ 叶绍钧:《女子人格问题》,载《新潮》1919年第5期。
⑤ 陈独秀:《一九一六年》,载《青年杂志》1916年第1卷第5期。

助妇女完善人格被认为是男子的责任,"帮觉醒的女子去排除障碍,去向上发展"①。

以男子为标准,确认女子在身心两方面缺陷的过程,实质上就是建构起以男性为中心,女性为"她"者的过程。

五、新规范:以两性为横轴的新社会秩序

新文化运动推翻了以父子为主轴的父权制的等级制度,试图建构一个由男女两性为横轴的新的社会秩序,来替代父权的儒家秩序。这个新的秩序由两种基本规范组成,一个是同为人类的男女"同类"的平等意识,另一个是男女"类分"的差别意识。在这种全新的社会秩序的想象中,有两种关系的规范就变得极为重要:一个是个人与整体的关系;另一个是男性与女性的关系,而这两种关系又密切地关联在一起:"个人集合为社会,社会分子即个人;离开个人,便没有社会,无社会便没有个人。个人之中,含有男女的两性,两性结合,复生新个人。如此新陈代谢,循环无端,社会才有创造的继续的进化。所以,社会是有机的集合体。也就是男女两性的大系统。"②

从观念结构上讲,"类"是由每个个体生物组成的,个体与所属"类"之间是不可分割的关系,产生了一种个人与整体相嵌的关系。类,包括人类、种、社会、国家(现代民族国家实质上是种族基础上的国家)。个人-整体相嵌的结构里,在观念逻辑上,个人与整体是一个统一体,两者并不冲突,反之是相辅相成。个人的完善是整体进化的前提;个人的不完善会拖累整体的进化。比如,"中国社会没有进化的原因,未始不是女子一方面丧失人格,放弃天职的缘故"③。正是这个原因,女子的人格问题是男性中心的平等主义者讨论妇女问题的一个主要问题。换言之,关注中国社会问题需要关注妇女问题,这也是当时关心社会变革的男性知识分子为什么都喜欢谈妇女问题的一个原因。叶绍钧正是从个体-整体相嵌的视角出发界定人格:"人格是个人在大群里头应有的一种精神。换语说来,就是做大群里独立健全的分子的一种精神。"④ 陈独秀是以个人的角度——独立自主——来定义人格⑤;叶绍钧是从整体的角度

---

① 王平陵:《新妇女的人格问题》,载《妇女杂志》1921年第7卷第10期。
② 陈独秀:《一九一六年》,载《青年杂志》1916年第1卷第5期。
③ 陈独秀:《一九一六年》,载《青年杂志》1916年第1卷第5期。
④ 叶绍钧:《女子人格问题》,载《新潮》1919年第5期。
⑤ 陈独秀:《一九一六年》,载《青年杂志》1916年第1卷第5期。

来定义人格，并把人格具化为指导生活的道德规范，两者相辅相成，并不冲突。

新秩序中另一个需要重塑的社会规范是对于男女两性的规范。生物"人"观的确立，社会的秩序"不循其父子夫妇之特别，而率其天然交媾之性质"①。"我们从细胞学，从胎生学上想，这进化里最主要的因子是生殖。无性生殖以外，一定是和性相关的。"② 20年代新性道德讨论浮现出来，是建构社会新秩序的需要。新性道德的讨论一方面肯定个人的生物性欲望的正当性，另一方面，希望把这种欲望规导到有利于优生和人类进化的轨道上，即，通过平等男女之间的恋爱自由来实现。如果说，在儒家秩序下，对生育的重视是因为生育是家国结构的塔基；那么，在社会进化论中，生育是人类繁衍的根本。而且两性秩序的规范同样受制于个体－整体相嵌的道德观念。比如，章锡琛认为："性的道德，完全该以有益于社会及个人为绝对的标准；从消极的方面说，凡是对于社会及个人并无损害的，我们绝不能称之为不道德。"③ 周作人给新性道德找了一个科学的标准："第一，人的自然的欲望本能是正当，但这要求的结果，须不损害自己和他人。第二，性的行为的结果，是关系于未来民族的。故一方面更须顾到民族的利益。这是今日科学的性道德的基础。"④ 在个人－整体相嵌的道德观中，从生物性出发的对个人欲望本能的肯定与整体利益（民族利益）并不是冲突的，反之是互相促进的。但是，这种整体观内在隐含着一种强迫性的集体主义。正是这种个人－整体观，20年代对母性问题的讨论中隐含着对于女性履行母职的强迫性。

尽管在新文化运动中，控制媒体的新型男性知识分子握有话语权，但绝不能说没有女子的声音以及对于以男性为中心的两性秩序的建构的反抗。当时的女性知识分子也往往诉诸同样的知识论和道德观来追求女权。比如，男性中心的进化论者往往从社会秩序、人类进化的角度要求女子承担起母职，反对女子独身。魏瑞芝同样诉诸个人与社会的关系，从社会利益的角度提出了独身的理由，称："吾以为家庭为小组织，社会为连络家庭之大组织。……各顾一己，而社会之幸福亡矣。吾既有鉴此，故极愿牺牲一切，委身社会。社会即吾家

---

① 全国妇联妇女运动历史研究室编：《中国近代妇女运动历史资料（1840—1918）》，中国妇女出版社，1991年，第153－154页。
② 王平陵：《新妇女的人格问题》，载《妇女杂志》1921年第7卷第10期。
③ 章锡琛：《新性道德是什么？》，载《妇女杂志》1925年第11卷第14期。
④ 周作人：《性道德之科学的标准》，载《妇女杂志》1925年第11卷第1期。

庭。""大而言之，人类皆吾同胞，地球即吾家庭。"① 1912年，女权主义者掀起民国第一次参政运动。反对者从"男女之程度""男女之特性""社会秩序"三方面反对女子参政②。女权主义者从"知识者后天能增长"来驳斥程度说；从特性是从后天习得的角度驳斥特性的先天性③。当男性创制"她"字，通过对语言的性别化来建构性之"别"时，《妇女共鸣》杂志两度刊登拒用"她"字，使用"伊"字的启示，拒绝"她"者化，要求同享男"他"一样为人的权利④。

六、女权主义的内在困境：如何才能拒绝成为"她"者

在近代，同类和类分使女权主义者陷入两难困境：诉诸同类，成为和男人一样的人，就会落入男人已设定的标准。诉诸差异，做一个与男性不一样的女性，意味着成为男性的"她者"。

在百年中国的女权运动历史上，寻求两性平等和解放的女权主义者们一直在平等和差异的选项中做着艰难的选择。比如：毛泽东时代以"时代不同了，男女都一样"塑造了一个去性化（unisex）的"铁姑娘"；20世纪80年代的女权主义者诉诸"有性人"⑤——通过自然的身体——试图重新召回国家控制下的女性主体，拒绝成为以男性为标准的等同。性化的身体在90年代被消费主义不断吸收和再造。女性，原本是女权主义者集合妇女进行争取女子权利的身份基础，却日益蜕变成寻求承认和张扬个性的身份政治。

当代女权主义能否走出平等与差异的内在困境？当代女权主义者思想的想象能在多大程度上摆脱"身体"的限制？

（原载《妇女研究论丛》2012年第6期）

---

① 魏瑞芝：《吾之独身主义观》，载《妇女杂志》1923年第9卷第2期。
② 全国妇联妇女运动历史研究室编：《中国近代妇女运动历史资料（1840—1918）》，中国妇女出版社，1991年，第540页。
③ 全国妇联妇女运动历史研究室编：《中国近代妇女运动历史资料（1840—1918）》，中国妇女出版社，1991年，第498页。
④ 黄兴涛：《"她"字的文化史：女性新代词的发明与认同研究》，福建教育出版社，2009年。
⑤ 李小江：《性沟》，生活·读书·新知三联书店，1989年。

晚清革命话语中的"贬男"想象
——以女杰传记为中心的考察

[韩] 李贞玉[①]

摘 要: 近代报刊非常突出地运用了"人物传记"的表现形式,在史实互构、古今相系、中西交汇的历史语境中,呈现中国古典资源与中国近代革命运动之间常常为人所忽视但又非常重要的联系。有关历史人物题材的改写蕴含着对共同命运的理解和启示,将感时忧国的现实情怀与民族意识融入其中,呈现了国民想象的形成与性别之间的多重书写模式。文章将女杰传记文本的改写段落还原到晚清的情境中,观照其与现实思考之间的关联,辨析晚清革命话语中的"贬男"想象所蕴含的文化心理。

关键词: 古典资源 晚清 女军人 "贬男"想象

《女子世界》[②]是晚清一份重要的妇女刊物,在中国女报史上,将"传记"(史传)设置为固定栏目,乃自《女子世界》发端。许多传记打通了古典资源与现实革命间的壁垒,将古典资源中的传统女性形象提升到关乎时代政治、民族文化的高度上。如柳亚子(署名亚卢)的《中国第一女豪杰女军人家花木兰传》《中国民族主义女军人梁红玉传》,职公的《女军人传》系列。

一

晚清文人对女国民想象的重塑,摒弃了中国自古以来评价女性的传统尺度,颂扬了一种"女强男弱/妻强夫弱"的表象。他们在女杰身上发现并赞赏原属于男性的"雄强美",有时为了达到这一目的不惜在作品中以男性的庸懦作为反衬。这自是立论所需,很大程度上也起到为女子张目的作用。下面以"斥夫"的女军人形象为切入口,就这一问题加以探讨。

[①] 作者简介:李贞玉,女,南开大学历史学院助理研究员。研究方向:性别与文化。
[②] 《女子世界》于1904年1月创刊,月刊,1907年停刊,丁初我等人主编。该杂志的宗旨是"振兴女学,提倡女权"。

从韩世忠、梁红玉故事在民间的接受和流传过程而言，妻强男弱的倾向早在《说岳全传》中就出现过。《说岳全传》把韩世忠斥责秦桧谋害岳飞的史实移到梁红玉身上，小说中梁红玉全身披挂直入相府，对秦桧疾言厉色，大喝兀术为"番奴"，大怒中抢起手中刀就砍，为岳飞讨公道，吓得大奸臣秦桧也胆战心惊①。

相比之下，韩世忠对皇帝的"忠心"被岳飞的光芒所遮蔽，梁红玉的义气和侠肝义胆则被大为宣扬，这多少体现了民间百姓的欣赏趣味和接受心理。梁红玉对奸臣的怒斥是普通民众对忠义、爱国等品质的变相认同，这种改写方式流露出文学的伦理化倾向。在民间流传的过程中，梁红玉形象比韩世忠形象更为丰满、动人、突出，这种"女强男弱"基于对男性不能对时局力挽狂澜的失望。梅鼎祚曾以女史氏的口吻这样说道："不贰心之臣岂复得辱以巾帼哉！则又何论于倡也！"② 梅鼎祚寄寓了对须眉不如巾帼的慨叹，这和晚清时期潮涌而来的众多言论基调相同，带有一种踔厉与雄强之风交融的悲壮感。

刊载于《女子世界》的《女军人传》对梁红玉、秦良玉等女军人形象的塑造，无不流露出刻苦己心的性别顾虑，并通过"斥夫"的情节来排除女军人从属于男将的性别等级关系。它无疑与新文学的现代性民族国家诉求密切相关。作者一再强调女军人/妻子对男将/夫君的威慑力，女军人的才识与胆略被刻画到无以复加的地步。柳亚子增补了梁红玉呵斥男将的场景，怠慢、无能的男将形象衬托出梁红玉的勇猛、豪爽之气。文中写道：

> 声浪既及军士之耳，慷慨激昂，精神百倍，争致命前敌，杀人如草，虏骑死伤且尽。汉将从天，胡儿褫胆，兀术翘首乞怜，求得归死黄龙。世忠以还我中原相要约，红玉自后叱之曰："贼种胡奴，罪大恶极。死则死耳，犹与效丧家之狗，摇尾求活耶？"鼓声益急，军威益振。而汉种公敌之虏首，遂不得不瞑目以待藁街之诛矣。③

在金山战斗中，敌军将领向韩世忠乞怜的场景未曾出现在任何历史记载中，这一情节纯属作者的想象和虚构。柳亚子增补了"兀术翘首乞怜，求得归死黄龙"，韩世忠便"还我中原相要约"，最终导致"失机纵敌"的情景。为

---

① [清] 钱彩等：《说岳全传》，岳麓书社，2005年，第345页。
② [明] 梅鼎祚辑纂：《青泥莲花记》，黄山书社，1996年，第375页。
③ 松陵女子潘小璜（柳亚子）：《中国民族主义女军人梁红玉传》，载《女子世界》1904年第7期。

此红玉斥之曰:"贼种胡奴,罪大恶极。死则死耳,犹与效丧家之狗,摇尾求活耶?"红玉对兀术的呵斥,语义双关地折射出对韩世忠的愤怒。这些被改写的情节微妙地反衬出男军人的龌龊、懈怠,在这负面形象的陪衬下女军人的正面形象得到进一步的强化。

在人物形象安排和处理上,柳亚子将女军人与男军人相对而设,但更加强化和凸显的是女军人的"蕙质兰心"。女军人以天下为怀的爱国情感体现了"刻苦己心"的一片赤诚。传记文中,柳亚子对韩世忠晚年的描述沿袭了明清小说戏曲中的骑驴隐士形象。他写道:"厥后秦桧兴谗,岳飞流血,长城自坏,三字沉冤。小朝廷之残山剩水,绝无复振之时。世忠拂衣而去,河上骑驴,不复加入政治之运动。"①

这里承袭了《双烈记》中韩世忠在忠奸斗争中失败,愤而隐退,"骑驴游湖""牵蹇驴携酒"等远离名利纷争、退隐山水的隐士形象,美化了这种闲居生活。柳亚子为梁红玉安排的结局则截然相反。相较于韩世忠"闲适""隐逸"的避世/出世生活,梁红玉则是"郁郁以终,蕙质兰心,化为黄土"的结局。

当兀术之被围于黄天荡也,红玉与世忠,以为猛虎在槛,孽龙入井,自无插翼飞去之理,时而激励将士,时而酌酒相庆,以直捣黄龙,为前途之希望。兀术亦自问必不能生出汉关矣。乃夜漏方半,忽有诣舟献策者。兀术大喜,遂掘河中间道而去。而红玉、世忠辛苦经营之奇计,瞥焉化为泡影。世忠裂眦冲冠,怒不可遏。红玉则唏嘘泣下曰:"甘心祖国之陆沉,而必欲为伪朝廷不世之功。皇帝子孙,乃有此不肖,失复何言!"盖光复旧物之雄心,至是而红玉亦自知其不过乌托邦之梦想矣。厥后秦桧兴谗,岳飞流血,长城自坏,三字沉冤。小朝廷之残山剩水,绝无复振之时。世忠拂衣而去,河上骑驴,不复加入政治之运动。而红玉亦郁郁以终,蕙质兰心,化为黄土。甘心异族欺陵惯,可有男儿愤不平。呜呼!女将军之心苦矣。②

关于梁红玉的结局众说纷纭,后世戏曲小说和各种话本都安排为梁红玉与韩世忠辞去军权后共同归隐山林,白头偕老,富贵余生。最后,梁红玉在韩世忠死后两年病逝,夫妇合葬于苏堤灵岩山下。这与历史事实相去甚远,根据邓广铭的研究,梁红玉在绍兴五年(1135年10月6日),随夫出镇楚州抵御金军

---

① 职公:《女军人传》,载《女子世界》1904年第2期。
② 松陵女子潘小璜(柳亚子):《中国民族主义女军人梁红玉传》,载《女子世界》1904年第7期。

入侵时，遇伏遭到金军围攻，腹部重伤，肠子流出以汗巾裹好继续作战。最后血透重甲，力尽落马而死。首级被敌人割去，金人感其忠勇，将其遗体示众后送回，朝廷闻讯大加吊唁。①

可以看出，柳亚子对古典资源的取舍相当明显。他保留了韩世忠超然度外的隐士生涯，而对梁红玉则安排了因政治上的落魄与无奈而"郁郁以终"的结局，并且将这种忧愤情怀与心系祖国的爱国情操联系起来，进而慨叹道："甘心异族欺陵惯，可有男儿愤不平？呜呼！女将军之心苦矣。"②婉约地表现了梁红玉"先天下之忧而忧"的"一片苦心"，刻画了淑美善良、品德高尚的女军人形象。这与通过"斥夫"场景体现的耿直、坦荡的豪气相辅相成，凸显了"苦死"的爱国者形象。

传记文中"斥夫"的女英雄形象，与"巾帼不让须眉"的时代呼唤有着必然的关联，与内忧外患的晚清社会需要吸纳女性力量的国家需求亦有一定关系。

二

晚清文人对中国古典资源的利用与借重，多取材于历史上民族存亡之秋，表现出各自所属历史阶段的文化特质。类似的描述在秦良玉传记中也可以看到。秦良玉是唯一被载入正史《明史》的女军人，晚清《女子世界》的《女军人传》中，敌军趁官军设宴夜袭的描述，别有韵味地凸显了秦良玉的战绩。这明显与《明史》的记载有很大出入。职公如此叙述：

明年正月二日，官军张夜宴。千乘酣饮帐中，酒酣再飞白，亲割生麤肩。军士皆解甲，以为元夜夺昆仑，成功在指顾间，驰不为备，贼众奄至，官军自相残践。良玉率部下死士导前驱，奋与贼驱，奋与贼斗。时贼徒方谓蹂躏榆关，蹂躏全蜀，朱明偏旅，立为灰烬。见缝火光中，与红妆相辉映，相顾愕眙，不战而溃。良玉益肉搏而前，连破金筑第七寨。已偕首阳诸军，乘破竹之势，直袭桑木关。时人谓潘州之后，南川路战功，以良玉为第一。③

与《明史》的陈述不同，秦良玉在丈夫"酒酣再飞白，亲割生麤肩"，其

---

① 据宋李心传撰《建炎以来系年要录》卷九二于绍兴五年八月丁卯条"淮东宣抚使韩世忠妻秦国夫人梁氏卒，诏赐银帛五百四两"。
② 松陵女子潘小璜（柳亚子）：《中国民族主义女军人梁红玉传》，载《女子世界》1904年第7期。
③ 职公：《女军人传》，载《女子世界》1904年第2期。

他军士也随之"解甲"、全军上下"驰不为备"时,"率部下死士导前驱,奋与贼驱,奋与贼斗",成功败退了敌军的突袭。秦良玉立下赫赫战功,"连破金筑第七寨、直袭桑木关"。秦良玉使敌军"不战而溃"的威严与丈夫千乘"酒酣再飞白"而无济于事的无能形成对比。在关键时刻,男将军的失责/缺席给女将军创造了施展战斗力的机会。这一书写策略突破了女军人原本随夫从军的角色定位,拓展了女性在沙场上发挥作用的范围,其对丈夫的从属地位亦被淡化。如果与《明史》相对照,尤可看出用心良苦。《明史》中载:

秦良玉,忠州人,嫁石砫宣抚使马千乘。万历二十七年,千乘以三千人从。征播州,良玉别统精卒五百裹粮自随,与副将周国柱扼贼邓坎。明年正月二日,贼乘官军宴,夜袭。良玉夫妇首击败之,追入贼境,连破金筑等七寨。已,偕酉阳诸军直取桑木关,大败贼众,为南川路战功第一。贼平,良玉不言功。①

《明史》中,面对敌军的夜袭,"良玉夫妇首击败之",秦良玉夫妻创下"连破金筑等七寨""直取桑木关"的赫赫战功。而作者职公将良玉夫妇的功劳改写成良玉一人的战功,这一细节流露出推崇女军人的心理。他以彰显女性能力作为主要旨归,并予以与之相应的调整和改塑。或许可以说虚构这样一种情节并极力提升其意义,实质上是民族/国家等集体话语在历史关键时刻对女性价值诉求的积极"赋义"。

内忧外患的晚清社会急切地需要义无反顾的女军人、女英雄。这与只有将女子纳入整个救亡事业,中国方能强大的政治觉醒紧密相关。"斥夫"的女性在救国与革命事业中成为有实力的参与者,奠定了社会舆论与自身素质要求的基础,"斥夫"的象征意义由此产生多重指向,主要是针对"吾国女子日趋文弱"的现状,强调女子要参与国族救亡事业,突出女子应尽的义务。对此,金一有过贴切的表述:"爱国与救世,乃女子之本分。"② 这一点被用来强调"非以匹妇而仔肩国家之大事业者乎。我诸姑伯姊,其不可不崇拜之,我诸姑伯姊,其不可不师法之"③。

可以看出,晚清文人对"斥夫"的女杰所体现的爱国"真谛"十分崇拜。

---

① [清]张廷玉等:《明史》,中华书局,1974年。
② 金天翮:《女界钟》,陈雁编校,上海古籍出版社,2003年,第11—12页。
③ 柳亚子[亚卢]:《中国第一女豪杰女军人家花木兰传》,载《女子世界》1904年第3期。

而这种抑男扬女的书写策略,同样表现在对西方善女子的描述上。女杰传记的作者采取叙论相间的方式,联系晚清时势发表议论,文中夹叙夹议,笔锋常带感情,凸显了雄浑豪壮的女杰形象。女杰"斥夫/贬男"的形象如点睛之笔,勾勒出其以国家为怀的英雄气概。

梁启超在《侠情记》①中假借马尼他之口向男性发难:"难道举国中一千多万人,竟无一个是男儿,还要靠我女孩们争这口气不成?"②如此振聋发聩的责难,将矛头指向救国不力的男性,对其痛加指责。这些叱咤风云的女杰形象成为唤醒民众为了中国的独立与自由而呐喊的"启蒙"标识。"斥夫/贬男"的女杰形象令懦弱愚昧的男人们无地自容。她们为拯救祖国而表现出的高尚的思想抱负、坚定的斗争信念被视为"建光复之大业"的重要资质。"斥夫/贬男"的女杰形象所体现的雄强之美正是革命文学所期待的,因此柳亚子给"厉声骂敌将"的女军人冠以"奇女子"的美名。

党中多女军人,群易健儿妆,战斗绝悍,迷离扑朔,莫辨雌雄,敌军勿能识也。今夏四月,清将谭某,攻一万山左右之村,村为党中女雄根据地,拒战不克,为敌军所擒,十馀人咸不屈死。党魁某氏女,年仅十四龄,艳如桃李,而冷如霜雪,拒斗尤勇,既被获,厉声骂敌将,慷慨就义,盖奇女子也。昔读《新罗马传奇》,尝叹烧炭党女侠不生于中国。今乃知皇汉人种,固非居人下者。特不知自今以后,更有马尼他起建光复之大业乎。③

柳亚子对"厉声骂敌将"的女军人给予了无限的赞扬,同时也孕生了新的女性评价标准。这位无所畏惧、慷慨赴义的女军人是梁启超在戏曲《新罗马传奇》中虚构的人物。梁启超的《新罗马传奇》取材于烧炭党人为从奥地利手中解放意大利而前仆后继、英勇献身的业迹。他在剧中借扣虱谈虎客之口批注道:"俄罗斯之虚无党,闺秀最多,其荆聂之高者,大率皆妙龄绝色之女子也。烧炭党中有此等人否。我不敢知……然以情理度之,未必无其人也。这位女首领在带领人们斗争时,不幸被捕入狱,可仍要'今日里拼着个颈血儿,溅污桃

---

① 梁启超在《侠情记》中本拟写意大利三杰之———加里波的,后来仅成第一出《纬忧》。它以爱国为主线,塑造了加里波的之妻——马尼他(1821—1849)的形象,此曲本为《新罗马传奇》中的片段。据卷末《著者自记》云:"因《新罗马》按次登载,旷日持久,故同人怂恿割出加将军侠情韵事,作为别篇。"剧作于光绪二十八年(1902),原署"饮冰室主人撰",载于《新小说》第一号。
② 梁启超:《饮冰室文集(卷四)·侠情记传奇》,中华书局,1936年,第131页。
③ 柳亚子:《磨剑室文录》(上),上海人民出版社,1993年,第182页。

花床。'"①

从表面上看，这位首领没有奇巧谲智，也不身怀绝技，但她"将奸奴骂醒、把国民唤醒"的英雄气概与充当革命先锋无疑是崭新的女杰形象。她的发问更令人深省："铁血关头，问须眉愧否，漫公愤落他人后。"梁启超批道："吾续上，亦如冷水浇背。"② 随着民族危机的加深，为了更好地凸显女性与救国的时代命题，人们不约而同地将"斥夫/贬男"的女杰视为具有典型意义的精神塑像。这种自愧不如的言说方式，体现了人们在某一特定历史时期的审美需求和文化心理。"斥夫/贬男"的女杰与须眉救国难有着相近的情绪联想，勾勒出"愿将一己命，救彼苍生起"的高尚品德。"斥夫/贬男"的强势姿态是反衬革命意志的外化表现，强化/巩固了女性为革命献身的主动性与积极性。这与号召革命的时代诉求一脉相承，通过文学形象的传递过程，这些"斥夫/贬男"的女杰成为推动革命进程的经典形象。

在《世界十女杰》③ 中也有马尼他"斥夫/贬男"的情节描述。马尼他始终以爱国为怀的一片赤诚经常让男将无地自容。她对士兵"叱之曰：'妇人从戎，宜其鼓声不振，妾今日誓与此舰存亡共之，无多言！'"④ 有时，译者将"斥夫/贬男"的言行作为表现其爱国情愫的试金石，"斥夫/贬男"的强度越大，越能证明其一片炽热的爱国情操。译者刻意增补了马尼他责备被誉为意大利建国三杰中对中国读者影响最大的人物——玛志尼的细节。"少年意大利"党领袖玛志尼（Giuseppe Mazzini）因当时在年轻人中间流行的口号——娶妻当娶"苏菲亚"、嫁夫当嫁"玛志尼"——而广为人知。梁启超在《意大利建国三杰》中把玛志尼说成为"天"所"诞育"的天才，是秉受"天命"来拯救人类免于受灾难的。如此神通广大的英雄人物在《世界十女杰》中的形象描写竟远不如马尼他的爱国觉悟高。加里波的与玛志尼时隔十年于罗马相会时，二人"患难重逢，悲喜迸集"，这时在旁的马尼他带责备的口吻指责道："今日相逢，是诸君救国之日，非宾朋话旧之时。"这让他们"不觉塞其咽，缄其

---

① 梁启超：《饮冰室文集·新罗马传奇》，中华书局，1936年。
② 梁启超：《饮冰室文集·新罗马传奇》，中华书局，1936年。
③ 《世界十女杰》，未署作者姓名及出版信息，根据1903年5月31日《苏报》广告《〈世界十女杰〉出版》，推知其大约同年5月出版于上海。
④ 《世界十女杰》，上海图书馆藏书，1903年，第39页。

口"①。马尼他时时刻刻以救国救民为己任的迫切心理跃然纸上。在此,哑口无言的两位男将所表现出的羞耻感潜藏在视女性为"爱国正统"的意识之下。

三

在晚清言论中,女性常以负面形象出现,被描述为"国家贫弱的祸根""男子的累赘和奴隶","斥夫"的女杰形象将这种论点倒转过来,体现了对女性理想价值的重新确认与建构。由此,传统的女性史传叙述与时人的革命情怀紧密联系起来,并为后者理论表述和实践的展开提供了鲜亮的历史资源。"斥夫"的女杰形象作为在清末民初对女国民这一社会身份的指认,包含了提高女性地位以改善国民素质的目的。晚清文人从历史沟壑中重塑/再创气度不凡的女杰形象,借女子"斥夫"的口吻厉斥"扶阳抑阴"的积习,与其说这之中表现了作者作为男性的劣势感,不如说这种正面论述反而建构了对新女性的想象及其新的性别规范。

这些令女性扬眉吐气的女杰形象,作为一种特定时代的文化表象,其背后有一种支撑这一形象的无形的时代精神力量。它与特定社会的文化背景有着某种内在的渊源关系。在一定条件下,这种精神力量决定着性别秩序的重整。

"斥夫/贬男"的女杰与被贬黜而悬置的男性,这种对比本身具有话语建构的力量。例如《沙鲁士·格尔垤传》②中,译者借女刺客之口指责晚清男性"负其七尺躯,以朝而食,夕而睡,问之以国之亡,种之奴,则曰,某一人其何能承此局"。译者作传时有感于男子无所作为,欲讨伐男子在国族危难之时,推卸责任,明哲保身的消极姿态,贬斥男子为"弱虫"。相反,沙鲁士以一女儿身,主动承担起刺杀马拉的救国大业。作者并借其未婚夫之口,激励男人们:"沙鲁士能以铁血为人作嫁,愧我须眉竟默尔而息哉!"一腔抱负、满腹韬略的女杰形象,贴合晚清时势,愤慨男子救国不力,痛斥面对国族灭亡"就是男子,也碌碌无为"的现状。

"斥夫/贬男"的女杰形象作为性别文化长期积蓄的能指,在不同女杰传记中得以延伸,作为爱国话语的文化传承与共享的资源被不断演绎。有关以仁慈博爱之心著称的南丁格尔的描写也不例外。《世界十女杰》中,南丁格尔到达

---

① 《世界十女杰》,上海图书馆藏书,1903年,第43页。
② 大侠:《女刺客沙鲁士·格儿垤传》,载《女子世界》1905年第2期。

克里米亚战场后,见到因受伤而痛苦流泪的士兵时斥责道:"诸君仅可以流血贺之,焉可以流泪贱之?今日绞予脑血,拼予微躯,乃为爱国志士有所尽也,诸君焉可作此丑态以馁壮士之志哉?"① 如此掷地有声的训话,其意义并不止于新女性形象的建构与爱国精神的宣传,还包含着从一个侧面为巾帼英雄提供和追加合法性的意图。这有助于对救国至上的倡导,"斥夫"的女杰形象使原本男女两性之间强与弱的对立关系发生倒转,呈现了独立言说的女英雄形象。

梁启超在《罗兰夫人传》② 中,夹叙夹议地衬托出罗兰夫人优胜于罗兰的出色表现。传记文中,罗兰因从"地方一小商务官"成为"内务大臣"而沾沾自喜之时,罗兰夫人"驱其夫,驱其他诸大臣,驱狄郎的士全党",这种嗤之以鼻的态度主要是由于罗兰夫人看清了"将倾之路易朝",所以在她的眼里"政府不过一酒店耳!大臣不过王之一傀儡耳"。《世界十二女杰》③ 更为形象地描述当罗兰临危逃脱时,夫人"大斥其卑怯",然后自己"从容就缚,毫无惧容"④。

作为政客,罗兰不但胆识不如罗兰夫人,政见亦在罗兰夫人之下。罗兰夫人"以慧眼观察大局",乃至于"法国内务大臣之金印,佩之者虽罗兰,然其大权实在此红颜宰相之掌握中矣"。罗兰夫人的高尚情操与深邃的洞察力被刻画得淋漓尽致。事实也证明,罗兰夫人不但善于应付乱局和党争,而且知人善用,若没有罗兰夫人的帮助罗兰是不会引人注意的。他所缺少的一切——毅力、机智、雄心、远见,都由罗兰夫人做了弥补⑤。罗兰政治上飞黄腾达得益于罗兰夫人的精心运作。沉着机智、富于决断的气质风度以及处理政事的圆熟手段使她独具人格魅力。在天下混乱、群雄竞逐的局面下,政见与才识出众的罗兰夫人所展露出的"强势"特征,不妨理解为鼓舞女性积极参与救国伟业的政治动员与号召。因为梁启超关注与赏识罗兰夫人的超常能力,带有鲜明的时

---

① 大侠:《女刺客沙鲁士·格儿垤传》,载《女子世界》1905 年第 2 期,第 50 页。
② 梁启超:《罗兰夫人传》,载《新民丛报》1902 年 10 月第 17 号。
③ 梁启超版的《罗兰夫人传》(1902 年)刊登之后不久,《世界十二女杰》(1903 年)以单行传记集的形式出版,其中还包括"郎兰夫人",即罗兰夫人。参见[日]岩崎徂堂、三上寄凤:《世界十二女杰》,赵必振译,上海广智书局,1903 年。该书叙述了法国沙鲁士·格儿垤、法国苏泰流夫人、美国扶兰志斯、普鲁士王后流易设等世界十二位杰出女性的英雄事迹。该书首开近代为女子作新传之风,该书出版不久,《世界十女杰》也紧随其后推出。
④ [日]岩崎徂堂、三上寄凤:《世界十二女杰》,赵必振译,上海广智书局,1903 年,第 1~2 页。
⑤ [法]米涅:《法国革命史——从 1789 到 1814 年》,北京编译社译,商务印书馆,2009 年,第 119 页。

代特色，他以罗兰夫人之平凡无奇的出身背景为出发点，热情洋溢地抒发了"时势造英雄"的救国观点。他写道："其家本属中人之产，父性良儒，母则精明，有丈夫气，父母借鉴储蓄，为平和世界中一平和市民，以如此之家，而能产罗兰夫人如彼之人物，殆时势造英雄，而非种姓之所能为力也。"① 也就是说，这种能力不仅是罗兰夫人的个案，而是"时势造英雄"的结果，是只需有爱国热忱，就人人都可以具有的潜力。再如，亚卢（柳亚子）在《中国第一女豪杰女军人家花木兰传》一文中，强调英雄不分男女、不讲出身的道理。他说："西哲有言，历史者，国民之镜也，爱国心之源泉也。芝草无根，醴泉无源。王侯将相宁有种乎？岂不信哉，岂不信哉。真德生于牧羊之舍，玛利侬产于雕匠之家，我木兰其比例矣。"② 男性在指认女杰的过程中，出现了一方面极力铺衬女杰贬斥男性的强悍形象，一方面又渲染无名之英雄的时代召唤。男女对照的二元修辞框架时隐时现，这两组画面互相依存，表现了在男性言说与女性社会实践中求得平衡的叙事模式。"斥夫"的女杰形象因弥补由男性所造成的缺憾而变得富有意义和价值。

面对国势的危难，知识精英企图通过列举"出身平凡却芳誉赫然"的女杰事迹，来强调无名之英雄的历史地位，以弥补在世界权力格局中有名之英雄缺席的危机处境。也就是说，在性别类比的基础上，"无名之英雄"承担了成就/支配"有名之英雄"的角色，大力挖掘和发扬无名之英雄，寄托了女子像男子一样介入历史与社会事务的殷殷希冀。"斥夫"的强势姿态与无名之英雄的附庸地位通过相互支持和抵消，实现女性自我开解的寓意。随着国难日益加剧，为了营造普遍的救国氛围，男性作家们将女杰的内涵奋力推向了极致。"时势造英雄"的民族救亡思想在人们心中所诱发的感情，主要是一种敢于担当与为国无私奉献的自我牺牲。"斥夫"的女杰在政治格局中反客为主，站在了革命话语的前沿，充当了这一自我牺牲的角色。

当然，这种"强势"并未改变两性格局中的男性主体性地位。因为那些品质优秀、爱国觉悟高的女性主动积极地投身于救亡事业的公共形象，不过是有利于号召女性成员为国献身。在女杰传记中，男性人物尽管表现出被动、无能，但事实上他们才是革命的主导者。对此必须回到历史语境，才能接近文本

---

① 李又宁、张玉法：《近代中国女权运动史料》（上册），传记文学出版社，1975 年，第 319 页。
② 柳亚子［亚卢］：《中国第一女豪杰女军人家花木兰传》，载《女子世界》1904 年第 3 期。

意义的原貌。因为,"斥夫"的女杰形象涵盖了文学与政治、个人与群体、男性与女性相激相荡的"作用力场",是新与旧、传统势力和新生思想最先交锋的话语实践。

这种性别定位的身份建构是个人选择和社会选择双向互动的结果,囊括了多维度、多层面的女性意识。一般女杰的强势姿态仅仅是文本的表层,而文本的意义深层所指向的往往是对"须眉不如巾帼"的警示与告诫,作者用迂回婉转的方式暗示须眉才是主导历史的"有名之英雄"。刻意重塑强劲的女杰形象作为激励和鞭策男性奋发图强的补偿性机制,倾向于一种女性历史神话的建构,体现了独特而不无悖论性特征的性别意识。比如,在《精卫石》中,秋瑾借女主人公黄鞠瑞之口(后改名黄汉雄)骂尽天下男子:"见那般缩头无耻诸男子,反不及昂昂女子焉。如古来奇才勇女无其数,红玉、荀瀼〔灌〕与木兰,明末云英、秦良玉,百战军前法律严。房盗闻名皆丧胆,毅力忠肝独占先。投降献地都是男儿做,羞煞须眉作汉奸。如斯比譬男和女,无耻无羞最是男。"①

这一优越感建立在巾帼英雄形象与须眉之间孰优孰劣的预设基础上,直接以对比的形式抒写大敌当前、男不如女的历史题材和事迹。当"奇才勇女"的功绩远胜于"男儿"的历史先例普照在晚清女性身上的时候,意味着对男性的鄙薄在一定程度上颠覆了传统女性以往低眉俯首的社会地位。

上文出现的木兰、沈云英、秦良玉等,都是秋瑾在诗文中反复歌颂和向往的英雄人物。她们在王朝遭受外族入侵的危难时刻,经由金戈铁马、杀敌立功步入英雄的行列。她们的"军人"身份较之于披挂上阵前显得更为强悍。同样,文本中表现的"斥夫/贬男"的女杰想象出于猎奇心理和文学的述异性质,指涉着民族主义话语对女性本体构成的特定、多重的形象改造和重塑。强势的女杰形象成为一个极具活力又不断发展变化的主体。这一形象的精微处,在很大程度上在于其抑男扬女书写的"名贬实褒"特质。强势的女杰形象作为一种隐喻手段,在这种想象体系中,男与女的强弱类比没有对立和冲突,而是处于永恒的互补、互变、互动之中。对"男弱女强"书写的强化与升华,一方面是"男降女不降"话语承递的必然结果,另一方面又在传播启蒙的"女豪杰"的

---

① 秋瑾:《秋瑾全集笺注》,郭长海、郭君兮辑注,吉林文史出版社,2003年,第499页。

精神指向中鼓动女性争取和追求个体的"独立"和"自由"。

晚清知识分子面对"沦为异族奴隶"的惨淡现实，革命的政治伦理以救亡名义言说着女性救国的合理性，这往往导向情感结构上的二律背反，即辛亥革命时期通行的"欲……，必……"的思维公式①。"岂男子独遭之境遇乎"/"岂男子独具之能力乎"/"岂男子独逢之快事乎"等反问句，实际上在暗示女子应承担与男子同等的社会责任。即使是"斥夫/贬男"的强势姿态，也是反衬革命意志的外化表现。也就是说，"斥夫/贬男"的女杰形象也在凸显女英雄风范的思想脉络上，作为伸张女性地位的修饰语出现的修辞策略，这样做的目的一来为"国势积弱不振的病灶"清洗历史污点，进一步使"男降女不降"的话语变得切实可行；二来为女界表率，通过树立"强势"的女性形象为新女性形象的接受和输入提供了理想规划，在强与弱、褒与贬的较量和抗衡中，见证了晚清以来中国性别观念革新的曲折道路。

（原载《妇女研究论丛》2015 年第 1 期）

---

① 刘纳：《从皈依政治到注重思想》，载《北京社会科学》1986 年第 3 期。

性别解放的"中间路径":
张竹君女性启蒙思想及实践

高翔宇①

摘 要:张竹君是清末民初的女性精英,在女性启蒙问题上探索出了一条以"女医师"为角色的"中间路径",为女性在"女学与女权""职业与政治"之间寻求平衡,提供了一种经验和指向。张竹君既有对晚清女性解放话语的积极接纳,又有对于民初女子参政运动保持冷静的姿态。在张竹君看来,"自立之学"是女性践行"中间路径"的核心命题,其中涉及谋求"合群"之道、兴办女子实业、女子医学等要义。张竹君秉持的"中间路径"区别于晚清其他女杰追求女权话语的角色建构,为我们获悉清末民初女性社会多元而复杂的生态提供了视角。此外,值得关注的是,随着时代语境的变迁,对张竹君"女革命家""女权主义者"的形塑,超越了其在清末民初作为"女医师"的历史本相。

关键词:张竹君 女医师 性别解放 中间路径

"性别解放"这一问题萌发于晚清民族救亡的语境下,最先由西方传教士及维新思想家抛出。随后,女界在参与解放的进程中间,开启了性别群体内部的自我反省与批判。晚清启蒙运动的展开,使得女性话语的"叙述中心"从作为男权的附属物,开始向拥有独立自主的人格及权利发生位移。反对囿于"贤母良妻"的解放观念、寻求女性经济和人格层面的"自立"、自开风气与实现人生价值的自我期许、以"男女平等"及"男女平权"为目标的昂扬志向,成为晚清女杰抒怀人格理想的共同追求。革命、女学、女权的交叠,构成了晚清性别解放话语的多重内涵②。本文所探讨的张竹君(1876—1964),广东番禺人,凭借其在广州与上海创立女学、兴办女子实业、开女医先河等成绩,得以在晚清女性精英群体中占据一席之地。然而,值得注意的是,张竹君既有寻求

---

① 作者简介:高翔宇,男,北京大学历史学系2014级博士生。研究方向:中国近代妇女史、民初政治。
② 具体论述可参见夏晓虹:《"英雌女杰勤揣摩"——晚清女性的人格理想》,载《文艺研究》1995年第5期。

女性"自立之学"、参与爱国运动的积极姿态,又表现出不以"女子参政"为终极关怀的谨慎立场。就研究现状来看,今人虽对张竹君部分生平已略作叙述,但史事考订方面并不全面,且多将其与清末的女权倡导者相联系[1]。笔者在深入检讨相关史料后发现,张竹君对性别认同和女权话语的独特理解实有别于晚清其他女杰对于参政权利的追求,并探索出了女性在性别与家庭、政治与社会、职业选择与自我价值实现之间的"中间路径"。故而,有必要通过对张竹君个体生命的释读,探讨清末民初妇女思潮的多重面相[2]。

一、从医与参政:张竹君对"中间路径"的探索

关于张竹君早年从医之缘起,1902年马君武在《女士张竹君传》一文中略有记载。是时,张竹君患有脑部疾病,半身麻木不仁,家人送之至广州博济医院救治。这使得张竹君深觉西医之精妙,遂"发愿留博济医局学医,既十三年,而尽通西国内、外科之学",始建南福医院于广州之河南(珠江以南)[3]。广东的行医生涯,使得张竹君作为"女医师"的形象妇孺皆知[4]。1902年春,经元善客游羊城,邂逅张竹君,即以"女扁鹊"为赞誉之词[5]。同年7月18日,《大公报》也刊载了一则关于"神医"张竹君的报道:京中某女士在垂危昏迷中,阅至《女士张竹君传》,忽跃身而起,叹"中国竟有此女丈夫哉",病遂霍然[6]。

1904年春,张竹君由粤赴沪的经历,成为其人生的一次转折点,使其在医学之外,对政治也给予了相当的关注。是年春,日俄战争爆发,张竹君阅报得知有"美国医学博士摩尼夫人率看护妇人赴日本,任陆军看护之监督",本拟

---

[1] 参见[日]须藤瑞代:《中国"女权"概念的变迁——清末民初的人权和社会性别》,[日]须藤瑞代、姚毅译,社会科学文献出版社,2010年,第91-97页;池子华:《红十字会与近代中国》,安徽人民出版社,2004年,第104-116页;乔以钢、李贞玉:《近代革命话语中的"女医生"及其文学形象》,载《江汉论坛》2016年第6期;张朋:《近代女杰张竹君的媒介形象考察》,载《温州大学学报》2011年第2期;Angela Ki Che Leung, "Dignity of the Nation, Gender Equality, or Charity for All: Options for the First Modern Chinese Women Doctors", in *The Dignity of Nations: Equality, Competition and Honor in East Asian Nationalism*, eds. John Fitzgerald and Sechin Y. S. Chien, Hong Kong: Hong Kong University Press, 2006, pp. 71-82.

[2] 关于清末民初女性精英群体的研究状况,参见蔡洁:《清末民初历史与文学中的"英雌"话语研究述评》,载北京大学历史学系编:《燕园史学》(十),东方出版社,2016年,第91-106页。

[3] 马君武:《女士张竹君传》,载《新民丛报》1902年第7期,第941页。

[4] 《女雄嫁国》,载《岭东日报》1903年4月30日。

[5] 《在上海女学会第一次会议上的演说》,载虞和平编:《经元善集》,华中师范大学出版社,2011年,第318页。

[6] 《医疫奇方》,载《大公报》1902年7-18日。

假道上海东渡日本加入赤十字会①,但由于疾病突发之故,唯滞留上海,暂以办理沪上女学诸业为志②。在上海期间,女性参与政治的热情,令张竹君备受鼓舞。其时,受革命派鼓吹种族革命、政治革命的影响,女性在突破"身体"禁锢的同时,伴随着政治意识的苏醒。故而,"身体革命"与"政治参与"相结合,成为晚清女性在谋求性别解放中的理想共识。这使得张竹君随同诸多女性精英一道,现身于抵制美约、保路运动、保界大会、处理中外纠纷等政治活动中。

1905 年 6 月,张竹君在上海沪南商学会召开的"不用美货之大会议"上演说,抵制美货,广东女子当担负其责③,同时致书广肇公所绅董,提出三条抵制方略:令留美华人速整归装,使美国禁约成虚设;断绝中美贸易往来,绝其通商之利;还以禁美苛例,劝退留华美人④。1907 年 10 月,浙江兴起了保路拒约风潮,张竹君假上海张园开会,商议集股保路办法,宣称"路存则身存,路亡则身亡耳……鄙人亦国民一分子,断不敢放弃责任也"⑤。1907 年 11 月,在粤英人越俎代庖,遭派舰队驶赴西江,擅行缉捕。张竹君一方面禀请粤督,"宣布整顿西江缉捕办法,并请电外部会英使,即撤退西江英国兵舰",另一方面建议创办《国权挽救会报》,以"文明排外"之法"将此事缘委刊发传单"⑥。上述建议不仅为粤督采纳,并成功达到了使英舰退出西江之目的⑦。1909 年 5 月,乡女刘阿妹遭遇印度人蒲及、项生轮奸,张竹君致书英国按察使,请求对于违法者严加惩办,"为首者斩立决,为从者绞监候"⑧。在多方压力下,英按察使最终做出让步,将强奸犯"定以监禁四年,罚作苦工之罪"⑨。1910 年 12 月,面对上海工部局议设"调查教育部",对于"公共租界内中西人士所办学堂宗旨、教法、经费等项"进行调研之举,张竹君随同黄国瑞、刘仁葆、王铨运等士绅联合上书,质问沪上工部局总董对于清政府"钦定教育章

---

① 《中国之摩尼》,载《警钟日报》1904 年 4 月 28 日。
② 《张竹君》,载《大陆》1904 年第 2 卷第 3 期。
③ 《商学会实行不用美货之大会议》,载《申报》1905 年 7 月 21 日。
④ 《张竹君女士致广肇公所绅董书》,载《大陆报》1905 年第 3 卷第 4 期。
⑤ 《张竹君女士意见书》,载《申报》1907 年 11 月 16 日。
⑥ 《西江捕权近闻》,载《神州日报》1907 年 12 月 15 日。
⑦ 《粤东西江缉捕问题》,载《申报》1907 年 12 月 15 日。
⑧ 《张竹君女士致英按察使书》,载《民呼日报》1909 年 5 月 26 日。
⑨ 《淫恶印奴之榜样》,载《申报》1909 年 5 月 29 日。

程"的无端干涉①。1911年云南发生了英军侵占片马危机,在3月11日上海组织的"中国保界分会"上,张竹君代表女界发表演说,一方面分析了片马冲突的起因在于"我国素无详细地图以为根据"之故②,另一方面表示应组织民兵武装,其以武力出兵捍卫国土的豪气,为沈缦云、朱少屏等男性同胞赞叹不已③。

然而,张竹君尽管跻身于争取民族独立的浪潮,但并未将民族主义的热情转向革命之途。面对武昌起义突变的政治形势,诸多女性精英与男性同胞一道响应反清革命,期以军事活动实现政治/女权的抱负④。相反,张竹君对于女性以参军的方式从事革命,却表现出谨慎的态度。在《论女子组织军队》一文中,其认为女子柔弱的体质不合乎参军的要求,若上战场,将成为男性的累赘:

纵今日所编女子军队,俱能挑选合格,而就生理上切实言之,比较男子,相差终远。况今日之女子军队,半皆大家闺秀……而欲与强悍之北军,决斗于疆场,不必论其胜负,但默坐凝思,其危险之状,已有不胜惊恐者……苟欲勉强从事……吾恐别项军队,将不及为杀敌致果之用,且将翼卫我女子军队而不遑矣。⑤

进而,张竹君劝告女性同胞,男女平权目标的实现,依靠的应是女界"坚忍之道德,为中流之砥柱",并非一时杀敌从军的盲目冲动⑥。可见,张竹君对于以"义务/权利"为争取"女权"的模式不表苟同。个中原因除了女子从军的性别/身体障碍,也与张竹君对女权问题的理解相关。她认为,唯"女学"发达,"女权"才将为水到渠成之事。据马君武的记述,张竹君在广东期间即常称:

今世之主张革命者……皆求为华盛顿、拿破仑,无甘为福禄特尔、卢梭者……吾侪今日之责任,在输入泰西政法、格致等等美新之学术……女子不可

---

① 《租界各学堂致工部局总董函》,载《申报》1910年12月16日。
② 《保界大会纪略》,载《申报》1911年3月12日。
③ 《中国保界大会纪事》,载《时报》1911年3月12日。
④ 薛素贞、陈婉衍、沈警音、沈佩贞等为响应革命,分别成立了女国民军、女子北伐队、女子军事团、女子尚武会等,参见中华全国妇女联合会妇女运动历史研究室编:《中国近代妇女运动历史资料(1840—1918)》,中国妇女出版社,1991年,第451-467页。
⑤ 张竹君:《论组织女子军队》,载《东方杂志》1912年第8卷第10期。
⑥ 张竹君:《论组织女子军队》,载《东方杂志》1912年第8卷第10期。

徒恃男子让权，须自争之。争权之术，不外求学。①

诚然，对于时局的变动，张竹君并非无动于衷。尽管放弃从军之路，但张竹君仍然选择以"女医师"的角色出场。1911年10月18日，她在《民立报》发布"发起中国赤十字会广告"，号召驰赴鄂、蜀战场，不分敌我，本着人道主义精神，从事慈善救护，以医学特长贡献"女国民"之力②。在汉口战地，即便是日夜力任救护，"受伤而来医院者踵相接，趾相错"，仍成"日不暇给之势"③。张竹君亲率的赤十字会第一队成绩斐然，"救疗受伤战士一千三百余人"，赴镇江的第二队亦救护千余人④。在此期间，张竹君亦时常身陷枪林弹雨之危，或遇"北军之残暴焚杀，灭绝人道"之对待⑤，或被清军疑为民军标统，多次险遭炮击⑥。"赤十字会"在社会各界反响甚大，返沪后，中外来宾数百人特假张园开欢迎大会，并请张竹君做战地救护报告种种⑦。

值得注意的是，既不同于倒向革命队伍一方的女性诸团体，亦不同于多数女性精英对"女国民"的参政想象。革命胜利后，张竹君尽管凭借赤十字会的救护成绩，也在共和大业的受勋者之列⑧，但并未同唐群英、沈佩贞等女性精英一道加入争取女子参政权运动。相反，她与女权话语保持了相当的距离。从《申报》对民国以后张竹君的医学与慈善活动的登载来看，民国以后，游离于女权、革命与政治之外的张竹君，仍以"女医师"为职业，专注于社会服务，并介入慈善活动，一度登上沪上女界"明星人物"的舞台（见表1）。

表1 《申报》登载的张竹君民国初期参与的医学与慈善活动

日　期	张竹君参与的活动
1912年6月12日	张竹君在"国民捐"运动中，"认捐洋二元"
1913年1月27日	铁血团部分成员在与上海南市警区发生冲突后受伤严重，张竹君前往医治
1913年3月15日	上海地方监察厅请张竹君代为查验乡民陈妹"是否处女"
1913年4月21日	宝康县丝厂管车施美成踢伤女工王氏之下部，张竹君查验伤情

---

① 马君武：《女士张竹君传》，载《新民丛报》1902年第7期。
② 《发起中国赤十字会广告》，载《民立报》1911年10月18日。
③ 《赤十字会女会员章兆彦武汉战地日记》，载《神州日报》1912年1月11-12日。
④ 《十字会纪事》，载《民立报》1911年12月25日。
⑤ 《张竹君函》，载《神州日报》1911年12月20日。
⑥ 《赤十字会会长张竹君女士演说文（续）》，载《神州日报》1912年1月2、4日。
⑦ 《赤十字会大会记》，载《申报》1911年12月26日。
⑧ 《请奖赤十字会人员》，载《新纪元报》1912年10月6日。

续表

日　期	张竹君参与的活动
1913 年 4 月 25 日	“刺宋案”凶手武士英于狱中服毒暴卒，江苏都督程德全延请张竹君验尸取证
1913 年 7 月 22 日	“二次革命”爆发，张竹君再赴江西、南京战场从事救护
1913 年 8 月 2 日	张竹君前往看治误遇枪击的南市华界电灯厂工人刘茄宝
1914 年 2 月 8 日	沪南警察分署委托张竹君抢救拒捕自击的某党人
1914 年 11 月 22 日	张竹君助蔡子君内子难产脱险
1915 年 2 月 6 日	张竹君列席尚贤堂举办的“博医会”联合大会
1915 年 5 月 29 日	张竹君在上海商会发起的“救国储金”运动中，认捐“洋三十元”
1915 年 7 月 9 日	张竹君于“崇德女校”暑假休业典礼，发表励志演说
1916 年 1 月 10 日	张竹君出席“上海通济大药房”动迁典礼
1916 年 2 月 11 日	张竹君集资与他人联合开办“富华上海医学校”
1917 年 10 月 1 日	张竹君捐款上海孤儿院
1917 年 12 月 11 日	张竹君出席女子慈善工艺学校举行成绩展览会
1918 年 8 月 3 日	张竹君列席“中华基督教会”，宣讲推广“平民义学”
1918 年 12 月 3 日	张竹君捐款“洋六百元以上”，资助成立“青年普益社”

事实上，张竹君在从医与参政之间，尝试着摸索出一条“中间路径”的经验。这表现在：张竹君既有着同晚清其他女杰一道之于女性解放话语积极接纳的一面，又有着对于民初女子参政运动持谨慎且冷静的态度。具言之，在广州时期，张竹君先以“女医师”的形象出场；在上海期间，张竹君尽管一度以“女政治家”的身份现身各类政治事件，但当辛亥革命来临之际却退身政界，依旧秉持“女医师”的职业角色，履行作为“女国民”服务社会、建设国家的义务。换言之，“女医师”的角色，不失为张竹君在探求“中间路径”中的理想定位。

二、自立之学：“中间路径”践行之要义

张竹君在清末民初性别解放这一问题上，为女性启蒙者提供了“中间路径”。至于如何实践“中间路径”，她认为最为紧要的议题，应当是寻求女性在经济与人格层面的独立。张竹君认为，唯有掌握“自立之学”，才是女性践行“中间路径”、以“女国民”身份实现自我价值的保障。

1904 年 5 月，张竹君应上海爱国女学校之邀，系统发表了女性当求“自立之学”的演说。在讲演中，张竹君在答谢爱国女学校创办诸君的同时，敏锐地指出了女学兴办依附男权，尚且不能自立的忧虑。在张竹君看来，“若无中国

教育会诸君,则此爱国女学校之名词,且不能出现于世",且该女校的发起者、管理者、执教者,均无女子之主动力。故而,女子受学,"不得不暂时俯首听命于热心之男子",依旧缺乏自立能力。倘"倚赖之性与年相积,即独立之性与年相消,则今日本为求解脱而来学,而学成适益缚其手足"[①]。为避免女子学成后沦为"男子高等之奴隶",养成"自立之学"实为女性当务之急的课题。

至于如何实现女性"自立",张竹君给出了三方面设想:女性当以"合群"为行动之力;可将实业作为"自立"之基;以医学为一技之长,实现"自立"之途。

首先,"合群"为女性"自立"的保障。1904 年 4 月底,张竹君在发起"女子兴学保险会"的宣言中,列举了现时女性因不能"自立"而导致的种种"危险"境遇。在张竹君看来,女性生利少而分利多,不能自养。即便"有子可恃",若"子长而浮荡",亦终致倾覆其家;即便"生而富贵",若遇"悍戾之舅姑,或遇浮薄之夫",也所处至难也;即便"阀党名门",而猝遭兵灾,难免"流为娼妓,则尤有不忍言者矣"。况且,缠足之风久矣,平时女子羸其体、残其肤,"猝有水火盗贼之变,非含辱偷息,则自经于沟渎耳"。而造成上述"女子之险"者,"半由于男子之压制,半由于女子之放弃"。至于后者,盖女子"一由于不知学,一由于不知群"。故,张竹君提议,惟联合海内诸女士为一大群,以"女子兴学保险会"为联络之名,"严于自治,以成一己,勇于合群,以结团体"[②]。

其次,除了"合群",张竹君认为,"欲救空论,必与实业",即以兴办实业为女子"自立之首基"。一方面,张竹君提出在"女子兴学保险会"内附设女学堂及女工艺厂的构想,"会中女士其所生子女,必须读书……往工艺女学堂肄习手工,授以资生之力"[③];另一方面,张竹君吁请爱国女学校附设"手工传习所",并得到了校方的首肯[④]。1904 年 5 月,"手工传习所"开办,首日即有生徒数十人报名。除了上海务本女塾及宗孟女校之学生投来志愿书外[⑤],杭州女学校甚至"提校中公款,派遣学生数名到沪学习"[⑥]。初逾半月,就学者

[①] 《记张竹君女士演说》,载《警钟日报》1904 年 5 月 2 – 3 日。
[②] 女士张竹君:《〈女子兴学保险会序〉》,载《警钟日报》1904 年 4 月 23 – 24 日。
[③] 《女子兴学保险会章程》,载《警钟日报》1904 年 4 月 25 日。
[④] 《手工传习所广告》,载《警钟日报》1904 年 5 月 24 日。
[⑤] 《手工传习所之发达》,载《警钟日报》1904 年 5 月 26 日。
[⑥] 《资遣学艺》,载《警钟日报》1904 年 5 月 24 日。

"纷纷不绝",因"校内讲堂地狭,不敷坐位",张竹君只得于沪北江湾另租赁高大洋房①,并更名为"广东育贤女工厂分院"②。"手工传习所"的设立,对于启发女界思考如何发达"实业之学"不无促进之处。署名"三自女士"的作者致书张竹君,提出了"艺课宜勤"、辅授"普通学"、"勿谈宗教"三点改良看法③。如是,张竹君凭借实业成绩赢得了舆论溢美之声,《警钟日报》称其为"女界之张季直"④。

再次,张竹君提倡,女性可以医学为一技之长,作为自立"建设之基本"。张竹君认为,"粉黛"为妨害女子卫生之大事,而造成女子"以可怜之身,为侧媚之态"者,实因其"一切养生之事,皆倚赖于男子"。至于解决"粉黛"之害的根本,仍在于"为女子求一方法,使于生事得所资",而医学教育恰为张竹君所看重。倘女子"汲汲讲求卫生,以求自强,以求自养……以为自立之基础,而更加益以学术",则日后不难与男子获得同等之权利⑤。为此,一方面,张竹君与汤尔和联手创办"卫生讲习会",讲授"生理卫生及诊病法与体操"等要略,以三个月为速成之学⑥;另一方面,张竹君在李平书⑦的帮助下,于1905年1月成立"女子中西医学院"。在宣言书中,张竹君阐述了创设宗旨,以期改变"以男医审女病"的尴尬之局,使女子之病从今不再假手男医。教授内容在"贯通中、西各科医学",预科学制则以六年为期。为表兴学之专心,张、李分别表示,"六年之内,李平书不出仕,不赴他省当差。张竹君不回粤办事,不往他处。各尽心力,务底于成"⑧。1909年6月,为改变施诊者供不应求之势,女子中西医学院改组为"上海医院"⑨。张竹君以医学教育为培育女子"自立"之途,亦获得了男性精英的好评。1911年,伍廷芳在女子中西医学院首届毕业典礼致辞中称赞,若有女医专诊女子之病,施诊将自无误

---

① 《女子手工传习所特别广告》,载《警钟日报》1904年6月10日。
② 《广东育贤女工厂分院简章》,载《警钟日报》1904年6月10日。
③ 三自女士:《致张竹君女士书》,载《女子世界》1904年第10期。
④ 《中国实业界之扩张》,载《警钟日报》1905年1月16日。
⑤ 张女士竹君:《卫生讲习会演说》,载《广益丛报》1904年第44期。
⑥ 《卫生讲习会章程》,载《女子世界》1904年第6期。
⑦ 李平书(1854—1927),祖籍苏州,出生于医学世家,先后任广东陵丰、新宁、遂溪知县,1903年调任江南制造局的提调,业余"涉猎西医译籍,屡思沟通中西医"。参见《且顽七十岁自叙》,载《稀见上海史志资料丛书》(第三册),上海书店出版社,2012年,第249、387页。
⑧ 《女子中西医学院简章》,载《申报》1905年1月23日。
⑨ 《且顽七十岁自叙》,载《稀见上海史志资料丛书》(第三册),上海书店出版社,2012年。

会,"女医学堂将来逐渐推广,从前积弊可以免矣"①。

然而,张竹君在谋求女性"自立之学"的实践中并非一帆风顺。在兴办女子实业的过程中,张竹君尽管一度得到男性同盟者的资助,但报之以冷漠态度者亦不乏其人,令其诸多努力似显疲软无力。1904年7月发生了张氏与爱国女学校的公案,使得张竹君在该校附设的手工传习所亦遭瓦解。由于张竹君扩充女子就学规模,组设"广东育贤女工厂分院",引起了该校校董的不满,遂污蔑张竹君"怀有野心……暗中运动职员及多数学生,突然离校",擅自扩充校址,以致"爱国女学校遭此破坏"②。1904年10月下旬,张竹君办理的"广东育贤女工厂分院"亦随之遭遇挫折。因缺乏经费,该校一度行将散学,张竹君竟险遭"暴力"对待。房主以欠租三月,"声言钉门,校中纷扰……学生倍觉恐慌",此事幸为李平书得知,遂鼎力相助,为张竹君主动垫付租金,该校师生方始安心就学③。

张竹君在以医学为谋求女子"自立之学"的进程中遭遇困境的原因主要有以下两方面。首先,近代国人对西医女医师存在矛盾与暧昧的心态。1909年,上海医院成立,尽管张竹君力主"中西医并重",但来访者仍对西医心存芥蒂。面对旁观者的指摘,李平书与张竹君不得不发出"征信录":"顾是院之设,医分中西,病别男女,事属创举,法无秉承……一年之中,男女病症,几及三万……或医师精神之偶懈,辨症差池治不应手者,三万人中岂无一二?故而希请各方理解。"④ 其次,在女医教学中间,师资的匮乏、教学设备的简陋、住校生活的艰苦,使得张竹君主持的女子医学教育成绩实为有限。据女子中西医学院首批学员陈衡哲回忆,就师资而言,在医学院成立的最初两年,李平书和张竹君不仅是主要负责人,而且是分别教授中、西医的唯一教师。至于教学的硬件条件:

我们的化学课连一个试管都没有,我们只被要求背诵所有化学元素的中文名字……医药学方面也只是死记硬背,各种药的名字,它们的样子,它们能治的病的名字。解剖学的课本有三大本……Z 小姐让我们把这些全部背诵下来:不仅是一百多块骨头和五百多块肌肉的名字,而且是它们附近连接着什么肌肉

---

① 《女医学堂毕业志盛》,载《民立报》1911年1月23日。
② 高平叔编:《蔡元培年谱长编》(上),人民教育出版社,1996年。
③ 《且顽七十岁自叙》,《稀见上海史志资料丛书》(第三册),上海书店出版社,2012年,第386页。
④ 《且顽七十岁自叙》,《稀见上海史志资料丛书》(第三册),上海书店出版社,2012年,第394页。

和骨头。我们被要求全部背诵时,除了书里的几张简图外,连一张人体图都没有,更不用说人体和有关部件的蜡制模型了。

而生活设施的简陋更令女学生们苦不堪言:"我们在冬天早晨的黑暗中颤抖,在烛光下用冷水盥洗,然后不吃不喝准时集中在煤油灯下的教室里。"上述种种情境,在陈衡哲看来确是人生的"可怕经历",以至于很快消解了"任何学医的欲望"①。

最后,经费的困境一直成为制约张竹君从事医学事业的直接因素。在李平书主持的年代,上海医院尚可正常经营。然而,1913 年,在李平书离沪赴日本后,经费的负担开始显露无遗。1914 年 2 月,张竹君因经济支绌,迭次开会,要求官绅各界担任筹款,但终无效力,以致"亏累银二万余金"②。同年 10 月,张竹君期以上海医院成立十周年(自"女子中西医学院"算起)纪念会,为筹集资金契机,但仅收杯水车薪之效③。更为甚者,地方政府将上海医院归属问题提上日程,令张竹君雪上加霜。上海公款处经理丁赓尧调查称,上海医院之地基"亦系公产",遂催促张氏"实行订立租地合同"④。1916 年 1 月,张竹君做出了维持上海医院的最后努力,禀请道县拨款相助,然依旧徒劳。无奈之下,张竹君只得呈请官府,"改归公有,以垂久远"⑤。4 月 1 日,上海医院正式被上海县公署接管,并更名为"上海县公立医院"。随之,张竹君宣布解除责任,连续三日于《申报》刊登医院归公之通告,内中之辛酸、不舍与迫不得已跃然纸上:

启者:竹君与李平书先生创办女子医学校及上海医院十有二年……自民国二年,平书先生外游,不暇兼顾,至经常费中止。而此医院住院来诊男女病人,最少数日有百三四十人。因是医院除董事常捐及上海各官长廉奉捐助外,每年尚缺数千元。竹君极力维持三载,然以上海医院乃慈善事业,非数人可以负其经常费之责者,因是商于诸位董事,将上海医院推出,归公家办理……现竹君已解离上海医院责任,凡后来医院一切事务,均与县地方接谒可也……谨此通告。⑥

---

① 陈衡哲:《陈衡哲早年自传》,安徽教育出版社,2006 年,第 103 - 109 页。
② 《上海医院之亏累》,载《申报》1914 年 2 月 26 日。
③ 《上海医院十周年纪念会预志》,载《申报》1914 年 10 月 31 日。
④ 《医院地基亦系公产》,载《申报》1914 年 12 月 18 日。
⑤ 《会议保存上海医院》,载《申报》1916 年 1 月 28 日。
⑥ 《张竹君以南市上海医院推归公办通告》,载《申报》1916 年 4 月 2 - 4 日。

实际上，透过张竹君在谋求"自立之学"中间的困境可知，张竹君从医的个体经验，既是清末民初西医女医师及女医教习在中国移植、萌芽以及遭遇挫折进程的缩影，同时经费的支持以及男性同盟者必要的助力，仍是张竹君践行"自立之学"的前提和保证。换言之，在张竹君兴办女学及女子医学中间阻力的背后，隐喻了在清末民初性别秩序松动与紧张中间女性从家庭走向社会之初面临的集体困境[①]。

三、"中间路径"与清末民初性别解放的多元图景

若将张竹君关于"中间路径"的女性启蒙思想置于清末民初妇女思潮的脉络中加以考察，可以窥见张竹君相较于秋瑾、吕碧城、胡彬夏、唐群英、沈佩贞等同时代女性精英的独特之处。

第一，在对待女权话语的态度上，张竹君彰显的"中间路径"倾向有别于其他女杰的认知。

事实上，民族主义话语是晚清女性"浮出历史地表"的合法性来源。父权制本质的女性启蒙，首要考虑的是动员女性配合男性追求民族的解放，而非女性自身的利益。实际上，本着"尽义务，享权利"精神而参与政治的女性，也自觉认同了男权话语对于女性客体"一元化"的规制与塑造[②]。在秋瑾的心中，女性不仅作为家庭中的母亲、妻子、女儿，更具有国民身份的标识，协助男性同盟者，参与革命，"共争主权于异族"[③]。在吕碧成看来，女权与国权紧密相连，"殊不知女权之兴，归宿爱国，非释放于礼法之范围，实欲释放其幽囚束缚之虐权"。换言之，振兴女权不止于使女性突破礼教之囹圄，摆脱异族压迫才是性别解放的深远目标，从而"合力以争于列强，合力以保全我四百兆之种族，合力以保全我二万里之疆土"[④]。唐群英则在辛亥革命中，组织"女子后援会"，参加"女子北伐队"，驰赴金陵作战，并在中华民国建立后获得了"二等嘉禾章"的殊荣[⑤]。她认为共和胜利的曙光升起之际，便是"女界革命""男女平权"梦想成真的时刻。在《女界代表张（唐）群英等上参议院书》

[①] 关于清末民初"性别秩序松动与紧张"这一命题的内涵，可参见蔡洁：《民国初年性别秩序的松动与紧张——历史与文学双重视域下的周静娟之死》，载《成都大学学报》2016 年第 3 期。

[②] 以上观点，参见刘慧英：《女权、启蒙与民族国家话语》，人民文学出版社，2013 年，第 62 – 70 页。

[③] 黄公：《大魂篇》，载《中国女报》1907 年第 1 期。

[④] 吕碧城：《论提倡女学之宗旨》，载《大公报》1904 年 5 月 20 日。

[⑤] 以上事迹，参见《唐群英年表》，载衡阳市妇女联合会编：《唐群英史料集萃》，衡阳市妇女联合会刊行，2006 年，第 16 页。

中，唐群英奔走相告，"欲求社会之平等，必先求男女之平权，非先与女子以参政权不可"①；沈佩贞亦认为，女子"奔走于炸弹队，志在救国，无非争自由、争平权"②。

然而，张竹君在对民族国家话语的接纳上持有保留的立场。一方面，张竹君对于女子参军及革命表现出谨慎的姿态，认为女子风从北伐不过是基于传统"巾帼英雄"以及现代"女国民"的一种想象。至于女子生理的局限，不仅难以胜任从军职责，反易造成拖累之弊。黄兴亦主张解散各类女子军事团体，"战斗机关尤须处处强劲，节节灵活，以身体羸弱未经训练之女子随队遄征，诚恐一有疏虞，反致滞戎机而累全局"③。沈淑贞女士同样表达了这种顾虑，并以"身多疾病，难受长途之辛苦"，"家族爱怜弱女，不许冒险而往枪林弹雨"，"求学之时，不能间断光阴"为委婉拒绝参军之理由④。另一方面，不同于以唐群英、沈佩贞等为代表的女界精英投身于争取男女平权运动的浪潮，张竹君则在民国告成后，以"中间路径"为实现自我价值之抉择，并始终坚守"女医师"的职业岗位，不仅登上了沪上"慈善明星"的舞台，而且凭借医学成绩获得广泛认可，甚至若干年后人们提及时依旧赞不绝口，为感恩而认其为"义母"者更是不可胜数⑤。据陆丹林回忆，在护法战争之际，张竹君与伍廷芳夫人同由沪回粤途经汕头至香港一带，忽遭海盗拦截。当盗魁确知女医师张竹君身在其中，遂即刻行礼道歉⑥。值得思索的是，男性精英对唐群英、沈佩贞等女性盲目追求女权话语的负面评价⑦，同褒扬张竹君之间形成了鲜明的对照。

（张竹君）咸半颂为妇女界之梁启超，足见其思想之魔力。民初一般新女

---

① 《女界代表张（唐）群英等上参议院书》，载《妇女时报》1912年第6期，第21－22页。

② 《唐沈两女士之墨泪》，载中华全国妇女联合会妇女运动历史研究室编：《中国近代妇女运动历史资料（1840—1918）》，中国妇女出版社，1991年，第593页。

③ 《黄兴咨南京卫戍总督请解散女子国民军文》，载中华全国妇女联合会妇女运动历史研究室编：《中国近代妇女运动历史资料（1840—1918）》，中国妇女出版社，1991年，第455页。

④ 沈淑贞：《致赤十字会会长张竹君女士书》，载《妇女时报（第4期）》1912年第4期。

⑤ 史鱼：《记妇女运动之开山始祖——张竹君》，载《七日谈》1946年第17期。

⑥ 陆丹林：《广东女志士张竹君医师》，载中国人民政治协商会议广东委员会文史资料研究委员会编：《广东文史资料》（第34辑），广东人民出版社，1982年，第168页。

⑦ 唐群英揪打宋教仁，大闹参议院、《长沙日报》等野蛮行径，成为时人的笑柄，并使得"英雌"形象被"妖魔化"。参见高翔宇：《事件·文本·社会——唐群英大闹〈长沙日报〉历史事件与文学形象的考察》，载《中山大学学报》2015年第1期。另鲁迅也曾撰文批评唐、沈之流组织的女子团体无任何事业建设，不过是"'英雄与美人'的养成所"，对于她们这群人"都是应当用蚊烟熏出去"。参见《鲁迅全集·两地书》第11卷，人民文学出版社，2005年，第36－37页。

性唐群英、沈佩贞等亦倾动一时，相较品格，实远之多矣。女士（张竹君）终称以医术济人为怀。知者善藏，亦人杰也。①

由此可见，这种异乎寻常的冷静，使得张竹君在政治参与中间，既有对女性解放话语的认同，又表现出对以父权制为本质的女权话语的警惕。张竹君在政治的激流中选择退却，并非意味着"贤母良妻"的重塑，更非主张女子对家庭的"回归"。《妇女杂志》主编胡彬夏在民初"复古潮流"袭来之际，期待女子以"改良家庭"为"改良社会"的途径，重视女性在家庭中创造财富的社会转化，使女子在家庭中同样成为"生利"之人，从而打通"男外""女内"的界限与隔离，渐趋消解女权启蒙与国族话语之间的内在紧张②。与之相反，张竹君所看重的是女子"走向社会"后的广阔成就，绝不是囿于家庭的狭隘"妇学"。

另外，张竹君在对性别、政治与社会三者关系的认识中，更强调女性作为"女国民"的自身条件与社会基础，即唯有"自立之学"，才是践行"中间路径"、赢得"女国民"的席位、实现政治权利的前提和保障。这种既超然于政治，又逾越家庭困守，立足于女性社会价值的启蒙思路，无疑体现了张竹君的前瞻性认识。

首先，这表现在张竹君为实践"自立之学"主张的超越"国民之母"的女性论述中。换言之，其所偏重者乃"女国民"理想之实现。在晚清时期女性启蒙话语的论述中，"国民之母"与"女国民"是一对萦绕不开的话题③。梁启超在《论女学》中指出："蒙养之本，必自母教始；母教之本，必自妇学始，故妇学实天下存亡强弱之大原也。"④ 这在金天翮的《女界钟》中得到了呼应，有必要通过新式的教育，使女性以"国民之母"的诞育能力，保证"新中国"肌体的健康⑤。吕碧城也表示，"女子者，国民之母也，安敢辞教子之责任"，

---

① 滁非：《女志士张竹君传》，载《辛亥月刊》1948 年第 6-7 期。
② 高翔宇：《"改良家庭论"与清末民初妇女启蒙——以胡彬夏的论述为中心》，载《广州大学学报》2016 年第 3 期。
③ 关于"国民之母""女国民"与晚清女性形象的建构，参见胡笛：《晚清"国民之母"话语及其女性想象》，载《湖南大学学报》2014 年第 4 期；乔以钢、刘堃：《"女国民"的兴起：近代中国女性主体身份与文学实践》，载《南开学报》2008 年第 4 期。
④ 梁启超：《论女学》，载中华全国妇女联合会妇女运动历史研究室编：《中国近代妇女运动历史资料（1840—1918）》，中国妇女出版社，1991 年，第 77 页。
⑤ 夏晓虹：《〈女界钟〉：金天翮的"女界革命论"》，载《南京师范大学文学院学报》2015 年第 1 期。

因母教之良否决定着未来人种的强弱①。但另一方面，吕碧城认为，女子在"国民之母"责任以外，更应具有"女国民"的身份，因女子也是国家之一分子，同样当尽国民义务，具政治之思想，享公共之权利②。对秋瑾而言，其女性论述则更进一步，从最低层次的"贤母良妻"的培育，经过启蒙意识的灌输而成为"国民女杰"，再到拯救种族存亡最高境界的"汉侠女儿"③。然而，值得注意的是，对于张竹君而言，则并非期待"国民之母"资格的赋予。一方面，她奉行独身主义以摆脱家事的羁绊，认为"若既嫁人，则子女牵缠，必不能如今日一切自由也"④；另一方面，其认为女性是否成为"国民之母"并非迫切。最要紧的是，女性当速以"合群"之道结成"女子兴学保险会"，首先实现经济的自立，拔除对男权话语的倚赖。这种对"母性"意识的淡化，使其更关注作为"女国民"的责任与担当，即强调要通过女性自身价值的展现，履行建设国家与民族的义务。就更深层次而言，内中亦隐喻了近代中国在西方科学教育的影响下，女医师在职业选择中间的独身要求。实际上，西医女医师独身的现象并不罕见，协和医学院即有明令，"护士不许结婚，如要结婚，必须先辞职"⑤。

其次，张竹君注意到了"兴女学"应当先于"争女权"这一问题。她认为，女性在以"自立之学"取得经济自主权之前，不应侈谈"女权"。这不仅避免了那些盲从争取参政权利的激情空论，而且从女性生存实态出发对症下药，提出了解决女性"解放"话语与"权利"话语矛盾的理性思路。1912年，万国女子参政同盟会嘉乐夫人在来华访问演说中，即曾以"女子工业发达，则女子可以自谋生活……从此平等参政权不求自达"为交相勖勉之词⑥。事实上，无法实现经济的真正自立，无法摆脱女学对男权话语的倚赖，一切远大空行之论终将悉归泡影⑦。

---

① 吕碧城：《论某督札幼稚园公文》，载《女子世界》1904年第9期。
② 《兴女学议》，载戴建兵编：《吕碧城文选集》，天津古籍出版社，2012年，第28页。
③ 夏晓虹：《晚清女报中的国族论述与女性意识——1907年的多元呈现》，载《北京大学学报》（哲学社会科学版）2014年第4期。
④ 马君武：《女士张竹君传》，载《新民丛报》1902年第7期。
⑤ 《北京市东城区文史资料选编》（第5辑），中国人民政治协商会议北京市东城区委员会文史委员会编，1994年，第171页。
⑥ 《女界欢迎万国女子参政同盟会会长志盛》，载1912年9月20日《民主报》。
⑦ 张馥真：《辛亥前后江浙妇女界的革命活动片断》，载中国人民政治协商会议全国委员会文史资料研究委员会编：《辛亥革命回忆录》（六），文史资料出版社，1981年，第71页。

进而言之，张竹君的"自立之学"也有助于解决女性革命后"无事可为"的困境。共和很快告成，这不仅使得"女子北伐队到前方无事可为，请缨无路"①，更重要的是，对于那些曾参与革命的女性精英而言，她们的人生道路亦随之呈现多元的分化，据回忆者称：

有的追求享乐和虚荣，敢死队队长沈警音和黄郭结为夫妇……有的则变为投机政客，例如沈佩贞就是其中之一，成为袁的爪牙……唐群英、林宗素等，也是热心于追求个人政治地位的，然而没有得到什么结果……林宗雪于复员后不久，由于感时忧世，抑郁成疾，以致一病不起。又如女子国民军北伐队的张馥贞和女子北伐敢死队的丁志谦，竟因此而遁入空门。②

至于多数不为人知的妇女，原先是为逃避封建家庭压迫而"出家革命"的，现在"回家"后，更受家族的奚落，被逼再度出嫁者有之，因流浪而沦为妓女者有之，甚或情形悲惨者，投湖自尽者亦不乏其人③。张竹君以"合群"之道所倡导的"自立之学"，有着针对女性不同层级的实业训练，短以三月为"速成"，长以六年为"预科"之期。这不仅可以避免女性因无助而沉沦的悲剧，而且其以"女医师"为职业的社会服务，为女界树立了良好的形象；不仅探索出了一条造就女性"完足之个人"的理想路径，而且有利于促进两性社会的良性发展。甚者，此种以实业精神为导向的女学方针，也赢得了男性支持者的共识。黄兴即对美国女子以培养图书馆事务员、小学教师、新闻记者、看护妇、写真师、簿记员、裁缝师为目标的职业训练表示特有的青睐，并呼吁将实业教育定为"全国女子教育方针"④。

再者，若将研究视域"脉络化"，张竹君与同时代女性知识精英的论述一并构成了近代中国性别解放话语的多元图景。

清末民初的女性知识精英围绕如何启蒙及实现自我价值提出了各自的构想：在秋瑾看来，通过种族革命以达驱除鞑虏之目的，实为人生理想的归宿⑤；

---

① 赵连成：《同盟会在港澳的活动和广东妇女参加革命的回忆》，载中国人民政治协商会议广东委员会文史资料研究委员会编：《广东辛亥革命史料》，广东人民出版社，1962年，第103页。
② 杜伟：《上海女子北伐敢死队》，载中国人民政治协商会议全国委员会文史资料研究委员会编：《辛亥革命回忆录》（四），文史资料出版社，1981年，第61页。
③ 赵连成：《同盟会在港澳的活动和广东妇女参加革命的回忆》，载中国人民政治协商会议广东委员会文史资料研究委员会编：《广东辛亥革命史料》，广东人民出版社，1962年，第104-106页。
④ 《湖南女界之欢迎》，载《民主报》1912年9月19日，第71页。
⑤ 黄公：《大魂篇》，载《中国女报》1907年第1期。

吕碧城视兴办女子教育为强国之本源,"教育者,国家之基础,社会之枢纽也。先明教育,然后内政外交,文修武备,工艺商业诸端,始能运转自由,操纵如意"①;陈撷芬则重视女子体育,认为中国数千年来女子柔弱不振,受男子之压制,实与女子体育之衰颓密不可分,故而,"欲免于奴隶犬马之辱,在自改,在体育"②;唐群英致力于女子参政权利之争取,并从"天赋人权"的角度论证女权的合法性③;胡彬夏认为,共和大业基础之基础,"非地方自治,而为家庭",故而女性"改良家庭,即整顿社会也"④;而张竹君则以"自立之学"作为女子践行"中间路径"的起点。实际上,透过对张竹君个体生命及其在女性启蒙问题上探索出的"中间路径"的解析,为我们重新检讨清末民初的女性社会生态提供了极具意义的视角。令人欣慰的是,如果在比较中审视清末民初性别解放的有关论述,张竹君的"自立论"、秋瑾的"革命论"、吕碧城的"兴学论"、陈撷芬的"体育论"、胡彬夏的"改良家庭论"等,不仅从不同层面诠释了女性自我价值的实现问题,而且彰显了清末民初女性充满智慧、多元而丰富的思想谱系。

四、余论:革命话语对张竹君形象的重构

按照沃尔特·李普曼(Walter Lippmann)的传播学理论,"拟态环境"不是对"真实环境"的完全再现,而是进行了选择性的加工与重构⑤。随着时代语境的变迁,张竹君在清末民初以"女医师"为角色的形塑也在悄然转变。进一步而言,张竹君在性别解放问题上探索出的"中间路径"模式,也因国民政府政党话语输出的需要,被不断加以淡化。"革命"与"女权"的话语,消解了张竹君在"中间路径"的角色定位,进而成为重构张竹君形象的单一元素。

至20世纪三四十年代,为迎合国民政府"三民主义""总理纪念"等话语,创作者在形塑张竹君这一层面上,不断地加入合乎政党话语的元素。

张竹君被当作"女革命家"的身份加以"含蓄"的诠释,当始于1939年冯自由在《革命逸史》中的记述:

辛亥(1911年)八月,武昌革命军起,革命党首领黄克强在香港闻讯,

---

① 碧城:《教育为立国之本》,载《大公报》1904年6月18日。
② 陈撷芬:《女子宜讲体育》,载《女学报》1902年第2期,第3—4页。
③ 《女子参政同盟会代表唐群英宣言书》,载中华全国妇女联合会妇女运动历史研究室编:《中国近代妇女运动历史资料(1840—1918)》,中国妇女出版社,1991年,第595页。
④ 朱胡彬夏:《基础之基础》,载《妇女杂志》1916年第2卷第8期。
⑤ 关于这一概念,详见[美]沃尔特·李普曼:《舆论学》,华夏出版社,1989年,第9—10页。

急挈徐宗汉女士赴上海,谋设法入鄂……以清吏搜索沿江口岸极严,不易偷渡。知竹君在沪交游至广,爰向竹君求援。竹君乃组织红十字救伤队,以中外人士结队往汉口救伤为名,使黄克强乔装队员,徐宗汉则充看护妇,因得避免各关津骚扰。九月初七日到达汉口,竹君之力也。①

上文中提及的徐宗汉,即是在广州时期资助张竹君开办南福医院的徐佩萱②,后来成为黄兴的夫人。徐、张二人的私人交谊虽是事实,张竹君在广东亦曾与胡汉民、马君武等革命党人有交游往来③,并且《警钟日报》《女子世界》《大陆》《民立报》《神州日报》等明显倾向革命的报刊不乏对张竹君事迹的报道。然而,并无直接的史料依据表明张竹君是以"女医师"身份为参与革命做掩护,更何况"赤十字会"的救护对象不分清军、民军。故而,在冯自由的解释中,张竹君掩护黄兴抵达汉口战场的经历俨然成了一种"革命"实践,即张竹君成立赤十字会的初衷,并非纯粹是女界的慈善行动,而是响应辛亥革命、支持革命领袖的豪杰壮举,这难免有牵强附会之处。

1943 年,周树三撰文《反女军的张竹君》,将张竹君的行医生涯赋予了"革命"的意义,即将张竹君同孙中山早期的医学活动相提并论,"国父当年就是'借医术为入世之媒',因之张女士在广州、上海皆交游至广,自非无因"④。

1947 年,陆曼炎在《张竹君与辛亥武汉赤十字会救伤队》一文中,明确了张竹君作为"女革命家"的历史地位。由是,张竹君从广州到上海,从实业之学到从医之业,从战地救护到慈善之举,均被解释成为革命与共和而做出的准备与服务:

前清末年,国父孙中山先生倡导革命,一时向风慕义……不仅男同志奋勇争先……便是女同志也同样热烈奋斗……现在我们提到的张竹君女士,便是女同志中的佼佼者。她在当时对革命运动,由宣传而进于实践,直接贡献甚大。⑤

顾颉刚的"层累古史说"在张竹君的形塑中得到了很好的展现。后人除了以"女革命家"的形象形塑张竹君以外,还赋予其"女权运动者"的另一身份。1945 年,抗战的胜利使得妇女解放运动的声浪此起彼伏。张竹君其人其事

---

① 冯自由:《女医师张竹君》,载《大风旬刊》1939 年第 43 期。
② 马君武:《女士张竹君传》,载《新民丛报》1902 年第 7 期。
③ 《女医士张竹君》,载冯自由:《革命逸史》(第二集),中华书局,1981 年,第 37-41 页。
④ 周树三:《反女军的张竹君》,载《妇女共鸣》1943 年第 12 卷第 9-10 期。
⑤ 陆曼炎:《张竹君与辛亥武汉赤十字会救伤队》,载《三民主义半月刊》1947 年第 10 卷第 10 期。

则被塑造为"女权运动"的激励话语、女性的榜样。陆丹林撰文《女权运动前辈张竹君》：

> 谈到中国的女权运动，和实行争取独立自由、服务社会国家民族的先锋，张竹君女医师，可以当之无愧……她在民国纪元前十二年，已经从事"提倡女权"。①

作者称，张竹君在"女子无才便是德""三步不出闺门"的年代，面对他人称其为"男人婆，招摇过市"的诋谤，依旧高呼：

> 人生要求自由，男子可以梳大鬆辫……妇女为什么不可以！男子坐籐兜（轿子）……妇女为什么坐不得！……我要做男女平权的运动者……那些头脑冬烘，思想陈腐的礼教奴隶，我要和他们搏斗，替女同胞杀开一条新路！②

陆丹林这篇气势磅礴的文章，影响不亚于冯自由当年之作。1946年，有论者受到启发，复赞张竹君为"海上妇女运动"的"开山始祖"③。次年，该文又以《妇女运动先锋张竹君》为题被《茶话》转载④。

可见，"女权"与"革命"，在重构张竹君中间皆得到了充分的展现。但就张竹君本身的形象定位而言，其不仅一直坚守着"女医师"的身份和职业，而且以"中间路径"为社会和国家贡献力量。然而，或因迎合国民政府"政党话语""革命话语""三民主义教育"等立意的需要，张竹君在"拟态环境"的建构中，着实成了一个"任人打扮的小姑娘"（胡适语）。"女革命家""女权运动者"，一方面距离张竹君"女医师"的身份认同渐行渐远，另一方面也使得"中间路径"的性别解放模式更显面目全非。

（原载《妇女研究论丛》2016年第5期）

---

① 陆丹林：《女权运动前辈张竹君》，载《三民主义半月刊》1945年第6卷第5期。
② 陆丹林：《女权运动前辈张竹君》，载《三民主义半月刊》1945年第6卷第5期。
③ 史鱼：《记妇女运动之开山始祖——张竹君》，载《七日谈》1946年第17期。
④ 陆丹林：《妇女解放运动先锋张竹君》，载《茶话》1947年第9期。

晚清女性服饰改革：
女性身体与国家、细节和时尚
——从废缠足谈起

邓如冰[①]

摘 要： 晚清服饰改革在晚清女性解放运动中发挥着特殊的作用。在以维新人士为主的精英知识分子的倡导下，废缠足等女性服饰改革被提到了强国保种的高度，但由此带来的另一个后果是人们忽视了女性身体的真实处境。女性身体被隐匿的另一原因是晚清女性服饰烦琐的细节，细节的堆砌淹没了身体。随着服饰改革的推进和细节的被剪除，女性的身体和内心都得到了重新展示，而在这一过程中，时尚起到了关键性的作用。

关键词： 服饰改革 身体 家国叙事 细节 时尚

如果认同服饰传载了文明这一说法的话，研究服饰与服饰之下的身体的关系应该比研究服饰本身更为重要。尤其是当我们的研究对象是女性服饰和与之相关的文化现象的时候，我们更是不能不同意这样的观点："这三者——衣装、身体和自我——不是分开来设想的，而是作为一个整体被想象到的。"[②] 或许除了这三者之外，还要加上另外一项——性别，这个整体才会显得更为完整。

我们以废缠足为例来研读晚清的女性服饰改革，不仅因为晚清是现代意义上的中国女性解放运动发生的时段，而此时的废缠足运动又是女性意识觉醒的源头，更因为缠足与废缠足相对于其他的女性服饰改革而言，在整个女性历史和女性服饰史上都是一段异常夺人眼目的存在。最为重要的是，对女性而言，缠足最为切中女性的"身体之痛"，废缠足最能缓解"身体之痛"。我们期待通过对缠足与废缠足的关注，讨论女性服饰改革在晚清女性解放运动中的作用以及女性身体在其中遭遇了怎样的命运。

[①] 作者简介：邓如冰，女，对外经济贸易大学中文系副教授。研究方向：中国现当代文学。
[②] ［英］乔安妮·恩特维斯特：《时髦的身体——时尚、衣着和现代社会理论》，郜元宝译，广西师范大学出版社，2005年，第6页。

一、"家国叙事"与身体盲视

在以往的任何一段时间里，服饰从来都没有像在晚清这个历史阶段那样重要——不仅在人们的日常生活中，而且在许多与国家社稷相关的思考中也是如此。它不再仅仅是生活中琐碎渺小的存在，而是成为政治变革中的一个元素、"家国叙事"中的一个声部。的确，历史进入近代中国后，过去一贯处于文化边缘的服饰在此时被赋予了极其重大的意义：它常常与"社会变革"联系在一起，成为开民智、新民风的先锋。较早把服饰与"国家""国民精神"等宏大的"家国叙事"联系在一起的是维新人士。维新初期康有为上书朝廷道：

> 今则万国交通，一切趋于尚同，而吾以一国，衣服独异，则情意不亲，邦交不结矣。[1]

在康有为等人看来，服饰改革并不仅仅是废除陈规陋习这样简单的行为，而是可以"改民视听""新民耳目""振国民精神"的大事，甚至可以提到"强国"和"救国"的高度上来。在他们心中，改革的动机不是来自"美"与"舒适"等服饰的基本特征，取而代之的是似乎与服饰本身并无太大关系的"家国情绪"，服饰改革的呼声被纳入"家国叙事"中。究其原因，自然是因为中国知识分子将自己的强国的热切、救国的焦灼等浓厚的爱国情绪深深注入了服饰之中。也就是从此时起，承载着巨大现实意义的晚清服饰变革拉开了序幕。

在整个清朝，服饰一直是政治生活中重要的一环。满清一统中国后，勒令汉族百姓改换旗装，并明确规定"男降女不降"，男子须剃发留辫，而女性服饰则可以沿袭明制。所有的汉族人都认为，发辫与旗装都是典型的满族装饰，尤其是在一些反满人士的心目中，服饰随满制，便是"沦于夷狄"的表现：

> 忍令上国衣冠，沦于夷狄。相率中原豪杰，还我河山。[2]

在这样的历史背景之下，服饰改革成为维新人士和其他知识分子提出的政治改良的重要组成部分，是自然而然的事情。具体来说，近代的服饰改革主要集中于三个方面：断发（剪掉男子头上的发辫）、易服（去掉繁缛的服饰，改易西服）、废缠足[3]。在"西风东渐"的近代，中国人在西方资本主义国家

---

[1] 康有为：《请断发易服改元折》，载《中国近代史资料丛刊·戊戌变法资料（二）》，神州国光社，1953 年，第 263 页。

[2] 邹容：《革命军》，载《辛亥革命前十年间时论选集》（第一卷下册），三联书店，1960 年，第 675 页。

[3] 参见陈高华、徐吉军主编：《中国服饰通史》中"衣冠之制的解体"一节，宁波出版社，2002 年。

晚清女性服饰改革：女性身体与国家、细节和时尚
——从废缠足谈起

"器物"与"精神"双重"现代化"的对比下，很快发现了自身外形上的"落后"和由此带来的屈辱，发辫被讥为"豚尾"，小脚被视为"奇观"，"若在外国，为外人指笑"，"既缘国弱，尤遭戏侮"①，而要强国，就有必要"与欧美同俗"，改变服饰，做到身形的"现代化"。

"废缠足"作为晚清服饰改革的重要组成部分，蕴含着深厚的家国意义。康有为在给清帝的奏章中写道：

> 试观欧美之人，体直气壮，为其母不裹足，传种易强也。迴观吾国之民，羸弱纤偻，为其母裹足，故传种易弱也。②

在康有为等维新人士看来，缠足与"弱种""弱国"紧密相联，缠足有害女性身体健康，进而会损害孩子的健康，最终整个中华民族都会成为"东亚病夫"，这一逻辑得到了民间广泛的响应：

> （缠足使女性）举步维艰，周身血气，不能流通，斯疾病生矣。此时为病女，将来即为病妇，病体之遗传，势必更生病孙。……统二万万之妇女，已皆沦于此境界，迄未改革焉，则人种之健全，必不可得，彼东亚病夫之徽号，诚哉其有自来矣。③

正因为缠足影响"强国"和"强种"，维新人士和当时的有识之士们号召妇女放足，也主要是着眼于"爱国"和"爱种"。在19世纪和20世纪之交的报刊杂志如《大公报》《中华新报》《女子世界》《妇女杂志》以及各地的日报中，用"振起爱国精神""挽祖国之危亡"等爱国言辞激励女性放足的篇章比比皆是，而女性冲破政治势力和习惯势力的层层阻挠身体力行废缠足，也正来自于爱国情绪的感召。与断发、易服一样，废缠足这一具体的服饰改革措施笼罩在"家国叙事"之下，看似个人化的服饰变化绝对不是仅属个人行为，里面涵盖的家国意义才是服饰改革的重中之重。总的来说，在中国近代这一段政治经济文化都发生重大变革的特殊历史阶段，服饰在人们政治文化生活中的地位"异军突起"，被纳入了国家、民族、民主、自由、解放、国民性等"家国叙事"的范畴之中。

然而，正是由于高高在上的"家国叙事"的笼罩，女性身体被隐匿、被忽

---

① 康有为：《请断发易服改元折》，载《中国近代史资料丛刊·戊戌变法资料（二）》，神州国光社，1953年。

② 康有为：《请禁妇女裹足折》，载《中国近代史资料丛刊·戊戌变法资料（二）》，神州国光社，1953年，第242页。

③ 炼石：《女界之与国家之关系》，载《中国新女界》1907年第2期。

略、被跳过，成为历史上的一块盲视区域。诚然，在当时的废缠足运动中，女性的身体之痛在当时也曾经屡屡被提及：

> （缠足女子）龀齿未易，已受极刑，骨节折落，皮肉溃脱，创瘢充斥，脓血狼籍，呻吟弗顾，悲啼弗恤，哀求弗应，嚎号弗闻，数月之内，杖而不起，一年之内，舁而后行……①

在此类文章中，强调"强种""强国"之前一般会提及缠足带来的痛苦，女性的身体之痛，是"家国叙事"的起点。但这仅仅是提及肉体的痛苦，缠足给女性带来的更深的与身体相关联的精神之痛、创伤性的身份意识的形成、她们由此在家庭和社会中地位的确定等话题都未有更多的探讨。单纯的肉体痛苦不能代表女性"身体之痛"的全部内涵，肉体之痛是看得见的，我们更要注意的是那些留存于女性"身体之内"、内化在女性的集体无意识中甚至女性自身都对此已经形成盲视的痛苦，那些"一切统治结构为了证明自身的天经地义、完美无缺而必须压抑、藏匿、掩盖和抹杀的东西"②。如果没有看到肉体之痛下的文化压抑，"身体之痛"的内涵还远没有被穷尽。

事实上，在整个历史长河中，女性的身体始终体现着某种"权力"对它的压抑。正如米歇尔·福柯所说："肉体直接卷入某种政治领域；权利关系直接控制它，干预它，给它打上标记，训练它，折磨它，强迫它完成某些任务、表现某些仪式和发出某些信号。"③ 而缠足正是男权在女性肉体上打下的"标记"，通过对女性身体的"训练"和"折磨"，实现对女性这一性别的"直接控制"。"家国叙事"最大的盲视之处，就是对这种身体与权力的关系的回避：一方面，通过仅仅将"身体之痛"等同于"肉体之痛"，抽空了身体的心理文化内涵；另一方面，通过从肉体之痛到家国话语的飞跃，剪除了女性身体与男权关系的联系。因此，我们现在看到在种种提倡废缠足的篇章中，对女性肉体的痛苦提及仅仅是个"起点"，越过这个起点之后，人们的注意力上升至洋洋洒洒的"国家""民族"等话题，而忘记了承受这些痛苦的女性的身体以及这一性别的真实处境。至少在话语和文本上，女性的身体与本质被连篇累牍的"家国叙事"掩盖了。这诚然与当时的历史局限性有关，也与近现代的服饰改革并不是一场女性自发的以性别觉醒为动力的改革，其提倡者和领导者与当时

---

① 梁启超：《戒缠足会叙》，载《时务报》（第16册）1897年1月3日。
② 孟悦、戴锦华：《浮出历史地表》，中国人民大学出版社，2004年，第4页。
③ ［法］米歇尔·福柯：《规训与惩罚》，刘北成、杨远婴译，生活·读书·新知三联书店，1999年，第27页。

女性解放运动的提倡者和领导者一样，本身就是深陷父权文化中的男性"精英"有关。它不自觉，也不独立，始终处于"家国叙事"的控制下，这使得女性的身体盲视成为一种事实。

二、细节：悖论与游戏

在服饰和身体这对关系中，一般来说，它们应该如影随形、烘云托月、相互发明，身体在服饰的烘托下愈显美丽与自由，服饰也因为与身体的和谐而获得"完整性"："没有人的身体，衣装就缺乏它的完整性和动感；它还是尚未完成的。"① 晚清的女性服饰精雕细琢，图案繁丽，色彩光艳，美仑美奂，如果放置于博物馆，它们是让人惊叹的艺术品，然而，如果穿戴在人的身上，它们却常常和衣服之下的身体形成悖论：它们背叛了身体，身体被服饰隐匿、覆盖、掩埋而趋消失。

晚清女性服饰最明显的特点是有着繁复的细节，张爱玲曾说："对于细节的过分的注意，为这一时期的服装的要点。"② 隐匿女性身体的正是这些没有节制的细节。当我们现在再看晚清缠足女性的绣花鞋时，不得不惊讶于其细节的繁多、工艺的复杂。正是由于这个原因，晚清绣花鞋有着多种多样的款式名称，如并蒂金莲、并头金莲、钗头金莲、单叶金莲、红菱金莲、碧台金莲、鹅头金莲、棉边金莲等，如果不借助实物，很难单以这些莫名其妙的名称为依据想象鞋的样子。不仅如此，京式、沪式、杭式、晋式等不同地区的鞋也大相异趣，按照地域的分类使得鞋样更为复杂。总的来说，要称得上是一双"合格"的绣花鞋，鞋面上各种图案的绣饰自然是必不可少，鞋帮上也必须满满地绣花绣朵，鞋上也经常缀有一些绒球、铜铃或摇曳着的蝴蝶或花鸟作为装饰，尤其是人们还常常在鞋底上也投入极大的热情，如民间流传的"步步生莲花"，在鞋底上镂空出朵朵莲花，鞋底的一侧制一精致的小抽屉，装上香粉，走路时香粉从镂空的莲花中掉下来，一步一个莲花印，让人不得不佩服时人在细节上的创造力和想象力。因为晚清女性最重足装，因此形成了一整套关于女人小脚和鞋子的"艺术"，"莲癖"们也留下了一大堆咏颂"三寸金莲"的"咏莲"诗词。然而，当我们现在再来研读那些臭名昭著的咏莲诗词时，发现了一个有趣的现象："脚"离不开"鞋"，吟咏脚的诗都必同时吟咏小鞋，如"碧云浅露

---

① [英]乔安妮·恩特维斯特：《时髦的身体——时尚、衣着和现代社会理论》，郜元宝译，广西师范大学出版社，2005年。

② 张爱玲：《更衣记》，载《张爱玲散文全编》，浙江文艺出版社，1992年，第19页。

月牙弯""笑移织筒整香裙""香钩小袜裁春罗""膝衣绣做芙蓉瓣"①,诗中专指"小脚"的名词"月牙""织筒""香钩""芙蓉瓣"等,都必是指穿上了鞋的脚。这使我们不得不考虑:所谓"三寸金莲"到底是指脚还是指鞋?在人们的潜意识中,是否"鞋"(服饰)已将"脚"(身体)隐藏、替代和掩盖?

当代作家冯骥才20世纪80年代的名作《三寸金莲》②描写的正是晚清缠足与放足的这段历史,小说详细描述了缠足的技术、工艺等"学问",也有大量篇幅对"金莲"之"美"的鉴赏,书中描写之事应该是较能反映当时的实际情况的。小说构建了一个典型的男权控制下的女性服饰世界:佟家的几位少奶奶为了争夺家庭地位而赛脚,而家庭中至尊的长者正是一位不折不扣"莲癖"。事实上,说是"赛脚",不如说是"赛鞋":

> 大伙几乎同时瞧见,每个门帘下边都留了一截子一尺长短的空儿,伸出来一双双小脚,这些脚各有各的道饰,红紫黄蓝、描金镶银、挖花绣叶、挂珠顶翠,都赛稀世奇宝,即使天仙下凡,看这场面,照样犯傻。

同样,与其说"莲癖"们喜欢的"三寸金莲"是小脚,不如说是绣花鞋:

> 陆达夫竟把酒杯放进鞋跟里,杯大鞋小,使劲才塞进去。"我就拿它喝!"陆达夫大笑大叫。
>
> ……两手突然一松,小鞋不知掉到哪里,人都往地上看地上找……原来小鞋在乔六桥嘴上,给上下牙咬着鞋尖,好赛叼着一只红红大辣椒!

为了获得"莲癖"们的欢心,书中每位女性都挖空心思地在绣花鞋上做文章,在一双小小的鞋上无休无止地堆砌着花样繁多的细节,务必要通过一双绣花鞋为其主人争到家庭和社会中的地位以及丈夫、公公、广大"爱莲"男性的宠爱。而在后者的眼里,他们看到的并不是女性本人,甚至不是绣花鞋里的那双脚,而只是一双双绣花鞋。"人"完全变成了"物",身体之痛也被完全忘却,人们记得的只有细节本身的形式美,身体被服饰所遮蔽、掩盖、遗忘。服饰喧宾夺主地取代了身体的地位,身体也完全失去了生命的光彩。

不仅是鞋,晚清女性衣装也同样重视细节。从专绘仕女图的《点石斋画报》等书籍来看,此时的女装主要流行宽衣大袍,衣服长及膝盖,袖口和下摆的长度常常达到一米以上,宽大的裤腿使裤子看起来像裙子,袖口、领口、衣裤的下摆都镶滚着很多道工艺细致的花边。女装宽大的理由仿佛是要使衣服有

---

① 苏馥:《香闺鞋袜典略》,文海出版社,1974年。
② 冯骥才:《三寸金莲》,四川文艺出版社,1986年。

足够的面积来装载那些图案复杂的花边，越是讲究的衣服镶滚的花边越多，民间所谓的"十八镶"，就是指"京师妇女之服之滚条，道数甚多"①。这样的花边一道接着一道，色彩艳丽，变化多端，完全地吸引了人们的注意力，人们所看到的只是这些细节本身，身体的存在被彻底忽视；细节不断地放大，从衣服的边缘不断向中心侵染，逐渐淹没了身体的要害部位，终于压抑、掩埋、覆盖了整个身体；服饰也因为细节的堆砌而不断地变得繁复、冗大、沉重起来，身体在服饰的对照下，渺小得几乎可以忽略不计。此期的女性服饰与18世纪的欧洲女装有其相似性，在服装的细部极尽奢靡浮华，贵妇们常常在看歌剧时由于衣服过于庞大而被卡在通道中，人为衣服所累，身体受到了衣服的限制，衣服本身是美丽的，但身体的自由和美却消失殆尽。"18世纪越来越暴露的女人的胸部其实只起到了展示戴在脖子周围的珠宝的玻璃陈列柜的作用。"② 参照这个说法，晚清女性穿着缀满花饰的宽衣大袍的身体只起到了衣服架子的作用。而服饰之下的一个个有血有肉的女性已被细节驱逐，远走于人们视线之外，成为"看不见"的一个性别。

　　细节使女性身体彻底沦为"物"——着装的女人是一个个衣架，而缝制服装的女人是一台台制衣的机器，她们共同的功能是制作和展示那些漫无节制的细节。于是，所谓的"女人"只是一个空洞的名词，一切都变成了布料与丝线的拼接游戏。我们可以想象，晚清无数女性终年被困于家中无休无止地沉溺于那些漫无边际的服饰的制作，她们的闺房实际上变成了一座座绣房，而她们的价值也并不在于她们自己，而在于生产她们手下的缀满细节的服饰。她们的生活本身也变成了一场具有竞争性质的游戏，每天挖空心思地在服饰细节上做文章，务必使自己的作品以奇、美、艳、繁制胜，以图打败其他女性，获得男性的专宠。对于男性而言，这更是一场有趣的游戏，如同《三寸金莲》中描写的那样，"赛脚会"就是"莲癖"们的狂欢节，看着那些携带着绣花鞋竞相争艳的女人一一走过眼前，他们的狂喜、兴奋、满足感都达到了极致，如同古罗马的贵族观看角斗士厮杀那样，他们不会想到角斗士们从身到心的血淋淋的痛苦，只会在血腥的刺激下，感受到一种权力者独享的快乐。我们有理由相信，这些不可思议的事情就发生在现实生活中。《清稗类钞》中记载：清中叶以后，

---

　　① ［清］徐珂编撰：《清稗类钞》（第十三册），中华书局，1986年，第6186页。
　　② ［英］乔安妮·恩特维斯特：《时髦的身体——时尚、衣着和现代社会理论》，郜元宝译，广西师范大学出版社，2005年，第128页。

缠足之风盛行，直隶宣化等地竟然出现"小脚会"，"当地每年五月十三日城隍庙会之期，庙前数里长街上，百姓稠密，游人如堵。有些妇女列坐大门前，少则五六人，多则十余人，各穿新鞋，供游人观赏"①。《香闺鞋袜典略》也记载张家口地区的女性在每年三四月间的"小足会"上赛脚，时人有诗歌咏这种"盛景"："如弓如月赛家家，双瓣红菱璨若霞，都把金莲做时样，不嫌夫婿向人夸。"②更有甚者，在永平等地，"相沿于清明前后十日，无论贫富绅倡，皆许妇女华服靓妆坐门首晾其双脚，任人评其优劣，其有抚弄者，父兄夫婿恬不为怪"③。

在这样"游戏"式的服饰制作中，女性亲手将自己的有血有肉的身体淹没在了繁多的花饰细节下，使自己作为"女人"这一个性别完全消失，而"物化"为如鞋一般的男性的"玩物"。然而，这场游戏的导演又绝不是女性本身，而是千百年来压抑女性的男权文化。的确，绣花鞋上的花饰是美丽的，然而，这并不是男性鼓励女性缠足的真正目的。清代《女儿经》中说道："为甚事，裹了足？不因好看如弓曲，恐他轻走出房门，千缠万裹来拘束。"

缠足不是为了"美丽"，而是为了将女子拘于室内，"深居简出，教育莫施，世事莫问"④，使女性从体力到脑力都低于男子，进而给她们戴上"愚笨"之名，这就是父权制在女性服饰上实施的最大阴谋，但偏偏这个阴谋是以"美丽"为名来实施的。父权制既要控制女性的身体和心灵的自由，又要隐藏这种居心，"美丽"便是最好的说辞，因此在中国历史上相当长的一段时间内，人人都以"三寸金莲"为美，以绣花鞋上面的复杂繁丽的细节为美。借用福柯的字眼，这正是父权对女性身体的一种"规训"，福柯这样界定"规训"："这些使身体运作的微妙控制成为可能的，使身体的种种力量永久服从的，并施于这些力量一种温驯而有用关系的方法就是我们所谓的规训。""规训……是权力的个体化技巧。规训在我看来就是如何监视某人，如何控制他的举止、他的行为、他的态度，如何强化他的成绩、增加他的能力，如何将他安置在他最有用

---

① 陈高华、徐吉军：《中国服饰通史》，宁波出版社，2002年，第505页。
② 苏馥：《香闺鞋袜典略》，文海出版社，1974年，第90页。
③ 苏馥：《香闺鞋袜典略》，文海出版社，1974年，第91页。
④ 《临时大总统关于劝禁缠足致内务部令》，载《中华民国档案资料汇编》（第2辑），江苏人民出版社，1981年，第35页。

之地。"① 福柯认为，在专制年代，君主们要以五马分尸等酷刑惩罚身体暴烈的力量，但现代的权力持有者对犯人的监禁制度变得越来越"温和"和"狡诈"，他们设想以温和的方式使犯人从身体到心灵都自动屈服。参照这个说法，中国的缠足正是一种"狡诈的对待身体经验的技术"，父权将对待女性身体的残酷惩罚纳入审美的范畴，用审美的标准遮盖了身体的痛苦，女性的身体与心灵在"美丽"的标准下变得温驯起来。

三、改革：身体与时尚

晚清女性服饰的改革，不仅是男性维新精英们所提出的"家国叙事"的需要，更是女性自身身体突破细节的层层重压、显示真正女性自我的需要。回望女性服饰的历史，没有哪个朝代的女装比晚清时期的更宽大、烦琐、沉重，而此期无以复加的细节更是令女性身体感到无比沉重、疲惫与拘束，"女性"整整一个性别的个性、自我、自由也消失无踪，"不脱衣服，不知道她和她有什么不同"②。改革已经是势在必然了。

"我们的时装的历史，一言以蔽之，就是这些点缀品的逐渐减去。"③ 张爱玲的这句话，精妙地概括了晚清女性服饰改革的具体内容。民国前后因为改朝换代，女性的服饰在急剧变化的社会中也迅速发生改变，不妨拿晚清和民初流行的画报做一对比：1880年左右的《点石斋画报》中的家常女性几无例外全是花团锦簇的宽衣大袍，而1920年左右的丁悚《百美图》中已完全没有此类服饰，大多是剪裁合身的衣裙，紧身窄袖，"七镶七滚"变成了只有韭菜般窄窄的"线香滚"，各种阑干、镂空也被去掉。细节在一度统治女性服饰之后，逐渐退到了边缘地带，甚至消失，服饰变得简洁、清晰、合理起来。变化最为明显的自然是脚上风光。而"脚上风光不再"就是近现代服饰改革最大的成绩。这里包含两层意思：一方面，象征女性痛苦的三寸金莲不复存在，尖尖的绣花鞋永远进入了历史的博物馆；另一方面，女人的脚的地位大大降低，"足装"的重要性难以为续，人们（尤其是女性自己）已经越来越不重视"脚上风光"了。我们现在似乎并不容易找到民国时期专门关于女鞋的资料，从当时的书报杂志广告等媒介中可看到，鞋的种类只有布鞋、胶鞋、皮鞋，时髦女性

---

① [法] 米歇尔·福柯：《言与文》，转引自杨大春：《身体经验与自我关怀——福柯的生存哲学研究》，载《浙江大学学报》2000年第8期。

② 张爱玲：《更衣记》，载《张爱玲散文全编》，浙江文艺出版社，1992年，第24页。

③ 张爱玲：《更衣记》，载《张爱玲散文全编》，浙江文艺出版社，1992年，第20页。

多穿高跟皮鞋，款式也较单一，多为露出脚面的浅帮鞋，看来"足装"似乎并不是当时女性关注的重点。而在过去的几百年中，"妇女最重足装，整之洁之，以俏利胜"。一个女人的善恶成败，在很大程度上取决于她的一双脚；判断道德上的优劣，也是看她是否有一双小脚。如同19世纪不穿紧身胸衣的女人那样，她们被视为"松散""放纵"的女人（loose women），道德上的行为不检点者[1]。中国的女性也是如此，如果身体上没有束缚自己，道德上也将被视为"不完整"而遭受唾弃。正因如此，她们必须自我撕裂，使自己的身体成为她们自身万劫不复的牢狱。在几百年的中国历史上，中国女性形象完全被简单化为一双脚（鞋），而放足之后，女性一方面是解脱肉体上的痛苦，但更重要的是，对"足下风光"的漠视，象征着旧有的道德标准被抛弃，女性摘下了跟随几百年的精神桎梏，才有可能成为有别于旧式女子的"新女性"。

与此期的衣装一致的是，鞋上烦琐的装饰也被彻底摒弃，鞋依脚而造，而不是脚为鞋而饰，服饰与身体的关系又回到了合理与和谐。服饰的改变与身体的自由（以及心灵的自由）有着密切的关联，放足之后，女性越来越意识到对自己身体掌控的必要，也越来越体会到身体自由给自己这一性别所带来的社会地位和文化心理上的变化，她们的身体不再被锁于深闺之中，内心也对自己的性别身份有了新的认识。从丁悚《百美图》中看，民国女性不像《点石斋画报》里的女性那样主要居于室内，而是出现在街道、茶室、公园、溜冰场、电影院等各种公共场合中。有人对民初以来畅销上海的杂志《礼拜六》上的仕女封面进行研究，认为这些女性"目光由谦卑垂视而含笑平视，由拘泥、守礼而活泼、自信，姿态松弛、随意"。"至此，女性形象从端庄谦恭、卑微刻板，转向自然活泼、无所拘束的过程大体完成。"[2] 正是在这些"新女性"妙曼的身影中，服饰的革新与身体的自由以及心理的变化正在彼此相互辉映、相互证明中逐渐得到实现。

然而，我们还应该考虑的问题是：到底是什么让女性的身体通过服饰的改变得到显露并获得自由？是因为男性知识分子精英（如维新人士）的提倡吗？还是国家政治的要求？抑或是"西学东渐"之风中西方女性服饰的影响？还是女性自身自发的推动？既是这一切，又不全是这一切。我们能找到一个既与这

---

[1] [英]乔安妮·恩特维斯特：《时髦的身体——时尚、衣着和现代社会理论》，郜元宝译，广西师范大学出版社，2005年，第18页。

[2] 罗苏文：《女性与中国社会》，上海人民出版社，1996年，第176页。

晚清女性服饰改革：女性身体与国家、细节和时尚
——从废缠足谈起

一切因素相关，又有别于这一切因素的推动女性改革向前跃进的原因，就是"时尚"。

时尚与女性的关系源远流长。在语言体系中，针线活被称为"女红"，就可看到人们长久以来所认为的女性与时尚之间的强烈关联。乔安妮·恩特维斯特曾细致地梳理了女性与"时尚"之间的联系："服装的制作，从原料配备到服装样式的改动，很大程度上都出自女子之手。""女人是和编织、纺织活和时尚的观念紧密联系在一起的，这些是'女人'的活计。"而且女性在时尚的消费中起到了"核心作用"[①]。然而，正因为与时尚的紧密联系，女性又同时被赋予了许多负面的、隐喻性的联系："女人的特点和'无足轻重'的时尚紧紧相连"，"人们还逐渐将时尚与女性化和轻薄浮华联系起来"。"即使通常意义上华丽的服饰也是一种恶习，这种思想被混合进有关女人本质的概念中。"[②]

从以上观念的陈述来看，女性和时尚一起长期背负着许多难堪的恶名，而这一切都是男权强加而来的。

如果一定要把女性和时尚捆绑在一起，我们宁可相信，长久以来被压抑着的女性身体，正涌动着某种与时尚的本质一致的力量——"时尚"意味着不断地变动、创新、否定、超越，对历史和文化中一切岿然不动的观念形成挑战。而且，女性的时尚还隐含着极大的智慧：首先，它具有兼容性，它吸取各方的力量为己所用，例如在晚清女性的服饰改革中，男性的、国家政治的、西方文化的力量都参与其中；其次，它是尖锐的，它像女性手中的针和剪，将旧有的秩序撕破，并迅速确立自己的标准；再次，它是不动声色的，时尚引领的改革既沉默又汹涌，"随风潜入夜，润物细无声"，在不知不觉间，在人们还未来得及反应的时候，周边已是一片新的天地。时尚的这些特性，在19世纪末20世纪初的女性服饰改革中得到了充分的体现。

先看看民国前后男性服饰的改革与女性服饰改革有怎样的区别。民国成立后，孙中山明令服饰改革，"凡我同胞，允易涤旧染之污，做新国之民"[③]。宣布废除满式服饰和缠足，提倡西服和天足。事实上，"改易西服"是就男性服

[①] [英] 乔安妮·恩特维斯特：《时髦的身体——时尚、衣着和现代社会理论》，郜元宝译，广西师范大学出版社，2005年，第187页。

[②] [英] 乔安妮·恩特维斯特：《时髦的身体——时尚、衣着和现代社会理论》，郜元宝译，广西师范大学出版社，2005年，第189页。

[③] [英] 乔安妮·恩特维斯特：《时髦的身体——时尚、衣着和现代社会理论》，郜元宝译，广西师范大学出版社，2005年，第32页。

饰而言，民国男性（尤其是官员和都市富庶之家的男性）流行头戴礼帽、身着大衣、脚穿皮鞋、身佩怀表、手持手杖，"西化"得很明显，然而，官方对女性服饰的规定仍保留了明显的晚清服饰的特点。例如女性的礼服：

> 女子礼服用长与膝及的对襟长衫，有领，左右及后下端开衩，周身得加以锦绣。下身着裙，前后中幅平，左右打褶，上缘两端用带。[1]

就像当年满清政府入关后规定女性服饰仍沿袭明制一样，民国"官方"也没有真正重视女性的服饰改革。然而，民间女性在使用礼服的场合并未采纳官方的意思，例如在婚礼上，多数女性直接采取"拿来主义"，选择了各种款式的西式婚纱代替中式礼服。如此"大胆"地违背官方服饰制度，正是"时尚女性"的先锋所在。不仅是礼服，民国女性的日常服饰也悄然"西化"，在中式服装外面罩上一件西式大衣，或者身穿中式服装，却烫着一头卷发，更为时髦的女性干脆身着洋装，在一些画报和广告上，甚至看到了身穿游泳衣的女性。以维新人士为首的精英知识分子提倡的服饰改革只给女性提出了一个空洞的口号，真正完成改革的却是女性自己。民国前后女性既没有听从长期以来父亲们（常常是通过母亲）告诉她们的着装方法，甚至也没有听从一心一意试图挽救她们脱离苦海的精英兄长们的着装意见，而是自主选择了自己的着装方式，通过完全废弃缠足、改变衣装风格迅速地建立起新的时尚观念。正是这种自主性，使得此时的时尚成为真正现代意义上的"时尚"，而民国女性服饰也由此进入了它的黄金时代。

民国女性服饰用"日新月异""目不暇接"来形容，绝不为过。自从女人的脚不再被重视后，女性身体其他部位的重要性就显示了出来。比如：人们去掉了满清女性头上沉重的饰物，开始注意头发本身，模仿西人的烫发成为时尚；脸上的浓妆被抛弃，代之以淡淡的妆靥，显露出个性各异的面庞；真正显示女性身体从隐藏到显露的过程的是 20 年代之后风行的旗袍。旗袍在不同的时期都有较大的改良，每一次的改良都对解除身体的束缚至关重要，袖子或短或长，下摆或高或低，变化之快让人目不暇接，但总体来说是尽力地在展示中国女性的身体的美丽，这也是旗袍获得长久生命力的原因。旗袍最具"革命性"的改良是侧面的开衩，往往下摆越长，开衩越高。例如 20 世纪 30 年代的旗袍下摆长至脚背，开衩却高至大腿中部以上，本被极端束缚的身体骤然间就得到了自由，服饰和身体获得了奇妙的和谐与平衡。这一切"改革"都得益于

---

[1] 陈高华、徐吉军：《中国服饰通史》，宁波出版社，2002 年，第 541 页。

"时尚"的推动，在"时尚"的掩护下，女性从身到心、从外到内的"改革"都进行得既"不动声色"又"有声有色"。

当我们现在再来回望那一段女性服饰的"花样年华"，不得不感慨那时候的服饰时尚是真正属于女性的时尚：这是她们自己选择的"时尚"，她们显露自己的身体，抒发自己的心声。而在此之前，她们为几百年来不变的宽衣大袍和烦琐细节束缚，在此之后，她们的形象在政治的干扰下陷于前所未有的灰色和单调，又一次集体性地坠入了身体盲视中。在服饰、身体和心灵都相对自由的现在，我们仍然不得不敬佩彼时女性在服饰改革中所显露的勇气和智慧。我们不能无视历史给我们留下的这样一些证明：那些奇特的结婚照片上，新娘一身洁白的婚纱，旁边的新郎却仍是长袍马褂瓜皮帽，一中一西，一新一旧，颇为有趣。

（原载《妇女研究论丛》2006年第5期）

始信英雄亦有雌
——中日学者笔下的秋瑾装束

黄 华[①]

摘 要: 文章从秋瑾的照片入手,结合中日两国学者关于秋瑾装束的记载,讨论易装在秋瑾走向革命道路过程中起到的推动作用,分析秋瑾女扮男装的行为动机及其投射出的深层文化心理。值得注意的是,中日学者笔下的秋瑾装束有一定的出入,来自异域的记录在一定程度上扭转了人们印象中单一刻板的秋瑾形象。根据朱迪斯·巴特勒的性别操演理论,秋瑾的女扮男装可以被视为日常生活中的一种个人反抗形式。秋瑾从最初自发地反抗家庭中的夫权压制,到自觉投身于推翻封建王朝的革命活动,直至为国捐躯,在此过程中,不仅摆脱了传统女性角色的束缚,而且完成了社会身份的蜕变。

关键词: 秋瑾 装束 易装 性别操演

谈到中国近代女英雄,人们头脑中首先浮现出来的应该是秋瑾(1875—1907),因为镌刻在人们记忆中的不仅有她慷慨激昂的诗词,更有她舍生取义的事迹。一个女子能够像男人一样写诗填词、跨马扬刀,甚至以血警醒世人,不要说在近代中国,即便在世界也堪称罕见。然而人们都相信这位女英雄的事迹,一个很重要的原因不是来自史料,而是来自照片。这些照片不仅直观地将秋瑾的音容笑貌印刻在民众心中,而且将一位易装的女子推到世人面前,与她留下的诗词、中外学者的相关著述形成呼应。本文选取秋瑾的四张照片,希望从中窥视到这位巾帼英雄不平凡的心路历程。

一、秋瑾的照片

秋瑾存世照片中有四张珍贵的独照,照片上人物的容貌变化并不大,最明显的区别是每张照片上的不同服饰装束,从穿传统中式女装,到男式西装、和服,再到长袍马褂的中式男装。秋瑾似乎有意穿着这些不同的服饰拍摄照片。

[①] 作者简介:黄华,女,首都师范大学文学院副教授,文学博士。研究方向:女性文学、女性文化。

始信英雄亦有雌
——中日学者笔下的秋瑾装束

依照当时的设备、摄影条件推测，这些照片显然是留影者专程到照相馆拍摄的，留影者背后相似的道具布景、稍显僵硬的表情，都表明了这一点。在晚清，对普通民众而言，照相应该不算一件小事，是留影者比较在意的日常生活事件，摄影时所着服饰自然也无法忽视。正是在这一事件中，我们发现了秋瑾的留影似乎有着特殊的含义，是为纪念人生的某次经历，还是为赠送友人，抑或为了向世人展示其成长变化的过程？当然，也不排除为流传后世而摄。总之，拍照属于留影人自我展示的产物，通过现代技术将一个客观真实的自我呈现给世人。那么，秋瑾期望通过照片告诉人们什么信息呢？

第一张照片上的秋瑾是一位身着传统中式女装的闺中少妇。头戴软帽，帽前正中镶有饰物；上身穿斜襟低领滚边的半大长衫，宽大的袖口遮盖至手背；下身穿曳地长裙，双脚被裙子盖住。秋瑾端坐椅上，左手扶椅背，右侧手肘轻轻靠着一个圆几，几面上摆放着一瓶花。照片上秋瑾的神情拘谨，额前不见一丝乱发，向后的发髻全部被帽子遮住，从发式上推测，应该是她婚后在外省居住时所照，有名门贵媛的风范。

出身于官宦世家的秋瑾，祖父、父亲皆为举人，母亲单氏是知书达理的大家闺秀，有着良好的文学修养。在这样的家庭环境中长大的秋瑾，聪慧灵巧，富有才情，逐渐养成开朗、豪爽的性格。秋瑾十三岁时，便"偶成小诗，清丽可诵"[1]，擅长女红，"尤擅刺绣，虫鸟花卉，阴阳反背，自出心裁，靡不毕肖。顾性不乐此，旋即弃去，时复把卷伊吾如宿儒"[2]。读书和女红是秋瑾待字闺阁时的最爱。一首《踏青记事》描绘了秋瑾少女时的装扮："女邻寄到踏青书，来日晴明定不虚。妆物隔宵齐打点，凤头鞋子绣罗襦。曲径珊珊芳草茸，相携同过小桥东。一湾流水无情甚，不送愁红送落红！"[3] 脚踩镶有凤凰图样的绣鞋，身穿锦绸剪裁制成的襦裙，与女友携手走过芳草萋萋的曲径小桥，长裙拂地发出"珊珊"声。诗中充溢着小儿女的欢快与温婉之情。《杂兴》中有"瓶插名花架插书，数竿修竹碧窗虚"[4] 等诗句，勾勒出一幅闲适优雅的隐居生活画卷，与照片上的背景形成呼应。这样一位"才女"可惜嫁给纨绔子弟，秋瑾的丈夫王廷钧出身商贾，见识平庸，与秋瑾琴瑟不合。婚后秋瑾写下"可怜谢

---

[1] 郭延礼：《秋瑾研究资料》，山东教育出版社，1987年，第113页。
[2] 郭延礼：《秋瑾研究资料》，山东教育出版社，1987年，第113-114页。
[3] ［清］秋瑾：《秋瑾集》，上海古籍出版社，1991年，第60页。
[4] ［清］秋瑾：《秋瑾集》，上海古籍出版社，1991年，第58页。

道韫,不嫁鲍参军"①(《谢道韫》)的诗句,借以抒发心中的郁闷。照片中的秋瑾,眉宇间透露出些许幽怨。如果秋瑾一直居住在南方,可能仅仅就是一位闲来写写闺怨诗的才女,但后来到了京城,她的视野和命运随之转变。

第二张照片中的秋瑾穿男式西装出现。头戴鸭舌帽,穿着一件宽大的西服,左手掐腰,右手持一根细细的文明棍,神情怡然。肥大的裤脚下赫然露出一双男式黑皮鞋的宽鞋头,推想起来,秋瑾应该是有意为之。因为按照清末的传统,出身名门的女孩自幼缠足,秋瑾也不例外,但她后来放了足。有意显露的皮鞋鞋头,与上一张照片被裙裾遮盖的双脚形成对比,很可能是向世人彰显她那被解放的双足。

那么,从何时起,秋瑾改穿男装了呢?这要从秋瑾的丈夫王廷钧进京捐官讲起。1902 年王廷钧捐官任户部主事,秋瑾随之赴京。京城里变革求新的氛围影响了秋瑾,她结识了女界精英吴芝瑛,与之结为金兰姊妹,通过吴芝瑛,秋瑾又接触到不少新派人物,思想发生较大的变化,原本就有嫌隙的夫妻关系因而变得更加紧张。根据秋瑾挚友徐自华的记述,秋瑾首次穿男装出现在社交场合是 1903 年中秋。秋瑾身着男装到戏院观剧,轰动京城,招致王廷钧的一顿打骂,秋瑾怒而出走,在泰顺客栈住下。显然,女扮男装公开亮相是夫妻冲突的主要原因。也许秋瑾之前在家中扮过男装,大家不以为然,以为玩耍罢了,但为何那晚秋瑾要穿男装公开亮相呢?这缘自王廷钧的一次失约。那天,王廷钧原说要在家中宴客,嘱秋瑾准备,但到傍晚,王廷钧被人拉着逛妓院、喝花酒去了。秋瑾收拾了酒菜,想外出散心,就第一次穿男装,带上小厮去看戏②。事情的经过与是非一样明显,可男尊女卑的纲常礼教站在丈夫这一边,任凭妻子有百般委屈。秋瑾写下《满江红·小住京华》一抒愤懑,其中有"四面歌残终破楚,八年风味徒思浙。苦将侬强派作蛾眉,殊未屑!身不得,男儿列;心却比,男儿烈"③的诗句。是年,距秋瑾与王廷钧结婚整八年,"歌残""破楚"暗示了诗人对这段婚姻的彻底失望,词中还表达了"身"与"心"分离的激烈冲突,暗示自己渴望冲破女性身份束缚的决心。王廷钧第二天让女佣捎书信给秋瑾,劝其回家,但被秋瑾拒绝。王廷钧只好央请吴芝瑛把秋瑾接到吴家新宅纱帽胡同暂住,后又搬到南半截胡同同乡陶大钧家中短住。在陶、吴两

---

① [清] 秋瑾:《秋瑾集》,上海古籍出版社,1991 年,第 76 页。
② 陈象恭:《秋瑾年谱及传记资料》,中华书局,1983 年,第 14 页。
③ [清] 秋瑾:《秋瑾集》,上海古籍出版社,1991 年,第 105 页。

家的暂住，秋瑾有机会读到当时的进步书报，对秋瑾的思想影响很大，坚定了她摆脱旧式家庭束缚的决心。这张着男装的照片应该摄于那一时期①，它象征着秋瑾与女性社会身份的决裂。因此，这张照片可以看作秋瑾冲破家庭束缚的标志，其不再以女性的社会身份自居，而力图向世人展示着男装的秋瑾。另外，秋瑾还有一张头戴鸭舌帽、着男装的半身侧面照，应该也摄于这一时期。吴芝瑛在《纪秋女士遗事》一文中提到"其在京师时，摄有舞剑小影"②，其弟秋宗章在《六六私乘》一文中也提及"尝摄舞剑小象"③，可惜今不知所踪。

第三张照片是大家所熟知的秋瑾穿和服的半身照，该照是秋瑾1905年12月归国前在日本东京拍摄的，时年30岁。照片上的秋瑾梳日式高发髻，穿一件翻毛黑白条纹和服，右手横握一柄出鞘的倭刀，刀刃上的闪闪寒光映衬着秋瑾冷峻的目光，神色端庄。穿和服对于留日的秋瑾来说不难理解，但为何手持利刃？这要从秋瑾的留学经历谈起，1904年秋瑾写下"漫云女子不英雄，万里乘风独向东"④（《日人石井君索和即用原韵》）的诗句，与旧传统诀别，投向新生活。秋瑾在日积极参加各种活动，结识了不少志同道合的留学生，她加入旨在推翻满清政府的"三合会"，组织"演说练习会"，参与创建中国近代第一个女性团体"共爱会"。秋瑾曾两次东渡求学，历经坎坷，但事与愿违，1905年10月日本文部省颁布了《关于公私立学校接纳清国留学生的规定》，即后来通称的《取缔清韩留日学生规则》，激起中国留学生的愤怒，为此留学生中分为两派，周树人（鲁迅）、徐寿裳等主张继续学业、暂缓回国，而秋瑾、陈天华等主张集体罢课回国。12月8日陈天华跳海自尽，秋瑾主持了陈天华的追悼会，会上她宣布判处反对集体回国的周树人等人"死刑"，并拔出随身携带的日本刀大声喝道："投降满虏，卖友求荣，欺压汉人，吃我一刀。"⑤ 随后，秋瑾等指挥留学生分批归国，写下"曰归也归何处？猛回头祖国，鼾眠如故"⑥（《如此江山》）这样饱含悲愤的诗句。回国前，秋瑾特地到照相馆，拍摄了这帧穿和服、手攥倭刀横置胸前的照片。

---

① 夏晓虹：《北京时期的秋瑾——在首都师范大学的演讲》，载《社会科学论坛·学术评价卷》2007年第12期，第84-96页。
② 郭延礼：《秋瑾研究资料》，山东教育出版社，1987年，第71页。
③ 郭延礼：《秋瑾研究资料》，山东教育出版社，1987年，第116页。
④ [清] 秋瑾：《秋瑾集》，上海古籍出版社，1991年，第85页。
⑤ 王去病、陈德和主编：《秋瑾年表（细编）》，华文出版社，1990年，第17页。
⑥ 郭长海、郭君兮辑注：《秋瑾全集笺注》，吉林文史出版社，2003年，第331页。

第四张照片是一张穿传统汉族男装的全身照。照片上的秋瑾，梳男式长辫，穿长袍马褂，脚蹬官式皂靴，左手倒持一把雨伞。身后是画有亭台的布景，右侧圆几上摆放着盆栽，神情凝重，双目威严。与和服照相比，少了几许豪气，多了几分悲怆和肃然。这帧照片摄于1906年农历正月，是秋瑾归国后特意在绍城赴仓桥街蒋子良照相馆（今绍兴市红旗路284号）拍摄的。此时的秋瑾虽然未能忘却陈天华之死及留学种种往事，但她决心从悲痛中走出，脱下和服，改换汉式男装，以此表达自己投身反满革命的志向。但救国之路在何方，照片中秋瑾凝重的神情暗示了她后来不平凡的起义之举。

四张照片展示出秋瑾不同时期的装束和形象，从拘谨的闺中少妇，到女扮男装的西装革履，再到身着异域的和服，最后定格于长袍马褂皂靴的中式男装，风格迥然。我们关注秋瑾的服饰，并不是想证明秋瑾有追求时尚或易装的嗜好，因为下面使用的材料将表明，秋瑾服饰装束的改变不仅代表个人对社会性别气质的挑战，而且具有更重要的历史文化意义。着装风格作为个体思想意识的表征，在人际交往过程中，往往要起到身份认同的作用。例如，在公共场合，如果要快速了解一个人的国籍身份、知识文化背景乃至思想政治倾向，经常会根据其着装来加以判断。服饰正是在这个意义上成为文化的基本观察点之一。外在的服饰成为秋瑾表达社会身份和内心愿望的工具，也成为探究秋瑾精神世界的一面镜子。

二、中国人笔下秋瑾的装束

作为中国近代第一位女革命家，秋瑾深受民众推崇和研究者青睐。然而在现有的研究中，有关秋瑾照片、服饰的记载却失于零散且不受重视。笔者摘录了一部分有关秋瑾生前装束的记载，分别来自秋瑾的至亲好友、革命同仁以及国内学者三个视角，这些记载多集中在对秋瑾女扮男装的关注上。

在现存资料中，与秋瑾交往最密的两位女性好友是吴芝瑛和徐自华。秋瑾的结义金兰吴芝瑛在其就义后，撰写了多篇文章以纪念秋瑾，文中数次提到秋瑾为留学东瀛"脱簪珥谋学费"①。吴芝瑛将秋瑾遗留的《兰谱》并一封书信寄给筹建秋社的徐寄尘，信中提及二人结义时（1904年）秋瑾赠送女装的情形："烈士于人日写盟书一通以来曰：吾欲与姐结为兄弟。……越日：烈士作男子装过我，并赠七律一首，媵以自御之补鞋一、裙一，曰：此我嫁时物，因

---

① 郭延礼：《秋瑾研究资料》，山东教育出版社，1987年，第68、71页。

改装无用，今以贻姐，为别后相思之资……烈士自改装后，即摈满清衣服不御。此物尚存，足为烈士脱离满人羁勒之纪念。"① 吴芝瑛将秋瑾的易装视为脱离满清民族立场的表现，这与当时的民间舆论方向大致相同。当时的报刊、舆论普遍为秋瑾鸣冤，认为该案在审理和执行过程中存在诸多疑点，反映了满清政府的专制腐朽，借"秋瑾案"为推翻满清政府在舆论上造势②，吴芝瑛当然不遗余力地参与其中，为秋瑾鸣不平。

与吴芝瑛对待秋瑾女扮男装所持的宽容态度不同，秋瑾的另一位挚友徐自华（号寄尘）并不支持秋瑾的易装。除去上文提到的徐自华记录秋瑾首次穿男装亮相的经历，她还在《小说林》第7期（1907年）上发表了《秋瑾轶事》，其中有一段女扮男装的情节：

女士自诩乔装，人难辨别。余哂曰："丰神态度，毕竟不同，乌有不能辨别？岂人尽无目者！"女士曰："子勿如是言，我明日倩数人易钗而弁，一试法眼。"翌晨星期，约数女生男装，偕至易园摄影，倩余品题。余曰："小淑文秀，惜少潇洒；希英魁梧，而无跌宕；薪苹则软弱，浑似女儿腔矣；数子之中，自然是君英爽倜傥，最占优胜，亦乔装日久之效果也。"女士大笑曰："好月旦，面首三十，只中一人耶！我与若姊妹共摄一影若何？"余曰："君如此装束，不便奉陪。"女士笑骂曰："迂腐顽固，真不可教者。"③

这是一段秋瑾在南浔女校任教期间的生活琐事记录，生动地再现了秋瑾对易装的浓厚兴趣。她不仅在好友面前夸耀自己乔装打扮的本领，更付诸行动。女教员（秋瑾）约上一群女学生穿上男装，到照相馆摄影，再由女校长（徐自华）对众人的扮相一一评鉴。尽管徐自华认为其中秋瑾的扮相最佳，但仍拒绝与改装的秋瑾合影，这表明时任南浔女校校长的徐自华并不赞同秋瑾的易装。秋瑾在后来的《柬徐寄尘二章》中写下"时局如斯危已甚，闺装愿尔换吴钩"④ 的诗句，表达自己期望好友觉悟，加入革命斗争的心愿。1907年夏，秋瑾为筹军饷来找徐自华，自华捐出所有首饰。为感激好友倾囊相助，临别时秋

---

① 郭延礼：《秋瑾研究资料》，山东教育出版社，1987年，第55－56页。
② 夏晓红：《晚清女性与近代中国》，北京大学出版社，2004年；李细珠：《清末民间舆论与官府作为之互动关系》，载《近代史研究》2004年第2期；马自毅：《冤哉，秋瑾女士——析时论对秋瑾案的评说》，载《安徽史学》2005年第2期。
③ 郭延礼：《秋瑾研究资料》，山东教育出版社，1987年，第65页。
④ [清]秋瑾：《秋瑾集》，上海古籍出版社，1991年，第93页。

瑾脱下自己佩戴的盘龙双翠钏相赠,并以"埋骨西泠"的旧约相嘱①。这是两人的最后一次见面。推想起来,秋瑾扮男装已久,这副翠钏应该是秋瑾身边最后一件值钱的女性饰物。此时,距秋瑾就义不足一月,皖浙起义的筹备工作正在进行,秋瑾已经暗暗下定以身殉国的决心。后来,徐自华将翠钏返还秋瑾之女王灿芝,并作《返钏记》。

同样对秋瑾易装印象深刻的还有近代女词人吕碧城。吕碧城在天津《大公报》任编辑时,在《鸿雪因缘》中记道:"犹忆其名刺为红笺秋闺瑾三字。馆某役高举而报曰:'来了一位梳头的爷们。'盖其时秋瑾作男装而仍拥髻,长身玉立,双眸炯然,风度已异于庸流,主人款留之,与予同榻……"②秋瑾在赴日留学前曾拜访吕碧城,劝其随自己东渡。两人通宵深谈,尽管彼此契合相得,但仍各择其路。

秋瑾异母弟秋宗章的《六六私乘》一文,从家人的视角回忆了秋瑾不为外人所知的一些生活细节,特别是服饰上的变化。他记录了自日本归国后秋瑾服饰的改变:"姊返自东瀛,着紫色白条棉织品之和服,宽襟博袖,盘髻于顶,乍见几疑是客。姊笑抚余首曰:'弟长大成人矣,犹识阿姊否?'予闻语恍然,惟牵衣憨笑。姊既归,乃弃和服不御,制月白色竹布衫一袭,梳辫着革履,盖俨然须眉焉。此种装束,直至就义之日,迄未更易。改装伊始,曾往越中蒋子良照相馆摄一小影,英气流露,神情毕肖。"③秋宗章记录了秋瑾第四张照片(见上文)的来历,关于秋瑾穿和服装扮的描绘又与第三张照片形成对应。

在秋瑾的男性朋友陈去病、陶成章、冯自由等人笔下,较少谈及秋瑾的服饰装束,他们着重记录了秋瑾参加会党、从事革命活动的经过。陈去病称秋瑾"明媚倜傥,俨然花木兰、秦良玉之伦也"④。冯自由在《鉴湖女侠秋瑾》一文中提及秋瑾在青山实践女学校时,"居恒衣和服,不事修饰。慷慨潇洒,绝无脂粉习气"⑤。周亚卫在《光复会见闻杂忆(节录)》中记录了1906年冬秋瑾到杭州发展光复会时的装束:"秋瑾当时身穿一件玄青色湖绉长袍(和男人一样的长袍),头梳辫子,加上玄青辫穗,放脚,穿黑缎靴。那年她三十二岁。

---

① 郭延礼:《秋瑾研究资料》,山东教育出版社,1987年,第93页。
② 郭延礼:《秋瑾研究资料》,山东教育出版社,1987年,第273页。
③ 郭延礼:《秋瑾研究资料》,山东教育出版社,1987年,第119页。
④ 郭延礼:《秋瑾研究资料》,山东教育出版社,1987年,第77页。
⑤ 郭延礼:《秋瑾研究资料》,山东教育出版社,1987年,第95页。

光复会的青年会员们都称呼她为'秋先生'。"①朱赞卿在《大通师范学堂》中也有类似的记载:"她的身材不高大,高鼻梁,时常梳一条辫子,着一件鱼肚白竹布长衫。脚虽缠过,但着一双黑色皮鞋。所以有人说她是男装到底,但是头是不剃的。"②朱赞卿认为秋瑾给自己起别号"竞雄"和着男装的行为,是因为愤激于男女不平权。

中国著名近代史学家范文澜1956年应《中国妇女》约稿,撰写《女革命家秋瑾》一文,描述了童年印象中的秋瑾:"我所看到的秋瑾总是男子装束,穿长衫、皮鞋,常常骑着马在街上走。"③更重要的是,因其胞兄范文济曾是大通学堂的学生,范文澜以亲历者的口吻从侧面记录了秋瑾被害的过程,还原了秋瑾被捕当日的场景:"一忽儿,看见秋瑾穿着白汗衫,双手被缚,被一个兵推着走,前面有几个兵开路,又有几个兵紧跟在后面,他们都端着上刺刀的枪,冲锋似地奔过我家门口的锦鳞桥,向绍兴知府衙门的路上奔去。"④作者的身份及其家人的亲身经历成为人们信服的重要理由,该文也因而奠定了秋瑾女革命家的历史形象。后来的国内学界多沿袭这一说法,努力建构秋瑾女革命家的形象。

国内有关秋瑾服饰及装束的记载总体来说并不详细,也许大家对于秋瑾的易装嗜好有意采取忽视态度,或避而不谈,或在不得不谈时,赋予其反抗民族压迫、争取男女平等的革命意义。这与晚清的时局和舆论需要密切相关,也与中国数千年来根深蒂固的"男女不同裳"的礼教传统相关,更与新中国成立后妇女的解放、妇女地位的提升有密切关系。人们致力于在历史、文学、艺术等领域内建构秋瑾女革命家的形象,对其易装行为采取了有意忽略的态度。

三、日本人笔下秋瑾的装束

因秋瑾曾留学日本,不少日本人对秋瑾十分推崇。秋瑾就义后,一些有关秋瑾的日文文章、文学作品问世,主要来自与秋瑾相识的日本友人及后世日本作家,前者如服部繁子、松本龟次郎等,后者有日本作家武田泰淳、永田圭介等。与中国人笔下强调的秋瑾着男装、具有女侠气质不同,日本人笔下的秋瑾形象更趋日常化,装束也更为丰富多样。

---

① 郭延礼:《秋瑾研究资料》,山东教育出版社,1987年,第230页。
② 郭延礼:《秋瑾研究资料》,山东教育出版社,1987年,第237页。
③ 郭延礼:《秋瑾研究资料》,山东教育出版社,1987年,第3页。
④ 郭延礼:《秋瑾研究资料》,山东教育出版社,1987年,第4页。

服部繁子是时任京师大学堂日本教习服部宇之吉的夫人，她对秋瑾赴日留学、到实践女学校就读起到重要的引荐作用。她著有《回忆妇女革命家王秋瑾女士》一书，这里引用的资料来自她在日本《中国语杂志》上发表的《回忆秋瑾女士》一文，文中多次提及秋瑾的穿着装束。秋瑾给服部繁子留下的第一印象是辨不清男女的怪异装束："高高的个头，蓬松的黑发梳成西洋式发型，蓝色的鸭舌帽盖住了半只耳朵，蓝色的旧西服穿在身上很不合体，袖头长得几乎全部盖住了她那白嫩的手。手中提一根细手杖，肥大的裤管下面露出茶色的皮鞋，胸前系着一条绿色的领带，脸色白得发青，大眼睛，高鼻梁，薄嘴唇。身材苗条，好一个潇洒的青年。"[1] 繁子无法辨别眼前人是男是女，等吴芝瑛介绍是"王太太"时，才明白原来是女扮男装。在随后的交往中，繁子逐渐喜欢上这个有个性的中国女子。第二次相见，秋瑾穿的还是那身宽大的蓝色西装，但繁子显然对其有了好感。在繁子眼中，秋瑾有着林黛玉一样苗条的身材，越看越像一个南方的娉婷美人。繁子问秋瑾为何男扮女装，她认为其女扮男装的行为"有点孩子气"，并以"男女平权"的思想劝说秋瑾。但秋瑾坚持自己的观点，并向繁子抱怨自己的家庭"太和睦了"、希望丈夫"强暴一些"等，让繁子认为秋瑾是家中的"女神"[2]，对其夫王廷钧反倒升起同情。第三次见面是在秋瑾北京的居所。繁子来到秋瑾家中，见到女装打扮的秋瑾，黑上衣，灰色裙子，下蹬一双绣花鞋。繁子还见到白脸皮、很少相的王廷钧，印证了自己的猜测。秋瑾跟繁子谈了自己打算去美国留学的想法。第四次见面，秋瑾穿白色水手服来看繁子，显得英姿飒爽。她改变了想法，请繁子带她去日本留学。繁子起初拒绝了秋瑾的请求，但架不住王廷钧的登门拜访和央求，最后同意带秋瑾去日本。文章第五次提及秋瑾装束是二人同行启程去日本。秋瑾随服部繁子一道赴日留学，在船边与家人告别，王廷钧和两个孩子前来送行。秋瑾没穿男装，穿浅蓝色朴素的衣服，短发用帽子拢住，告别的场面温馨而伤感。到日本后，应秋瑾的要求，服部繁子推荐她入读实践女学校。

起初，服部繁子的这篇文章在中国并不受重视。一则因为繁子笔下有关秋瑾夫妻关系的记述，完全不同于秋瑾对丈夫王廷钧的描述，也与国内其他资料的记载截然不同。中国读者很难接受秋瑾笔下"禽兽之不若""天良丧尽"[3]

---

[1] 郭延礼：《秋瑾研究资料》，山东教育出版社，1987年，第171页。
[2] 郭延礼：《秋瑾研究资料》，山东教育出版社，1987年，第174页。
[3] ［清］秋瑾：《秋瑾集》，上海古籍出版社，1991年，第36－37页。

（《致秋誉章书其三，其四》）的王廷钧与服部繁子眼中"腼腆""惧内的小丈夫形象"①之间的巨大反差，想当然地认为来自异域的记述不真实。一则这与日本妇女恭顺谦卑的行为方式有关，日本男尊女卑的社会习俗较中国更为盛行；二则繁子的叙述立场很让人怀疑。身为日本官宦家眷的繁子，尽管主张男女平权，但完全否定秋瑾的革命思想，认为秋瑾同当时很多中国人一样患了流行的"革命病"②，时常担心秋瑾留学期间给自己带来麻烦。因此，繁子对秋瑾的态度是敬佩、尊重、疑惑与责备共存。

但近年来，服部繁子的文章却受到中国学者的重视，也许由于"他者"的记述没有落入"革命话语"的窠臼，显得相对更客观、真实。夏晓虹的《秋瑾北京时期思想研究》、易惠莉的《秋瑾1904年入读和退学东京实践女学校之原因》、马自毅的《秋瑾夫妇关系考辨》③等论文将服部繁子的文章作为重要参考资料。无论怎样，这是一篇记述秋瑾装束风格最详细的文章，生动立体地呈现了1903年冬到1904年春秋瑾在京期间的日常生活，从另一侧面反映出秋瑾思想上所发生的变化。

在日本留学期间，秋瑾的穿着又是怎样的呢？我们可以从日本人撰写的文章中找到相关记载。松本龟次郎的《中华五十日游记》中有一篇文章《秋瑾女士墓和我的回忆》，其中提到秋瑾初到日本在留学生会馆学习日语的情形。1905年松本龟次郎在骏河台留学生会馆任教，曾教过秋瑾日语。在松本的记忆里，秋瑾"白皙的皮肤，柳眉，身体苗条，体态轻盈，黑色花纹的和服上衣，配一件当时流行的紫色裙子，小脚，日本发型，莲步蹒跚。每天来校从不缺课，回答问题清楚，提问也很尖锐"④。值得注意的是，文章特别指出"小脚""莲步蹒跚"，这是中国女子区别于日本女子的主要特征。尽管秋瑾梳日本发髻、穿和服，但蹒跚的莲步还是在日本教师心中留下深刻的印象，使其无法将心中柔弱的女子形象与革命英烈联系在一起，故留下"飘然紫色裙，轻盈金莲脚。平常凡女子，刚烈显英杰"⑤的诗句。

---

① 郭延礼：《秋瑾研究资料》，山东教育出版社，1987年，第174页。
② 郭延礼：《秋瑾研究资料》，山东教育出版社，1987年，第175页。
③ 夏晓虹：《秋瑾北京时期思想研究》，载《浙江社会科学》2000年第4期；易惠莉：《秋瑾1904年入读和退学东京实践女学校之原因》，载《社会科学》2012年第2期；马自毅：《秋瑾夫妇关系考辨》，载《历史教学问题》2005年第1期。
④ 郭延礼：《秋瑾研究资料》，山东教育出版社，1987年，第246页。
⑤ 郭延礼：《秋瑾研究资料》，山东教育出版社，1987年，第246页。

当代日本建筑学家永田圭介，由一次偶然的绍兴之旅，激起他对秋瑾的无比崇敬，他历时三年撰写完成了《竞雄女侠传》一书，该书于2004年出版，永田圭介选择秋瑾穿和服的照片作为封面。因为搜集了大量有关秋瑾的中日文献，故书中有不少关于秋瑾服饰、摄影等生活细节的描述，当然这些描述基于史料和合理的文学想象，即史料加虚构组合而成。例如，该书开头便详细记述了秋瑾5岁缠足的经历，并根据秋瑾后来28岁放足的经历，指出秋瑾饱受"缠足和放足两重痛苦的煎熬"①。作者描述道："秋瑾很喜欢拍照"②，"平时总爱把自己喜欢的照片配上镜框保存起来"③。"相片（作者按，指穿和服照）洗出后，秋瑾加洗了几张，将相片镶在椭圆形镜框里，分别送给即将回国的朋友。"④ 永田圭介在小说末尾特意指出孙中山为秋瑾题词"鉴湖女侠千古 巾帼英雄"中"巾帼"的含义，巾帼原指中国古代妇女的头饰，借指妇女，自中山先生为秋瑾题词后，巾帼英雄便成为秋瑾的另一称号⑤。由此可见，服饰对于确定秋瑾身份的重要性。

因为深受武田泰淳以秋瑾为主角的小说《秋风秋雨愁煞人》影响，永田圭介在《竞雄女侠传》中时常与之进行比较，借以表达对历史人物、历史事件的个人理解。在武田泰淳的启发下，永田圭介在"尾声"部分把秋瑾之死与耶稣的受难联系在一起，并详细进行了阐释和对比，将一心想置秋瑾于死地的贵福比作犹太教大祭司该亚法，将始终怀有愧疚感的李宗岳比作彼拉多，把清兵赶来时一直纠缠秋瑾的蒋继云比作叛徒犹大，将获悉徐锡麟被害后秋瑾的独自痛哭与耶稣在橄榄山独自承受悲痛相比……小说以1987年6月19日美国《华盛顿邮报》中文版刊登的美国女诗人阿格尼丝的《秋瑾英烈》一诗结束全书。"秋瑾 秋瑾／绍兴的巾帼豪英／我们唱一支颂歌／献给您短暂的一生……"⑥ 永田圭介以此来彰显秋瑾作为古城绍兴历史人物代表的意义。

从服部繁子、松本龟次郎、永田圭介等日本人笔下，我们读到了一个既熟悉而又陌生的秋瑾。说熟悉是因为秋瑾的事迹早已深入人心，说陌生是因为透过异域"他者"的眼光我们似乎看到了另一个有着喜怒哀乐、英勇刚强但带着

---

① [日]永田圭介：《竞雄女侠传》，群言出版社，2007年，第8页。
② [日]永田圭介：《竞雄女侠传》，群言出版社，2007年，第96页。
③ [日]永田圭介：《竞雄女侠传》，群言出版社，2007年，第250页。
④ [日]永田圭介：《竞雄女侠传》，群言出版社，2007年，第209页。
⑤ [日]永田圭介：《竞雄女侠传》，群言出版社，2007年，第332页。
⑥ [日]永田圭介：《竞雄女侠传》，群言出版社，2007年，第337页。

更多无奈的秋瑾。

四、易装背后的文化意义

中国人笔下的女革命家秋瑾与日本人笔下的秋瑾形象构成了一定的反差，我们无意探究哪种记述更接近历史的真实，而是聚焦于已经超越了国界的秋瑾研究，在跨文化的视域下探讨易装在秋瑾文化身份建构过程中所起的作用。

我们先对比中日两国学者有关秋瑾装束描述的差异，从中可以得出以下三点启示。

第一，来自异域的记载纠正了国内许多资料带给读者的秋瑾着男装的刻板印象。这些记载表明自1903年秋瑾首次着男装公开亮相之后，并非一成不变地穿男装，而是如常人一般时常变化。如服部繁子提及的秋瑾着中式女装、水手装，松本龟次郎印象中秋瑾着日本女装等。

第二，秋瑾装束的改变，一方面来自自己的想法和见解，另一方面也未免要受到当时潮流（即今所谓"时尚"）的影响。如当秋瑾期盼赴美留学时，曾身着白色水手服来见繁子，借以表达对远航留学生活的渴望，水手服在当时应该是很时尚的穿着，也符合时人对大洋彼岸陌生国度美国的想象。又如，在日本期间，秋瑾一直梳日式发髻、穿和服。按照秋瑾的个性，不能简单地解释为身居东瀛、入乡随俗的表现，因为当时在日本的很多中国留学生都有穿和服的留影，如章太炎、鲁迅、郭沫若、周作人等。周作人回忆留日生活时曾谈及当时穿和服的风尚："章太炎先生初到日本时的照相，登在《民报》上的，也是穿着和服，即此一小事可以见那时一般的空气矣。"[①] 从松本龟次郎的记载来看，秋瑾在日本时穿和服女裙，即一般女子的平常装束，在服饰上未有任何偏激的表现。可见这一时期的秋瑾心绪平和，尽管服部繁子对秋瑾的革命思想心怀忐忑，但秋瑾还是遵照两人的约定，选择进入实践女学校读书。如果不是日本文部省颁布了《取缔清韩留日学生规则》，秋瑾也许会在日本完成学业，但她愤激冲动的个性使她无法接受屈辱性的条件，只能拂袖归国，投身于更激烈的革命起义。

第三，服部繁子文章中谈及秋瑾在家着女装，在外着男装，这表明秋瑾在塑造、改变自己的社会性别身份。秋瑾有意在公共空间内改穿男装，在私人空

[①] 周作人：《日本之再认识》，载钟叔河编订：《周作人散文全集（第八卷）》，广西师范大学出版社，2009年，第616页。

间内保留女装的做法，是身份政治的表达，即一种政治立场的反映。借用当代美国学者朱迪斯·巴特勒（Judith Butler）的社会性别操演理论来解释，性别并非如服部繁子劝导秋瑾那样是一成不变的，而是可以通过扮演和操练来建构的。巴特勒提出："性别不应该被解释为一种稳定的身份，或是产生各种行动的一个能动的场域；相反地，性别是在事件的过程中建立的一种脆弱的身份，通过风格/程式化的重复行动在一个表面的空间里建制。"[1] 秋瑾希望通过以男装示人的做法改变自己的社会性别身份，期望拥有男子的社会性别身份。秋瑾自己的话也表明了这一点。当繁子问秋瑾为何穿男装又是西服时，秋瑾答道："在中国是男子强，女子弱，女子受压迫。我要成为男人一样的强者，所以我先要从外貌上像个男人，再从心理上也成为男人。留辫子是异族人的习俗，不是中国人的装束，所以我穿西装。"[2]

秋瑾希望通过穿男式西服，实现对自己女性身份的逾越，值得注意的是，这种僭越不同于西方后现代性别理论中所强调的僭越，因为它是双重僭越。第一重是性别身份上的僭越，秋瑾女扮男装，希望能够扮演像男子一样的强者，拥有相应的社会权利，如社交自由、受教育权等；第二重是民族国别身份上的逾越，体现在服饰类型的选择上，秋瑾特意避开满清男子的装束，借以表达自己反满的政治立场。中国古代历史上不乏女扮男装的奇女子，花木兰、娄逞、黄崇嘏等，但着装的标准无非是比照身边的男子，从未超越国别的界限。作为户部官员家眷的秋瑾，居然身穿男式西装，公开亮相，在当时的京城可谓大胆之举！不过按照秋瑾的逻辑推理，男强女弱，西（方）强中（国）弱，模仿自然要模仿最强者，故秋瑾要穿男西装。这反映了她向往男女平权、期盼改变中国贫弱现状的心理，这是秋瑾区别于花木兰的重要之处。因为无论替父从军的花木兰，还是才高八斗的女状元，女扮男装都只为躲过眼前的家庭困境，易装动机并不违背中国封建纲常，都是为了尽孝尽忠，但秋瑾的易装却是在近代中国特殊的历史背景下做出的革新之举，目的是拯救被压迫的中国妇女和被列强欺侮蹂躏的国家。例如，秋瑾在同吴芝瑛谈及留日学习科目时，提到她不学师范，不学医学。因为她认为这些科学，不能增长她救国家、救二万万同胞的

---

[1] [美] 朱迪斯·巴特勒：《性别麻烦：女性主义与身份的颠覆》，宋素凤译，上海三联书店，2009年，第184页。

[2] 郭延礼：《秋瑾研究资料》，山东教育出版社，1987年，第173页。

本领①。又如，秋瑾在日本与陈撷芬组织共爱会，其宗旨是爱国、自立、学艺、合群，其目的为"欲结二万万女子之团体学问"②。可见，秋瑾的易装并非为一己、家族之私利，而有着更高的民族国家的追求。

来自异域的资料对国内的秋瑾研究起到了重要的补充、纠正和丰富的作用。在同时代的日本人笔下，我们读到的是对这位奇女子的敬佩和感动，正如松本龟次郎所说："怎么也想不到这就是壮烈的革命先驱者。"③ 京都产业大学的狭间直树教授也称秋瑾的事迹"在东亚成了精神交流的媒介"④。

如果将秋瑾的易装行为作为一个文化符码，嵌入晚清特定的历史时空内进行考察，不难发现，易装——这种身体行为背后蕴含的丰富文化内涵。法国哲学家米歇尔·福柯（Michel Foucault）把身体描述为文化铭刻的一个表面和场所⑤，即身体被理解为一个媒介，更确切地说是一页白纸，文化持续不断地在身体上施加作为，个体身体上便留下了历史文化的烙印。秋瑾的女扮男装最初源于对家庭内夫权的反抗，后来其通过留学、参加会党、组织留学生运动、担任学堂教习、筹备起义等活动，一步步走上革命道路。也许起初的易装只是一种转换身份的策略，后来女扮男装久了，秋瑾便跳出中国传统妇女的社会性别规范，开始自觉承担男性角色的社会责任，尤其担起了对民族、国家的责任。在此过程中，秋瑾始终保持着清醒的头脑，从早年的"古今争传女状头，谁说红颜不封侯""莫重男儿薄女儿"⑥（《题芝龛记》），到庚子国变的"漆室空怀忧国恨，难将巾帼易兜鍪"⑦（《杞人忧》），直至绝笔信中的"痛同胞之醉梦犹昏，悲祖国之陆沉谁挽"⑧（《致徐小淑绝命词》），秋瑾始终心怀民族、国家大义，但不免偶尔因易装产生自我的幻觉，这在她的《自题小照（男装）》中表现得最为明显："俨然在望此何人？侠骨前身悔寄身。过世形骸原是幻，未来景界却疑真。相逢恨晚情应集，仰屋嗟时气益振。他日见余旧时友，为言今已

---

① 陈象恭编著：《秋瑾年谱及传记资料》，中华书局，1983年，第17页。
② 陈象恭编著：《秋瑾年谱及传记资料》，中华书局，1983年，第18页。
③ 郭延礼：《秋瑾研究资料》，山东教育出版社，1987年，第246页。
④ ［日］永田圭介：《竞雄女侠传》，群言出版社，2007年，第2页。
⑤ ［美］朱迪斯·巴特勒：《性别麻烦：女性主义与身份的颠覆》，宋素凤译，上海三联书店，2009年，第169页。
⑥ ［清］秋瑾：《秋瑾集》，上海古籍出版社，1991年，第57页。
⑦ ［清］秋瑾：《秋瑾集》，上海古籍出版社，1991年，第62页。
⑧ ［清］秋瑾：《秋瑾集》，上海古籍出版社，1991年，第26页。

扫浮尘。"① 这是秋瑾唯一一首照片题诗，也是唯一有关易装的诗。朱迪斯·巴特勒认为性别的操演性"推到极致来说，它是一种自然化的行为举止的幻觉效果"②。秋瑾的《自题小照》正是易装行为幻觉效果的反映，因为此时刚从日本回国的秋瑾，仍沉浸在悲愤、挫败，有时不免精神恍惚的情绪中。但根据照片和秋瑾后来的行动，我们又可以推断出：秋瑾脱下和服，换上汉式男装并摄影留念的行为，带有明显地宣称改变身份立场的意味。

尽管外在服饰的改变只是日常生活中的琐事，但"日常生活是历史潮流的基础。正是从日常生活的冲突之中产生更大的总体性社会冲突"③。晚清时期，各种社会思潮层出不穷，新与旧、西洋与本土的多种政治文化观念激烈交锋。在这一特殊历史时期，穿西装、穿制服、易装等行为都带有强烈的立场宣示和身份认同的意味。而摄影技术的介入，充分发挥了服饰的象征功能和审美功能。于是，不难理解中国近现代知识分子身着特定服饰在相机前做出各种造型动作的意义。这些照片通常登载在报刊上，借以宣扬他们的理念，而公众也惯于通过着装风格来辨识其立场和身份。秋瑾穿和服手攥短刀的照片即刊登在《中国女报》第 2 号（1907 年 3 月 4 日发行）上，卷首同时刊载了秋瑾的《勉女权歌》。显然，秋瑾试图用自己的诗词和照片来激励中国妇女。

秋瑾的女扮男装是在特定历史条件下一种身份立场的表达，这一方面基于中国文化中女扮男装的花木兰传统，另一方面也来自中国近代社会内忧外患、亟须变革的社会需求。借助外在服饰的变化，秋瑾跳出了传统女性规范的束缚，一步步走上革命道路，最终为国捐躯。正是这种"始信英雄亦有雌"④（《题芝龛记》）的震惊和感动，使秋瑾成为近现代亚洲历史上杰出的女性代表。

（原载《妇女研究论丛》2015 年第 2 期）

---

① ［清］秋瑾：《秋瑾集》，上海古籍出版社，1991 年，第 80 页。
② ［美］朱迪斯·巴特勒：《性别麻烦：女性主义与身份的颠覆》，宋素凤译，上海三联书店，2009 年，第 9 页。
③ ［匈］阿格尼丝·赫勒：《日常生活》，衣俊卿译，黑龙江出版社，2010 年，第 45 页。
④ ［清］秋瑾：《秋瑾集》，上海古籍出版社，1991 年，第 57 页。

从传统到近代：民间年画与中国女性生活[①]
——以杨柳青年画为中心的考察

侯 杰　王 凤[②]

摘 要：杨柳青年画不仅有着悠久的历史，而且为研究中国女性生活的变迁提供了珍贵的视觉文本。在传统中国的文化背景下，年画中的传统女性生活是男权社会对女性规训后的艺术再现。"仕女画"集中了很多女性形象，也反映了部分女性生活。在近代中国，年画中的女性生活发生了一系列变化，女性主体身份与社会角色也被不断重新定义，体现了民族主义话语及男性知识分子对年画创作者乃至社会的期待。一方面，杨柳青年画艺术地呈现出中国女性从传统到现代的生活变迁及其性别关系、权力关系之调整，另一方面也展示了视觉文本的独特魅力。

关键词：杨柳青年画　女性形象　女性生活　视觉文本

一、引言

在新文化史日益发展的今天，视觉图像越来越多地进入历史学家的研究视野，画报、年画、照片、纪录片等视觉文本受到重视。由于视觉文本来源于历史本身，在某种程度上展现了特定历史时期的大事小情以及普通人的生活与观念。因此，学者们断定："视觉史料的价值并不只是作为文字史料的附属品（如插图），它更能触及宗教、族群、性别、阶级等的界域划分，以及不同界域之相互关系，而其内涵不仅包括理性思维、理念传递，亦包括情感表达、群体的记忆与认同，因而具有主体性的地位。"[③]

中国古代绘画艺术作品很早就受到人们的重视。以图证史，成为中国史学

[①] 基金项目：本文为2014年教育部人文社会科学重点研究基地重大项目"近代日常生活（1840—1911）"（项目编号：14JJD770010）的阶段性成果。

[②] 作者简介：侯杰，男，南开大学城市文化研究院副院长、南开大学中国社会史研究中心教授、南开大学历史学院教授、博士生导师。研究方向：中国社会性别史、视觉文化史等。王凤，女，天津大学冯骥才文学艺术研究院博物馆部研究人员。研究方向：中国近现代社会性别史、中国木版年画史等。

[③] 黄克武：《画中有话——近代中国的视觉表述与文化构图》，"中央研究院"近代史研究所，1993年，第1页。

传统之一。其中，女性题材一直受到学者的关注并被归类为"仕女画"，成为美术史的重要组成部分。在大陆学者中，侯杰、陈平原等人将产生并发展于近代中国的各种画报作为研究社会生活、风俗习惯的重要文本，产出了一些学术成果①。在港台等海外学者中，叶汉明、王尔敏等人对《点石斋画报》的研究较为集中，林美莉、柯惠玲等人的研究各有特色②。

目前存在的主要问题是，学者们选取的视觉文本很少能贯通古今。研究古代历史者，多选取文人画与宫廷画等，缺少性别视角；研究近代历史者，关注新媒体，较少关注民间年画等传统视觉文本。随着社会史、社会性别史的日渐兴盛，学者们将研究视野转向普通人，聚焦女性，将视觉文本作为研究中国女性生活的重要素材。为深化相关研究，笔者将目光移向杨柳青年画这一较为传统的视觉文本，借助社会性别视角，考察中国女性从传统走向现代的生活变迁。

首先，传统女性形象在年画作品中出现得很早。1909年，在内蒙古黑水城西夏遗址中就发现了展现绿珠、王昭君、赵飞燕、班姬等四位宫装仕女的《四美图》。这幅作品不仅被视为现存早期木版年画珍贵遗存之一，而且开启美人年画题材的先声。明清时期，随着商业经济的发展，社会各界人士对年画的需求逐渐增加，遂使年画艺术进入鼎盛时期。中国传统女性形象及其生活是杨柳青年画的主要题材之一，表现方式多将女性与男童结合在一起，以展现母亲在孕育、生育、抚育、养育、教育孩子时的场景，强化母亲的主体身份和天职。

---

① 侯杰、王昆江通过对近代出版的这份重要石印画报的系统搜集、整理，按照专题，揭示出近代中国社会年节、婚丧、家庭、信仰等习俗以及陋俗的破除，开民智所带来的发展变化，阐明图文互观、图文互证、图文互释的关系（侯杰、王昆江：《醒俗画报精选：清末民初社会风情》，天津人民出版社，2005年）。侯杰与李钊认为，画报不仅起到新闻传播的效果，而且通过对女性生活的描述及其考察，可以深入研究性别角色在社会文化上的意义和特征等（侯杰、李钊：《媒体·视觉·性别——以清末民初天津画报女性生活为中心的考察》，载《南开学报》2011年第2期）。陈平原从画报入手，对特定历史时空中，传统中国的"左图右史"怎样与西学东渐的汇流结盟，进而影响到中国的现代化进程的历史过程进行了梳理和思考［陈平原：《左图右史与西学东渐——晚清画报研究》，香港：三联书店（香港）有限公司，2008年］。李从娜和陈艳对《北洋画报》的研究、吴果中对《良友》画报的研究则偏重女性身体。

② 叶汉明：《〈点石斋画报〉通检》［商务印书馆（香港）有限公司，2007年］、《〈点石斋画报〉与文化史研究》（载《南开学报》2011年第2期）、《〈点石斋画报〉中的性别：以妓业为中心的探讨》［载《性别觉醒——两岸三地社会性别研究》，商务印书馆（香港）有限公司，2012年］；王尔敏：《中国近代知识普及化传播之图说形式——〈点石斋画报〉例》（载《明清社会文化生态》，台湾商务印书馆，1997年）、《〈点石斋画报〉所展现之近代历史脉络》（载黄克武主编：《画中有话：近代中国的视觉表述与文化构图》，"中央研究院"近代史研究所，1993年）、林美莉：《媒体形塑城市：〈图画日报〉中的晚清上海印象》（载《南开学报》2011年第2期）、柯惠玲：《清末画报的妇女图像——以1900年后出版的画报为主的讨论》（载《南开学报》2013年第3期）。

这类年画往往被称为"仕女娃娃画"。除此之外,描绘传统中国女神、女英雄、才女、美人以及普通女性生活、劳动场景的观花、下棋、演乐等各种各样的"仕女画"也备受欢迎。这些作品中的女性形象丰富多彩,有的端庄贤淑,有的婀娜多姿、千娇百媚。时至近代,随着社会变迁,年画中的女性生活也发生了明显变化,出现了戒缠足、兴女学、倡导女性工作等新主题。可见,年画起源于民间,与包括女性在内的社会各界人士日常生活息息相关,同时也展现出近代中国的某些社会变动。"因此,年画可补史籍记载之不足,为中国的宗教、民俗、社会学、美术史尤其民间传统绘画史之研究,提供了形象直观的实物资料,具有它特定的史料价值。"[1]

其次,杨柳青年画在绘画技法上博采众家之长,不断传承和创新。"据宋代有关史料记载,有北宋院体画传杨柳青之说。"[2] 考诸年画作品,也不难发现杨柳青年画在绘画技法方面受到宫廷画的某些影响,工笔绘画的起稿方式严谨、工致、细腻。因此,无论是女性的妆容、发型,还是服饰、足饰,甚至是服装上繁缛的花纹都被细致地表现出来。这不仅为中国女性妆容、发型、服饰史的研究提供了珍贵的视觉文本,同时也为解读中国传统女性生活创造了条件,提供了可能。近代高桐轩等年画创作者入值如意馆,钱慧安等文人画家加盟杨柳青年画,都有助于民间年画与宫廷画、文人画的融会贯通。如展示女性"孱弱病态"之美的作品源于明清文人画家之手,它不仅表达了男权社会对女性审美的要求,同时也是明清文人柔弱群体自身抑郁不得志、感伤苦闷的抒发、宣泄。因为年画创作者深知只有融入主流,才能被社会所认可,拥有更大的生存空间,所以把文人仕女画中的"病态美"移植到年画的仕女形象中。然而,杨柳青年画毕竟根植于民间,创作者对女性的家庭生活、情感交流、审美意趣、宗教情怀等都非常熟悉,所以能更自然地流露并表现出普通女性的情感、生活情态和愿望欲求。因此,杨柳青年画创作者对女性形象的刻画与审视,对女性生活的再现与表达,包含了深刻的性别内涵,不仅是传统时代彰显男权、压抑女性的艺术体现,而且反映出现代男女两性关系的调整、女性生活体验的升华。这为研究者透过杨柳青年画追寻中国的传统与现代女性生活形态的深层含义提供了难得的素材。

最后,年画是民间春节习俗中必不可少的文化商品,拥有广阔的市场。因

---

[1] 王树村:《中国年画史》,北京工艺美术出版社,2002年,第5页。
[2] 张道梁:《天津年画百年》,天津人民美术出版社,2004年,第8页。

此，在全国各地的年画产地都开设了专门销售民间年画的画店，或者是在年货市场上设置画摊。每年春节将近，专门售卖年画的摊档和走街串巷贩卖年画的小商贩，使年画走进中国的千家万户，与社会各界人士的年节习俗、日常生活联系起来。杨柳青年画，不仅受到社会各界人士的欢迎，甚至也赢得了皇宫贵族的喜爱。这是因为杨柳青年画"半印半绘"的制作工艺使其视觉效果更加丰富、细腻。为此，杨柳青年画创作者在绘制的过程中尽量满足不同社会群体的需要，针对皇宫贵族们的"细活"和满足社会各界人士需求的"粗活"相结合，从而拓展了年画的题材及受众范围。

杨柳青年画悠久的历史与卓越的艺术成就不仅使其执中国年画之牛耳，而且承担起更多的社会责任与使命。近代中国，民族危机深重，在男性知识分子的大力倡导下，杨柳青年画走上改良之路，成为"开民智"的重要载体。在新旧文化碰撞、融合的转型时期，年画在商业、文化、思想启蒙等多种力量助推下，重新定义"女性"的主体身份和社会角色，解析女性生活，对女性形象的呈现也具有了更多的复杂面向。这些变化不仅反映出传统秩序、人伦礼法的改变，而且透露出女权的觉醒，使得年画创作者参与社会主流话语的建构，更展现出传统年画在呈现中国女性生活从传统走向现代的历史转型中的特殊意义和价值。

二、杨柳青年画中的传统女性形象及其解析

女性形象，在中国古代仕女画中极具性别意涵。唐代张萱、周昉笔下的美女"丰腴肥硕、健康艳媚"，富于时代特色；明清时期，礼教盛行，画面中的女性衣领紧锁，细长的腰身被厚重的服饰层层裹起，曲线身形被完全遮蔽。而这种女性形象也被杨柳青年画创作者移植到年画创作中。比较一下明代文人画家唐寅的《秋风纨扇图》（见图1）[①]、清代宫廷画家陈枚的《月曼清游图册》（见图2）[②]，与杨柳青年画《抚婴图》（见图3）[③]中的女性形象，无论内在精神气质，还是外在姿态表现均有异曲同工之妙。《抚婴图》中的女性，柳叶细眉不仅是传统时代中国女性的流行眉款，更隐含女人要善良、温柔的社会期待；"樱桃小口"不仅是以口小为美，更是"妇言"谨慎的一种规训。"明清仕女画中体现男性审美观的樱桃小口是限制女性说话，保持男权话语的尊

[①] 阳飏：《墨迹·颜色——揽趣东西方绘画》，百花文艺出版社，2006年，第49页。
[②] 王宗英：《中国仕女画艺术史》，东南大学出版社，2009年，第141页。
[③] 天津市艺术博物馆：《杨柳青年画》，文物出版社，1984年，第56页。

严。"① 女性的耳环不仅是佩饰，在绘画者们精心刻画的过程中也被彰显出传统的性别意涵。"周代，各种礼仪制度逐渐完备，据说，后妃贵妇耳悬瑱②，是为了佩戴者不妄听妄言，郑重行事，顺从妇德。"③ 以上足以说明，传统女性不仅在生活中要遵守各种规训，即便是在绘画作品中也要符合男权社会对女性的要求。

图1 明代唐寅《秋风纨扇图》　　图2 清代冷枚《人物册页》

图3 杨柳青年画《抚婴图》

如前所述，杨柳青年画在与宫廷画、文人画的融合中，曾将女性的"病态美"融入杨柳青年画创作中。为此，杨柳青年画创作者还编出一套画美人的画诀："鼻如胆，瓜子脸，樱桃小口蚂蚁眼；慢步走，勿乍手，要笑千万莫开口。"④ 这套口诀准确地概括出再现仕女"病态美"的关键，并以口口相传的形式让同行掌握，从而使每一幅年画中的女性形象趋于一致。"人物的模式化一方面可以使画面中的女人比现实的女人长得更像女人更有女人特征，如脸蛋

---

① 王宗英：《中国仕女画艺术史》，东南大学出版社，2009年，第143页。
② 瑱，是一种由玉制成的耳饰。
③ 汪维玲、王定祥：《中国古代妇女化妆》，陕西人民出版社，1991年，第179页。
④ 白庚胜、于法鸣：《中国民间杨柳青年画技法》，中国劳动社会保障出版社，2009年，第64页。

曲线更夸张、嘴唇更小、眼睛更眯等，是一种理想中的美人形象。同时画中所有的女人都是同一个形象，少有个性差异，凸显的是女性的精神气质。"① 杨柳青年画的创作过程多属于集体行为，起稿、刻版、彩绘连续作业，因此，年画中的女性形象既是对女性审美追求的直接体现，也是男权社会对女性规训的间接表达。

尽管女性形象的"病态美"在某种程度上反映了男性的偏好，但在现实生活中，女性对美的追求并不只是"被动"地接受，也蕴含着极强的内在动因。女性对美的主动追求遂被呈现在不同的年画作品中，体现在对传统女性服饰的刻画上。《美人图》（见图4）②中的仕女们上身穿着镶边女衫，外罩大镶边琵琶襟坎肩，下身穿着马面裙，含羞妩媚地站在花几前。一人手呈兰花指轻抚面颊，而另一人玲珑玉手轻托下巴。二人姿态妩媚多情、风度翩翩，最引人注目的则是她们穿着的华丽衣裳。在古代人物画中，非常重视服饰的描绘。这两幅清代杨柳青年画，背景简单，更像是传统女性服饰的展示，浸透性别意涵。

图4　《美人图》

历经中国各代服饰制度的变革，服饰已经把传统女性的身体包裹得密不透风。在《美人图》中可以看到的女性身体部位只有头与手，其他部分都被服装掩盖起来，就连女性的性别特征及其曲线身姿都被掩盖在宽大的服装之中。"层层的衣饰将人体紧密包裹起来，并且创造出一种与人体自然曲线无关的服饰节奏。这种无视人体变化规律的倾向，或者不如说，是有意地利用服饰上人为的节奏变化来抹杀人体形象的做法"③，充分表达出传统女性服饰要将礼制与礼教的教条置于首位的文化心理。

---

① 李蒲星：《美术视窗内的女性世界》，光明日报出版社，2007，第17页。
② 王树村：《中国年画史》，北京工艺美术出版社，2002年，第13页。
③ 孟晖：《中原历代女子服饰史稿》，作家出版社，1995年，第17页。

从传统到近代：民间年画与中国女性生活
——以杨柳青年画为中心的考察

可是，传统女性运用灵巧的双手，表达着自己对幸福生活的憧憬以及对美的想象、追求，大胆突破传统女性服饰设计的限制。明代随着纽扣的使用，女性服装采用中式立领。"这种立领只要凭借着在颈前绾扣的一至三粒纽扣，便可呈直立式裹贴在脖颈的周围。特点就是可以使衣领服帖地围裹在脖颈上"①，完全不顾穿着者的实际感受，让女性身体和心灵受到双重压抑。清代女服在继承明代服饰的基础上做出一些改变，将明代的方领尖改成弧形或眉形立领。既不像方尖领那样将女性脖颈遮掩得如此严密，显露出颈部的部分肌肤，又能够把女性柔美的脸颊衬托起来，起到修饰下巴曲线的作用。清代女性立领既顺应了传统礼教"遮体"的要求，又展现了女性的身体魅力，满足着女性对美的追求。《美人图》中女性的上衣就采用了眉形立领。

清代女性服饰还将纽扣与立领进行了有效搭配，"大约在嘉庆、道光年间，酝酿成了新一代的女服风格。竖领改变了衣领与两襟的关系；纽扣则使衣襟可以固定在袄衫的任何一点上，而不破坏衣饰的美观；纽扣自身也可以成为服装上的精巧饰物"②。纽扣的妙用，带来上衣款式的新变化。坎肩，又称马甲或背心，因使用纽扣，变化出一字襟、琵琶襟、对襟、大捻襟、人字襟等诸多式样，在《美人图》中，女性上身穿着的坎肩，采用的是琵琶襟的设计方式。这为宽大、样式单一的女性上衣增添了一丝活力。而纽扣的设计与制作本身就展现出某种创造力："纽的本义最初本是以帛条卷成一圈，以做系结。后来出现纽扣，分为牡、牝。扣子为牡，纽圈为牝。"③ 除了实用功能，纽扣还被女性赋予较强的装饰性。她们用布条或帛条盘织成各种花样，统称作盘花扣。蝴蝶扣、鸳鸯扣、囍字扣、吉字扣、菊花扣、梅花扣等不同的盘花图案却具有相同或相近的民族情趣和审美意涵。《美人图》中的女性上衣，就以蝴蝶盘扣装饰。盘扣在女服中不仅具有连接衣襟的实用功能，在造型上更是点睛之笔，盘扣的吉祥寓意也表达了女性对美好生活的向往。

清代女服的变化不仅体现在衣领处，还表现在绲边上。不同宽窄与色彩的绲边沿着领口、衣襟、袖口以及裙缘层层镶饰，产生色彩斑斓、鲜艳夺目的效果，释放出女性对美的无限遐想。刺绣也促使清代女服发生变化，各种刺绣图案及其所赋予的寓意表达着女性的希望。如传统纹样中的梅、兰、竹、菊、石榴、牡丹等图案成为吉祥与美满的象征，牡丹与金鱼的组合象征着富贵有余，

---

① 孟晖：《中原历代女子服饰史稿》，作家出版社，1995年，第169页。
② 孟晖：《中原历代女子服饰史稿》，作家出版社，1995年，第177页。
③ 马大勇：《霞衣蝉带：中国女子的古典衣裙》，重庆大学出版社，2011年，第297页。

牡丹与燕子的组合象征着宴祝富贵,等等。《美人图》中女性所穿服装上绣有精美的图案,左图中的女性服装上绣的是汉字变形后的几何图案,如"寿"字的变形、"万"字的变形"卍",赋予万寿无疆、和谐永恒等含义,右图中的女性服装则绣有花卉图案。综上所述,《美人图》中女性形象展现出清代女性服饰的某些变化。

由此可见,女性服装虽无法背离礼教传统,但女性对美的追求,使其不断超越现实、突破传统,在礼教与美之间寻找平衡。毋庸讳言,女性追求服饰美,与"女为悦己者容"、希望得到男性的欣赏等传统心理有密不可分的联系。"因为只有在可变的服饰上,女性才能找到超越现实的幻想,而这种幻想的存在是成为男性世界鉴赏对象必不可少的。在幻想中成为最优秀对象是所有女性本能化的文明意识,而服饰具有把幻想现实化的可能。女人当然珍爱自己的身体,但她们更乐意把自己的狂喜欲望投放到服饰上。"① 对于无法尽情展示的身体来说,只有不断变化的服饰才能使自己的容貌变得更美,进而博得男性的青睐。"无论发型头饰、服饰还是足饰,凡此种附着在女性身体之上、被建构出来的美,也都是有男女两性商榷而成的。"② 由此可见,女性服饰美的含义不仅包括外在美,更蕴含了女性的各种欲求、渴望,其中不乏性憧憬。《美人图》中的两位女性,服饰包裹、遮掩的是她们的身体,展示、诉说的是灵动的自己及其所代表的女性群体。

"未嫁从父,既嫁从夫,夫死从子"的"三从"规训限制了亿万女性的生活,然而在现实生活中又不时出现冲破刻板印象,家庭和美、母子温馨的幸福场景。杨柳青年画创作者将母亲对孩子的抚育、养育、教育置于母亲为孩子洗澡、陪孩子玩耍、对孩子进行教育等生活场景之中艺术地呈现出来。如《戏婴图》(见图5)③、《爱婴沐浴,娇儿戏蛙》(见图6)④ 这两组门画⑤选取了较为常见的生活场景,凸显母子情深的温馨和快乐。夏日庭院、树荫竹影,母亲手执纨扇探身窗外,一手摇扇为孩子祛暑纳凉、一手逗引孩子玩耍。调皮的孩童站在长廊上十分快乐,时不时回头张望母亲。这幅《戏婴图》充满轻松愉悦的氛围。而《爱婴沐浴,娇儿戏蛙》中,一位母亲正给沐浴中的孩子擦拭身体;

---

① 李蒲星:《美术视窗内的女性世界》,光明日报出版社,2007年,第87页。
② 辛太甲、侯杰、习晓敏:《〈大公报〉与民国时期中国女性研究》,载《南方论丛》2008年第3期。
③ 《中国杨柳青木版年画》,天津杨柳青画社,1988年,第99页。
④ 《中国杨柳青木版年画》,天津杨柳青画社,1988年,第100页。
⑤ 门画是由两张构图对称的画组成,也称为"对脸",一般用来贴在屋门上。

另一位母亲双手扶正要戏蛙的孩子，生怕他摔倒。自然流露的母爱让整个画面充满了温馨与亲情。人世间最无私的爱就是母爱，年画创作者充分利用生活中习以为常的某些细节强化"母爱"的主题，同时也让观者感受到在母与子的世界中，母亲是多么重要。"母亲不像其他女性角色那样迷一般的模棱两可。一个女人把自己是孩子的妈妈看得比其他都重要，就会发现生活少了许多令人困惑、沮丧的东西。"①母亲对孩子的温柔体贴，不仅使自己忘掉烦恼，拥有更加丰富而美好的人生，也使观画者对自己的母亲更加尊敬，对天下的母亲产生感激之情。这在有形或无形之中起到了提升中国母亲的家庭地位、教导孩子孝顺母亲等作用。值得注意的是，母亲手中的纨扇，因"扇"与"善"谐音，暗示着母亲要为孩子做出善良的表率。可见，杨柳青年画在主题确定、构图形式，甚至在画面人物所使用的物品隐喻上都在努力塑造善良母亲的形象。"中国的家庭价值观由于如此推崇母亲角色，因此把老年妇女看得比青年女子更尊贵，多子女的女人比子女少或未生育的女人更尊贵。通过从每一种可能的角度激励女人当一个好妈妈，中国的家庭体系鼓励女人精心、慈爱地养育子女。"②于是相夫教子，就成了传统中国社会不断强化的所有妻子、母亲的共同使命。

图5　《戏婴图》　　　　　图6　《爱婴沐浴，娇儿戏蛙》

为教育好子女，孟母呕心沥血，为后人做出了榜样。西汉学者刘向在《列女传》中把《邹孟轲母》列入《母仪传》③，强调母亲教育孩子既要"言教"，更要"身教"。在脍炙人口的《三字经》中，"昔孟母、择邻处，子不学、断机杼"，寥寥数句就高度概括出《孟母三迁》与《孟母戒子》等历史故事的精

---

① 伊沛霞：《内闱——宋代的婚姻和妇女生活》，江苏人民出版社，2004年，第165页。
② 伊沛霞：《内闱——宋代的婚姻和妇女生活》，江苏人民出版社，2004年，第165页。
③ 在《列女传》的《母仪传》中，还有许多赞扬母亲教子有方的历史典故，如《汤妃有莘》《启母涂山》等。从这些典故中可感受到，母亲的言传身教对子女成长的重要作用，而子女的成才也能提升母亲在家庭、社会中的地位。

神实质。杨柳青年画创作者非常注重母亲对子女的教育，因此对孟母教子等题材情有独钟，创作出了大量作品，如《孟母三迁》（见图7）①、《孟母择邻》（见图8）② 等。前者灵活运用中国传统美学，以中轴线为中心，向左右两边展开，孟母的形象成为画面中心吸引观者的注意焦点。此外，年画创作者在人物形象的塑造上也是匠心独运。如果和杨柳青年画其他作品中华丽的女性形象相比，就不难发现孟母的衣着、发型与发饰都非常朴素，仅领口处有绣花。淡蓝色长衫、自然而直挺的身躯，庄重的表情与怀中抱着的古琴，彰显出孟母的庄重、大方与文化修养，毫无少妇的妩媚。而站在母亲右后方的小孟轲，也不同于其他年画中顽皮好动的男童形象。他规规矩矩地站在母亲身旁，一手扛书，一手托剑，表情成熟稳重，昭示文武兼备的英雄潜质。不仅如此，孟轲的形象也起到强化孟母教子有方的作用。后者展现的是母亲带着孟轲第三次迁居到学堂附近居住的历史场景，画面人物众多，各具特色。在左侧的学堂中，有学童正在读书。在学堂门外，老师向孟轲双手作揖，行礼问候。美丽的风景、师生之间的礼貌互动加之专心读书的场景，营造出非常适宜孩子学习成长的氛围。这幅年画并没有简单再现孟母前两次迁居的场景，而是选择最关键、对孟轲学习最有益的第三次迁居为描绘对象，体现出孟母在孟轲学习成长过程中起到至关重要的作用，也传达了一定要为孩子选择良好学习、生活环境的信念。历史已经证明，没有"孟母择邻"就不会有孟轲的成长与成才。在传统中国，"衡量女性成就的真正标准是看她们怎么很好地把孩子抚养大"③。

图7 《孟母三迁》 　　图8 《孟母择邻》

足见，在杨柳青年画中无论是母亲与孩子嬉戏玩耍，还是培养教育孩子，

---

① 王树村：《中国民间美术图说》，浙江文艺出版社，1992年，第4页。
② 王树村：《中国杨柳青木版年画集》，天津杨柳青画社，1992年，第13页。
③ 伊沛霞：《内闱——宋代的婚姻和妇女生活》，江苏人民出版社，2004年，第162页。

表现的都是母亲在与子女朝夕相处的每一刻皆能获得生活的快乐与人生的喜悦。如果子女成才就更能体现出母亲的成功，进而提高母亲在家庭中乃至社会上的地位。有学者指出："这不仅仅是文明认为女人具有母亲的天职而必须与孩子亲热，而且女人也确实在这样的生活状态中感受到了自己的快乐和价值。……因为只有这样的生活，才会使女人真正感受到自己是一个女人，而不仅仅是一个人。不管是文明的加强，还是性别的决定，女人总是能在做一个女人的感觉中发现快乐。"① 虽然这样的分析和论断受到时空的限制，有待进一步深入和升华，但是需要强调指出的是，还很少有人意识到在孩子成长、拥有家庭快乐这一过程中，男性特别是父亲的缺席会给家庭造成什么样的影响。

需要强调指出的是，在孕育、生育、养育、教育孩子的过程中，母亲自觉或不自觉地突破了"三从四德"的某些限制，也没有完全遵循传统礼教所确定的生活逻辑。因为她们实现了身份的转换，由丈夫的妻子转变为子女的母亲，由于主体身份的变化，进而受到孩子、家庭乃至社会的尊重。至于杨柳青年画中仕女娃娃题材作品，不仅充满子孙满堂、家庭和美的寓意，同样也寄托着女性追求美好生活的愿望。因此，在父亲缺席、只有母与子的历史画境中，母亲的价值及其付出的努力和做出的贡献更值得珍视。尽管母亲的价值并不仅仅停留在母职上，也不仅仅局限于家庭中。

三、改良年画与近代女性生活变迁

20世纪初，知识分子开始注意到传统年画在民间的传播优势，倡行年画改良，以开启民智。他们的倡议很快就得到杨柳青最有名的两家画店——戴廉增和齐健隆的响应，先后创作出一批具有时代特色、内涵更加丰富的年画作品。这类年画统称为"改良年画"。随着杨柳青年画所反映的近代变化日渐丰富，其中所蕴含的性别意义也不断增加，如戒缠足、兴女学、鼓励女性工作、提倡男女平等。杨柳青年画成为时代主流话语的接受者和传播者，开始更多地反映并引领近代女性生活的变迁。

清末，以康有为、梁启超为首的中国知识分子逐渐意识到妇女问题不仅是个人问题，更与国家富强、民族危亡有着密切的联系。他们一方面猛烈抨击残害女性的各种陈规陋习，提倡不缠足运动；另一方面大力倡办女学会、兴建女学堂，让女性承担起更大的家庭乃至社会责任。《女子自强》（见图9）② 这幅

---

① 李蒲星：《美术视窗内的女性世界》，光明日报出版社，2007年，第26页。
② 刘见：《中国杨柳青年画线版选》，天津杨柳青画社，1999年，第529页。

杨柳青年画描绘的是一家四口。男主人坐在桌子旁边，女主人站在两个孩子的中间。画的上方写道："现在的时势，不论男女必须自食其力方能自保，不赶紧想法子，还是女的靠着男子，男子受了累女子亦必活不成了。中国不强，大病在此。"这段文字与画面形成互动，深化了主题，旨在阐明女性不应依赖其丈夫过活，应当自食其力，承担起家庭的责任等道理。不仅如此，年画创作者还将"中国不强"的责任直接推到女性身上，认为只有"女子自强"了，中国才能强大。把"女子自强"与"国家强大"直接联系在一起。《妇女工作》（见图10）①描绘了三位女性的工作场景，左前方的女子盘膝坐在纺车前纺纱，另外两位女子正在绩麻。上方的文字是"妇女工作，当聚一处。纺纱绩麻，各尽所长"，集中表达了年画创作者的思想主张：女性应联合起来，积极参加工作，为家庭与国家承担起各自的责任。近代杨柳青年画所描绘的女性形象与传统年画差异很大，女性在家庭中相夫教子，享受家庭生活快乐的内容，让位给女性参加工作，以自己的实际行动承担"小家"与"大家"的责任。

图9　《女子自强》 　　　　图10　《妇女工作》

杨柳青年画创作者在艺术地再现女性从家庭走向社会参与工作的同时，也巧妙地展现了对女性最为适合参与何种社会工作的某些臆想。在1904年颁布的《癸卯学制》中，《奏定蒙养院章程及家庭教育法章程》将学前教育机构正式定名为"蒙养院"，并具体规定蒙养院的保教宗旨与课程设置，使中国学前教育从家庭开始逐渐走向社会。1905年，严修在天津建立"严氏蒙养院"，招收4至6岁的儿童，学习手工、歌曲、故事、游戏等，由日本籍妇女大野铃子任教②。此外，京师第一蒙养院、上海务本女塾附设幼稚舍、湖南蒙养院、湖州民德幼儿园等先后建立起来。这些学前教育机构开设的课程及授课方式具有

---

① 刘见：《中国杨柳青年画线版选》，天津杨柳青画社，1999年，第528页。
② 中国学前教育史编写组：《中国学前教育史资料选》，人民教育出版社，1989年，第89页。

鲜明的时代色彩，为以后的学前教育打下良好基础。改良年画《幼稚园》（见图11）① 反映的即是学前教育改革后，孩子们在幼稚园中活动的场景。民国初年《壬子癸丑学制》将"蒙养院"改为"蒙养园"，最后定名为"幼稚园"②。画面正中间题名《幼稚园》，表明该幅年画创作于学前教育制度的变迁中。画面上一群可爱的孩子正在庭院玩耍，其中一名男童调皮地站在秋千上，中间有两名女性教师：一名教师手指着荡秋千的男孩，似在教导他遵守游戏规则，提高安全意识；另一名教师头戴礼帽，手拿纸张似在监督玩耍中的孩子们。在幼稚园庭院门口，一个男孩手中挥舞着五色旗。整幅作品气氛和谐、孩子们被描绘得活泼可爱，女教员们则充满现代气息；画面中绿树成荫、环境优美、气氛和谐，充分展现了学前教育改革后的新面貌。

　　随着近代城市化的发展，工商业的繁荣、新生活方式的引领，原来被男性垄断的行业出现了一些空隙，为女性提供了就业机会。一般来说，中国传统塾师均为男性，但在新式学堂、幼稚园中却出现了女教员。在近代民族主义话语中，新式学堂不断兴办，教师岗位上逐渐出现女性身影。她们走出家庭，步入社会，谋求职业，担负起强国保种的重任。显然，《幼稚园》中的女教员既反映了历史的真实，又比较符合社会各界人士的性别期待。当社会上出现与幼儿教育相关的职业时，受传统性别分工观念的驱使，社会各界人士会认定女性更适合这一职位。不管是年画中出现的新式教育机构——幼稚园，还是职业女性——女教员，都是近代社会特别是女性生活变迁的结果。职业女性的出现也使社会各界人士开始重新认识女性在社会中的角色和地位，《打球图》（见图12）等反映女教员的改良年画作品在一定程度上也有助于这种认知的形成与传播。

图11　《幼稚园》 　　　　　　图12　《打球图》

---

① 中国学前教育史编写组：《中国学前教育史资料选》，人民教育出版社，1989年，第4页。
② 王进、王振良：《民国初期天津改良年画选》（未公开出版），2012年，第4页。

值得关注的是,改良年画所要表达的都是"救国"主题。这再次印证近代中国"妇女除了争取自身的权益,还肩负挽救民族于危亡的社会责任",妇女解放与民族国家紧密地结合在一起,也从一个侧面说明"中国一直缺少独立于政治斗争以外的妇女运动,民族矛盾和阶级斗争往往掩盖了性别关系"①。

女性缠足被认为是导致民族危亡的重要原因之一,近代男性知识分子认为只有根除女性的这些传统陋俗,才能解除民族危机。改良年画画师阎子阳在创作《戒缠足》时,特意加上这段文字浅显、通俗易懂的白话诗句:"莫缠足,莫缠足,缠足真个苦,一双小脚两眼泪,筋断骨折血肉枯,文明女子尚天足,大方真自如,何必忍心害理下毒手,致令女儿终身痛切肤,劝世人,莫缠足。"②杨柳青年画创作者不仅深切关注缠足给女性带来的身体上的极大痛苦,而且还提出若要成为"文明女子"就要"天足",为此劝诫为人父母者千万不要再给女儿缠足了。由于男性知识分子十分重视并强调女性在挽救民族危亡中具有强国保种的作用,所以大力主张并推动将不缠足直接写入学校章程,成为女学生入学的必备条件。如在1907年,清政府就颁布了包含此项规定的《女子师范学堂章程》和《女子小学堂章程》。在《女子小学堂章程》中明确提出:"女子缠足最为残害肢体,有乖体育之道,各学堂务一律禁除,力矫弊习。"③

如果说放足是从形体上解放女性,那么兴女学则是要从思想上解放女性。改良年画《女子求学》(见图13)④描绘的是两位身着汉服的年轻女性向男性长者求知的画面。画中文字将女性受轻视的原因直接归结于没有知识,若要不依赖于男子,追求男女平等,就要进入学堂去读书。该幅作品以简洁的构图配上通俗易懂的文字,形成图文互释,表达出女子求学的特殊意义。

图13 《女子求学》

---

① 郑永福、吕美颐:《中国妇女通史·民国卷》,杭州出版社,2010年,第15页。
② 阎伯群:《阎子阳与改良年画》,载《今晚报》2013年7月10日,第15页。
③ 罗时铭、王妍:《论近代中国女子体育的兴起》,载《成都体育学院学报》2006年第1期。
④ 冯骥才:《中国木版年画继承——杨柳青卷》(下),中华书局,2007年,第391页。

由于不缠足与兴女学相伴而行,所以许多学校无法也不可能完全拒绝缠足女童入学。在杨柳青年画中就可以见到一些缠足女学生在校内参加体育活动的场景。近代中国女学在体育课程的设置上,多模仿德国、日本,基本上是以教导普通体操、兵式体操和游戏为主。其中,包括徒手操、器械操、枪操等在内的兵式体操在北方女学中特别常见,以培养女学生"尚武"的精神①。而这也被杨柳青年画创作者生动地呈现在年画作品中。《女学堂演武》(见图14)② 画的是一座新式庭院,左右建有西式亭轩,内挂新式煤油灯。厅内圆桌上,摆有座钟、图书、瓶花、笔砚等。庭院里面,八个头戴礼帽、身穿军服高靴的女学生,分作两排,有的举枪练习射击,有的列队观看。柳树下,一位手持教鞭的女教习在观看评点。远处木栅栏前有两个女生,一位敲洋鼓,一位吹铜号,似在伴奏操演。院中绿石芭蕉,芳草牡丹,也被描画得细致入微,展现出新式女学堂的生机与活力。有关女学生演武的作品还有《贞女学堂》(见图15)③ 与《天津女教习》(见图16)④ 等。《贞女学堂》表现的内容与《女学堂演武》相似,但背景则采用西式学堂建筑,更加符合女学生持枪演武的画境。

图14 《女学堂演武》

图15 《贞女学堂》　　图16 《天津女教习》

---

① 游鉴明:《超越性别身体:近代华东地区的女子体育(1895—1937)》,北京大学出版社,2012年,第62页。
② 冯骥才:《中国木版年画继承——杨柳青卷》(下),中华书局,2007年,第397页。
③ 刘见:《中国杨柳青年画线版选》,天津杨柳青画社,1999年,第530页。
④ 王树村:《中国年画史》,北京工艺美术出版社,2002年,第160页。

通过仔细观察，还可以发现正在演武的女学生依旧缠足。这是因为改良年画的创作者们虽然在题材上选取的是与时代变迁息息相关的新式学堂内容，但是由于年画绘制的传统性与局限性，使得某些场景的细节处理未能彻底改变。这或许也从另一个侧面反映出这一时期女学生缠足的情况依然存在甚至还比较普遍。除此之外，不管是在年画创作者笔下的演武女学生还是女教习，着装都非常华丽，礼帽上插满花饰，而且服装上也绣满纹饰。在《天津女教习》中，女教习的服饰就过于繁缛，与现实生活存在一定的差距。尽管在表现女学生演武的年画中，小脚还未曾被放开，服饰也过于花哨，但她们所展示出来的精神风貌，不仅顺应了时代发展的需要，而且在不同程度上颠覆了社会各界人士对女性追求柔美的性别定位。更为重要的是，年画印数多、销路广，对生活在穷乡僻壤的农村女性来说也是增广见闻的途径。

值得肯定的是，改良年画并没有完全丢弃传统的表现方式，甚至还将近代西方传入中国的新器物与传统女性形象相结合。这种构图产生了奇特的视觉效果，在宣扬西方科技文明的同时，也使年画变得新奇可喜，成为现代生活方式的倡导者。

1868年，上海开始出现自行车，俗称脚踏车。其式样与今天的自行车相似，但前面龙头是一根横木，靠前后两轮、一根链条连着行走如飞，被时人视为怪物[1]。由于"脚踏车而最自如，飘来去似凌虚"[2]，颇受女性欢迎。于是，女性骑自行车也成为都市的一种时尚。"压压盈头外国花，靓妆西女面笼纱。一声铃响双轮速，穿过人丛脚踏车。"[3] 年画创作者也不约而同地将这一新时尚纳入画中。在《天津紫竹林跑自行车》（见图17）[4] 中，法国租界紫竹林街道两侧耸立着西式洋楼，在宽阔的马路上正有人在那里练习自行车技。其中一辆自行车上，一位女性站在车座上，一位男性则倒立在车把上；另有一位男性亦倒立在另一辆自行车座上。路旁，身穿中式、西式服饰的男性和西式长裙的女性正在观看车技表演。需要指出的是，传统年画中的女性形象一般是相夫教子、操持家务、陪伴孩子，符合"三纲五常"对女性的行为、生活方式的规定，但在《天津紫竹林跑自行车》等作品中偏偏再现了表演自行车技的女性生

---

[1] 张仲礼：《近代上海城市研究》，上海人民出版社，1990年，第160页。
[2] 雷梦水、潘超、孙忠铨等编：《中华竹枝词全编》（上海卷），北京古籍出版社，1997年，第563页。
[3] 雷梦水、潘超、孙忠铨等编：《中华竹枝词全编》（上海卷），北京古籍出版社，1997年，第111页。
[4] 王树村：《中国民间美术图说》，浙江文艺出版社，1992年，第8页。

活场景，与传统女性形象反差极大。

不仅如此，随着都市娱乐业的繁荣，在原来以男性为主体的娱乐行业中，女艺人的数量急剧增加。由于女性在身材与外表上拥有天生优势，在面对男性娱乐、消遣群体时，女艺人更容易受到追捧。因此，女艺人参与的表演，更受社会各界人士的欢迎。年画创作者敏锐地觉察到这一变化，将女艺人绘入年画作品中，以增加年画的吸引力，扩大销售量。画面所呈现的女艺人形象不仅与传统年画中的女性形象差异明显，而且反映了近代女艺人生存状况。女艺人与租界中西式场景的结合，不仅是男性为主的年画创作者对近代女性特别是女艺人的重新阐释，而且也是为促进年画销售而采用的营销手段与策略。《新刻紫竹林跑自行车》（见图18）① 更着重表现近代女性日常生活的变迁。画面背景依然是租界，而且采用了透视的绘画方法。画中的三位女性一边骑自行车，一边吸烟。她们手指夹着香烟，显得悠闲自得。香烟源于西方，手夹香烟的女性也曾被贴上"摩登女郎"的标签。可是，画面中的这些女性有些还穿着中国传统服装，依旧缠足。这一方面反映出年画创作者在绘制反映近代女性生活的年画时，没有完全舍弃传统，使年画作品散发出传统的意涵与气息。另一方面，画面中西文化元素并存，新式交通工具与从传统"骑"向现代的女性并存，生动而直观地反映出近代中国"新""旧"文化杂陈的复杂状态。

图17 《天津紫竹林跑自行车》　　图18 《新刻紫竹林跑自行车》

这也反映出以杨柳青年画为代表的民间年画，在表现形式上既要符合社会各界人士传统的审美趣味，又要具有某种时代气息，尤其是在表现近代女性生活的年画作品中，更要将"现代"的内容与"传统"的表现方式高度融合起来，使近代女性成为既矛盾又统一的整体。而这种表现方式恰巧呈现出年画作为视觉文本在展现近代女性生活变迁时的某些特点，与近代中国出现的其他视觉媒体既有相似性，又有差异性。可以断言，民间年画提供了一个特殊的视

---

① 《新刻紫竹林跑自行车》为天津博物馆馆藏。

角，揭示出近代中国女性生活的某些新变化。

四、结语

米歇尔·福柯（Michel Foucault）认为，视觉权力是实现社会规训的第一步。从这个意义上来说，杨柳青年画中被观看、被审视，并集体具有"病态美"气质的女性形象不仅是年画创作者女性审美观的再现，也是男权社会对女性规训的某种折射和体现。在杨柳青年画中，传统女性的妆容和服饰受到礼教与宗法的束缚，家庭成为女性唯一的活动场所。近代中国，为应对国家、民族危机，男性知识分子不得不重新审视女性，期待着能够革除传统陋俗，再造国民之母。女性不仅应该摒弃缠足，拥有天足和健美的身体，而且还要接受教育，拥有学识，足以承担教育、养育下一代的责任，成为家庭乃至社会的建设者。近代中国女性主体身份和社会角色的变化，在某种程度上又对与男权社会和宗法制度相适应的性别制度、性别文化、性别权力及其观念提出了挑战。虽然这些挑战并不一定完全出自女性自我意识的觉醒，女性有时仍是男性的提线木偶，但是已经迈出关键而重要的一步。

正因为如此，近代中国女性没有完全被传统礼教禁锢的生活，显现出巨大的魅力。在男女两性共处的社会舞台上，女性以丰富多彩的生活展现生命的价值，并以各自不同的方式调和甚至改变着两性关系。作为中国四大木版年画之一的杨柳青年画片断而连贯地展现出，在男性知识分子的鼓动下，近代中国女性自我意识逐渐觉醒的历史进程，为研究中国女性从传统走向现代的生活变化提供了丰富多彩的视觉文本。

受时代主流话语的影响，杨柳青年画创作者把"不缠足""兴女学""鼓励女性工作"等反映近代社会变迁尤其是近代女性生活变化的议题，通过年画这一民间艺术方式呈现出来，并在画面中塑造出众多近代中国女性形象，不仅树立了杨柳青年画创作者崭新的社会形象，而且为性别研究奠定了坚实的基础。尽管"不缠足""兴女学"等主题的民间年画作品，均是为了回应强国保种、挽救民族危亡、解放女性等时代话语的呼唤，但是女性身体的解放、知识的拥有、工作的获得等都闪耀着女性生命的光辉，刻上了妇女自我解放的印痕。杨柳青年画创作者运用手中的画笔参与公共舆论空间的建构与时代主流话语的制造、传播，尽管还有一些不尽如人意之处，但也揭示出近代中国女性生活空间从家庭向社会的延伸、从传统到现代的深刻变化及其历史演变轨迹。

（原载《妇女研究论丛》2016年第5期）

清末民初女性的赈灾实践及角色变迁

赵晓华[①]

摘　要：在传统的民间赈灾活动中，虽然不乏女性的参与，但与男性相比不过凤毛麟角，寥若晨星。清末民初，女性在赈灾活动中的角色、规模、手段、观念等都发生了较大的变化。女界的赈灾实践为民初女性参政热潮奠定了良好的基础，也成为近代民间义赈发展壮大的一个重要标志。

关键词：赈灾　女　清末民初

一、晚清赈灾事业中的女性传统角色

在"男主外，女主内"的传统中国社会分工模式下，女性几乎被排除在任何社会事务之外。传统赈灾活动中，虽然不乏女性的参与，但与男性相比不过凤毛麟角，寥若晨星。这种状况直至晚清义赈兴起之时，仍然没有很大的改变。女性在传统赈灾行动中所扮演的社会角色，大体可从以下几方面窥见一斑。

（一）个别、分散的赈济行为

光绪初年，以丁戊奇荒为契机，大规模的义赈活动在民间社会兴起并迅猛发展。晚清义赈无论在机构组织、募捐方式、运作程序等方面都突破了以往自发而分散的色彩，带有鲜明的近代化色彩。然而，从性别角度来看，与主导义赈活动的男性相比，女性在很长时间内仍然只是以个别、零散的状态参与期间。1889年，顺天、直隶一带发生大水灾，义赈人士在江南发起了大规模的赈济活动，在《申报》所刊载的上海各慈善组织提供的赈捐名单中，可见有个别女性的参与。上海一位叫陆昭容的女性及女儿屡次助赈，每月朔望都将所捐银洋送至向上海丝业会馆筹赈公所[②]。另外，陈五婆向上海虹口宝顺里元济善堂

[①] 作者简介：赵晓华，女，中国政法大学人文学院副教授，历史学博士。
[②] 《申报》1890年3月7日。

寄去施粥洋100元①。徐门龚氏适逢四旬寿诞，也移赈洋15元②。从赈灾手段来看，与男子远赴灾区、施医散赈、宣传劝赈等相比，传统女性助赈仍然局限于赈捐银两衣物等范畴，模式相对单一，社会影响也十分微弱。

（二）赈灾女性的身份及阶层

从助赈的传统女性的身份来看，为人母、为人妻及为人女者占据了绝大多数。也就是说，在传统女性社会职业单一的背景下，绝大多数女性以其所扮演的家庭角色在民间义赈中留下她们的印迹。相关记载在晚清各类救荒史料中几乎俯拾皆是。比如"普陀山女弟子朱莲明为母资冥福，助赈洋一百元，为夫资冥福，助洋五十元"③；"瑞安善女孙林氏祈保令郎德桢噉止热退音复，体健寿长"，助洋100元④；汉口贞女王氏年四十未嫁，孝事老母。1909年，湖北水灾，该女将平日储蓄银1000两，送交商会，以助赈需⑤。从阶层来看，参与传统赈济活动者多为有一定经济力量的上层社会妇女，当然也包括个别的下层社会女性。例如，光绪初年华北大旱灾中，上海"有佣妇朱冯氏交来洋一元，附有同情灾民之信一封，言充作江浙赈款，令人敬重焉！"⑥

对于女性的慈善行为，历代从政府到民间都予以积极的肯定和支持。尤其某些特殊身份的女性，如命妇、贞女，或捐资数额巨大、赈济事迹突出者，往往还可以得到清朝各级政府的旌表。如1878年，直隶灾歉，湖北巡抚潘霨之母陶氏捐助赈银2000两，朝廷因其"尚属乐善好施"予以旌表⑦。1880年，通政使刘锦棠之祖母刘陈氏捐养赡银3000两解助山西耕种荒地之资，经山西巡抚曾国荃奏准，清廷赏其匾额一方，以示嘉奖⑧。1889年，大学士张之万遵照故父母遗命，捐银千两以助畿辅赈需，清廷因此恩准为其母、一品命妇张孟氏建坊，"给予乐善好施"字样⑨。同年，安徽舒城县贞女孙明义也因其助赈义

---

① 《申报》1890年2月1日。
② 《申报》1890年11月14日。
③ 《申报》1890年10月31日。
④ 《申报》1890年11月10日。
⑤ 《申报》1910年2月24日。
⑥ 徐载平、徐瑞芳：《清末四十年申报史料》，新华出版社，1988年，第70页。
⑦ 中国第一历史档案馆藏：《上谕档》，第1351（一）册，第215页。
⑧ 中国第一历史档案馆藏：《上谕档》，第1359（二）册，第47页。
⑨ 中国第一历史档案馆藏：《上谕档》，第1419（二）册，第75页。

举被奏旌表①。

(三) 女性赈灾观念的传统色彩

祈福避祸是传统女性赈灾的重要观念。佛教与道教教义皆讲求因果报应、慈悲为怀:"祸福无门,惟人自招;善恶之报应,如影相随",由此所产生的祈福避祸思想成为许多传统女性救灾的重要动机和目的。"积金遗于子孙,子孙未必能守,积书遗于子孙,子孙未必能读。不如积阴德于冥冥之中,以为子孙长久之计。"② 1879 年 11 月 14 日,新吴刘俞氏在《申报》发表《劝闺阁助赈启》,号召"远近贤嫒各发慈悲,共援饥溺。或省一衣一钗之资,即延数口数时之命。此实眼前功德,想同志者当不吝惜焉"。这段话也颇能代表许多女性的赈灾心理。翻阅这一时期的史料可见,女性祈福助赈者有之:陈郑氏为祝小儿满月,助施粥捐洋 10 元③;因去病除灾而赈捐者有之:赵唐氏捐助英洋 1000 元,以求病速愈④,高门唐氏也求病速愈赈洋 50 元⑤;还愿助赈者有之:沈云樵的妻子身患重病,势甚危险,许愿助赈洋 10 元,以邀神佑,果然妻子转危为安,又向《申报》协赈所寄去英洋 10 元⑥。嘉兴薛李氏年逾花甲,因病重焚香虔祷灶神,倘得痊愈,愿将所做女缝辛资每钱百文提出 10 文充赈,立愿后病即转轻,随即痊愈,因此将辛资提出 1 元,嘱解赈济⑦。

在福报观念之外,乐善好施、扶危济贫等也成为传统女性赈灾的重要动因。孟子云:"出入相友,守望相助,疾病相扶持,则百姓亲睦。"⑧儒家千年以来所极力推行的"仁"和"仁政"观念不能不对女性的道德思想也产生浸润。前述安徽孙明义就是一个很好的例证。她"年十有二,立志侍亲。仰酬天地君亲,生成大德。凡与风化所关、利物利人之事,无不竭力以尽愚诚"。孙明义以一弱女子身份长期从事慈善活动,她曾在安徽省建立桥梁、惜字、施棺、施药、义地诸项善举。1878 年,获知河南郑州黄河决口,即变卖田产为之

---

① 中国第一历史档案馆藏:《上谕档》,第 1407 (三) 册,第 185 页。
② 李文海、夏明方:《中国荒政全书》(第二辑第一卷),北京古籍出版社,2004 年,第 167 页。
③ 《申报》1890 年 2 月 16 日。
④ 《申报》1890 年 10 月 22 日。
⑤ 《申报》1890 年 12 月 13 日。
⑥ 《申报》1890 年 11 月 15 日。
⑦ 《申报》1888 年 10 月 11 日。
⑧ 《孟子·滕文公上》。

倡捐，购米一千余石前往豫省散放，因此而受到清政府嘉奖①。

二、清末民初女性赈灾角色的变迁

清末民初，伴随着女学的勃兴，女性谋求社会独立、渴望性别平等的思潮逐渐兴起，"女学日发达，女权日伸张"成为许多人的奋斗目标和社会共识。在这样的时代背景下，女性在赈灾活动中的角色、规模、手段等都发生了较大变化。大体来看，包括如下几个方面。

（一）女性赈灾的群体化

1890年，前述安徽孙明义因目睹山东灾情严重，至有"饥民相食"之事，又闻浙江水灾亦广，发起创办闺阁赈捐局。该组织在北京、上海、河南、安徽设立四处总局，另在其他省份设立分局十余处，邀请"诸命妇贤媛共发婆心，同殷利济"。闺阁赈捐局还制定详细的章程，四处总局皆由官宦人家的女眷担任。列名支持的官宦女眷达八十多人②。闺阁赈捐局当属近代女性自发组织的较早的赈灾团体。它的成立体现了女性的赈灾行动已经走出了以往个别、分散的模式，而向群体、聚合的方向发展。继此之后，由女性所发起的规模不一的义赈组织陆续出现。比如，1907年，因上年江北发生特大水灾，"实为天下所罕觏"，上海彭靓娟等上层社会女性也发起成立中国闺阁义赈处，号召女性"出一己之货财，拯群生之性命"③。1911年6月，南京周魏采惠、梅琼辉、周梅懿辉、潘李沅芷四位女性组织十几位女性以"旅宁女界"的名义募捐皖赈④。

在近代女性组织的救济团体中，影响最大的当推中国首个具有红十字会性质的妇女团体——中国妇人会。1906年，京师女学卫生医院院长邱彬忻女士在北京发起成立"中国妇人会"，"效期于二百兆之妇女社会中，各尽义务"，"将来成立以后，力谋女界昌达，共结团体，以互相扶助，互相关切，热心爱国，勉副其国民一分子之责任"⑤。该会在北京设北京总会，上海设立南洋分会，统管东南诸省，在天津设立北洋分会，统管西北诸省，此外还在日本设立东瀛分会，以期在海外华人中形成影响。1907年，中国妇人会会员已有三百多

---

① 《申报》1890年4月23日。
② 《申报》1890年4月23日。
③ 《申报》1907年4月8日。
④ 《申报》1911年6月10日。
⑤ 《大公报》1906年5月10日。

人。该会积极发动女界救助美国旧金山地震中的华侨,并与上海万国红十字会合作开展战争救助,中国妇人会因此也被称为中国妇人红十字会。

民国建立前后,女性赈灾团体和组织更是大量出现。仅以上海和北京为例。1911 年,上海中西女子医学堂校长张竹君发起成立了中国赤十字会,许多女学生、女医师参与其间,开赴四川、湖北展开战争救助。在日本留学的苏淑贞、唐群英等八位女性也组织了女子红十字会,回国后与中国赤十字会会合①。上海女界义赈会也是这一时期非常活跃的义赈团体。1918 年,湖南发生严重水灾,上海女界义赈会积极支援赈灾活动,经过其"散赈,恐慌稍减"②。1921 年,北方各省大旱,陕西又遭地震。在是年 3 月召开的联合急募赈救会上,上海女界义赈会即认捐 30 万银元。在北京,张、徐等八位女士发起妇孺防护会,联名陈请由资政院恩赏银米办理赈济③。中国妇人会北洋分会总会长英淑仲等创设中国妇女会,该会也是当时北京一个募捐赈济非常活跃的女子团体④。1913 年,北京女界中国红十字会分会也正式成立。

总体来看,这些规模不一的女性赈灾团体与全国其他的慈善组织互相呼应,展现了近代民间义赈的日渐繁盛和壮大,更体现了女性对社会事务参与热情的飞涨和能力的提高。

(二) 赈灾女性职业的多元化

20 世纪初,伴随着女学的勃兴,女学生作为一个新生的社会群体开始在社会舞台上展现光芒。在近代赈灾事业中,女学生自然亦作为极为活跃的要素,发挥着重大作用。1906 年年底,上海女子中西医学堂学生有感淮徐海各属水灾颇重,贫家女子非冻馁而死,即被人掠卖他乡,在张园为之举行义演,男女来宾约有千人,他们因女学生"不惜牺牲名誉,赈救同胞",所以"捐输颇为踊跃","争以银券、洋块遥掷之"⑤。1911 年,因江皖发生严重水灾,杭州西湖蚕桑学堂将全校学生赈款由经华洋义赈会转解灾区⑥。5 月 15 日,上海两等女学堂举行助赈江皖水灾运动会,来宾参观者千余人,由该校职员分散灾簿,痛

---

① 周一川:《近代中国女性与日本留学史》,社会科学文献出版社,2007 年,第 56 页。
② 《申报》1918 年 7 月 12 日。
③ 《顺天府全宗》,中国第一历史档案馆藏,第 322 卷,第 3 号。
④ 夏晓虹:《晚清的女子团体》,载《杭州师范学院学报》1996 年第 1 期。
⑤ 《申报》1906 年 12 月 31 日。
⑥ 《申报》1911 年 5 月 20 日。

陈灾区惨状,闻者动容,慨然捐赈①。

除了女学生外,参与义赈的女性还有女艺术家、女医士、女画家等等。如1911年5月,男女艺术家二十多人连续在上海举行三次演奏会,所得看资悉数助赈②。是年,因东三省鼠疫蔓延,上海的一些女医生除在医院医治病患外,还配合政府在疫气发生地逐日挨户检查,积极参加了本地的防疫检疫事宜③。上海医院的女医士张竹君还率领同事赴上海县待质、自新二所对染病押犯进行救治,展现了女医士救死扶伤的良好职业素养④。另外,许多女画家也将作品通过义赈组织进行义卖。1890年,上海自称浣云楼主的女画家即以绘事助赈,在《申报》登载润格费用,所得全由同德堂药铺转给灾区⑤。

还应提到的是,妓女作为一个特殊的社会群体也多次积极地加入到义赈中来。她们或者演剧助赈,或者集体捐银捐物⑥。时人对其赈灾行为始则不屑,怀疑这不过是其"以卖淫之技为敛钱之举"的伎俩,继而逐渐转向肯定甚至赞赏:"今区区女伶,急公好义,救灾恤邻",其乐善好施之"盛意固不可淹没也"。有人进而认为,妓女对社会事务的积极参与,也有助于国人智识之开通,道德之进化:"既有明白事理之女伶,又安得不提倡之,扶助之,使之日浚其智识,而渐进于道德焉。"⑦

在社会各界女性对赈济事业的积极支持中,一些具备近代爱国意识和先进救国理念的杰出女性更是做出了非凡的贡献。比如与秋瑾并称为"南秋北刘"的河南女慈善家刘青霞,以孀妇之身创办女学,兴资办厂,资助女子办报,1918年,她出资5万元开办了"贫民工厂",1922年,又为开封难民收容所捐洋3000元。刘青霞以匡救国难、投身公益作为自己终身职志,对于族中有些贪鄙之图的讽刺攻击,她坦言回答:"刘氏号称素封,'驷马高车',声威赫濯,胡不能容一孀妇公益事业。一女子尚知稍尽义务,彼辈挥金如土,仅知膏粱文

---

① 《申报》1911年5月15日。
② 《申报》1911年5月10日。
③ 《申报》1911年6月8日。
④ 《申报》1911年3月11日。
⑤ 《申报》1890年3月30日。
⑥ 《申报》对妓女助赈多有报道。如1907年和1911年两年《申报》的相关报道即有:《上海名妓演剧助赈》,1907年1月4日;《演剧助赈》,1907年1月9日;《西绅纪女优演剧助赈事》,1907年1月27日;《校书助赈》,1907年6月9日;《妓女热心赈务》,1911年4月21日;《官妓共筹急赈》,1911年8月27日。
⑦ 《申报》1907年1月19日。

绣，何不肯于社会公益上捐出一文之钱？"① 1908 年，清政府为嘉奖其义行，以其一品命妇身份赐其"乐善好施"匾额。1913 年，孙中山亲自题写"巾帼英雄第"匾额相赠，对其救国图强志向予以高度赞许。再如，近代新女性的重要代表人物张竹君一生以振兴女权为己任，她致力开办女学，培养女性医护人员，创办了上海最早的女子中西医学堂，在近代赈灾活动中，张竹君更是身体力行，凭借自己精湛的医术救治伤患，同时多次深入灾区，筹款募捐。1911 年，有感"上天降灾，中原多故"，作为上海女子医学堂校长的张竹君率全校女学生 28 人发起成立中国赤十字会，发挥医者救死扶伤之天职，赴战地治疗受伤军士，其他学校女生风从者争先恐后，首批出发的女会员 54 人，几占全部会员之一半②。此举被称为"我国破天荒之文明举动"，"更足见吾国年来风气之开遍，女界慈善思想之发达，军人资格之渐见尊重"③。民国成立后，张竹君更是投身义赈：1913 年，上海白喉流行，张竹君四处募款，开设时疫医院，治愈大批患者。1917 年，她创建健华颐疾园，施诊给药。1919 年，山东饥荒，又奔赴灾区主持赈济工作。1926 年，上海霍乱流行，健华颐疾园改为临时沪西时疫医院，收治患者数百人④。张竹君在近代赈灾事业中的实践反映了新兴职业女性的风采，无怪有人评论，"凡言清季之女志士，不能不推广东女医士张竹君为首屈一指"⑤。

（三）女性赈灾手段的多样化

清末民初，民间义赈的手段日益呈多样化发展。诸如移助糜费、义演、义卖等成为新的筹捐方式，拓宽了民间义赈经费的募集渠道，而在这些新兴的赈灾形式中，都有女性的积极参与。这些从前面的论述已可窥见一斑。再如，以义演而论，1911 年 6 月初，中西女塾全体四十多名女士参加了中国青年会发起的助赈江皖音乐会义演，演出来宾极多，几无虚席，在毫无开资的情况下捐得千余元⑥。以义卖而论，1907 年，北京琉璃窑开办女学慈善会。为求赈款，许多女学生制作手工物品进城售卖，并在那里唱歌跳舞，以示宣传。除此之外，

---

① 《尉氏文史资料》第二辑，尉氏县政协文史资料委员会 1987 年编印，第 61 页。
② 《申报》1911 年 10 月 24 日。
③ 《申报》1911 年 10 月 19 日。
④ 荒砂、孟燕堃：《上海妇女志》，上海社会科学院出版社，2000 年。
⑤ 冯自由：《女医士张竹君》，载《革命逸史》（第 2 集），中华书局，1981 年，第 37 页。
⑥ 《申报》1911 年 6 月 2 日。

许多接受了新思想的女性还身体力行，运用各种方式为灾区筹款。1907年，北京中国妇人会会员英淑仲为江北大水灾印了几万张附有难民图的启事到处散发。在北京福寿堂为江北大水灾演出义务戏时，一名叫葆淑舫的京官夫人登台演说，痛切陈述，讲到伤心处，更是声泪俱下，听者为之动容①。

三、女性赈灾观念的近代化

清末民初女性赈灾组织的出现、赈灾规模的扩大与女性赈灾观念的变迁有着密不可分的关系。总体来看，女性赈灾观念已经突破了传统的福报思想和乐善好施的朴素意识，体现了女性在性别平等、政治参与、追步世界等方面的积极探索。

（一）女性赈灾观念中的性别平等意识

"男女同权者，自然之真理。"伴随着清末女学的兴起，男女平等已成为19世纪末20世纪初颇具代表的社会思潮。"今日中国女学，渐普及矣！女权之说，渐腾越矣！抑知阴阳相配，男女各半，国民二字，非但男子负此资格，即女子亦纳此范围中。文明之国，男女有平等之权利，即有平均之责任。"② 在近代赈灾事业中，越来越多的女性从男女平等的角度出发，把对社会公益事业的参与看成是自己应尽之天职。1881年秋，江苏部分州县水灾，一位叫王畹香的女子在《申报》撰文指出，女性应该和男子一样对社会承担责任，进而要求全国女性组织起来，捐款助赈："之有待守土君子，割清俸以施恩种德，士夫捐巨赀而赴义，岂以深闺之弱息，不输涓滴之私资？"③ 许多有胆有识地投身近代救济事务中的女性本身就是男女平等的积极倡导者。比如张竹君即号召女性应当主动自觉地去实现男女平权，而绝不能坐待："发明男女所以当平等之理，以为女人不可徒待男子让权，须自争之。争权之术，不外求学。又不当为中国旧日诗词小技之学，而各勉力研究今日泰西所发明极新之学。"④ 另外，许多义赈人士也更多地从男女平等的角度倡导女性对社会事务的积极参与。1907年，皖北义赈人士在《劝募闺阁义振启》中即宣称："见义必为，须眉男子所宜尔

---

① 李孝悌：《清末的下层社会启蒙运动：1901—1911》，河北教育出版社，2001年，第45页。
② 《论文明先女子》，载李又宁、张玉法编：《近代中国女权运动史料》（上册），台北龙文出版社，1995年，第457页。
③ 《申报》1881年10月1日。
④ 马君武：《女士张竹君传》，载莫世祥编：《马君武集》，华中师范大学出版社，1991年。

也，当仁不让，巾帼妇人应有责焉"，方今学务振兴，"女界亦多贤达"，女性应该更踊跃地在义赈中发挥自己的作用①。

（二）女性赈济观念中政治参与意识的彰显

清末民初，女性参政热潮的出现成为女权思潮中的重要组成部分，随着女性政治意识的复苏，"天下兴亡，匹妇有责"成为这一时期中国女性投身救亡运动的宣言。通过自立自强而谋求民生之幸福、社会之进步，这一先进女性的共识在赈灾实践中也有所反映。一些妇女赈灾团体的宗旨鲜明地体现了这一点。如中国妇人会的宗旨即是"欲结女界之大群，勉赴国民之义务，改良社会之习惯，增进国家之幸福，为公益非利己也"②。该会在日本的负责人燕斌也称，该会主旨就是"欲提倡女界公益，以实行自立立人，慈善博爱之美德也"。日本女留学生吴墨兰坦陈她希望加入女子红十字会、为国事尽力的心迹说："娘子军据说还未经沙场。即便她们失败，我们也一定参加这场轰轰烈烈的战争。假如不需要娘子军，那我就深入内地，或演说或做密使，决心为革命奉献自己的生命。"③ 女性的赈灾行动也的确为其参与社会事务提供了很好的实践机会。许多从事灾区赈济、战地救助的女性，如张竹君、唐群英等均成为活跃在民初政治舞台上的妇女领袖。

（三）中国女性追步世界的决心和勇气

无可否认，在近代向西方学习的浪潮中，近代女性的赈灾事业也有诸多取法西方之处。一方面，近代一些西方女慈善家的思想和事迹随着西学东渐纷纷传入中国。1911年，美国著名女慈善家参柏林夫人还创募捐新法，发明皖灾纪念票，精制数百万张，以售为募④。这些都激发了中国女性对慈善事业的关注和热情。另一方面，西方和日本女性对社会事务积极参与的先例也增强了中国女性追步世界的决心。1907年3月《申报》所刊载的《劝募闺阁义振启》，即以日本战时全国女性慷慨捐助、共渡国难为例，激发女性为江北水灾募捐⑤。京师女学卫生医院院长邱彬忻女士1905年期间游历日本，她有感于"日本爱国妇人会、赤十字社、笃志看护会等之发达，太息中国女界数千年来，漫无团

---

① 《申报》1907年3月26日。
② 《大公报》1906年7月3日。
③ 周一川：《近代中国女性日本留学史（1872—1945）》，社会科学文献出版社，2007年，第56页。
④ 《申报》1911年5月22日。
⑤ 《申报》1907年3月26日。

体",因此发起创设中国妇人会,该会宣称,"不惜牺牲个人以求群体工艺。特仿东西各国妇人立会之制,联合一般团体组织斯会"①。此外,女子办赈渐成潮流也增强了女性的自豪感,许多人由此认为,中国女性对社会事务的参与程度已经能够追步西方女性,其"好善之名"已"不让西国妇女专美于前"②。

四、清末民初女性办赈的缺憾

1906年,有感中国妇人会的创立,《大公报》予以了如下盛赞:"以数千年幽闭昏黯不见天日之女界,一旦大放光明,如朝日之东升,如海潮之怒涌,光彩壮丽,气象万千,则虽盲者之有见,跛者之克走,哑者之能言,瘫者之立起,不足以方兹畅快,喻此欢欣。"③ 在整个社会由传统迈入近代的时候,清末民初女性的赈灾实践及角色变迁鲜明地反映了女性已经逐渐走出传统"男不言内,女不言外"的社会角色,在社会历史舞台上开始展现自己的风采,但是在传统势力依然占据主导地位的情况下,这一时期的女性救灾实践不能不留下诸多缺憾。

首先,社会守旧势力对女子助赈设置了诸多障碍。清末针对一些有女性参加的赈灾义演,有人上奏抨击,"近日劝募江北赈捐,梨园、女乐、马戏、电影皆借口劝赈,希图渔利,男女杂沓,举国若狂。男女学生不务正业,竟至登台演剧,伤风败俗,莫此为甚",请旨下令严禁演戏助赈④。1907年,北京一些女校的女学生自制手工物品进城义卖,学部则认为有伤风化,通饬京内各女学堂,要求女学生勿做与中国礼俗相背之事,而应专心读书,并责成各学堂传知女学生一体遵守⑤。

其次,与男性相比,参与赈济的女性人数尚少,而且主要局限于上层社会女性。许多针对女性的赈捐启示主要邀集"命妇贤媛"乐善好施,相当多的女性赈灾组织从发起者到会员也大都是上层社会女性。比如,中国妇人会在章程中就专门指出:"本总会设于京师,便于贵族女界之提倡赞成,以期绝无阻碍。"该会成立翌年发展的三百多名会员中,大多数是贵族妇女。以上层女性

---

① 《大公报》1906年7月3日。
② 《申报》1890年10月17日。
③ 《大公报》1906年5月10日。
④ 《申报》1907年4月14日。
⑤ 杨永占:《清代女学的兴办》,载《历史档案》1992年第2期。

为入会主要对象,自然限制了入会者的资格,不利于女性义赈组织的发展壮大。

再次,女子办赈能力尚待提高。1911年,就在张竹君率赤十字会赴武汉开展战地救助时,中国红十字会副会长沈敦和则对其成效提出质疑。他在《申报》致书张竹君说:"以女士之宏亮,当知此事非咄嗟可办,而顾言之轻易若是,岂以数十女生,数千经费,即可尽战地救护之能事乎?"[①] 除去人力、财力的影响之外,从助赈态度来看,大多数妇女助赈仍然抱着强烈的功利心理,求福避祸、延年益寿依然是许多女子赈捐的主要动因。换言之,能够像张竹君等人那样个性独立、救亡图存的高度投入义赈者尚属少数。由此看来,女性要想在近代赈灾事业中发挥更大的作用,要想进一步和男性分享对社会事务的参与,还需要付出更多的努力。

(原载《妇女研究论丛》2008年第3期)

---

① 《申报》1911年10月28日。

由客体到主体：民初女性婚姻权利的变化[1]
——以大理院婚约判解为例

徐静莉[2]

摘 要：在传统的婚姻制度与习俗中，女性并非婚姻的主体，在婚约定立中，她们处于被安排的地位。在婚约履行中，她们是被强迫履行婚约义务的客体，在婚约的解除中，也是被双方父母争议的"标的物"，这种状况直到民国初年的民事基本法仍然没有任何改变。但民国初年的大理院因受西方民法理念及国内妇女运动的影响，通过一系列判解对《现行律民事有效部分》的相关规定进行了一定的变通，这种变通使民初女性的婚姻权利体现出由客体而主体的变化趋势。

关键词：民初 女性 婚姻权利 婚约判解

在旧时的中国，定婚乃结婚的第一个阶段，一旦男女双方定了婚，夫妻身份即由此而确定，成婚不外乎是其自然趋势的完成，所以定婚即意味着结婚的开始。早期的法律文献之所以将婚姻的这个阶段表述为"定婚"，而非"订婚"，并非出于偶然，其实质反映了婚姻在中国传统法律文化中的定位：国人普遍将婚姻视为一种身份关系，定婚——即婚约本身就是一种对身份的确定，必须经由"父母之命、媒妁之言"才能成立，所以只能"定立"，而不能"订立"。笔者发现，"订定婚书""订立婚约"等表述是在民国初期大理院的司法判例、解释例等法律文献中才开始逐步出现。从"定婚"到"订婚"，法律文献中这种表述的细微差异背后，隐含着近代法律语境整体转变的秘密：深受西方法律思想影响的法学家，以及当时最高审判机构的司法者——大理院的推事们正在尝试借助西方法律话语来思考和表达中国的实践问题。这种转变发端于民初，到民国后期已变得非常清晰，所以我们看到，在民国二十五年，著名法

---

[1] 基金项目：本文为2009年教育部人文社会科学规划项目（项目编号：09YJA820012）"民初女性权利变化研究"的阶段性成果。

[2] 作者简介：徐静莉，女，法学博士，广东商学院法学院副教授，主要研究方向为民法近代化、女性法学。

学家胡长清则完全用近代西方民法契约自由理念来对婚约进行界定：婚约是"一男一女间以将来订立婚姻之契约为目的，所订立之预约也"①。

在西方民法契约语境下，婚姻是男女两性自由表达意志而建立起来的关系。但在中国传统法律观念中，婚姻完全是"上以事宗庙，下以继后世"的家族问题，与结婚的男女双方的自由意志并无关系。如果婚姻被视为一种交易，"则通过定婚契约成立，成婚有履行契约的性质。作为契约之主体的当事人即男女两家，各自都有'主婚''媒人'在两者之间斡旋，并且也成为契约成立的证人。'父母之命，媒妁之言'对正当的婚姻来说是决定性要素，男女本人在很多场合被置于契约客体的地位"②。由此来看，民初司法界在婚姻问题的裁判中，始终需要面对两种观念的冲突：一方面是随革命而传入中国的先进法律理念，另一方面则是依据根深蒂固的传统习俗。那么，既拥有西方民法知识背景，又生活于被传统观念所笼罩的中国的大理院推事们将如何在婚姻裁判中平衡二者的紧张关系？笔者将通过民初大理院有关婚约问题的司法判解，来观察女性在婚约定立、悔婚另嫁、改嫁及婚约解除等问题上的地位变化。

一、婚约定立中女性权利的变化

民初所适用的《现行律民事有效部分》仍是传统法律的延续，对于婚姻，《现行律民事有效部分》规定："婚嫁皆由祖父母、父母主婚，父母俱无者，从余亲主婚。"③ 按照这一规定，婚约以父母、祖父母（尤其是父、祖父）或尊长为主体，婚约成立以父母之意愿为实质要件。若婚约不具备主婚权人"主婚"这一条件，则主婚权人可以主张撤销该婚约。至于男女双方并非婚姻的主体，可以说他们是被结合者④。在这样的法律制度下，女性和男性一样没有意愿自由，仅是婚约中的客体，只能被动接受父母的安排而没有丝毫权利。

民初大理院在司法实践中，通过判解对现行律民事有效部分的规定进行了一定的修正与变通。这些变通使男女双方的意愿在婚约的成立中被尊重，男女当事人开始成为婚约中的主体。在这种变化过程中，女性的意愿获得了与男性同样的尊重，女性可以以自己的意愿决定婚约是否成立，而不再仅仅是被安排的客体。

---

① 胡长清：《中国民法亲属论》，商务印书馆，1936年。
② [日] 滋贺秀三：《中国家族法原理》，张建国、李力译，法律出版社，2003年，第377页。
③ 《中华民国民法制定史料汇编》，司法行政部，1976年，第24页。
④ 戴炎辉：《中国法制史》，三民书局，1966年，第220页。

大理院关于婚约判解态度的变化经历了一个渐进的过程。在民初的前三年,大理院完全遵循《现行律民事有效部分》关于婚约定立的规定,在司法实践中确认家长、尊长主婚权的效力,对于子女的个人意愿多有抑制。如大理院二年私诉上字第2号判例谓:"现行律载嫁娶应由祖父母父母主婚,祖父母父母俱无者从余亲主婚,是婚姻不备此条件者,当然在可以撤销之列。"明确婚姻由父母、祖父母主婚即可成立,并无须得到本人的同意。民国三年上字第432号判例中的王娥子主张与母亲主婚许配的未婚夫张兰亭解除婚约的请求就没有得到大理院的支持。大理院的判决理由是:"查现行律关于订婚之规定,只称嫁娶由祖父母、父母或其余亲主婚,并无须得本人同意之条。"① 我们看到,大理院虽然已经开始受到西方契约法理精神的影响,在判决理由的表述中,用"订婚"来代替"定婚",但是,其裁判立场则仍然维持了传统。

从民国四年开始,大理院对于《现行律民事有效部分》有关婚约的规定,在态度上来了一个极大的改变,它完全借用西方民法的契约理论对婚约进行表述:首先,明确婚姻之当事人是男女两造,而非主婚权人(七年上字第972号判例)。其次,宣示婚约为一种契约,婚姻之实质要件在成年之男女,应取得其同意。若定婚两造无一致之意思表示,虽具备形式要件,也不能认为婚约为已成立(八年上字第284号判例)。若父母为未成年子女所定婚约,如果子女成年后对于父母所定之婚约不同意者,则该婚约对该子女不发生拘束力,对于不同意之子女也不能强其履行,其女诉请解除婚约,可以允许(十一年上字1009号判例)。再次,明确主婚权设立的目的是保护婚姻当事人之利益,故主婚权人若无正当理由拒绝主婚者,审判衙门可以裁判代之(九年统字第1207号解释例)。如当事人婚姻一经成立,主婚权人自不能借口未经主婚,请求撤销(七年统字第909号解释例)。第四,子女定婚,虽应经主婚权人同意,但子女如果与主婚权人素有嫌怨或其他情事,事实上很难得其同意者,则该子女如已成年,亦应许其自行定婚(十五年上字第962号判例)。

由此可见,大理院在司法实践中已经从法律明文婚约重主婚权人的意思转向重婚约当事人双方的意愿,明确如果婚约未经当事人同意不为有效,而且否定了家长、尊长控制、干涉子女婚嫁的最终决定权。大理院关于婚约定立尊重当事人意愿之态度的变化可以通过民国十一年上字第1009号判例来说明。本案中,葛尤氏之女葛阿林幼时由其母主婚凭媒许与符永发为妻,立有婚书。民

---

① 天虚我生:《大理院民事判决例》(乙编 民事二),中华图书馆,1919年,第17-21页。

由客体到主体：民初女性婚姻权利的变化
——以大理院婚约判解为例 | 237

国十年 2 月间，葛尤氏以女儿葛阿林不情愿为由托媒人转告符永发，嘱咐其另娶。符永发不同意，双方为此涉讼。案件先经上海地方审判厅审理，并判决：葛阿林应与符永发成婚，葛尤氏及葛七庸等不得无故阻止。判决下达后，葛尤氏及葛七庸、葛阿林等不服，又向江苏高等审判厅提起上诉。江苏高等审判厅经过调查认为葛阿林确有许与符永发为妻之事实，故做出驳回控诉、维持原判的判决。葛尤氏及葛七庸、葛阿林等不服，又于民国十年 10 月 28 日向大理院提起上告，请求大理院撤销第一、二审判决，准葛阿林与符永发解除婚约。大理院经过审理亦认为阿林幼时确许与符永发为妻，双方的婚约已成立。但大理院同时认为，"按现行法例，父母为未成年子女所定婚约，子女成年后，如不同意，则为贯彻婚姻尊重当事人意思之主旨，此项婚约不能强令不同意之子女依约履行"。据以上结论，将原判废弃发回原第二审法院更为审判。该案最后由江苏高等审判厅依照大理院发还意旨，于民国十一年 9 月 11 日做出更审判决：原判废弃，葛阿林与符永发之婚约准其解除①。

  不仅如此，当女儿与主婚权人的意见发生冲突的情况下，大理院在司法实践中也站在尊重女儿意愿的立场上，并将女儿的意愿置于主婚权人的意愿之上，维护了女儿自己对婚姻的选择。这点可以通过四年统字第 371 号解释例中的情况来说明。本案中，某甲有两女，长女嫁某乙为妻，并生有二子。次女现年 21 岁，尚未许人。后乙妻病重，甲的次女亲自伺候汤药，在乙妻临终时，考虑到两个孩子年幼，即托付甲之次女照顾。乙感动于甲之次女对二子的抚养之情，所以央媒人请求续娶甲之次女，甲次女亦很情愿，并私下告诉了其父甲。但甲坚决不同意，并马上将其次女另许配给丙。甲之次女考虑到自己的愿望终不能达到，即带着乙的两个孩子逃到乙家，父女因此事涉讼。甲坚决不同意其次女嫁给乙，并当庭表示愿意将女儿领回听其一死。法院再三开导仍然坚持不变。而甲的次女则认为自己先已经私下和乙有了婚约，所以一定要从一而终。承审此案的法官面对这样的情况变得很为难，如果尊重父命，则担心甲之次女因为丧节而轻生；如果遂了女儿的心愿，又觉得与社会心理不符合。所以此基层法院呈请大理院在新旧法律过渡时期解释应该怎样裁决才为适当。结果大理院在回函中解释道："查民法原则，婚姻须得当事人之同意，现行律例虽无明文规定，第孀妇改嫁须由自愿，则室女也可类推，以定律言。"② 本案中，

---

① 周东白：《民刑诉状汇览》（亲属），世界书局，1924 年，第 97－116 页。
② 郭卫：《大理院解释例全文》，成文出版社，1972 年，第 223 页。

大理院完全抛开《现行律民事有效部分》关于婚约成立的明文规定，以民法的基本原则立论，扩大解释"孀妇改嫁须由自愿"的规定，类推适用于室女婚姻也应由其自愿，维护了女儿的个人意愿。

由以上判解及案例可见，大理院在婚约及成婚的判解中，不仅不再以《现行律民事有效部分》"婚姻由父母主婚"的规定作为解决婚约定立纠纷的依据，而且对传统的"父母之命，媒妁之言"的习惯也进行了否定。大理院将婚约视为一种契约，明确婚约之当事人为男女双方，并不断强调和固化婚姻当事人的意愿是婚约成立的实质要件。同时将主婚权人的意愿置于辅助从属的地位，并限制主婚权的滥用与干涉。通过这样的逻辑构建起来的婚约成为男女两个人之间的事情，并非是两个家庭之间甚至两个家族间的利益联盟。故在司法实践中，子女的意愿成为决定婚约效力的关键因素，子女包括女性由传统婚约中"被安排"的客体变成了婚约定立中的主体。

二、"许嫁女悔婚再许"中女性权利的变化

中国传统婚姻观念认为婚姻是"合二姓之好"的家族关系，所以婚约定立后，法律着重强调的是正常婚姻秩序的维持。悔婚行为被认为是对传统婚姻秩序的破坏，"不仅法律而且习惯上也明显地有一旦定了婚就不得取消的法律意识"[1]。所以历代法律都严惩悔婚行为，并同时要求强制履行婚约。如唐律户婚律第175条规定："诸许嫁女，已报婚书及有私约，而辄悔婚者，杖六十。虽无婚书，但受聘财亦是。但男家自悔者，无罪，财礼不追。若更许他人者，杖一百，已成者，徒一年半，后娶者知情，减一等，女追归前夫，前夫不娶，还聘财，后夫婚如法。"[2] 明律、清律于此均有相同之规定，只是处刑稍微减轻而已。可见婚约之效力在传统法律上非常强大，婚约一旦定立，就有了国家强制力来保证其履行即成婚，这种强制性有力地约束着男女双方，尤其是女方。

在民初，作为清律例延续的《现行律民事有效部分》仍然维持了传统，对"许嫁女悔婚另嫁"的规定除了将男方悔婚的处罚变更与女方相同外，并无其他改变。仍然将悔婚女子的命运交到前夫手中，赋予"第一个许婚者有收回该

---

[1] 当时江苏江北各县民间习惯认为："婚约一经双方主婚者交换婚书、即发生婚姻效力，纵他日配偶者之一方有因事悔婚，亦难撤消婚约、盖退婚之举，一般社会认为丑事，故宁可牺牲夫妇一生幸福、不肯轻率请求离婚。"见前南京国民政府司法行政部编：《民事习惯调查报告录》，中国政法大学出版社，2005年，第686页。

[2] 刘俊文：《唐律疏义笺解》，中华书局，1996年，第1009–1010页。

女或者抛弃该女,并收回聘财的选择权"①。婚约的这种强制效力,实际是将女子的人身作为强制执行的客体,像债权契约中的物品一样,只要男方坚持娶她,就无条件地被当作婚约之客体强制送归前夫之家,女子的生死与意愿根本不在考虑之列。在这样的制度与习俗下,女子一旦悔婚,即没有一点儿权利可言,只能被动地接受前夫的选择,承担被强制履行婚约的义务。

民初大理院在司法实践中,应用近代西方民法关于"身份义务不可强制履行"的原则,通过判解的形式对现行律民事有效部分"许嫁女悔婚另嫁"的规定及传统习惯进行了革命性的变革。当然这种变革是逐步完成的,经历了一个渐进的过程。在民国初建的前三年里,大理院像遵守主婚之法律规定一样忠实地实践着《现行律民事有效部分》关于"许嫁女悔婚"的规定。明确"凡女子已与人定婚而再许他人者,无论已未成婚及后定娶者知情与否,其女应归前夫"(三年上字第838号判例)。但从民国四年开始,对于许嫁女悔婚或悔婚另许的态度开始有了转变,认为许嫁女再许他人,已成婚者,依律虽然应判归前夫,但从妇女的节操计,希望其能终事后夫,但以前夫不愿领回为条件(四年上字第638号判例)。这表明大理院对悔婚女子强制归前夫的态度已经有了松动。

到民国五年时,其态度已经明显背离了现行律民事有效部分的规定,在民国五年"尹雅安请求强制其未婚妻蒋德芳之女履行婚约"的统字第510号解释例中明确"按现行律,女方负有与男方结婚之义务",但从外国法律理论出发,认为婚约义务"系属于不可代替行为之性质,在外国法理,概认为不能强制履行。盖若交付人身,直接强制,事实上仍未必能达判决之目的。即使不致酿成变故,亦徒促其逃亡,曾无实益之可言。况在法律上,夫对于妻并无监禁及加暴力之权。而刑法就不法监禁及各种伤害之所为且有明文处罚。则交付转足以助成犯罪,殊失国家尊重人民权利之本旨。中国之情虽有不同,而事理则无不一致,此项办法未可独异"②。大理院明确婚约义务不能强制履行,认为既然无法强制执行,只能由管辖之衙门做调解说服工作,劝谕双方当事人和平解决。大理院虽在理念上已经借鉴西方近代民法精神,并随着社会情形的变化而调整自己的态度,明确不主张"强制悔婚女子履行婚约",只是碍于现行法律的规

---

① [日]滋贺秀三:《中国家族法原理》,张建国、李力译,法律出版社,2003年,第381页。
② 郭卫:《大理院解释例全文》,成文出版社,1972年,第285–286页。

定和当时之社会情形①，不能直接否定现行律民事有效部分关于悔婚的强制性规定。

如果说民国五年统字第 110 号解释例中大理院的态度还比较温和的话，那么到民国九年时，大理院的态度变得甚至有些强硬，不仅明确表示如果许嫁女执意不从前夫，最后之结果也只有请求损害赔偿这一解决途径，而且已经带有命令下级法院不许判令"悔婚再许女子强制归前夫"的明确态度，否则大理院将对下级法院"强制女归前夫"的判决强行要求改正。大理院这一态度的转变可以通过民国九年上字第 295 号判例说明。本案中，帅治财将其女帅鸣凤于民国五年许与潘福龙之子潘秉清为妻，后因潘家未按约定日期交付聘财，帅治财又于民国六年将其女帅鸣凤另许吕本相为妻并成婚。为此两家涉讼。在第一审中，潘福龙供称帅鸣凤已经再嫁，于妇道有亏，自愿不要，并在一审具状，同意帅鸣凤判归吕本相为妻，遵照判决解除婚约，不生枝节。结果潘福龙之子潘秉清不服一审判决，向浙江高等审判厅提起上诉，以"婚姻应尊重当事人本人之意思"为主张，请求法院判决帅鸣凤归自己。而帅鸣凤在原审中明确表示自己愿意从吕本相而不愿从潘秉清。结果浙江高等审判厅依照现行律民事有效部分之规定，判决帅鸣凤与潘秉清之婚约有效，强令其归前夫潘秉清。帅治财、帅鸣凤不服，遂向大理院提起上告，请求撤销浙江高等审判厅的二审判决并依法改判。大理院在审理中认为："查现行律所载许嫁女再许他人已成婚者，虽依现行律仍归前夫为原则，然法律为维持家室之和平并妇女之节操计，尚希望其得以终事后夫。故于本条末段特附以前夫不愿者倍还财礼，女从后夫之规定。律意所在，彰然甚明，则审判衙门遇有此项诉讼案件自应先就此点尽其指谕之责。"本案上告人之女既已另嫁吕本相为妻，其女在原审复称不愿随被上告人之子。"被上告人即使实系依约交付聘礼，而此等妇人强之使合，被上告人亦当知其难于相安。如能收回加倍聘礼并其他因悔婚所发生之损害赔偿，在被上告人亦未必固执己见，请求仍归其子为妻。原判并未体会法律之所要求，以尽其相当之能事，判令帅鸣凤仍归前夫潘秉清，亦不能不认为其仍有发还更

---

① 众所周知，当时正值女权运动蓬勃发展之时，社会上婚姻观念已经发生了很大变化，思想文化界的开明人士倡导婚姻自由，所以许多女性受此影响，开始提起解除婚约及离婚的诉讼请求。如果一旦大理院明确宣判女子悔婚不得强制执行，必然引起男性的不满和助长女性悔婚之风，这一点从下面的案例即可得到证实。

由客体到主体：民初女性婚姻权利的变化
——以大理院婚约判解为例

审之原因。"据以上结论，将原判撤销发还原高等审判厅更为审判①。最后浙江高等审判庭按照大理院的意旨尊重了帅鸣凤的意愿，驳回了潘秉清要求帅鸣凤强制履行婚约的请求。

大理院对于"许嫁女再许他人"之强制性规定的判解变化，符合西方近代民法中人格平等、男女平等、婚姻自由等进步的法律理念。虽然大理院并未在司法实践中明确推翻现行律民事有效部分"许嫁女悔婚再许"的强制性规定，但其判解态度已经表明对这一规定的否认。这种态度的变化使女子在悔婚再嫁中的个人意愿得到了充分的尊重，使女性不再被视为可以由前夫任意选择及被官府强制执行的客体，使女性由婚约义务履行中被选择、被强制执行的客体变成了悔婚另嫁中的主体。

三、孀妇改嫁权利的变化

关于孀妇改嫁，传统的礼经并不支持，如《礼记·郊特性》说："一与之齐，终身不改，故夫死不嫁。"② 强调孀妇为夫守节不再嫁，并以"饿死事小，失节事大"的观念约束女性再嫁。固有法对孀妇改嫁并没有禁止性的规定，只是对于自愿守志寡妇之"守志"意愿给予了强制性保护，不允许他人强迫守志寡妇改嫁，否则就要受到法律的处罚。如唐律第184条规定："诸夫丧服满而欲守志，非女之祖父母、父母而强嫁之者，徒一年，期亲嫁者减二等。各离之，女追归前夫家，娶者不坐。"③ 即除孀妇之祖父母、父母外，任何人都不得强夺其志，强其改嫁，如果他人强嫁者，将予以处罚。明承唐律规定："其夫丧服满，果愿守志，非女之祖父母、父母而强嫁之者，杖八十；期亲强嫁者减二等，妇人不坐，追归前夫之家，听从守志。娶者不坐，追还财礼。"④ 清律由于受宋代以来逐渐强化的"贞节"观念的影响，对于强令孀妇改嫁的行为惩罚更加严厉，明确规定："其夫丧服满，妻妾果愿守志，而女之祖父母、父母及夫家之祖父母父母强嫁之者，杖八十，期亲加一等，妇人及娶者具不坐。"⑤ 即使孀妇之父母、祖父母及夫家之祖父母、父母强嫁之者也要处罚。

---

① 吴兴凌、善清：《全国律师民刑诉状汇编·已编》，大东书局，1923年，第89－94页。
② 《礼记·郊特性》。
③ 刘俊文：《唐律疏义笺解》，中华书局，1996年，第1043－1044页。
④ 怀效锋：《大明律》，法律出版社，1998年，第61页。
⑤ 田涛、郑秦：《大清律例》，法律出版社，1998年，第207页。

《现行律民事有效部分》对孀妇再嫁的规定承清律，只是增加了"孀妇自愿改嫁，由夫家祖父母父母主婚，如夫家无父母祖父母，但有余亲，即由母家祖父母父母主婚"的规定。这一规定与唐明清律相比，有了"孀妇改嫁须由自愿"的规定，似乎赋予了孀妇改嫁的自由选择权。但在实际生活中，一方面由于夫家之亲属觊觎寡妇再嫁的财礼，唯利是图，而不惜违背孀妇之意愿，私自强嫁，使女性再嫁根本没有"自愿"可言；另一方面法律虽然规定了"孀妇改嫁须由自愿"，但仍然将主婚视为孀妇改嫁的必要条件，孀妇再嫁必须由主婚权人主婚，否则主婚权人可以主张撤销婚姻。这种主婚制与清代孀妇改嫁的法律规定其实没有任何不同，主婚制下的孀妇同样没有再婚的自主权。

民初大理院在司法实践中以尊重妇人一般人身权利为基点，从限制滥用为孀妇主婚权开始，对于孀妇改嫁之"自愿"进行了扩张性解释。

首先，大理院通过判解明确孀妇改嫁必须出于自愿（六年上字第866号判例），这是再婚成立的实质性要件。如果主婚权人擅自为孀妇定订婚姻而未经孀妇同意的，孀妇可以请求撤销该婚姻（四年上字第1812号判例）。这一点可以通过民国九年上字第120号判例中的情况予以说明。本案中张王氏原为张尔林之长子张家才之妻，张家才故后，张尔林于民国八年4月未经张王氏同意，擅自主婚将张王氏嫁卖给上告人杨贵基为妻，并由上告人杨贵基看守囚禁同居1个月。张王氏遂以改嫁未经其事前同意事后追认为由请求撤销婚姻。案件经湖北第二高等审判厅以未经孀妇同意为由判决允许解除婚姻关系。结果杨贵基不服判决向大理院提起上告。大理院在判决理由中称："按现行律载孀妇自愿改嫁由夫家祖父母父母主婚等语，是孀妇改嫁，夫家父母虽有主婚权而必备自愿之要件，婚姻始能成立，律意甚为明显。"[1] 在本案判决理由中，大理院虽然援用了现行律民事有效部分之规定，但对其做了扩大解释，将孀妇个人的自愿视为婚姻成立的实质性要件。如果婚姻未经孀妇同意，孀妇可以主张撤销该婚姻。

其次，大理院明确规定，如孀妇自愿改嫁，夫家祖父母父母或余亲如果故意抑勒不为主婚改嫁者，孀妇可以请求审判衙门以裁判代之（七年上字第1379号判例）。对于那些平日与夫家祖父母父母已有嫌怨，很难期望其能适当行使

---

[1] 《法律周刊》1924年第57期。

主婚权的孀妇,明确其自行改嫁也为有效(四年上字第536号判例)。正是基于这样的理由,九年上字第1066号判例中的孀妇徐王氏才在其公公对其自行改嫁的挑战中得到了法庭的支持。本案中,被上告人徐王氏原为上告人宋之发的儿媳妇,因宋之发的儿子外出多年没有音信,故徐王氏即于民国八年自行改嫁与徐老大结婚,为此双方涉讼。此案先由河南高等审判厅判决徐王氏与徐老大的婚姻为有效,结果宋之发不服河南高等审判厅的判决,向大理院提起上告。其上告理由是,徐王氏改嫁其有主婚权,但徐却未告知他自行改嫁,所以请求确认徐王氏与徐老大的婚姻为无效。大理院根据上告人将被上告人夫妇逐出另度十有余年及患疾病时并不予照顾的事实,认为被上告人徐王氏与上告人早有嫌怨,故"按现行法例孀妇平日与其夫家祖父母父母已有嫌怨者,则其夫家祖父母父母于行使主婚权时难望其适当之处置,审判衙门判令由其母家祖父母父母主婚或令其自行醮嫁亦不得谓为违法"。依此理由,大理院驳回了上告人的诉讼请求,确认徐王氏自行改嫁合法有效①。这样的情况不仅在清代及以前的法律下是难以想象的,即使在民国初年的社会习惯中,孀妇改嫁也必须由主婚权人主婚,婚姻方可成立②。而大理院在司法实践中,扩大解释现行律民事有效部分之规定,明确当子媳与翁姑已有嫌怨时,可以不经其主婚而自行改嫁也为合法,夫家尊亲不能干预,使孀妇再嫁的自主权利明显提升。

大理院通过判解对《现行律民事有效部分》中孀妇再嫁规定的变通解释,将孀妇个人的意愿置于主婚权人之上,使孀妇个人的意愿成了决定婚姻有效与否的关键,甚至使根本没有通知主婚权人而由孀妇自行改嫁的婚姻也成为主婚权人不可挑战的合法有效婚姻,使孀妇确实取得了再婚的自主权,完全成为决定自己再婚与否的主体。

四、婚约解除中女性权利的变化

《现行律民事有效部分》对于婚约的成立强调主婚权人的主婚意愿,但对于婚约解除并未规定由谁来决定。这主要是因为传统法律强调婚姻秩序的稳定,将婚约看作是成婚的第一步,所以很强调婚约的效力。婚约一经成立,没

---

① 《法律评论》总第532期。
② 当时关于十六省的"孀妇再嫁"的习惯调查中,大部分省在孀妇再嫁时必须由主婚权人主婚。参见南京国民政府司法部编:《民事习惯调查报告录》(下册)第四编"亲属继承习惯",中国政法大学出版社,2000年,第756 – 1066页。

有法律规定的特殊理由是不准解除的,这既是法律的规定,也是符合当时民间习惯的。即使偶有解除婚约的情形,事实上也多由主婚权人决定,婚姻当事人不能自作主张。尤其是妇女,在婚姻案件中,不是作为享有平等权利的当事人参加诉讼和调处,而只是有关纷争的"标的物"[①]。

而大理院在民国初年的司法实践中,借助于从西方法律中引入的一套话语,对《现行律民事有效部分》中关于婚约解除规定进行了重新阐释:首先,明确婚姻之当事人为男女两造,故婚约成立后,经双方一致合意或者具备解除婚约的法律原因,可以解除婚约。主婚权人不得违背婚约当事人的意思,强其不准解除(五年抗字第69号判例)。其次,强调父母之主婚权不可滥用,即使婚约由父母代定,但在子女成年后已经表示同意者,主婚权人也不得未经婚约当事人之同意而擅自为其解除婚约,对于子女已经表示愿意的婚约,也不能以未经其主婚而主张撤销(七年上字第972判例)。

正是基于上面的理由,民国九年统字第1207号解释例中的母亲,以未经其主婚请求撤销女儿之婚约的主张没有得到大理院的支持。本案中,有甲之同居孀妇乙将女丙许与丁,甲不知情,又将丙许给戊,亦未与乙商量。后乙知戊与丙定婚,即将其事告知于丁,令其择日娶丙。惟丙年已十九,誓愿嫁戊不愿嫁丁。因向其祖母甲表示意愿并请祖母甲代为做主。甲即促戊娶丙过门并已经成婚。乙坚决不同意丙嫁给戊,为此涉讼。乙以主婚权人自居,请求撤销丙与戊的婚姻。而丙则主张愿意从戊,从一而终。下级法院认为,按照大理院统字第1051号解释,父母、祖父母俱在而又同居,其主婚权在父母,唯须得祖父母之同意。丙与丁及丙与戊之间的婚约均欠缺婚姻之有效要件。但丙又坚决从戊。对此,浙江高等审判厅请求大理院给予解释。大理院在回函中解释道:"父母之主婚权非可滥用,如父母对于成年子女之婚嫁并无正当理由,不为主婚,审判衙门得审核事实以裁判代之。甲之为丙主婚,姑无论是否合法,但丙既愿嫁戊,乙若无正当理由不能事后主张撤销。"[②] 此案按照现行律民事有效部分规定的主婚人顺序,毫无疑问,有父母在,则应由父母亲主婚,祖父母没有主婚权,只有同意权。显然本案中的丙由祖母主婚许与戊,其母以主婚权人自居主张撤销丙与戊之间的婚姻,按照现行法律之规定是允恰的。但大理院却以

---

① 郑秦:《清代司法审判制度研究》,湖南教育出版社,1988年,第226页。
② 郭卫:《大理院解释例全文》,成文出版社,1972年,第693页。

主婚权非可滥用为依据，认为只要婚姻当事人自愿成婚，不论祖母之主婚合法与否概不论及，从尊重婚姻当事人之意愿出发，不许其母主张撤销。

大理院关于婚约解除权的判解再次说明婚姻只重当事人之意愿，只要实质要件（即当事人自愿）合法，即使形式要件不合法也一样不允许主婚权人进行干涉。这一态度显然与前面婚约定立判解中婚姻首重当事人之意愿的主旨是完全一致的，使婚姻当事人之主体性不仅体现在婚约成立时，也体现在婚约解除时，使婚约当事人包括女性由传统法律上的客体成了婚约中的主体。

五、结论

笔者以上的分析表明，在民初大理院关于婚约的司法判解中，女性法律地位有了从客体到主体的转折性变化，这集中体现在以下两个方面。

其一，女性独立意志得到了尊重。在婚约判解中，大理院的判解言说完全背离了《现行律民事有效部分》"婚姻由父母主婚"的规定，非常强调当事人的意愿。此外，对女性独立意志的尊重也体现在婚约解除的判解中。由于大理院从法理上认同婚约的当事人为男女双方，所以在判解中赋予当事人（包括女性）婚约合意解除权及法定解除权，并排斥主婚权人的干涉。从某种意义上看，这已经具有了私法意思自治的特征。

其二，女性独立人格得到尊重。从婚约的效力来看，大理院从当时国外先进的法理"身份义务不可强制履行"立论，明确"婚约义务，系属于不可代替行为之性质，认为不能强制履行"。"婚约不得请求强迫履行"成为婚姻近代化的第一个实质性标志。这样，女性在大理院司法判解中被视为和男子一样的"人"，而非可以任意处置的男性的"财产"或男性的"附庸物"，使女性的独立人格逐渐复活。

民初最高审判机构大理院并非社会的变革性力量，何以能在一个夫权观念盛行了数千年的社会中主动按照进步精神去解释法律？这基于两方面的原因：其一，组成大理院的推事多数具有西方留学的背景，很容易借助他们所熟悉的西方法律术语来表达先进的法律理念，这一点我们在前面的分析中看得非常清楚；其二，来自当时的社会压力也是原因之一。民国四年之前，大理院在许多有关婚约的裁判中，更多地维持了传统，这说明拥有西方先进法律知识的大理院仍有相当的保守性。但民国五年以后，大理院的裁判开始出现了一个比较清晰的转变，更多地保护了女性利益。大理院何以会在此时发生态度上的变化？

应该指出，民国四年、五年之间是辛亥革命陷入低谷后，在讨袁反帝的革命中出现的一个新高潮，女性运动随之进入一个新阶段，大理院此时对女性问题的裁判态度转变并非偶然，恰好顺应了此种社会趋势。时任大理院院长余棨昌即明确指出："现今中国新旧思想极不融洽，大理院近正踌躇此平见之判例。如关于婚姻问题，在昔日为父母代订，今则讲自由结婚，且因潮流所趋，离婚案件日渐增多，审判衙门安能据旧规理判其不离。新闻杂志对于新思想极力鼓吹，司法当局不能不顾现代思想。"① 这可以为大理院的"裁判转型"做一个很好的注脚。

（原载《妇女研究论丛》2011年第1期）

---

① 余棨昌：《民国以来新司法制度》，载《法律评论》第5卷第36期，第4-6页。

杨三姐告状案：民初女性诉讼案中的道义、法律与舆情

王小蕾[①]

摘 要：杨三姐告状案是民国初年轰动一时的女性诉讼案，案件源于华北乡村社会在性别权力关系上的失衡。女性对诉讼领域介入，既是对男性权力的挑战，也暗示着导向社会结构改变的因素开始出现。由女性所发起的诉讼案进入审判流程后，道义、法律与舆情的互动关系也呈现出了较为复杂的态势。这在一定程度上对女性群体维权意识的培养起到了促进作用。

关键词：杨三姐告状 性别 司法 道义 舆情

杨三姐告状案曾在民国初年的华北地区乃至全国引发了轰动效应。以往学界对这场案件的解读与分析仅限于对同名戏剧的探讨，对其深层致因及本质问题却鲜有关注。在笔者看来，杨三姐告状案的发生源于民国初年华北乡村社会性别权力关系的失衡。作为当事人的杨三姐之所以发起诉讼，只是体现了乡村民众对道义的追求，不能证明女性维权意识的提高。值得注意的是，案件进入审判流程后，道义、法律、舆情的互动成为主导案件走向的关键因素。在案件审理中处于不利地位的女性当事人也试图利用性别气质制造舆情，以求获得司法的同情和道义的援助。这在客观上帮助其完成了自我赋权，培育了男女平等意识。

一

杨三姐告状案发生于1918年的直隶省[②]滦县。案件的起因是由包办婚姻而引发的家庭暴力。杨三姐出生在滦县青坨乡甸子村的一个雇农家庭。其姐杨二姐通过"订娃娃亲"嫁给了高家狗庄的高占英。虽然高家是村中有名的富户，

[①] 作者简介：王小蕾，女，海南大学马克思主义学院暨海南历史文化基地讲师，历史学博士。研究方向：妇女/性别史。

[②] 直隶省：明朝时称北直隶，清顺治二年（1645年）改称直隶，康熙八年称直隶省。1928年，经国民政府决定，将直隶改为河北省。旧京兆区二十县并入河北省，北京改称北平。

但是由于家境上的悬殊，杨二姐婚后备受婆家冷落。其原因，正如杨三姐晚年在自述中所说："俗话说，媳妇做的是娘家的'官'，二姐因为家庭贫困，在高占英家里的地位也就越来越低。"① 上述说法为当地的婚姻风俗所印证，男女双方在订婚后，各自的家庭就需要准备对等的资财。正所谓"女索重聘，男责厚奁"②。杨二姐的娘家显然无法支付与高家所出的彩礼大致相当的嫁妆。这是她在婆家的地位每况愈下的原因。虽然部分从事中国社会性别研究史的学者也承认，女性成婚后，便进入一个因婚姻而织就的亲属网络。她们的地位和精神健康，既取决于生育子嗣的状况，也仰赖于那种所谓的"子宫家庭"（即阴性家庭）的情感网络③。不过，出嫁数年仅生育一女的杨二姐，显然没有能力完成这种权力的反转。

由于缺乏感情基础，加之学识素养方面存在较大差距，杨二姐与高占英的婚姻关系较为冷漠。这个局面的形成与高占英处理婚姻问题的方式有关。虽然许多再现案件的文本，都强调了他作为新式学堂毕业生的主体身份。但是，高占英的性别观念和婚姻观念并未因受到男女平等思想的启迪而发生多少实质的改变。他接受和杨二姐的包办婚姻固然是出于无奈，然而这却未能使之深刻反思传统性别制度对男女两性的束缚。他所进行的抗争时常建立在漠视和损害女性权利、生命和尊严的基础上。婚后，高占英长期与妓女出身的五嫂金玉通奸，且时常打骂前来劝阻的杨二姐。

如此，也折射出华北乡村社会性别制度在权力关系上的不平等。因为在"历史上的中国式的界定社会性别的框架"④ 下，男性对女性的支配是显而易见的。这种支配关系不仅是由男女两性在财产权上的不平等所造成的，更是女性在公共领域中的不利地位所导致的。同时，"在物质技术和制度文化的变迁中，存在着思想文化的滞后性"⑤。尽管彼时在滦县部分社会阶层中早已兴起赴新式学堂求学的氛围："顷年以来，县中有立初、高中各学校，各编村普立初小学校，莘莘学子日增月盛，而高材挟中人产者，类皆肄业……其中富有产者，或自备资斧邀游异国，争先著鞭。"⑥ 然而由于缺乏介入城市文明、实现社会流动

---

① 《杨三姐自述民国初年的人命官司》，载《世纪》2005 年第 2 期。
② 张凤翔、刘祖培纂：《滦县志·中国地方志集成（河北府县志辑）》，江苏古籍出版社，1991 年，第 116 页。
③ Margery Wolf, *Women and the Family in Rural Taiwan*, Stanford: Stanford University Press, 1972.
④ ［美］贺萧、王政：《中国历史：社会性别分析的一个有用的范畴》，载《社会科学》2008 年第 12 期。
⑤ W. Ogburn, *On Culture and Social Change: Selected Paper*, Chicago: Chicago University Press, 1964.
⑥ 张凤翔、刘祖培纂：《滦县志·中国地方志集成（河北府县志辑）》，江苏古籍出版社，1991 年。

的有效途径，多数像高占英那样的青年人在行为实践上始终未能脱离乡村。自然，他们的婚姻家庭也就无法摆脱传统道德伦理的影响。这使人不得不反思新式教育究竟在多大程度上帮助青年人实现从传统到现代的转变继而确立独立人格。

值得注意的是，虽然女性解放、男女平等的思想早已开始传播，但上述观念的普及却不是一蹴而就的。由于智识的缺失和活动场域的闭塞，乡村女性基本没有或较少受到这样的启蒙，继而衍生出权利意识。尽管《大清民律草案》中早有"夫妇之一造受彼造不堪同居之虐待或重大侮辱者，法庭应准予二人离婚"[1]的规条，然而由她们主动提出离婚诉讼的现象却少之又少。即便遭受男性的虐待，她们也只能将自己身为暴力受害者的事实隐匿于封闭的家庭空间。杨二姐的人生悲剧便是由此而起。1918年农历三月十二的傍晚，杨二姐与高占英再度发生争执，并被丈夫残忍地杀害。

杨二姐被杀后，高占英及其家庭为了掩盖真相，谎称其死于血崩。但是，葬礼中的诸多疑点，引起了杨三姐的怀疑。首先，在下葬前，杨二姐的衣物有严重破损。这同其日常的行为举止不符。"如果是我二姐不慎划破了手，她会找一条其他的布来包扎，绝不舍得撕破我给她做的新衣服。这是我们的姐妹之情，绝不会的。我一看见这件衣服被撕破，就什么都明白了。"[2] 其次，死者的嘴角尚有血迹，下身也有伤口。当她试图询问高占英并要求查看尸体时，遭到了拒绝。

更为重要的是，杨二姐是高占英明媒正娶的妻子，高家为其举办的丧事却过于简单。这同滦县的丧葬礼俗有所不合。一直以来，当地民众对女性的丧葬仪式比较重视，家中若有女性病危，婆家要及时通知娘家人前来探望、陪伴、照顾病者直至死亡。死者去世后，亲属应"厚其衣衾……哀嚎擗踊而奔谒五道庙，昏昼均以烛行，哭而来复哭而返……成服后，亲友始以信闻，谓之报丧。至二三日，亲友毕至始盖棺，即小殓也……过七日始掩柩，谓之大殓……所费资以千万计，有竭尽财产以为悦者"[3]。而"高家办丧事，上下很紧张，鼓乐虽然有，但是并没有和尚做法事，很潦草"[4]。

---

[1] 杨立新点校：《大清民律草案·民国民律草案》，吉林人民出版社，2002年，第174页。
[2] 《杨三姐自述民国初年的人命官司》，载《世纪》2005年第2期。
[3] 张凤翔、刘祖培纂：《滦县志·中国地方志集成（河北府县志辑）》，江苏古籍出版社，1991年，第117页。
[4] 张凤翔、刘祖培纂：《滦县志·中国地方志集成（河北府县志辑）》，江苏古籍出版社，1991年。

正是基于上述理由,杨三姐希望以诉讼的形式调查杨二姐的真正死因,将杀害她的凶手绳之以法。不久之后,她在兄长杨国恩的陪同下,前往滦县县衙告状:"所以我一不打架,二不斗殴,而是决定去官府告状,为我二姐讨一个公道,为天下姐妹讨一个公道。"① 这说明了任何性别制度背后所蕴含的权力关系均具有难以掩盖的复杂性。研究者不能将其简单地概括为压迫与被压迫的关系,而是要结合具体的历史语境细致考察性别权力关系及其变化。虽然一些从事性别研究的学者都认可男性在传统社会性别制度中占据的优势地位,但是这并不意味着女性只能充当被男性控制的对象。相反地,她们也会在较小的空间内利用微弱的权力,发挥自身的主观能动性。足见中国的性别制度与社会结构之间的链接机制始终具有某种弹性,这使得女性被压抑的地位在一定程度上保有了变动可能。

只不过由于当时妇女解放运动对乡村女性的忽视,致使杨三姐发起的诉讼与其说是基于一种权利意识,毋宁说是体现了对道义的追求。正如费孝通所言,乡村民众在以自己为中心的社会网络中,是以道义作为衡量一切的出发点,从己向外推以构成的社会范围也是一根根联系的绳子,每根绳子都是被道义维系着②。同样地,作为一种相对健全的价值判断,对道义的渴求也渗透到民众的日常生活和思想观念中,并影响了他们对案件的判读。如此,则使得杨三姐所发起的这场诉讼获得了多方面的支持和帮助:"二姐是冤枉的,四邻八乡,不论贫富老幼,都来帮我这个苦孩子,有钱的出钱,有道儿的出道儿。"③在他们看来,高占英与嫂子通奸并残忍杀害妻子原本就是对道义的践踏。因而,上述行为在社会大众的良知上就会引起反抗。在此,村民们认为他们对高占英违背人伦、无视亲情的行为有所失察,并因此感到羞愧。于是,他们对维护道义的法律产生了某种期待。尽管上述举动或许不能称作具有较高的法律意识,但这却为杨三姐的诉讼提供了精神上的支持。

二

那么,伴随着社会结构、人际关系和价值体系的转换,法律能否伸张乡村民众所倡行的道义并贯彻男女平等的精神呢?从《大清律例》和1912年《暂行新刑律》中对家庭暴力案之司法解释的比对中可见端倪。《大清律例》曾规

---

① 《杨三姐自述民国初年的人命官司》,载《世纪》2005年第2期。
② 费孝通:《乡土中国》,北京出版社,2005年,第45页。
③ 《杨三姐自述民国初年的人命官司》,载《世纪》2005年第2期。

定，夫妇之间所发生的命案在法律适用上是不对等的。妻子谋杀丈夫的案件需要依法办理，丈夫谋杀妻子的案件则要酌情考虑："凡夫谋杀妻之案，系本夫起意者仍照律办理外，如系他人起意，本夫仅止听从加功者，绞罪上减一等，杖一百，流三千里。"① 1912年的《暂行新刑律》对于杀人罪的规定则消除了这种差等对待："第二百九十四条 杀尊亲属者，处死刑。杀人者，处死刑、无期徒刑和一等有期徒刑。第二百九十五条 伤害人者，依左例断之：一，致死或笃疾者，无期徒刑或二等以上有期徒刑；二，致废疾者，一等或三等有期徒刑；三，致轻微伤害者，三等或五等有期徒刑。"②

可见，当现代法律制度植入中国后，某些符合道义且追随时代发展潮流的性别观念，早已自觉或不自觉地被借鉴、言说和应用。但在某些涉及女性的诉讼案中，其能否被贯彻执行？答案是值得商榷的。

一方面，在乡村社会乃至整个传统中国，"无讼"的思想一直广为流传。无论是作为作奸犯科的积极主体还是受到侵害的对象，女性一旦卷入诉讼，会面临更痛苦的经历：将原属于私人领域的问题对外展示，并成为民众公开谈论、讥讽的对象③。这不但使之形成了"耻讼""贱讼""惧讼"的思想，更直接或间接地承认了女性从属于男性的法律地位。以上观念不是依靠外在的权力使女性服膺的，而是通过教化使之养成了敬畏之感。当杨三姐准备诉讼之际，她的亲属便力劝其接受高家的补偿，放弃对道义的执念。虽然杨三姐对此进行了有策略的抗争，但不足以消除传统伦理规范给诉讼带来的阻力。

另一方面，这一时期，现代法律同乡村社会的习惯法也形成了共存关系，体现着传统思想意识并支撑着相应的等级秩序。正如晚清时期一位执法者所言，案件各方"自理词讼，原不必事事照例，但本案情节，应用何律何例，必须考究明白，再就本地风俗，准情酌理而变通之"④。在他看来，执法者不应只是专攻法律知识，更要考虑为官和民所普遍接受的判断标准。这使得乡村社会的习惯法对司法审判的干预作用有所加强。特别是在杨三姐告状案这样的女性诉讼案中，它甚至成为执法者和女性当事人产生分歧的根源。

在女性当事人看来，执法者需要使她们追求的道义明确化，并赋予其一定

---

① 马建时、杨育裳：《大清律例通考校注》，中国政法大学出版社，1992年，第772页。
② 中国第二历史档案馆编：《中华民国史档案资料汇编》（第三辑），江苏古籍出版社，1991年，第262页。
③ ［美］黄宗智：《法典、习俗与司法实践：清代与民国的比较》，上海书店出版社，2003年，第157页。
④ 方大湜：《平平言·卷二》，清光绪十三年（1887）刻本，第34页。

的强制力。然而，执法者的工作若要顺利进行，不得不考虑为民众广泛接受的伦理规范，并兼顾人情因素。于是，他们不会孤立看待诉讼者的陈述，而是将其置于各种社会关系的具体情境中加以评价，使审判朝着平息案件当事人纠纷、修复他们之间友好关系的方向进行。由于在本案中，原告与被告间存在亲属关系，时任滦县知事的牛宝善便做出了这样的判断：一方面以"女子不得上堂告状"为由，对杨三姐大加申斥；另一方面勒令高占英及其家人给杨三姐150块现大洋，并赠予杨家20亩地和1头牛①。

但是，这场诉讼案毕竟关系到民众的生命、身体和财产权利，审判的结果也直接或间接影响到执法者对道义的体认，因而必须在有限的时间和空间内得出确切的结论，否则便是会被视为执法不公。于是，牛宝善用钢笔在杨三姐的袖口边写下了一个"津"字，暗示她将在滦县未能解决的冤案上诉至天津的司法机关②。上述行为无疑使审判达到了公私兼顾的效果。同时，这也是执法者在遇到难于调解的案件时的惯常做法。因为，上诉可以被无限制地提到官府等级构造内的任何级别，并无根据什么而终结的制度规定。只要原告方追求道义的目标没有达成，上诉就会一直持续。与此同时，受理上诉的司法机关通常会做到以下几点：或对基层司法机关下达指令，或要求得到报告，或另外派遣官员会同基层司法机关审理③。有时，该过程也会伴随着对基层司法机关断案标准的质疑以及对更高级断案标准的呼吁。

在滦县的诉讼遭遇挫折后，杨三姐便上诉至天津的司法机关。作为近代以来司法体制改革的样板，天津的司法机关确立了如下制度模式。首先，明确了执法人员的分工，避免主审法官对案件的任意专断。天津高等审判厅共设厅长一人、刑事部长一人、民事部长一人以及法官若干名。处理具体案件的时候，需要有承审员一人、会审员二人④。其次，对司法解释的关注程度较高。通过查阅当时的审判记录可以发现，执法者对案件所进行的司法解释在文本中占据较大的篇幅⑤。最后，诉讼代理制度及法庭辩论机制的完善，令当事人作为诉讼主体的地位得到维护。对于杨三姐这样生活于社会下层的乡村女性来讲，上

---

① 全国政协文史资料委员会：《中华文史资料文库·社会民情卷》，中国文史出版社，2012年，第178页。
② 中国人民政治协商会议河北省枣强县文史资料委员会编：《枣强县文史资料》（第9-10辑），2000年，第314页。
③ [日] 滋贺秀三等著：《明清时期的民间审判与民事契约》，王亚新等译，法律出版社，1998年，第15页。
④ 甘厚慈辑：《北洋公牍类纂·卷四》，文海出版社，1966年，第278页。
⑤ 《暂缓案件裁定册》，天津市档案馆藏，全宗号：J0044-1-001396。

述转变显得难能可贵:"我在滦县打官司就不知道请律师,所以官司打输了。……律师不出庭,有理说不清。"①

另外,在执法流程中,道义的因素虽未被突出强调,然而证据的采集却得到了重视。《天津府县试办审判厅章程》规定:"凡刑事、民事案件之原告、被告均可带同证人到堂供证,并可呈请公堂传令某人到堂作证。"在人证不足的情况下,法庭会委派专门工作人员进行物证收集②。这一切,对杨二姐死因的认定发挥了一定的作用。但是,在采集证据的时候,法律与传统社会风俗之间的矛盾却异常突出,本案的关键程序"开棺验尸"正是其中之一。

一般说来,为了弄清命案的线索和实情,执法者需要现场检验勘察死者的尸体,根据检验所得出的结论也对他们断案的结果有所影响。为保障检验的科学性,他们需要遵循一套固定、严谨的工作流程:按照前后左右由上而下的顺序对尸体进行整体检查,特别要注意身体的要害部位;若发现上述部位有损伤,必须在众人面前报告,并令双方当事人及证人前往观看,彻底认定死因③。然而,在执行这套工作流程的时候,这还是难免同传统社会风俗有所抵触,表现为三个方面:首先,"开棺验尸"有违民众对亡灵的敬畏之情。在天津司法机关及其工作人员前往滦县验尸的时候,死者杨二姐已经下葬多时,检验势必要在侵扰死者亡灵的前提下进行。在不了解现代法律的各界人士看来,这既是与传统生死观、道德观、价值观相背离,更是对死者的践踏与凌辱。其次,"开棺验尸"也同他们的风水观有所冲撞。大体而言,民众对墓地的风水极为看重。这种对于风水的敬畏,使之对执法者在死者坟前进行的司法检验有所抵触。再次,更为重要的是,因为死者的身份是女性,"开棺验尸"也触犯了民众对女性身体的禁忌。一直以来,民众对女性身体的认知无可避免地带有以下特点:透过定义身体外在的差异,进而延伸至抽象意义上的男女之别、内外之分,标志是围绕女性身体所生成的一系列相关禁忌,譬如将女性身体的裸露视为不洁和不雅;男女之间的身体接触更是被严格禁止。

基于上述理由,执法者对杨二姐尸体的检验失之粗略:仅对死者的体表特征进行登记,并结合周遭人等的描述判断其死因④。这不但难以令执法者彻底

---

① 《杨三姐自述民国初年的人命官司》,载《世纪》2005年第2期。
② 甘厚慈辑:《北洋公牍类纂·卷四》,文海出版社,1966年,第281页。
③ 《关于检验死尸事项》,天津市档案馆藏,全宗号:J115-1-1189。
④ 《关于检验死尸事项》,天津市档案馆藏,全宗号:J115-1-1189。

了解案情，更使这场旷日持久的诉讼陷入僵局。上述困境的摆脱，则取决于女性当事人能否使自身所追求的道义得到执法者的认可。只有当执法者认为案情于道义和法律的任何一面看来都属性质恶劣，毫无通融余地，他们才会对案件予以彻查①。是故，为了得到执法者的同情，女性当事人往往会通过感性的手段强化对道义的诉求，譬如，面对前来检验的执法人员，杨三姐大声疾呼："验尸官先生，你可要凭良心办事呀！我可是拿命来打这场官司！你家里没有兄弟姐妹吗？你可要对得起苍天啊！"②

显然，杨三姐希望召唤"亲情"这一主题，并试图将道义与社会所认同的伦理因素相结合，形成一种能够引起广泛共鸣的认知。从案件的进展看，如上做法也在一定程度上起到了说服执法者的作用。在他们看来，杨三姐因亲情和道义而发起的诉讼不但合情合理，还应当受到法律保护。为此，执法者支持了杨三姐的诉讼请求，对杨二姐的尸体进行重新检验。在此次检验中，他们从杨二姐的阴部找出尖刀一把，发现了高占英杀害杨二姐的确切证据。然而，高占英的死刑判决并未立即执行。原因是，尽管杨三姐所追求的道义全部或部分地代表真理，但是这却难以给执法者带来强大压力。同时，道义与法律之间的冲突与角力在任何案件中都呈现出多样的局面：执法者和当事人各有其理、各执己见，案件旁观者的看法和观点也因人而异。为使判决早日达到满意的结果，杨三姐还需利用时机、渲染舆情，令自身追求的道义被广大社会成员所认可，以便对法律的实施起到制衡作用。

三

而近代以后，报刊媒体已然在法庭审判中承担起了调节公众注意力的责任。媒体报道的深入，保证了详尽的信息和逐字记录的细节随着审判的进行而渐次向公众传播，使人们对审判发表评论乃至形成舆情成为可能。为给读者的注视选择恰当的视角，记者们会选取一些带有争议性和戏剧性的案件。"杨三姐告状"案由此进入舆论空间，并从家庭私人领域的纠纷转化为轰动一时的公共事件。

在杨三姐于滦县起诉的四个月后，《大公报》介入了对该案的报道。"滦城③高家苟尔［狗儿］庄离城约九十余里，该邑人民素以强悍称，故凶杀之案

---

① ［日］滋贺秀三等：《明清时期的民间审判与民事契约》，王亚新等译，法律出版社，1998年，第24页。
② 《杨三姐自述民国初年的人命官司》，载《世纪》2005年第2期。
③ 即案件的发生地滦县。

数见不鲜。查高占英……年二十六岁；其妻杨氏年二十四岁。今春三月十三日夜间，不知何病，突然身死，事后被该尸妹杨姐闻知即往该县控诉。"① 为了使案件意义得到彰显，记者们在陈述案情之余，还提出了如下问题：如何呈现和评判法庭的运作，主张审判未能做出的公正判决？怎样展现案件话题的争议性和敏感性，使读者消费信息并发表言论？在诉讼中，杨三姐对传统性别角色的颠覆是对现有社会秩序的僭越，还是为世风日下的社会增添秩序感？

为对上述问题做出解答，记者们须就复杂案情做出独到论断："经牛承审员审讯以杨姐尚待字闺中，不应出头告状，当庭大加申斥。……嗣经牛承审员将被告传来审讯，至数月之久，竟毫无头绪（传闻受高某运动之说，未得确否），杨［三］姐情急，为姐伸冤，遂不惮关山跋涉至天津高等审判厅告诉。于日前（二十四日），复经华检察官将两造人等传至县署。是日晚九点，略为审讯，劝导原告，而两造均强硬，主张非开棺验尸不能解决。检察官和承审员均无法不能不准。"② 由上述报道可以看出，尽管司法机关在裁决案件时体现了鲜明的逻辑性，但审判背后却有着超越法律条文所阐释的立场，并成了各方争议的根源：在一个强调司法独立和法制改革的时代，女性的维权行为应当被如何看待？执法者需要在性别化的法律纠纷中扮演怎样的角色？女性群体能否从现行的司法体制中获益？尽管记者们没有给出上述问题的确切答案，但法律的尊严却是被始终强调的。他们对案件中以法律为依据的行为予以褒扬，并对与之相反的举动加以批判。这展现了其知识结构的优越性和行动立场的前瞻性，拉近了法庭与公众之间的距离。

虽然经由报刊媒体的报道，杨三姐告状案的影响力有所扩大，但是记者们却未对案件的后续情况予以跟踪。自1918年8月30日的报道登出后，仅有零星消息反映案件进展："滦县高占英谋杀其妻一案，经本县判决后不服上告。闻此案现经高等审判厅判决，仍然判处死刑。现高占［英］不服又上告大理院矣。"③ 原因有以下两点：一方面，作为现代传媒的代表，报刊媒体更倾向于关注体现时代精神的精英女性，普通女性在这个新旧交替时代的生存状况与基本诉求时常被忽视。另一方面，在现代"法治"潮流的涤荡下，记者们难免对女性当事人的抗辩感到担忧，认为这有可能对正当的审判秩序产生冲击，从而造

---

① 《检察官检验冤案》，载《大公报》1918年8月30日。
② 《检察官检验冤案》，载《大公报》1918年8月30日。
③ 《命案判决上告》，载《益世报》1919年10月6日。

成另一重意义上的执法不公。在他们看来，杨三姐对诉讼的涉入固然是对道义的争取，但她在法庭中呈现出来的却是一种狭隘的情感宣泄。这种行为若不能得到控制，便会转化为扰乱社会秩序的诱因。因此，为了避免女性读者"将其人其事印在脑海中，并激起效法的冲动"①，记者们有意弱化了杨三姐的形象。从这个意义上看，报刊媒体对案件的传播未能使之引发持续轰动效应，实非偶然。

是故，为了激起民众对司法公正的探索，使之认同女性当事人所追求的道义，还需引入其他传播媒介。杨三姐告状案的戏剧改编发挥了重要作用。就在审判进行之际，成兆才写就了评剧《杨三姐告状》②。为了将观众带入看似神秘的司法审判，使之认同编者意欲传递的观念，他在剧中构建了这样的戏剧冲突："（高唱）占英上堂分辨理，连尊厅长听分明，家中自幼把书念……毕业到家把馆成，家中设立男女校。我妻杨氏把病生，三月十三得的病……十四起早着了重，呜呼哀哉一命倾。（三姐唱）三月十四送来信，送信的到我家天未明，言说我姐姐暴病而死……民女细把袄袖看，小指伤痕有血红，那是民女要拦葬，庄中人等忙拦迎，占英我姐姐到〔倒〕是怎么死，快对老爷说实情。（厅长白）读书之人，无故害妻，罪犯千条。"③ 在成兆才看来，案件各方对道义的体认存在显著差异。执法者没有站在女性当事人的角度去考虑道义的问题，是造成执法不公的原因。

可见，多年的职业习惯使成兆才形成了爱憎分明的立场。在这种朴素道德观念的支撑下，他希望弘扬主人公杨三姐所追求的道义，充分发挥戏剧惩恶扬善的功能。此外，在这个新旧交替的时代，像杨三姐告状这样具有争议性和敏感性的案件也引发了他强烈的思考。他认为，杨三姐告状案既是道义与法律的纠葛，更是新旧思想的交锋。为了支撑这样的理念，成兆才将女性当事人对道义的诉求同时代语境相结合。因为，近代以后，中国传统社会性别制度对女性的压抑深受抨击。能否从闺阁走向社会，主动争取男女平权成为衡量女性是否具有理想人格的依据。在这个前提下，杨三姐发起的诉讼行为无疑具有争取性别平等的意涵。她所追求的道义也是同文明与进步相适应的。

为了使女主人公的品质贴近这一要求，成兆才需要对她身上天然流露出的

---

① 夏晓虹：《晚清的社会与文化》，湖北教育出版社，2001年，第198页。
② 《杨三姐告状》1919年在哈尔滨庆丰剧院首演时名叫《枪毙高占英》。
③ 成兆才：《杨三姐告状头本》，北平打磨厂学古堂，1929年，第4页。

女性气质加以遮蔽。因为，公共空间充斥着对男权的尊重。为了拉近同男权社会的距离，作为戏剧主人公杨三姐需要对自己的性别身份进行调适。表现为以下两点。其一，拥有刚烈的形象。尽管杨三姐一角在传统戏剧中依旧属于旦角的范畴，但该剧在首演时却是由男演员来扮演一个性别角色偏移的少女。这为整个故事增添了戏剧性。其二，具有男性化的品格。剧中的杨三姐一改往日的柔弱、悲恸，而是运用理智的头脑展开有效的法庭辩论。这既是人物自身做出的性别重整，更是成兆才对这一全新性别身份的肯定与重申。

然而，杨三姐的这种性别错位，却有可能在观众中引发焦虑。为了打消他们的顾虑，成兆才需要确立以下基调：杨三姐发起诉讼并不是败坏社会秩序的行为，而是捍卫道义的途径。"三姐听说把堂下，同他［她］哥哥把家还，邻居见了齐来问，他把案情说一番，众人齐说'真烈女'。"[1] 在此，作者无疑抓住了烈女[2]的部分特征，以此形容杨三姐对道义的坚守。他意在使观众了解，虽然杨三姐抛头露面的生活方式具有反叛性，但她发起诉讼的举动又是女性的传统美德的彰显。这令杨三姐成为新中守旧的人物，而在观众一方，又可收到旧中出新的效果。在他们的心目中，杨三姐不仅是以弱者的身份对抗强权的象征，更成为在法律体制难以企及的地方伸张道义的代表。自此，作者、案件当事人与观众对案情的认知趋于一致。原属于不同阶层和社会身份的人群，找到了共同的话语空间：通过对司法公正的呼吁，声援这位用道义对抗性别压迫的女性。

这种舆论力量不但使由女性当事人所追求的道义获得认可，还令一向自诩为权威的执法者感受到了压力。对于司法机关及其工作人员而言，舆论对于案件的注视具有无形的监督作用。他们也无时不在思考这样一个问题：在这个崭新的媒体时代，如何对案件进行审判，才能符合民众期待，树立良好的职业形象？毕竟，作为近代中国城市中一个渐具影响力的职业群体，他们只有利用在公共舆论空间中展示起捍卫女性权益、主持正义、维护社会秩序的才能，才能证明自身的行业优越性。为了平息民众激昂的情绪，重申法律程序的客观性和优先性，执法者决定了结此案。

虽然他们承认女性当事人追求道义的举动是正当的，然而在实际行动中他

---

[1] 成兆才：《杨三姐告状二本》，北平打磨古学堂，1929年。
[2] 有关烈女的含义，笔者比较赞同鲁迅在《我的节烈观》中提出的观点。烈女分为两类：一类指在丈夫或未婚夫去世后随之自尽的女性；另一类指在遭遇强暴后设法自戕或抗拒被杀的女性。

们还是要宣称法律在任何时候都要凌驾于道义之上。这体现在对高占英的处罚上。据杨三姐的哥哥杨国恩回忆,天津高等审判厅处决高占英的方式是公开的,刑场也设在了人员相对集中的区域①。该行为体现了下列意图:使罪犯公开宣告自己的罪行,进一步重申对他所施加的司法正义。将公开受刑与罪行本身相联系,制造一种有关忏悔的戏剧性场面。同时,由于绞刑的行刑过程较为缓慢,民众在观看这个场面的时候也能感受到法律的权威②。

在目睹高占英行刑的过程后,杨三姐便受到了启发和震撼,衍生出了模糊的权利意识:"孙中山建立的中华民国讲的不就是人人平等吗?我就是要到官府去找一个平等,特别是去找男女平等。"③足见,通过参与诉讼,她的能力、智识、视野以及社会洞察力有了显著提高,表现便是:通过讲述"自己的生活事件,探索共同的经验模式来创造知识,将个人所遭受的创伤揭示出来,成为集体受压迫的经验"④。这可以使之"找出问题的所在,批判对现实公认的解释,并发掘更新的、更正确的理解世界的方法"⑤。

尽管如此,这种在诉讼中所生发出的权利意识毕竟具有局限性,不足以涵盖女性的整体利益。另外,随着时间的推移,女性权益在立法和执法的过程中已经得到初步落实。同时,社会对女性的要求亦发生着改变:敦促女性以理性的方式思考自身处境,强调她们在经营家庭和参与社会生产方面的作用。在这个前提下,杨三姐对道义和权利的争取已经不具备借鉴价值。这无疑使杨三姐告状案在女性群体中的影响力有所减弱。时至今日,以杨三姐告状案为题材的通俗读物依旧接踵而至,但是它只是民初历史中的一段骇人听闻的故事,并被当作当下时代的参照物。

四

近代以后,法律现代化的潮流对传统社会性别制度及其权力关系的嬗变起到了关键作用。原来由社会精英所呼吁的女权渐次演变为女性在法律上的实际利益,标志便是给予女性平等的诉讼权。虽然上述立法具有一定程度的前瞻

---

① 全国政协文史资料委员会:《中华文史资料文库·社会民情卷》,中国文史出版社,2012年,第177页。
② [法]米歇尔·福柯:《规训与惩罚》,刘北成、杨远婴译,生活·读书·新知三联书店,1999年,第49页。
③ 《杨三姐自述民国初年的人命官司》,载《世纪》2005年第2期。
④ [美]凯瑟琳·巴特利特:《女性主义的法律方法》,载王政、杜芳琴编:《社会性别研究选译》,生活·读书·新知三联书店,1998年。
⑤ [美]凯瑟琳·巴特利特:《女性主义的法律方法》,载王政、杜芳琴编:《社会性别研究选译》,生活·读书·新知三联书店,1998年,第234–235页。

性，但法律对女权的重视却是在执法的过程中被层层推进的。杨三姐告状案就是其中一例。

杨三姐告状案虽说源于民国时期华北乡村社会性别权力关系的失衡，但由于活动空间的局限性，女性当事人在开始诉讼的时候，仰仗的并不是逐步向女性利益倾斜的法律，而是传统社会所认可的道义。尽管从本质上，道义同法律有着利益上的共谋。然而，由于案件各方对道义的理解大相径庭，致使法律在此类案件中的实施时常受阻。在此，发起诉讼的女性需要采取更为有效的抗争策略：利用对舆情的渲染，令公众了解和支持自身所追寻的道义。大众传媒对司法审判的介入恰巧能帮助她们完成这个目标。在报刊和戏剧等大众传媒形式的推动下，原来由女性当事人所追索的道义迅速获得关心该案的各界人士的认可，并转化为了社会对司法公正的呼吁。这不仅令案件的审判得以在公开和透明的状态下进行，还能帮助在智识和能力方面处于弱势的女性当事人初步培育自我赋权意识和男女平等观念。

令人遗憾的是，这种由女性通过发起诉讼而培养出的权利意识并没有得到女性群体的广泛认可。因为，像杨三姐这样参与诉讼的女性只是凤毛麟角，她个人的成功并不意味长期束缚广大女性的传统社会性别制度已经发生了彻底改变。更重要的是，杨三姐告状案发生后，中国女性的生存处境以及价值观念发生着急剧变化。尽管杨三姐诉讼的成功在某种程度上体现着女性维护个人权利的勇气与精神，但是其主体经验却无法深刻地启迪多数女性，这是杨三姐告状案的言说价值难以充分显现的原因。

是故，分析这场民初女性诉讼案中道义、法律与舆情的互动关系时，研究者要将其视为三种变化层面的综合：理想化理念、生活实践和女性权利。在今后的研究中，对于下列问题更要做出进一步回答：近代中国的司法改革在妇女解放运动中所扮演的具体角色是什么？在女性诉讼案中，执法者和当事人对于女权的理解经历了怎样的变迁？有关女性诉讼的历史经验在传播轨迹上有何特殊性？这个知识传输的过程在多大程度上能够打破男性精英和知识女性对妇女解放思想以及女权运动经验的垄断？由此，研究者才能审慎分析近代中国社会性别制度中所蕴含的权力关系，认识近代中国社会变迁的递进性和不协调性。

（原载《妇女研究论丛》2016年第4期）

现代知识女性的角色困境与突围策略
——以陈衡哲、袁昌英、林徽因为例

夏一雪[①]

摘 要：随着女性解放的发轫，中国现代知识女性体验着前所未有的角色困境：为母为妻的家庭角色与自我实现的社会角色之间的矛盾冲突。面对这一困境，陈衡哲、袁昌英、林徽因等知识女性通过对传统贤妻良母观的现代转换，提供了一种平衡兼顾的突围策略：既反对旧式家庭女性的依附与无知，要求拥有现代文明知识与独立自主能力，又反对新女性中以操持家务为无价值无前途的偏激认识，努力建设和谐健全的家庭生活，承担为母为妻的家庭责任。

关键词：知识女性 角色困境 新式贤妻良母

20世纪初，中国女性"遭遇解放"，在时代呼唤和个人觉醒的双重推动下，现代知识女性开始在传统社会单一的家庭角色之外，扮演起女教师、女医生、女职员等社会角色。与此同时，双重角色之间的冲突，也让她们体验到了前所未有的角色困境。美国人类学家拉尔夫·林顿（Ralph Linton）认为"角色"是社会对个人行为模式的一种期望，扮演某种角色的个人必须遵从由角色本身带来的各种期望和要求，这种期望和要求主要体现为角色的文化性和社会规定性。对中国现代知识女性而言，扮演家庭角色需要遵从传统文化中"贤妻良母"的规定性，扮演社会角色又需要遵从现代文化中"独立自由""自我实现"等规定性。在"角色"所包含的客观期望与主观表演这两个主要成分中，现代知识女性由于所处的时代氛围和社会环境的种种限制，使其所扮演的双重角色在客观期望上形成了一种矛盾相悖的状态，即贤妻良母与事业强者之间的不可兼得，进而促成了她们在主观表演上的困惑无着，乃至不得不艰难取舍，或者放弃家庭或者放弃事业，无法实现"女性"与"个性"双重人格的平衡发展。

面对扮演职业女性和家庭主妇双重角色的困境，现代知识女性尽管有过困

[①] 作者简介：夏一雪，女，山东大学文学与新闻传播学院2007级博士生。研究方向：中国现当代文学。

惑无奈，但是她们仍然寻找到了一种行之有效的突围策略，通过对传统贤妻良母观的现代性转换，陈衡哲、袁昌英、林徽因等一部分有思想有能力的知识女性，在为妻为母的家庭角色和实现自我价值的社会角色之间取得了平衡：既反对旧式家庭女性的依附与无知，要求拥有现代文明知识与独立自主能力，又反对新女性中以操持家务为无价值无前途的偏激认识，努力建设和谐健全的家庭生活，承担为母为妻的家庭责任。在这个过程中，她们遵从了双重角色的客观期望，又最大限度地发挥着主观表演的能动性，进而获得了双重角色的最佳扮演效果。

一、双重角色期待下的角色困境：家庭角色与社会角色的冲突

20世纪初的反传统思潮和女性解放运动，为中国女性挣脱千百年的附属命运，走上自主自由的人生道路，提供了一个可能的空间和选择的机会，但是女性自我实现的人生理想，遭遇的却是社会现实的重重阻力。首先，"贤妻良母"是传统社会为女性塑造的理想形象，它已经深化为社会心理和民族精神的基本价值理念，成为框定女性人生的道德模型和行为准则，占据着天经地义、无可撼动的地位，怎样完善为妻为母的女性职责不仅是传统女训所要完成的任务，也是近代女子社会化教育最主要的宗旨和目标。对女性而言，结婚便意味着无可推卸地承担起妻职与母职，并且在传统家庭、婚姻观念中，这种承担意味着困守家中失去自我，在这样的文化环境和道德塑造中成长起来的"五四"知识女性，她们观念中的"贤妻良母"是与自尊自立的现代女性完全相反的，因而她们也将家庭与事业放到了相对立的位置上，她们或者担忧家庭生活对独立意志的消磨，"我那时对婚姻抱着一种悲观厌恶的想法：在那个时代，一个妇女结了婚，一生就完了"[1]，"我想同某君解除婚约，我情愿独身……我一想到结婚后的平凡生活要毁了我的一切时，我仍不能承受朋友们的劝告"[2]；或者在幸福与事业中做出两难的抉择，"我不说什么独身，不过，我是要拿我的事业作前提的，也许就牺牲了自己的幸福"[3]，"过去许多老校长，老训育主任都是老小姐，多半是不结婚的，因为结婚呢，事业只能丢掉，……不如干脆不结

---

[1] 邓颖超：《从西花厅海棠花忆起》，载《光明日报》1997年3月5日。
[2] 庐隐：《庐隐自传》，第一出版社，1934年，第68页。
[3] 《著名女律师史良的回忆》，载罗苏文：《女性与近代中国社会》，上海人民出版社，1996年，第399页。

婚"①；要么为了相夫教子而放弃事业，要么为了服务社会而选择独身，贤妻良母与职业女性成了不可兼顾、互相抵触的两种角色。这是女性需要独自面对的难题，因为"男子既不会因为努力他的事业的缘故，而牺牲他在生命应得到的爱情，也不曾因为结婚的缘故，即须牺牲他的事业，为什么女子偏偏非牺牲爱情，即须牺牲她对于事业的兴趣和志愿呢？"②

造成知识女性这种角色困境的，不仅有社会心理对女性家庭责任的外在限定和女性对此的内在认同，还有社会环境的现实挤压。当时许多社会机构对已婚女性在就业方面存在着性别歧视，认为女性结婚生子后无法专心于工作导致工作能力降低，不仅在招收职员时规定不雇用已婚女性，并且未婚女性在职期间不得结婚，如果结婚就必须辞职。更有甚者，"由女人主持并以谋求妇女解放为职志的妇女机关亦时常有排斥已婚妇女的倾向"③。如果妇女机构和适宜于女性的医生职业都认为已婚女性无法兼顾事业，那么一般社会机构就更不用说了。另一方面，社会组织的不完备和社会保障机构的欠缺，也是导致已婚妇女无法分身事业的现实原因，"儿童公育"曾是将女性从家累中解脱出来的一种设想，但社会条件的限制，使其往往停留在理论探讨的层面上。现实的社会环境对已婚女性如此排斥，体现也深化着家庭与事业不能兼顾的社会观念，让有志于服务社会的知识女性只能在两者中选其一，或者放弃实现自我的机会，或者放弃婚姻家庭的幸福。

更深层面的原因则是社会矛盾心理所造成的文化困境。在"新思想"与"旧道德"并存的时代，知识女性的两难处境既是新旧交替时代中理想与现实的矛盾，也是现代与传统的矛盾。矛盾的社会心理一方面认同了女性接受社会化教育的共识，鼓励女性自立自强；另一方面又认为女性的主要职责仍是相夫教子，女子教育中也以培养贤妻良母为主要目标。由此，社会形成了对女性双重的价值评判标准：既要成为独立谋生的职业女性，又要有贤妻良母的传统美德，可是这种理想化的评判标准，在当时的社会环境中是得不到支持与配合的：职业女性在"被恭维和被赞扬"的同时，却又"被轻视和被排挤"。同时，矛盾的女性自我一方面追求独立自主的人生道路，另一方面又无法挣脱传

---

① 《徐修梅对其在上海务本女中读书情况的回忆》，载李小江主编：《让女人自己说话：独立的历程》，生活·读书·新知三联书店，2003年，第48页。
② 陈衡哲：《衡哲散文集》，开明书店，1938年，第163页。
③ 姚贤慧：《妇女职业与儿童幸福》，载《东方杂志》1937年第13期。

统婚姻束缚女性的阴影。她们既不愿陷入无我婚姻的捆绑，又不愿自轻自贱地背叛传统，她们追求自我实现的人生理想，可现实社会缺少实现理想的土壤。

二、新旧两全的角色扮演：传统贤妻良母观的现代转换

当"五四"反传统浪潮退却，社会革命由激荡汹涌转入波澜不惊后，女性面临的角色困境似乎随着历史的进展而出现了解决的可能。虽然在20世纪30年代，有相当一部分知识女性退回家庭，做起专职太太，但也有一部分有思想有能力的女性，在为人妻为人母的传统角色和实现自我价值的职业角色之间取得了平衡，但鱼与熊掌的兼得并非易事。面对着这个之前女性所不曾面对过的难题，怎样协调家庭生活与事业追求的冲突，做到两者兼顾，是解放了的新女性们需要独自承受的困扰，陈衡哲、袁昌英、林徽因她们给出的答案是新贤妻良母——反对旧式家庭女性的依附与无知，要求拥有现代文明知识与独立自主能力，又反对新女性中以操持家务为无价值无前途的偏激认识，努力建设和谐健全的家庭生活，承担为母为妻的家庭责任。具体而言，希望通过教育和建设，来免除或减缓这个人生中的大冲突。一方面从根本上整顿女子教育，使女性增强适应环境的能力，发展她们的个性与天才，使其能够胜任独立谋生的社会职业。这是从教育的角度，促进女性的自我发展和自我完善。另一方面，从建设的角度，通过完善社会保障，来减轻女性的负担，这其中最重要的是培养专门的保姆人才和改良幼稚园与小学的教育。在女子教育和女性解放的初始阶段，更进一步，在中国现代化进程的起步时期，对女性的轻视仍然顽固地盘踞在主流社会观念中，在社会建设中也缺少保护女性的社会机制和关爱女性的社会组织，知识女性若不愿放弃为母为妻的家庭责任，就难免会影响到学问事业，她们的艰难处境是之前的女性所不曾遇到的，也是之后的女性很难想象的；面对这样的处境，她们难以获得外界的支持和帮助，唯有以自身的智慧和才能来全力兼顾，以坚毅的品质和不懈的努力来争取双重角色的两全其美。

(一) 困境中的焦虑与奋争

陈衡哲拥有教授、作家、编辑、学者等多重文化身份，在她看来，对于在家庭事务之外还有事业志向的已婚女性而言，在当时中国的社会情形下，解决这两者冲突的方法有三种：其一是牺牲了自己的野心与天才，以求无负于家庭与儿女。其二是牺牲了家庭与儿女，而到社会上去另做别的事业。其三是同时顾全到家庭与儿女以及女性自身的三个方面。采取这种方法的女性，大抵是个性甚强，责任心甚重，而天才又是比较高明的。因为她们不肯牺牲任何一方

面，所以她们的内心冲突特别强烈与深刻。假如她们能战胜这个冲突，则亦未尝不能找到一个人己两全的办法：一方面既能靠了她的努力，使她的儿女与家庭，成为她的人格与风范的写照，使一般人士不得不相信，女性的高等教育不但不能妨害她的母妻的责任，并且能使她的成绩格外优美。另一方面，她又能不忘修养自身的学问与人格，使她所发的光明，不仅仅照及家庭的四壁①。这第三种方法，不仅是女性所值得做的一个美梦和女子教育的目标，同时也是陈衡哲的"夫子自道"和人生写照，只是这个美好构想的另一面将是难以计数的艰辛与困难。确实，多重角色的扮演，常常让陈衡哲感到分身乏术。1929年10月陈衡哲作为太平洋学会中国理事会的代表计划赴日本出席太平洋国际学会第三届常会，但是家庭事务却牵绊着她，在写给丈夫任鸿隽的三姐任心一的信中，陈衡哲流露出了务求鱼与熊掌兼得的忙碌与焦愁。

今秋日本之会，我十分想去，但家中太没有人，小孩子不放心。你如肯先来，俾我能得到一点自由，那真是感激极了。②

我们这里大小幸均安好，书书（注释：陈衡哲次女）爱哭极了，因为我不能专心带她的缘故，不知道将来能否在嬢嬢（注释：指任心一）处得到一点专爱？（此孩聪明极了，因此常感痛苦，她要一人专心一意只爱她一个人，我小孩多，家务忙，还要著作，所分给她的注意也少得很，所以希望将来她能做你的唯一的宠侄，不知你要她否？）③

作为第一代受过良好西方史学训练的女性学者，陈衡哲在担任北京大学历史系教授后不久，便因怀孕休假，在长女出生后，就辞去了北大的教职，决意专事著书立说。对于她的回归家庭，好友胡适感到惋惜不已，在1921年9月10日的日记中感慨道："莎菲因孕后不能上课，她很觉得羞愧，产后曾作一诗，辞意甚哀。莎菲婚后不久即以孕辍学，确使许多人失望。此后推荐女子入大学教书，自更困难了。当时我也怕此一层，故我赠他们的贺联为'无后为大，著书最佳'八个字。但此事自是天然的一种缺陷，愧悔是无益的。"④ 其实，胡适不必如此失望，他对于陈衡哲的希望"著书最佳"是不曾落空的。陈衡哲辞去教职，是为了更好地照顾孩子和家庭，同时也是为了有更充裕的精力投入历史

---

① 陈衡哲：《衡哲散文集》，开明书店，1938年，第184-185页。
② 抢救民间家书项目组委会：《任鸿隽陈衡哲家书》，商务印书馆，2007年，第100页。
③ 抢救民间家书项目组委会：《任鸿隽陈衡哲家书》，商务印书馆，2007年，第140页。
④ 胡适：《胡适的日记》，中华书局，1985年，第211页。

学的研究和著述,《西洋史》上册的资料搜集和写作工作伴随着长女的出生与成长,下册则与次女是差不多同时长成、出世,并因此取乳名"书书"。陈衡哲没有因为回到家庭而中断对理想的追求,并且她绝大多数的文学作品和学术著作都是在婚后的人生岁月中写就的。可是,将家庭与事业全力肩起,务求兼顾的抉择,意味着更多的付出和更坚韧的意志。在以上写于1929年的这几封家书中,可以读出她的无奈、她的愧疚,但更能读出她的坚持、她的努力。

如果说陈衡哲没有对她的忙碌生活做出更清晰的勾勒,那么袁昌英弥补了这个遗憾,在她笔下,那段写作《法国文学》期间的生活,被她描述得淋漓尽致、生动传神,极好地展现了身兼数职的知识女性的生活情形:

忙!像我这末一个身兼数种要职的大员,怎样会不忙呢?我是个主妇。当然,跑厨房,经管柴米油盐酱醋茶,应接宾客,都是我的本分。……

我又是个母亲。大的孩子虽是高得超出我的头两三寸,小的却仍相当小。儿女不管大小,总是要占去母亲不少心思。要是生起病来,那就简直要母亲的命!就是平常强健无事,他们身上的衣服鞋袜,就够你焦心。……

我又是个教授,而且自命是个挺认真的老教授。每星期八九个钟头的正课,编讲义,看参考书,改卷本,已经就够一个人整个身心的忙了,况且还要这里参加一个会议,一去半天,那儿参加一个座谈会,又是半天。……

其实,做主妇也得,做母亲也得,当教授也得,三职一身兼之,都是我分内之事,责无旁贷,义不容辞。可是,我这个不守本分的人,还有一个毛病,说起来,挺难为情的!……我自命是个作家。

因为我自命是个作家,就有许多杂志、书店、机关、社会、邀我做文章。这末一来,就真的把我忙杀了!……①

这是充溢着内心满足的"忙",字里行间流露出的不是怨气,而是收获之后的倾诉与欣慰,是翻越一座高山之后气喘吁吁的成就感,尽管此时嘴里仍絮叨着攀爬的艰难,但心里却是安稳和愉悦。在这篇生活记录中,袁昌英是主妇、母亲、教授、作家,并且是在抗战后方时局混乱、民生艰难的环境中,但她没有放弃肩在身上的每一个责任,更没有放弃对著作理想的追求。

在陈衡哲和袁昌英的文字中,浮现出的是知识女性坚定执着的面容和稍显疲惫的身影,在实现自我追求的道路上,尽管有问题与困难,但她们仍全力前进,毫不懈怠。同样,20世纪30年代的林徽因,总是需要在家务缠身中挤压

---

① 袁昌英:《袁昌英散文选集》,百花文艺出版社,2004年,第131-135页。

出创作的时间,以至疾病突袭而不得不赴香山静养的那些时日,才是她能够真正从容优裕地进行创作的黄金时间;身体稍有好转,她便行走在寻访古建筑的道路上,她似乎在与疾病抗争,抓住任何可以自主的机会;她甚至为了心中那崇高的建筑事业,置褯褓于不顾,付出了女性通常难以付出的代价。

(二) 平衡兼顾的突围策略

回顾陈衡哲、袁昌英、林徽因的人生经历,可以看到糅合中西古今文化传统的新女性形象,这其中既有西方的个性自由和平等自主,又有中国儒家文化传统中的自我实现,既是现代西方的职业女性,又是古代中国的大家闺秀和贤妻良母,她们追求"立言"的事业理想,又努力于做才德兼备的优雅女性。她们对中国女性现代身份的构想,是基于中国传统与西方文明的兼容并蓄:将中国文化传统中的修身立德,与西方现代文明中的独立精神相糅合,融会出一种合中平衡的"独立"精神,这种精神在现代中国女性身上体现为"个性"与"女性"的和谐并进:在尽女性为妻为母的责任之外,还要有权利去发展个性与施展才华。陈衡哲同时指出,一个健全社会的基础,当在女子的"个性"与"女性"的双重人格的平衡发展上,而且这个平衡还应该是"正比例"的。也就是说,一个最好的母亲也应该是一个才能智慧超越的女子。

更进一步,陈衡哲认为,服务家庭不但可以算为女性的职业,并且是所有已婚女性的基本职业。家庭是女性终身努力的基础,家庭的事业,是一件可敬的职业。她指出,做贤妻良母的女性,都是一种无名的英雄。"她们的努力常在暗中,而她们的成绩却又是许多男子努力的一个大凭借。她们是文化的重要基础,但正像一个塔或其他建筑的基础一样,她们承受的压力是很大的,而她们的生命却是埋藏于地下的。她们不能像那塔尖的上矗云霄,为万目所瞩,为万口所赞,但她们却是那颤巍巍与天相接者的重要根基。我们明白了这一层,便不敢因为女子从事家务以外职业者少,即否认她们在文化上的贡献了。"[①] 陈衡哲从文化建设的意义上对贤妻良母的价值给予了充分的肯定,并为这个传统女性身份注入了现代内涵,她将困守家中、顺从无知等卑陋因子从这个女性形象中抽离,替换以文化教育的基石、社会事业的基础等更加体现女性智识价值的现代因子。正是在这个意义上,她指出贤妻良母虽然不是女性人生的唯一道路,但却是值得尊敬的人生选择,不应受到鄙弃。"我深信,女子不做母妻则已,既做了母妻,便应该尽力去做一个贤母,一个良妻。世上岂有自己有子女

---

① 陈衡哲:《衡哲散文集》,开明书店,1938年。

而不能教,反能去教育他人的子女的? 又岂有不能整理自己的家庭,而能整理社会的?"①

同样,袁昌英也指出多数女性的大部分活力,是必然用在家庭与儿女身上的,这是人类的天性,也是大自然的神秘。女性解放无论至何程度,都不会危及母性。并且母性不仅是义务,同时是绝大的权利,为母者由生育抚养教导儿女所受的痛苦与勤劳,其成分远不及儿女送回来的快乐与幸福。

由此,在陈衡哲等女性的人生观中,一个新贤妻良母的形象便构筑起来了,这个形象有传统的相夫教子的内涵,但又超越了其对女性困守家庭的限定,不仅赋予其文化建设之基的社会价值和民族复兴之基的历史使命,更重要的是肯定了女性兼任家庭与事业两重职业的能力,指出了融合"个性"与"女性"的人生发展道路。这个新贤妻良母的女性人生理想,既反对旧式家庭女性的依附与无知,拥有现代文明知识与独立自主能力,又反对新女性中以操持家务为无价值无前途的偏激认识,建设和谐健全的家庭生活,承担为母为妻的家庭责任。

三、省视与借鉴:"突围"的价值与局限

首先,值得注意的是,这个新贤妻良母主义是对社会现实和时代环境的某种妥协和让步。经历了初期的热情鼓吹和激进浪潮之后,至 20 世纪 30 年代,中国女性解放思潮潜隐在更为宏大与迫切的社会革命思潮之下,新女性自身的反抗姿态也经历了由决绝到和缓甚至退却的变化,在初期突出强调的男女绝对平等的观念被淡化,而另一个被突出强调的"国民之母"的角色则得到延续并日益强化。这是因为前者已经完成了它激起社会关注,引发救弊纠偏的舆论力量,参与反传统同盟的历史使命,而后者则随着民族危机的日趋严重,被再次凸显在历史舞台的前景当中。于是,当倡导女性解放的男性启蒙者将兴奋点从女界革命转向社会政治革命后,女性对自我解放道路的思考也沉潜到相对保守与停滞的层面上。而传统文化对于女性职能的界定和复古舆论对新女性"比旧女子尚不如"的攻击,也让知识女性在努力追求学问事业的同时,还需要符合社会对于女性的角色定位——贤妻良母,满足社会对于女性的职能要求——相夫教子,从而被纳入社会主流意识的价值领域,为自我实现扫清障碍,铺平道路,同时也借助于社会认同,来实现自我认同。虽然"新女性"作为一种女性

---

① 陈衡哲:《衡哲散文集》,开明书店,1938 年,第 169 页。

时尚,为社会所推崇,以至于人们提起"太太"两个字都带着嘲笑轻视的意味,视之为自甘堕落,但是社会心理仍然认定母职是女性的首要职责,治家是不可推卸的责任,在倡导女性就业的同时,更加认同"贤妻良母"的女性角色。同样,知识女性一方面认为从事社会职业是女性实现自我的权利,也是对于社会国家的责任,但另一方面也认为需以善尽母职为前提条件。无论是普遍的社会心理还是女性的自我认识,在家庭与事业这个问题上,都在文化定式的制约下不自觉地回归着传统。

这是过渡时代的过渡特征:陈衡哲等人的现代女性身份是交错杂糅了中国传统文化与现代西方文化的复合体,是无法彻底摆脱传统的枷锁,而只能徘徊于新旧之间的中间物。她们个性鲜明,气度洒脱,同时又被传统文化的性别规范所紧紧包裹。"我的教育是旧的,我变不出什么新的人来,我只要'对得起'人——爹娘、丈夫(一个爱我的人,待我极好的人)、儿子、家族等等。"[1] 在费慰梅的描述中,林徽因为家务所累的生活,她可以理解但却无法不感到遗憾,她委婉地表示对这种家庭制度的不赞同,也为林徽因的处境感到难过。但是林徽因面对传统文化中女性承担全部家庭事务的分配原则,既无可奈何更无力改变,反抗的意愿也逐渐转化为容忍和接受、奉献和责任。

林徽因当然是过渡一代的一员,对约定俗成的限制是反抗的。她不仅在英国和美国,而且早年在中国读小学时都是受的西方教育。她在国外过的是大学生的自由生活,在沈阳和梁思成共同设计的也是这种生活,此刻家里的一切都像要使她铩羽而归。她在书桌或画板前没有一刻安宁,可以不受孩子、仆人或母亲的干扰。她实际上是这十个人的囚犯,他们每件事都要找她做决定。当然这部分地是她自己的原因。在她关心的各种事情当中,对人和他们的问题的关心是压倒一切的。她讨厌在画建筑草图或者写一首诗的当中被打扰,但是她不仅不抗争,反而把注意力转向解决紧迫的人间问题[2]。

对身处新旧过渡时代的林徽因而言,这更多是一种历史的无奈,她面对的是文化习俗的历史惯性和社会环境的整体压制,充满无奈但却没有怨恨,她在现实面前铩羽而归,但更多是出于对家庭的无私深沉的热爱和值得尊敬的道德

---

[1] 《一九三二年一月一日晚上致胡适》,载林徽因:《林徽因文存(散文 书信 评论 翻译)》,四川文艺出版社,2005 年,第 73 页。

[2] [美] 费慰梅:《中国建筑之魂:一个外国学者眼中的梁思成林徽因夫妇》,成寒译,上海文艺出版社,2003 年,第 82-83 页。

责任感。林徽因她们面对着家庭事务对创作时间的分割，仍然努力扮演好贤妻良母的角色，这是中国传统文化中的性别规范带给她们的历史积淀。对于女性所面对的这一创作困境，同时代的弗吉尼亚·伍尔夫指出，女性要想写作，就要有一间自己的屋子和一些维持日常生活的钱，这是保障女性进行创作的基本条件。在过去漫长的历史时期中，中国女性得不到"一间屋子"所象征的写作环境和"一些钱"所象征的独立地位，她们被束缚在家庭的院墙之内，抚育子女和操持家务就是她们生活的全部内容，无从想象可以进行专心致志的创作。以抚育子女为主的家庭事务，事实上阻碍着女性的创作活动，但这却并没有影响到男性的创作事业，因而家庭内部在家务分配上的不平等，客观上阻碍了女性展示自身的"创造力"，而这种不平等既根源于女性在经济上的依附性，对林徽因她们的新式家庭而言，更在于文化上的因袭和她们自身对这一分配原则的认同。

她们没有像同时代的西方女权主义者那样，从对象性存在的角度来认识女性的文化本质，以一种彻底坚决的女性主义姿态，来反思中国文化传统中的性别压迫和家庭制度中的性别奴役，她们注意到了这些问题，但更多地停留在了现象批判的层面，也更多地以中国式的道德力量来解决它们，期望通过完善自我的人格修养来获得社会认同，期望通过牺牲与奉献来消弭家庭与事业的冲突，以此来消解社会心理对女性的歧视和排斥。因此，对造成女性从属地位的文化根源缺少深入的反省，也对社会结构和家庭结构中的男女不平等缺少有力的反抗。美国女性主义批评家伊莱恩·肖瓦尔特（Elaine Showalter）将女性作家的创作分为三个阶段。一是"女人气"阶段（feminine）：这是一个较长期的摹仿（imitation）主导传统的阶段，这也是一个将主导传统的艺术标准及关于社会作用的观点内在化（internalization）的阶段。二是"女权主义"阶段（feminist）：这是一个反对（protest）主导标准和价值，倡导（advocacy）少数派的权利、价值和自主权的时期。三是"女性"阶段（female）：这是一个自我发现（self-discovery），一个摆脱了对对立面的依赖而把目光投向内心、寻找同一性的过程[1]。这是肖瓦尔特对西方女性创作传统的描述，但如果运用其中的批评思路来观照陈衡哲等中国女性的自我解放之路，可以看出她们的女性意识是更多地处于"女人气"的阶段，是将文化上的主导传统内在化的阶段，因而她们虽然反对旧式女性的依附性生活，追求独立自主和实现自我价值，但

---

[1] 张岩冰：《女权主义文论》，山东教育出版社，1998年，第74–75页。

是她们仍然遵循着传统的性别规范：优雅高贵的大家闺秀和德才兼备的贤妻良母，赞许并践行着儒家文化传统提倡的女性为家庭奉献，为子女牺牲的美德，塑造着融汇了贞静博雅的古典气质和自由洒脱的现代气息的新才女形象。她们希望在接受教育和选择职业上与男性享有同等的权利，能够同男性一样发展个性和展示才华，她们的人生理想含蕴在儒家文化传统所提倡的"修身齐家治国平天下"的自我实现的人生模式之下，并且她们选择的实现途径是从事文化学术事业。虽然"学而优则仕"的科举仕宦制度已经随风而逝，但是"为学"仍然不失为传统文化价值观念中最正统的人生道路之一，具有潜在而强大的引导性和典范性，陈衡哲她们在无形中"摹仿"着这个自古以来士人君子们孜孜以求的、修身治学的人生目标。

或许今天的人们难以理解，为什么她们深入细微不厌其烦地探讨女性遭遇的家庭与事业的冲突。因为在今天的社会环境中，这个冲突虽然不曾完全解决，但是已为人们甚至女性自身所忽略，其中的困扰也不再显得那么深切严重。这是历史发展社会进步的结果。今天的职业女性，不需要忍受希特勒的让女性"回到厨房去"的叫嚣，不需要面对"女子无才便是德"的旧调重弹，而且她们拥有更切实的社会保障和法律保护。可是，仍然有必要指出，在女性获得与男性同等的就业权利，并且同男性一样参加工作，成为自食其力的"生利者"的同时，她们所面对的家庭事务的分配原则却几乎没有任何改变。"男女都一样"这个绝对化实则含糊不清的表述，掩盖了男女之间的性别差异，也成为女性表达自身感受的屏障。家庭与事业的冲突——这个被陈衡哲等视为女性解放的最大障碍的问题，以一种悬置的方式得到了解决，双重职业的两全其美——这个女性解放的美好前景，也以一种强制实现的方式得到了实现。但是，在这个"解决"和"实现"过程中，女性面对着怎样的困难，她们对此又有怎样的思考，却成为一个空白，男女平等和同工同酬让这一切成为一个不必要的问题。数学式的男女平等不是女性解放的中心目标，性别差异也不是一个应当抛弃的概念，在此，陈衡哲等的体验和思考，不在于是否为中国女性的前景描绘了切实可行的蓝图，而是一种提示——以她们的困惑和矛盾来提示一个不应该被忘却被淡化的问题。

对今天的女性而言，她们以一种更健全合理的生活轨迹，完成着更平实切近的人生梦想——家庭生活的和谐圆满，个性才能的充分发展，社会价值的成功实现，正是在这个意义上她们更具有现实参考价值；或许她们缺少了一点在那个风云际会澎湃激昂的年代里跌宕起伏的传奇色彩和轰轰烈烈的生死纠葛，或许今天的人们对她们缺少了一点了解的欲望，事实上，她们也在相当长的历史时间中被遗忘被消隐。然而，她们为神圣母职暂时牺牲创作事业的选择，对今天的职业女性仍然具有提示意义，她们对女性独立自主的坚韧执着的追求，仍然可以激励人心，她们在双重职业的全力兼任中表现出的坚忍的意志、慈悲的心怀和智慧的创造，仍然值得汲取和学习。她们的独特价值在于兼容并蓄，在于均衡平和，她们的难能可贵在于当女子教育和女性解放的起始阶段，身为为数不多的接受高等教育的女学者、女教授，她们在顽固的性别偏见和艰难的社会处境中，尽力圆满地解决了家庭责任与事业追求的冲突，这是中国女性所面对的"前无古人"的难题，也是古老中国的新身份——职业女性，开始以独立姿态踏入社会时难以避免的困扰。另外，她们的平衡兼顾和牺牲奉献，也阻碍了她们对女性独自承担家务的传统习俗和社会心理中的性别歧视进行更本质更深入的反思和批判；在她们所处的时代和社会中，女性解放任重而道远，女性不仅在教育、就业等社会事务方面需要享有同等的权利，在承担家庭事务的问题上，女性一力肩起的状况同样需要得到改善，夫妇的共同分担应是家庭制度中男女平等的题中应有之义。

（原载《妇女研究论丛》2010 年第 4 期）

"观念解放"还是"情感解放"?[1]
——民初湖南新女性"离家"的实践困境

杭苏红[2]

摘　要：文章通过分析湖南新女性个体的"离家"过程，探讨在妇女解放过程中"情感解放"与"观念解放"之间的差异，以及"情感"对于个体的解放过程所产生的影响。一方面，家内的自然情感常常阻碍一些观念已经解放的女性离家，获得个体的真正解放；另一方面，对于离家女性来说，虽然她们能够暂时克服这种情感对她们人身的限制，但是出走到社会的她们仍然对家怀有某种既怨又恋的"怨慕"情结，这无疑使个体陷入"解放"的情感困境之中。文末，进一步探讨了解决这一困境的情感"转化"之可能以及"情感解放"的限度问题。

关键词：妇女解放　观念解放　情感解放　恋慕　情感转化

一直以来，有关妇女解放的研究大多关注妇女解放理论和群体性的妇女运动，较为忽视女性的个体解放实践。已有研究有的从类型学的角度将解放划分为社会解放、个性解放和阶级解放[3]，有的探讨主体的理性自觉[4]，还有的从群体的角度讨论女性的解放实践[5]。但是，由于缺乏对女性个案的考察，我们对"妇女解放"的了解只停留在抽象的学理辨析和粗线条的历史脉络上，缺乏更为细致的分析。因而，对"个体解放实践"的考察将更清晰地反映"解放进程"中的困境，从而为进一步发展"妇女解放理论"提供可能。

对民初女性解放来说，最重要的一步是"离家"。能否成功逃离家庭，特

---

[1] 基金项目：本文获得北京大学才斋奖学金资助，特此感谢！
[2] 作者简介：杭苏红，女，北京大学社会学系2012级博士生。研究方向：女性学、历史社会学。
[3] 尹旦萍：《女性解放是什么——五四时期对女性解放含义的探讨》，载《华中科技大学学报》（社会科学版）2009年第5期，第118页。
[4] 欧阳和霞：《妇女解放进程中女性主体的理性自觉》，载《中华女子学院学报》2004年第4期，第7页。
[5] 姚霏：《近代中国女子剪发运动初探（1903—1927）——以"身体"为视角的分析》，载《史林》2009年第2期。

别是脱离父母包办的婚姻，往往是女性能否走出传统习俗社会，走向大城市的关键。"反家制"一直是民国思想界最主要的思潮①，但是，与思想、舆论中对"家"和"家族"的猛烈抨击不同，这些不断尝试着从家庭里逃离的女性，虽然在观念上接受了对家的批判，但在情感上却有着极其复杂的家之情结，而这不可避免地使其陷入"解放的困境"。

一、"离家"的意义：三种解放的扭结点

"离家"这一事件到底对女性意味着什么？通过研究民初湖南新女性的各种回忆文章、书信和相关材料，我们将对这一问题有所回应。我们所研究的民初湖南新女性主要是指湖南各县和村镇中的新式知识女性，她们一般出身于当地望族、官绅家或者殷实人家，只有这样的家庭才能给她们提供读书的机会。并且，她们在高小毕业后，大多数读过省内的官立师范。这一方面反映了她们的家庭在女子读书问题上较开明的态度，另一方面，也反映了作为县镇，甚至是乡村中的女性，家长并不愿意在女儿读书上花费过多，只选择学费、食宿费全免的官立学校。辛亥革命后，在谭延闿的开明政权下，湖南新建了六所女子师范学校，数量堪称全国之首②，其中，长沙、桃源、衡阳的省立第一、二、三女师为官立师范，分别招收各乡镇的高小毕业女子，成为这些女性最重要的新式社会空间。

当这些受过新式教育的女性决定离家时，她们往往有着现实的被迫性，其中最主要的是抗婚。"抗婚"的出现不仅因为新女性受到了"自由婚姻"思想的鼓动，更包含了新女性对个人前途的担忧，摆脱社会束缚的愿望，甚至还带有某种模糊的反对阶级差异的思想，这些因素都扭结在"离家"这一个体实践中。

1918年，24岁的黄彰（后来的女作家白薇）从长沙第一女师出逃时，她一方面是因为不愿被父亲逼迫着重回婆家，婆婆的虐待、离婚的无门，使她在传统社会中已经没有适宜的生存空间；另一方面，则是因为她对新知识与新世界的向往。口袋里只有6元钱的她，在同学和老师的帮助下坐上了前往日本求学③的客船，这不可不谓一个过于大胆却又充满勇气的决定。黄彰原籍湖南资兴的秀流村，是长女。父亲曾留日、办过小学、参加过革命军、开过矿，算是

---

① 易家钺、罗敦伟：《中国家庭问题》，泰东图书局，1926年，第2页。
② 丛小平：《师范学校与中国的现代化》，商务印书馆，2004年，第133页。
③ 黄彰一直想升学，但当时的国内大学尚未开放女禁，唯有留学是一条可行的路。

当时的新派人物。黄彰于1914年正月逃离生活了四年的婆家,获得父亲的同情后,进入女子师范学校读书。但是,婆家后来扬言,如果黄彰不回婆家,就将对她唯一的弟弟进行报复。这一威胁迫使父亲不得不将自己生了六个女儿后才得来的儿子放在首位,为了避免"无后",他坚持要求黄彰毕业后重回婆家。所以,对于黄彰来说,在失去家庭的支持之后,她必须找到一条自我发展之路[1]。这一特点在其时的很多湖南离家女性身上都能得到印证:1920年长沙李欣淑拒婚出走后参加了北京的工读团体;1922年蒋玮(女作家,后改名为丁玲)拒婚离家后参加中共创办的上海平民女校;1926年谢鸣冈(女作家,后改名为谢冰莹)和族甥谢翔霄拒婚离家后当兵;黄彰的五妹黄九如(女教师和女作家,后改名为黄碧遥)婚后离家,带着儿子留学日本,都反映了新女性追求个体解放和发展的愿望。

不过,新女性的"离家"并不只是为了追求个体的自由发展,或者如一些研究[2]所说是为了追求个体解放,其实,在她们看来,这一行为也具有推动社会变革的效果。如同另一位湖南新女性周铁忠在从军受拒后所说:"这次我们来当兵,是下了牺牲的决心才来的,我们脱离了家庭来投身革命,目的是在救出痛苦的群众和痛苦的自己。"[3] 同时,在客观效果上,这些离家者也起到了推动变革的作用。长沙李欣淑离家到北京实行工读后,长沙的报纸称赞她为"比赵女士(赵五贞,为抗婚自杀)所发生的影响要重要些,要远大些,要切实些……能够实行奋斗生活"[4],从而鼓舞了一般女性更加积极地奋斗与进取。

此外,这些女性的离家还潜藏着模糊的阶级意识。1922年正月,蒋玮在离家之前,在常德县《民国日报》上批判自己的三舅是"剥削幼婴"的"豪绅",是"嘴上讲仁义道德"的"社会害虫"[5]。三舅也是蒋玮未来的准公公,在蒋玮父亲去世后,一直颇为照顾蒋玮母女,曾留日,后在常德县劝学所和育婴堂任职,是当地士绅。当蒋玮指责三舅是"豪绅"时,她显然受到了五四报刊的影响,"豪绅"即土豪劣绅,是当时新出现的名词,是革命的对象。在蒋

---

[1] 白薇:《跳关记》,载《女作家自传选集》,耕耘出版社,1943年,第39-80页;白薇:《悲剧生涯》,生活书店,1936年,第171页;白薇:《我的生长与发落》,载《文学月报》1932年第1期,第175-179页。

[2] 汪丹:《五四时期妇女解放观的几个层面》,载《天津师范大学学报》(哲学社会科学版)1999年第6期,第47页。

[3] 谢冰莹:《一个女兵的自传》,中国国际广播出版社,2013年,第90页。

[4] 香淑:《李欣淑女士出走后所发生的影响》,载《(长沙)大公报》1920年2月28日。

[5] 丁玲:《丁玲全集(卷10)》,河北人民出版社,2001年,第296-299页。

玮看来，三舅私德败坏、安于享乐，却又虚伪地讲究礼教，正和报纸上所说的"豪绅"类似，于是，在和这个豪绅家庭解除婚约之后，蒋玮得以离家去上海寻求自己未来的道路。

从这些个案中，我们可以看出"离家"这一事件实际上扭结了个体解放、社会解放和阶级解放三者。通过"离家"，新女性不仅以一个独立的个体身份进入社会之中，并且，她还模糊地意识到自己作为社会革新一分子的力量，乃至自己的阶级属性，而这几乎开启了新女性在个体生命历程中所有的追求。因而，理解"离家"，特别是其具体实践过程中的潜在困境，就具有重要的意义。

二、解放的困境：个体的情感羁绊

（一）"放弃离家"的情感考量

在研究民初湖南新女性的离家过程时，我们发现很多因素影响了女性能否顺利地离家。比如，是否具有他者的支持，家内权威是否过于严厉，个体是否具有顽强的意志，等等。不过，在对黄彰三姐妹的分析中，我们可以看到，当其他因素相似时，个体的情感羁绊程度往往会影响到个体能否顺利地离家。

如上文所述，1918年夏天，黄彰从长沙第一女师毕业后逃到日本。其时，她的四妹黄九思和五妹黄九如也一起毕业，同样面临着被父亲逼迫成婚的处境。四妹黄九思曾为此哭过好几次，她读高小时，曾和未婚夫同班，后者功课远不及她[1]，因而她并不愿意嫁给对方。但是，当黄彰去鼓励她一起逃跑时，她却十分犹豫，虽然不满意父母包办的婚姻，可是她也不赞同逃走，黄彰曾回忆她的原话："那……那么做，爹娘都要急死去！"[2] 正如五妹黄九如在为四姐的悼文中所写的"（她）以为此种违背礼教的举动，将使父母伤心，将使故乡培植女孩的事中辍"，故没有和黄彰一起出逃。事后，她"屡次被迫出嫁，每次都急成病来"，最后一次病得"危在旦夕，还是把她抬去了，……怕她嫁去就会死"[3]。

和黄九思一样，五妹黄九如也因害怕逃婚引起父母担心，一开始选择了放弃离家而答应了婚约。不过，和黄九思最后永久地待在夫家不同，黄九如在生下一子后仍旧无法适应这种生活，最后还是选择了离家，带着孩子去日本留学。由此可见，在对父母的情感和自我的未来发展之间一直存在一种张力，很

---

[1] 碧遥：《悼四姊九思》，载《女声》1948年第10期，第19页。
[2] 谢翔霄：《我与谢冰莹》，载《湖南文史资料选集》（24辑），湖南人民出版社，1983，第42页。
[3] 王德威：《现代中国小说十讲》，复旦大学出版社，2003年，第88页。

多放弃离家者，往往并不是因为她们的观念没有改变，或是社会革命和自我发展的意识没有形成，而是她们无法割舍自己和家庭的感情。当黄彰被父亲骂为"父子革命、家庭革命"而不认这个女儿，当谢鸣冈的母亲在写给她的信中大骂"昔则为鸟中之凤，今则变为食母之枭"① 时，离家女性所承受的情感上的决绝并不是每一个女性所能承受的。

（二）"怨慕"：离家者的情感困境

不过，离家者虽然克服了家内情感对她们的羁绊，但是当她们以决裂的方式离开家时，她们仍对父母和"家"怀有某种难以释怀的情愫，这往往使她们陷入"怨慕"的情感困境之中。1944年，已经成为名作家白薇的黄彰，回忆当年父亲去长沙女师督促自己回家的情形。当许久未见的父亲出现在学校时，黄彰内心十分复杂：

父亲，生我的上天，我的恩师，病中的神医，兼仙人似的护士，那爱我也将要杀我的父亲呵！……我一看到他来，稚爱的童心热血来潮时，真想跳进他的怀里，像幼儿勾着母亲的颈亲吻，也勾着他亲一亲。但想到他这次来的意义，尤其对我的严重性，真是不寒而栗……他是处我死刑的法官，断我生命的死神！②

和黄彰的其他文字一样，在这情感几乎满溢到夸张，充满"纠结盘绕的修辞"③ 的述说中，我们能够感受到黄彰对父亲的矛盾情感：既感激、爱戴，又恐惧和愤怒。当她最终选择逃离，决定冲破父亲这位"死神"的管控时，她的内心充满了不舍与依恋：

当我鞠躬向父亲礼别④时，心碎了！心里想"别了，父亲！不知哪年哪日，或许七年八载再见吧，也许永远不能再见了"。……依依之情想靠近他些，愿时间延长些，让我多看他几眼。……望着车子走过的长街、列店，落泪了。⑤

这种对父亲既反抗又难舍的情感，更表现在黄彰在日本时给父亲写的一封两万多字的长信中，她一方面指责父亲不该给家中弟妹包办婚姻；另一方面，又想通过这种批判的方式使父亲理解自己选择逃离的苦衷，希望父女能够和解。

---

① 孟子：《孟子·万章上》，《四书章句集注》，中华书局，1983年，第193页。
② 白薇：《跳关记》，《女作家自传选集》，耕耘出版社，1943年，第39页。
③ 王德威：《现代中国小说十讲》，复旦大学出版社，2003年，第90页。
④ 父亲此时并不知道黄彰已下定决心逃跑。
⑤ 白薇：《跳关记》，载《女作家自传选集》，耕耘出版社，1943年，第49页。

"观念解放"还是"情感解放"?
——民初湖南新女性"离家"的实践困境

和黄彰类似,谢鸣冈在离家的同时,也怀着对父母的忏悔。谢鸣冈的父亲是新化县县立中学校长,毕业于张之洞创办的两湖书院,深受传统思想与现代思潮的双重影响,可谓半新半旧。与之相比,谢鸣冈的母亲则更趋保守,在礼教方面极端固执和专断。她在无法说服谢鸣冈出嫁后禁闭了谢鸣冈。谢鸣冈逃离了三次都未果,最后在嫁人后又逃跑,才得以离家。对这样一位母亲,谢鸣冈充满了太多的无奈和矛盾。透过母亲的严词厉声以及母亲为自己婚事的操劳,她既感到一种"爱非其道"的痛苦,又不禁为这"非其道之爱"动容。她曾通过母亲的口吻写下了母亲为自己准备嫁妆的辛苦,虽然,她是多么地痛恨这一婚约。

你看,娘是多么为你操心呵,为了漆这些木器……刮风的天,生怕灰尘落在金纸上,常常睡到半晚爬起来用油纸盖上,白天又怕孩子们去弄脏了,或者麻雀飞来撒屎在上面,一天至少都要看几十遍;天天都要去监工……①

并且,当她离家四年后第一次回家时,她被母亲的眼泪和爱意完全感动了。母亲一开始不理她,甚至骂她。到了晚上,却偷偷走到女儿床前流下了眼泪。

很想一骨碌地爬了起来跪在母亲床前,求她宽恕我的罪过。四年来,我给她的痛苦太多了,仅仅只为了自由和幸福,就使母亲整夜为我失眠,为我的没有音讯而求神问卦……母亲给予我的热爱(这爱是藏在她心坎深处的最高无上之爱,伟大的天性之母爱),使我感动只想流泪。②

对父母的这种复杂情感,在中国传统儒家经典中也有过叙述。孟子曾称被父母和异母弟弟嫌恶,甚至要被杀死的舜向上天哭诉是"怨慕"③。"慕"字的意思是"小儿随父母啼呼"④,在婴儿追随父母啼呼这一颇具本能的行为中,我们可以看出子女对父母的感情中自然性、先天性的因素。但是,"慕"这一概念更有意思的地方在于它并不仅仅指涉婴儿对于父母的情感,儒家经典还使用它表达成年人对父母的情感。比如孔子称赞孝子送葬"如慕",《礼记》频频使用"思慕"一词表达孝子对亡父母的情感。"怨慕"这一概念背后虽然带有肯定舜为孝行的道德评判,但是,它也恰切地展现了在不融洽的亲子关系中,

---

① 谢冰莹:《一个女兵的自传》,中国国际广播出版社,2013年,第140页。
② 谢冰莹:《一个女兵的自传》,中国国际广播出版社,2013年,第224-225页。
③ 孟子:《孟子·万章上》,《四书章句集注》,中华书局,1983年,第302页。
④ 《礼记·檀弓》记载孔子称赞一位孝子送葬"足以为法",原因之一就是"其往也如慕"。《礼记·正义》又对此进一步阐发:"谓父母在前,婴儿在后,恐不及之,故在后啼呼而随之。"

子女最真实的情感状态，既"怨"，又隐含着恋慕，两者之间不仅互相交织，而且互相对张，使个体处于内在情绪的紧张和冲突中。

在以往的妇女解放话语中，"离家"往往是新女性打破传统家制束缚，获得个体解放的关键一步。但是，"怨慕"之情的存在使我们不禁反思，处于"怨慕"之情的"离家者"真的获得了解放吗？她们在何种意义上获得了解放？如果没有，那么是什么因素造成了这种"不完全"的解放？这对我们重新理解"解放"这一概念有何帮助？

三、反思"情感解放"的可能性

（一）观念解放与情感解放的差异

在传统妇女解放研究看来，主体自我意识的觉醒与观念的改变，一直被视为解放过程的关键点。观念和意识的改变，能够促使个体成为"新人"，从而推动他们追求自我和社会的解放[1]。对于个体来说，特别是对于大多数受过教育的新女性来说，观念的改变并不是难事。长期的学校教育与知识获取使他们习惯于用观念思考问题，并且，观念的改变十分迅速、抽象，并不过多地受到现实因素的影响。所以，在新女性的解放过程中，观念解放往往很容易实现。但是，观念解放并不能最终地实现个体的解放，这其中，还需要具体的实践过程。此时，"情感解放"就成了一个不得不面对的问题。

与观念解放的抽象性、迅速性不同，在解放过程中，情感的变化显得既缓慢又难以彻底转变。对于新女性来说，她们在"离家"中所遇到的困境，并不是她们无法接受新的观念和想法，而是即便她们的观念发生了改变，但由于家内情感的羁绊，她们仍旧难以逾越情感的边界选择离家；或者，就算她们能够暂时不顾情感羁绊离家出走，而对家的情感常常使这些追求解放的女性处于"怨慕"的冲突性情绪中。那么，为什么情感会成为"解放"的困境呢？它与观念解放到底存在何种本质性差别？

首先，情感具有自然性。民国思想界对于"家制"的批判可谓异常猛烈，很多新女性的离家或多或少都受到了"家为束缚个体自由"的观念影响，但与此相比，在面对现实的离家时，她们仍感到情感上的难舍以及分离的痛苦，这在很大程度上都源于父母—子女之情的自然性。一直以来，父母与子女之爱都被看作个体之间最自然的情感。无论是西方古典思想中，亚里士多德将家庭看

---

[1] 王小波：《再论女性意识与妇女解放》，载《江西师范大学学报》2000 年第 4 期，第 57-62 页。

作培养友爱（philia）的自然机制，批评柏拉图的城邦只会培养一个个自私自爱的个体[1]，还是中国传统儒家以"孝"这一"自然亲爱父母之心"[2]为中心，缘"亲亲""尊尊"之义推展出整套社会伦理，都有着类似的判断。在近代科学兴起之后，很多研究都将子女对父母的这种亲近与依恋，视为类似于动物本能的反应。可见，当妇女解放需要打破家之束缚，将女性解放为独立个体时，这种父母子女之情常常因其本能性和固有性，而使女性难以割舍。

其次，这种具有自然属性的家内情感更因为父母与子女的长期共同生活而愈发坚固，从而形成社会性的依恋关系。从社会学的角度来说，此时的家庭是一个社会共同体，社会成员之间的长期互动形成了共同体内部的情感。和通过学校教育等方式获得的观念革新不同，家内情感是建立在家内成员的长期互动之中的，它难以达成迅速的改变。所以，虽然一些离家女性已经不再和父母共同生活，但是由于一直以来女性都生活在家庭这一共同体中，而没有别的社会位置和共同体，所以她们仍会由于之前的家内互动而产生情感上的依恋。

（二）家内情感的"转化"

民国时期离家女性对父母的"怨""慕"之情往往互相冲突，使其对"家"有着复杂的情感。她们虽然离开了家庭，但这种复杂的情感却困扰着她们，使其在情感上绝不能称为已到达"解放"的程度。这种困境的产生，是民国时期反抗"家制"的结果，在当时的社会环境下，新女性只能通过"离家"才能开启个体解放的第一步，所以她们不可避免地和家庭决裂；但也正是这种决裂，使她们对家的情感无所寄托。对于她们来说，家内秩序已经无法重建，要想缓解情感上的困境，只能通过参与新式共同体的方式，使个体的感情从家内转入社会，而这将对一直以来都以家庭为本位的女性构成挑战。

在儒家经典中，面对父母和兄弟的仇视、家内关系的恶化，圣人舜选择了忍耐和"向上天哭诉"的方式来缓解[3]，这不仅是儒家思想对于"孝道"的追求，也是一个封闭的传统社会中最适宜的方式。在一个以"家"为伦理根基和政治根基的社会中，大多数传统女性只能选择忍耐的方式来面对家内危机，因为如果她们选择抛弃家庭，她们并没有其他的出路。但是，伴随着民国初年的

---

[1] 孙帅：《爱与团契——奥古斯丁思想世界中的伦理秩序》，载吴飞编：《神圣的家——在中西文明的比较视角下》，宗教文化出版社，2014年，第3页。

[2] 黄得时注译：《孝经今注今译》，商务印书馆，1979年，第1页。

[3] 张祥龙：《舜孝的艰难与时间性》，载吴飞编：《神圣的家——在中西文明的比较视角下》，宗教文化出版社，2014年，第90–91页。

社会转型,这种家内情感的"转化"不仅有了情势的需要,更有了实现的条件。对于新女性来说,除了固守家庭以外,还有其他的可能,并且,这些可能性的获得仍是源于离家:离家虽然加速了她们与父母关系的恶化,但是,离家同样打开了其他情感关系和依恋关系的通道,同学、老师、战友和志同道合者都成了新感情形成的基础。

在黄彰的逃离过程中,她的一群同学起到了重要的作用①,多年后的回忆文章中,黄彰仍对众同学帮助她逃离学校的经历激动不已,称他们为"一群战士"。最后,同学的母亲陈夫人帮她买了去日本的船票,这位夫人也是位新女性,和丈夫决裂后,"携带一群女儿,流离在外,……靠在女学校帮忙"。黄彰对这位夫人非常感激和亲热,甚至将其和自己的母亲做了对比:"心灵上,比我母亲和我,有的地方更接近些。"② 正是这些离家过程中所遇到的新式关系潜藏着新的情感。对于这些新女性来说,在离家后的人生中,她们追求过爱情,参加过群体活动,有些加入了党派,有些则沉迷于物质与消费,经历似乎大不相同,但在这种种经历背后,无不潜藏着她们试图重建一种类似于家庭之自然情感的社会关系(包括恋人、群体、党派、物质化自我等)的努力,希望从中找到离家之后的最终归宿。

正是通过这些新式的共同体,个体找寻到了一种新的归属感。并且,也正是通过这些新共同体中的个体间情感,新女性试图缓解对父母之家的"怨慕"之情,将对家的依恋和恋慕转化到共同体内部。这是民国家制批判后新女性选择的社会变革之路,在她们投身到新的社会组织和群体时,她们希望通过"情感解放"的方式进入一种新的共同体情感中。当蒋玮和几个桃源女子师范同学一起从湖南到达上海后,她们在平民女校的生活是劳累而又紧张的,但是在情感上却异常激动:她们把从家里带来的钱放在一起用,实行"共产",并且都废了姓,互相称名。在这样的共同体中,她们感受到互相间的平等和友爱,而这,是以往的家庭生活所没有的。

(三)情感解放的"限度"

但是,民国新女性所采取的这种"情感转化"方式,真能以新式共同体的

---

① 二十多位同学一起帮忙,用长梯翻墙出校,却被校方抓个正着。不得已,众人又在一个废旧的厕所坑处挖洞,使其得从一小门出校,并且,这些同学再一次凑了三十多元作为路费。参见白薇:《跳关记》,载《女作家自传选集》,耕耘出版社,1943年。

② 白薇:《跳关记》,载《女作家自传选集》,耕耘出版社,1943年,第86页。

情感完全代替家内情感吗？对于投身社会革命的新女性来说，共同体的情感或许能够暂时缓解她们因"怨慕"之情而产生的困扰，但是，她们因此就能够成为一个完全不需要家庭的"社会人"吗？对于这一问题，我们需要进一步考察新女性在社会团体和革命中的情感状态和精神状况。不过，在此，我们可以先对"情感解放"的限度做一辨析。

民国社会转型所开启的离家浪潮，将传统社会中隶属于家庭和家族的个体纳入了"社会"之中。对于离家女性来说，她们获得了一些新的社会身份，比如"国民""革命者"和"职业人"等，以及一些新的社会空间和社会关系。不过，这些新生活的获得是以家庭决裂为代价的，也正是在这个意义上，她们需要通过新共同体内的情感关系来弥补家庭关系破裂所带来的情感缺失。这一过程，从表面上看，似乎是将依附于家庭的情感"解放"为可以自由地和其他共同体相结合的情感，从而使个体能在更多的共同体中实现情感的自足和独立，并最终实现个体的完全解放。但是，我们发现吊诡的是，在这一所谓的情感"解放"过程中，情感总是在不同的共同体中寻找归宿而不得：当新女性试图用新式共同体的情感来代替和缓解家内情感矛盾时，这虽然使个体从家庭中获得了某种解放，但是共同体仍会演变为类似家庭的束缚，而最终促使新女性摆脱这一共同体，寻找另一种她们认为更适合安顿内心情感的共同体。因而，民国新女性的情感经历虽然表面上是一个不断寻求情感解放的过程，但从某种角度来说，它也是一个不断进入情感—摆脱情感—再进入情感的往复过程。

四、小结

在以往的妇女解放研究中，我们很少讨论个体解放的可能。"离家"这一事件无疑提供了一个契机，让我们得以窥见在个体解放过程中所遇到的观念和情感间的张力。由于家内情感的自然性、本能性，而且这种情感是家内成员长期共同生活而形成的，它对于新女性能否决然地走出家庭，有着重要的影响。研究发现，家内情感不仅使一些观念上接受了自由、平等理念的女性仍旧难以毅然离家，更使得很多离家女性在走出家门后，生活在"怨慕"父母的情感困境之中。由此，我们更能理解"妇女解放"并不只是一场观念推动行动的单维度运动，更包含着个体如何处理情感以及如何重建现代性情感的问题。

传统中国的女性在家从父，出嫁从夫，她们所有的情感关系都是围绕着家庭展开的，家也成为她们最重要的依靠和依恋对象。对于这些民初的离家女性来说，当她们与父母断绝关系后，实际上成了社会意义上的孤儿。理论上她们当然也可能以这种"孤独者"的身份生存，但实际上，面对"怨慕"背后父女、母女之间自然情感的无处寄托，以及女性个体对于依恋感、情感乃至安全感的心理需求，她们只能在时代所提供的历史契机中寻求新的情感，去填补，或者只是缓解因自然情感无法现实化而产生的无意义感和虚无感。

民国之后"日日新"的社会变化，让人们，特别是青年人感受到的是自我与社会变革的无限可能。当这些新女性投入社会革命和新式爱情时，她们往往会感受到比家庭情感更具有激情的情感，而这非常有可能促使她们将情感之重建奠基于此。而真正的问题可能是，这种重建的社会性感情是否能够完全替代已经破裂的家庭情感。在上文中，我们已经看到，这些新女性在新式社会空间中重建了一些新的情感关系，比如与同学、老师之间的情感，与职业群体之间的友情，乃至革命同志之间的情谊，试图以此来填补家内情感缺失后的虚无。但是，这种"转化"在何种意义上能够最终完成？或者说，这种重建的社会性情感是否能够完全代替自然性情感？对这些问题的进一步探讨，都关乎女性能否在情感上完成真正的"解放"以及充满紧张和冲突的"怨慕"情感能否得到相应的缓解。

（原载《妇女研究论丛》2016 年第 1 期）

同乡、媒体和新女性
——刘廉彬自杀案再审视

周 宁[①]

摘 要：1923年四川女生刘廉彬异乡自杀，引起社会的广泛关注。四川同乡积极行动，以上海为中心形成了一个高效的同乡救援网络。媒体跟踪报道，一方面紧扣女性自杀等敏感话题进行新闻炒作；一方面有计划地推出专刊就刘廉彬之死进行大讨论。在妇女解放的时代大背景下，人们对此案做出不同的理解和反思。新文化人士视刘廉彬为女权运动的代表。然而，大多数的四川同乡却将其打扮成为贞操观念殉葬的烈女。是什么原因造成了这种表述的差异？不同声音的背后又说明了什么？本文对此进行了分析。同时，另一个值得关注的现象是凶手贺康的大学教授身份。知识分子在道德上的越界，不仅损害了知识分子的形象，而且让公众对新文化人士提倡妇女解放运动的动机产生了怀疑。

关键词：自杀 刘廉彬 媒体 新女性 同乡

1923年7月15日，四川女生刘廉彬在无锡蚕种培育场自缢身亡。刘廉彬究竟因何自杀？一时之间引起了人们的广泛关注和热议。无锡当地报纸随后进行了跟踪报道[②]，上海、北京的各大媒体也积极介入[③]，一个地方性的命案迅速转化为全国瞩目的公共性事件。

在这一案件不断被放大的过程中，川籍同乡网络发挥了关键性作用，他们利用媒体声援、抗议、申诉，制造了声势浩大的社会舆论；媒体则从中敏锐地捕捉到了社交公开、女子职业、自由恋爱、性等敏感话题，和读者进行频繁互动，间接扩大了刘案的影响。随着讨论的不断深入，刘案被赋予越来越多的意

[①] 作者简介：周宁，男，南京大学历史系博士后、副教授。

[②] 无锡当时地方性报纸主要有3家，分别是《无锡新报》《新无锡》和《锡报》，其中1923年《无锡新报》保存比较完整。这份报纸以"蚕种培育场命案"标题对刘廉彬案进行了系列报道，前后达50余次，这尚不包括记者和读者评论刘案的文字，由此可见当地媒体对刘案的重视。

[③] 《申报》、《民国日报》（上海）、《时事新报》、《新闻报》、《中华新报》、《晨报》（北京）对此案均有报道，关注的程度不亚于1922年的席上珍案。

义。何谓新女性？一个原本在言论层面十分清晰的形象，却在现实社会中呈现出了多重歧义。

一、同乡救助与案件审理

20世纪20年代，有很多轰动一时的自杀案，如席上珍案、马振华案①。这些案件有一些共同的特点：受害的对象都是知识女性，采取的手段都是报复性自杀，凶手都指向了受过新式教育的男性。与这些案件一样，刘廉彬案也是一起典型的知识女性自杀案。

刘廉彬，四川泸县人，1923年春经同乡王德全、李文彬（均为东南大学学生）介绍，前往无锡贺康开办的蚕种培育场料理春蚕②。刘本意是为了实践蚕桑知识，然而仅仅时隔几月，就命丧黄泉。命案发生在1923年7月15日清晨，当日无锡蚕种培育场仆人秦妈久呼刘廉彬起床不应，推门而入发现其在屋内已自缢身亡。场主贺康随后赶到，并于第二天致电王德全、李文彬，称刘廉彬病亡。王德全等以事发突然，奔告刘廉彬之弟刘亮生、同乡穆济波、黄绍绪、张万杰等，于16日晚间赶赴无锡。抵锡后会晤贺康，始悉刘廉彬系自缢身亡。众人以贺所言与电文前后不符，且多支吾之词，即诘问既系横死，为何时隔二日不报官检验，贺无词以答。随后又在刘廉彬屋内发现遗书3封，其中一封这样写道："人生不幸，未有如我者，……卅年来清白，今日不死，此生前途不堪设想。死了死了，无他虑了。"③这更加深了四川同乡对刘廉彬死因的怀疑。

第二天，刘亮生即以尸亲名义，具呈无锡县署，请求检验④。县署接报，派俞承审员带同检验吏前往验看，验得刘廉彬确系自缢身亡。四川同乡不服，当由无锡律师李宗唐等致电苏州高检厅提出复检。7月19日，刘亮生在李宗唐陪同下前往苏州，向高检厅投递诉状。检察官严彭龄命候吴县地检厅检察官来锡复验。7月21日，吴县地检厅检察官张宗庚到锡。为慎重起见，苏州高检厅

---

① 席上珍案和马振华案参见顾德曼（Bryna Goodman），"The New Woman Commits Suicide: The Press, Cultural Memory and the New Republic"，*Journal of Asian Studies*，February，2005；顾德曼（Bryna Goodman）：《向公众呼吁：1920年代中国报纸对情感的展示和评判》，台北《近代中国妇女史研究》2006年12月第14期。

② 贺康曾在东大任教，与王德全、李文彬有师生之谊。1923年，贺康因春蚕繁忙，致函王、李二人来锡助理蚕桑。王、李因课务在身，转荐同乡刘廉彬。

③ 这封遗书此后为四川同乡多次提及，被认为是贺康逼奸刘廉彬的铁证。遗书全文详见《蚕种培育场命案详志》，载《无锡新报》1923年7月18日。

④ 呈文中对刘廉彬死因进行了大胆推测，认为刘不是自缢身亡，而是为贺康勒毙。呈文内容详见《蚕种培育场命案详志》，载《无锡新报》1923年7月18日。

决定聘请西医苏州福音院院长会同检验。23日，为开棺复验之期。当日，围观人群数以千计，无锡当地报纸用整版篇幅记录了验尸过程，《申报》《时事新报》《民国日报》《中华新报》《晨报》等京沪各大媒体，则通过驻锡记者和特约通讯员对复验经过进行了详细报道。四川同乡本指望复验能有满意结果，可西医检验却以经验不足为由，表示不能断定是自缢还是勒毙，最后仅由张宗庚命令仵作喝报尸状草草收场①。

虽然复验没有当场做出裁断，但尸状填报对四川同乡所期望看到的结果却明显不利。四川在锡同乡也意识到事态严重，当晚即在无锡公园饭店举行紧急会议。会议就人员调配、诉讼、宣传和募捐等问题进行了详尽讨论，并明确了具体分工，一个高效的同乡组织迅速运作开来②。

会议结束之后，上海同乡成为重点联络的对象。上海商业、文化发达，汇聚各地精英，无疑在同乡组织力量动员上有得天独厚的优势。早在刘案复验以前，南京同乡即派张万杰、陈潜夫与旅沪四川同乡会、川民自决会、旅沪四川学会、川籍国会议员进行接洽③。开棺验尸当天，川民自决会推派王了人自沪赴锡，亲临现场，见证了检验过程。7月24日，川籍国会议员委托之陈凤石律师和旅沪四川学会代表樊渊浦先后到锡。通过王了人、樊渊浦等人，上海同乡了解了刘案详情，他们果断采取行动，声援刘案的中心很快从南京、无锡转移到了上海。

7月26日，上海同乡召开各界大会，商讨刘案进行办法。会后，川籍国会议员21人联名发表致苏州高检厅和无锡县署电④。27日，川人邓达先在上海租定房屋，组织刘案昭雪委员会驻沪办事处⑤。29日，川民自决会和四川旅沪学会假江苏省教育会召开大会，推举委员16人分头办事，并向到场同乡进行募捐⑥。30日，川省议会会长及川籍国会议员19人联电江苏省长、省议会并转审、检两厅，请慎重本案。国会议员代表向作宾、谢持则准备8月1日赴宁，

---

① 开棺验尸的经过详见《蚕种培育场命案七志》，载《无锡新报》1923年7月24日；《刘廉彬女士惨死案开棺复验》，载《时事新报》1923年7月26日；《开棺复验后之刘案》，载《晨报》1923年7月27日。
② 《刘案覆验后之情形》，载《申报》1923年7月26日。
③ 《蚕种培育场命案七志》，载《无锡新报》1923年7月24日。
④ 《蚕种培育场命案十四志》，载《无锡新报》1923年7月31日。
⑤ 《刘案各地之声援》，载《申报》1923年8月1日。
⑥ 《蚕种培育场命案十五志》，载《无锡新报》1923年8月1日。

面见江苏省长，帮助刘案进行①。

上海同乡的快速动员，为刘案开辟了新空间。与此同时，北京的声援行动也在如火如荼地进行。7月22日，北京《晨报》以"江苏无锡之大疑狱"醒目标题对刘案进行了深入报道。25日，北大教授吴虞及北大学生黄日葵等数十人致电苏州高检厅，请求依法严惩凶手，以重人权②。29日，京城20余校四川同乡齐集师大，决定成立旅京四川学界刘案昭雪后援会，并拟定函电、募捐等援助办法③。

京、沪同乡的示范作用使得各地四川同乡网络迅速激活，杭州、天津、南通、泸县等地四川同乡相继发起了刘案昭雪委员会④。他们频频在报端发电，密切关注着复验结果。然而，高检厅随后的结论却令川人大失所望，认为刘是自缢身亡，惟自缢缘由是否为顾念清白羞愤自杀，仍令无锡县署切实侦讯⑤。

愤怒的川人无法接受这一结果，他们认为官方完全站在被告的立场上，有意袒护贺康。各地同乡经过紧急磋商，决定分呈司法部和总检察厅，进行3次复验⑥。上海、杭州、武汉等地为此还进行了大型募捐⑦。旅京川籍名流傅增湘、胡景伊更是给江苏省长韩国钧拍来电报，请其饬令下属秉公处理刘案⑧。

在川人的舆论压力下，韩国钧随后命高检厅再次派员侦查此案。不过，由于日久天热尸腐，再次开馆已无太大意义，高检厅严彭龄检察官到无锡后，只是召集双方进行了问讯，最终仍认定刘廉彬为自缢身死⑨。

高检厅维持复验结果，使得案件随后的重点转向了刘廉彬因何自缢身亡。8月31日、10月5日无锡县署两次开庭，均无结果，审判变成了一场旷日持久战。长时间的等待不仅消磨了川人关注此案的热情，更对同乡救助网络构成了严峻挑战。进入9月以后，上海、南京高校相继开学，穆济波、樊渊浦、张万杰等一批核心人物因课务在身，纷纷返校，无锡刘案委员会无人主持被迫解散。案件一直拖到11月才有了判决结果。出人意料的是，无锡县署认定刘廉

---

① 《蚕种培育场命案十五志》，载《无锡新报》1923年8月1日。
② 《旅京川人请苏检厅昭雪刘案》，载《晨报》1923年7月26日。
③ 《川人力谋昭雪刘案》，载《晨报》1923年7月30日。
④ 《刘案之节外生枝》，载《申报》1923年8月5日。
⑤ 《刘案覆验之官的报告》，载《晨报》1923年8月5日。
⑥ 《蚕种培育场命案二十志》，载《无锡新报》1923年8月6日。
⑦ 《蚕种培育场命案十九志》，载《无锡新报》1923年8月5日。
⑧ 《蚕种培育场命案二十一志》，载《无锡新报》1923年8月7日。
⑨ 《蚕种培育场命案二十三志》，载《无锡新报》1923年8月9日。

彬系自缢身亡，贺康无逼奸行为，但有侵占财物、妨碍通信自由之罪，依律判刑两年①。双方均不服判决结果，相继提出上诉②。此后，案件进行了二审、三审，但大规模的同乡救助已不复存在③。

二、女性自杀：媒体的新闻炒作

刘廉彬案发生之后，四川同乡通过媒体向公众呼吁，向同乡求援，向官方施压。很明显，媒体在这一案件中扮演了重要角色。

对于媒体来说，每天都有很多新闻发生，但什么样的新闻值得报道？又如何报道？媒体面向公众，公众的态度决定了报纸的发行量，因此媒体必须尽可能地在新闻标题和内容上标新立异，吸引眼球。从心理学角度来说，"反常、竞争、人物、动物、两性、悲剧"是最能引发公众趣味和情感的内容，尤其涉及两性的新闻，人们往往"有一种特殊的癖好"④，如果这种与性有关的新闻最终是一个悲剧，那就有更大的新闻价值⑤。刘廉彬案之所以得到媒体的广泛关注，除了四川同乡的积极救助，"女性"加"自缢"的案情不能不说是一个重要原因。

20世纪二三十年代，女性自杀层出不穷⑥，媒体对这类新闻的报道似乎已经驾轻就熟⑦。通过深入走访和细致调查，记者在刘案中很快发现了新闻卖点。7月18日，《无锡新报》以醒目的标题，首次披露了案件详情。刘廉彬为何自

---

① 《刘廉彬案之判决书》，载《无锡新报》1923年11月21—24日。
② 四川同乡认为贺康侵占财物、妨碍通信自由，是逼奸的手段而非目的，今置目的不论，故不能心服；贺康家属认为判决是节外生枝，区区银洋两元贺康无侵占必要，更无妨碍通信自由事实。详见《初审终结后之刘案》，载《无锡新报》1923年11月21日；《刘彬案判后之昨闻》，载《无锡新报》1923年11月27日。
③ 二审贺康获判无罪，后四川同乡提出抗诉，案件再次发回重审。媒体对二审、三审只有零星报道，四川同乡对此案关注也大不如前。
④ 郭光华：《新闻选择论》，湖南人民出版社，2005年，第81页。民国时期的报人和新闻理论家管翼贤也认为："包含异性在内的事故，尤其涉及女性的新闻，更有伟大的新闻价值，常受读者欢迎。包含女性的新闻，与没有女性的新闻，是不可同日而语的。"见管翼贤：《新闻学集成》（第一辑），《民国丛书》（第4编第45册），上海书店，1990年，第67页。
⑤ 值得注意的是，民国时期的新闻理论家在多本新闻学著作中肯定了刘廉彬案的新闻价值，参见徐宝璜：《新闻学》，中国人民大学出版社，1994年，第18页；[日]松本君平等著：《新闻文存》，余家宏等译，中国新闻出版社，1987年，第430、457页。
⑥ 二三十年代，女性自杀十分普遍，上海更是出现了"女性自杀风潮"。这方面的研究详见邵晓芙、池子华：《20世纪二三十年代上海女性自杀现象解读》，载《徐州师范大学学报》（社会科学版）2006年第2期；侯艳兴：《20世纪二三十年代上海女性自杀探析》，载《妇女研究论丛》2006年第4期。
⑦ 民国时期的报人对如何报道自杀有一套完整方法。参见邵振青：《实际应用新闻学》，载《民国丛书》（第1编第45册），上海书店，1990年，第144－145页。

缢？贺康为什么谎称病亡？死者下身为什么有血迹？为什么遗书中有"卅年来清白，今日不死，此生前途不堪设想"之语？一连串的疑问使这则看似普通的自杀新闻获得了极大成功。读者迫切需要获得案件真相，而媒体也最大限度地满足读者需求，良好的互动使这则新闻的跟踪性报道持续了几个月之久。

在刘案中，遗书内容无疑是公众讨论最为热烈的话题。刘廉彬生前到底发生了什么？为什么非死不可？遗书中为什么会有"卅年来清白"之语？一切似乎都告诉人们案件另有隐情。而四川同乡的事后调查更加深了人们的怀疑："据贺（康）所云系十五日在床柱自缢身死……假令自缢床檐，柱弱断难胜重，足未悬空，何由致死？"[1] 在四川同乡看来，床柱脆弱不能承重，且高度不足尸身不能悬空，显然刘非自缢身亡。如果刘非自杀，那只有一个结果，是他杀，而凶手就是隐瞒真相的贺康。

自杀还是他杀，伤痕是重要判断依据。为了获得案件真相，四川同乡随后请求开棺验尸。对于公众来说，这无异于平静的湖水上投下了一枚重磅炸弹，毕竟将女性尸体赤裸裸置于大庭广众之下进行检验，太不寻常，而且案件又可能与风化有关。媒体更是敏锐地意识到这个事件的重要新闻价值，对验尸过程进行了全方位报道。

值得注意的是，几乎所有的媒体在报道中都十分留意尸身形状："将衣裤完全剪去后，尸身完全暴露。全身现青紫色，乳部并不高耸，乳头已经腐烂，阴户腐烂翻转，大肠流出六七寸，两腿均未伸直。"[2] 这些对性的细致描写，无疑给读者造成了一种巨大的视觉冲击，取得了极佳的商业炒作效果。

视觉冲击之后，带给读者的是无穷的联想。为什么阴户腐烂翻转？大肠为什么流出？生前是否遭遇强暴？自缢是否仅仅是假象？每个人都在根据自己的经验，进行大胆的猜想："死者下部子宫突出，腐烂不堪，数日之内虽不能不腐，但在短时期内是否应当腐烂到如此程度？"[3] "阴户尸变腐烂，姑且勿论，内膜子宫，何故突出？是否生前被人压小腹所致？"[4] 如果说这些质疑尚半遮半掩，那么四川同乡的验尸报告则斩钉截铁地认为刘廉彬是被人强奸后勒毙身亡："兹就左面紫肿推想，自出当日强奸时贴席捺碰成伤，故眼亦随闭，且右

---

[1] 《蚕种培育场命案详志》，载《无锡新报》1923年7月18日。
[2] 《蚕种培育场命案七志》，载《无锡新报》1923年7月24日。
[3] 《蚕种培育场命案九志》，载《无锡新报》1923年7月26日。
[4] 《蚕种培育场命案十三志》，载《无锡新报》1923年7月30日。

眼睛突，显系抵抗无力怒视所致，况左腕绳痕，阴户腐烂，下衣血液淋漓，种种铁证非强奸而何？综上论断，女士之死实出强被奸污，受伤过重，被告人后悔莫及，不得不强以致死，俾灭事迹，可断言也。"①

"性"本是一个私密话题，但由于对刘廉彬死亡原因的关注，人们公开热烈地讨论，这在那个时代并不多见②，刘案报道也因此取得了极大成功，但如果仅仅局限于此，最多也不过是一个供人消遣的花边新闻，来时迅猛，去时也疾。庆幸的是，刘案由于媒体的适时引导，与时代关注的大问题发生了碰撞，引发了人们更深的思考。

三、女权运动：刘廉彬自杀的象征意义

刘案发生在1923年，此时妇女解放运动方兴未艾，女子教育、女子职业、社交公开的呼声更是高耸入云。刘廉彬千里求学，自谋职业，在公众眼中无疑是妇女解放的先驱："当今鼓吹妇女运动者固已不鲜其人，然能亲身实行此主张者国内尚寥寥无几。刘廉彬女士者先觉女子之一也，非仅鼓吹妇女运动而已，且已躬身行之矣。"③ 因此从社会影响角度来说，刘廉彬的自杀就不仅仅是一起普通的女性自杀："刘女士则因求学而服务，果敢有为，实女权运动计划之实行者，故其成功与否不仅关系一人，乃女权运动成败之表示。"④

敏锐的媒体很快捕捉到了刘廉彬自杀的象征意义，7月29日，《无锡新报》《时事新报》同时推出专刊，就刘廉彬之死进行了大讨论。

《时事新报》记者在"刘廉彬女士惨死问题特号发刊词"中，开门见山地说道："这兵戈扰攘的时代，死一个小女子，本算不得一回什么大事，然而我们偏为刘廉彬女士惨死一事，出一专刊，是什么道理呢？刘廉彬虽然是一个四川人，然而这次惨死，确含一个顶大的问题：女权问题。妇女问题，现在才有点萌芽，妇女问题中最要紧者为职业自由、教育自由、婚姻自由等等。凡此皆要个人亲身去做，然而一到社会去解决此事，就有谋毙惨杀之事，还有人敢到

---

① 《蚕种培育场命案十四志》，载《无锡新报》1923年7月31日。
② 顾德曼在研究1928年著名的马振华自杀案时指出："公众对马振华一案的强烈关注，与那个特殊的历史时刻对性的公开化不约而同。对该事件的叙述中，性描写的细节看起来无所不在，在刚开始报道这个案件时，关于强奸的报道在那个时代是破先例的。"的确，与刘廉彬案相比，马振华案有更多性细节的描写，甚至是赤裸裸的性经验表白，但性的公开化和强奸案的报道在刘廉彬案中就已经崭露头角。
③ T. T. W：《读刘案事实后之印象与希望》，载《时事新报》1923年7月29日。
④ 韦镜权：《女权运动之大障碍》，载《时事新报》1923年7月29日。

社会去做事吗?所谓职业、教育、婚姻等自由,还能实现吗?"①

很明显,《时事新报》记者担心刘案对女权运动的影响。而这似乎是讨论中一种普遍情绪,《无锡新报》的这种担忧就更加明显:刘廉彬案固是一件轰动社会的大案,但是在我们无锡,每年发生的大案,不止一件,为什么我们对于别的不加讨论,而偏要来讨论刘案?有对于这一层怀疑的,且来听听社会上对于本案一种不健全的舆论。这种舆论,现在已是散布在本邑中下级社会,和一部分的上级社会,虽然报纸上不曾很明显地记载过,但我们如果留心听听,一定可以到处听得。"刘廉彬一定早和贺亚宾有了关系,一个孤男,一个寡女,同住在一起,如何能保得住清白?况且贺亚宾是一个性喜渔色的男子,刘廉彬又是一个三十未嫁的女子。""本来,男女应当有界限,男和女怎能在一起做事!提倡新文化的先生们,主张男女同学,男女同业,看吧!剪了头发善写白话信的刘廉彬,不远千里的从四川到无锡来缢死,究竟受了谁的影响?"社会上有了如许庞杂的舆论,可知社会上将受本案很大的影响②。

如果说《时事新报》记者的判断还是一种理论推测,那么《无锡新报》这位投稿者则通过自己的见闻证实了刘案对社会的负面影响不是空穴来风。"所以具体的、散底的、客观的来讨论刘案和妇女运动前途的影响,实是刻不容缓之举。"③ 这位《无锡新报》投稿者最后也表示:"本案案情的研究,和昭雪刘女士的冤抑等等,是法官、律师、刘女士的家属等的责任,我们还可以不闻,但这种庞杂的舆论的有无价值?本案将使社会上受什么影响?应当如何补救?这些是有关于社会上的事,我们当然有聚精会神来研究讨论的责任。"④

四、新文化人形象:大学教授身份的反思

讨论中,一个很有意思的现象是很多人一再提及贺康留学生和大学教授的身份,尽管案发时贺康早已不是大学教授。甚至有人认为:"因为这件事的发生,和受高等教育而且留过学的贺康有关系,所以就不仅是'法律问题',且是一个很复杂的'社会问题'了。"⑤ 为什么贺康的教育背景如此重要?

这个问题或许要从时代的大背景中寻找答案。众所周知,经由新文化人士

---

① 《刘廉彬女士惨死问题特号发刊词》,载《时事新报》1923年7月29日。
② TS:《为什么我们要讨论刘案》,载《无锡新报》1923年7月29日。
③ 张锡昌:《刘案和妇女运动》,载《无锡新报》1923年7月29日。
④ TS:《为什么我们要讨论刘案》,载《无锡新报》1923年7月29日。
⑤ 张锡昌:《刘案和妇女运动》,载《无锡新报》1923年7月29日。

同乡、媒体和新女性
——刘廉彬自杀案再审视

的鼓吹,"五四"时期中国掀起了妇女解放运动的高潮,但妇女的真正解放却非想象中那样水到渠成。除了守旧派的阻挠,"趋新"人士对妇女解放的片面理解,或者有意误用,不能不说是一个重要因素。

以最受争议的社交公开为例,新文化人本意是为了打破男女界限,使妇女从家庭走向社会,但一些"趋新"青年却完全误解了社交公开的意义,甚至出现了"社交迷思"。更有甚者,一些浮荡少年把社交公开当作了追求异性的工具,给女性带来了更大的痛苦[1]。虽然新文化人认为这不是"谈妇女问题的人直接造成的景象",但在守旧派眼中,这却是新文化人造成的恶果。因为,无论"趋新"青年,还是浮荡少年,他们都以"新"示人,一般公众也视他们为新派人物。

在这种情况下,"趋新"就面对着更多压力,不仅在言论层面要与浮荡少年划清界限[2],更要用自己的清白回应公众对提倡妇女解放动机的质疑。但新文化人的这种努力并不理想,尤其在道德操守方面似乎越涂越黑。

比如,1923年的阮乐真和陈粹明离婚事件,就让新文化人的形象备受打击[3]。让新文化人蒙羞的并不仅仅是初出茅庐的大学生,一些大学教授也因男女关系而饱受舆论指责。如北大教授陶孟和凭借经济势力横刀夺爱[4],山西大

---

[1] 妇女遭受浮荡少年的骚扰在当时十分常见,一位名叫归真的女士就在《晨报副刊》上讲述了一段自己的不愉快经历。参见《公园和少年》,《晨报副刊》1923年9月18日。在这种情况下,一些女性开始对社交公开表示怀疑,甚至认为自提倡社交公开以来,"女子所受的惨剧,还要比以前加倍。"谵如:《恋爱结婚的失败》,载《妇女杂志》1923年第9卷第10号。

[2] 陈望道:《陈望道文集》(第1卷),上海人民出版社,1979年。

[3] 阮乐真,东南高师毕业,与陈粹明经自由恋爱步入婚姻殿堂,但结婚不到一年,阮乐真就以思想不合提出离婚,陈粹明不允,阮乐真又提出"挽回婚姻十条",强迫陈粹明单方面做出承诺,遵守旧习惯、维护旧道德。阮乐真和陈粹明离婚事件后来被改编为小说,并在《晨报副刊》上引发了"究竟谁是牺牲者"的讨论。详见绳尧:《中学教员》,载《晨报副刊》1923年3月6日;唐君:《读了〈究竟谁是牺牲者〉的感想》,载《晨报副刊》1923年3月21日;周作人:《关于谁牺牲的问题》,载《晨报副刊》1923年3月29日;阮真:《答周作人先生》,载《晨报副刊》1923年5月16日。

[4] 1918年陶孟和与沈性仁结婚。时隔4年之后,一位匿名作者在《晨报》不点名批评陶孟和的这段婚姻,认为陶是凭借经济势力横刀夺爱,致使沈性仁昔日男友因受精神刺激生了神经病。围绕这段报道是否真实,包括当事人沈性仁在内的一些知情人,在《晨报》展开了一场大讨论。参见《两个恋爱的惨剧》,载《晨报》1922年3月19日;梁启超:《为新闻风纪起见忠告投稿家及编辑》,载《晨报》1922年3月25日;褚保荪:《为一件事实敬告梁启超君》,载《晨报》1922年3月28日;沈性仁:《告褚保荪君》,载《晨报》1922年3月29日;褚保荪:《答沈性仁君》,载《晨报》1922年3月30日;李大钊:《失恋与结婚自由》,载《晨报》1922年4月1日;袁复礼:《郑君的精神病与婚姻问题无关》,载《晨报》1922年4月2日。

学教授潘连茹喜新厌旧毒杀发妻①,北大教授谭仲逵丧妻三月就与小姨子结婚②,诸如此类的新闻经常见诸报端,以至有人感叹:"现在的教育最大阙憾,只注重增加知识,没有道德的修养,故虽是教育阶级最高之人,而仅行不检人貌兽心者处处皆有。"③

知识分子在道德上的"越界",损害的不仅是知识分子的形象,而且使妇女解放运动大受影响。因此,在这种情境下,贺康的留学生、大学教授身份就显得特别刺眼。当然,不同的人对这一身份会有不同的解读。

在新文化人看来,贺康与其大学教授身份之间必须迅速做出切割,这样才能最大限度地削弱对妇女解放运动的负面影响。而媒体对贺康"历史"的发掘,恰恰与新文化人的这种努力形成了"共谋":"贺亚宾自法返国后,即任东南大学蚕桑系主任职务,未几以学行平平,而中文又甚不高明,为学生所反对,因是即行去职。其时适有邑人某君与东大校长郭君秉文晤面,闲谈间述及贺亚宾事,因询贺究因何事去职,郭君谓贺之为人过于佻挞,最喜欢与女子接近,且时常与女子住宿百利饭店,种种行为,各界殊难原谅,所以不得不令去职云云。此则贺亚宾脱离东大之原因也。贺在宁时更时常偕同女子回锡,住居华盛顿饭店,则贺之素行又可见一斑矣。"④

贺康学识平庸、品行不端,"本一未受完全高等教育,不配做大学教授之人,行为佻挞,与女子同事早有危险性在"⑤,刘廉彬与其相识,遭遇不幸,这是意料之中的事。"要是贺康确是个光明正大的,有道德的青年,刘女士那里会死?……可见这全是'人'的关系,而不是'事'的关系了。"⑥把刘廉彬的死归结于贺康的个人问题,而不是对社交公开、妇女解放的怀疑,这正是新文化人切割所要达到的目的⑦。

---

① 潘连茹,山西临汾人,早年毕业于山西大学堂,后获得伦敦皇家学院化学博士学位,时任山西大学教授。潘连茹毒妻案详见《潘连茹毒害发妻详情大披露》,载《晨报》1922年2月23日。
② 谭仲逵与小姨子陈淑君的联姻,在当时倍受争议,并引发了爱情定则的大讨论。参见吕芳上:《1920年代中国知识分子有关情爱问题的抉择与讨论》,载吕芳上主编:《无声之声(1):近代中国的妇女与国家(1600—1950)》,台湾"中央研究院"近代史研究所,2003年,第73-102页。
③ 《刘廉彬女士惨死问题特号发刊词》,载《时事新报》1923年7月29日。
④ 《蚕种培育场命案六志》,载《无锡新报》1923年7月23日。
⑤ 承调:《刘案之我见》,载《无锡新报》1923年7月29日。
⑥ 张锡昌:《刘案和妇女运动》,载《无锡新报》1923年7月29日。
⑦ 这种切割是新文化人经常运用的策略。参见沈雁冰:《再论男女社交问题》,载梅生编:《中国妇女问题讨论集》(上),上海书店,1990年,第410-411页。

同乡、媒体和新女性
——刘廉彬自杀案再审视

然而，在一些忧时之士看来，问题却并不那么简单。透过贺康大学教授的身份，他们看到的是另外一番景象："贺康曾留学法国，处男子之地位，肆其凶暴，以摧残万里游学、柔弱无依之女子，实为人类莫大之耻辱！而屈指以计，摧残女子者，何一非曾受高等教育之男子？真为教育前途悲也！"[①] 智识阶级非但没有推动妇女的解放，反而成了妇女解放的障碍。有类似观点的并不在少数，甚至有人发出了"留学生也何望！中国也何望"[②] 的悲愤之言。

五、歧义的新女性：刘廉彬身份之惑

刘廉彬自杀举国关注，各大媒体均有报道，但并不是所有的女性自杀都有如此影响。1923年7月28日，同样在无锡，同样是《无锡新报》，又报道了一个刘姓女子自杀，然而这则新闻犹如石沉大海，没有在公众中激起一点反响，以致于时隔20天后，一位署名M的投稿者忍不住站出来为这位女子叫屈[③]。这位投稿者有意将刘廉彬自杀和刘女自缢进行比较，认为两者十分相似，结果却明显不同，社会不应因案情是否离奇而厚此薄彼。显然，投稿者希望通过刘廉彬自杀唤起社会对刘女自缢的关注。但是，公众依旧没有回应。为什么两起自杀会有如此截然不同的结果？看来，案情是否离奇并不是关键，在表面相似的背后，一个是新女性自杀，一个是普通女性自缢，这才是两者之间最大的差别。

由于自杀主体不同，刘女自缢和刘廉彬自杀尽管时间相近，又都发生在无锡，但却没有形成有力的共振。不过，有意思的是，一年前发生在上海的席上珍案，却在刘廉彬案中被屡屡提及。7月18日，《无锡新报》第一次报道刘廉彬自杀，就将两起案件放在一起进行了比较："去年上海商报馆女职员席上珍一案，轰动一时，时逾半年，至今案悬未结。无锡有小上海之称呼，事事与上海相仿佛，昨日蚕种培育场刘廉彬女士缢死一案，其情节之离奇，内容之复杂，与席案大同而小异，将来之结果如何，现尚未能悬断，然而事之足以使社会注意者，亦正与席案相同。"[④]

席上珍，上海商报馆女职员，1922年9月10日在商报总经理汤节之的办公室上吊自杀。这起案件轰动一时，被认为与女子职业、妇女解放前途有关。

[①] 如先：《刘廉彬惨死之感言》，载《时事新报》1923年7月29日。
[②] 焦憎瑶：《新旧过渡时代之牺牲者》，载《时事新报》1923年7月29日。
[③] M：《又一个缢死的女子》，载《无锡新报》1923年8月19日。
[④] 逸民：《论刘廉彬之惨死》，载《无锡新报》1923年7月18日。

因此，记者在报道刘廉彬自杀时，有意识地联想到这起案件。

记者的这种策略取得了明显成功，随后人们更多地在席上珍案的"语境"中讨论刘廉彬自杀，这不仅扩大了刘廉彬案的影响，而且更加突出了两起案件所共同折射出来的社会问题。

刘廉彬和席上珍案之所以会发生共鸣，并引起社会的关注，一个重要的原因就在于她们都被视为新女性的代表。但是，何谓新女性？人们在刘案中的理解却并不尽相同。

在四川同乡看来，刘廉彬最让人敬佩的，不是她的孝顺、勤劳、忠义、不畏强权，也不是她千里求学、实践经济独立、主张社交公开①，而是她的贞洁。如案件初审时，贺康曾供称刘廉彬向他求婚，这让四川同乡十分尴尬，他们一方面极力宣扬刘廉彬的独身②，一方面不惜花费大量精力搜集刘廉彬生前书信，以证明刘廉彬的清白。其中有封书信颇值得玩味："瑀妹与贺先生信，属在友谊，又叫贺先生经心我的病。妹，你说友谊，还是你同贺先生的友谊吗？还是贺对于我呢？我病叫贺先生来经心。妹，你这两句话太欠斟酌吧。信函交往，语句不斟量，看什么人，当面交往应酬语言，亦看什么人。我虽与贺先生常谈，渐易有不检点语，出之口心就知，随之加意检点。我们才是属在友谊，望互相归戒。"③

在这封信中，刘廉彬批评女友王蜀瑀说话太欠斟酌，并严肃告诫，这种泾渭分明的男女界限，与一位主张社交公开的新女性形象显然有些格格不入。但是，四川同乡并没有意识到这种内在冲突，他们不仅要通过书信证明刘廉彬的清白，更希望政府表彰刘廉彬的贞节。在四川旅宁同学会通告中，他们就表示："据案申请省署转呈国务院呈请大总统褒扬死节，树立碑铭，他年一抔之土，永于湖山并成不朽，庶足以下慰贞魂上彰国纪，斯亦地方之荣也。"④

这是一个十分吊诡的现象。节烈观念是"五四"时期新文化思想家尖锐批

---

① 《故刘廉彬女士轶事》，载《新闻报》1923年8月22—24日。
② 刘廉彬死时已30岁，生前曾宣称终身不嫁。四川同乡希望借以这种独身主义证明她的贞洁。关于民国时期女子独身的原因及其意义参见游鉴明：《千山我独行：廿世纪前半期中国有关女性独身的言论》，载台北《近代中国妇女史研究》2001年8月第9期。
③ 《蚕种培育场命案三志》，载《无锡新报》1923年7月20日。
④ 《四川旅宁同学会通告》，载《无锡新报》1923年7月20日。

判的腐朽思想①，而四川同乡却在一位新女性身上将它"借尸还魂"，这不仅说明了传统观念的"顽强"，也反映了四川同乡对什么是新女性并没有真正地理解。

与四川同乡有类似观点的并不在少数，一位黄隐五女士就不无感慨地说："刘女士固然死得凄惨，可是她那种不屈不挠的勇气，在这昏沉的世界里，做一个敢死的先锋，她的精神真不可磨灭呢！这是女界的光荣，没有澈底的觉悟，那里有敢死的决心，那些依违荏弱，忍辱偷生的人们，与刘女士一较短长，岂不要愧死吗？……唯有杀身成仁的刘女士，能拿'富贵不能淫'、'威武不能屈'的精神，树起我们女界的榜样，这是何等的可敬呀！"②

在黄女士看来，刘廉彬死得其所，死得光荣。这里，什么是烈女，什么是新女性，已经没有了差别。人们更多看到的是刘廉彬的死对于世道人心的意义："在这社交公开，自由恋爱昌盛的时代，像刘女士这样贞操，能说出'三十年来清白，今日不死，此生前途何堪设想'这种可歌可泣的话来，能有几人！女士的死，实在足以做现代女界底表率，足以做醉心解放不务贞操的妇女们底规谏。女士虽死，然而有裨于世道人心不浅呀！"③

正因为刘廉彬是为保全贞节而死，有益世道人心，所以四川同乡不允许任何对刘廉彬清白的玷污。然而，案件的审理并非一如四川同乡所愿。8月9日，案件重要证人秦妈突然翻供，声称刘廉彬与贺康和奸。有意思的是，尽管当事人贺康并不承认与刘廉彬有暧昧行为，但四川同乡仍花费大量笔墨辩驳此事："济波等认秦妈此供，全属诬语，显被贺康家属贿唆，早为逼奸证据确凿时预留地步，无非避重就轻，欲虚饰和奸，借逃刑律制裁。在死者一面言之，生命牺牲，无由抵偿，其冤犹小，拒奸完节，且获苟且之名，则不特坠坏死者一生名誉，将见牺牲生命不已，更继之以牺牲完全人格，血海沉冤，了无天日，惨酷之遭，更何以厝贞魂于地下。"④

这是一种极端敏感的心态，因为在四川同乡看来，贞洁的玷污比性命的牺牲还要重要，不然将无法面对刘廉彬的贞魂。

---

① 关于五四时期节烈观念的批判参见尹旦萍：《新文化运动中关于贞操问题的讨论》，载《妇女研究论丛》2003年第1期；梁景和：《五四时期思想界对"贞操观"的批判》，载《首都师范大学学报》（哲学社会科学版）1998年第2期。
② 黄隐五：《我对于刘廉彬女士的死》，载《时事新报》1923年8月7日。
③ 悯世：《对于刘廉彬女士惨死的感言》，载《时事新报》1923年8月9日。
④ 《蚕种培育场命案二十五志》，载《无锡新报》1923年8月11日。

四川同乡为什么如此看重刘廉彬的贞洁？透过维护刘廉彬清白的努力，我们或许可以看到四川同乡面前，始终有一个无形的对手。这个对手不是贺康，也不是秦妈，而是无所不在的社会，是社会逼出了四川同乡的节烈观念。

早在刘廉彬自杀前，南京方面就已传出了谣言，认为刘廉彬同贺康发生了关系。① 案件发生之后，公众在同情刘廉彬之余，更多的是带着"有色眼镜"看待这起案件②。当秦妈突然翻供指称刘廉彬与贺康和奸时，尽管案件当事人贺康并不承认与刘廉彬有暧昧关系，但苏州官厅立即采信了这种说法③。更离奇的是，和奸说法提出之后，社会对刘廉彬的尸身进行了匪夷所思的猜测，认为刘廉彬阴户内流出之物是尚未成形的胎儿。④ 种种社会流言使四川同乡不得不一再强调刘廉彬的贞洁。然而，由于没有新的思想资源，四川同乡最终祭出的是节烈观念的大旗。

这种向传统的回归，令一些新文化思想家忧心忡忡，他们不得继续五四批判的主题，对贞节观念重新加以检讨。8月31日，一位署名晏始的作者在《妇女杂志》发表文章，对刘廉彬之死进行了认真的分析。在他看来，刘廉彬的死亡无外乎三种可能：①"因被贺康强奸作强硬的抵抗，因而被贺康勒毙"；②"被贺康用术强奸，羞愤自缢"；③"受贺康的诱惑，与之私通，后来觉悟贺康的不良，因而自缢"。如果是第一种情况，"这完全是意外的事"，"对于她的死，也不过钦佩她的坚强的意志和勇敢的精神，决不能像从前片面的贞操论者一般，加以三贞九烈的那种崇拜，甚至于援照所谓《褒扬条例》去请政府褒扬"，因为"这种崇拜或褒扬完全是蔑视乃至侮辱女子人格的"。如果是第②、第③种情况，也"决不能以破坏贞操责刘女士，做刘女士的，也决不该羞愤于贞操的破坏以至于自杀"，如果刘女士真出于后两种情况自杀，那么"这样的女子即使不谥之为愚，也应该谥之为懦"。对于四川同乡要求政府褒扬刘廉彬"死节"，作者也做出了回应，"对于刘女士的死以为很可钦佩，把三贞九烈的荣誉（？）加在她的身上的，并且以为这三种情形中不论哪一种，都是应该死，都是值得崇拜和褒扬的"，"以为重办贺康乃所以慰刘女士地下贞魂的，这不能不说是极大的谬误"。"如果这样，我敢说刘女士并不死于贺康，乃是死

---

① 逸民：《刘案之研究》，载《无锡新报》1923年7月20日。
② TS：《为什么我们要讨论刘案》，载《无锡新报》1923年7月29日。
③ 《蚕种培育场命案二十三志》，载《无锡新报》1923年8月9日。
④ 《川人再为刘廉彬呼冤》，载《时事新报》1923年8月23日。

于种种谬误的贞操观；中国女子解放前途的障碍，并不是贺康一类的人，乃是这样持谬误的贞操观的人。"①

作者对刘廉彬自杀进行了"全新"的解读，但并没有得到公众的回应。因为这样的文章虽然是"旧事重提"②，但在那个时代仍然是空谷足音，贞操、节烈的观念包围着公众的头脑，人们依旧生活在传统世界中。

六、余论

刘廉彬究竟因何而死，恐怕将永远是个历史之谜。不过，对于本文来说这并不重要，笔者更为关注的是社会如何应对和理解刘廉彬之死，因为这可以让我们更加真实地触摸那个时代的社会与思想。

梁漱溟在《中国文化史要义》中有言，中国是一个伦理本位的社会，而伦理本位亦即关系本位③。金耀基也认为："儒家的社会理论具有一种理论的倾向，要把个人发展成为关系本位的个体"，在众多关系之中，"最具共同性的归属性特征就是地域（籍贯）、亲族、同事、同学、结拜兄弟和师生关系"④。刘案发生之后，四川同学和同乡首先做出回应⑤。他们通过同乡团体和名流学者，向官方施压、向媒体求援。同乡组织的积极救援，不仅说明了他们对旅外同乡庇护人角色的认可，也反映了中国地缘社会的特征。

一般来说，同乡的救助以都市为界，但值得注意的是，这起案件发生在无锡，而南京、上海、北京等地四川同乡均有积极响应，彼此之间并有密切沟通，这说明了同乡网络不仅存在于都市，而且会有埠际间的联合⑥。扩大的同乡网络对于同乡救助来说无疑是高效的，但时间可能是这种同乡网络最大的敌

---

① 晏始：《刘廉彬案对于女子解放的前途》，载《妇女杂志》1923年第9卷第10期。

② 五四时期、鲁迅、胡适等人对贞操节烈的观念进行了尖锐的批判，但从这起案件，可以看到公众的思想依然没有太多改变。参见鲁迅：《我之节烈观》，载《鲁迅全集》，（第1卷），人民文学出版社，1973年，第103－115页；胡适：《贞操问题》，载《胡适全集》（第1卷），安徽教育出版社，2003年，第633－642页；胡适：《论贞操问题——答蓝志先》，载《胡适全集》（第1卷），安徽教育出版社，2003年，第643－650页；胡适：《论女子为强暴所污——答萧宜森》，载《胡适全集》（第1卷），安徽教育出版社，2003年，第651－652页。

③ 梁漱溟：《中国文化要义》，上海世纪出版集团，2005年，第83－84页。

④ 金耀基：《关系和网络：一个社会学的阐释》，载《金耀基自选集》，上海教育出版社，2002年，第99－100页。

⑤ 民国时期，川人乡土观念十分浓厚，其成因十分复杂，但相对闭塞的地理、文化环境无疑是一个重要原因。参见王东杰：《国中的"异乡"：二十世纪二三十年代旅外川人认知中的全国与四川》，载《历史研究》2002年第3期。

⑥ 顾德曼研究上海同乡网络时亦曾指出："虽然同乡团体依都市而分别组成，但它也导致超过都市的界限，将不同都市的同乡会整合为一个埠际间的同乡网络。"顾德曼著：《家乡、城市和国家：上海地缘网络与认同，1853—1937》，宋钻友译，上海古籍出版社，2004年，第6页。

人，当热情被漫长的等待消耗，埠际空间的距离就会变成同乡之间心理的距离。

刘案中媒体的报道无疑富有成效，它们一方面紧扣女性和自杀敏感话题，一方面有意识地深化刘案所折射出来的社会问题。通过有计划地推出专刊，组织向公众开放的讨论，使刘廉彬的自杀超越了普通的女性自杀。刘廉彬被视为妇女解放的代表，贺康则被看作破坏妇女运动的败类。在讨论中，充满了对妇女解放运动的反思，贺康留学生、大学教授的身份成为关注的焦点。

与公众对刘廉彬新女性的期待不同，四川同乡极力维护刘廉彬的贞洁，并要求政府表扬刘廉彬的死节。是烈女，还是新女性，我们今天看来格格不入的两种形象，在当时却在一个人身上同时出现，而且并没有太多人感到冲突和矛盾。或许历史远比我们想象的复杂，我们今天认为想当然的东西，其实根本就没有走近历史。

（原载《妇女研究论丛》2011年第2期）

近代中国女性人体艺术的解放与沦陷
——再论民国"人体模特儿"事件

曾 越[①]

摘 要： 民国时期，女性人体艺术经过长达10年的社会论争，基本建立了艺术场域的独立话语权，在一定程度上肃清了女性人体艺术的审美与道德界限问题，推动了女性新的身体审美观的建立和发展。在强调专业化发展道路的同时，人体艺术也成为艺术场域内部的自娱。对性别权力问题的不自觉或者回避，使艺术家们无法真正应对歧视、丑化女性身体的传统观念。未能厘清性别权力问题的人体艺术，实际上开启了近代中国社会围观女性裸体的契机，最终导致女性在艺术的名义下遭遇新的沦陷。

关键词： 近代 女性 人体艺术 消费 性别权力

近代中国，女性的身体借由废除缠足、束乳等女性解放运动被推向社会前台，成为人们评头论足的对象。先进的艺术家从艺术领域出发，试图建立女性人体的审美独立性。这一冲决女性传统身体禁忌的尝试遭到了封建势力的坚决抵制。其间，以上海图画美术学校[②]学生公开展览人体绘画作品为导火索，引发了关于女性身体公开展示和观看合法性问题长达10年的社会争论。学界一般认为，艺术家通过这场论争建立了独立的话语权，在一定程度上肃清了女性人体艺术在审美与道德之间的界限问题，进而推动了近代女性新的身体审美观的建立和发展，对近代中国女性的身体解放具有积极的意义。但是，论争过程及以后大众媒体和民众对女性裸体图像的围观，显示出这一艺术事件的男性话语色彩。女性的身体以艺术的名义沦为公开消费的对象。

一、事件回溯

民国时期的"人体模特儿"风波，是在1916年到1926年期间，由艺术

[①] 作者简介：曾越，女，四川大学历史文化学院博士研究生。研究方向：中国现当代美术。
[②] 该校1912年由乌始光、张聿光和刘海粟在上海创立，初名上海美术学院。1915年改名为上海图画美术院。1916年又改名为上海图画美术学校。1920年更名为上海美术学校。

家三次公开展览人体绘画作品而引发的具有广泛社会影响的历史事件，其矛盾冲突主要集中在女性人体艺术的合法性问题上。

事件起自1916年夏，上海图画美术学校学生在作业展览会中陈列人体习作，引起了社会强烈反响。"群众见之，莫不惊诧疑异，随甚迷惑，第隐忍而不敢发难。"① 某女校校长"为文投之《时报》盛其题曰：《丧心病狂崇拜生殖之展览会》……又趋江苏省教育会告沈君信卿，请上书省厅下令禁止，以敦风化"②。此次公开反对对刘海粟和上海图画美术学校人体写生课程并未产生实质性影响，《时报》既没有采用该校长的辱骂文章，江苏省教育会对告状信也不予回应，首次交战不了了之。时隔三年，1919年8月，刘海粟、江新、汪亚尘、王济远等人在寰球学生会举办展览，陈列人体画。当地媒体斥责其有伤风化，呼吁政府予以制止，然而"工部局派碧眼儿来观，未加责言，盖亦知其所以然也"③。这两次展览总体上是成功的。刘海粟认为，此时社会对人体艺术已经司空见惯，群众"有以人体美为流行之风尚矣。数年来对于人体模特儿似已无怀疑，展览会时时陈列裸画，亦无非之者。且也，每届美术展览会之时，群众鹜趋，方谓社会爱美之观念渐深，将与欧人之艺苑、观众可并驱驾"④。

但事实并非如此乐观。1924年，上海美专学生饶桂举画展因陈列人体习作而遭到江西警厅勒令禁止。警方陈其原因为"裸体系学校诱雇穷汉苦妇，勒逼赤身露体（名为人体模特儿）供男女学生写真者，在学校方面，则忍心害理，有乖人道；在模特儿方面，则含垢忍羞，实逼处此；在社会方面，则有伤风化，较淫戏、淫画等为尤甚"⑤。刘海粟致信教育总长黄郛、江西省长蔡成勋，驳斥警方谬论，指出人体艺术与色情图像之间有着本质的差异，并请求政府出面打击以艺术名义贩卖色情图片的不良商贩，其诉求初步得到官方支持。1926年，上海市议员姜怀素又谓"窃维世风不古，礼纪荡然，淫佚放浪，于今为烈。沪地为华洋杂居，欧俗东渐，耳濡目染，不随善化，只效靡风。而智识阶层中含有劣根性者，复绘为裸体淫画，沿路兜售，青年血气未定之男女，因被此种淫画诱惑而堕落者，不知凡几。在提倡之者方美其名曰模特儿、曲线

---

① 刘海粟：《人体模特儿》，载沈虎编：《刘海粟艺术随笔》，上海文艺出版社，2001年，第30页。
② 刘海粟：《人体模特儿》，载沈虎编：《刘海粟艺术随笔》，上海文艺出版社，2001年，第31页。
③ 刘海粟：《人体模特儿》，载沈虎编：《刘海粟艺术随笔》，上海文艺出版社，2001年，第31页。
④ 刘海粟：《人体模特儿》，载沈虎编：《刘海粟艺术随笔》，上海文艺出版社，2001年，第31页。
⑤ 刘海粟：《人体模特儿》，载沈虎编：《刘海粟艺术随笔》，上海文艺出版社，2001年，第32页。

美……造恶无量"①，特请当局禁止人体模特儿并惩处刘海粟。继姜怀素呈文之后，上海总商会、上海县长危道丰相继撰文谴责。在多方施压之下，官方最终判定上海美专暂缓使用人体模特儿，并对刘海粟处以 50 元罚款，事件基本平息。

这三次论战共同构成了民国时期长达 10 年的"人体模特儿"风波。反对者的身份历经个人、媒体、政府，打压层层升级，艺术家阵营最终以刘海粟及上海美专受到官方惩戒而宣告失败。

二、人体艺术的话语权建立及其意义剖析

在近代中国艺术向西方寻求新突破的时期，先进的艺术家、知识分子在国内积极推进西方艺术，以扫除明清艺术传统的陈腐之气。"人体模特儿"论争集中展现了进步艺术思想与传统势力的交锋。它对近代中国社会造成了重要影响，不但使中国艺术呈现全新气象，在艺术范畴之外，对近代中国女性身体观念挣脱封建传统束缚也起到了巨大的推动作用。

"人体模特儿"的论争过程是中国社会人体艺术生长、发展、壮大的过程，10 年间，围绕人体艺术展开了多种多样的艺术实践活动，艺术家通过美术教育、创作实践、参展参赛、媒体宣传等多种途径培育了中国人体艺术创作和接受的社会土壤。在这一时期，除了上海美专之外，其他如上海美术学校、北京美术专科学校、上海神州女校等均采用人体模特儿进行教学；1911 年到 1920 年期间，浙江两级师范学堂、浙江省立第一师范学校亦由李叔同主持开设了人体写生课程。西式美术教育使人体写生成为近代学子向新式艺术家道路迈进的必经阶段。美术教育领域中的先行者往往充当了一般民众人体艺术欣赏的启蒙者，如上海美专校长刘海粟撰文推广英国人麦克劳德（Macleod）夫人的美术展览，介绍说"人体写生计九十三件，有西洋裸体妇人及中国戏剧、妇女、旗女、小孩、贫民等各画。其中以裸体妇人及赤身力士为多……西妇之裸体者，皆以极简略之笔出之，而色彩之浑厚，肌肉之凹凸，均显豁呈露"②。李叔同也曾于 1920 年在《美育》杂志创刊号上发表女性人体油画《女》，是民国时期较早登载于公开刊物上的女性人体画作品。1928 年 1 月，林风眠在首都第一届美展中展出以女性人体为主要表现对象的油画作品《人道》，"连日参观者均在千

---

① 《姜怀素请禁模特儿》，载《申报》1926 年 5 月 5 日。
② 刘海粟：《参观法国总会美术博览会记略》，载朱金楼、袁志煌编：《刘海粟艺术文选》，上海人民美术出版社，1987 年，第 26 页。

人以上"①。

总体来看，艺术家阵营主要从艺术场域的独立话语权和女性人体艺术的审美纯然性两个方面来建立女性人体艺术的合法性。首先，从专业角度提出人体写生是艺术进步的必要手段，话题主要围绕着观察方式、结构比例、技法技巧等方面展开。如针对民国初期中国人体绘画创作因缺乏写生而人体比例、结构特征不准确的弊病，汪济川在1918年撰写了《洋画指南》一书，采用人体插图的形式系统地介绍了女性人体的特征和比例，展示了东、西方女性身体比例上的差异。艺术家指出，进行人体写生是学习西洋画的基本方法，人体模特儿写生能够直接帮助从艺者提升创作技巧和艺术水平。"最初研究西洋画的人，一定要晓得西洋画的门径和格式。西洋画中，应当注意的是写实、写真、写自然的几种东西。有了这几种东西，所以就有模特儿的发生。"②从模特儿入手描绘人物，使作品人物"不至于有头重脚轻，四肢不相配，不合学理之种种缺憾"③。"人体曲直线极微，隐显尤细，色致复，而形有则。习艺者于此致其目光之所及者，聚其腕力之足追随者，毕展发之。并研究美术解剖，以详悉人体外貌之如何组织成者。"④艺术家必须通过人体写生才可能实现画面对人体的准确和真实表达。汪亚尘指出："画人体，不一定要像西洋人的身体就算是美。中国的女模特儿，只有六分之一的躯干，但是我们研究的时候，能够把全部美的要素综合起来，也未尝不能见到优良的地方。"⑤他希望运用西式艺术创作手段，通过对中国模特儿的写生，挖掘出中国女性身体的审美价值，在中西艺术合璧的前提下实现人体艺术的本土化创作。艺术家借鉴西方观念对人体艺术进行客观、严谨的论证，奠定了国内艺术场域建立女性人体审美话语权的专业理论基础。它是艺术家最为有力的武器，也是封建卫道者在抨击人体艺术时难以根本动摇的。其次，在人体写生"工具论"之外，艺术家竭力强调女性人体的审美纯然性。他们撇清人体艺术与色情图像的关系，要求人们剥离长期以来将女性裸体视作淫秽之物、将女性裸体公开展示和观看视作道德沦丧的观念束缚，还艺术以"纯真之眼"。"一般人之所以反对裸体画，固有以前的遗毒。但

---

① 《首都第一届美展》，载《良友》1928年1月30日。
② 周勤豪：《模特耳》，载《美术》1920年第4卷第2期。
③ 刘海粟：《人体模特儿》，载沈虎编：《刘海粟艺术随笔》，上海文艺出版社，2001年，第40页。
④ 徐悲鸿：《节录徐悲鸿君由法来信》，载《晨光》1921年6月1日，转引自李超：《中国早期油画史》，上海书画出版社，2004年，第409页。
⑤ 汪亚尘：《人物画与研究裸体之解说》，载《时事新报》1923年1月31日。

是现在一般研究艺术的人们不去把人体美详详细细地用文字说明给一般人，实在也是一个大原因。"① 艺术家撇开身体的社会属性，专注于其自然生理的外在形式，详细地分析了女性人体之美。倪怡德提出，女性裸体的美不但表现在由身体构造所形成的"曲线美"上，还表现在它变化统一的形式之美以及"人体之肉感、圆味、色彩而引起之美"，"尤其是妙龄丰盛的女性的肉体，她那高高隆起的一对乳峰，她那肥大突出的臀部，她那玉柱一般的两条大腿，是何等的能引起我们生的愉快，爱的活跃！"② 人体"外有微妙之形式，内具不可思议之灵性，合物质美之极致与精神美之极致而为一体，此所谓人为'万物之灵'也"，而最能表现这些美的，乃是女性的人体③。在近代中国，艺术家顺应社会现代化转型的时代潮流，将女性身体从传统文化的层层包裹中剥离出来，还原其自然形态，不但为艺术发展开辟了一条全新的道路，同时也是对封建社会以身体社会属性来划分人群尊卑等级的传统制度的反叛。人体艺术的支持者坚持从艺术场域论证女性身体审美纯然性，为近代中国社会女性身体观念的解放提供了专业的思想及话语武器，并奠定了扎实的审美基础。它与女性解放运动领域对女性回复健康自然身体的要求相互呼应，从审美角度论证女性自然身体的价值，拓展民众的接受度，培养并提升其审美能力，使女性身体从废缠足、束胸等改造实践当中得到观念和心理层面的升华，促进女性身体解放运动的进一步发展。

论争的艰难反复使艺术家意识到社会整体观念对建立艺术独立话语的重要影响。"身体是人人具备的东西……现在一般以裸体为可羞耻的观念，大约还是受礼教的遗毒的缘故，这是非赶紧打破不可的。"④ 封建思想观念不肃清，人体艺术作品即便广泛传播，也只能"如落在黑色染缸里似的，无不失了颜色"，以至于"学了体格还未匀称的裸体画，便画猥亵画"⑤。必须从艺术领域中走出来，投身于道德伦理观念的重建工作，才可能实现艺术的自律性发展。唐隽指出，"裸体的本身无丑可言，他是具有很纯洁、很高尚的美趣的"，认为裸体为

---

① 刘开渠：《禁止展览裸体画》，载郎绍君、水天中编：《二十世纪中国美术文选》，上海书画出版社，1999年，第12页。
② 倪贻德：《论裸体艺术》，载郎绍君、水天中编：《二十世纪中国美术文选》，上海书画出版社，1999年，第124–126页。
③ 刘海粟：《人体模特儿》，载沈虎编：《刘海粟艺术随笔》，上海文艺出版社，2001年，第47–50页。
④ 汪亚尘：《人物画与研究裸体之解说》，载《时事新报》1923年1月31日。
⑤ 鲁迅：《随感四十三》，载《鲁迅全集（第一卷）》，人民文学出版社，2005年，第346页。

丑的人无外乎"有道德迷的"和"有遗传和习惯性的"两种,前者"拿道德做中心",后者"拿道德做陪衬"①,都与裸体本身无关。艺术家阵营提出,女性艺术人体纯粹的审美价值,极力撇清它与"诲淫"裸体画之间的关系,切断了男性权力中心社会赋予女性裸体与情色诱惑的必然联系,为人体艺术博得一条独立发展的途径,也为女性身体挣脱传统观念束缚、获得更大的发展空间提供了契机。刘海粟尖锐地指出:如果"见女性而肉体颤动,性欲勃起,岂必杀尽天下女性,方能维持所谓风化耶?然而天下女性仅为导淫之具矣,岂有此理乎"?他揭示了卫道者的无耻虚伪,敏锐地指出男性因自身的欲望而谴责其欲望对象这一思维逻辑的荒谬。在传统礼教思想根基受到撼动之际,卫道者悍然以礼教思维逻辑来抵制人体艺术显然是不合时宜的,这也是他们在事实上遭到失败的根本原因。

三、"艺术家的春天"——人体艺术创作的蓬勃发展

1926年7月《北洋画报》第7、第8期登载的主题漫画《模特儿之今昔观》,表现了女人体模特儿"昔日"的荣耀,"今日"却受到官方禁令的"砍杀"。但1926年以后的较长一段时间里,女性裸体在大众媒体中大量出现,与这一漫画表述的女人体模特儿遭禁的情况形成了鲜明对比。这一矛盾正体现了"人体模特儿"受到官方禁止而人体图像却在社会中大肆流行的事实。

《北洋画报》和《良友》杂志表现较为突出。天津的《北洋画报》刊载女性人体作品相当积极,在1926年到1928年间,陆续刊载了众多作品。除了前述的《模特儿之今昔观》(1926年7月),还有《艺术界之双十》(1926年10月)、《女子三百六十行之十——"模特儿"》(1927年4月)、《画家与模特儿》(1927年10月)、《模特儿姿势之研求》(一共九幅,在1927年11月第139期到12月第150期上不定期地连载)、《艺术家的工作》(1928年3月)、《画室中之模特儿》(1928年8月)、《艺术家的春天》(1929年4月)等,画中模特儿全部是女性,集中表现了人们对女性模特儿的关注。其他类型的女性裸体也以艺术之名频频出现。《北洋画报》从1926年创刊到1937年停刊,一共出版1578期;同时,在1927年7月到9月间,发行副刊共20期。据笔者统计,在这近1600期作品当中,该画报共登载女性人体作品500余件,基本达到平均每三期便有一件女性人体作品出现的频率,所登载的女性人体作品数量,

---

① 唐隽:《裸体艺术与道德问题》,载《美术》1921年第3卷第4期。

在民国时期的报纸杂志中无出其右者。《北洋画报》编辑部"自证清白"式地指出："裸体画一物，在研究艺术者之目光中，只见其曲线之美，绝无淫邪之念可言；其观为诲淫之具者，适足以见其心目之不正而已。……吾报毅然刊载裸体画片，完全为介绍世界美术起见。"①《良友》杂志登载的裸体图像相对较少，但是它自 1926 年起的 10 年间共有 135 期出现女性全裸或者半裸的各种摄影、绘画、雕塑等图像 200 多幅，从绝对数量来看仍是相当多的。此外，其他刊物也纷纷响应，登载女性人体成了这一时期报纸杂志的突出特征，几乎无裸体不成刊（报）。正如刘海粟所说："今者模特儿之訾讼纷纭，变本加厉：流氓伪模特儿以诈财；迂儒谤模特儿以辅道；官厅皇皇颁发禁止模特儿明文以示威；报馆记者冷刺热讽以模特儿为论资；画匠画贩亦能学说模特儿、人体美、曲线美以影射。"②尤其在该事件基本尘埃落定的 1927 年，媒体登载女性人体图像数量急剧增加。如图 1 所示，《北洋画报》《良友》在 1926 年到 1929 年期间对女性人体的刊载出现了一个明显的高潮，直到 1937 年，它始终作为社会的热点话题而得到普遍关注。

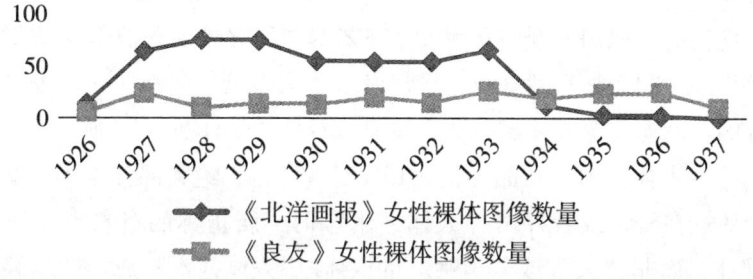

图 1　1926—1937 年《北洋画报》《良友》登载女性裸体图像数量（单位：件）

可以说，正是"人体模特儿"风波促成了近代中国社会表现及观看女性裸体的热潮，它造成了 20 世纪 30 年代前后人体艺术在中国艺术领域中的强劲发展，并带动整个社会对女性人体的围观。

四、以艺术之名：性别控制的新途径

从艺术场域来看，艺术家在为人体艺术正言的同时，对女性身体初步体现出抛弃传统束缚的客观和理性。但是，站在更为广泛的社会领域来看，艺术家对艺术独立场域的坚持，一方面使艺术朝着更加专业化的道路发展，另一方面

---

① 《裸体画问题》，载《北洋画报》1926 年第 63 期。
② 刘海粟：《人体模特儿》，载沈虎编：《刘海粟艺术随笔》，上海文艺出版社，2001 年，第 29 页。

"画地为营",也使人体艺术成为艺术家在艺术场域内部的自娱,显示出艺术家对其反对者在某种程度上的妥协。"为艺术而艺术"的思想基础,使人体艺术在面对社会广泛的质疑时,出现了观念意识和表达语言的局限和贫乏。

事实上,这场论争自始至终贯穿着强烈的男性权力色彩。将"人体模特儿"事件正反双方的交锋层层剥离可以看到,其矛盾的核心是国族语境框架下近代中国新旧意识形态的斗争。它不以女性解放为目的,相反,论战双方实际上表现了同样的男性立场。艺术家与封建卫道者一样,并不真正关注身体的所属者——女性本身的思想、观念、情感等。他们的区别仅在于前者将女性身体视作"物"来进行视觉形式上的表述,后者则更加关注女性身体反映的社会等级和权力意志。艺术家强调女性人体美是纯然的美,展示或观看女性人体艺术非但不是道德的沦丧,相反是进步、文明的行为。他们深愤于"一般轻薄少年,以及无业流民,利用时机,乃大印其荡妇娼妓之裸体照片,名之曰模特儿,招徕贩卖;无耻画工,乃亦描绘其似是而非之春画,亦名曰模特儿,四处兜售,每见报纸广告,连篇满幅,不曰提倡人体美,即曰尊崇模特儿,盗取美名,淆乱黑白,以之诈骗金钱"[1],指责部分民众的无良、礼教观念的虚伪,但是作为男性精英,他们批判使女性人体在艺术领域之外演化成低俗欲望对象的封建礼教思想,却无法看到这一思想归根结底是为包括性别在内的等级权力控制所服务的。刘海粟等人一再强调人体艺术不是"裸体少女"画,而是大众媒体中出现的"人体艺术"作品,正如其反对者所言,绝大部分是年轻女性的裸体。社会舆论在赞赏或者抨击"人体艺术"时,所指称的对象也往往是"女性"的裸体,而非"人"或"男性"的裸体。"人体艺术"成了"年轻女性人体艺术"的代名词。他们的"权力"仅能触及艺术场域之内的女性身体。在场域之外,剥离了艺术高尚外衣的女性身体并不受其庇护。对性别权力问题的不自觉或者回避,使艺术家们无法真正应对歧视和丑化女性身体的传统思维和行为惯性。人体艺术作品对女性身体的展示,非但不能从根本上为女性及其身体解放提供平等、自由的机会,相反,在性别权力问题未能厘清的前提下,它开启了近代中国社会对女性裸体的围观和消费狂欢,导致了女性身体在艺术名义下遭遇新的沦陷。

事件中作为争论焦点的女性,其声音的缺失进一步显示出这仅仅是一场不同立场的男性权力之争。女性的身体是"人体模特儿"论战双方争执的焦点,

---

[1] 刘海粟:《人体模特儿》,载沈虎编:《刘海粟艺术随笔》,上海文艺出版社,2001年,第36页。

然而无论是标榜文明进步的艺术领域，还是坚守传统道德阵地的卫道者，都没有从女性作为独立的人的角度审视其身体。作为被观看、讨论的主体，女性本身的意识并未得到双方的关注。在这场男性精英的权力争夺中，女模特儿经历着怎样的心路历程、现实遭遇？她们的赤身露体是出于本人意愿还是被男性话语所绑架？面对如自己的镜中影像一般的女性裸体，女性观众又有怎样的心理感受？在男性主导的进步话语"胁迫"下，女性几乎完全失去了发声的机会，她们的思想、认识、情绪在史料文献中难以寻觅。女性的身体实际上成为新旧阵营中男性精英斗争的工具。论争双方相互为对方扣上"不道德"的帽子，但无论是卫道者将女性身体视为淫秽，还是艺术家试图从建立艺术场域之内独立、纯洁的女性身体从而与艺术场域之外的其他女性身体相区分，归根结底都是将女性置于由不同时期、不同阶层的男性精英设置的标准之中。可以看到，在民国初期这场缺乏性别权力自觉的"人体模特儿"事件中，在对女性身体的"显""隐"争辩间，双方都并没有跳出男性权力控制的意图，他们的出发点从根本上说是一致的。

人体艺术的争论反映出女性身体观念在近代中国社会传统向现代转型过程中的角力，最终显示的不过是新旧社会转型中不同阵营男性精英的对峙。新的男性精英在通过这场女性身体"解放"运动夺得话语权的同时，也重新建立了对女性的掌控途径。延续着男性权力中心的思维模式，"人体模特儿"之争因而必然会出现人体艺术获得胜利和女性身体重陷困顿的矛盾结局。

（原载《妇女研究论丛》2013 年第 6 期）

清季民国戏剧改良与妇女解放的互动关系考察
——以河南为例

黄文记[①]

摘　要：清季民初，戏剧改良运动兴起，其宗旨为移风易俗，妇女解放便是其中的一项内容。清末，作为戏剧大省的河南开始允许妇女入园看戏，民国时期，女演员登台演戏日益增多，她们成名后积极义演赈灾、支持教育，在一定程度上提高了妇女的社会地位。通过对河南戏剧改良的梳理与考察可知：戏剧改良在一定程度上推动了妇女解放，妇女解放也促进了戏剧的革新，戏剧改良与妇女解放互为促进。

关键词：戏剧改良　妇女解放　互动　河南

关于戏剧史的研究，已有论著主要集中于对晚清戏曲改良的论述，从社会史角度来论述的较少[②]，对晚清至民国戏剧改良与妇女解放关系的研究则更为少见。李孝悌认为，戏剧改良"这种一方面有不同地方的知识分子、地方绅士、戏曲演员自动发起，一方面因为国家、政党、军队的介入而变得制度化、组织化的情形到民国年间变得更加明显"[③]，在清末新政、新文化运动、五四运动等重大事件接连发生的背景下，作为戏剧大省的河南戏剧改良活动逐渐兴起，到冯玉祥二次督豫时，河南戏剧的演出内容到形式都有较大的革新。本文

[①] 作者简介：黄文记，男，四川大学历史文化学院博士生。研究方向：中国近现代史。
[②] 如李孝悌：《清末的下层社会启蒙运动：1901—1911》，河北教育出版社，2001年。该书第五章论述了晚清十年戏剧改良。李孝悌：《西安易俗社与中国近代的戏曲改良运动》，载陈平原：《西安：都市想像与文化记忆》，北京大学出版社，2009年，第195－211页。李孝悌：《中国近代大众文化中的娱乐与启蒙——以改良戏曲为例》，载张启雄主编：《〈二十世纪的中国与世界〉论文选集》（下），"中央研究院"近代史研究所，2000年，第967－994页，亦载陈平原、王德威、商伟主编：《晚明与晚清：历史传承与文化创新》，湖北教育出版社，2002年，第199－226页。李孝悌：《民初的戏曲改良论》，载《"中央研究院"近代史研究所集刊》1993年第22期（下），第281、283－307页。另有马睿：《晚清到民国年间（1902—1949）政府对四川地区戏曲表演活动的介入与控制》，四川大学历史文化学院硕士学位论文，2007。马睿主要从官方控制的角度，梳理从晚清到民国以来，四川政府如何管理川剧表演以及这些控制所取得的成功和失败之处。
[③] 李孝悌：《清末的下层社会启蒙运动：1901—1911》，河北教育出版社，2001年，第5页。

试图通过对晚清至民国时期河南戏剧改良与妇女解放互动关系的论述,从一个新的视角来观察民国妇女解放中的趋新与守旧的复杂纠葛以及妇女解放的曲折历程。

一、戏园对妇女的"有限"开放

民国之前,为维持风化,官方基本上禁止妇女入园看戏(但乡村野台子演戏似未禁止)。1906 年,河南巡抚陈夔龙,因爱好京戏,便投资助建一个剧场,取名"丰乐园",宣统元年(1909 年)底该园落成。"园内外首用电灯照明","戏园分上下两层","可容纳近千人"[1]。宣统二年(1910 年)元旦,丰乐园正式开幕,但因票价昂贵,观众多系上流人物及其眷属,一般百姓极少问津[2]。"经官府批准,妇女准予首次入院看戏",但必须"男女分座",即使是夫妻也不能坐在一起,[3] 入场和散场男女分别由前后门出入。开始妇女集中坐北楼上,后来随着妇女逐渐增多,北楼下亦划为女座。女观众区称为"花场",男人不准进花场,不准看溜边戏(即围着花场看),违者由当地会首干涉,重者按流氓论处,当众责打,妇女也不准在男观众区看戏,违者拿起家长及丈夫治罪。[4] 当时有文人辛庆旧,作丰乐园竹枝词 24 首,其中有几首反映了妇女看戏的情况:"爆竹声中献岁忙,舞台话剧便开场。接厢巧划鸿沟界,惠普深闺此破荒。""分楼镇日女宾多,更拓侧厢待素娥。从此不卷椎立地,长廊矮槛任婆娑。""貂锦盈身意太扬,明珠卜斛斗华妆。黄金销尽寻常事,偏爱荣名落剧场。"[5] 虽男女界限分明,但毕竟开始允许妇女入园看戏,这反映了河南当局对妇女解放有意识的推动,另一方面也表现出对妇女入园看戏欲开又禁的矛盾心态。

丰乐园建成后,由于官方允许女子入园看戏,常致使男女混杂,为维持风化,警察厅加强了对戏剧演出场所的管理。如 1915 年,致祥茶社开业,"所到

---

[1] 中国戏曲志编辑委员会、《中国戏曲志·河南卷》编辑委员会:《中国戏曲志·河南卷》,文化艺术出版社,1992 年,第 517 页。

[2] 李少先:《"丰乐园"与戏剧革命》,载开封市地方史志编委会编:《开封文化艺术》,河南大学出版社,1987 年,第 70 页。

[3] 陈月英:《河南戏剧记事》,河南省戏剧研究所、中国戏曲志河南卷编委会,1987 年,第 20 页。

[4] 马紫晨:《中国豫剧大词典》,中州古籍出版社,1998 年,第 4 页。

[5] 辛庆旧:《丰乐园竹枝词二十四首》,转引自孔易宪《开封京剧纪略》,载中国戏曲志河南卷编委会编:《河南戏曲史志资料辑丛》(第 2、3 辑),1983 年、1984 年。

座客不下千人，一时拥挤异常"①，"男女各界，纷纷拥挤，损坏器具尚复不少"，最终"由警区饬令停演"。停演后"安置电灯多盏，席棚就地搭高，男女观剧分门出入，男宾仍走前门，女宾指定东岳庙门开后门，以便出入，秩序不致紊乱"②。1916年5月21日，北太山庙演剧的第三天，戏园看棚失火。"一时女辈惊慌失措，救火之声杂以救人声及小儿啼哭声，其紊乱情况可索而得也。是时，墙虽高，妇女辈则殊不觉其高，一跳而下者有之，滚爬而下者有之，藉墙外之人抱持而下者亦有之。即号称袅袅富绅家之妇女，行动须人扶持者，比时亦无不自奋其力跳出墙外，其狼狈情状观之可悯，亦可笑也。"作者以嘲讽的口吻对失火后看戏女子惊慌失措的表现极力描述，显然他认为女子看戏败坏了社会风气，同时还特意对这次火灾的一些评价性言论做了总结："其一为迷信派，曰：神前看戏而抹粉而妖服而戴眼镜甚而吃洋烟，已觉招摇太过，又甚而与男子吊膀，以致神怒而示罚云云，则尤不成话者则更有。一为势力派，见人之装饰花艳，有羞垢于中，故发为至刻之言曰：看戏而吃瓜子喝好茶，见不如己者鄙如也，其一番自大情像，毋乃自视太高，几有望望焉而无敢近之之势。火发则狼狈矣，一改自贵习气，哭喊跳门较常人尤觉能下身份，甚至向素不谋面男女怀中乱跳，或央人接下后，被狂浪子抱亲香泽而尝温柔之滋味，语之过刻，然亦可谓咎由自取云。"评论者对妇女"神前看戏而抹粉而妖服而戴眼镜甚而吃洋烟""与男子吊膀""看戏而吃瓜子喝好茶，见不如己者鄙如也"，"向素不谋面男女怀中乱跳，或央人接下后，被狂浪子抱亲香泽而尝温柔之滋味"等庸俗狼狈之状既鄙视又厌恶。作者显然与评论者的观点一致，他表示出对女子看戏的担忧，批评女子看戏败坏了社会风气："近来开封习气，每于各庙社演剧酬神时，两旁高搭看棚多间，出赁于妇女辈"，"妇女辈亦皆玄奇斗艳，高坐看棚之中，以资人批评，颇不为怪，耗费资财，败坏风气，莫此为甚"③。

"梆戏往往演唱淫词，有伤风化"，并且"男女混杂，致兹事端"，成为警察厅禁演的一个重点。1916年10月9日，普庆茶社上演《姚刚征南》一出，"仿《战宛城》'邹氏怀春'一节，妖艳惑人，满园回顾女座，秩序骚然"。该区警士"以此等淫剧有关风化"，再次"传知该园主以不准再演，倘仍阳奉阴

---

① 《新设剧场之盛况》，载《河声日报》1915年1月7日。
② 《致祥茶社继续开演》，载《河声日报》1915年1月14日。
③ 《戏棚失火之怪现象》，载《河声日报》1916年5月25日。

违，决勒令停演"①。1916年12月，义成班在红怡茶社演出，林黛云演《送金娘》一剧。"其淫秽丑语，刺人耳鼓。一般热血少年连声叫好，而座上女宾，亦大有乐闻忘倦之势。"② 于是警察厅"饬梆戏园主，倘后如有男女混杂酿成事端情事，定将园主拿获罚办，并于戏园内勤为清理"③。

二、妇女解放潮流推动"新剧"演出

随着民国的成立，"新剧"编演日渐增多，1912年，开封东区阅报所司事张四箴等招股建立了著名的河南新剧团，旨在"开通民智"④。剧团阵容庞大，成员亦十分复杂，"自发生以来，入团者已达五百人，军、警、学、绅、工、贾各界均有"⑤。

在妇女解放浪潮的推动下，辛亥革命时有不少女子投身于革命，其中有著名女革命家傅文郁、沈佩贞等，她们极力鼓吹妇女解放，鼓励女子演戏。沈佩贞在辛亥革命时期有"巾帼中之丈夫，革命时之英雄"的誉称⑥。1912年，她在河南新剧团欢迎会上演说："他日贵团开演之日，鄙人亦愿随诸君之后登台献技，使我女界同胞，闺中姊妹联翩入会，风俗必可为之丕变。"⑦她愿主动登台演出，以鼓励女届同胞加入新剧团。1913年2月，她编新剧《秋瑾》，自演秋瑾，现身"河南大舞台"。报界评曰："摹仿形容，中原山河俱增声色。"⑧1912年年底，傅文郁⑨在开封到处发表演说，呼吁社会改良和家庭教育，勉励女子要"实力从学"，"她苦于女权不伸，参政无日，愤愤不平"⑩。大声疾呼男女平等，反复强调，女子可以演戏，也可以参政。"如云女子不能演剧，犹言孙、黄不能革命，则女子必能演剧；且有男剧，又有女剧，二个对峙，则开

---

① 《戏园禁止淫剧》，载《嵩岳日报》1916年10月13日。
② 醒狮：《明目张胆之淫剧》，载《天中日报》1916年12月5日。
③ 《二志取缔梆戏》，载《河声日报》1915年7月4日。
④ 《河南新剧团缘起及简章》，载《自由报》1912年9月9日。
⑤ 《实行化除男女界限》，载《自由报》1912年10月26日。
⑥ 《本城新闻·新剧团欢迎志盛》，载《河南实业日报》1913年2月15日。
⑦ 《新剧团欢迎沈佩贞女士笔记》，载《自由报》1912年10月25日。
⑧ 李少先：《"丰乐园"与戏剧革命》，载开封市地方史志编委会编：《开封文化艺术》，河南大学出版社，1987年，第70页。
⑨ 民国成立时傅文郁曾在上海、南京组织女子北伐队，提倡女学，当时在开封发起女子新剧团，并任女子参政同盟会豫支部部长。参见孔宪易：《刘艺舟在开封——兼谈河南早期的新剧》，载中国戏曲志河南卷编辑委员会编：《河南戏曲史志资料辑丛》（第13辑），1988年。
⑩ 《本城新闻·新剧团欢迎志盛》，载《河南实业日报》1913年2月15日。

通社会之功力更大。""在座听众，见其侠风，无不佩服，为之动容。"①

在女革命家的宣传鼓动下，不少女士主动加入河南新剧团。1912 年 10 月 26 日《自由报》报道："昨又有女士数人，经该团团员介绍，且自认分部办事，有薛腾霄、薛腾云二女士入美术部，董挽良、王子廉二女士入剧团部。"并强调"化除男女界限"，鼓励女子演剧，是"实行男女平权之基础"②。另外，为适应新剧的演出日益增多的形势，河南新剧团还专门组织"新剧学校"，广告招生，有不少女子参加了学习③，对以后女演员的登台演出起到了积极的作用。

冯玉祥第二次主豫时，政府大力推行社会改良，通过演讲、新剧演出倡导妇女解放。每天下午 6 时后，由宣传处、放足处和新剧团举行演讲和化妆宣传④。人民会场建成后，总部宣传处话剧团每逢星期六即在此公演话剧。内容多是关于破除迷信、男人剪辫、妇女放足、禁烟禁毒的宣传。"各机关的剧团，每晚协助搞余兴或参加化妆宣传。第二个月，改在省立民众教育馆内举行，每晚有三四千人参加。"⑤ 葛天民创办的"开封平民教育演讲社"颇受冯玉祥赏识，1927 年，冯玉祥邀请葛天民到省政府宣传处任职，冯玉祥任河南民众教育演讲团董事会董事长。每晚 7 至 9 时，点上汽灯，用留声机招引过往群众听讲演、看化妆演出，内容大多为破除迷信、婚姻自由、缠足害处、抗日救国等等⑥。

同时，妇女也在推动自身解放，提高自身社会地位。1928 年 2 月，冯玉祥的夫人李德全在郑州发起妇女联欢大会，李德全报告开会宗旨："在本身要发展自己的知识，强壮自己的身体，我们要赶紧放足，实行读书，等得我们本身上得到了许多学问，可以帮助社会上谋改革，可以帮助革命势力求发展。这个联欢大会，就是聚进许多的女同志，一心一意，努力奋斗。求本身上的解放，同时求中国人民的解放。"接着"由史德华同志讲演缠足的痛苦，并引《镜花缘》'女儿国'的故事，并极力劝各妇女同志，振作精神，以期社会上、法律

---

① 《本城新闻·新剧团欢迎志盛》，载《河南实业日报》1913 年 2 月 15 日。
② 《实行化除男女界限》，载《自由报》1912 年 10 月 26 日。
③ 李少先：《"丰乐园"与戏剧革命》，载开封市地方志编委会编：《开封文化艺术》，河南大学出版社，1987 年，第 70 页。
④ 《财政厅艺术团赴巩将在郑州稍有勾留》，载《新中华日报》1928 年 2 月 18 日。
⑤ 《财政厅艺术团赴巩将在郑州稍有勾留》，载《新中华日报》1928 年 2 月 18 日。
⑥ 《洛阳驻军成立新剧团，为宣传主义唤起民众》，载《革命军人朝报》1929 年 10 月 7 日。

上、经济上与男子有同等之智识，享同等之权利。旋分发各人赠品一份，内有三民主义问答一本，手帕一枚，备忘录两册，日记本一册，铅笔两支。表示令人：研究革命；寻求知识；注意卫生之用"①。

一方面，妇女解放推动了新剧的演出；另一方面，新剧也有不少表现"妇女解放"的题材。1912年，河南新剧团自编《缠足痛》便是宣传女子放足的剧目②。十分有趣的是，河南新剧团还在票价上配合放足剪辫运动。1913年，河南新剧团售票广告："（一）未剪发男同胞每人收铜元二个。（二）已剪发男同胞每人收铜元一个。（三）天足女同胞不取分文。（四）缠足女同胞每人收铜元一个。"③ 根据是否放足来确定不同的票价，"天足女同胞不取分文"，这种颇有新意的做法彰显出戏剧界对推进妇女解放的积极努力。

五四运动后，开封学界"自然感受新潮"，"顿洗从前不良习惯"，"联合会所刊新文化运动之报籍，省垣一隅，竟达二十余类（外县上不在内），女学方面，且有以'劳工''互助''博爱'为本人之名氏者"④。学校在编演涉及女子解放问题的新剧宣传妇女解放方面异常活跃。1920年，第一师范学生为平民义务学校筹款，借东火神庙排演新剧《社会镜》《教育波澜》，演出内容"有解决社会问题者，有关于女子婚姻者，有关于女子教育者"⑤。

事实上，五四运动前后，时事剧、文明戏的编演已蔓延全省，题材主要有戒烟、戒赌、戒嫖、放脚、反科举制度、反包办婚姻等，由于妇女解放运动的推动，关于提倡女权等内容的演出日益增多⑥。至"民国十六七年，训政开始，注重社会教育，改良社会风化，橄县组织新剧团""所演剧本多改革风俗，提倡女权，如终身、大英雄事、解放妇女等；改良家庭讽刺社会，如孔雀东南飞、教子、悔婚……"⑦

三、灿若群星的地方戏女演员

河南最具代表性的地方戏剧种是"土梆戏"，也称"河南梆子"。民国之

---

① 《郑州妇女联欢大会开会志盛，李、史两同志均有深刻之演说》，载《新中华报》1928年2月17日。
② 《新剧团不日开演》，载《自由报》1913年1月11日。
③ 《河南新剧团演出戏报》，载《河南实业日报》1913年10月21日。
④ 《开封学界与新文化运动》，载《申报》1921年5月22日。
⑤ 《学生演剧筹款，办平民义务学校》，载《新中州报》1920年5月31日。
⑥ 中国戏曲志编辑委员会、《中国戏曲志·河南卷》编辑委员会：《中国戏曲志·河南卷》，文化艺术出版社，1992年，第16—17页。
⑦ 《民政志·西华县续志卷之五》，1938年。

前，仅有个别女演员演出土梆戏①，旦角多由男演员代替，以至民国初年开封梆戏界曾出现了号称"五云"的男旦：李剑云、时倩云、阎彩云、林黛云、贾碧云。邹少和在《豫剧考略》中也提到"豫剧向无坤伶"②。1916 年《大梁日报》载："开封戏园向例不准坤伶演剧，倾闻前在郑州、安阳经理戏园刘某带来坤角小桂枝、小桂红等，到汴组织戏园，已向丰乐园股东商租地点，不日开演，并闻定价极廉矣。"③ 1928 年成书的《河南新志》中提到当时许多剧种已有女演员，特别是城市剧场，"各都市之男女合演……"④

这一时期由于大革命及新思潮的影响，一些政府官员开始大力提倡男女平等。如第一次国内革命战争之后，河南省建设厅长的张钫认为，男女平等不能停留在口号上，男女社交公开不能停留在极少数人的行动上。各机关应接纳女职员，大堂上应看见女县长。"当时常香玉初到开封，闻张先生盛名，即拜为义父，张先生见香玉头扎农村发辫，浓眉大眼，活泼大方，认为是很有作为的女青年，很喜欢，与家中女儿列为姊妹，同称小姐。"⑤

随着女子地位的日渐提高，大批女演员开始登台。20 世纪 30 年代初，河南梆子大规模进城演出，开封相国寺内，先后建立了"永安""永乐""国民"和"同乐"4 个梆戏戏园，出现了王润枝、王金枝、马双枝、陈素真、花桂荣、史彩云、司凤英、常香玉、阎立品、田岫岭、刘玉梅、马金凤、李景萼等著名女演员，且女演员都有各自的拿手好戏：陈素贞的《洛阳桥》《三上轿》，侯秀珍的《三上关》，邓银枝的《凤仪亭》，刘荣花的《抬花轿》《白蛇传》，赵秀英的《玉虎坠》，阎立品的《秦雪梅》，司凤英的《蝴蝶杯》，马双珍的《花打朝》，桑振君的《观夕》，王秀兰的《西厢》，徐艳琴的《阴阳河》《大劈棺》等⑥。此外，越调有张秀卿、李桂红、魏大姐、赵富兰；二夹弦有王桂之、刘玉兰等；道情戏有朱凤仙、李玲、张大妮等。

女演员颇受观众欢迎，改变了舞台演出格局。例如豫剧，原以四生四花脸

---

① 马紫晨：《河南戏曲史论文集》，中州古籍出版社，1989 年，第 45 页。
② 邹少和：《豫剧考略》，载开封市文化局戏曲志编辑室：《开封市戏曲志（征求意见稿）》，1988 年，第 12 页。
③ 《本城琐闻》，载 1916 年 12 月 22 日《大梁日报》。
④ 苏柳：《〈河南新志〉中的戏剧篇》，载中国戏曲志河南卷编辑委员会编：《河南戏曲史志资料辑丛》（第 17 辑），1989 年，第 112 页。
⑤ 孟志昊：《张钫与青年》，载《河南文史资料》1992 年第 2 期。
⑥ 张永龄：《开封梆戏——"祥符调"》，载中国戏曲志河南卷编辑委员会编：《河南戏曲史志资料辑丛》（第 17 辑），1989 年，第 100 页。

这些"外八脚"为主，不得不逐渐变为以旦、生行为主，新编和改编剧目也不能不重视这一变化。20 世纪 30 年代的"樊戏"，王镇南改编的一些戏大都适应了这一变化①。女演员的增加还改变了演员的构成格局，给单调的舞台带来了新鲜空气。由于女子演戏比较新鲜，加上女演员扮演旦角有天然优势，吸引了不少观众。

1922 年，豫剧韩小旦戏班由洛阳来郑州"常年发"戏院演出，女演员李金枝主演《日月图》，观众争相观看，将戏院挤塌②。接着"连演月余，观众日增不减，有的跑几十里到郑州看里手（即妇女）演戏"。1928 年，李金枝在超化龙王庙庙会上首演了豫剧《李桂枝写状》，成功地饰演了李桂枝，在豫西一带很快传为奇闻。四乡登门写戏者你争我夺，或托要人，或出重金，力求为先。"场场演出结束后，观众都将舞台围得水泄不通，非看看李金枝真相方感最大满足。"一次一位老太太跟着李金枝走了很长一段路，最后提出一个"很高"的要求，就是亲手摸摸李金枝的衣裳。从此，妇女们都以李金枝登台为骄傲，都以能亲手摸摸李金枝的衣裳而自豪③。

另有名伶马双枝在河东街天后宫戏楼唱戏，朱仙镇残废军人教养院残废军人全部出动，拄拐相互搀扶，雇人车拉肩背，150 余人占据了整个戏台前。当马双枝唱到《花打朝》吃席一场时，全场喝彩声响成一片，残疾军人纷纷往戏楼上扔现大洋（据说有 700 余元），以表示欢迎④。

女演员的地位也不断提高，她们开始主动追求婚姻自由。1917 年，女伶刘喜奎就婚姻问题在报纸上宣言："欲与结婚之人年龄须在伊年龄以下。欲与结婚之人须先经伊看过然后再议。订婚时两方须将婚事呈请地方官厅立察。"⑤ 名角李金枝更是顶着流言蜚语，大胆和韩小旦师傅结婚⑥，还有常香玉、陈素贞也都是主动追求婚姻自由的典型。

---

① 中国戏曲志编辑委员会、《中国戏曲志·河南卷》编辑委员会：《中国戏曲志·河南卷》，文化艺术出版社，1992 年，第 18 页。

② 中国戏曲志编辑委员会、《中国戏曲志·河南卷》编辑委员会：《中国戏曲志·河南卷》，文化艺术出版社，1992 年，第 38 页。

③ 张进仓：《记豫西第一个登台的豫剧女演员王金枝》，载中国戏曲志河南卷编辑委员会编：《河南戏曲史志资料辑丛》（第 17 辑），1989 年，第 176 页。

④ 《趣闻·轶事》，载开封市地方史志编委会编《开封文化艺术》，1987 年，第 243 页。

⑤ 《刘喜奎婚姻宣言》，载《大梁日报》1917 年 12 月 13 日。

⑥ 张进仓：《记豫西第一个登台的豫剧女演员王金枝》，载中国戏曲志河南卷编辑委员会编：《河南戏曲史志资料辑丛》（第 17 辑），1989 年，第 166 – 177 页。

然而，对于女子唱戏也有反对的声音。李金枝是较早登台演戏的女演员，但有人非议道："卖唱戏子下九流，妇女登台流下流，看看妇女唱的戏，一年四季最霉气！"① 最为典型的是常香玉更名学戏一事。据常香玉回忆：当时豫西一带还没有女演员，许多人都说女孩子学戏不是正道。有一次一个人气势汹汹地对其父张茂堂说："领着你闺女唱戏跑江湖，也太作孽！两条路任你挑：要姓张不能唱戏，要唱戏不能姓张！"张茂堂答道："百家姓上有的是姓。从现在起，俺孩子姓常，不姓张了。古时候，不是有个楚霸王吗？力气大，武艺高，名叫项羽。这个名字好，又是'香'，又是'玉'，就叫这个吧。"爸爸不识字，在场的人也都没文化，谁也不知道闹了个大笑话。②

四、梆戏改良与女演员的成名

女演员的成名很大程度上得益于知识分子对河南梆子的改良，最具代表性的是樊粹庭与陈素真的成功合作。樊粹庭的豫声戏剧学社，主要是以陈素真为首的永乐戏班和以赵义庭为首的山东曹县戏班组合而成的。樊粹庭十分重视人才，陈素真曾回忆说："有一次我问：'樊粹庭，你当初下海办戏，哪来那么大劲儿？'他说：'因为我发现了个天才，我的才华只有通过她，才能得以施展，这个天才，就是你。'"③ 他对演员要求严格，规定了"台前五不许""台后五不许"，为保证规定的有效实施，樊粹庭宣布了5条处罚措施，对陈素真这样的主演一样照罚。樊粹庭还注重让女演员借鉴其他艺术的长处，1937年春，樊粹庭亲自带陈素真去北京观摩著名演员演出，向著名京剧艺人赵绮霞、范福喜等学了许多武功绝技。他还给演员订了上海出版的《戏剧旬刊》《十日剧刊》等杂志。陈素真回忆说："这些杂志对我启发很大，当时我虽然不识几个字，但我看剧照就学会名角许多姿势。"

樊粹庭"因人设戏"。1935年，他根据陈素真的特点编出《凌云志》《义烈风》《柳绿云》《三拂袖》《霄壤恨》等几部剧作，受到开封观众的热烈欢迎，被广大群众称为"樊戏"。为受压迫妇女说话，反映了广大人民的愿望，是"樊戏"广受欢迎的重要原因④。1935年后，豫声戏剧学社先后挂头牌的旦

---

① 张进仓：《记豫西第一个登台的豫剧女演员王金枝》，载中国戏曲志河南卷编辑委员会编：《河南戏曲史志资料辑丛》（第17辑），1989年，第176页。
② 常香玉口述、张黎至整理、陈小玉记录：《戏比天大——常香玉回忆录》，中国戏剧出版社，1990年，第87、89页。
③ 陈磊：《陈素真画传》，河南大学出版社，2006年，第33页。
④ 陈进攻：《樊粹庭先生在开封》，载开封市地方史志编委会编：《开封文化艺术》，1987年，第94页。

角有陈素真、田岫岭、崔韵芳、孙兰芳、玫瑰花、陈素花、曹雪花、李镜花、司凤英、赵秀英、董玉兰等①，基本上都是女旦。尤其是陈素真，红极一时，当时报纸刊登了很多陈素真演出的戏报②。《河南民报》评价："坤伶陈素真，剧能颇多，说白清楚，唱做兼优，很受观众欢迎，每晚坐无隙地，足见魅力之不小云。"③ 戏剧家郑剑西赞扬"陈素真扮相端雅，嗓音清圆，表演细腻"④。当时有"卸了牲口卖了套，也要看狗妞的《三上轿》"的俗语，"狗妞"即指陈素真⑤。1936年7月20日，《河南民报》刊登了一个名叫苏筠仙的读者来信，对河南梆子的革新以及陈素真的表演给出了极高的评价："梆戏曾被认为鄙俗粗俚不堪入耳的土调儿，现在竟惹得全城如狂，成为万人争道的高尚娱乐，妇人孺子引车卖浆者流固无论矣，即在上层社会者，亦改变了一向鄙弃的观念而去欣赏道地的声乐。作为豫声剧院台柱角色的陈素真完全脱离粗俗村陋的表演，眉的一颦，头的一垂，身的一侧，颐的一解，袖的一拂，俱有来历。博得四座不绝的掌声。"⑥

好的剧本加上演员的出色表演，使河南梆子地位空前提高。1936年7月，上海百代公司灌制了陈素真演唱的《柳绿云》《霄壤恨》《三上轿》等戏唱片⑦，使河南梆子以唱片的形式发往全国。

当时，樊粹庭与陈素真合作的"豫声戏剧学社"，"梆子泰斗"王镇南与常香玉父女筹划的"中州戏曲研究社"是开封剧坛最有影响力的两家剧社⑧。1937年，为响应田汉"用戏剧形式唤起人民"⑨ 的号召，王镇南为常香玉写了《扫穴犁庭》和《打土地》两部戏⑩。《打土地》"以名坤伶常香玉饰女主

---

① 陈进攻：《樊粹庭先生在开封》，载开封市地方史志编委会编：《开封文化艺术》，1987年，第92、93、95页。
② 《豫声剧院演出戏报》，载《河南民报》1935年2—5日、8、9、10日。
③ 《本月陈素贞在豫声剧院演出》，载《河南民报》1935年5月4日。
④ 郑剑西：《观〈霄壤恨〉后》，载《河南民报》1935年11月28日。
⑤ 马紫晨主编：《中国豫剧大词典》，中州古籍出版社，1998年，第586页。
⑥ 苏筠仙：《谈谈〈女贞花〉——致编剧者的一封公开信》，载《河南民报》1936年7月20日。
⑦ 中国戏曲志编辑委员会、《中国戏曲志·河南卷》编辑委员会：《中国戏曲志·河南卷》，文化艺术出版社，1992年，第42页。
⑧ 《常香玉等组织中州戏剧研究社》，载《河南民报》1937年2月4日。
⑨ 《通俗日报》1937年7月7日，转引自陈国华：《二十世纪豫剧艺术改革发展研究》，上海戏剧学院博士学位论文，2006年。
⑩ 常香玉口述、张黎至整理、陈小玉记录：《戏比天大——常香玉回忆录》，中国戏剧出版社，1990年，第130页。

角"①。"叙述暴日侵略,一女子夫丧子亡,背井离乡,哀怨痛绝,以致疯狂",剧词切合时局,揭露了日本帝国主义的残暴侵略罪行。常香玉慷慨悲歌,道白清楚,深深地打动了观众的心,轰动了河南戏剧界。常香玉也一举成名,甚至有"看看常香玉,一辈子不生气"②的美称。

抗日战争爆发后,一部分艺人如常香玉、陈素真沿陇海线流亡西北,在西安、宝鸡和兰州等地演出。一部分艺人如毛兰花、阎立品和马金凤等奔波于尚未沦陷的郑州、洛阳、许昌和漯河之间及豫皖、豫鄂边界新兴商埠、码头搭班演出③。在西安,兰光剧社的阵容整齐,挑大梁的崔兰田是著名的豫剧十八兰④中的佼佼者⑤。在豫皖边境的界首,云集了大量河南梆子戏班,当时的马金凤、徐艳琴、毛兰花、阎立品被称为"四大名旦",有"马金凤唱的好,徐艳琴舞的好,毛兰花哭的好,阎立品长的好"之说⑥。随着艺人的流动,河南梆子也向周边省份扩展,女演员的影响扩大到省外。

陈素真、常香玉、司凤英等女演员成名后,常常义演支教、赈灾,其中以常香玉最为典型。常香玉曾倾吐自己的志愿说:"我希望能在一年之内,义演集资,创办一个女子中学。我因幼年时环境不许可,只受过小学教育,没有更多读书的机会,深感这种痛苦。我要拯救和我同样处境的姐妹。"⑦ 1937年3月,她赴巩县老家为巩县县立小学义演⑧。抗战爆发后,她又为西安西北中学演募捐戏,受到广大群众的热烈欢迎。"观众纷纷把纸包、衣料、幛子、被面等往上扔,同时全场起立,拍手叫好。后来我才知道,头一个往台上扔纸包的

---

① 《豫醒舞台排演爱国新剧》,载《河南民国日报》1938年2月4日。
② 马紫晨主编:《中国豫剧大词典》,中州古籍出版社,1998年,第586页。
③ 《河南省志(第五十三卷)》,河南人民出版社,1994年,第45页。
④ 十八兰指由豫剧教育家、豫西著名须生演员周海水和贾锁师傅在30年代后期和40年代初期所培养的有造诣的18位优秀豫剧演员。时人、后人及周海水本人对"十八兰"的说法均略有出入。一说:毛兰花、崔兰田、罗兰梅、车兰玉、李兰菊、王兰琴、刘兰玉、汪兰巧、周兰凤、张兰宝、陈兰荣、张兰香、刘兰鲜、郭兰玉、祁兰芳、马兰凤、刘兰英、张兰秋。……其实,该班所收以"兰"字排名的演员前后达30余名,因此出现序列差异则在所难免。但毛兰花、崔兰田、罗兰梅、车兰玉、李兰菊、汪兰巧、张兰宝、郭兰玉、马兰凤等九位却是舆论公认且无争议的。(参见马紫晨主编:《中国豫剧大词典》,中州古籍出版社,1998年,第1页。)
⑤ 常香玉口述、张黎至整理、陈小玉记录:《戏比天大——常香玉回忆录》,中国戏剧出版社,1990年,第365页。
⑥ 马紫晨主编:《中国豫剧大词典》,中州古籍出版社,1998年,第3页。
⑦ 《我们认识的常香玉》,载《中国时报》《前锋报》(联合版)1947年2月18日。
⑧ 中国戏曲志编辑委员会、《中国戏曲志·河南卷》编辑委员会:《中国戏曲志·河南卷》,文化艺术出版社,1992年,第42页。

名叫王寅武,是个热心公益的河南老乡,他是个生意人,纸包里裹着十二块现洋。"[1]

1938年9月20日,洛阳市募捐游艺会举行义演救济水灾,常香玉积极参加演出。"尤其在抗战期间,中原沦陷,逃到陕西难民很多,常香玉又演义务戏,帮助(张钫)在陕办理赈济,设粥厂,移灾民,她的名声亦起。"[2] 1942年常香玉在宝鸡举办赈灾游艺会,主演《蓝桥会》,受到了各界的欢迎资助,"一般观众均深明大义,争先购票入座,尤以一乞丐,亦为义之所趋,以一日乞讨所得五元,买站票入场,此诚实为楷模"[3]。

1947年,"梁苑女中邀请豫剧明星常香玉来汴公演","已排定全部《西厢》、《抱琵琶》《秦雪梅吊孝》《卖衣争子》等名剧,共演二十天"[4]。"票价:红票——国币一万元。绿票——国币六千元。站票——国币两千元。"[5] 演出过程中,由于常香玉"连日演出极为劳顿,忽患感冒,致嗓音失韵,自二月二十四日起,停演二日,一俟病愈自行继续演出"[6],"梁苑女中之演剧筹募资金,进行之顺利,为过去所未见,常香玉之演技博得观众盛赞,每场座满。二十三日常香玉女士演出日场《卖衣争子》,招待荣军,晨起即座已占满,晚场《秦雪梅闹馆》,尤为生动","预料该校此次公演,收获必佳"[7]。

除常香玉外,司凤英1935年为水灾救济募捐演出[8],1948年在开封和平戏院为报业员工福利金筹募委员会演拿手好戏[9],《河南民报》连载了4天的义演盛况。同年,陈素真"为河南大学义演售票甚佳"[10]。

通过以上叙述可知,20世纪30年代,知识分子的努力使河南梆子和女演员的地位空前提高,成名的女演员通过义演赈灾、支持教育、支援抗战,大大

---

[1] 常香玉口述,张黎至整理、陈小玉记录:《戏比天大——常香玉回忆录》,中国戏剧出版社,1990年,第205页。
[2] 孟志昊:《张钫与青年》,载《河南文史资料》1992年第2期,第32页。
[3] 《宝鸡举办赈灾游艺会常香玉演〈蓝桥会〉》,载《西安晚报》1942年10月23日。
[4] 《常香玉定二十日开演》,载《中国时报》、《前锋报》(联合版)1947年2月18日。
[5] 《梁苑女中筹募基金豫剧公演特聘陈夫人——常香玉女士公演〈卖衣争子〉》,载《河南民报》1947年2月21日。
[6] 《梁苑女中筹募基金委员会启事》,载《中国时报》、《前锋报》(联合版)1947年2月24日。
[7] 《常香玉辛苦,昨两次登台》,《河南民报》1947年2月24日。
[8] 《司凤英为水灾救济募捐演出》,《河南民报》1935年11月8日。
[9] 《开封报业员工福利金筹募委员会,烦请司凤英女士义演拿手好戏》,载《中国时报》《前锋报》(联合版)1948年5月3日。
[10] 《陈素真助学义演》,载《中国时报》《前锋报》(联合版)1948年3月12日。

提高了妇女自身的社会影响力和地位。

五、结语

清末，由于"新政"的推动，河南官方首允女子入园看戏。民国初年，在一些女革命家的极力倡导下，不少女士纷纷加入新剧的演出，而新剧中放足、婚姻自由等表现女权的剧作不断增多。20世纪30年代，妇女解放运动深入发展，男女平权思想更多地付诸实践，此时大量女演员登台演出，女子演戏已不足为奇。一些戏剧改革家紧随时代潮流，对土梆戏从形式到内容都进行了革新，戏剧改革家的培养包装加上女演员自身精湛的表演，使部分女演员声名鹊起，成名成家。成名后的女演员通过演戏来宣传爱国思想和妇女解放，通过义演支持教育、救济灾民、支援抗战，这些行为都直接或间接地提高了妇女的社会地位。

同时也应看到，清末河南官方虽为时代潮流所迫，开始允许妇女入园看戏，但入园看戏的妇女多为上层人物的眷属，人数有限。而警察厅往往以维持秩序或风化的名义，禁止男女同座，甚至设置不同通道供男女出入。社会上一些守旧人士也极力抨击女子入园看戏。20世纪30年代，虽有大量的女演员开始登台演戏，但对于女子唱戏也有不少尖锐批评反对的声音。这些情况表明清末民国守旧与趋新的观念冲突，也显现出清末民初妇女解放的曲折性与复杂性。

通过对清末民国河南地区戏剧改良与妇女解放关系的梳理可以看出：在民国社会启蒙的语境中，戏剧改良促进妇女解放，反过来，妇女解放也在一定程度上推动了戏剧的革新，戏剧改良与妇女解放实为一个互动统一的历史进程。

（原载《妇女研究论丛》2011年第5期）

舆论高扬与结局落败的反差
——以 1921 年广东女子参政权案为例

付金柱[①]

摘　要：1921 年广东女界开风气之先，率先开展民国以来的第二波女子参政权运动。在运动中，女界得到了广泛的舆论支持和革命党人的支援，在省议会辩论中赞成女子参政者占有明显的话语优势，然而女子参政权案却以落败而告终。考察其直接原因，一方面在于大多数省议员对于女性参政持有明显的保守观念，另一方面则是女界在运动中过于情绪化的激烈言行以及斗争策略远未达成一致。

关键词：女子参政权案　广东　女权

20 世纪初的中国，议会政治虽屡经尝试，屡遭挫折，却屡试不厌，表明近代国人对民主政治的渴盼与向往[②]。在议会政治中，选举权是一个至关重要的核心要素。关于选举权的获得除却阶级、党派、财产、教育程度等因素外，性别因素亦成为争论的焦点。女子参政权案作为典型个案，尤其成为民国议会政治乃至民主政治的关注点。

当时女子参政权诉求成为风潮，引起广泛社会反响，曾出现两次运动高峰：一次是在民国初年，因《中华民国临时约法》在权利规定上模糊性别问题而引起；另一次是在 20 世纪 20 年代，女界利用各省制定省宪的机会，掀起广

[①] 作者简介：付金柱，男，政治学博士，黑龙江八一农垦大学人文社会科学学院政治学系班主任、副教授。主要从事中国近现代政治史研究。

[②] 张朋园：《中国民主政治的困境，1909—1949：晚清以来历届议会选举述论》，吉林出版集团有限责任公司，2008 年。

泛的女子参政运动。关于这两次女子参政运动高潮,学界已有诸多的研究①。正如有论者所指出的,以往的研究多把女子参政问题放在党派关系分析的框架中,难以把握女子参政运动失败的关节所在②。实际上,女子能否获得参政权,最为直接的因素在于议会议员的态度和女性自身的斗争策略。本文在既有研究的基础上,以20世纪20年代最为激烈的广东女子参政权案为个案,重返历史现场,展现运动的整个过程,考察广东省议员在此案中的态度和女界的斗争策略,以期对女权运动失败的关键性因素提供新的解读视角③。

一

广东女子参政一向开全国风气之先声,1911年广东省临时议会议员选举采取比例代表制,其中规定女性议员10名,庄汉翘等人当选。这不但在中国是破天荒的事,且"为亚洲所创见"④。1912年,张昭汉与伍廷芳夫人联合发起神州女界共和协济会,上书孙中山提出创办女子法政学校和《女子共和日报》,以"为将来参政之准备"⑤。然而,女子参政的大好图景转瞬即逝,几乎与北京参议院否决女子参政权案的同时,广东省临时议会投票表决,女子参政权案以35∶68未获通过⑥。1913年广东省议会正式成立,临时省议会的10名女议员全部落选⑦,风光一时的广东女子参政创举昙花一现般地殒落了。虽然广东首次女子参政权案以失败而告终,但短暂的辉煌给女界以较强的激励,为20世纪

---

① 参见李细珠:《性别冲突与民初政治民主化的限度——以民初女子参政权案为例》,载《历史研究》2005年第4期;《略论民初女性对性别歧视的觉醒与反思——以女子参政权运动为中心的考察》,载《中华女子学院学报》2005年第5期;张莲波:《民国初年的妇女参政》,载《史学月刊》1988年第2期;《1922年前后中国妇女参政的特点》,载《山西师大学报》(社会科学版)2001年第3期;张莲波、周莉亚:《1922年前后中国妇女参政在社会中引起的反响及争论》,载《中州学刊》1998年第5期;经盛鸿:《民初女权运动概述》,载《民国春秋》1995年第3期;傅济锋:《民初妇女参政权问题考察》,载《安徽史学》2007年第3期;徐辉琪:《唐群英与"女子参政同盟会"——兼论民初妇女参政运动》,载《贵州社会科学》1981年第4期;严昌洪:《唐群英与民初女子参政运动》,载《贵州社会科学》1998年第4期。

② 李细珠:《性别冲突与民初政治民主化的限度——以民初女子参政权案为例》,载《历史研究》2005年第4期。

③ 关于广东女子参政权的研究,可参见金炳亮:《民国初年广东妇女参政刍论》,载《岭南文史》1993年第1期;付金柱:《陈炯明与近代广东女权运动》,载《中华女子学院学报》2009年第1期;向仁富:《近代广东妇女争取参政权述评——以20世纪二三十年代为例》,载《前沿》2010年第8期。

④ 胡汉民:《胡汉民自传》,载《近代史资料》1981年第2期。

⑤ 《女界共和协济会上孙总统书》,载《时报》1912年3月4日。

⑥ 《粤议会否决女子参政权之态度》,载《申报》1912年11月17日。

⑦ 王鸿鉴:《清末民初的广东议会政治》,载政协广东委员会文史资料研究委员会编:《广东辛亥革命史料》,广东人民出版社,1981年,第429页。

20 年代再次掀起女子参政运动奠定了基础。

1920 年 11 月，陈炯明逐出盘踞广东的桂系军阀，率援闽粤军进入广州，孙中山以军政府名义委任陈炯明掌理广东军民两政，广东重又纳入革命党人的掌握之中。陈炯明掌政伊始，即宣布广东为"广东人民共有之，广东人民共治之，广东人民共享之"①，实行广东省自治。广东自治的第一个重大举措就是县议会议员和县长的民主选举。

1921 年 3 月初，广东省法制起草委员会拟定《广东暂行县长选举条例草案》《广东暂行县议会议员选举条例草案》。在县议员选举条例原案中，赋予女子以选举权与被选举权；在县长选举条例中，只赋予女子以选举权，不令女子有被选举权。省长公署在将两案咨交省议会讨论时，省长代表吕复代为说明起草理由。关于两案女子参政权之规定，他首先说明女子无县长之被选举权，称这并非是歧视女子，只因为女子有生产一事，产前前后合计约三数月之久不能任事，如被选为县长，则对于一县行政大有妨碍。次及女子选举权及县议员之被选举权，则称"不可断而不与"。其原因在于：其一，欧美发达国家女子选举权日见扩张，有援例可循，中国女子参政权虽然不能行诸国家，但不妨在开通省份先行试办；其二，就广东女子而言，在做工任事和识字两方面，都优于他省，有参政的基本条件；其三，在地方自治上，男女共同任事，共同负责，则收效甚速；其四，针对社会舆论认为在教育程度上女子存在不足，称这是无可讳言的事实，但应在教育方面设法提高女子教育程度，而不应在选举权利方面"贬损女子地位"②。

从上述两案关于女子参政权的规定及说明来看，可说是客观实际的，既维护了妇女的基本参政权利，同时也因实际存在的问题，不予女子以县长之被选举权。此种规定是对时人关于妇女不能参政偏见的一种折中，秉持一种由易至难、循序渐进的解决途径。但是，该折中方案仍未能在省议会得以通过。两案交由议会讨论过程中，女界风闻议会将有所修正，将县议员之选举权与被选举权及县长之选举权均增加"之男子"的规定，此即表明女子参政权将全部被取消。于是，一场争取女子参政权运动在广东女界与议会保守议员间拉开了帷幕。

---

① 《粤军陈总司令之宣言》，载《民国日报》1920 年 11 月 12 日。
② 《县长及县议员选举案起草理由》，载《广东群报》1921 年 3 月 31 日。

二

1921年3月28日下午2时,省议会开议县长选举条例及县议员选举条例。女界风闻议会将有不利于女子参政权之修正案,因此推举出女界代表邓蕙芳、伍智梅、唐允恭、程奕立、程立卿等人,提出请愿书,并约集女同胞六七百人到会旁听,以为监视。在请愿书中,女界为自身权利据理力争,称依中华民国约法"中华民国主权属于国民全体"之规定,女子同是国民,应与男子一律平等,享有各项权利;议会将对县议员、县长选举案加以修正,将妇女应享有的公权一概剥夺,显系对约法的违背,如此"与北方叛法的军阀违法的非法国会何异"。因此,"请愿将这违法的审查案,实行撤销"①。

当秘书长读毕女子请愿书后,有议员动议女界既有代表莅会,当请代表出席说明该案。此议一出,立时有数名议员反对,经过讨论,多数议员赞成女子请愿案先付审查。对于此决定,女界代表已面露不怿之色,至正式开议至县议员选举条例第三条(凡本县住民年满二十岁以上为选民)时,有女子代表多人从横门进入议坛,议员林超南即称旁听人擅自进入议场,应执行旁听规则,议员冯和清和议。登时旁听席哗声大作,指林超南违法,议席上又有代表回应,一时间全场震动,喊打之声大作以至相互殴斗。女界代表又率大队前来,议员纷纷退席,议场秩序大乱,议事无法继续进行,只得散会②。女界代表退出省议会后,往见孙中山及陈炯明请愿,寻求支持。陈炯明当即面允,称省议会如将女子选举权剥夺,他必交回复议③。

3月29日,广州女界约六七百人集会,讨论女子选举权问题。大会公推邓蕙芳为临时主席,将女子参政权办法逐条付表决。会上,老革命党人张继、谢英伯、夏重民发表演说,赞成女子应有选举权,鼓励女界必须力争。会后女界往省议会游行,至省议会时,适值省议员在内开谈话会,警察守住大门,请愿队伍无法进入,女代表要求议长出来答复。议长钟声出来后,各代表纷纷提问,要求准全队旁听,通过女子应有选举权,众口纷纭,钟声只得支吾其词。女界无功而返,复向省署和军政府请愿。一路上齐唱国歌,高呼口号,甚为壮观④。

---

① 《二十八日之省议会议事记》,载《广东群报》1921年3月29日。
② 《二十八日之省议会议事记》,载《广东群报》1921年3月29日。
③ 《广东女子参政之大运动》,载《申报》1921年4月4日。
④ 《广东女子参政之大运动》,载《申报》1921年4月4日。

舆论高扬与结局落败的反差
——以 1921 年广东女子参政权案为例

自女界 28 日赴议会请愿、29 日集会游行后，造成极大社会影响，舆论界多赞助女子参政，使省议员顿成骑虎之势。一部分议员认为社会舆论对女子有利，如否决此案，恐风潮扩大，更难收拾，不如依省长交议原案通过。但此议为大部分议员所不取。由于 28 日女子请愿发生暴力冲突，更给顽固者以口实，以此为女子不能参政之佐证。因此之故，30 日议会开会时，虽然签到议员多达 90 余人，但多徘徊观望，不敢进议场，延会 4 次仍不足法定人数，只得散会。至于女界态度，本来打算一致行动，结队再赴议会，声言如不达目的，将以武力对付。经议长派代表劝解，称议案能否通过，权在议会，请万勿对议员进行攻击，使生恶感，不必结队前往①。因此，当日女界联合会只派代表唐允恭等 5 人前往旁听。由于此案已经引起社会广泛关注，女界对此尤为关切，因之在议会外候听音讯者仍然有 200 多名女子。议会散会后，女代表向外面等候女子通报消息，称议员迫于女子权威，不敢出席，"以区区数女子在座，竟能将百数议员吓退，吾辈真可以自豪"②。可见，女界认为取得了胜利。但是，此后的事态发展表明远非如此。

女子参政权案连议两次无功而返，议会和女界两方均暗潮涌动，图谋应对之策。31 日晚，各议员俱乐部开会讨论，准备再次开议时的方略。当时议员分为两系，即克一系和珠光系。克一系的主力陆某主张原案通过，但该派大部不以陆说为然，主张自由发表意见；珠光系议员甘祖元极力反对女子参政，虽然议长钟声极力疏通，但仍未能奏效。因此，从议员态度来看，此案在未表决前，即已经胎死腹中，几无通过之希望。至于女界，虽再无大型集会，但称如立法方面达不到目的，则将改变策略，力请对女界持赞同态度的省长陈炯明履践承诺。另外，议会请愿股接到女子请愿书后，以手续未备，即欲退还，后由唐允恭等补足手续，则请愿股出据审查报告，称请愿合法，自应受理，将请愿案列入大会讨论③。

4 月 1 日，议会续议女子参政权案，到会人数 82 人。对此案赞否双方议员均严阵以待，张口激辩，论战之激烈，为议会向来所未有。论辩多时，仍然相持不下，有议员请付表决以定胜负，于是议决用黑白珠表决。又发生记名投票与不记名投票之争，反对派议员深恐用记名法，则将受到社会舆论的攻击，及

---

① 《省会对于女子参政案之形势》，载《广东群报》1921 年 3 月 31 日。
② 《续纪粤女界之参政运动》，载《申报》1921 年 4 月 5 日。
③ 《女子参政案杂讯》，载《广东群报》1921 年 4 月 1 日。

为女界所唾骂，经表决多数赞成无记名投票。最后将表决案文书于黑板上，赞成修正案加入"之男子"三字者投白珠，反对者投黑珠。及至揭幕，则黑珠对白珠之比为 32：50①。一场轰轰烈烈的女子参政权案，以被议会否决而落下帷幕。

三

女子参政权案虽然以被议员多数否决而告终，但是从此案提交议会审议以至最终表决过程中，议员中赞否双方各执一词，争辩不已。从舆论导向上看，赞成女子参政者占有明显的话语优势。现据当时报载，把双方辩难的要点予以归纳，以审视议员对于女子参政的对立态度与观念冲突②。

反对女子参政者的首选话题即是女子程度低下，这是中外古今轻视女子的积习，赞成女子参政者对此条也反辩最力。

第一，赞成者称西方虽曾有轻视女子的偏见，但觉醒也早。早在 1509 年，英国就有人著专书，不但言男女平等，且言女子有很多优于男子之处。女子参政运动也以英国为最早，下院已有女议员出现，美国各州也赋予女子以选举权。举凡欧洲大国如德奥，小国如瑞典、挪威、葡萄牙、丹麦、芬兰、荷兰等国，女子均有参政权。即便在中国，广东也早有女子参政的例证，民初临时省议会即有女议员。女子参政在广东优于他省，原因在于广东女界有他省所不及之两优点。一是劳动。女子任劳服苦，在中国首推广东，乡居女子大多从事耕织，建筑工程中亦有女子之身影。二是识字。以识字人数而言，以广东为最多。即便未受过正式教育者，亦能粗解浅显文字。至于留学外国、受过高级教育者，亦不乏其人。因此，广东倡行女子参政权，当为首选。

第二，反对者称女子在智慧及机体组织方面劣于男子，因此不能与男子同时参政。赞成者则根据近代心理实验的结果进行反驳。他们称实验表明，人类的智慧本体并无差别，男女间互有优缺点，如在记忆力、理解力、艺术的冲动等方面，女子比男子尤强。此外，在机体组织方面，男子体力虽强于女子，然而在其他方面并无差异，同时女子亦有优于男子之处。由是观之，不能以此为

---

① 《否决女子参政案之舌战》，载《广东群报》1921 年 4 月 2 日。
② 文中下述争辩征诸当时报载，计有《对于省会删除女子选举权谈话》，载《广东群报》1921 年 3 月 25 日—4月 2 日；《县长及县议员选举案起草理由》，载《广东群报》1921 年 3 月 31 日；《否决女子参政案之舌战》，载《广东群报》1921 年 4 月 2 日；《黄毅对于女子参政之约法谈》，载《广东群报》1921 年 4 月 1—2 日；《续记粤女界之参政运动》，载《申报》1921 年 4 月 5 日；《广州通讯：女子参政》，载《申报》1921 年 4 月 7 日。

由不许女子参政。

第三，反对者称男女间应有职业分途，依旧因袭男主外、女主内的旧调。他们认为由于社会职业分工不同，女子当以管理家庭为主，勉力为贤妻良母。赞成者称女子同男子一样，是堂堂的一个人，就应该同男子一样有应尽的责任，有可做的事业，应该许其自由发展，奈何必须以贤妻良母限之。还有一种更为荒谬的观点，称女子参政后，幼儿死亡必多，此说成为反对者最有力的理由。赞成者以实际数字来反驳此谬论。据数据显示，世界上女子参政最早的新西兰，幼儿死亡率最低；西欧贤妻良母型的国家德国幼儿死亡率最高，亚洲贤妻良母的国家日本比德国尤甚。因此，持此说反对女子参政，岂不荒谬。

第四，反对者以女子未服兵役为借口，认为女子不能参政。持此论者称，在权利方面并不反对男女平等，认为女子不但可以任县长，省长、总裁和总统等职位无不可以任之。然而女子尚未尽当兵义务，从权利与义务对等角度衡量，女子不当有参政权利。赞成者反驳称，参政权并不以当兵为交换条件，而实为公共政治生活所必需；再退而言之，女子并非不能当兵，民初女子炸弹北伐队即为明证，女子何尝不欲为国家效力。

第五，审议女子参政权在国会还是省议会的分歧。对于此点的争论情形尤为复杂。有议员认为，审议女子参政权应在国会，即便省议会能通过此案，但他日未必为国会所通过。因之，省议会不如做个人情，更进一步给予县长当选权。此议表面上是赞成省议会赋予女子参政权，其实内心里并不赞成，不过是把这个问题推给国会，由国会予以否决。有议员认为此案既交给省会，省会就应负起责任，不能以他日国会负责为托词。但由于前述原因，不主张女子有选举权。极力赞成女子参政权之议员称，既然省署交议为县条例，省会就有议决之权，亦不能以女子能力低下等为托词而否决女子参政权。

第六，反对者称女子参政违反约法。赞成者对此反驳说：从约法上看，第二条中华民国之主权，属于国民全体；第五条中华民国人民一律平等，无种族阶级宗教之区别；第十二条人民有选举及被选举之权。查遍约法，均无发现有不许女子参政之规定，何谓女子参政为违反约法。因此，女子参政权为约法上明明许与的权利。其实，反对者称女子参政违反约法，其原因在于参议院与众议院的议员选举法均规定选举权与被选举权仅限于男子。但是，约法为根本法，其法律效力在一切法律之上，不允许其他法律与其抵触，更不允许以其他法律来抵消。因此，参众两院议员选举法违背约法规定，当然不能发生效力，更不应以此来反对女子之参政权。

上列六端为双方辩难之荦荦大者，从中可以看出，虽然从议员投票的"量"上否决了女子参政权案，但是从论辩之"质"的层次上，赞成女子参政者占有明显的话语优势，表明在舆论导向上女权意识的高扬。正如有论者在论辩中所着意强调的那样，共和精神在于使多数国民对于国家有责任心，如果不使女子参政，就会使占国民一半的女子的才能不能为国家所用，此则失去了共和精神。

四

相较于民初女子参政运动仅由少数女界精英呼号奔走、少有社会公共舆论支持的窘境，经过10年来的发展，特别是新文化运动和"五四"运动中女权意识的启蒙，20世纪20年代的女子参政运动得到了更为广泛的响应。从前述1921年广东女子参政权案整个过程来看，在社会舆论方面，女界得到了广泛的支持，以至议会最后投票表决时不得不采取无记名方式，即是投反对票议员深恐记名投票将会遭致社会舆论的攻击；在革命党人中，女子请愿得到孙中山和陈炯明的明确支持，老革命党人张继、谢英伯、夏重民还亲临女界集会，发表演说予以激励。从这些因素来看，女权运动已经产生了广泛的社会影响，均有利于女子参政权的实现，但为什么却以失败而告终呢？可以从与女子参政权案直接相关的保守议员态度以及女界自身言行和斗争策略的视角加以分析，窥见其中端倪。

在广东省议员中，除黄毅、郑里铎等少数议员极力赞成和支持女子参政外，多数议员持反对态度，另有部分中立者①。就议员群体构成来说，或为有传统功名的士绅，或为受过新式教育的"知识分子"，均为社会的精英人士。有传统功名的末代士绅正当壮年，受过新式教育的"知识分子"也无不受过中国传统教育。因此，中国传统文化在议员文化心理层次上占有相当大的分量。而中国文化最为深层的结构则是"人类史上最牢固的保守主义"，即便近代以来的"革命"似乎在"表层结构"上促成了社会结构与生产方式的变革，但在深层结构上却"举步维艰"，进展缓慢②。因之，作为社会精英的议员们大多不能摆脱中国传统思维的惯性，"宁要熟悉的东西不要未知的东西，宁要试过的东西不要未试的东西"③，从心理倾向上对于女子参政这一"新生事物"加

---

① 《黄毅对于女子参政之约法谈》，载《广东群报》1921年4月1日。
② 孙隆基：《中国文化的深层结构》，广西师范大学出版社，2004年，第10-11页。
③ [英] 迈克尔·欧克肖特：《政治中的理性主义》，张汝伦译，上海译文出版社，2003年，第127页。

以抵制。

另外，就广东地域文化而言，有学者考察从鸦片战争乃至洋务运动时期，广东知识精英的认识明显落后于时代，致使岭南文化在开放与封闭之间表现出难以想象的封闭性，给广东乃至全国带来灾难性的后果①。即便到了1939年，任职西南联大的广东籍学者陈序经撰《广东与中国》一文，开篇即说广东文化在中国"占了很特殊与很重要的地位"，接下来通篇论述广东既是"新文化的策源地"，同时更是"旧文化的保留所"②。因此，作为知识精英的广东议员对于中国文化中的男尊女卑、男主外女主内等观念甚深，否决女子参政权案当在意理之中。

从女界自身来说，首先在争取女子参政权案运动中，常常控制不住情绪，传布的言论和使用的手段不免过于激烈，予反对者以女子情绪高于理性而不宜参政的口实。如3月28日议会开议时，与议员争吵甚至互殴，以致议事无法进行只得散会。30日议会续议此案时，引得社会人士纷纷前去旁听，"皆欲观女界又演甚么活剧"③，明显是抱着看热闹的心态，而非是对女界的声援。运动过程中，女界声言如不达目的，将采取武力手段④，甚至还传言欲借此案以解散议会⑤，使反对派议员乘机游说，议员中观望派对女子渐生反感，率尔投下反对票。

另外，女界在运动策略方面并未达成一致，其主张分为数派。激烈者有主张从根本上取消现在之非法省议会者，也有主张以剧烈手段对待非法议员者；温和者主张分别运动中立议员以使此案通过，更有主张静观议会结果再定对策者⑥；等等。女界对于运动策略既然未能达成一致，就不能有计划、有步骤、有系统地展开行动⑦，使其行动有着很大的随意性和情绪化，遭致运动落败。

---

① 袁伟时：《中国现代思想散论》，上海三联书店，2008年，第37－63页。
② 陈序经：《广东与中国》，载《东方杂志》1939年第36卷第2期。
③ 《续论粤女界之参政运动》，载《申报》1921年4月5日。
④ 《省会对于女子参政案之形势》，载《广东群报》1921年3月31日。另据载："有几个作领袖的女子，在每次举行示威运动的时候，都带着手枪，这种激烈的行动连续到两年之久。"参见小岑：《妇女运动的途径（节录）》，中共天津市委党史资料征集委员会、天津市妇女联合会编：《天津女星社：妇女运动史资料选编》，中共党史资料出版社，1985年，第132－133页。
⑤ 《否决女子参政案之舌战》，载《广东群报》1921年4月2日。
⑥ 《广州通讯·女子参政》，载《申报》1921年4月7日。
⑦ 1926年，时任中共青团广东省委员的区夏民，曾对过去妇女运动斗争经验做出回顾，指出女权运动最终无成的原因，在于"无主义鲜明、组织严密之政党领导"。参见区夏民：《女学生应有之觉悟》，载《广东青年》1926年5月第2期，第11页。

同时，女界在女子参政案行动策略的分歧也影响到后来争取女子权利运动的凝聚力①。

然而，尽管广东女子参政的要求遭致失败，但女界并没有气馁，女界联合会连续召开会议，号召全省妇女"不要放弃了自己的权力，取消自己的人格，快快起来，争回我们的人权，争回我们的人格"②，并选出黄璧魂、马仲瑛、伍智梅、唐允恭为代表，到省署请询，是否驳回省会之选举权修正案③。经过女界的不懈努力，省署驳回该案，4月18日《广东公报》上刊发省长命令："且议会议员选举条例各款定式第三条，凡本县住民年满20岁以上者为选民。"④同时，广东女子参政权案也激发了后来其他地区的女子参政运动。1922年，北京旧国会恢复，开始制宪活动，这是争取女子参政的大好机会，北京的妇女参政组织"女子参政协进会"和"女权运动同盟会"应时而生，并于成立后立即派人到各地宣传，从而妇女参政运动辐射到全国，在全国范围内掀起女子参政的高潮。

（原载《妇女研究论丛》2011年第3期）

---

① 如女界代表邓蕙芳因争参政权风潮中报怨女界赞助不力，声称与女界联合会脱离关系。参见《男女界之市参事逐鹿情形》，载《广东群报》1921年5月19日。
② 《粤女始终不懈》，载《大公报》1921年4月16日。
③ 《女界联合会之议案》，载《广东群报》1921年4月25日。
④ 《女界联合会之战利品——选举权》，载《广东群报》1921年4月29日。

《妇女杂志》与民国女性的科学启蒙[①]

章梅芳　李倩[②]

摘　要：《妇女杂志》17年间刊登了传播科技新知的文章1500余篇，是民国女性科学启蒙的重要阵地。随着社会文化思潮的变化和编辑群体的变动，《妇女杂志》先后经历了"保守改革""激进革命"和"回归中庸"三个阶段，其科学启蒙的宗旨和内容也经历从"大量普及家政科学常识，培养具有科学新知的贤妻良母"，发展到"宣传科学思想与精神，培养具有独立人格的新女性"，再到"重新回归家庭科学常识的普及，并鼓励女性话语的主动表达"的过程。《妇女杂志》的科学启蒙及其变化，一方面反映了民国时期科学主义思潮扩展到女性家庭和生活领域的状况，另一方面表明社会性别观念的变革和妇女运动的发展，在某种程度上也利用了科学话语的力量。

关键词：妇女杂志　科学启蒙　民国女性　社会性别观念

一、引言

中国社会自近代以来对于西方所产生的影响给予的回应，分别经历了"自强运动""变法与改革"至"思想变革"三个不同阶段，分别从外交与军事现代化的努力，转向接受西方政治体制，进而从传统的中国基础向西化的方向转变[③]。受过西方教育或影响的新知识分子，更是号召用现代西方的标准，重新评价中国的文化遗产，乐意与引致中国衰弱的那些因素决裂，并且决定接受西

[①] 基金项目：本文为中央高校基本科研业务费专项资金资助项目（项目编号：FRF-BR-15-013B）的研究成果之一。

[②] 作者简介：章梅芳，女，北京科技大学科学技术与文明研究中心副教授。研究方向：科学传播、科技与社会、社会性别研究。李倩，女，北京市政路桥股份有限公司项目副经理。

[③] 徐中约：《中国近代史：1600—2000 中国的奋斗》（第6版），计秋枫、朱庆葆译，世界图书出版公司，2008年，第406页。

方的科学、民主和文化作为新秩序的基础①。新文化运动以来，大众媒体上更是充满了关于科学的宣传报道，科学启蒙成为知识分子改造中国大众进而实现国家强盛的重要途径。其中，中国最早的现代科学学术团体——中国科学社创办的《科学》杂志"专以传播世界最新科学知识为帜志"，尝试全面引进西方科学理论知识体系及其应用和建制②。随后，该团体还创办了《科学画报》等传播西方科技新知的大众刊物，其宗旨依然在于向大众普及科学，最终实现"科学救国"之梦。与此同时，掀起新文化运动浪潮的革命杂志《青年杂志》（从第二卷起改名《新青年》），更是强调科学价值层面的启蒙，尝试以此为基础对旧伦理、旧道德展开批判③。其他的商业报刊如《东方杂志》《申报》等亦开始寻求科学的精神觉醒，强调普及科学知识与科学精神的重要性，知识分子、有志之士乃至普通百姓均将"赛先生"（science，科学）视为救亡图存的重要武器之一。这一时期，科学在中国社会中的地位，诚如胡适所言："这三十年来，有一个名词在国内几乎做到了无上尊严的地位；无论懂与不懂的人，无论守旧和维新的人，都不敢公然对他表示轻视或戏侮的态度。那个名词就是'科学'。"④

另一方面，民初至20世纪40年代末的30多年间，中国妇女的社会风貌、职业状况、社会地位等方面变化惊人。这与政治舞台的风云变幻息息相关，可看作是辛亥革命带来的社会影响与转折的某种折射。在民国社会转型时期，中国女性生活以及社会对女性的认识呈现多元化的态势。社会对女性本质、价值和角色的认知可谓众说纷纭，新的极新，旧的极旧，新旧杂陈，中西交融。从20世纪之初的"国民之母""女国民"到20年代以后的"新女性""新妇女"再到"革命女战士""女同志"，社会精英阶层尤其是男性知识分子对女性社会角色的塑造和定位不断发生变化，新旧多种社会性别观念并存⑤，深刻反映了民国时期妇女解放与社会政治的复杂互动。与此同时，中国女性也前所未有

---

① 徐中约：《中国近代史：1600—2000 中国的奋斗》（第6版），计秋枫、朱庆葆译，世界图书出版公司，2008年，第393页。
② 陈首、任元彪：《〈科学〉的科学——对〈科学〉的科学启蒙含义的考察》，载《自然科学史研究》2003年第S1期，第12-32页。
③ 陈首、任元彪：《〈科学〉的科学——对〈科学〉的科学启蒙含义的考察》，载《自然科学史研究》2003年第S1期，第30-31页。
④ 胡适：《科学与人生观序》，载亚东图书馆编：《科学与人生观》，上海亚东图书馆，1923年，第2页。
⑤ 郑永福、吕美颐：《中国妇女通史·民国卷》，杭州出版社，2010年，第2-5页。

地被纳入国家和民族寻求生存和现代性的话语之中。

正是在此背景下，民国时期的科学话语和社会性别话语产生了交织。其中，一个主要表现在于知识分子阶层试图通过向女性传播科技新知，对她们进行科学启蒙，进而塑造新的女性形象，或者敦促她们更好地为改造旧家庭做贡献，或者唤醒她们寻求自由与解放的自主意识。在此过程中，作为大众媒介的女性报刊发挥了重要作用。其中，《妇女杂志》作为中国近代史上历时最久的一份女性畅销刊物，更是成为这一时期向女性传播科技新知的重要阵地。该杂志于1915年1月创刊，1932年1月停刊，历时17年，其间每年一卷，每卷十二期（号），共出版发行十七卷204期。《妇女杂志》迎合当时的思想潮流，刊登了大量传播西方科技新知的文章。它既见证了这一时期中国妇女思想、教育和生活方面的变革，侧面反映了近代西方科技知识与观念在中国的传播状况，亦折射出知识界尤其是男性精英对妇女与科学问题之看法的多元化样貌，因此它将是管窥民国时期科学启蒙与性别政治之间复杂互动的一个重要窗口。

正如丽斯贝特·凡·祖伦（Liesbet van Zoonen）注意到的，目前绝大多数的女性主义媒介研究聚焦于媒介中女性气质的建构以及那些被妇女阅读和喜爱的文化类型[①]。《妇女杂志》作为近代著名女性刊物，受到了社会性别研究和妇女史学界的广泛关注。然而，从研究内容来看，学者们分别对《妇女杂志》的插图、广告、文字进行了不同角度的分析，探讨了民国时期的女性形象、受教育状况、婚姻状况、职业状况、社会地位以及国外思潮对民国妇女解放的影响等议题[②]；比较而言，考察《妇女杂志》中科技内容的学者却非常少。其中，陶贤都、艾焱龙在对《妇女杂志》传播的科技知识进行简要分类的基础上，讨论了其科技传播的特色包括"科技传播文章的作者多为女性""内容注重服务性、通俗性和趣味性""编排方式多样"以及"科技传播和经济效益相结合"[③]。该文主要将《妇女杂志》的科技传播作为一个同质化的整体进行考察，忽略了不同时期《妇女杂志》办刊宗旨的变化及其在科技传播上的影响，更未能触及科学启蒙与社会性别政治之间的互动议题。此外，亦有学者关注《妇女杂志》

---

① [荷] L. van Zoonen：《女性主义媒介研究》，曹晋、曹茂译，广西师范大学出版社，2007年，第167页。
② 近来，国内有学者专门对《妇女杂志》的研究文献做了综述。具体可参考王秀田：《〈妇女杂志〉研究探述》，载《高校社科动态》2009年第1期，第25－28页；陈静、姜彦臣：《〈妇女杂志〉研究述评》，载《济南大学学报》（社会科学版）2015年第5期，第9－16页。
③ 陶贤都、艾焱龙：《〈妇女杂志〉与中国近代的科技传播》，载《中国科技期刊研究》2013年第24卷第6期，第1227－1230页。

中有关科技知识的栏目，以其为对象考察西方科技知识在近代中国的传播过程。例如，张哲嘉从医学史的角度出发，透过对《妇女杂志》"医事卫生顾问"栏目的考察，探讨了现代医学知识在中国的生根过程①。这类文章数量很少，关注焦点往往在于科技传播方面，尤其缺乏以《妇女杂志》为镜头，透过分析其传播的科技内容去讨论近代中国的科学启蒙与社会性别之间互动关系的研究。

正是基于《妇女杂志》在探讨科学启蒙与性别政治议题方面的重要位置，以及目前学界对该议题关注不足的状况，本文试图以《妇女杂志》的文本内容为考察对象，管窥民国时期西方科技知识与观念在女性媒介上的呈现状况，并初步尝试展现民国时期的科技传播和社会性别观念之间的互动。必须说明的是，一般而言，科技传播领域的研究注重对传播者、传播内容、传播方式、受众和社会影响的综合分析，国内学界对近代报刊的科技传播研究大多在此框架下展开②。就具体研究方法而言，以内容分析、文本分析、深度访谈等最为常见。在此，本文将定量统计和定性分析相结合，对《妇女杂志》刊载的科技知识文章进行分析，侧重探讨其传播的科技内容及其变化特点而不将传播的主体、受众和社会影响等作为重点关注对象；主要目标在于尝试通过社会性别的分析视角，考察社会性别话语和科学话语在《妇女杂志》科技文本中的交叉呈现，揭示这些以往被忽视的科技文本中折射出的社会性别观念。

具体而言，《妇女杂志》"学艺""家政""余兴""学术"等栏目均刊有传播科技新知的文章。根据学科类型，有关文章可分为医学、农学、工学（主要为新发明和实用技术知识）、理学、军事、科技与社会六大类，其中医学主要包括医学常识、病床护理、育儿知识、保健方法等内容；工学主要涉及纺织、烹饪、机械、电器、建筑等方面；理学主要涉及数学、物理学、化学、天文学和生物学等学科；科技与社会（STS）则包含科学家报道、科学与X（宗教、道德、艺术、迷信等）的关系等方面的文章。另外，还有一部分针对女子教育的文章，亦涉及与科技相关的内容。以此为划分依据，共发现医学类文章641篇、工学类文章311篇、农学类文章269篇、理学类文章228篇、军事类

---

① 张哲嘉：《〈妇女杂志〉与"医事卫生顾问"》，载《近代中国妇女史研究》2004年第12期，第145－168页。
② 关于这方面的理论阐述和案例研究可参考翟杰全：《让科技跨越时空：科技传播与科技传播学》，北京理工大学出版社，2002年；陈首、任元彪：《〈科学〉的科学——对〈科学〉的科学启蒙含义的考察》，载《自然科学史研究》2003年S1期，第12－32页；等等。

文章39篇、科技与社会类文章62篇，共1550篇。其余，论及科技相关内容的教育类文章158篇。从传播的学科知识类型来看，17年间《妇女杂志》刊载的传播医学新知的文章数量最多，占相关文章总数的41%；其次为工学相关知识，并且以介绍女性家庭日常生活中的实用技术为主要内容。与《科学》《新青年》和《东方杂志》等相比，《妇女杂志》在科技传播内容上，呈现出整体偏重家庭医学常识和日常生活实用技术的特点。

尽管如此，不同时期的《妇女杂志》在刊载科技新知文章的数量、内容和观点方面亦存在差异，这与其创刊宗旨和编辑方针的变化等直接相关，亦与社会性别观念的复杂变化有关。综合历史背景、主编变更、办刊宗旨等多方面因素，主要根据不同时期科技传播目的与内容的变化，本文将《妇女杂志》的科技传播过程划分为三个时段：1915年创刊到1919年，称为"保守改革"阶段，以培育具有科学新知的"贤妻良母"为目的；1920年至1925年，称为"激进革命"阶段，主要倡导具有科学精神的独立女性；1926年至1931年为"回归中庸"阶段，杂志摒弃激进观点，走"稳健中正"的路线，发展"和实事合宜的妇女课外读物"。需要说明的是，这一划分仅表明整体的一般性变化与分野，并不意味着不同阶段绝不会出现相同或类似的观点。

二、"保守改革"阶段的科技传播（1915—1919）

1915—1919年，新文化运动以民权、平等思想为指导，提倡民主、科学、新道德、新文学，中国迎来传播西方思潮的盛期，中国知识分子的思想得到极大解放。但与此同时，"科学""民主""平等"等新观念并非彻底深入人心，社会大众对妇女的看法亦呈现多元化的特点，"国民之母""女国民"和"新贤妻良母"等角色期待并存。并且，由于社会政治动荡不安，新文化运动内部"激进"和"守旧"争论日起，导致大众媒体在诸多问题上持观望态度，仅采取有限的革新立场。《妇女杂志》正是在此背景下创办，其办刊理念是在新旧思想文化的碰撞中磨合而成。《妇女杂志》创刊初期由王蕴章担任主编，1916年聘胡彬夏为名义上的主编。前者为晚清中榜举人，同时身为南社成员，偏爱中国文学，精通西学，重视吸收和宣传西方新科学、新知识。然而，他在妇女解放问题上所持立场较为保守，主张女性应以贤妻良母为角色追求。后者曾就读于下田歌子（Shimot Utako）主持的日本实践女子学校，接受的亦是"贤妻良母主义"教育。正因如此，《妇女杂志》所倡导与体现的价值理念，虽被赋予了"科学""进步"的现代光环，但仍不免带有"贤妻良母"的传统色彩。

这一点，在它刊载的科技知识内容与其他讨论妇女教育方面的文章中得到了鲜明体现。

这一时期的《妇女杂志》主要以提供妇女在家庭生活中所需具备的医药卫生及家政常识为出发点，其传播宗旨正如王蕴章所言："科学不必其甚深微精妙，惟求其适合于家庭之实用。以通俗教育为经，以补助家政为纬，务使读者对于普通常识不必他求而已足。"① 换言之，这一时期《妇女杂志》将女性的活动空间定位于家庭内部，向妇女传播科技新知的目的，在于让她们懂得必需的家政常识，以更好地抚育儿童和照顾家庭，倡导她们成为具有科学新知的"贤母良妻"。事实上，这一时期刊载的科技新知文章总数743篇，确以日常医学知识类文章为最（306篇），占据总数的41%；农学知识类文章占20%；工学知识类文章占19%；理学知识类文章占12%；军事知识类文章占4%；科学技术与社会知识类文章占4%。

从具体内容来看，医学新知文章以介绍和普及儿童健康照护、家庭卫生方面的知识为主。其中，涉及家庭医学常识的文章超过1/3的比例，关于儿科的文章数量达到16.7%（不包括常规类中涉及育儿知识的文章），保健类文章看似数量较多，但有一半以上介绍的都是儿童保健和家庭养生常识，真正关乎妇女自身健康方面的科普知识相对较少。这表明该时期《妇女杂志》尤其注重妇女在家庭生活中的角色，关注"童蒙养正"，试图通过"家政"与"育儿"两个栏目，培养男性话语体系下"贤妻良母"式的女性形象，而忽略了女性自身的健康权益和知识需求。具体而言，相关文章多以连载形式出现。例如，第一卷第3~5号连载《简易家庭看护法》；第一卷第3~7号连载《家庭医病法》；第三卷第1~10号和第四卷第1~11号连载《家庭药物学》；第四卷第1~4号和第7号连载《家庭看护学》；第一卷第6~7号连载《母之卫生及育儿法》；第一卷第8~10号连载《家庭传染病预防法》。

这一时期《妇女杂志》刊载农学新知文章共148篇，主张将农学知识渗入家庭生活，以引起民众关注。文章主要涉及作物种植、动物驯养、农产品储藏加工等方面的知识，尤为侧重传播与妇女日常生活相关的蔬菜、果树、花卉等植物的栽培知识。如《家庭蔬菜园艺学》（第一卷第3号）、《果树盆栽法》（第一卷第6号）、《家庭科学园艺植物之应用》（第五卷第3号）等。这反映杂志以女性作为科普对象的特点，即在增加女性农艺知识的同时，注重陶冶她

---

① 王蕴章：《通信问答（余兴）》，载《妇女杂志》1917年第3卷第7期，第14-16页。

们的品性情操,并将其角色活动进一步定义在家庭之内。其他文章内容也与家庭日常生活相关,例如,《雏鸡饲育法之大概》(第一卷第4号)、《养蜂之利益》(第三卷第5号)等。这些内容多体现出较强的实用性,多是家庭生计与生活的科学小常识。

类似地,该刊同时期刊载的工学与技术类知识也主要与女性家庭生活相关,包括缝纫、纺织、烹饪、屋设等家政常识。如《女子衣服裁缝法》(第一卷第7号)、《刺绣学》(第一卷第9号)、《关于烹饪之理科谈》(第一卷第5号)、《烹饪学中馈谈》(第二卷第4号、第三卷第7－9号)、《住居之选择及其建筑设计法》(第二卷第6号)等。第五卷第1~3号连载《家庭工业》,亦注重教授家庭实用且宜操作的"工业方法"及其背后的科学原理,这些文章的共同点在于注重用"科学"来改造和提升妇女的家政能力。这实际上正是胡彬夏的"家政学"思想的直接体现,同时也与这一时期北京女子高等师范学校、燕京大学等高校设立家政系的宗旨和教学内容一致。与高等家政教育试图对传统家政事务进行科学化改造,以培养具有科技新知的女性,进而改造旧家庭的方式和目标类似①,《妇女杂志》刊载的上述文章,尤为强调"科学"的重要性,注重运用卫生、营养、健康等新的科学与医学术语重新对烹饪、缝纫等家政知识进行描述和评估。例如,相关系列文章以卫生学和细菌学为主要出发点,普及了关于织物热传导、色温方面的物理学知识以及针对不同污点的各种清洗剂的化学知识等,对新时代的贤妻良母提出了科学选择、洗涤、整理和存放衣物的新要求②。

这一时期,《妇女杂志》刊载理学知识文章91篇。其中,数学方面主要包括算术、智力游戏、方程式、简单几何知识等内容。如第一卷第1号刊载的《九连环演术》《几何画法》,第一卷第2号的《不定方程式》,第四卷第12号的《骰子代珠算法》等。物理学方面主要介绍一些浅显易懂的物理学现象、原理及实验方法,如《简易理化实验法》(第一卷第5号)、《实验科学说雷电》

---

① 姚瑶、章梅芳、刘兵:《民国时期高校女子家政教育与烹饪技术的科学化改造》,载《科学教育与博物馆》2016年第3期,第191－197页。
② 具体参见:陆永黄:《衣类污点拔除法(未完)》,载《妇女杂志》1915年第3期,第9－14页;陆永黄:《衣类污点拔除法(续)》,载《妇女杂志》1915年第4期,第13－18页;陆永黄:《衣类污点拔除法(续)》,载《妇女杂志》1915年第5期,第8页;陆永黄:《家事衣类整理法(续)(附图)》,载《妇女杂志》1917年第5期,第6－8页;陆永黄:《家事衣类整理法(续)(附图)》,载《妇女杂志》1917年第6期,第12－16页;寿白:《衣服之卫生学的研究》,载《妇女杂志》1918年第11期,第7－14页。

(第三卷第 10 号)、《趣味科学冰与雪》(第五卷第 1 号) 等。此外，还对一些日常发明进行了介绍，如《家庭科学电灯》(第三卷第 8 号)、《家庭科学镜之研究》(第三卷第 10 号) 等。生物学和化学方面，主要集中在对日常生活物品的科普上，如连载的《日用理化学浅话》(第一卷第 1~6 号)、《趣味科学盐》(第三卷第 7 号) 等。天文学方面主要涉及对二十四节气和天象知识的介绍，如《寒暑表之功用》(第四卷第 12 号)、《寒与暑》(第五卷第 8 号)。总体而言，除数学以外，其他理化科目的相关文章均偏重与家庭生活相关的知识传播。

1919 年，尤其是第 12 号杂志宣布改变编辑方针前后，医学类文章虽依然重视育儿和家庭卫生知识，但对妇女身体保健的关注相对增多。例如，第五卷第 12 号刊载的《妇人妊娠期内与产后乳房部之保护法》《妊娠及产后之摄生法》等。同时，与妇女家庭生活无直接关联的自然科学知识也有所增加，如第五卷第 9 号刊载的《趣味科学星云》、第 10 号刊载的《科学小说——虹》、第 11 号刊载的《最新潜艇》和《世界最大飞行机》、第 12 号刊载的系列物理知识短文《说电》《短站电话》《水指南针》《金属的涨力》《弧光灯》和《蜃气楼》。这些文章在行文之中均未做评论和说明，而仅限于直接介绍科学知识，但这类知识内容的被选择本身便意味着编辑视角开始发生变化，客观上也起到了打开近代女性的闺房之窗，使其了解到家庭实用器物之外的科技知识的作用。1920 年以后，尤其是章锡琛任主编之后，这一变化趋势更为明显。

创刊初期，商务印书馆虽然赶上妇女刊物雨后春笋般涌现的大潮流，创办了《妇女杂志》，但管理层并没有将其视为商务印书馆的重要刊物[①]，刊物的宗旨或内容主要交由"妇女杂志社"的主编及编辑部来决定。《妇女杂志》在科技传播内容上呈现的上述特点及其对女性的角色塑造与定位，显然与两位主编相对保守的性别立场有关。由于王蕴章南社成员的身份，他聚集了一批鸳鸯蝴蝶派作家，使得杂志文风柔和而缺乏批判性。并且，杂志前期（五卷）的主要撰稿人都是男性，有王蕴章、梅梦、胡愈之、胡寄尘、瑟庐、沈芳等，发刊期间也曾有一些女性化的笔名出现在杂志中，如飘萍女史之类，事实上这些作者

---

① 刘慧英：《从〈新青年〉到〈妇女杂志〉——五四时期男性知识分子所关注的妇女问题》，载《中国文化研究》2008 年第 1 期，第 118–126 页。

几乎都是男性①。可以说，这一时期《妇女杂志》是在男性精英话语主导下对女性进行科学启蒙，并且由于王蕴章组织的这一男性群体在文化和妇女解放问题上的保守立场，使得其科技传播的宗旨仍落入培养"贤妻良母"的窠臼。胡彬夏虽然身为女性主编，但由于受"贤妻良母主义"教育训练，在妇女问题上采取的也是有限革新的立场。她在任期内所发表的文章多为《社说》，内容大多旗帜鲜明地呼吁中国妇女按照科学新知来主持家政，并以建设好自己的小家而为国家富强和民族振兴贡献一份力量。《妇女杂志》之所以启用胡彬夏，也主要是为了向读者展示一个能够象征发刊宗旨的人物，胡彬夏正是一个能贡献国家富强的贤妻良母型的知性妇女代表。实际上，胡彬夏对"家政学"的特殊关注，确也使得家政学常识成为这一时期杂志选择的主要科学启蒙题材。这一现象不仅反映出近代中国女性的思想启蒙和解放运动的主导者往往是男性这一基本特征②，同时也表明了当时社会对女性角色认知与定位的复杂性和多样性。

三、"激进革命"阶段的科技传播（1920—1925）

"五四"时期，妇女解放运动进入新阶段。在进步潮流的推动下，一批具有先进思想的知识分子将视角投射到妇女问题上，少数觉醒的知识女性也开始为自身解放呐喊，进步舆论给予妇女解放以充分的支持，一时间各报刊掀起了广泛讨论妇女问题的热潮。思想激进的男性知识分子开始呼吁女性"应该知道自己是个'人'，赶紧由精神、物质两方面，预备做自己解放的事"③，进而强调女性的人格独立、个性解放和个人自主自立，女性解放思潮空前高涨。在此背景下，观念和思想保守的报刊成为新思想攻击的目标。《妇女杂志》因其在妇女问题上的保守立场，成为重点批判对象之一。其中，罗家伦点名批评"《妇女杂志》专说些叫女子当男子奴隶的话，真是人类的罪人"④。

商务印书馆为响应和追随新的思想潮流，不得不对《妇女杂志》进行改革，杂志自此进入激进革命的阶段，办刊宗旨和在妇女问题上的立场发生了显

---

① 刘曙辉：《启蒙与被启蒙：〈妇女杂志〉中的女性》，载《山西师大学报》（社会科学版）2007 年第 34 卷第 2 期，第 126 – 129 页。

② 民国时期的妇女运动和女性解放思潮的倡导者、组织者往往是男性，女性反为追随者。这一点可以参考郑永福、吕美颐：《中国妇女通史·民国卷》，杭州出版社，2010 年，第 16 页。《妇女杂志》早期及"五四"运动期间的编辑群体以男性为主，至杜就田任主编之后，征文作者中女性的人数开始增多。也因为此，有学者亦认为这一时期的《妇女杂志》真正成为女性的杂志。

③ 李鹤鸣：《女子解放论》，载《解放与改造》1919 年第 1 卷第 3 期，第 18 – 32 页。

④ 罗家伦：《今日中国之杂志界》，载《新潮》1919 年第 1 卷第 4 期，第 623 – 632 页。

著变化。自第五卷第 12 号刊登《本杂志今后之方针》一文后,《妇女杂志》即从"为国中造多数之贤妻良母"①,转向提倡"女子解放"②。1921 年,章锡琛正式出任新一任主编,在周建人的协助下,对《妇女杂志》进行了大刀阔斧的改革,策划出版妇女问题专号,尤为强调女性的人格独立,发表了诸如《妇女的解放与改造》(第五卷第 12 号)、《男女人格平等》(第七卷第 11 号)等文章。其中,第六卷第 1 号刊载矛盾(笔名"佩韦")的《妇女解放问题的建设方面》一文,更是明确提出妇女解放的最终目的是"抬高女子的人格和能力,使和男子一样"③。相应地,这一时期的《妇女杂志》大大扩展了当时社会女性的知识视野,更加注重对女性传播科技新知乃至科学精神,明确指出"现代的妇女,已经不能限于家庭,对于今日社会世界的情势,也不可不充分注意"④。

1920 年至 1925 年,《妇女杂志》共刊载 529 篇传播科技知识的文章,医学类文章比例高达 45%,工学、农学等方面偏重实用知识的文章比例较前一时期稍有下降(分别为 14%、15%),理学类知识文章数量则由原来 12% 的比重增加到 22%。这些变化和调整,表明这一阶段《妇女杂志》不仅注重传播与家庭生活相关的、实用性的科学常识和技能,亦开始关注与家庭生活关系较远的自然科学知识和理论。

如上文提及,这一时期刊登的医学类文章在内容上不同于前一时期尤其侧重育儿养护和家庭疾病预防的知识,而是相对更多刊载与妇女自身有关的生理卫生、个人保健等方面的知识,甚至开设了"性教育专号"和"产儿制限专号",试图通过性知识教育,重新定义女性的社会地位,呈现对社会传统性别观念的挑战姿态。

表 1 的数据表明,性知识教育文章数量最多,其次为妇科知识文章,注重普及女性健康尤其是妊娠和产后健康知识。例如,《妊妇养生法》(第七卷第 7 号)和《分娩后性交之害》(第九卷第 11 号)等文章。其中,《性的道德的新倾向》(第六卷第 11 号)、《性道德之科学的标准》(第十一卷第 1 号)、《避孕问题之研究》(第六卷第 5 号)、《医学上的产儿制限观》(第八卷第 6 号)等

---

① 梁令娴:《敬述吾家旧德为妇女杂志祝》,载《妇女杂志》1915 年第 1 卷第 1 期,第 6—8 页。
② 《本杂志今后之方针》,载《妇女杂志》1919 年第 5 卷第 12 期,第 1—3 页。
③ 佩韦:《妇女解放建设的方面》,载《妇女杂志》1920 年第 6 卷第 1 期,第 1—5 页。
④ 《编辑余录》,载《妇女杂志》1921 年第 7 卷第 3 期,第 98 页。

文章，分别主张妇女应注意个人的卫生保健，知晓在婚姻、性爱等方面享有与男子平等的自主权利，同时应学会使用科学的方法进行避孕、节育并关注遗传学方面的知识。值得一提的是，马尔萨斯人口论和达尔文的生物进化论，被用来论证产儿制限和女性生育自由的重要性。这既从一个侧面反映了人口论和进化论在当时中国社会传播的盛况，同时也折射出20年代争取"女性自由"过程中"性教育""节育""生理学""卫生学""生物学""月经""性病""优生学"等新名词逐步取代"溺婴""养身鉴""房中术""妇科玉尺""广嗣术""天癸"等旧名词的一般状况①，体现出社会变革、科学启蒙与妇女解放思潮的多重影响。进一步深入文本发现，此时《妇女杂志》传播性知识的一个特点是从科学的角度论证解放女性性欲和限制生育的合理性，进而为解放妇女身体的社会性别新思潮服务。例如，从生理学的角度强调"女子也有和男子相同底种种冲动"，为此"妇女应该给以和男子同等底性的特权，道德底标准，男女应该同一"②。再例如，在阐明节育的生物学与生理学依据之后，强调"妇女最重要的权利在于能够支配自己的身体"③。换言之，此时的《妇女杂志》实际上是以科学为武器，为引导社会关注女性身体健康、推动性解放运动和节育运动提供理论依据，表明其摆脱了初期为女性打造"贤妻良母"光环的做法，并从思想深处冲破封建礼教的束缚，将女性作为具有独立人格的人来对待，重新定位了女性的社会性别角色。

表1 《妇女杂志》1920—1925年医学知识文章分类统计（篇）

年 代	卷号	常规	儿科	妇科	保健	生理学	心理学	美容	性教育	其他	总 计
1920	第六卷	8	7	6	2	2	0	0	0	1	26
1921	第七卷	13	8	3	4	18	3	2	0	0	51
1922	第八卷	6	5	1	1	5	0	0	51	2	71
1923	第九卷	0	2	1	0	0	0	0	34	3	40
1924	第十卷	0	2	26	0	0	0	1	4	2	35
1925	第十一卷	5	3	0	2	2	0	1	0	0	13
总计		32	27	37	9	27	3	4	89	8	236

这一阶段，该刊涉及理学知识文章有115篇，较前一时期出现了较大涨幅。从具体内容来看，传播的理学知识与女子家庭生活的确不十分密切。例

---

① Frank Dikotter, *Sex, Culture and Modernity in China*, Honolulu: University of Hawaii Press, 1995, pp. 122 – 145.
② [日]本间久雄：《性的道德的新倾向》，瑟庐译，载《妇女杂志》1920年第6卷第11期，第1–10页。
③ 建人译：《珊格尔夫人自叙传》，载《妇女杂志》1922年第8卷第6期，第6–9页。

如，第六卷第 2 号刊载的系列短文《强热熔铁》《轻气与氧气》《氧气里燃烧》《糖和录化钾》《自己会燃烧的气圈》，第七卷第 4 号刊载的《雪的颜色》《物质冷热的原理》《铅粉的元素》等科普文章，第七卷第 6 号刊载的《听觉》《视觉》《植物的呼吸和人类的关系》，第七卷第 8 号刊载的《X 光的新用途》《植物的热症》，第七卷第 9 号刊载的《关于相对论的常识》《昆虫的鸣器与听器》，第八卷第 1 号刊载的《X 光线治病车》《水中盐分检查器》，以及其他零散文章如《火星与地球》（第六卷第 2 号）等。这些文章涉及对燃烧现象的解释、动植物理论等，甚至介绍了当时新兴发展起来的 X 射线学、相对论等科学前沿知识。从另一侧面表明杂志在这一时期确实开始摆脱对妇女的家庭定位，认为妇女除具备家庭生活和医学常识以外，也有必要了解更基础和全面的科学知识。

更值得一提的是，这一时期还刊载了有关居里夫人的多篇文章，如《科学界的伟人居里夫人》（第七卷第 9 号）、《居里夫人在美国所受的学位》（第七卷第 12 号）等，并开始讨论科学对于妇女而言的重要意义，如译文《科学在人生上的地位与现代妇女》便强调现代妇女必须具有科学知识和精神，指出"今日男女地位的不平等，在生物学上及其他科学上，绝没有可以正当证明的基础"①。进入这一阶段，一些女性作者亦开始承担启蒙者角色，思考男女在人格上的独立与平等问题，提及理想女性应具备科学和真理的探索精神。例如，董香白翻译瑞典女权主义者爱伦凯的《未来女子》一文认为，女子与男子在科学知识面前有着同样的求知欲和判断力，妇女应具有科学的探索精神，甚至"二十世纪的女子，对于社会上的生命，对于艺术，对于科学以及文学，能够贡献一种新的价值"②。《妇女在医学界的位置》一文，在详尽介绍西方妇女在医疗卫生行业的巨大贡献之余，亦明确提出"妇女在卫生上的成功，是很少人知道。……如果妇女能够在这职业内占一席之地，她们也就能发出永远的光明，像她们在别的职业上一样"③。上述文章表明，此时《妇女杂志》已开始关注科学精神的传播，甚至已经将"科学"作为女性可以从事的职业来宣传。

这一时期，商务印书馆因该杂志遭遇批判，不得不考虑更改主编，并对杂志进行改革。但是《妇女杂志》的科技传播及其在妇女问题上的言论和立场，

---

① [日] 山田わか女史：《科学在人生上的地位与现代妇女》，拙菴译，载《妇女杂志》1921 年第 7 卷第 12 期，第 11-16 页。
② [瑞典] 爱伦凯：《未来的女子》，香白译，载《妇女杂志》1922 年第 8 卷第 9 期，第 73-76 页。
③ [美] Char Lotte C. West：《妇女在医学界的位置》，梁鋆立译，载《妇女杂志》1921 年第 7 卷第 12 期，第 17-21 页。

依然主要与主编及其网罗的撰稿群体的性别观念与政治立场有更直接的关联。正如章锡琛回忆当年担任《妇女杂志》主编时所言:"商务对这杂志一向不重视,只求换一个人,把提倡三从四德、专讲烹饪缝纫的老调变换一下就成……"①章锡琛本人虽非妇女问题专家,但却是新文化运动的积极分子,随着周建人的加入,二人立即吸引和召集了一大批代表"五四"新思潮的新式知识分子和先锋力量作为《妇女杂志》的撰稿人,如茅盾、鲁迅、叶圣陶、巴金等人②,这使得该杂志成为当时男性精英宣传妇女解放思潮的一个重要阵地。与之相应,这一时期科技传播的内容呈现上述变化和特点。例如,关于性和生育问题的讨论文章数量居多,而这两方面之所以会成为该时期《妇女杂志》科学启蒙的重点之一,与五四时期对传统贞操观、节烈观的猛烈批判直接相关,是当时先进知识分子对中国传统旧伦理、旧道德进行全面批判的有机组成部分,是五四先锋们试图为民族和国家寻求新出路的重要途径之一。换言之,《妇女杂志》的科学话语积极参与了对当时妇女解放话语的引导和建构,反映出科技传播实践与社会政治和性别意识形态变化之间的复杂互动。

四、"回归中庸"阶段的科技传播(1926—1931)

伴随"五四"运动的落潮,社会守旧思想复起,《妇女杂志》的一些激进言论引起了保守人士的恐慌和攻击。其中,"新的性道德"专号中周建人、章锡琛分别发表的《性道德之科学的标准》和《新性道德是什么》两篇文章成为引发传统知识分子攻击《妇女杂志》的导火索。北京大学陈百年教授抹杀周建人、章锡琛文中主张"男女平等""不能把异性的一方作为自己的占有物"等积极观点,把两文曲解为"一夫多妻的新护符"③。随后,商务印书馆迫于舆论压力,免去章锡琛的主编职务。自第十一卷第9号开始,《妇女杂志》由杜就田接任主编。1930年6月,杜就田让位于叶圣陶(1930.6—1931.4),叶圣陶任主编不足一年辞职,由杨润余继任(1931.4—1931.12)。在此转折时期,《妇女杂志》广泛征求读者意见,意图调整编辑方针。一些女性读者反映此前的《妇女杂志》"文字较深,不宜于初等智识阶级的妇女们,为少数人所专有。翻译文字太多,颇不易使读者领会,且不易提起读者的兴味"④。甚至,有读者质问杂志"对于不好的旧习惯应该攻击,怎么连好的旧道德也排斥起来",认

---

① 章锡琛:《漫谈商务印书馆·商务印书馆九十年(1897—1987)》,商务印书馆,1987年,第116–117页。
② 崔慎之:《章锡琛主持下〈妇女杂志〉编辑思想之研究》,陕西师范大学硕士学位论文,2009年,第21–22页。
③ 百年:《一夫多妻的新护符》,载《现代评论》1925年第1卷第14期,第6–8页。
④ 解世芬:《对本志的意见·三》,载《妇女杂志》1925年第11卷第12期,第1917页。

为"现在的新女子劝要离婚,也许是攻击贞洁,提倡离婚的流弊"①。传统保守派的攻击、商务印书馆的妥协和读者的反馈,鲜明反映出当时社会性别思潮和话语力量的复杂性以及女性对于自身解放问题的多元化看法。

在此背景下,《妇女杂志》新的编辑群体为求稳妥,在妇女解放等问题上的立场开始回归中庸,尝试"取一个稳健中正的步骤,辟一条青年妇女循行的途径",把《妇女杂志》定位为"和实事合宜的妇女课外读物""妇女忠实的良伴"或"有趣味的软性读物"②。这一时期,《妇女杂志》以常识、征文为主要构成,撰稿群体较为分散,女性撰稿者增加,尤其是女大学生征文较多,科技传播的知识内容重新回归女性家庭生活。据统计,这一时期刊载科技新知文章总数278篇,较前两个阶段均少。但由于增加了征文力度(每期2~3个专题,每个专题下7~8篇征文),涉及读者关于科技知识讨论的文章数量增多,表明《妇女杂志》在此阶段确实大大提高了读者的参与度。同时,与妇女日常生活相关的医药卫生、农艺、实用技术知识内容增加,反过来理学相关的文章数量则出现下降趋势。

这一时期,《妇女杂志》医学类文章的内容主要以常规卫生、妇科、儿科为主,且妇科知识文章的数量超过育儿科学知识文章的数量,详见表2。这在一定程度上表明,此时的《妇女杂志》虽重新强调女性的家庭地位与作用,但亦对女性自身问题较为关注,而不只是强调其作为贤妻良母的辅助角色。

表2 《妇女杂志》1926—1931年医学知识文章分类统计(篇)

年代	卷号	常规	儿科	妇科	保健	生理学	心理学	美容	性教育	其他	总计
1926	第十二卷	12	1	2	2	1	0	0	0	1	19
1927	第十三卷	15	5	2	2	0	0	0	0	0	24
1928	第十四卷	5	2	1	0	0	0	0	0	2	10
1929	第十五卷	4	1	3	2	0	0	0	0	0	10
1930	第十六卷	9	1	7	1	0	0	0	0	0	18
1931	第十七卷	4	4	7	1	0	0	0	0	1	18
总计		49	14	22	8	1	0	0	0	4	99

从具体内容来看,这一时期,杂志偏重对家庭卫生常识的传播,与前两个阶段相比,内容上并无太多新意。例如:第十二卷第12号刊载的《育婴法》《关于伤风的常识》;第十三卷第1号刊载的《婴儿各种啼哭的原因》,第2号

---

① 竹友:《对本志的意见·二》,载《妇女杂志》1925年第11卷第12期,第1915页。
② 妇女杂志社:《明年妇女杂志的旨趣》,载《妇女杂志》1925年第11卷第12期,前插页。

刊载的《小儿病诊断法》；第十四卷第 3 号刊载的《春季小儿最常见的几种传染病的预防和疗法》，第 6 号刊载的《夏日的家庭卫生》；第十五卷第 1 号的《家庭妇女看护的常识》；第十七卷第 6 号的《家庭看护法》、第 8 号的《小儿病的处置方法》《胃病的家庭疗法》；等等。但值得一提的是，这一时期新增的"医事卫生顾问"栏目，仍折射出章锡琛时期在性知识、性道德方面开放讨论的延续影响。该栏目为读者解答切身医药卫生疑难，其中，栏目的首任主持宣传自己不管内外各科疾病皆能医治，更强调"对妇女各病及性欲学，夙有研究"。事实上，在杜克明回答的 31 封投信中，确有 15 封问到性生活协调、肾亏、生殖器等一般难以启齿的私密[①]问题。客观来看，即使妇女杂志社在妇女解放问题上的立场回归中庸和保守，经过"五四"运动的思想洗礼，这一时期大众尤其是知识界对于妇女的看法已与民初有较大差异，女性亦可就与生理卫生、性方面有关的医学知识话题进行咨询和讨论。

这一时期的农学知识文章仅 39 篇，内容亦偏重家庭园艺，如《西洋的造园法》（第十二卷第 4 号，第十三卷第 4 号）、《西洋造园学》（第十二卷第 6 号）等。理学文章仅 22 篇，数量与上一时期相比，呈现天壤之别。工学与技术类知识文章 93 篇，数量较上个阶段有大幅提高，但内容均偏重与日常生活相关的知识。如《衣类布帛的染色法》（第十四卷第 4、5 号）、第十五卷第 1 号刊载的《测知日用品的良恶法教程》《保存日用品的方法教程》等。显然，这一时期《妇女杂志》将目光再次聚焦于女性日常家庭生活相关的技艺类知识，注重对实用科技知识的传播，避免参与妇女解放等社会议题的激烈讨论。

在舆论与社会的压力下，这一时期商务印书馆对《妇女杂志》的改革举措，显露出其作为商务出版机构的商业性质。为保全利益，商务印书馆选择放弃新思潮的传播。但与激进改革时期相比，回归中庸的《妇女杂志》走向更加稳妥的性别立场，其优点在于避免编辑部主导言论，增加了读者的参与度和发声渠道。杜就田任主编时，每期《妇女杂志》大概刊载征文稿件 20 篇左右[②]。这一时期撰稿群体呈现"少量集中，大量分散"的状况，长期固定的撰稿人数量较少，大多文章为征稿人所作。在男性话语垄断的时代，这一宽松做法为女性创造了争取话语权的机会。尤其是作为具有一定文化知识的女学生，正需要

---

① 张哲嘉：《〈妇女杂志〉与"医事卫生顾问"》，载《近代中国妇女史研究》2004 年第 12 期，第 149 - 150 页。
② 葛琳：《杜就田主编时期的〈妇女杂志〉研究——以女性自主意识的变迁为视角》，吉林大学硕士学位论文，2012 年，第 35 - 36 页。

一个展现自我才华的平台来抒发知识女性的心声与思想，此时的《妇女杂志》恰恰满足了她们的迫切需求。也可能正因如此，如张哲嘉对"医事卫生顾问"栏目读者性别的统计表明，这一时期《妇女杂志》的女性读者人数有大幅增加[1]。1930年，针对上海地区八所学校开展的"女学生爱读书籍调查"，结果亦表明《妇女杂志》深受女学生的喜爱，位居第三[2]。

值得注意的是，这反过来表明上一个阶段《妇女杂志》以编辑部为主导的科学启蒙和新文化运动者激进的性别话语，并没有真正反映大多数女学生的心声。上文提及的女读者的反馈，亦体现了这一点。事实上，如上文所述，虽然章锡琛时期的《妇女杂志》积极呼吁并讨论妇女经济独立、婚姻自由等问题，却更多代表的是男性的话语主权。例如，1923年关于"我的理想配偶"的征文共有155名读者回应，年龄以18~24岁为多，男女人数分别是129名及26名，即83%的应征者是男性[3]。这至少说明相比于男性，女性对于两性话题的介入和讨论表现得并不积极，从而侧面反映出当时杂志的性别立场或许并不被大多数年轻女性普遍接受。又或者即便接受，却没有参与讨论的勇气和机会。比较而言，杜就田任主编时期的编辑方针和刊物内容，却重新赢得了青年女学生的青睐。相较于章锡琛时期的激进立场和革命意识以及表达出的两性关系的紧张与对抗，这一时期的《妇女杂志》似乎更能为争取新文化运动精英分子以外的社会大众包括普通女性提供理解与合作的基础，使女性权利和女性自主意识能在一种非对抗的基础上缓慢持续地获得。此时的科学启蒙，随着大革命的失败以及妇女运动进入低潮期，而在知识内容上重新回归家庭生活，在新时期继续参与了对女性角色和两性关系的再建构。

五、余论

《妇女杂志》作为女性报刊，积极迎合了20世纪初以来的科学思潮和妇女解放潮流。统观之，它启蒙女性的不只是与妇女日常生活直接相关的科学常识，亦包括与其日常生活不直接相关的天、地、生、数、理、化知识乃至前沿的科学进展和发明应用，不只是科技与医学的知识，亦有科学的态度和精神。

---

[1] 张哲嘉：《〈妇女杂志〉与"医事卫生顾问"》，载《近代中国妇女史研究》2004年第12期，第152-153页。

[2] 具体情况可参见周振鹤：《女学生爱读的书籍（征文当选）》，载《妇女杂志》1931年第17卷第2期，第55-59页。

[3] 陈姃湲：《〈妇女杂志〉（1915—1931）十七年简史——〈妇女杂志〉何以名为妇女》，载《近代中国妇女史研究》2004年第12期，第1-38页。

在其看来，女性也可能突破"贤妻良母""国民之母"的社会身份，成为具有独立人格的"人"。其传播的科技内容表明，科学话语与性别话语产生了交织。置于民国时期的社会大背景来看，《妇女杂志》积极尝试对女性进行科学启蒙是历史的必然产物。彼时，科学的传播在中国社会已成为一种独立的运动，它是新文化、新秩序和新价值的基础与代名词，女性媒介只是科学技术的无数传播载体和途径中的一种。以此角度观之，《妇女杂志》对女性的科学启蒙可看作科学思潮扩展至社会大众与深入家庭日常生活的表现。

更为重要的是，不同时期《妇女杂志》科技传播主旨与内容的变化，亦表明科学启蒙与社会性别观念的变化之间存在微妙而复杂的关联。据上文可知，《妇女杂志》对民国女性的科学启蒙主要经历了三个不同阶段。创刊初期至1919年，主张妇女用科学的方式经营家庭生活，成为新时代的贤妻良母，其进步之处在于摆脱了"女子无才便是德"的传统性别观念，主张兴女学，重视科学启蒙，致力于通过科学传播和提倡教育来提升女子胜任"贤妻良母"的能力；其守旧之处在于依旧将女性束缚在家庭空间，传播的科技知识亦主要局限于对传统家政内容的科技改造，与妇女家庭生活关系较远的自然科学知识较少，对科学观念与科学精神的宣传更少。此时，精英男性阶层并未真正从性别平等的角度构建女性与科学的关系，女性科学启蒙不是以女性解放或唤醒女性自主意识为目标，而是试图以让女性更好地尽母亲和妻子的传统角色义务。这客观反映了民初时期政权更迭、女学初兴、妇女运动初期发展的一般状况。

1921年年初，刊物的启蒙立场和观念均发生较大改变。此时期《妇女杂志》科学启蒙的目的在于尝试塑造具有独立精神的女性，主张妇女同样具备科学研究的能力与探索科学真理的精神，甚至倡导她们以科学为职业，其进步之处在于冲破了"家政"和"实用"的狭窄范围，将较为前沿的、与女性日常生活关系不密切的科技知识传播给女性大众，并且敢于以此为基础，挑战传统的性别分工和性别伦理观念。由于杂志的主导群体几乎全是"五四"新文化运动的健将，他们更多的是以妇女问题为契机实现彻底批判旧传统和旧道德的目标，从而忽略了普通女性的现实生活和为她们提供话语权的可能性。新文化运动热潮过去之后，《妇女杂志》针对女性的科学启蒙，开始回归家庭生活和实用目的，关注与女性生活关系较近的医药卫生和家政常识，同时在妇女解放等问题上鲜见激进言论。但尽管如此，杂志在传播思路和模式上的改革，仍有可取之处。尝试将媒介的话语权交给读者，通过更多互动平台提高女性读者参与率的做法，使得刊物能更加真实地反映当时社会的性别观念、女性自身的性别认知和科学普及状况。

　　整体而言,《妇女杂志》编辑方针的调整和科技传播内容的变化,反映了民初至 30 年代男性精英试图通过科学启蒙建构和塑造女性的努力以及在此过程中各种话语和力量之间的复杂关系,折射出这一时期中国女性启蒙和妇女运动的一般特点。一方面,民国时期科学主义思潮盛行,科学知识与科学精神被视为民国女性无论是为贤妻良母还是为独立女性均必须具备的素质,科学话语渗透到社会生活的各个角落。另一方面,社会性别仍然是影响各个时期《妇女杂志》编辑方针和科技传播内容的主要因素,社会性别观念的变革和妇女运动的发展在某种程度上实现了对科学话语的借势与利用。换言之,科学不仅是救亡图存的武器,也是表达和建构不同社会性别观念的重要工具。不仅是《妇女杂志》,其他女性报刊如《妇女周报》《妇女共鸣》《女子月刊》等都不同程度地刊载了宣传科学和普及科技知识的文章。其中,《女子月刊》曾刊登张少微的文章,明确强调"二十世纪是科学时代,因之时代化乃等于科学化。为此故,凡欲作时代的妇女者不可不具有科学的精神,不然,无论在治学治事治人那一方面,都必要失败的"。为此,"时代的妇女若拟有建设的进步的行为,必先具科学的头脑"[①]。但是,比较而言,这些女性报刊均未做到《妇女杂志》那样持续 17 年刊登大量普及科技新知的文章,也没有任何一个女性报刊能像《妇女杂志》这般鲜明体现科学话语与性别话语的交织及其复杂变化。

　　目前,"科技与社会性别的互动"仍是被妇女史、科技史领域忽视的研究主题。期望本文能抛砖引玉,呼吁更多学者从社会性别视角出发,分析近代西方科技知识与观念试图进入女性生活的状况,探讨科学启蒙背后的社会性别意涵,进而丰富对中国近代妇女史和科技史的综合理解。

(原载《妇女研究论丛》2016 年第 5 期)

[①] 张少微:《妇女与科学》,载《女子月刊》1935 年第 3 卷第 9 期,第 4825 - 4829 页。

"三八"国际妇女节：中国妇女运动的特殊场域与公共文化空间

陈 雁①

摘　要：在中国，多年来约定俗成地认为"三八"国际妇女节起源于1910年的第二国际哥本哈根会议，由蔡特金提议设立。本文试图澄清这一"三八"节起源说的中国版误读，但同时也指出这一误读恰恰说明了中国百年妇女运动的国际视野与多源发展特征。从1924年中国人第一次庆祝"三八"国际妇女节以来，该节日已经成为国共两党领导中国妇女运动的重要场域。而"三八"国际妇女节所代表的革命传统及其作为中国百年妇女运动特殊公共文化空间的意义，则是本文尤为关注的。

关键词："三八"国际妇女节　妇女运动　公共文化空间

"三八"国际妇女节②——这个全世界妇女的节日，到今年已经走过了100年的历史③；从1924年中国人第一次庆祝这一节日，至今也已86个年头；从1960年中国第一批万名（个）"三八红旗手（集体）"诞生，这个光荣称号也已经年过半百。一代又一代的中国妇女以各种各样的形式纪念这一节日：北伐路上的游行、抗战街头的募款、内战时的示威、阮玲玉的自杀、丁玲的随笔等。"三八"国际妇女节百年的历史，与中国的妇女运动结下了不解之缘，成为中国妇女运动的特殊公共文化空间。

---

① 作者简介：陈雁，女，史学博士，复旦大学历史学系副教授。
② 国内对"三八"国际妇女节的研究成果不多，北京大学孔寒冰教授是研究成果最集中的一位，除20世纪90年代在《妇女研究论丛》上发表的几篇论文外，他还与许宝友于2004年出版了专著《国际妇女节考》（北京大学出版社，2004年）。国内对蔡特金的研究成果和译作较多，部分涉及"三八"节的研究，如《蔡特金传》[L. 多尔纳曼（L. Dornemann）著，北京编译社译，生活·读书·新知三联书店，1959年]、《克拉拉·蔡特金评传》（孔寒冰著，北京图书馆出版社，1997年）。四川省妇联妇运史研究室所编《"三八"节历史资料选编》（1985）是目前仅见大陆出版的"三八"节史料专编。另有一些相关史料出现于向警予、蔡畅、邓颖超、何香凝等人的回忆录和文集中。
③ 按照中国人长期以来认同的1910年第二国际哥本哈根会议上将每年的3月8日确定为国际妇女节的说法，2010年正是"三八"国际妇女节百岁华诞。当然，最近几年来北京大学高放、孔寒冰等几位教授的研究成果，已经证明这一起源说错讹的地方。本文在下文中将进一步提及。

一、庆祝"三八"国际妇女节：国共两党领导中国妇女运动的重要场域

中国人首度公开、正式庆祝"三八"国际妇女节是在 1924 年 3 月的广州，当时正是国共第一次合作的蜜月期。1922 年 7 月召开的中国共产党第二次全国代表大会开始关注妇女问题，在《关于妇女运动的决议》中提出"妇女解放是要伴着劳动解放进行的，只有无产阶级获得了政权，妇女们才能得到真正解放"这一后来一以贯之的妇女运动指导方针[①]。随后，向警予出任中共第一任妇女部长。在随后的几年里，她多次在上海领导女工斗争，仅 1922 年一年间就在上海的 60 间丝厂 3 万名女工中先后发动 18 次罢工[②]。但是当时中共内部妇女力量薄弱，1922 年 6 月时只有女党员 4 名，到第二年 6 月时也不过 13 人[③]。建立广泛的妇女运动统一战线的需求迫在眉睫，到中共"三大"时就提出了全国妇女运动大联合的口号，要"引导占国民半数的女子参加国民革命运动"，"打倒军阀"，"打倒外国帝国主义"[④]。

就在中共二大召开的这一年，孙中山在上海召集国民党改进会议，再次改组国民党，在新修订的党纲与总章里规定设立"妇女委员会"，以"调查国内外妇女状况，并研究国内妇女问题之解决方法"，并在宣言中把"确定妇女与男子地位之平等，并扶助其均等的发展"列为解决社会经济问题的一大纲领[⑤]。现在大家习惯称何香凝为国民党第一任妇女部长，这其实是一个误会，在何香凝之前，老同盟会员曾醒[⑥]和廖冰筠[⑦]都先后短暂地出任妇女部长；1924 年廖冰筠请辞后，何香凝才开始代理妇女部长一职，同时兼任国民党广东省党部妇女部长，直到 1927 年 3 月 11 日，才在国民党二届三中全会上被正式选为妇女部长，但何香凝作为中国国民党早期最重要的妇女运动领袖的地位却是毋庸置

[①] 中央档案馆编：《中共中央文件选集》（卷一），中共中央党校出版社，1982 年，第 87 – 89 页。

[②] 向警予：《中国最近妇女运动》，1923 年 7 月 1 日发表于《前锋》，此处引自《向警予文集》，湖南人民出版社，1980 年，第 86 – 92 页。

[③] 《中国现代革命资料丛刊：共产国际与中国革命资料选辑 (1919—1924)》，人民出版社，1985 年，第 159 页。

[④] 中央档案馆编：《中共中央文件选集》（卷一），中共中央党校出版社，1982 年，第 154 – 155 页。

[⑤] 《中国国民党党纲》，《中国国民党第一次全国代表大会宣言》，1923 年 1 月，此处引自罗家伦主编：《革命文献》（第 8 辑），中央文物供应社，1978 年，第 39 – 42 页，第 128 页。

[⑥] 曾醒：福州人，教育家，曾随夫赴留学日本，在日本加入同盟会，是同盟会早期女性会员之一。1912 年赴法留学，于法国巴黎大学哲学系毕业。回国后，先后任福建女子师范学校监学、广州执信女学校校长，1924 年在国民党一大上当选为妇女部长。

[⑦] 廖冰筠：廖仲恺的堂姐，时任广州女子师范学校校长。

疑的①。这一时期，作为国民党中央的一个党务部门，国民党的妇女部同样关注"国民革命是妇女的唯一生路"，将妇女解放与国家救亡紧密相连。在这一点上，国共两党妇女工作有着基本的共识。

当国共第一次合作实现后，遵照两党的决议，女共产党员和青年团员以个人身份加入国民党，参加国民党各级妇女部的领导工作。向警予、蔡畅、邓颖超、杨之华等中共早期妇女工作领袖都先后在国民党中央妇女部和沪、粤等地的地方党部妇女部担任领导职务。而1924年广州对于"三八"国际妇女节的纪念活动，不仅成为中国首次公开的"三八"节纪念活动，也成为国共两党合作的妇女运动统一战线的重要场域，"国际妇女节因而也成为广大妇女教育、检阅自己力量和加强团结的盛大节日"②。

据何香凝回忆，是苏联顾问鲍罗廷的夫人在一次谈话中向她谈到蔡特金与"三八"国际妇女节，而当时妇女部"为了配合进一步开展妇女群众运动，就打算在广州举行一次'三八'妇女节庆祝大会"。虽然这次活动是由国民党中央妇女部发起组织，但"广东各界的女共产党员和女青年团员都积极参加了大会的筹备工作"③。何香凝还特别动员丈夫廖仲恺先于3月3日在广州执信学校做了题为"国际妇女节之性质"的专题讲演，介绍妇女节的历史与意义，这场演说可以说是中国的政党首次向中国大众介绍"国际妇女节"这一概念。3月8日当天，先在广州第一公园开会纪念"三八"国际妇女节，"会毕后整队游行，还有十余人乘着汽车散发传单，并沿途演讲"④。

国共两党的妇女部在1924年2月末3月初围绕"三八"国际妇女节举行的一系列活动，首开国人庆祝国际妇女节的先例。这一年还是"除广州外，别处的女界，不曾听到对于这国际妇女节有怎样的举动"⑤。但此后，"三八"国际妇女节在中国各地、各妇女团体间迅速传播，每年的庆祝活动不断。1925年"三八"国际妇女节，各地妇女代表齐集北平，为抗议段祺瑞政府视女性为非

---

① 有关此点，尚明轩在《何香凝传》一书里有详细考证。详见尚明轩：《何香凝传》，北京出版社，1994年，第130－131页。
② 孔寒冰：《国际妇女节在中国的传播》，载《妇女研究论丛》1994年第1期。
③ 何香凝：《回忆中国第一个"三八"节》，载向明轩、余炎光编：《双清文集》（下卷），人民出版社，1985年，第900－901页。
④ 之华：《中国"三八"运动史》，载四川省妇联妇运史研究室编：《"三八"节历史资料选编》，1985年，第20页。
⑤ 《主张与批评·国际妇女节》，载《妇女杂志》1924年第10卷第3期。

国民的荒唐选举权规定而举行示威游行。1926年"三八"国际妇女节,"尤其是上海、广州、汉口、天津的劳动妇女群众","轰轰烈烈地开展了大规模的纪念运动"。在杨之华的回忆中,这一年的纪念活动不仅在京沪穗这样的大城市声势浩大,甚至深入梅县、梧州、宜宾、保定、醴陵、平江这样的中小城市①。

1927年3月8日的武汉更是空前的热闹——10万(也有说是20万人②)妇女大游行,庆祝国际妇女节。有着传奇人生经历的共产党员黄定慧(当时叫黄慕兰,是中共武汉妇女部部长)20世纪90年代在口述回忆中称:"1927年,我被任命为'三八'国际妇女节庆祝活动的筹备主任。……3月8日那天,十万多名妇女在城市中央广场集合,我们先开了个会,国共两党中的许多著名人物都来了,宋庆龄、何香凝和柳亚子也来了。我是会议的主席,这是党和人民给予我的莫大荣誉。这件事使得许多人至今仍记得我。讲话后,会议结束了,然后十万多名妇女行进到嘉宾所在的看台,再继续向市中心游行。"③

虽然之后不久,国共第一次合作就失败了,但是"三八"国际妇女节作为重要的教育、动员场域这一传统,却在国共两党的妇女工作中都得到了保持。1932年,在瑞金庆祝中华苏维埃共和国临时中央政府成立后的第一个"三八"国际妇女节,"召开有数万人参加的大规模群众纪念大会",毛泽东发表讲话,并"检阅了苏区的妇女赤卫队"④。陕甘宁边区建立后,每年的"三八"国际妇女节,不仅有常规的庆祝活动,中共中央还会有针对性地提前发布文件、指示,比如1938年的《中央为"三八"节工作给各级党部的指示》、1941年《中央为"三八"节工作给各级党委的指示》和1943年《关于各抗日根据地目前妇女工作的决定》等⑤。"三八"节和围绕节日的庆祝、纪念活动,成了中国共产党一年一度发布妇女工作政策、建立妇女工作统一战线、动员基层妇

---

① 乳虎:《湖南各界纪念三八节之盛况》,载《妇女先锋》1926年第2期。
② 竟陵子:《史海钩玄:武汉裸体大游行》,昆仑出版社,1989年。黄定慧在回忆中也讲到了这场裸体游行风波:"妇女节那天的妇女游行成为了国际新闻,这不仅是因为它规模宏大,也因为游行过程中发生了一件意外:武汉反动派雇了一群雉妓光着上身冲到游行队伍中。虽然她们很快就被赶了出去,但这件事还是成为全国的爆炸新闻;反动派报纸竟然说武汉妇女举行裸体大游行。" Wang Zheng, *Women in the Chinese Enlightenment: Oral and Textual Histories*, Berkeley and LA: University of California Press, 1999, pp. 300 – 301.
③ Wang Zheng, *Women in the Chinese Enlightenment: Oral and Textual Histories*, Berkeley and LA: University of California Press, 1999, p. 300.
④ 陈旭初:《"三八"国际妇女节在中国》,载四川省妇联妇运史研究室编:《"三八"节历史资料选编》,1985年,第88页。
⑤ 四川省妇联妇运史研究室:《"三八"节历史资料选编(内部资料)》,1985年,第5 – 10页、第91 – 92页。

女参与妇女运动的重要抓手；这一传统在新中国时期也得到了很好的继承。

而在国民党方面，"三八"国际妇女节作为动员妇女的重要公共活动空间这一功能，也并未随着大革命的失败而消解。虽然南京国民政府对于群众妇女运动采取了紧缩政策，但无论是在"新生活运动"中，还是后来的抗日战争期间，"三八"国际妇女节都不仅是重要的节日，还是响亮的战斗号角。而民间的妇女组织，更是利用"三八"国际妇女节这一得天独厚的机会，以各种形式发动妇女参与妇女运动。比如1931年"三八"国际妇女节，南京各界妇女集会，并向国民政府及国民党中央党部请愿，要求政府规定妇女参加国民会议代表名额，这一活动间接促成了1936年国大选举成功产生妇女代表，这是近代中国妇女参政运动迈出的重要一步[①]。

抗战爆发前，"三八"国际妇女节的庆祝活动更是成为中国各界要求"停止内战""一致抗日"的重要场域。女作家谢冰莹曾经写过《多难的"三八"》一文，纪念1932年上海"一·二八"淞沪抗战时期，她和她的朋友们自费创办《妇女之光》杂志，投身抗战，并计划在3月8日举行示威游行，结果却在妇女节当天遭到巡捕查禁的遭遇[②]。1936年的"三八"节，虽然当时政府已下令禁止集会游行，但北平、上海等地仍举行了盛大的示威运动，中国共产党更是组织各界妇女2000多人举行了纪念大会，提出"妇女界团结起来"等口号，会后并举行规模巨大的示威游行，这是日后全民抗战中妇女运动的先声[③]。而抗战期间，无论是重庆、延安、西安、成都，还是孤岛上海，每年"三八"国际妇女节都会举行各种各样的庆祝活动。以1940年为例，"不但重庆、成都、金华、昆明、桂林、贵州等大城市里热烈的举行纪念'三八'大会，有千万人行列的游行，发行特刊……在各处偏僻的乡镇也都举行了纪念'三八'。为了争取全民抗战的胜利，在这一年的'三八'各地妇女一致地提出了要'实行宪政'、'反汪肃奸'及'全国妇女大团结'的口号"[④]。限于篇幅，本文无法详述这些活动以及这些活动背后国共两党的组织发动工作，但"三八"国际妇女节作为国共两党领导中国妇女运动的重要场域，这一点是值得重视的；而中国

---

① 李泽珍：《建国三十年与中国妇女运动》，载《东方杂志》1941年第38卷第3号。
② 谢冰莹：《多难的"三八"》，载谢冰莹：《女兵十年》，北新书局，1947年，第127-129页。
③ 《"三八"国际劳动妇女节》，载《人民日报》1960年3月6日；辜训练：《纪念节日史话》（第一册），中国文化事业局出版，1994年。
④ 《"三八"年表》，原刊于《妇女新运》第2卷第4期，1940年4月13日。此处转引自四川省妇联妇运史研究室编：《"三八"节历史资料选编》，第36-37页。

的"三八"纪念活动背后的革命性、斗争性也是值得铭记的。这样就不难理解，1946年抗战一结束，当年的"三八"国际妇女节庆祝活动会演变成国共两党争夺对于中国妇女运动话语权与领导权的舞台①。

二、"三八"国际妇女节起源的中国版解读与中国百年妇女运动的国际视野

1924年3月5日，广州的《民国日报》发表《庆祝国际妇女日》的社论，介绍"三八"国际妇女节的源起，称"妇女日由一千九百○九年美国社会主义妇女团体发起，倡之者为妇女国际共产党领袖栳琼②，一千九百○十年，妇女社会主义第二次国际会议开于丹麦京城，决议以三月八日为世界的令节，广为遵守"③。这大概是目前能够看到的国内报刊最早关于"三八"国际妇女节的介绍。1928年"三八"国际妇女节，史良发表在《新华日报》的文章也称："我们想起革命巨人蔡特金女士所以提倡把'三八'作为国际劳动妇女节，是因为一九○九年美国有一大批劳动妇女，曾经举行过要求自由平等的示威游行。她认为，这是妇女大众空前的解放运动，不但有着历史上的价值，同时也可以把这个节日当作激励全世界各国妇女走上民族解放的道路的巨浪。"④ 1949年《人民日报》刊登的"三八"国际妇女节简史里，为该节日追溯了三个源头：1909年3月8日芝加哥女工的斗争、1910年哥本哈根会议和1917年3月8日俄罗斯妇女的示威游行⑤。以后，国内流行的"三八"节起源说基本沿用这一说法⑥。

据北京大学孔寒冰教授考证，"三八"国际妇女节的起源与1909年美国妇女游行毫无关系——甚至1909年3月8日的所谓游行也子虚乌有⑦，如果何香

---

① 佟静：《宋美龄大传》（下），团结出版社，2006年，第359–361页。
② 这是国内报刊第一次提到蔡特金，用了个很奇怪的译名"栳琼"。中国媒体统一使用"蔡特金"这一译名要在1928年，这大概可以归因于邓颖超等在1928年夏天于苏联访问了蔡特金。邓颖超在1940年6月撰写了《永不能忘的会晤——纪念伟大的蔡特金》一文纪念蔡特金逝世7周年。详见中共中央文献研究室编：《邓颖超文集》，人民出版社，1994年，第22页。
③ 1924年3月5日《民国日报》，此处转引自孔寒冰：《国际妇女节在中国的传播》，载《妇女研究论丛》1994年第1期。
④ 《新华日报》1928年3月8日。
⑤ "三八"节简史，载《人民日报》1949年2月24日。
⑥ 《中国妇女》杂志于1979年在介绍"三八"节起源时，也只提1909年3月8日美国芝加哥妇女工罢工和1910年第二国际哥本哈根会议上蔡特金的提议，见《中国妇女》1979年第2期。
⑦ 孔寒冰、许宝友：《国际妇女节考》，北京大学出版社，2004年。

凝的回忆可靠的话，那么这个中国版错误起源说的源头当在鲍罗廷夫人。

孔寒冰教授认为，在1921年莫斯科第二国际妇女代表会议之前，世界各国妇女纪念"妇女节"的日期并无规定，而在这次会议上第二国际采纳了保加利亚代表的建议，"通过决议将3月8日这天定为国际妇女节"，"以纪念俄国女工在1917年二月革命中的英勇斗争"①。而孔寒冰的导师高放教授在2005年发表于《人民日报》的文章里，则以《美国共产党史》和《美国妇女史百科全书》为依据，对孔寒冰的说法做了新的修订，将"三八"国际妇女节的起源归于"纪念1908年美国纽约市女工的斗争"②。

联合国从1975年国际妇女年开始，每年于3月8日举办活动庆祝国际妇女节，"三八"国际妇女节已经成为联合国的纪念日。在联合国介绍国际妇女节的网页上，把"三八"国际妇女节的起源归因于20世纪初期一系列的妇女运动大事应该是比较全面客观的描述，这些事件包括：美国社会党人在于1909年将2月28日定为全国妇女日；1910年，第二国际哥本哈根会议上以蔡特金为首的来自17个国家的100余名妇女代表筹划设立国际妇女节，但未规定确切的日期；1911年3月19日，奥地利、丹麦、德国和瑞士等国有超过100万妇女集会庆祝国际妇女节；1913年2月的最后一个周日，俄罗斯妇女以举行反对第一次世界大战示威游行的方式庆祝了她们的国际妇女节；1914年3月8日，欧洲多国妇女举行反战示威游行；为纪念在"一战"中丧生的近200万俄罗斯妇女，1917年3月8日（俄历2月23日）俄罗斯妇女举行罢工，拉开了"二月革命"的序幕，4天后，沙皇被迫退位，临时政府宣布赋予妇女选举权③。可以说，正是20世纪初这一系列发生在欧洲和美洲的妇女运动共同促成了"三八"国际妇女节的诞生，而不是我们平时想当然的"国际妇女节"只是国际共产主义运动的遗产。而在西方国家，国际妇女节的纪念活动在20世纪二三十年代一直正常举行，虽然后来一度中断，但60年代西方女权运动再次兴

---

① 孔寒冰：《国际妇女节起源新考》，载《北京大学学报》（哲学社会科学版）1995年第1期。
② 高放：《国际妇女节起源新考》，载《人民日报》2005年2月25日。高放教授还提出1921年莫斯科共产国际会议时以纪念"二月革命"时俄斯妇女的英勇表现作为国际妇女节的源头，是因为当时第二国际与共产国际之间的分歧与斗争的说法，颇有新意，可惜未注明这些推断的史料依据，令人无法信服。
③ http://www.un.org/ecosocdev/geninfo/women/womday97.htm。这一源头甚至可以追溯得更早，包括1857年3月8日美国纽约的制衣和纺织女工走上街头，这次抗议活动促成了1959年3月美国第一个工会组织的建立。在接下来的数年里，几乎每年的3月8日都有类似的抗议游行活动。"十月革命"成功之后，亚历山德拉·科伦泰（Alexandra Kollontai）说服列宁将3月8日设为法定假日。苏联时期，每年都会在这一天纪念"英雄的妇女工作者"。

起后又逐渐恢复。

笔者认为,"三八"国际妇女节起源在中国的误读,恰恰表明了20世纪的中国妇女运动与国际妇女运动之间复杂的关系与积极的互动。汤尼·白露(Tani Barlow)教授眼光独到地将20世纪上半叶中国的女权运动视为19世纪末20世纪初"全球进步的女权主义"(global progressive feminism)中的一环,它的重点在于强调人类的进化,打破传统的禁锢女性主体的社会制度①。当时的中国妇女运动先驱们多数只是在想象中与欧美、日本的女权主义者对话,但不可否认的是,她们和她们的思想、行动都是20世纪全球性进步女权主义运动链条的一环。而对于"三八"国际妇女节起源说的这种误读,恰恰反映了当时国共两党的女权主义者们对于西方妇女运动的想象——这个"西方"既包括欧美的女权主义,也包括第二、第三国际和苏联的妇女解放斗争。

这种想象从中国最早的对于"三八"国际妇女节的纪念活动中就有踪迹可寻,1927年武汉盛况空前的"三八"国际妇女节纪念活动中,大会就通过了"致第三国际妇女部秘书处、英国劳动妇女、全世界劳动妇女"等8项通电②。不管这些通电有无国际响应,至少可以说明近代以来中国妇女运动的国际视野和主动参与。而前文提及的孔寒冰、高放两位教授的"三八"国际妇女节起源说修正与再修正版,正好为中国近代女权主义思想与女权运动多源说提供了有力的注释。

三、作为公共文化空间的"三八"国际妇女节

近代中国节日与节庆活动的变化与鸦片战争以后西风东渐有着很大的关系。与中国传统节日相比,像"三八"国际妇女节这样完全由西方传入的节日在中国的长期、广泛流传,"既体现了文化传播中强势文化的扩张性,也体现了中国传统民俗在与时俱进过程中的吸纳力和文化采借特征"③。"三八"国际妇女节和围绕该节日的各种活动成为中国妇女运动构建集体记忆的重要载体。正如哈布瓦赫在《论集体记忆》一书中所提及的,每年7月4日的国庆庆典活动有助于强化美国人对于独立事件的记忆,同样地,从1924年广州的"三八"国际妇女节庆祝活动开始,每年的"三八"国际妇女节及围绕节日的活动成为

---

① Tani E. Barlow, "Globalization, China, and International Feminism", *Signs*, 2001, 26 (4).
② 袁青:《盛况空前的一九二七年武汉"三八"节纪念活动》,载武汉市妇女联合会编:《武汉妇运史资料》(第六辑),1983年,第104-105页。
③ 赵凤玲:《西风东渐与近代中国节日的特点》,载《中州学刊》2007年第6期。

中国妇女运动重要的舞台、强化认同的纽带和构建妇女解放集体记忆的载体。哈布瓦赫认为，节日和纪念庆典正是将每个个体参加者与其同伴联结起来的重要社会纽带。"在由公民参与的反复上演的戏剧中，周期性的庆典仪式发挥了一种焦点的作用。"[1] 中共二大提出"除应设立妇女委员会外，要在全国妇女运动中树一精神的中心"[2]；"三八"国际妇女节正是起到了类似的"精神中心"的作用。所以当时最重要的妇女刊物——《妇女杂志》才会在1924年广州"三八"国际妇女节游行后，对这一节日寄予厚望："我国妇女，对于这令节素来不甚注意，广州女界独于今年举行庆祝，这不但是中国妇女觉醒的表示，更可视为与世界妇女携手的先声，实是很可庆幸的事情……希望今后全国的女子，都不要忘却这国际妇女节，以后年年在这一天共同举行国际妇女节的示威运动。"[3] 与集会、游行、示威、通电、决议等形式异曲同工，抗战期间，冼星海作曲的《三八妇女节歌》，是"全世界被压迫妇女，在三八喊出了自由的吼声"[4]，使"三八"节这一公共文化空间的表现形式更加多元化。

"节日生活以其公共的时间性、空间性以及独特的行为方式而构成了一种特殊的文化空间，其意义在于建立集体的文化认同和加固文化记忆。"[5] 我们尤其需要注意的是，与其他同样在近代传入中国的西方节日——诸如国庆节、植树节、圣诞节等不同，"三八"国际妇女节有其鲜明的性别属性——它是妇女专属的节日。美国学者斯蒂夫·斯密司（Steve Smith）在比较1898—1927年圣彼得堡和上海的妇女罢工运动之后，认为女工运动对于这一时期妇女运动的意义不仅在于身为工人阶级的"阶级"认同，更重要的是营建了集体的"社会性别"认同[6]。同样，以"三八"国际妇女节纪念活动为主题的罢工、集会、游行示威等，正是中国妇女在20世纪以来形成新的"社会性别"认同的最重要场域之一。

1951年"三八"国际妇女节，北京、上海都组织了妇女抗议美国武装占领日本的示威游行，上海据称是10万人大游行，这两场大游行分别登上了

---

[1] ［法］莫里斯·哈布瓦赫：《论集体记忆》，毕然、郭金华译，上海世纪出版集团、上海人民出版社，2002年，第42页。

[2] 中央档案馆：《中共中央文件选集》（卷一），中共中央党校出版社，1982年，第154 – 155页。

[3] 《主张与批评·国际妇女节》，载《妇女杂志》1924年第10卷第3期。

[4] 《抗战歌曲选》（第3集），音乐出版社，1958年，第64页。

[5] 王宵冰：《节日：一种特殊的公共文化空间》，载《河南社会科学》2007年第4期。

[6] Steve Smith, "Class and Gender: Women's Strikes in St. Petersburg, 1895—1917 and in Shanghai, 1895—1927", Social History, 1994, 19（2）．

《新中国妇女》第19、21两期的封面①。王政教授认为:"这两个大规模妇女集会是两地妇联新中国成立后组织的首次重大妇女集会。这样的活动显示的不仅是中国妇女的爱国主义,预设的观众也并非仅是美帝国主义。组织者和参与者都会明白,作为单一性别的妇女示威活动,她们显示的是新中国妇女的威力,观众可以包括所有依然歧视妇女的中国男女。"② 即便在新中国,对于妇联这样的官方妇女领导机构而言,借助"三八"国际妇女节这一具有鲜明性别属性的节日的活动来展示"新中国妇女"这一集体政治主体,仍然具有非常重要的意义。

而1960年以来对"三八红旗手"和"三八红旗集体"的评选与表彰活动,更为新中国成立以来以"女劳模"为象征的"新中国妇女"形象赋予了更明确的性别属性。"三八红旗手(集体)"的评比活动始于1960年,当年1月29日《人民日报》提出了评比标准③。而2月15日的《人民日报》通知中进一步指出该评比活动的意义在于,"全国妇女一定要人人树雄心,个个立大志,争取成为红、勤、巧、俭的社会主义劳动妇女,为完成和超额完成1960年国家建设计划,为高速度建设社会主义作出更大的贡献"④。3月5日,由全国妇联等9个团体和中央人民广播电台联合举办的纪念"三八"国际劳动妇女节、表彰和鼓励一万个(实际是10002个)"三八红旗手"(6305名)和"三八红旗集体"(3697个)的广播大会在北京举行。现在人们已经很难想象这个广播表彰大会之盛况空前,"从边疆到内地,从沿海到山区,我们辽阔广大的祖国就是广播大会的会场。参加大会的有一亿二千万以上的各族各行各业的妇女"⑤。

1949年以后,《人民日报》每年发表"三八"国际妇女节社论,该社论成为"由全国妇联主持的代表国家行为的'三八'节大型纪念活动的重要组成部

---

① 《新中国妇女》,1951年第19、21期封面照。
② 王政:《社会性别与新中国的象征文化——〈新中国妇女〉视觉文化透视》,"社会性别研究国际学术会议"论文,2009年。
③ 《迎接"三八"国际妇女节五十周年,全国妇联准备奖励先进集体、人物,确定评选先进人物和先进集体的标准》,载1960年1月29日《人民日报》。该通知中提出的评选标准包括:思想红,干劲足;在工农业生产上、在集体生活福利及社会服务事业中、在社会主义建设各个战线上,大闹技术革新和技术革命,不断提高劳动生产率和工作效率;努力提高文化水平,刻苦学习和钻研科学的;善于团结群众发挥共产主义协作精神的。凡是具备上述条件或条件之一的,并在完成生产或工作计划方面做出突出成绩的,都可称为全国妇女先进生产者、先进工作者或先进集体。
④ 《全国妇女联合会等九个团体关于纪念三八妇女节五十周年的通知》,载1960年2月15日《人民日报》。
⑤ 《庆功表模迎"三八",高举红旗齐跃进,万名先进妇女和集体光荣获奖,全国妇联等联合举行广播大会》,载《人民日报》1960年3月6日。

分"①。显然,自"大革命"以来,以"三八"国际妇女节为重要载体开展妇女工作的传统在新中国得到了很好的继承。虽然受到"文化大革命"的冲击,全国妇联业务工作在"文化大革命"期间基本停止,《人民日报》从1967年开始不再发表"三八"社论。但以康克清、邓颖超为首的中国的妇女工作领袖们锲而不舍又充满智慧的努力,使这一传统在1973年得以恢复,这与中共中央重建妇女组织、再度重视妇女工作的进程完全契合。1978年3月4日,全国妇联在人民大会堂召开首都各界妇女庆祝"三八"国际妇女节的座谈会,在"文化大革命"期间中断的"三八红旗手(集体)"的评选活动在1979年得以恢复②——使得1924年以来"三八"国际妇女节作为中国妇女运动和妇女工作重要场域的传统得以继续。

值得注意的是,与其他现代节日不同,"三八"国际妇女节的庆祝活动则常常是罢工和示威游行等形式③,这充分表明了近代以来中国妇女运动的革命性与斗争性。美国学者秦琪拉(Norma Stoltz Chinchilla)生动地将马克思主义理论中对妇女的动员形容为对"革命的革命"④。但是近年来,人们对这一革命的传统强调不足。比如1990年3月4日《人民日报》发表的《妇女节种种》将"三八"国际妇女节与日本的三月三女儿节、汉堡的太太节等相提并论⑤,与"三八"国际妇女节息息相关的战斗性与妇女解放的诉求在这里已经看不到了。而2007年、2009年更有全国政协委员以"妇女"一词被多数人认为贬义——涉嫌专指"文化偏低、年龄偏大"的女人为理由,提案要求将"三八"国际妇女节更名为"三八"女人节或女性节⑥,也许我们可以原谅这位美容达人委员对于"三八"国际妇女节历史的无知,但这恰恰提醒我们注意"三八"国际妇女节所代表的革命传统及其作为中国百年妇女运动特殊公共文化空间的意义,正在被逐渐淡忘,这也就使得我们当下的研究与庆祝活动显得更有意义。

(原载《妇女研究论丛》2010年第2期)

---

① 耿化敏:《关于〈"铁姑娘"再思考〉一文几则史实的探讨》,载《当代中国史研究》2007年第4期。
② 段永强:《罗琼访谈录》,中国妇女出版社,2000年,第279页。
③ 李学智:《政治节日与节日政治——民国北京政府时期的国庆活动》,载《南京大学学报》2006年第5期。
④ Norma Stoltz Chinchilla, "Mobilizing Women: Revolution in the Revolution", Latin American Perspectives, 1977, 4(4).
⑤ 罗玉山:《妇女节种种》,载《人民日报》1990年3月4日。
⑥ http://unn.people.com.cn/GB/22220/68034/68084/79047/5449332.html, http://xiaomeizhang.blog.sohu.com/111441989.html.

民国南京政府时期的妇女离婚问题
——以江苏省高等法院 1927—1936 年民事案例为例

谭志云[①]

摘　要：民国南京政府时期，妇女在法律上拥有与男子平等的离婚权利，但是，从原因来看，妇女提出离婚的诉求主要是因为男方的虐待、遗弃以及疾病，并且，在通奸问题上，男方与女方有明显不同的表现。妇女的离婚不仅受到了法律上证据问题的困扰，还受到社会文化因素的制约。在离婚后的妆奁与抚养费用上，妇女的合法权益一般得到了法院的保护。

关键词：民国南京政府时期　妇女　离婚　民事案例

民国以前，离婚虽然为法律所认许，但一般以离婚为极端不幸之事，而且有妾制作为调剂，所以离婚的人甚少。尤其是女性，即使对于婚姻不满意，也只能选择忍受。近代以来，随着西洋文化的输入、社会经济的发展、妾制逐渐遭到摈斥，女子渐渐在社会上获得与男子同等的地位，且在法律上也给予一些保障，因此女子可以选择离婚，而社会舆论亦不复以离异为可耻[②]。从法律上观察，民国南京政府时期，女性在离婚问题上获得了与男性平等的权利。

然而，问题在于：在现实生活中，妇女离婚或者不离婚的意愿到底受到了哪些因素的制约？她们的法定权利能否得到保障？本文主要利用江苏省高等法院 1927—1936 年的 84 个诉讼案例，从民国时期妇女离婚的主要原因、影响妇女的诉讼请求受阻的法律和社会经济原因以及妇女在离婚后的妆奁与赡养问题等方面进行初步的探讨。

一、离婚原因分析

在笔者收集的 84 个案件中，涉及离婚的案例共 59 个，另有 25 个有关离婚

[①] 作者简介：谭志云，男，南京市社会科学院副研究员，南京大学社会学系博士后。
[②] 潘光旦：《中国之家庭问题》，载李文海主编：《民国时期社会调查丛书》（婚姻家庭卷），福建教育出版社，2005 年，第 287 页；章珠：《昆明职业妇女生活》，载李文海主编：《民国时期社会调查丛书》（婚姻家庭卷），福建教育出版社，2005 年，第 501 页。

后妆奁或赡养问题的案例。在 59 个离婚案件中,女方要求离婚的 40 例,占案例总数的 67.80%,男方要求离婚的 19 例,占 32.20%。女方主动离婚的比例远远高于男方。从离婚原因的统计来看,主要是一方虐待、通奸、疾病或遗弃。以男方要求离婚的 19 个案例进行原因统计,结果见表 1。

表 1 19 例男方要求离婚案例的原因统计

离婚原因	虐待	通奸	不事舅姑	不明	合计
件 数	4	10	3	2	19
百分比	21.05%	52.63%	15.79%	10.53%	100%

如对女方主动要求离婚的 40 个案例进行原因统计,则结果如表 2 所示。

表 2 40 例离婚案件原因统计[①]

离婚原因	虐待	通奸	疾病	遗弃	意见不合	不务正业	卷逃财物
件数	14	2	6	4	1	2	1
百分比	35.00%	5.00%	15.00%	10.00%	2.50%	5.00%	2.50%
离婚原因	无效婚姻	翁逼奸	卖妻	男方犯刑	夫呆憨	不明	合计
件数	1	1	1	1	2	4	40
百分比	2.50%	2.50%	2.50%	2.50%	5.00%	10.00%	100%

两相比较,则可以发现,男方提出离婚的主要原因在于女方通奸、不事舅姑等,女方离婚的主要原因是男方虐待、疾病、遗弃等原因。比较时人的统计,结果大致一样。据南京司法行政部 1933—1934 年的一项统计,在 448 起离婚案中,离婚原因依次为配偶虐待(132 起)、遗弃(69 起)、亲属虐待(58 起)、通奸(48 起)、判徒刑(32 起)、生死不明(24 起)、恶疾(23 起)、精神病(15 起)、意图杀害(8 起)。原告为男方的 104 起,女方的 344 起[②]。虐待占总数的 35%;通奸占 16.33%;疾病占 12.25%;遗弃占 8.16%。1931 年广西妇女离婚案 627 件,离婚理由以不堪虐待(186 人)居首位,其次是经济压迫,再次是被丈夫遗弃。1932 年的总数为 995 件,仍以不堪虐待为首位(319 人)[③]。

---

① 必须指出的是,在一个案例中,往往包含有几种不同的离婚原因,因此,笔者以其中的主要原因进行统计分类。

② 《妇女生活》1936 年第 2 期。

③ 《妇女生活》1936 年第 2 期。

从妇女的角度来考察，男方虐待是女性要求离婚的首要原因，主要表现为男性对女性的暴力。限于资料本身的原因，我们无从得知更多的有关信息，但是，从所有女方受虐待的案例来看，主要是男方对女方身体的暴力攻击，甚至是对女方人身自由的限制，详见表3。

表3 女方受虐待的情况

序号	案 件	女方受虐待的情况
1	蒋印氏诉蒋九保案*	用铁镣将女方禁锢，每天只给薄汤两碗，以致女方奄奄一息
2	邱顺海诉邱倪氏案	把女方锁起来，经原县验明，伤痕不轻
3	郭阿林诉赵慰萱案	屡被殴打，头腰臂膀均受伤。和解后又被继续殴打
4	张雅云诉石砚夫案	男方每饭必酒，每饮必醉，醉后殴人毁物，不计其数……
5	唐慕安诉李祥林案	被打得遍体青肿
6	唐朝昆诉唐赵氏案	被男方用锄头打伤
7	翁二媛诉黄莜云案	没给吃穿，多次殴打，以致女方投河自尽
8	李鸿宝诉诸凤冈案	待人犹若奴隶，骂詈之声不绝于耳，稍不如意，即遭凶殴。未及四载，被殴已达数十次

*此种标题为笔者根据案件内容自行添加，下同。

为什么女性在家庭中经济受到虐待？对此，民间习惯认为是一种理所当然之事，谚语中常有"老婆要打，面要揉""老婆三天不打，就要上房揭瓦""娶来的老婆买来的马，任我骑来任我打"①之说。学者对此有诸多解释。有的从心理学上把施暴行为归结于男性的认知偏差或者人类攻击的本能，有些学者则从家庭系统、社会结构和冲突理论出发，分析施暴的原因。相对而言，女性主义的解释似乎更为恰当。女性主义把虐待妻子看作社会制度的产物。虐妻从根本上讲是父权制的产物，是男性控制女性的手段之一。暴力的婚姻关系反映了男性对女性的主宰。虐妻实际上是男性主导的社会文化结构的产物。在现存的男权文化中，传统和法律制度支持男性对女性在家庭中的权威控制，而父权的社会经济、政治制度将妇女排斥在公共生活之外，因此，妇女被迫留在家庭领域中，受到男性的支配和控制。社会对女性传统角色的期望，妇女的经济地位都使妇女必须承担照顾家庭的角色，丧失外出工作获得经济独立的机会和权利。这些经济和政治文化的原因迫使妇女忍受暴力的婚姻关系②。

疾病也是女性在婚姻中面临的困境之一。因他方有疾病而要求离婚的案例

---

① 刘梦：《中国婚姻暴力》，商务印书馆，2003年，第16-17页。
② 刘梦：《中国婚姻暴力》，商务印书馆，2003年，第32-33页。

共 6 件，均为女方指控男方有疾病，其中梅毒案例 5 件，麻风案例 1 件。"七出"中有"恶疾而出"之条。当然，这是针对女性而言。《民法》第 1052 条第 7 款规定，"有不治之恶疾者"，得向法院请求离婚。但是，法律同时强调："夫妻之一方有患不治之恶疾及重大不治之精神病者，他方固得据为请求离婚之原因，惟所谓恶疾者，以不治为要件，所谓精神病者，以重大而又不治为要件。"① 因此，可以要求离婚的疾病包括两个条件：一是恶疾，二是不治。这类案件往往因为取证困难而遭到法庭的驳斥。

因男方遗弃而诉请离婚的案例共 4 个，主要是女方没有经济来源，依靠男方生活，而男方由于种种原因，不给女方衣食，则女方要求离婚，并要求男方给予一定的经济赔偿。在传统的家庭角色定位中，女性的角色就是处理家务、生儿育女。郭箴一就谈到，"婚姻制度至今仍可以说是一种经济制度，大多数的妇女，仍以结婚做她们一生的归宿，因之婚姻的破裂即是她们生命的破裂"②。即便在民国时期，中国社会经济发生了重大的变化，女性有了相对多的就业机会。据 1930 年工商部的报告，除未分性别年龄者及童工外，全国共有男性工人 372626 名，女性工人 374117 人，女工比男工多 1491 名③。然而，妇女往往没有独立的经济权利。时人就称，"女子在经济上是男子的从属体，所以做工的女子、或是农家的女子，她们正当生产的劳作果实，也不是由她自己自由处分，是附属在男子计算内的"④。

与虐待、疾病和遗弃不同的是，在 12 个有关通奸而离婚的案例中，仅有 2 例是女方指控男方通奸，而有 10 例是男方指控女方通奸。时人吴至信统计了民国 6 年到民国 21 年北京的离婚案件也有同样发现。据其解释，"若就性关系之表现而论，夫未必犯奸事件有如统计数字所示之少者，因一般中国妇女，大多视夫犯奸为常情，非至'重婚'、'纳妾'，不至白于法庭；然夫于妻则不然，苟妻有'奸情'，少有不立即要求离异者"⑤。郭箴一指出，"因对方有不

---

① 最高法院 21 年上字第 1020 号判例。载薄铸、吴学鹏编：《最高法院裁判要旨汇编》，上海律师公会，1940 年。
② 郭箴一：《中国妇女问题》，商务印书馆，1937 年，第 10 页。
③ 陈碧云：《妇女地位变迁之史的考察》，载《东方杂志》1938 年第 35 期。
④ 季陶：《中国女子的地位》，载梅生编：《中国妇女问题讨论集》（上），上海书店影印本，民国丛书第 1 编第 18 册，第 966 页。
⑤ 吴至信：《最近十六年之北平离婚案》，载李文海主编：《民国时期社会调查丛书》（婚姻家庭卷），福建教育出版社，2005 年，第 934 页。

道德行为而致离婚者，多由男子提出，这也可由新闻纸的统计上得到证明的，足见吾国对于男女贞操上之责任的不平等。……大概近代的性道德虽已有趋于划一的趋势，但目前仍不脱双重道德的痕迹"①。陈碧云也称，"所谓神圣的一夫一妻的婚姻，实际上只是女子单方面遵守的一种片面的义务，在男子方面是绝不受这种婚制约束的。目前许多有钱的男子，虽然结了婚，而仍公然地嫖妓宿娼，广置外室"②。

二、影响离婚的法律因素

在40个案例中，妇女的诉求得到法庭支持的共有8个，占总数的20.00%。法庭支持她们的主要原因是证据确凿。在女方指控男方虐待的14个案例中，只有4件得到法院的支持，法庭支持她们的原因主要是男方对于女方的殴打虐待不仅情节恶劣，而且有据可查。以唐慕安要求与李祥林离婚案为例，女方在法庭上陈称："自前年以来，被上诉人（指男方——作者注）不务正业，专事赌博。上诉人略加规劝，被上诉人不但怙恶不悛，并将上诉人殴打。去年二月间，被上诉人赌博百元，欲令上诉人筹还，因拂其意，复将上诉人凶殴……上诉人实迫处此，势难再合。原判谓系夫妇间一时口角互扭所致，尚未能认为已至不堪同居之程度云云。既验明有伤，奚论轻微，若必须持重伤后方得请求离异，则恐时已太晚。"③

法院确认男方虐待女方理由成立的依据主要包括两个方面：一是双方父亲签立的和解协议。"本件两造前因夫妻反目，曾于民国二十年七月二十五日邀同亲族书立和议……此项和议据原为被上诉人所承认……"二是原县政府验伤的单据。李祥林在"和议之后，于翌月五日、七日、八日复将上诉连打三次，亦经原县验明。上诉人左右两膀及左腿有手捏伤各一处，均青色，左右两肋有擦伤各一处及皮损血淤，开单附卷并经判决认定系被上诉人所殴，判处被上诉人罪刑在案。"法院由此认定，"两造共同生活之目的既不能达，被上诉人之行为且有伤害上诉人身体之健康，按之《民法》第1052条第3款所载，夫妻之一方受他方不堪同居之虐待，得向法院请求离异之规定，尚无不符。原审以上诉人受伤尚属轻微，谓系夫妇间一时口角，彼此互殴所致，认为未至不堪同居之程度，驳回上诉人之诉，自难折服"。

---

① 郭箴一：《中国妇女问题》，商务印书馆，1937年，第63-64页。
② 陈碧云：《现阶段之中国婚姻的剖视》，载《东方杂志》1936年第33期。
③ 《唐慕安诉请离婚案》，江苏档案馆藏，全宗号：1042-2，保存期限：永久，案卷号：2409。

然而，证据问题常常使妇女的离婚请求遭到法院的驳斥。在1928年审理的韦符氏请求与韦阿六离婚案中①，韦符氏要求离婚的理由是韦阿六不务正业，嗜好赌博，屡次将她殴打，不顾赡养，并且夫兄也殴打她。而韦阿六则称，自己并无嗜赌之事，虽然双方曾打过架，但是并没有殴伤上诉人。双方争执的要点在于韦阿六到底有无殴打和遗弃韦符氏的事实。

法院认为，韦符氏要求与韦阿六离婚的三种理由均不成立：①"查韦大双子系上诉人之夫兄，无论对上诉人曾否殴打成伤，均系另一个问题，不足为上诉人与被上诉人应行离婚之根据"；②韦阿六嗜赌，不务正业，致韦符氏缺衣少食，"微论上诉人就被上诉人嗜赌之点无法证明，而被上诉人且谓每月薪资均已交付家中，则上诉人所谓不给衣食，亦难足信。至被上诉人家道贫寒，固属无可讳饰，然不足为离婚理由"；③韦阿六时常殴打韦符氏，但上诉人"仅以空言攻击，又无何种相当之证据（如经检察官验伤或有他人在场目见之类）足以说明外，是原审驳斥上诉人之诉，委无不当，上诉意旨为无理由"。因此，法院驳斥了韦符氏的上诉。

值得注意的是法院对于殴打之事的态度。在法官看来，女方指控男方殴打，必须提出相当之证据，这种证据包括检察官验伤的报告或目击证人的供词。

以常理而论，夫妻生活具有一定的隐秘性，因此，双方之间的争吵打斗往往发生在特定的小范围内，即使有他人目见，旁人能否愿意作证还是一个值得考虑的事情。俗云"天上下雨地上流，小两口打架不记仇"，又云"宁拆十座庙，不拆一门亲"。基于此种观念，民间并不认为夫妻之间的殴打是一件非常严重的事，并且，为他人作证而拆散一对夫妻也是一种不道德的行为，最好不要干预。即使到了现在，这样的态度仍不少见。例如，1996年北京的一项随机调查结果表明，40%的被访者认为，妇女被丈夫殴打，是因为她们做了错事。因此，当夫妻之间发生暴力冲突时，人们的态度基本上是不干预，即便警察也是如此。当受虐妇女到派出所报案时，警察明确表示，这是家务事，不属于警察的责权范围②。

证据问题使妇女在法庭上经常受挫，但是，即使是有据可查的虐待，法律上还区别了三种情况。一是夫妻间因某种原因偶尔发生的争吵、打斗，致使一

---

① 《韦符氏诉请离婚案》，江苏档案馆藏，全宗号：1042-2，保存期限：永久，案卷号：2328。
② 刘梦：《中国婚姻暴力》，商务印书馆，2003年。

方受有轻伤，他方不能据为离婚理由。大理院7年上字264号判例称："夫妇之一造，如果受他方不堪同居之虐待，虽应准许离异，惟因一时气愤，偶将他方致伤而事属轻微者，自不能遽指为不堪同居之虐待。"① 最高法院持与大理院相似的态度，18年上字第960号判例称，"夫妇间偶有勃蹊，不得据为离婚原因"。20年上字第2341号判例称："夫妻间偶尔失和，殴打他方，致令受有微伤，如按其情形，尚难认为不堪同居之虐待者，不得认他方之请求离婚为有正当理由。"② 二是惯行殴打应予以离婚。大理院5年上字1073号判例称："本院判例所谓夫虐待其妻致令受稍重之伤害者，实以伤害不必已达到较重之程度，既足证明实有不堪同居之虐待情形，既无不能判离之理。"③ 最高法院20年上字第371号判例规定："惯行殴打即为不堪同居之虐待，足以构成离婚之原因。"④ 三是一方对于他方的虐待已经表示宽宥或者超过诉讼期限，则不得事后据为离婚理由。民法亲属编第1053条规定："对于前条第一款、第二款之情事有请求权之一方，于事前同意或事后宥恕或知悉后已逾六个月或自其情事发生后已逾二年者，不得请求离婚。"从法律上看，一方因宥恕他方而丧失离婚请求权之规定，是为了维护家庭和平起见，但是，如果一方殴打他方，经宥恕后，再次殴打，是否属于惯行殴打？从笔者所见的有关法律来看，并没有明确的规定，因此，宽宥和惯行殴打之间的界限十分模糊，这往往也是女性在诉讼中屡屡受挫的原因。

如果殴打属实，但是未至重伤程度，则同样不能离婚，在李鸿宝诉诸冈案中⑤，李鸿宝要求离婚的理由主要是男方惯行殴打，并且指出其中6月1日的殴打曾有案可证。法院驳斥了李鸿宝的诉讼请求，判决双方应该同居。其理由是："本件原告攻击被告为惯行殴打，受不堪同居之虐待，而其殴打事实，仅有本年6月1日之一次，其余均不能指证。经本府传询被告之母诸朱氏及其邻居顾文卿，又坚称绝无惯行殴打情事，此外又别无证明方法。其主张惯行殴打，自难置信。查夫妇因一时气愤，致他造成轻伤者，自不为虐待，亦不得据

---

① 郑爱诹编：《大理院判决例全集》（民法），世界书局，1933年。
② 薄铸、吴学鹏编：《最高法院裁判要旨汇编》，上海律师公会，1940年。
③ 郑爱诹编：《大理院判决例全集》（民法），世界书局，1933年。
④ 22年上字第1505号判例称，"夫殴打其妻，如系出于惯行，则妻所受之伤害，不必达到较重之程度，即应认有不堪同居之虐待情形，准许离异。" 21年上字第797号判例、21年上字第1997号判例规定相同。参见薄铸、吴学鹏编：《最高法院裁判要旨汇编》，上海律师公会，1940年，第151-53页。
⑤ 《李鸿宝诉请离婚案》，江苏档案馆藏，全宗号：1042-2，保存期限：永久，案卷号：2432。

为离婚之原因。原告率尔请判离婚，殊难认为有理由……"虽然夫妻一时争吵而发生的打斗不能离婚，但是正如前引案例唐慕安所称，"若必须待重伤后方得请求离异，则恐时已太晚"。

三、影响离婚的社会因素

离婚不仅仅是一个法律上的行为，更受到社会经济因素的影响。时人王世杰就谈到，"就女子的经济状况而言，吾国女子，历来既无独立继承财产的权利，尤无自谋衣食的能力。以是，婚姻失败的女子，就令不为贞操观念所宰制，而离婚后的生活问题，亦大足沮丧她们要求解脱的勇气"①。

以1928年审理的黄陈氏诉请不离婚案为例②，黄陈氏为黄敏生之妻，曾两次犯奸有案，黄敏生据此离婚，一审判决离婚后，黄陈氏不服，上诉到江苏高等法院，声称自己是冤枉的。法院认为，黄陈氏两次犯奸均属证据确凿，其所主张犯奸被诬和不知上诉均不能改变犯奸的事实，因此，法院驳斥了她的上诉。值得注意的是，黄陈氏提出了自己"系女流，不识字，被押三月，所以没有上诉"的理由，尽管这种理由在法院看来是"殊无足采"，但是它却指出了当时女性的一个困境，即女性往往因为知识等原因而不能依法保护自己的权利。这种困境在邓炳春诉邓高氏案中再次出现。

案例1：邓炳春诉请与邓高氏离婚案③

"上诉人请求废弃原判，准上诉人与被上诉人离婚，并令被上诉人负担讼费。其陈述要旨略称，上诉人家田伙须灿明与被上诉人通奸，初不知情，及至女儿和娣忽然私孕，始说明须灿明如何勾引，如何再诱和娣。上诉人为保全名誉计，即将和娣从速嫁与冯全根子银茂为妻。讵被上诉人复胆诱拐和娣匿于须灿明家中，上诉人诉经武进县政府，将被上诉人收押。嗣交保释回，竟将母亲张氏殴伤，判处拘役。假此犯奸诱惑、伤害尊亲属，当有再与之为夫妻之理云去……""被上诉人请求驳斥上诉。基答辩要旨略称，和娣年轻，受须灿明诱惑，诚属不幸，但上诉人系和娣之父，分居十八年，岂能毫无责任？若谓被上诉人并与须灿明有染，甚至母女三人一榻，试问有何凭证？家无余室，子女尚多，该上诉人将置身何地？和娣自冯家出走，在江阴帮工，有供可稽。被上诉人被冤羁押，保释归来，又被姑打。妇女无知，经济窘迫，是以对于刑事判决

---

① 王世杰：《离婚问题》，载《法律评论》第190期。
② 《黄陈氏离婚案》，江苏档案馆所藏，全宗号：1042-2，保存期限：永久，案卷号：2337。
③ 《邓炳春诉请离婚案》，江苏档案馆藏，全宗号：1042-2，保存期限：永久，案卷号：2387。

未曾上诉。被上诉人与上诉人结婚二十余年，生有一子二女，一旦言离，何以生活云云……"

邓炳春请求与邓高氏离婚的理由主要是邓高氏与田伙须灿明通奸甚至和娣也与须灿明通奸，以及邓高氏殴打其姑邓张氏。但是，邓高氏否认了通奸的指控，并且认为，邓炳春为和娣之父，对于和娣的遭遇应该负有不可推卸的责任。同时，由于"妇女无知，经济窘迫"，对于被诬陷殴伤尊亲属案未曾上诉。邓高氏在法庭上曾称："被上诉人与上诉人结婚二十余年，生有一子二女，一旦言离，何以生活。"无知、经济窘迫、离婚后无以生活都反映了当时女性在离婚问题中的困境。

"妇女无知"是制约女性依法保护权利的一个条件，而"一旦言离，何以生活"则反映的是因无独立经济能力的女性在离婚中的主要困境。尽管民国时期随着经济社会的变化，女性的经济地位有了一定的提高，从而在一定程度上有了婚姻的自由权。但是，正如孟如在《目前中国之婚姻纠纷》中所说，在欧风美雨侵袭下，城市妇女生活发生了极大的变化，"都市的发展渐渐取了特种的姿态。新发展的事业不是教育、文化、工业等方面，而在娱乐消遣的方面。女子教育不发达，女子执业培训的场所不增加，女子并没有大量进入正当的社会事业中，但是女子却被卷入了都市的娱乐和消遣活动的中心"，女子只能通过身体换取男性的抚养，"于是我们乃见到婚姻纠纷取着急剧增加的趋势"，"重婚、诱婚、遗弃、不顾赡养是常发现于这种婚姻纠纷中的名词"①。陈碧云也认为，"大多数女子在经济上不能取得完全独立的自由权，生活不能不依赖婚姻抚养是在所难免的。虽然也有少数妇女能够自谋生活，不做男子的寄生虫，但大多数的妇女，却不是将结婚当做职业，便是当做'抚养院的'"②。

更为重要的是，妇女在当时家庭中的经济地位制约了她在离婚中的选择。时人王觐就提出不应在刑法中规定通奸问题，因为"女子经济不能独立，妻之依夫，则无以为出，若妻诉夫犯奸，夫妻感情，势将破裂，一旦感情破裂，妻不遭夫之遗弃，几希。尚何男女平等之足之"③。郁嶷也持有同样的看法："以吾国现状观之，妻仍依夫为主。年届迟暮，夫有外遇，因法不为罪，彼尚安

---

① 孟如：《目前中国之婚姻纠纷》，载《东方杂志》1932年第29期。
② 陈碧云：《现阶段之中国婚姻的剖视》，载《东方杂志》1936年第33期。
③ 王觐：《由"有夫之妇与人通奸"改为"有配偶而与人通奸"，由"有配偶而与人通奸"又改为"有夫之妇与人通奸"，先又由"有夫之妇与人通奸"改为"有配偶与人通奸"，三改而后定，慎重其事欤？立法委员之法律思想进步，致有此现象欤？抑环境使然欤？》，载《法律评论》1935年第11期。

之。倘能处刑,必将为要挟之具,必致虐待遗弃,使其离绝而后已,则晚景凋残,适人不能,独维生计,孤苦伶仃,将极人世之悲惨诶,讵非法律界之厉乎?而何保障女权足之耶?"①

除经济地位的影响外,传统的家族观念和传宗接代的思想对女性的离婚选择也有很大的干扰。在1928年审理的丁金祥诉请不与陈月英离婚案中②,法院在判决书上做了如下陈述:"缘丁金祥(即陈宝昌)与陈月英系属夫妇。结婚以后,因金祥出外治游,身染梅毒,致月英先后两胎均遭不育。十六年七月间,月英对于金祥提出离婚之诉。原审判决,结果金祥不服,声明上诉,请求废弃原判决,驳斥被上诉人在第一审之请求,并令负担诊费。其陈述要旨略称,上诉人生过疥疮,未染梅毒,依诊断书述明,打六零六有医愈希望,显然非终身之疾病,且极易疗治,何得据为离婚理由?至于赌博殴打,更属空言云云。被上诉人请求驳斥上诉。其答辩要旨略称,被上诉人招赘上诉人入室,原为生男育女,继续香火。现上诉人身染梅毒,所生之子,皮都没有,尚何以维持同居生活。况梅毒之外,兼嗜赌博,略加谏劝,动遭殴打,决不愿为夫妻云云。"

其实,男方完全知道自己身有梅毒,其陈述中提到,"依诊断书述明,打六零六有医愈希望"。六〇六为西药洒尔沸散的通称,民国时期西医对梅毒的标准治疗方案就是注射六〇六,其中的有效成分为砷③。只是男方借口非终身疾病,意图不离婚。此案虽然发生在国民党民法亲属编颁行之前,但是,法院援用了《中华民国临时约法》为依据,判决双方离异。

值得注意的是,在女方的陈述中,除指责男方赌博、虐待外,女方对于男方的指控主要是梅毒,然而,对于梅毒,女方并没有从法律上所谓的"不治之恶疾"出发,而是强调了"招赘上诉人入室,原为生男育女,继续香火。现上诉人身染梅毒,所生之子,皮都没有,尚何以维持同居生活"。从案例看,这是一种赘婚形式,即女家无子有女,招男子入赘女家为婿。招赘的原因很多④,

---

① 郁嶷:《夫妻贞操义务与和奸罪》,载《法律评论》1934年第12期。
② 《丁金祥离婚案》,江苏档案馆藏,全宗号:1042-2,保存期限:永久,案卷号:2347。
③ [美]贺萧著:《危险的愉悦——20世纪上海的娼妓问题与现代性》,韩敏中、盛宁译,江苏人民出版社,2003年,第243页。
④ 据郭松义研究,男子入赘的原因主要是因为家穷出不起聘金和婚娶费用,有的可能考虑婚后养妻、抚育子女等家庭生计问题。就女方而言,一是无子,二是爱女。参见郭松义:《伦理与生活—清代的婚姻关系》,商务印书馆,2000年。

其中，女方无子招婿，以续香火是比较重要的原因。陈鹏的《中国婚姻史稿》中称，宋代"更有有女无男者，多招赘婚，以接宗祀，故又称赘婿为'补代'，俗语讹为'布袋'。盖无男之家，世代将绝，招婿以补之也"。"清代此俗仍流行民间，称'坐门招夫'或'坐产招夫'，或'招夫养子'。"[①] 民国民事习惯调查显示，江苏昆山、句容等县还有此种风俗存在[②]。女家没有儿子，继续香火的重任落在陈月英身上，男方却因感染梅毒而导致生儿不育，因此，陈月英坚持要离婚。在她眼里，无法继续香火的伤害远大于梅毒带来的伤害。

而在1929年审理的吴敏兰诉吴阚素连案中，吴敏兰身有麻风，要求其妻吴阚素连离婚后在其家择偶，为吴家续后。

案例2：吴敏兰诉请让吴阚素连在家接续香火案[③]

"上诉人代理请求废弃原判决，驳斥被上诉人之诉，并令负担讼费。略称，上诉人所患为风湿病，或说是麻风，或说非麻风，被上诉人以此要求离异，固无不可，但须由上诉人上诉人家内择配以接续上诉人之后等语。""被上诉人代理人请求为如主文之判决。略称，上诉人对于离婚既经承认，在本案已无问题。至欲另为被上诉人择配接宗为诉之变更，被上诉人绝不同意，就此点无需答辩等语。"

男方身有麻风，女方要求离婚，双方对此并无争执，只是男方要求女方在男方家内择偶，为男方接后。此种要求不仅为女方所反对，也为法院所驳斥。法院称："本件上诉人身患麻风，业经本院嘱托福音医院鉴定无异。此种重大不治之恶疾，无论发生在成婚前后，均应许其对方离异之理由。该上诉代理人亦已明知上诉人染受恶疾，不堪婚配，乃主张更为被上诉人择配，揆诸理法，殊多背戾。"尽管在法院看来，男方的主张无论是在法律上还是在情理上都难以有成立的余地，但是，事实上，男方却以此为借口诉诸法庭。

四、妇女离婚后的妆奁和赡养问题

妆奁即妻子的随嫁财产，也就是通常所说的嫁妆。民国时期以前，妻子是不得有私财的，就是她的随嫁妆奁，都归夫家所有[④]。民国法律对此有根本的

[①] 陈鹏：《中国婚姻史稿》，中华书局，2005年，第745—750页。
[②] 前南京国民政府司法行政部编、胡旭晟等点校：《民事习惯调查报告录》（下册），中国政法大学出版社，2000年，第854—857页。
[③] 《吴敏兰离婚案》，江苏档案馆藏，全宗号：1042-2，保存期限：永久，案卷号：2316。
[④] 赵凤喈：《中国妇女在法律上之地位》，商务印书馆，1937年，第105页。

改变。大理院2年上字208号判例规定:"嫁女妆奁,应归女有,其有因故离异,无论何种原因离去者,自应准其取去,夫家不得阻留。"① 6年上字第1187号判例称:"离婚之妇,无论由何原因,其妆奁应听携去。"② 南京政府把妆奁看作是妻子的特有财产③,最高法院19年上字第937号判例规定:"妆奁为妻之特有财产,故离婚之妇,无论其离婚由何原因,自应听其携去。"④ 11年上字第233号判例称:"离婚之妇,无论由何原因,其嫁奁既为专供其个人使用之物,即属其特有财产,当然听其携去。"在6例涉及妻子奁物问题的案件中,5例得到了法院的支持,只有徐罗氏诉徐世章案遭到驳斥,其驳斥的原因是法院并不支持她的离婚请求,因此,不存在返还奁物的问题。

相对奁物而言,妻子的赡养费问题较为复杂。它主要包括两个问题:一是男方是否应该给付女方赡养费用,在何种情况下,法院不判给妻子赡养费用;二是在法院确定男方应给付赡养费后,费用的数额如何确定。

夫有过失或者故意离婚是女方获得赡养费的前提。大理院3年上字第1085号判例规定:"婚姻关系依法须离异者,其原因系由一方之故意或过失,则此一方对于他一方应负慰抚之义务。"⑤ 南京政府法律同样规定了离婚中无过失一方请求赡养的权利。最高法院22年上字第1637号判例称:"夫妻之一方因判决离婚而受有损害者,得向有过失之他方请求赔偿。"⑥ 《民法》第1056条规定:"夫妻一方因判决离婚而受有损害者,得向有过失之他方请求赔偿,前项情形虽非财产上之损害,受害人亦得请求赔偿相当之金额。"并且,《民法》第1057条进一步规定:"夫妻无过失之一方因判决离婚而陷于生活困难者,他方纵无过失亦应给与相当之赡养费。"至于赡养费用的数额,大理院规定:"应斟酌其妻之身份、年龄及自营生计之能力,与生活程度,并其夫之财力如何而定。"⑦ 最高法院同样规定:"夫妇无过失之一方因判决离婚而陷于生活困难者,他方纵无过失,亦负给付相当赡养费之义务,但数额之核定,应予斟酌赡养义

---

① 郑爱诹编:《大理院判决例全集》(民法),世界书局,1933年,第330页。
② 郑爱诹编:《大理院判决例全集》(民法),世界书局,1933年,第339页。
③ 22年上字第1620号判例称:"妆奁系由女家于女子与人结婚时赠与其女者,自系女之特有财产。"见薄铸、吴学鹏编:《最高法院裁判要旨汇编》,上海律师公会,1940年,第146页。
④ 郑爱诹编:《大理院判决例全集》(民法),世界书局,1933年,第157页。
⑤ 郭卫主编:《大理院判决例全书》,会文堂新记书局,1931年。
⑥ 薄铸、吴学鹏编:《最高法院裁判要旨汇编》,上海律师公会,1940年,第155页。
⑦ 大理院8年上字1099号判例。参见郑爱诹编:《大理院判决例全集》(民法),世界书局,1933年,第339页。

务人之身份、资力及赡养权利人之需要以为标准。"①

在19个涉及赡养问题的案例中，13个遭到法院的驳斥。驳斥的原因主要是：①女方离婚的诉讼请求遭到驳斥，从而驳斥了她的赡养请求，包括刘氏诉刘德明案、唐阿才诉唐张氏案等8个案件；②离婚责任在于女方或者为双方合意离婚，则女方无法获得赡养费用。包括张蓉贞诉金孟远案、王佩珊诉黄叔乔案等5个案例。

法院支持女方赡养请求的案例共6个。其中，曹锦城诉曹樊氏案、赵少逸诉赵樊氏案、倪垂青诉倪顾定珠案等3个案例，法院都维持了原判。在曹锦城诉曹樊氏案中，上诉人曹锦城以自己无资产为由，要求法院减少给付。法院则认为，"按离婚原因如果理由构成，则夫应给其妻以相当之抚慰费，至其给予额数，则应斟酌其妻之身份、年龄及自营生计之能力，与生活程度，并其夫之财力如何而定。"查阅卷宗，本件上告人在第一审系以与被上告人感情消灭，不堪同居等情，请求离异，而被上告人尚有不愿离婚之供述，是其离异原因，纯由于上告人之构成，则对于被上告人自不能不给与相当之抚慰费……查被上告人现年未逾三十岁，双目失明，实不能自营生计，若非给与相当费用，不足以维持生活。至上告人之财力如何，业经原审令县查复，上告人田产能收租者五万余步，平均约值洋五千元，房屋约值三千元，尚有各沙苗地价无一定。则按上告人之财力，除拨付被上告人一千四百元外，尚有余裕。原判维持第一审判驳斥，委无不当……"赵少逸诉赵樊氏案则不合再案条件。法院认为，被上诉人并无殴打其母之事，别居原因系男方造成，因此，应该给付赡养费用。而周崇范诉杨珏如案、薛景析诉薛张润云案、陈张惠明诉陈孟坚案等3个案例，法院虽然支持了女方的赡养请求，但是，对于赡养费用的数额，却做了很大的变动。

案例3：周崇范诉请不给付杨珏如赡养费案②

"上诉人与被上诉人于民国十五年结婚。讵于新婚后之第三日，被上诉人即以金钗掷上诉人之头，可见其性情暴戾。上诉人曾与被上诉人口角，上诉人之母出而劝解，为被上诉人推倒在地，可见其虐待家姑。又上诉人于民国二十年返国，适值母病，函邀上诉人归家，而被上诉人复函婉拒，可见其对于本夫

---

① 最高法院21年上字第233号判决。参见薄铸、吴学鹏编：《最高法院裁判要旨汇编》，上海律师公会，1940年，第155-156页。
② 《周崇范诉请赡养费用案》，江苏档案馆藏，全宗号：1042-2，保存限：永久，案卷号：2402。

遗弃。被上诉人具此数因，上诉人乃不得已而提起离婚之诉。夫离婚之过失既在被上诉人方面，则被上诉人即无请求赡养之权利，且就令过失在上诉人方面，然上诉人负债累累，家产微薄，有分家书可证。此书作成时，被上诉人亦在场眼见，并非事后伪造。原审不察，竟据被上诉人之反诉，判令上诉人给付五千五百八十元之赡养费，实属错误等语。""被上诉人声明驳回上诉。其陈述略称，被上诉人旧日以金钗掷原告之头，系属互戏，全无恶意。被上诉人对于家姑，向无虐待，推跌云云，不知可据。至上诉人返国时，被上诉人之所以不应召回家者，系因学校不放暑假，并无所谓遗弃。查上诉人留学日本，不能谓无相当之资历。兹过失既在彼方，则原审判令其给付五千余元之赡养费，并无不当云云。"

离婚原因是由何方造成以及男方到底有无给付能力一直是赡养案件争执的要点。在此案中，男方指出了女方有性情暴戾、虐待家姑、遗弃本夫的情形，因此，离婚原因系由女方造成。并且，男方提出自己家产微薄，即使按照法律规定，应该给付女方赡养费用，但是，自己并无给付能力。这些说法遭到了女方的一一驳斥。

法院认为，双方已经同意离婚，因此，需要解决的是赡养费用问题。按照《民法》第1057条规定，无过失夫妻之一方因判决离婚而陷于生活困难者，他方纵无过失，亦应给与相当之赡养费，"故解决本案，应先研究被上诉人有无过失与其生活有无困难"。男方指责女方的过失有三点，法院认为，这三点都不构成离婚理由：①性情暴戾，不得为离婚之原因（《民法》第1052条）；②离家不返，不能认为遗弃（司法院院字第75号解释）；③虐待夫之亲属一点，据上诉人声称，当时无人在场，亦不能确切证明。因此，女方并无过失。

既然女方没有过失，则男方应该给付赡养费用。但是，如何确定赡养费用的多少？对于一方到底应给付另一方多少赡养费用，法律并无明确的规定，确定具体数额的权力在法官手里。此案在第一审时，原审判决男方给付女方赡养费5580元，而在高等法院却降为1500元。高等法院着重考查了两个问题，一是女方生活有无困难，二是男方有无给付能力以及资力的大小。杨珏如受过中等教育，并且当过教师，有一定的经济自立能力。但是她正处于失业和伤病状态，目前生活比较困难，因此男方有给付赡养的义务。男方家庭既非贫寒，也非富有。而根据中人调解时所确定1500元，法院认为，这种调解应该是比较中肯的，因此，法院最后确定周崇范应给付杨珏如1500元。

在薛景析诉薛张润云案和陈张惠明诉陈孟坚案中，法院主要是根据当时银行利率和生活水准来确定男方应一次性给付女方多少费用存入银行，以确保女方可以通过支取每月利息维持正常生活。以中人调解情况作为确定数额的参考标准和按照银行利息来计算给付费用是当时江苏高等法院确认赡养费用数额的两种重要方法。中人的调解情况反映了双方当事人的实际经济能力。而以一次性给付一定数额的金钱，让女方存入银行支息生活则使女性在离婚或别居后有了比较稳定的收入来源，在一定程度上确保了女方的生活需要，也避免了因按月给付可能带来的纠纷。

五、结论

民国时期，中国社会经济发生了重大变化，农村自给自足的自然经济逐步解体，资本主义经济有了一定程度的发展。经济的发展给女性提供了相对多的就业机会。在此时期，各种女子学校兴起，女子开始有了受教育的权利。据统计，1932 年，全国大学女生有 3290 人，专科学校有 559 人，出国的留学生有 89 人，中学女生有 69 941 人，师范学校女生有 23 738 人，职业学校有 9 376 人①。民国时期也是一个社会思想大变动的时期。自从 1916 年，也就是民国 5 年开始，新的报章杂志纷纷出笼。据统计，1919 年计有新期刊 400 种之多，最受欢迎的是《新青年》杂志，每期出版后即被抢购一空。在这许多新的期刊杂志中，几乎没有哪一种不谈所谓"妇女问题"的②。

从案例上观察，此时期女性的法律意识确实有了很大提高，女性开始用法律的手段来维护自己的权益。台湾学者梁惠锦曾说，民国元年时期，9/10 是男方主动要求离婚，妻子因缺乏生存能力，纵然婚姻生活再痛苦，仍旧不愿被离弃，希望获得家庭的保障。民国 11 年以后，8 个妇女团体中有 4 个提出离婚权，显示女性渐渐不肯无止无休地忍受痛苦，比较愿意尝试走出不幸的婚姻③。

从司法实践来看，当时的法官在确认案情时坚持了严格的证据原则。以离婚为例，在以虐待为由诉请离婚的 18 个案例中，有 9 个案例是由于上诉方并不能提出被殴打的证据而遭到法院的驳斥。在对方染有梅毒的 5 个案例中，法院同样坚持了严格的证据原则。在法律规定相对模糊的赡养费用确认问题上，

---

① 郭箴一：《中国妇女问题》，商务印书馆，1937 年，第 47 页。
② 鲍家麟：《民初的妇女思想（1911—1923）》，载鲍家麟主编：《中国妇女史论集续集》，稻乡出版社，1991 年。
③ 梁惠锦：《婚姻自由权的争取及其问题（1920—1930）》，载吕芳上主编：《近代中国的妇女与国家（1600—1950）》，"中央研究院"近代史研究所，2003 年。

由于法律只有原则性的规定，并无具体的条文可以依靠，从而给法官的审判提供了一定的弹性空间。一般而言，法官都坚持了情理原则，注意到了双方的实际情况，在两者之间小心翼翼地寻求一种平衡。

不可否认，这些法律和司法实践上的进展赋予了女性更多的权利，然而，必须看到的是，案例清楚地告诉我们，女性权利状况是一个复杂的结合体，不仅要看法律上如何规定以及法院如何判决，更应该注意到在现实的社会生活中女性的权利状况。从案例来看，由于当时缺乏对女性人身权利的基本保护，在婚姻中被虐待、被遗弃的命运就无法避免，缺乏对女性的经济权保护，妻子就无法获得真正的平等权利，其弱势地位就不可能得到根本改变。

（原载《妇女研究论丛》2007年第4期）

中国妇女运动的"阶级"
——中国共产党全国代表大会妇女运动决议研究

韩贺南[①]

摘　要：本文主要研究了中国共产党全国代表大会妇女运动决议关于中国妇女运动的阶级分析与评价，发现妇女运动是凝聚阶级、民族与性别多重关系的颇具张力的概念。劳动妇女运动和一般妇女运动是两个基本分析范畴，党对妇女运动的评价与态度随着革命形势而发展变化，充满"辩证法"的思想。

关键词：妇女运动　阶级　会议决议　文本分析

阶级是马克思主义分析社会的基本范畴。中国共产党在运用马克思主义指导中国妇女运动实践的过程中，对妇女运动进行阶级分析，发展出一些基本概念和理论，成为中国特色妇女解放理论的重要内容。

关于中国共产党对于妇女运动的阶级分析与建构的研究，已经取得一些成果，比较有代表性的观点认为，"中国共产党自成立之日起就把妇女运动作为中国革命事业的一个重要组成部分，……团结动员各民族各阶层妇女参与民族民主运动"[②]，即认为中国妇女运动是无产阶级革命运动的重要组成部分。中国共产党努力团结各阶级、阶层妇女参与革命运动。然而，对党在各历史时期关于妇女运动的阶级划分以及由此产生的基本概念进行微观研究的成果比较鲜见。

本文主要对中国共产党全国代表大会关于妇女运动的决议、决议案进行文本分析，着重关注的问题是中国共产党对妇女运动进行阶级分析所运用的主要概念和基本立场，具体研究方法为：追寻文本的脉络，寻找具体的历史情境，钩沉特定情境下产生的概念和理论的深层含义；同时采用"同文互释"的方法解读文本，即结合当时党的主要领导人、妇女领袖关于同一问题的阐发以及妇

[①] 作者简介：韩贺南，女，中华女子学院女性学系教授、东北师范大学政法学院在读博士。研究方向：妇女学理论。

[②] 顾秀莲主编：《20世纪中国妇女运动史》，中国妇女出版社，2008年。

中国妇女运动的"阶级"
——中国共产党全国代表大会妇女运动决议研究

女组织贯彻党的妇女运动决议的情况,进一步理解党的决议涉及的相关概念和理论的意义。

中国共产党全国代表大会颁布的妇女运动决议共有4份,分别为《中国共产党第二次全国代表大会关于妇女运动的决议》《中国共产党第三次全国代表大会关于妇女运动决议案》《中国共产党第四次全国代表大会对于妇女运动之决议案》《中国共产党第六次全国代表大会妇女运动决议案》(以下简称二大、三大、四大、六大妇女运动决议或决议案),时间主要集中在1922—1928年大革命前后。本研究试图厘清中国共产党全国代表大会妇女运动决议中关于妇女运动的阶级概念,探讨党对不同阶级妇女运动的评价与态度及其在不同历史情境中的变化。同时,着重分析党对不同阶级妇女运动的评价与态度所蕴含的阶级、民族、国家、性别等复杂关系。

一、"劳动妇女运动":阶级民族与性别交融下的多种含义

在中国共产党全国代表大会关于妇女运动的四个决议中,二大妇女运动决议着重分析了妇女的阶级,其余三个决议案着重关注了妇女运动的阶级。其中劳动妇女运动是一个核心概念。

(一)劳动阶级与劳动妇女

"劳动妇女运动"是一个内涵丰富的范畴。劳动妇女属于劳动阶级。何谓劳动阶级?恩格斯在《共产主义原理》中指出:"无产阶级或无产者阶级是19世纪的劳动阶级。"[①]"无产阶级是完全靠出卖自己的劳动而不是靠某一种资本的利润来获得生活资料的社会阶级。"[②] 按照恩格斯的解释,在当时,无产阶级都是劳动阶级,但无产阶级的概念不能涵盖所有的劳动阶级。或言之,劳动阶级中还有半无产阶级等阶层。从当时的文本来看,劳动阶级概念主要有两种用法:一种是与剥削者、掠夺者相对应的概念。王剑虹谈道:"近代产业革命的结果,资本制度把阶级关系弄简单了。即是社会划分为两大阶级,一个是有产阶级,一个是无产阶级。我们女子从古就是劳动者,就是被掠夺者。"[③] 很显然,在这里与资产阶级相对的概念是无产阶级。另外两个相对应的概念是"劳

---

① 弗·恩格斯:《共产主义原理》,载中共中央马克思恩格斯列宁斯大林著作编译局译:《马克思恩格斯全集》(第4卷),人民出版社,1958年,第357页。

② 弗·恩格斯:《共产主义原理》,载中共中央马克思恩格斯列宁斯大林著作编译局译:《马克思恩格斯全集》(第4卷),人民出版社,1958年。

③ 剑虹:《女权运动的中心应移到第四阶级》,载《妇女声》1921年第1期。

动者"和"掠夺者"。沈玄庐也谈道:"劳动者要求解放,正当要求劳动者所结合的团体,不当要求资本家解放。"① 这里将劳动者与资本家两个概念相对使用。另一种是与资产阶级相对的概念,即与无产阶级概念通用。王一知谈道:"资本主义的势力将全社会划成了两大阶级——资产阶级和劳动阶级。我们在家庭中的女子亦就如男子一样的作了被资本阶级剥削的劳动者。"② 王一知直接将劳动阶级的概念与资产阶级相对使用,将劳动者与资本家剥削者相对使用。以上可以洞悉劳动阶级概念两种大致相同又略有区别的用法。

(二)"三阶级"与"四阶级"的妇女运动

关于妇女运动的阶级,当时有许多论述,主要有两种观点:一种观点将妇女运动分为四个阶级。田汉谈道:"若把妇人运动分做'君主阶级'、'贵族阶级'、'中产阶级'、'劳动阶级'的四层来看,那么我国的武则天、俄国的加查邻、英国的维多利亚都是第一阶级的妇人运动者。"③ "中世纪各国夫人之操纵政局,也是第二阶级妇人运动之表现"④,"十九世纪中产阶级勃兴后,各国随之而起的女权运动(运动女子参政及开放大学校、女子得同等职业等事)便是第三阶级的妇人运动"⑤,"真正彻底的改革论者便是第四阶级的妇人运动,或谓之为'妇人的劳动运动'"⑥。田汉将中流阶级称为第三阶级,将劳动阶级称为第四阶级。陈望道认为,"'女人运动'共有两类:一是第三阶级女人运动;一是第四阶级女人运动。第三阶级女人运动就是中流阶级的女人运动;第四阶级女人运动就是劳动阶级女人运动"⑦。可见,陈望道与田汉在对中产阶级妇女运动和劳动阶级妇女运动的称谓上相似。另有一种观点把妇女分为"三个阶级"。沈雁冰认为:"现社会的女子可分为(一)阔太太贵小姐;(二)中等诗礼(借用)人家的太太小姐;(三)贫苦人家靠劳工糊口的妇女。"⑧ 沈雁冰称上述三个阶级为"第一等""第二等"和"第三等"。第一等即为"上等阶级",第二等为中产阶级,第三等为劳动阶级。王会悟也谈道:"就妇女的生活

---

① 沈玄庐:《劳动与妇女发刊大意》,载《劳动与妇女》1921年第1期。
② 一知:《妇女解放与劳工解放》,载《中国青年》1925年3月第67期。
③ 田汉:《第四阶级的妇人运动》,载《少年中国》1910年第1卷第4期。
④ 田汉:《第四阶级的妇人运动》,载《少年中国》1910年第1卷第4期。
⑤ 田汉:《第四阶级的妇人运动》,载《少年中国》1910年第1卷第4期。
⑥ 田汉:《第四阶级的妇人运动》,载《少年中国》1910年第1卷第4期。
⑦ 陈望道:《我想》,载《新妇女》1920年第4卷第2号。
⑧ 沈雁冰:《怎样才能使妇女运动有实力》,载《妇女杂志》1920年第6卷第6号。

状况说，可以分为上中下三等。所谓上等的妇女们都是资本家或官僚家里的妻小";"中等的妇女","伊们专靠结婚谋生活","不得不暂时离开家庭来到社会上某一职业";"下级的妇女们","同男子一同跑到资本家的工厂去做工钱的奴隶"[1]。在这里，王会悟认为：资本家或官僚家里的妻小为上等妇女；原来靠丈夫养活，现在不得不到社会上谋职业，以维持生存的是中等妇女；在工厂做工的女工，或称为"工厂劳动者"为下层妇女。这种观点将"第三等"或"下等阶级"的妇女运动称为劳动阶级妇女运动。

综上所述，劳动妇女运动是"阶级与性别"相互交融的概念。首先，它是妇女运动中的阶级概念，属于妇女运动的范畴。它与一般妇女运动诸如女权运动、女子参政运动相对应，是各阶级妇女运动中"劳动阶级"的妇女运动。其次，劳动妇女运动属于无产阶级革命运动的范畴，即无产阶级革命运动中的劳动妇女运动。前者属于性别中的"阶级"，后者属于阶级中的"性别"。然而，在当时中国社会半封建半殖民地的背景下，在反帝反封建的民族民主革命运动中，劳动妇女运动中的阶级与性别关系呈现以阶级、民族利益为中心的格局。首先，劳动妇女运动的对象首先是资本与剥削，而不是男权，其性别含义是资本剥削下的性别差异，即劳动妇女所受的来自资产阶级的更加深重的剥削和压迫。所谓更加深重一方面是与其他阶级妇女的比较，另一方面是与无产阶级男性的比较。其中民族压迫与阶级、性别交织在一起，造成了劳动妇女生存状况的更加惨重。可见，劳动妇女运动概念凝聚着阶级、民族、性别压迫与斗争的多种含义。

二、"一般妇女运动"：以女权运动为主体的多种运动的综合概念

"一般妇女运动"是中国共产党对妇女运动进行阶级分析的又一重要概念。关于"一般妇女运动"的含义，中共三大妇女运动决议明确指出，"一般的妇女运动如女权运动、参政运动、废娼运动等"[2]。向警予则把当时的妇女运动分为："劳动妇女运动、女权及参政运动、基督教妇女运动"[3]。综观中共四大、六大妇女运动决议案，可见"一般妇女运动"是指对除劳动妇女运动以外其他妇女运动的总称。

---

[1] 王会悟：《妇女运动的新趋向》，载《妇女声》1922年第3期。
[2] 《中国共产党第三次代表大会关于妇女运动决议案》，载中华全国妇女联合会妇女运动历史研究室编：《中国妇女运动历史资料（1921—1927）》，人民出版社，1986年。
[3] 向警予：《中国最近妇女运动》，载《前锋》1923年第1期。

(一)"女权运动"与"女子参政运动"

在当时,"女权运动"和"女子参政运动"是一般妇女运动中的主要所指,女权运动尤受关注。党的全国代表大会关于妇女运动的决议除二大未提及以外,其余都有关于女权运动的明确观点。

关于究竟何谓"女权运动",当时,田汉、沈雁冰、李大钊、陈独秀、向警予等对此都有过论述,主要有两种观点:一种观点认为,女权运动是女子反抗男子强力压迫的运动。李大钊指出:"凡在'力的法则'支配之下的,都是被压迫的阶级;凡对此'力的法则'的反抗运动都是被压迫阶级的解放运动。妇女屈服于男子的'力的法则'之下,历时已经很久,故凡女子对男子'力的法则'的反抗,都为女权运动。"[1] 这里所谓"力的法则"是指力量强者对弱者的压迫,或称"强力压迫"。《北京女权运动同盟会宣言》也曾谈道:"一切反抗强权的运动都是革命运动。我们的女权运动亦是一种革命的运动。"[2] 或言之,革命运动是对强权压迫的反抗。据此,女权运动是妇女反抗男子强力压迫的运动,是革命运动。另外一种观点认为,女权运动不仅是女子反抗男子强力压迫的运动,而且是妇女的人权运动和民权运动,即女权运动反抗的不仅是男权,更重要的是反抗剥夺女子人权与民权的社会制度。向警予谈道:"女权运动是妇女的人权运动,也是妇女的民权运动。……女权运动的真意义,决不是性的战争。"[3] 向警予认为国难当头,国权民权为重。女权沦落,阻滞社会的发展与进步,妇女奋起伸张女权,理所当然,国民深解。然而,在"洋人"军阀横行霸道,国家权力与民族权力丧失的情况下,首先要争取国权与民权。置国权与民权于不顾,唯求女权,是奇耻,是大愚。第一种关于女权运动的观点也主张不打破私有制的社会制度,女权无从谈起,批评女权运动不解妇女受压迫的根源,是中产阶级妇女的主张。有所不同的是第二种观点将国权与民权界定为女权运动的真正含义。

关于女权运动与劳动妇女运动的联系与区别,女权运动先驱们主要从运动主体、目标等多角度进行比较。

首先,女权运动的主体是中产阶级。李大钊认为:"女权的妇女运动,为

---

[1] 守常:《现代的女权运动》,载《妇女评论》1922 年第 25 期。
[2] 《北京女权运动同盟会宣言》,载中华全国妇女联合会妇女运动历史研究室编:《中国妇女运动历史资料(1921—1927)》,人民出版社,1986 年。
[3] 向警予:《中国最近妇女运动》,载《前锋》1923 年第 1 期。

中流阶级的妇女运动。"① 其次，女权运动反对的是"性别罪"。陈望道指出：第三阶级女人运动"是想消除一切科罚'女人'这罪名的刑罚——因为伊是女人，就要加伊的种种压制，运动废去这类野蛮的差别和界限"②。陈望道认为女权运动反对的是"因为伊是女人"就有罪，女人即是"罪源"，或称"性别罪"。这种看法即使在今天看来也是极为深刻的。

女权运动的目标是男女平权。李大钊认为，"那中产阶级的妇人们是想在绅士阀的社会内部有和男子同等的权力"③，即认为女权运动是中产阶级妇女在不改变现存社会制度的前提下，争取和男子享有同等权力的运动。陈望道也认为女权运动的目标是"有产阶级的男女平权"④。

关于女权运动的斗争对象，有观点认为是男人，而从陈望道的论述来看，仿佛不是指男人而是指制度。他指出：女权运动"想攻击优待男人的宫室，要揭示监禁女人的封条"⑤。显然，这"优待男人的宫室"和"监禁女人的封条"不是指男人，而是指制度、规则。陈望道还谈到了女权运动"将男人作瞄准"，从具体语境来看，不是指以男人为斗争对象，而是指在权利方面以男人为标准。

将以上三点与劳动妇女运动相比则更加彰显。劳动妇女运动的主体是"穷人"，劳动妇女运动的斗争对象是资本剥削制度；劳动妇女运动的目标是人类平等。当时一些共产党对女权运动多有批评。田汉认为："这种妇人运动没有考虑妇女失去地位，屈服于男子的原因，只考虑和男子相比，缺少哪些权力，不能从根本上解决问题。"⑥

女子参政运动在党的妇女运动决议中是与女权运动并列的概念。当时有人将其列入女权运动范畴。向警予曾阐述过女子参政运动与女权运动的主要区别。她指出，"参政派的意见谓政治问题为解决一切问题的枢纽，故女权运动只须着重于参政一点。女权派虽然承认参政运动的重要，但谓仅此一点还嫌不够"⑦，主张女子应该拥有"财产与继承权""职业与工资平等权""婚姻自由

---

① 《李大钊君演讲女权运动》，载《江声日刊》1923年2月5日。
② 陈望道：《我想》，载《新女女》1920年第4卷第2号。
③ 《李大钊君演讲女权运动》，载《江声日刊》1923年2月5日。
④ 陈望道：《我想》，载《新女女》1920年第4卷第2号。
⑤ 陈望道：《我想》，载《新女女》1920年第4卷第2号。
⑥ 田汉：《第四阶级的妇人运动》，载《少年中国》1910年第1卷第4期。
⑦ 向警予：《中国最近妇女运动》，载《前锋》1923年第1期。

权""教育平等权"等。杨之华也曾谈到,"参政派"只注重女子参政问题,"而女权派承认参政运动的重要之外,还要注意财产、职业、婚姻、教育等问题"①。可见,在当时女权运动与参政运动之区别。

(二)废娼运动与基督教妇女运动

李大钊曾经谈道:"废娼运动,是现代社会运动的一种。"② 20 世纪 20 年代,"'上海倡之于先,广东继之于后,各方人士次第响应'的废娼运动弥漫全国"③。中共三大妇女运动决议案将废娼运动列入一般妇女运动之列。其他三个决议均未提及。

在一般妇女运动中,除上文提到的女权及参政运动外,比较受关注的则是基督教妇女运动。向警予曾经撰文介绍基督教妇女团体及其主要活动。她指出:基督教妇女团体主要有"基督教女青年会,中英美妇女会,妇女节制会……"④。可见当时基督教妇女组织的主要所指。向警予谈到基督教妇女团体较女权运动团体和女子参政团体成立为早,人数众多。基督教妇女团体善于运用娱乐动人的方法,吸引妇女群众,贴近妇女的日常生活;她们既注重知识妇女的家务职业问题,建有专门的"家务团和女子职业介绍部",又关注各种妇女问题。"他们对于一般知识妇女所轻视鄙贱的工厂劳动妇女尤其特别注意。"⑤向警予认为,基督教妇女运动"在组织上、方法上、技术上、人才上、经济上无一不有国际的后援与指导"⑥,"恐终会成为外国资本的机械,而不是中国国民运动中需要之独立的妇女运动"⑦。向警予撰此文 3 年之后,杨之华曾对基督教的活动做出评价:"基督教初入……仿佛是进步的运动。但是自从新文化运动发生……与孔教合并,压迫妇女。"⑧ 杨之华认为,基督教的宣传企图"结欢于中国社会",使妇女囿于家庭而消减其革命的热情,其实是反对中国民族解放运动。

三、党对劳动妇女运动的立场:妇女运动的主体

劳动妇女运动是中国妇女运动的主体力量,既是中国共产党根据马克思主

---

① 杨之华:《中国妇女运动之过去与现在及其将来》,载《光明》1926 年第 8 期。
② 李大钊:《废娼问题》,载《五四时期妇女问题文选》,生活·读书·新知三联书店,1981 年。
③ 尹旦萍:《20 年代废娼运动》,载《中国妇女报》2005 年 10 月 10 日。
④ 向警予:《中国最近妇女运动》,载《前锋》1923 年第 1 期。
⑤ 向警予:《中国最近妇女运动》,载《前锋》1923 年第 1 期。
⑥ 向警予:《中国最近妇女运动》,载《前锋》1923 年第 1 期。
⑦ 向警予:《中国最近妇女运动》,载《前锋》1923 年第 1 期。
⑧ 杨之华:《中国妇女运动之过去与现在及其将来》,载《光明》1926 年第 8 期。

义的阶级斗争学说分析中国妇女运动的阶级立场得出的理性认识，也是经过中国工人运动实践检验了的结论。

（一）"三大决议案"中的"劳动妇女"

中共三大妇女运动决议案将劳动妇女运动作为三个议题之首，指出："在去年的蓬勃罢工运动之中，已表现劳动妇女在阶级斗争中之重要与意义。"① 可见，中国共产党在阶级斗争中，发现了劳动妇女运动的能力与作用。

"1922 年 1 月到 1923 年 2 月，中国共产党领导的工人运动形成第一次高潮。"② 其中，劳动妇女运动蓬勃发展。据向警予"1922 年中国劳动妇女罢工运动表"初步统计，"女工罢工的工厂六十余个，罢工人数共三万余，罢工次数共十八次"③。向警予认为女工罢工是帝国主义和封建军阀强力压迫已久的积怨，是她们的生存抗争。她将女权运动的方式与劳动妇女运动的方式及其革命精神进行了比较，发现"女权和参政运动"的方式是"叩头式的请愿和打拱式的哀求，对旧社会不敢有反抗的表示"，"独有穷无所归、工厂卖力的劳动妇女，她们为争自由、争本身利益……用罢工的手段一致与资本家积极作战，忍饥挨饿牺牲工钱或被革除都所不惜"④。向警予高度评价劳动妇女中的产业工人具有革命的彻底性和牺牲精神，称她们为妇女解放的先锋，国民革命的前卫。向警予运用马克思主义的唯物史观分析了劳动妇女具有彻底革命精神的原因，指出："原来人的思想和意识，决不是无中生有的海市蜃楼，而是他的物质环境之反映。劳动妇女苦寒的家庭已丧失了父与夫的靠山，环境逼着她们跳出经济的附属地位而与无产的男子一样卖力营独立的生活。"⑤ 向警予发现劳动妇女的阶级地位、生活处境决定了她们的革命精神。由此可见，劳动妇女是妇女运动的先锋，是中国共产党运用马克思主义的唯物史观和阶级斗争学说对妇女和妇女运动进行阶级分析，又经过革命斗争实践检验的结论。

（二）"四大决议案""六大决议案"中的"工农妇女"

四大妇女运动决议案提出了工农妇女是妇女运动的中坚的主张。这说明，

---

① 《中国共产党第三次代表大会关于妇女运动决议案》，载中华全国妇女联合会妇女运动历史研究室编：《中国妇女运动历史资料（1921—1927）》，人民出版社，1986 年。
② 中共中央党史研究室：《中国共产党历史（1921—1949）》（第一卷·上册），中共党史出版社，2002 年，第 107 页。
③ 向警予：《中国最近妇女运动》，载《前锋》1923 年第 1 期。
④ 向警予：《中国最近妇女运动》，载《前锋》1923 年第 1 期。
⑤ 向警予：《中国最近妇女运动》，载《前锋》1923 年第 1 期。

党在新的革命形势下,对劳动妇女这一群体又做了进一步分析,从而发现了劳动妇女的骨干作用。

四大妇女运动决议案指出:"妇女运动应以工农妇女为骨干,在妇女运动中切实代表工农妇女的利益,并在宣传上抬高工农妇女的地位,使工农妇女渐渐得为妇女运动中的主要成分。"①四大妇女运动决议案,将"妇女运动应以工农妇女为骨干"作为党的妇女工作的重要原则之一,并具体指出了如何使工农妇女成为妇女运动骨干的方法和策略,即:首先,在妇女运动中"切实代表工农妇女的利益",使她们认识到中国共产党所领导的妇女运动是为工农妇女求解放的运动;其次,在舆论宣传上,提高工农妇女在妇女运动中的地位,从而逐渐使工农妇女成为妇女运动的主要成分,而不是使资产阶级和小资产阶级妇女成为妇女运动的主体。向警予曾经指出:"妇女运动者的眼光应时常注射到最下层妇女——工农妇女的生活,因为伊们是妇女中的最大多数;伊们的生活最痛苦;伊们在客观条件上最迫切的要求解放。"②向警予是中共四大后增补的中央局委员,负责妇女部工作。她的观点在一定程度上反映了党的妇女工作的思想方法:了解最大多数妇女的需求,代表她们的利益,吸引她们到革命队伍中来,并使她们成为妇女运动的中坚。

提出以工农妇女为骨干的观点与当时的历史背景有关。中国共产党第四次代表大会认识到"中国革命需要'工人农民及城市小资产阶级普遍的参加,其中农民是'重要成分','天然是工人阶级之同盟者'"③,可见,以工农妇女为骨干的观点,具体体现了党的无产阶级在民主革命中的领导权和工农联盟的主张。

四、党对"一般妇女运动"的评价与工作原则

从中国共产党全国代表大会妇女运动决议文本来看,党对"一般妇女运动"的评价与态度,三大、四大基本一致,六大时发生了重大变化。

(一)"三大决议案"对"阶级"与"主义"的淡化

中共三大妇女运动决议指出:"一般的妇女运动","本党女党员应随时随

---

① 《中国共产党第四次代表大会对于妇女运动之决议案》,载中华全国妇女联合会妇女运动历史研究室编:《中国妇女运动历史资料(1921—1927)》,人民出版社,1986年。
② 向警予:《一个待解决的问题》,载《妇女周报》1925年4月13日第81号。
③ 中共中央党史研究室:《中国共产党历史(1921—1949)》(第一卷·上册),中共党史出版社,2002年,第157页。

地指导并联合","第一,不要轻视此等为小姐太太,或女政客们的运动;第二,阶级的主义的色彩不要太骤太浓,至使她们望而生畏"①。这里提到的"小姐太太"的运动是针对当时人们对女权运动的种种批评。向警予曾经就女权运动应该援助丝厂女工罢工问题撰文,她引用了邵力子的评价:"女权运动必应从联合无产阶级的女工做起,不然只是少数太太小姐们想出风头罢了。"② 关于对"女政客们"的批评,向警予曾经谈道:"女子参政运动弄成了女子个人做官做议员的运动。"她说:"《妇女杂志》的编辑瑟庐说:'现在从事参政运动者则大都为稳健派,如女子参政协进会,开成立会时受警察干涉也便改为演讲会,并不反抗。'……如果秉着此种意义去做参政运动,其结果不过是无聊的女议员,可耻的官僚群中添多些可耻的女官僚。"③ 在这里,向警予批评女子参政协进会的妥协态度,她极力主张"在中华民国未能达到独立自由和平统一以前,漫说妇女的彻底解放不可能,就是十八世纪欧美妇女所悬为目标的女权也决难办到"④。值得深思的是,当时人们尤其是如向警予等共产党人对女权运动有种种看法,党的三大妇女运动决议却针对这些看法,着重提醒"不要轻视此等为小姐太太,或女政客们的运动","阶级的主义的色彩不要太骤太浓",可见当时党对女权运动的态度是合作与包容的。这与中国共产党三大的基本主张有关。中国共产党三大决定,"党在现阶段'应该以国民运动为中心工作',采取党内合作的形式同国民党建立联合战线"⑤。很显然,三大妇女运动决议案对待一般妇女运动的态度,具体体现了三大的统一战线思想,同时也反映了三大的局限性。党的三大"认为中国工人阶级尚未成为一个'独立的社会势力','中国国民党应该是国民革命之中心势力,更应该立在国民革命之领袖地位'"⑥。三大的局限在妇女运动决议中的反映,主要表现为慎谈"阶级"与"主义",对女权主义对待革命运动的消极态度淡然处之;对无产阶级妇女在中国妇女运动中的主体地位问题,立场晦之有加。

---

① 《中国共产党第三次代表大会关于妇女运动决议案》,载中华全国妇女联合会妇女运动历史研究室编:《中国妇女运动历史资料(1921—1927)》,人民出版社,1986年。
② 向警予:《一个紧急的提议》,载《妇女周报》1923年第6号。
③ 向警予:《中国最近妇女运动》,载《前锋》1923年第1期。
④ 警予:《今后中国妇女的国民革命运动》,载《妇女杂志》1924年第10卷第1号。
⑤ 中共中央党史研究室:《中国共产党历史(1921—1949)》(第一卷·上册),中共党史出版社,2002年,第136页。
⑥ 中共中央党史研究室:《中国共产党历史(1921—1949)》(第一卷·上册),中共党史出版社,2002年,第136页。

（二）"四大决议案"关于妇女运动的"三阶级"说

四大妇女运动决议案与三大对"一般妇女运动"的工作原则基本一致，然而对其评价与立场略有变化。四大妇女运动决议案认为"一般妇女运动""仍属本党妇女运动的重要工作"。如果说，三大妇女运动决议案强调对待"一般妇女运动"的态度要慎重，那么四大妇女运动决议案则着重于以什么样的指导思想去做"一般妇女运动"的工作。四大妇女运动决议案将一般妇女运动划分为三个阶级的运动，即"贵族妇女运动""买办阶级化的教会妇女运动""小资产阶级的妇女运动"，并对各阶级妇女运动对待革命的态度进行了比较细致的分析，表明了党对各阶级妇女运动的工作原则。

关于贵族妇女运动。四大妇女运动决议案认为，其阶级观念是半封建半资产阶级的，代表上层妇女利益。中国共产党对贵族妇女运动的工作原则首先是指正其错误，其次是同情和赞助她们妇女解放的主张。在当时，贵族妇女到底指哪个阶级或阶层的妇女？杨之华曾经谈到：在上海所谓"最高等的"的妇女，首先是"军阀官僚的家族"；次之是"大商人的妻妾儿女，资产阶级的妇女"①。"其中有一部分的知识阶级——贵族妇女、政客"，注重"自身的参政问题"②。可见，杨之华认为，贵族妇女是所谓"最高等的"妇女中有知识、有参政欲求者。当时许多共产党人认为，在不改变腐朽的社会制度、不推翻反革命政权的情况下，在反动政权里边谋得职位，等于充当了反革命的帮凶，对于参政者个人来说，就是为了出风头。

通过以上看法，可以洞悉四大妇女运动决议对"贵族妇女运动"的原则与态度。贵族妇女运动的主要错误在于其半封建半资产阶级的阶级观念和仅仅"代表上层妇女利益"的阶级立场。然而，党对其妇女解放的主张是同情和赞成的。在这里可以看出，仅就对待贵族妇女运动的态度而言，四大妇女运动决议案将阶级与性别视角结合在一起，从不同角度看待贵族妇女运动，采取了"辩证法"的态度，即一方面批评其阶级观念与立场，另一方面同情、赞成其性别平等的诉求。

关于"买办阶级化的教会妇女运动"。四大妇女运动决议案认为，其受帝国主义经济和文化的影响，主要从事一些"不彻底的妇女慈善事业"，致力于"建设屈伏于帝国主义侵略下的所谓幸福小家庭"。党的态度是对其诚恳而严重

---

① 杨之华：《上海妇女运动》，载《中国妇女》第6期，1926年1月30日。
② 杨之华：《上海妇女运动》，载《中国妇女》第6期，1926年1月30日。

地批评，促使其觉悟。"买办阶级化的教会妇女运动"在当时主要是指基督教妇女运动。杨之华曾经谈道："教会派的团体——女青年会、妇女节制会以及许多教会学校和他们办的种种慈善事业的团体，实际上都是帝国主义者的机关。"① 关于教会组织的工作，她谈道："我们并不是说所有教会妇女都是帝国主义的走狗，为教会而活动的分子中确是有几个人才，可是伊们不幸遇着了帝国主义的几个洋大人，被她们很文明的高等手段引诱去了。"② 从中可见，杨之华认为教会妇女受帝国主义的引诱蒙骗，其"思想完全受帝国主义者的支配"，为帝国主义做事情，但"决不笼统的反对一切教会里的中国妇女"③。其实，基督教女青年会和中华妇女节制会等妇女团体，在婚姻自由、节制生育、幸福家庭、体育运动等方面做了许多对妇女有利的事情。然而，在当时，帝国主义是中国人民的大敌，帝国主义支持的任何组织都会被警惕甚或反对。基督教妇女组织所做的有利于妇女的工作，也被民族斗争所遮蔽。在中国反帝反封建的民族民主革命过程中性别利益必然服从于阶级与民族利益。

关于小资产阶级妇女运动。四大妇女运动决议案认为："一部分小资产阶级出身的妇女——特别是女学生已渐渐有倾向革命之可能"④，号召党的"妇女同志"努力参加小资产阶级的妇女运动，切实指导，促使其"日趋于革命化"。小资产阶级到底指哪些群体，毛泽东曾经指出："如自耕农，手工业主，小知识阶层——学生界、中小学教员、小员司、小事务员、小律师，小商人等都属于这一类。"⑤ 毛泽东认为："这一个阶级，在人数上，在阶级性上，都值得大大注意。"⑥ 四大妇女运动决议案，对小资产阶级妇女运动的态度，反映了党的四大的阶级路线。党的四大认为，中国革命需要"工人农民及城市小资产阶级普遍的参加"⑦。四大妇女运动决议案，已经发现小资产阶级妇女的革命倾向，努力促使其走进革命队伍，使小资产阶级妇女运动成为革命运动的组成部分。

---

① 杨之华：《上海妇女运动》，载《中国妇女》第 6 期，1926 年 1 月 30 日。
② 杨之华：《上海妇女运动》，载《中国妇女》第 6 期，1926 年 1 月 30 日。
③ 杨之华：《上海妇女运动》，载《中国妇女》第 6 期，1926 年 1 月 30 日。
④ 《中国共产党第四次代表大会对于妇女运动之决议案》，载中华全国妇女联合会妇女运动历史研究室编：《中国妇女运动历史资料（1921—1927）》，人民出版社，1986 年。
⑤ 毛泽东：《中国社会各阶级分析》，载《毛泽东选集》（第一卷），人民出版社，1991 年。
⑥ 毛泽东：《中国社会各阶级分析》，载《毛泽东选集》（第一卷），人民出版社，1991 年。
⑦ 中共中央党史研究室：《中国共产党历史（1921—1949）》（第一卷·上册），中共党史出版社，2002 年，第 158 页。

(三)"六大决议案"的"特别警觉"

与四大妇女运动决议案相比较,六大妇女运动决议案对女权运动、基督教妇女运动的看法与态度发生了较大的变化,将二者与国民党改良主义的妇女运动一起称为"反动思想的妇女运动","是站在反革命的联合战线中反阶级斗争的阻碍革命的力量"①。党对这三种妇女运动的态度是"不得不加以防止,在群众中经常的暴露其真情,严厉的批评她们,反对她们"②。党对这三种运动的评价和态度也有较大的区别。

关于"女权主义的妇女运动",六大妇女运动决议案指出,其"离开政治离开革命而以和平方法宣传解放妇女,完全是空想、幻想"③,不但达不到解放妇女的目的,反而会影响"小资产阶级的知识分子"对革命的态度。由上可知,党开始注重"一般妇女运动"中各阶级、阶层妇女运动之间的相互影响,紧密围绕争取群众的总路线,表现出鲜明的阶级立场。

关于"基督教的妇女运动",六大妇女运动决议案指出,其"用各种方式亦如国民党的改良主义对于妇女群众由欺骗而进入麻醉的宣传,历年来几形成了反革命的势力之一"④。由此可见,党对基督教妇女运动的看法不同于女权运动,认为它的活动运用的是国民党的改良主义方法,对妇女群众进行欺骗与麻醉。这一评价与中共六大时的革命形势有关。六大妇女运动决议明确指出:"当此资产阶级与帝国主义及封建军阀组织了反革命的联合战线,背叛了民族革命运动之际",共产党与国民党"成了不能调和的仇敌"⑤。中国共产党独立领导革命运动的关键时期,各阶级、阶层妇女运动对待革命的立场态度,是革命胜负的关键因素。正如毛泽东所言:"谁是我们的敌人?谁是我们的朋友?这个问题是革命的首要问题。"⑥ 而基督教妇女运动既有帝国主义背景,又与国

---

① 《中国共产党第四次代表大会对于妇女运动之决议案》,载中华全国妇女联合会妇女运动历史研究室编:《中国妇女运动历史资料(1921—1927)》,人民出版社,1986年。
② 《中国共产党第四次代表大会对于妇女运动之决议案》,载中华全国妇女联合会妇女运动历史研究室编:《中国妇女运动历史资料(1921—1927)》,人民出版社,1986年。
③ 《中国共产党第四次代表大会对于妇女运动之决议案》,载中华全国妇女联合会妇女运动历史研究室编:《中国妇女运动历史资料(1921—1927)》,人民出版社,1986年。
④ 《中国共产党第四次代表大会对于妇女运动之决议案》,载中华全国妇女联合会妇女运动历史研究室编:《中国妇女运动历史资料(1921—1927)》,人民出版社,1986年。
⑤ 《中国共产党第四次代表大会对于妇女运动之决议案》,载中华全国妇女联合会妇女运动历史研究室编:《中国妇女运动历史资料(1921—1927)》,人民出版社,1986年。
⑥ 毛泽东:《中国社会各阶级分析》,载《毛泽东选集》(第一卷),人民出版社,1991年。

民党的改良主义有关,却与共产党争群众的革命路线背道而驰,不能不引起中国共产党的关注。

关于改良主义的妇女运动。六大妇女运动决议案十分关注1925年国民党政府刑律中男女平权的规定会影响到妇女群众对革命的热情,指出:"国民党政府现在改变刑律,仿佛在法律上承认男女平权……这种改良主义的妇女运动,引诱和欺骗妇女群众。"[①] 从中可见,中国共产党六大妇女运动决议案,着重于如何争取更多的妇女群众支持革命,并运用这一指导思想观察妇女运动;认为虽然国民党政府刑律规定了男女平权,但这只是一种改良行为,终究不能实现真正的男女平等,却对妇女群众具有引诱和欺骗性。可见,在当时,由于革命形势的需要,阶级立场成为评价妇女运动的主要标准。

五、结论与讨论

综观中国共产党全国代表大会妇女运动决议,对妇女运动的阶级分析是最重要的议题。"劳动妇女运动"和"一般妇女运动"是两个基本范畴。党认为"劳动妇女运动"是妇女运动的主体,工农妇女是妇女运动的骨干,小资产阶级妇女是党要争取的对象。党对一般妇女运动的评价与态度,在不同的革命形式下有所不同。党对女权运动的态度,呈现出包容—批评—团结—批评—反对的过程;党对基督教妇女运动也经由批评—反对的变化。其中最主要的评价标准是各种妇女运动对待革命的立场与态度。在当时反帝反封建斗争异常尖锐的形势下,革命斗争迫切需要各阶级妇女运动的支持与援助。中国共产党必然站在无产阶级革命的立场,用阶级斗争的观点审视妇女运动。

然而,在今天看来,在当时妇女运动中,蕴含着多个群体之间的利益冲突,阶级、阶层、性别利益交织并存。如果将阶级作为评价妇女运动的唯一标准,就有可能影响对性别利益真实诉求的认识与回应。在今天,当民族独立、阶级斗争只作为一小部分的存在,男女平等已经作为基本国策的情况下,应该如何关照阶级、民族与性别关系,许多问题有待进一步研究。

(原载《妇女研究论丛》2009年第6期)

[①]《中国共产党第四次代表大会对于妇女运动之决议案》,载中华全国妇女联合会妇女运动历史研究室编:《中国妇女运动历史资料(1921—1927)》,人民出版社,1986年。

英语教育在民国新女性认同建构中的作用[①]
——以金陵女子大学为个案的研究

刘媛媛[②]

摘 要：高等教育是中外女性身份转变的关键因素，而语言教育长期以来又被视作塑造公民身份的重要工具，那么，于民国时期起步的学校英语教育在中国"新女性"的诞生中起发挥了怎样的作用呢？本文以金陵女子大学为个案，首先回顾其英语教育的理念和特色，再从新职业女性的促生、女性社会地位的提升、新主体性的建构三方面，探讨英语教育在金女大群体认同转变中所起的作用。为求全面展示英语教育的影响，文章还解析了英语学习对她们造成的"感情伤害"，并阐发了"金女大"的英语教育模式对中国当前女性语言教育的启示。

关键词：英语教育 女性认同 金陵女子大学 个案研究 主体建构

民国新女性群体的出现，代表着中国女性的角色开始由"男性的附属品"转为"独立的社会人"。何玲华将新女性定义为"经历新教育的淘洗，以鲜明的主体自觉迥异于传统女性的新知识女性"[③]；美国华裔学者王政在其著作《启蒙时期的中国女性》中，认为新女性是"接受教育，并以其新获得的自主人的身份参与社会活动"[④]，二者都强调教育为女性带来的主体性及社会身份的转变。

无疑，高等教育是中外女性身份转变的关键因素，是提高女性社会地位、为女性发展赋权、真正实现妇女解放的重要途径。对女性高等教育的研究推动了学界对教育在建构、表征和转变女性认同中所起作用的认识。然而，作为高等教育的基础，语言教育鲜有成为专门的研究课题，其与女性身份转变之间的

[①] 由衷地感谢南京师范大学金陵女子学院金一虹教授对本文选题和写作思路的指点。
[②] 作者简介：刘媛媛，女，鲁东大学外国语学院讲师。研究方向：语言思想史、性别与语言学习。
[③] 何玲华：《新教育新女性：北京女高师研究（1919—1924）》，中国社会科学出版社，2007年，第2-3页。
[④] Wang, Z., *Women in the Chinese Enlightenment: Oral and Textual Histories*, Berkley and Los Angeles: University of California Press, 1999, p.14.

关系，并未引起国内学者的关注。在教育学、社会学和哲学等领域，语言教育一直被视作塑造公民身份的重要工具。罗素指出："在一个特定的社群中，各方都在……关注语言教育是如何组织和评估的，因为任何权力机构的继续存在都需要培养一批有特殊人格的新生力量。"[1]

民国时期是中国语言文化大发展大变化的时期，也是中西、传统与现代思想激烈碰撞的时期，语言教育在思想传播、文化融合中的作用尤其值得关注，因为"新的语言形式和新的思想内容是互相伴随而来的"[2]。如此，一所教育机构所采用的教学语言、教育理念、教材选择、课程设置、教学方式等，都会对学生的身份建构产生重大影响。历史资料显示，民国新女性不仅是中国首批接受高等教育的女性，也是首批接受系统语言教育的女性，而这里所说的语言，包括国语和英语。从语言教育的角度来探讨新女性认同的，目前仅见两例，且都是针对以国语教育著称的北京女子高等师范学校（以下简称女高师）的研究：张莉以冯沅君为例，分析了女高师的阅读和写作训练如何将一个来自乡下的普通青年塑造成一位新女性作家[3]；何玲华通过相关史料的梳理，以个案研究的形式揭示了女高师的国语教育与"新女性"独具的精神风貌之间的关系[4]。同样是女子高等教育的佼佼者，金陵女子大学（以下简称金女大）以优秀的英语教育卓立于扬子江畔，然而，学界关于该校独具特色的英语教育的讨论，大都局限于"培养学生丰满的智慧和能力"[5]"人才培养模式特色"[6]"培养全面发展的女性人才"[7] 等话题。目前，尚未见将英语教育与新女性认同联系起来的专门研究。本文依托民国时期语言文化的大发展、大变化时代背景，以金女大师生关于英语学习的叙事文本（包括回忆录、传记、访谈、书信）为主要资料，以学校相关的历史档案为辅助资料，首先探讨了金女大的英语教育特色；再从新职业女性的促生、女性社会地位的提升和新主体地位的建构三个方面，探讨英语教育如何帮助金女大女性群体实现认同转变；随后解析了英语学习为金女大人带来的"感情伤害"；最后探讨了金女大对当前中国女性语言教育发

---

[1] Rouse, J., "The Politics of Composition", *College English*, 1979, (1).
[2] 黎锦熙：《新著国语文法》，商务印书馆，1952 年，第 1 页。
[3] 张莉：《阅读与写作：塑造新女性的方式——以冯沅君创作为例》，载《中国文学研究》2008 年第 1 期。
[4] 何玲华：《新教育新女性：北京女高师研究（1919—1924）》，中国社会科学出版社，2007 年。
[5] 钱焕琦：《精英是怎样炼成的？——金陵女子大学人才培养研究》，载《山东女子学院学报》2014 年第 6 期。
[6] 王红岩：《金陵女子大学人才培养模式特色评述》，载《黑龙江高教研究》2009 年第 6 期。
[7] 胡艺华：《金陵女子大学的办学特色初探》，载《高校教育管理》2009 年第 2 期。

展的启示。

一、金陵女子大学——一所实施英语教育的女子大学

金女大实施英语教育，对于中国女性身份的转变具有重大的开拓意义。从教育内容的角度来看，这是中国女性第一次接受系统正规的英语语言培训。金女大非常重视英语在其课程体系中的重要地位，校长德本康夫人认为，"英语拥有所有古典和当代语言在我们（西方）教育体系中所具有的价值"①。在金女大，英语的重要性犹如英美女校课程体系中的拉丁语（古典语言）和法语（当代语言），被认为是了解古典哲学，进行人文博雅教育和科学通识教育的基础，而在华北协和女子大学、金女大和华南女子大学创立之前，中国女性从未获得系统学习外语的权利。之前的传教士认为，对中国女性而言，英语学习不仅毫无用处，还会对"女学生在家庭中的良好作用起极坏的影响"②，以至于使她们"沦为西方商人的情妇"③。作为中国教育改革的推动者之一，张之洞在1904年还认为"少年女子……不宜多读西书，误学外国习俗，至开自行择配之渐，长蔑视父母夫婿之风"④。从观念层面讲，在中国艰难曲折的现代化之途中，英语教育给了中国女性看世界的新视界、新眼光。金女大非常重视英语在丰富中国女性思想和视野中的作用："英语是通向外部世界，让中国人接触其他理念的唯一的通道。……要同世界保持联系，她们（中国女性）需要英语。"⑤ 此外，掌握英语给了女生摆脱男权束缚的机会和工具，对曾经被"囚之、愚之、抑之"的女性有极为重要的意义，使她们可以绕过当时男性启蒙主义者的翻译和阐释，甚至渗入男权思想的解释，进而拥抱更加广阔的世界。

正如一位金女大学生所言，"金陵的趋势偏重于英文，这是无可讳言的"⑥。在金女大，英语的学习被看作实现其教育理念的一种手段。校长德本康夫人在阐述中国女子高等教育的目标时明白地说：对她而言，高等教育就是要为那些

---

① Matilda Thurston, Personal Report of Mrs. Lawrence Thurston, Burke Library Union Theological Seminary: MCT, Box 10, 10.5., August 1915.

② Robert, D. L., *American Women in Mission: A Social History of Their Thought and Practice*, Macon, Georgia: Mercer University Press, 1996, pp. 179 – 180.

③ Lutz, J. G., *Mission Dilemmas: Bride Price, Minor Marriage, Concubinage, Infanticide, and Education of Women*, New Haven: Yale Divinity School Library, 2002, p. 20.

④ 朱有瓛：《中国近代学制史料》，华东师范大学出版社，1989年，第573页。

⑤ Matilda Thurston, Personal Report of Mrs. Lawrence Thurston, Burke Library Union Theological Seminary: MCT, Box 10, 10.5., August 1915.

⑥ 幽清：《对于金陵之希望》，载《金女大校刊》1925年第1期，第4页。

已接纳女性的领域培养女性领导人。"我们不是在教育普通民众,我们的目的就是要培养……女界领袖。"① 她认为,良好的英语水平是一位女性领导人必须具备的素质,因为只有这样,她才能将西方的理念介绍到中国,这些理念是丰富中国女性生活所需要的。可见,金女大的教育理想是按照西方式的标准,同时又立足中国实际,培养出一批中国新女性,她们要能扎根民众,传播西式理念,进而帮助改造中国社会。而在当时,被称为"得五四新文化运动之先"的北京女高师也只是"以造就小学校教员及蒙养园保姆为宗旨"②。

在这样一种教育理念的引导下,早期的金女大将英语水平作为评判一个学生优秀与否的标准之一,也是观测一个学生有没有发展前途的一项重要指标。创办初期,金女大曾立有这样的规定:二年级下学期,学校统一举行英语概括考试,以检验学生的英文水平,及格者允许升入三年级;不及格者需补读一年,再考仍不及格,则做自动退学处理③。另外,金女大非常关注中国女性的生存状况,以学生的性格塑造和人格发展为教育的第一要义④。教师们积极了解学生所需,并努力根据实际情况调整课程、改进教学。自校长到每位教师,金女大教师群体对摸索一套适合中国女性的教学法饱含兴趣和热情,而金女大之所以能在英语教育方面发展出自己的特色并取得不俗的成绩,与传教士的工作精神是分不开的。一位名为 Enda F. Wood 的教师这样描述金女大 1924—1925 年英文系主任康凤楼女士(Miss Carncross)的教学法:她花费数小时为学生纠正句式结构、语法和听写中的错误,这样的教学方式对任何教师来说,都是极为枯燥和乏味的,而她却做得津津有味。她总是和学生面对面,一起探讨错误产生的原因。Enda F. Wood 认为,这是一种基督徒的工作精神,康凤楼的教学法非常适合中国学生;她对学生极有耐心和怜悯心,只有非常了解中国女

---

① Matilda Thurston, Personal Report of Mrs. Lawrence Thurston, Burke Library Union Theological Seminary: MCT, Box 10, 10.5., August 1915.
② 《北京女子师范学校一览》,北京师范大学图书馆,1918 年。
③ 吴贻芳:《金女大四十年》,江苏省金女大校友联谊会,1983 年,第 14 页。
④ 如金女大在其 1916 年发行的关于学校状况的小册子中指出,教师们回顾过去一年的工作,为学生的进步感到欣慰,因为学生们不再因不适应新事物而迷失;她们已经获得应付每日的学习任务的能力,而且逐步了解自我,认识到良好的领悟力和判断力是宝贵的人生财富(A Day's Work, Ginling College 1915, Box 7 Publications, Folder 1 Brochures, Smith College Archives)。另外,德本康夫人也多次提到,在金女大,教师们了解女生的需求及渴望,并愿意竭尽全力使这些需求和渴望得到实现(Mrs. Thurston, L. and Miss Chester, M. R. Ginling College, 1956: 5, 15; Mrs Lawrence Thurston, Address by the Retiring President, *Ginling College Magazine* (English Version), 1929: 5, Box 9 Publications, Smith College Archives)。

性的人，才会掌握与中国女性交往的要诀。一个学生也许只为一个时态问题而来，这也许是一个只要十分钟便可解决的问题，康凤楼女士却愿意花费一个小时的时间，耐心倾听这位女生在学习中的种种失望或雄心，并确保在离开时，让这位女生获得新的勇气，去迎接未来的学习和生活[1]。

除了关注学生的人格发展，重视口语是金女大英语教育的另一特点。1915年、1920年和1925年的英语课程设置均有与口语训练相关的课目，低年级时练习口头作文、报告和讨论，进入高年级则要学习辩论和公共演讲。如1915年课程表里的"修辞与写作"课，以"学习辩论及公共演讲的原则为主旨"[2]。而且，考虑到当时的社会背景，出现在1920年和1925年的"当代杂志选读"课不愧为一项妙思，将时事与口语练习相结合，让学生报告、讨论其所读所思，不仅能够激发她们的讨论热情，更开阔了她们的视野，引导她们关注社会生活。

此外，校长德本康夫人对中国传统依靠背诵的教学法的缺点非常警惕，指出：这种以背诵为主的方法使得学生"没有机会发展理性思考的能力"[3]。她和她的同事们希望改变这种状况，并借此逐步改变中国人的思维模式。这种对理性思考能力的训练，不仅表现在对辩论、讨论等学习方法的运用上，还体现在写作训练上。1915年课程表中的"修辞及主题写作"一课，"重点训练学生用正确、地道的英语表达自我"[4]；1925年的必修课"作文和文学"，主要是为了"锻炼清晰思考及正确表达的习惯，操练语法结构、习语及词汇"[5]。

金女大还存在着其他灵活的学习形式，鼓励学生在使用中学习英语。1918年，三年级和四年级学生在教师的指导下创立了"英语社"和"中国文学社"。英语社是学生们练习英语会话、阅读和背诵的场所，通过戏剧表演、台词背诵和诗朗诵等形式来扩充词汇，锻炼口语表达能力；而中国文学社则除了锻炼清晰优雅地讲话，更注重翻译的练习[6]。1923年，为了提高学生公众演讲的能力，英文教授游英女士将英语社和中国文学研究社合为一处，组成了"文

---

[1] Enda F. Wood, For Love's Strength Standeth in Love's Sacrifice, *Ginling College Magazine*, 1925, 1 (4), pp. 11-22.
[2] Ginling College Records, Smith College Archives, Box 7 Publications, folder 3 Bulletins, 1915.
[3] Matilda Thurston to Calder Family, Burke Library Union Theological Seminary, 11 April 1907, MCT, Box 1, 1.17.
[4] Ginling College Records, Smith College Archives, Box 7 Publications, folder 3 Bulletins, 1915.
[5] Ginling College Records, Smith College Archives, Box 7 Publications, folder 3 Bulletins, 1925.
[6] Liu, etc., The Pioneer, YDL: UB-CHEA, RG 11, Box 151, Folder 2946, 1919, pp. 32-33.

艺会"。文艺会的目的有二：一为发展个性，一为锻炼演讲之能力①。另外，学校还成立了校刊，目的是为学生创造机会，让她们自由抒发情感，进而锻炼清晰思考的能力②。

在一代代传教士教师的努力下，金女大的英语教学日趋完善并富有特色。它的教学法被学生评价为"灵活、严谨的"，学生们认为自己良好的英语水平和客观、逻辑地分析事理的态度与金女大的训练手段是"分不开的"③。金女大的毕业生以高超的英语水平、突出的业务能力和独特的精神风貌而享誉国内外。

二、在英语教育中成长为新女性

无论家庭支持与否，一代代来自不同城市和家庭的女孩子们，都会选择到金女大接受高等教育以发展自我，寻求独立。第一届学生徐亦蓁在回忆录中说："上帝为我打开了另一扇门……这（金女大）就是我的答案……我必须离开家。"④ 入学之前的她们，都有着数年的英语学习经历，但对何为理想的女性，似乎并没有明确的概念，她们对就读这所以英语为管理和授课语言的学校，抱着懵懂的期望和些许的担忧。她们期望掌握英语，获取高等学位，或工作或出国，进而自立于世间；同时又担忧自己的英语能力不足以应付学校的课程。可以说，就读金女大对她们来说是机会与挑战同在，让她们拥有了无穷的想象空间。事实也证明，金女大的英语教育给予了她们不曾想象的未来：通过英语阅读，她们的眼界从家庭延伸至国际，女性楷模于是突破了国界，从而激发了她们对新身份的渴望；英语的学习又为她们提供了符号和文化资本，使她们最终得以冲破中国传统性别规范的窠臼，从家庭的小女孩成长为富有远见、具有担当、充满家国情怀和科学精神的时代新女性，有些毕业生甚至走向国际舞台，成为中国女性的优秀代表，向世界展示着中国女性的卓然风采。

（一）英语学习促生新的职业女性

基于对民国时期教育和妇女报纸、杂志的分析，英国历史学家 Bailey 得出这样的结论：20 世纪初期中国的女性教育，只不过是"给中国传统女性美德披上现代知识的外衣，以养成勤劳、富有技巧、高效的家庭主妇——目的就是维

---

① 蒋琳英：《本校文艺会之历史记略》，载《金陵女子大学十周年纪念特刊》1925 年，第 57 – 59 页。
② Mao Shwen – yv, "Two Years in the Life of the Ginling Magazine", *Ginling College Magazine*, 1926, 2 (2), p.32.
③ 金陵女儿编写组编：《金陵女儿》，江苏教育出版社，1995 年，第 199 – 201 页、第 387 – 389 页。
④ New, Y. T. Zee, Typescript ms. : Biographical Material, YDL: CRP – MPP Group 8, Box 145, Folders 3 – 4.

持家庭的和睦，社会的稳定以及民族的繁荣"[1]。联想到男性精英倡导女性教育的缘由："推极天下积弱之本，则必自妇人无学始。"[2] 于是，培养"上可相夫，下可教子，近可宜家，远可善种"的"良妻贤母"便成为女子教育的目标[3]。这种良妻贤母的教育观导致女校课程以教育和家政类为主，而在这样的课程体系下，女性能够选择的职业似乎注定会如此：要么做好贤妻良母，要么从事教育事业，为国家和民族培养出高素质的国民。相比之下，金女大的毕业生们却以不同的姿态"入世"：她们中间有教师，有教会工作者或社会工作者，也有科学家、翻译家，还有人成为政治家、传播中国文化的使者甚至机构管理者。这些新职业女性的诞生，与英语的掌握有着直接的关系，同时，又与其时的世界语言局势是分不开的。

历经19世纪"日不落帝国"的扩张及其语言同化政策和殖民地政策的推行，加之19世纪末20世纪初美国在军事、经济上的崛起，英语的全球使用大大普及，在世界语言格局中取得中心地位。于是，对英语人才的需求在世界各地急剧增长，英语教学成为一个有着巨大市场的产业。此时的中国正处于举国积弱的局面，以英语为媒介的西学被有识之士视为救国的良药，英语则被认为是通往西方世界、研习西学的工具。在当时，很多科学类课程根本不存在中文教科书及参考资料，即使能找到教科书的译本，书中的观点也至少落后于时代十年，而且，这些书对术语的翻译往往让人摸不清头脑[4]。有鉴于此，金女大的教师们认为，英语能力的提高是学生谋求发展的必需，只有掌握了学科术语的英文表达，她们才有可能在一门学科的领域中继续深造[5]。此外，讲一口流利的英语不但是寻找一份体面工作的必需技能，更成为身份地位的象征，正如当时上海流传的一首打油诗中所描绘的："偶将音语学西洋，首戴千金意气扬。"[6] 如此情景下，掌握了英语，便拥有了更多的职业和发展选择，与接受国语教育的女性不同，金女大的女性因为可以留学接受更高的教育，有望成为各

---

[1] Bailey, P. J, *Gender and Education in China—Gender Discourse and Women's Schooling in the Early Twentieth Century*, Abingdon: Routledge, 2007, p. 120.

[2] 梁启超：《饮冰室合集》（第1册），中华书局，1994年，第37-44页。

[3] 对良母贤妻的这一定义，正是梁启超提出的。

[4] 胡艺华：《金陵女子大学的办学特色初探》，载《高校教育管理》2009年第2期。

[5] Mrs. Thurston, L. and Miss Chester, M. R., *Ginling College*, New York: United Board for Christian Colleges in China, 1956, p. 14.

[6] 顾炳权编：《上海洋场竹枝词》，上海书店出版社，1996年，第87页。

行各业的精英,尽管仍然受到性别身份的极大限制,但开启了一种可能:金女大毕业生通过英语学习,成长为一批新的职业女性群体,成为中国曲折自强进程中一道夺目的风景。英语能力的提高为学生谋求发展提供了助推器,使她们能够继续深造,成为各种领域包括科学领域的佼佼者。

科学领域:金女大成功培养了一批蜚声海外、具有世界影响力的中国女性科学家,而这些女性科学家,几乎都有着留学海外、以英语为学习和工作语言的经历。无论所学专业为何,金女大的教科书都尽量采用美国原版且坚持英语授课。四年的基础培训下来,学生对于使用英语来解析概念、探讨问题、撰写研究报告甚至论文都已掌握,可以说,金女大的英语教育,已然包含了今天各大学普遍开设的"学术英语"的教学内容,为她们留学海外夯实了语言和专业知识基础。英语成为她们进军科学的工具,帮助她们跨越了语言、文化甚至性别的障碍,使其傲然成长为一代新的职业女性。以中国引进 CT 和 MR 技术的第一人、中国医学摄像学的带头人、1935 年入学金女大的李果珍为例。从金女大毕业后,她于 1948—1950 年在美国芝加哥大学附属医院进修,1998 年和 2001 年先后被北美放射学会(RSNA)和欧洲放射学会(ECR)授予"荣誉会员"称号。这两个领域到目前仍然以欧美男性人士为主导,她是 RSNA 三位中国专家中的一位,ECR 唯一的中国专家,为中国尤其是中国女性科技工作者争得了世界级的荣誉。而她的成功经验便是:"最重要的是要不断学习。学好一门外语尤其重要。"[1]

翻译领域:虽然金女大并没有开设专门的翻译课程,但翻译练习一直是该校英语学习的传统,成立于 1918 年、极其注重翻译练习的"中国文学社"便是一个证明。另外,为了鼓励学生练习翻译,学校还将学生们的译课作业编撰成册出版,《世界妇女的先导》就是这样的一部"译著"。值得注意的是,金女大的翻译练习,不仅求"达意",更求"优雅",这从"中国文学社"的宗旨可以看到。虽然金女大的毕业生很少被冠以翻译家的头衔,但她们却因翻译工作而赢得社会声望。第一届毕业生徐亦蓁在回忆录中提及自己在 1919 年夏天为来南京讲座的杜威担任翻译,她的翻译被认为是"优雅"的,给听众留下了深刻的印象[2]。徐秀芝在 1939 年,为中国银行出版的"中外经济拔萃"翻译

---

[1] Mrs. Thurston, L. and Miss Chester, M. R., *Ginling College*, New York: United Board for Christian Colleges in China, 1956, p. 126.

[2] New, Y. T. Zee, Typescript ms.: Biographical Material, YDL: CRP – MPP Group 8, Box 145, Folders 3 – 4.

了一年文稿，在第二次世界大战爆发后，为英国大使馆新闻处翻译反纳粹宣传稿，在中文报刊上发表①。1935年入学的刘开荣虽系中文系出身，但英语基础亦佳，她对国内流行的《神曲》译本不甚满意，便决定重译，在译出《地狱篇》后因为"文化大革命"而被迫搁笔②。

政治领域：从金女大的课程设置来讲，女性政治家似乎并不在教育目标之内。然而，德本康夫人欲培养"女界领袖"的教育理想和要求学生们担负"丰富中国女性生活"的责任，又带有浓重的社会和政治改革的意味。此外，金女大英语教育中对学生能力发展的要求，如"发展理性思考的能力""锻炼口语表达能力"，以及"锻炼清晰优雅地讲话的能力"，亦是成为一名政治家的必需素质。这样的教育方式无意间造就了一位杰出的女政治家：第一届毕业生徐亦蓁。徐亦蓁毕业后先是担任金女大校友会主席，1928年学校重组时，又被推举为校董；在抗日战争全面爆发后，她担任国际红十字会上海分会执行委员、难民营衣物工作组负责人，随后逐渐走上了国际舞台；1942到1943年，她在美国36所高校巡回演讲，为战争中的中国教育事业募集资金；1946年，她担任联合国妇女地位委员会的中国代表。凭借流利的英语和优雅的举止，徐亦蓁逐渐成长为中国新女性的国际代表，在参加联合国妇女地位委员会工作期间，她的口头和书面英语表现，以及她待人接物时的优雅得体，令出席会议的各国代表感到惊奇。美方代表直接以"中国"称呼她，认为中国虽然政治力量弱小，但中国女性却极有教养③。徐亦蓁在回忆录中表示，希望通过自己的努力，让中国女性从男人身后走出来，以共和国国民的身份为本民族做出贡献，争得荣耀。她无疑是国际政治舞台上中国女性的优秀代表。

传播中国文化领域：一直以来，由于中国国力长期落后于西方强国，我们学习英语的目的多以"介绍西方先进理念、知识"为目标，直到最近才意识到，"将中国介绍给世界"也是英语学习者的责任。值得欣慰的是，在1922—1923年金女大学生的英语作业里，这种朴素的思想已有体现。一位女生写道："人们没有彼此的理解就不会和睦相处，这就是为什么要写信给你们的原因，

---

① 金女大校友会：《金陵女儿》（第三集），江苏教育出版社，2005年，第46页。
② 金女大校友会：《金陵女儿》（第三集），江苏教育出版社，2005年，第75页。
③ New, Y. T. Zee, Typescript ms.: Biographical Material, YDL: CRP–MPP Group 8, Box 145, Folders 3–4.

希望你们能了解我的国家。"① 毕业后，众多的金女大学子获得了出国进修或交流的机会，在别国居住期间，她们成为中国文明忠实的"布道者"。1924级的谢文秋，是第一个使中式菜谱受到美国人喜爱的烹饪学老师，她通过电视向全美和全欧洲的人们教授中式烹调，著名的《纽约时报》餐饮作家 Craig Claiborne 认为，"大概没有一个人——至少在纽约历史上——像 Grace Chu 女士这样尽心尽力地让美国公众了解其本国的饮食文化"②。另一位中国文明的传播者是剑桥大学终身院士鲁桂珍教授，她最为国人所熟知的事迹便是激起李约瑟（Joseph Needham）对中国文字及古典医学的兴趣，协助这位剑桥学者完成了巨制《中国的科学与文明》（Science and Civilization in China）。这套丛书由剑桥大学出版社于1954年开始发行，向世人介绍了中国古代文明对人类文明进步的巨大贡献。用鲁桂珍的话说，李约瑟在东西方文明之间架起了一座桥梁，而她自己是支撑这座桥梁的桥拱③。

此外，无论学生们在金女大所学专业为何，无论毕业后人生之路是否平坦，做一名英语教师或兼做一些翻译的工作，既是她们晚年的兴趣，也是她们维持生计的终身技能。

（二）在英语的帮助下突破男性话语围墙，提升女性地位

女性主义学者 C. Weedon 指出，就社会地位的提升而言，话语权的获得是女性应该被赋予的最基本的权利之一④。而美国学者 D. Cameron 的研究发现，由于与主流性别话语相悖，大部分的女性主义话语要么遭到忽视，要么被边缘化⑤。在男权社会中，话语权的丧失成为女性提升身份的重大障碍。在中国"强种保国"为目的的女性教育下，女性权利实际上是实现国家现代化的手段，而非其目的，因此，女性话语权的获得就显得更为艰难。

受到法国社会哲学家布迪厄（Pierre Bourdieu）的影响，研究话语权的女性主义学者普遍认为，与男性相比，女性更倾向于通过语言手段来提升自己的

---

① 原文为英文，译文参考金一虹：《女性叙事与记忆》，九州出版社，2007年，第34-35页。"Handwritten Essays by Chinese Women Students at Ginling College (1922—1923)", YDL: CRP - MPP, RG11, Box 231 Dorothy Lindquist, Folders 1 - 13.

② 金女大校友会：《金陵女儿》（第三集），江苏教育出版社，2005年，第39页。

③ 曹聪：《告诉你一个真实的李约瑟》，载《中华读书报》2008年10月9日。

④ Weedon, C., *Feminist Practice and Poststructuralist Theory* (2nd Edition), London: Blackwell, 1997, p.32.

⑤ Cameron, D., "Language, Gender, and Sexuality: Current Issues and New Directions", *Applied Linguistics*, 2005, (4).

社会地位①。这是因为，语言是有等级性的，权力阶层使用的语言实际上是一种资本形式，它可以转化为经济、文化和符号资本。文化资本对不同的社会阶层和群体起着标志作用，而符号资本则是机构认可和合法化的权威和身份符号②。一旦女性通过语言学习获得了语言所附带的资本，她就有可能打破性别限制，获得社会话语权。

在当时那个急于被现代文明世界接受的中国，英语的资本价值明显高于汉语，而国语则又高于方言。这种不同语言间的层级性，是金女大学子对中西权力关系最直接的体验之一。如徐亦蓁在回忆录中曾提道："我们的家庭，特别是我的丈夫家，几乎是全盘西化的……（我们认为）英语比国语及国学要重要得多，因为（在许多机构中）中式学者的工资总是最少的。……我们向往和赞美美国的一切。"③ 我们还曾访谈过一个叫段淑真的老校友，她的家庭曾在家族竞争中处于下风，但是因为进了洋学堂，在药房工作的父亲一个月的收入就超过了其他做私塾教师亲戚一年的收入。

然而，在教会女校实施系统英语教育之前，作为较高经济和社会地位象征的英语仅为极少数男性精英掌握，国语亦为父权控制下的中国主流社会所推崇。金女大女性通过学习英语获得了与男性专权相抗衡的语言资本，借助这种语言工具，她们终于能够在父权的主流话语围堵中打出一个缺口，为女性同胞谋得话语权，进而将女性的活动范围推向了公共空间，而这种公共的空间不仅限于国内，还延伸到了国际舞台。金女大培养出的杰出女政治家徐亦蓁，就是为女性谋求话语权，提高中国女性社会地位的代表之一。

徐亦蓁毕业后不久即尊母命成家，且由于丈夫和母亲的反对，放弃了自己的兴趣和追求，协助丈夫管理医院，成了丈夫"身后的影子"④。她曾叹息说："我从来就不想结婚。我非常遗憾自己有家累，有一个时时牵绊自己的丈夫。"⑤ 1928 年，金女大重组，吴贻芳博士当选校长，徐亦蓁为校董。作为校董，徐亦蓁需要在各界名流包括蒋介石、宋美龄，以及作为医界名人的丈夫等人面前主持就职典礼，发表演讲，她抓住这样的一个公开演讲的机会，通过话语权的展

---

① Eckert, P., "Gender and Sociolinguistic Variation", In Coats, J. (ed.). *Language and Gender: A Reader*, Oxford and Malden: Blackwell, 1998.
② Bourdieu, P., *Language and Symbolic Power*, Cambridge: Harvard University Press, 1991.
③ New, Y. T. Zee, Typescript ms.: Biographical Material, YDL: CRP – MPP Group 8, Box 145, Folders 3 – 4.
④ 这是徐亦蓁描述中国女性的社会地位时使用的比喻。
⑤ New, Y. T. Zee, Typescript ms.: Biographical Material, YDL: CRP – MPP Group 8, Box 145, Folders 3 – 4.

示将自己从家庭束缚中解放出来：

> 就是这次史无前例的就职演说，促使丈夫意识到我在金女大的位置和地位。他听到我的中英文演讲。我用英语向离职校长道别……并用国语发表演讲，阐述了托事部对她（吴贻芳）治下的金女大的希望。我的丈夫因此送给我一辆别克车配一个私人司机，供我从事公共事业之用。①

在这里我们看到，徐亦蓁选择使用的语言的顺序与其层级性之间的关系：她首先利用英语，表明了自己在隶属于高级别文明国家美国的金女大的中心地位，这样的社会地位甚至高于参加就职典礼的部分男性；然后，她再利用标准国语将自我置于与中国男性精英同等的地位，因为在那个时候，标准国语刚开始推行，"连宋美龄也苦恼于自己带有浓重上海腔的国语"②。她巧妙地通过语言的层级性向丈夫，也向参会的所有男性发出了女性的声音，成功地把自己从"丈夫身后的影子"中解放出来，为自己赢得了参加公共事业的空间。徐亦蓁的成功极大地鼓舞了金女大学子的自信，激发了她们想要谋得话语权、参与公共事务的决心："直至今天，1928届的全体金女大学生还记得当天的盛况以及我的形象，她们说：'我们什么时候才能和她一样啊。'"③

在这次成功之后，徐亦蓁的政治敏感性和责任感逐渐增强，她更加注重女性话语权的获得。在担任联合国妇女地位委员会的中国代表初期，她希望搜集一些关于中国女性社会地位的信息，然而相关部门告知她：没有任何资料。她发现，那些驻外的男性官员完全不在意中国女性的社会活动，对他们而言，女性就是根本不曾存在的生物，作为中国女性的代表，她的任务仅是"出席"而已。然而，她拒绝做一个"哑铃"（dumb-bell），她想要代表中国女性参与辩论，向世人展示中国教育和社会活动领域里杰出的职业女性形象。在没有任何经费的情况下，她借来打字机，根据自己对中国女性的了解，彻夜斟酌自己的英文稿，练习用英文做政治演讲，并邀请美国友人矫正自己的英语书面语和口语，最终及时提交资料，使中国女性在联合国与法国、丹麦、印度、俄罗斯等国比肩。

事实上，利用掌握英语的优势承担起社会责任，为中国女性在国际上谋求话语权，徐亦蓁并非孤例，这更像是金女大义不容辞的责任和传统。张肖松在

---

① New, Y. T. Zee, Typescript ms.：Biographical Material, YDL：CRP-MPP Group 8, Box 145, Folders 3-4.
② New, Y. T. Zee, Typescript ms.：Biographical Material, YDL：CRP-MPP Group 8, Box 145, Folders 3-4.
③ New, Y. T. Zee, Typescript ms.：Biographical Material, YDL：CRP-MPP Group 8, Box 145, Folders 3-4.

回忆录中提到，1930年她接到密歇根州立大学的录取通知，在出行前又接到太平洋妇女会中国分会的通知，学校安排她同另两位同学一起去参加在夏威夷召开的年会。在大会上，张肖松代表中国女性发表演讲，列举了金女大毕业生在医学、护理、社会工作等领域的贡献，明确地将她的同学们称为"女界领袖"，指出中国女性对于中国社会的重要性[1]。

如果中国女性没有掌握英语这门联合国工作语言和世界通用语，如果金女大人没有利用自己的语言优势，主动在国内和国际舞台为中国女性谋求话语权，向世人介绍中国女性的事迹，彰显中国女性的风姿，很难想象，中国女性还要被父权和西方政治强权围堵至何时，中国女性在国内和国际上的地位又将是何种局面。

（三）在英语学习中建构新的主体性

在获得学习英语的权利上，中国女性走得比接受高等教育还要艰辛，究其原因，主要是男性对女大学生接受西方语言文化的不安。除了担心"女权主义"发达的西方文化的侵入将使旧有的伦理秩序彻底崩毁，还有男人对女性直接与世界对话的不安与不快。在此之前，女性与外界相通的每一道门都是由男性把守着，而如今，一旦获得了学习英语的权利，女性自己就开启了通向世界的大门。在英语读、写、译的学习中以及女传教士教师们的言传身教中，中国女大学生的主体性意识逐渐被唤醒。女性主义学者 Weedon 使用主体性 (subjectivity) 这一概念来描述语言和个体之间的关系，她将主体性定义为"个体有意识或无意识的思考与情感，是她对自我，以及自我与世界之间关系的理解"[2]。应该说正是金女大的英语教育，激发了金女大学生对新的主体性的思考。

1. 读、译训练激发的朴素女权主义思想

金女大英语课程设置显示，学生的英语阅读以文学作品为主，维多利亚时代的文学名著是阅读的主要内容。在英文阅读的训练中，她们开始不经男性的译介而接触并思考女权主义思想，如《简·爱》《理智与情感》等作品所反映出的自我意识和平等意识。朴素的女权主义思想伴随着阅读在她们心中扎根、强化，再经由她们的笔端，借着翻译作品流出。

---

[1] Djang Siao-sung, *The Place of Educated Women in China*, YDL: UB - CHEA, Box 136, Folder 2738, Correspondence, 1930 - 1939.

[2] Weedon, C., *Feminist Practice and Poststructuralist Theory* (2nd Edition), London: Blackwell, 1997, p. 32.

校长德本康夫人见证并记录了金女大学子在女权意识的引导下建构主体性的过程。1915 年第一批学生入学时，女孩子们的表现让德本康夫人认为，由于家庭教育背景的关系，这些女孩子缺乏独立的人格[①]。然而，到 1916 年，她已坚信，在提升中国女性地位这件事情上，这些女生会比任何外国人做得都好[②]。在文学阅读的基础上，第一届学生将反映女权主义的人物传记翻译出来，她们的作品被集结成册，取名《世界妇女的先导》，由中华基督教女青年会出版。这本册子的内容包括：平民女子教育的创办者耐恒·马利亚（Mary, Lyon），红十字救护队的先锋南丁格兰·佛劳纶斯（Florence, Nightingale），俄国革命的祖母客斯琳（Catherine Breshkovsky），非洲人民的曙光司立逊·马利娅（Mary, Slesser），女子选举权的先进夏恩诺（Anna, Howard Shaw），女青年会的先导杜贵斯（Grace H. Dodge），贫民的救主安藤·加茵（Jane, Addams），日本妇女节制会的领袖哈哲女士（Kaji Yajima）。一共 8 篇文章，介绍了外国杰出女子的事迹，鼓励中国女性发挥潜能，开拓事业。

20 世纪 20 年代后，金女大的英语课程中增设了"当代杂志选读"，而 20 年代正值西方第一波女性主义浪潮，这一时期女权主义斗争的焦点是要求公民权、政治权利、反对一夫多妻，并强调男女在智力和能力上没有区别。可以想见，这样的思潮必然在当时的杂志中有所体现，亦为金女大学生所接触并消化。这样的女权主义思潮对金女大强化理科教育，培养出一代代女性科学家，有着潜移默化的影响，甚至可能发挥了引导性的作用。

2. 在自传写作中想象并重新定位自我

中国的文学创作形式中，鲜有自传书写的历史传统，这一点于女性更甚。中国女性从属、隐形的文化价值观以及男性主权的社会结构决定了几乎到 20 世纪中国女性都没有想过或根本没有勇气从事自传性写作[③]。然而，自传体文学却成为金女大英语学习的对象，1920 年的英语课程设置中，对"文学"一课的说明是："阅读内容包括一份自传和散文若干篇，基于阅读内容着重训练习语、词汇和口头作文，另外布置课外阅读内容。"这样的写作本身，就是民国女性冲破历史陈规、文化习俗及社会权力关系的羁绊，是女性赋予自我价

---

① Matilda Thurston to Calder Family, Burke Library Union Theological Seminary, 15 November 1915, MCT, Box 2, 2.3.

② Presbyterian Report—Ginling Mission (1916), YDL: UB - CHEA, RG 11, Series IV, Box 155, Folder 2966.

③ Wang, L. Z., *Personal Matters: Women's Autobiographical Practice in Twentieth Century China*, Stanford: Stanford University Press, 2004.

值、建构主体性的行为。而语言教学研究者则认为，"通过语言来表述意义、整合知识及经历的过程，本身就是学习过程的一部分"①。这种类似回忆录的书写形式有助于学生整合知识，寻找自我并发展独立人格，对女性主体性的形成有着特殊意义。

根据耶鲁大学神学院所藏档案，1922年到1923年，一位名叫Dorothy Lindquist的教师在指导学生写作命题作文时，将写作题目定为"我的自传"（*My Autobiography*），要求学生在一个学期内，按照副标题"十岁前""十岁到二十岁""我的金陵生活"，分三次回顾并描述自己的生活经历和心路历程，这是对"文学"课上学习的自传文本的一种模仿性写作。这些微型自传的内容，反映出这些女大学生们对西方和现代化的双重想象以及如何通过这种想象重新定位自我②。在自传中，有学生表达了对生命意义的探索，"我有了更大的目标：我要让我的生命变得更有意义，我仍然有许多东西要学"；还有学生表达了对独立自我的向往，"独立已成了我一生的誓言"；更有学生强调，自己虽身为女性，但正是中国正在发生的变革力量的一部分，"我们这些受过教育的女孩，多么希望在自己步入社会的那一刻，能赶走这种恶魔体系啊"③。

从这些话语中，可以感受到学生对自我主体性的思考，对未来生活的设计以及对自身在中国社会中将处于何种位置的规划和想象。这样的思考，代表着中国女性从混沌的、由男性主宰的生命轨迹中清醒过来，对生活、对自我都有了诉求，而这些朴素的、哪怕尚在想象中的诉求，对于她们未来的成长都会产生重大影响。

此外，自传写作不仅是金女大学生寻找自我、建构自我主体的行为，亦是她们总结自我、声明主体性的行为。在金女大自传教学传统的影响下，许多毕业生，如刘恩兰、徐亦蓁、张肖松等都在中年或退休时留下了自传文本，且多为英文。这些自传文本向世人展示了她们如何在中西、男女权力关系中协商突围，最终成就自我。而她们倾向于使用英语书写，一方面体现了金女大偏重英语教育的结果，另一方面也是因为英语为她们表达自我提供了便利。当女性自传还难以为中国社会主流所接受之时，利用英语表达自我便成为一种无声的抗

---

① Swain, M., "Languaging, Agency and Collaboration in Advanced Language Proficiency", In H. Byrnes (ed.). *Advanced Language Learning: The Contributions of Halliday and Vygotsky*, London: Continuum, 2006.
② 金一虹：《女性叙事与记忆》，九州出版社，2007年，第21页。
③ 关于自传书写的更多内容参考金一虹：《女性叙事与记忆》，九州出版社，2007年，第2－41页。

争和突围。

3. 学习英语，肩负民族责任，建构能为主流社会接受的主体地位

美国学者 H. J. Zurndorfer 通过对民国时期教育辩论、期刊文章和个人自述的研究发现，"众多的女性学生和毕业生难以融入男性主权的以爱国为中心目标的主流社会"[1]。这意味着，接受教育的女性较难在父权控制的主流社会建构主体地位，而对金女大学生来说，这样的困境尤甚。民国时期，中国社会充满剧烈的语言文化冲突，特别是在国家主权面临威胁之时，女性的言语行为更是成为她们民族认同的标签，而民族认同则又被主流社会视为女性身份的重要方面。于是，学习英语的金女大学生在建构为社会认可的主体地位方面面临着更多挑战：由于专注于英语学习，金女大的学生经常"被人非难和窃笑"[2]，被称为"西人文化侵略的帮手"[3]，这样，建构共和国国民的身份就成为她们对抗质疑、赢得社会认可的破冰之举，她们利用民族主义话语，将英语学习建构成一种民族主义行为，进而建构起一种能为主流社会接受的主体地位。

在金女大学生的书信、演讲、回忆录中有一个共同的主题，那就是"民族主义"。肩负民族责任，做一个对国家有贡献的公民，是金女大学生英语学习的共同目标。徐亦蓁在回忆录中表明，自己 8 岁就萌生了学习英语、探究中西关系的念头，这主要是因为父亲的嘱咐："要学习英语以及这些国家（西方列强）的历史，了解它们的用心，它们没有善意……目的是填饱自己。"[4] 有不少学生将求学金女大等同于爱国，如一位学生写道："她（老师）对我说：'小姐，如果你不去修大学课程，你就是不爱国。'这话对我产生了重要的影响。"[5] 徐亦蓁也有类似的话语，将接受高等教育的抱负阐释为民族责任的履行："在我那个时候，即 1915 年，不管是男孩还是女孩，只要有些抱负的，都希望首先进教会学校，然后再赴美深造。……我们都有一个目标，那就是回国重建我们的社会。"[6] 张肖松则突出强调了金女大对她的民族责任感的影响，她不止一

---

[1] Zurndorfer, H. T., "Gender, Higher Education, and the 'New Women': The Experience of Female Graduates in Republic China", In M. Leutner and N. Spakowski (Eds.), *Women in China: The Republic Period on Historical Perspective*, Munster: Lit Verlag, 2005, p. n474.

[2] 幽清：《对于金陵之希望》，载《金女大校刊》1925 年第 1 期。

[3] 施云英：《本校十周纪念与我的感想》，载《金女大校刊》1925 年第 1 期。

[4] New, Y. T. Zee, Typescript ms.: Biographical Material, YDL: CRP - MPP Group 8, Box 145, Folders 3 - 4.

[5] 金一虹：《女性叙事与记忆》，九州出版社，2007 年，第 21 页。

[6] New, Y. T. Zee, Typescript ms.: Biographical Material, YDL: CRP - MPP Group 8, Box 145, Folders 3 - 4.

次地提到,能够入学金女大,是极少数女性才能享有的机会,因此要对那些没能接受高等教育的女同胞负责;金女大的教育,除了让她获得"独立思考和工作的能力""重视合作",也让她"欣赏责任","在这里……我看到祖国的需求,也知道该如何帮助自己的祖国"①。

可见,金女大人对英语学习的回忆,是在探寻自我的同时建构自己的民族认同,英语学习成为她们履行民族责任的行为,强烈的民族责任感是她们鲜明的主体特征。

三、成长之惑:英语教育带来的"感情伤害"

新女性的成长,伴随着阵痛和彷徨,需要承担"丰富的痛苦"②。中西、新旧思潮的冲突与矛盾,将她们推至语言文化和社会变革的风口浪尖。在金女大人的叙事中,拥抱西方现代化的愿望与强烈的民族主义情感相交织,这种矛盾伴随着英语学习的全过程。她们向往通过英语学习迈向一个高级文明的新世界,却又曾抗拒过英语,对英语的抗拒不仅发生在一些女大学生的幼年,还发生在她们求学金女大的时光。可以说,在赋权她们挑战男性主权、建构自我的同时,英语学习也为她们带来了"感情伤害"③,带来了成长的烦恼和困惑。这种感情伤害主要体现在两方面:一是英语学习本身的困难,二是英语学习导致的认同困境。

金女大高标准的英语要求,希望为中国培养女界领袖的理念,虽然对学生学习英语有极大的鞭策和激励作用,却也给学生带来了诸多压力和困惑。德本康夫人在1918年的年度报告中提到,金女大学生的英语水平导致了该校"在前几年一直被两个不同方向的意见所困扰。支持我们的一个差会要求我们降低入学标准,因为我们的英语要求也太高了。……另一方面,我们又因为英文水平太低而被人们批评,连大学的资格也受到挑战"④。对于金女大第一届学生来说,英语课程是"极为困难"的,课程的学习是"最令人沮丧的事情"⑤。在

---

① Djang Siao-sung, My Experience as a Student in a Christian College in China, YDL: UB - CHEA, Box 136, Folder 2738, Correspondence, 1930—1939.
② 杨联芬:《新伦理与旧角色:五四新女性身份认同的困境》,载《中国社会科学》2010年第5期。
③ 这是一个女学生在自述中对英语学习感受的描述,"我遇到了很多伤害我感情的事情,……因为我糟糕的英语"。
④ Annual Report (1918), Yale Divinity School Library Special Collections, UB - CHEA, Box 154, Folder 2961.
⑤ Liu, etc., The Pioneer, YDL: UB - CHEA, RG 11, Box 151, Folder 2946, 1919, pp. 6 - 7.

第一堂英国文学课上，大部分人甚至连一句完整的英文都没听懂[1]。她们曾经凌晨3点悄然起床，连续工作5个小时，终于完成了一份作业，却在上课时失望地发现，仍无法让老师满意[2]。而校长德本康夫人则认为，她们缺乏独立的人格，不是为求知而来，只是由于家长的安排才来就读金女大[3]。在最初的一年里，学生人数骤减，由入学时的8名降为5名，其中一位还是后来的插班生。为了达到学校对英语水平的要求，第一届学生每晚7点到10点坚持自习，"埋首书本"是对大学一年级生活的总结[4]。这样的生活对她们来说，无疑是苦闷的。英语学习打击了她们的自信心，成为她们入学之初最大的烦恼，以至于影响到她们接受教育的信念。

实际上，英语学习的困难是一代代金女大人必须面对的成长的烦恼。鲁桂珍也在微型自传里写到，学校的课程对她来说都太难了，一年级的两门英语课程，她的成绩一门为D，一门为F，是所有课程中最低的[5]。以至于她一度觉得异常疲惫，甚至有了退学的打算："我想，如果按照朋友的建议，多学一年再回大学一定会好上很多。"[6] 她虽然终于坚持下来，但是对痛苦的学习也有不少抱怨，认为繁重的功课使得学生们纯粹为了学分或考试而学习，忽视了个人精神层面的需求。

如果说困难重重的英语学习曾经打击了金女大学生的自信心，挤占了她们投入精神生活的时间，那么，由英语学习导致的认同困境，则带来了深深的"感情伤害"。国家极弱，外敌入侵，朴素的民族主义情感使得国人对英语这种一方面象征着高级别文明，另一方面又代表着西方强权的语言怀有深深的敌意。鲁桂珍写到，幼年时期的她对英语持异常敌视的态度："讨厌外语，为什么我一个中国的女孩子要学英语？"她称那些学英语的女孩子为"卖国贼、大傻瓜"[7]。虽然最终在老师的开导下，她意识到学习英语，掌握西方科技是兴国

---

[1] Liu, etc., The Pioneer, YDL: UB – CHEA, RG 11, Box 151, Folder 2946, 1919, p. 6.

[2] Liu, etc., The Pioneer, YDL: UB – CHEA, RG 11, Box 151, Folder 2946, 1919, pp. 6 – 7.

[3] Matilda Thurston to Calder Family, Burke Library Union Theological Seminary, 15 November 1915, MCT, Box 2, 2.3.

[4] Liu, etc., The Pioneer, YDL: UB – CHEA, RG 11, Box 151, Folder 2946, 1919, p. 21.

[5] Student lists and statistics B – K 1918—1931, YDL: UB – CHEA, Box 129, Folder 2652.

[6] Lu Gwei – djen, My Autobiography, YDL: CRP – MPP RG 8, Box 321, Folder 8, Handwritten Essays by Chinese Women Students at Ginling College, 1922 – 1923.

[7] Lu Gwei – djen, My Autobiography, YDL: CRP – MPP RG 8, Box 321, Folder 8, Handwritten Essays by Chinese Women Students at Ginling College, 1922 – 1923.

的必然手段,但她以及所有的金女大学生都无法逃离英语学习带来的认同困境:她们的共和国民身份以及对祖国、民族的可能贡献,一直都被同胞,特别是男性所质疑。这种质疑在 20 世纪 20 年代民族主义热情高涨时期尤甚,在 1924 年兴起的收回教育权运动时期达到顶峰。一位署名曾潇的学生在校刊上发表文章,痛苦地描述自己受到的批评:

> 友人喟然长叹曰:不谓子等俨然大学生,……舍本求末,弃近而骛远耶。我为子等愧,我为国家人才前途痛苦也。……(子等大学生)能执钢笔,作英文论,洋洋洒洒,流利畅快。试与论中国文,顿露枯窘之色。数年后,纵能造诣幽深,试问我中国何贵有此无数昧于国情,纯粹欧美化、机械式之读书匠矣。子等他日入世,为人母为人师,尽其所知,诏导后人,数十年而后,中国现状如何,有不忍书言者矣①。

由于过于专注英语学习,她被友人指责为不仅于国家复兴无益,反而有害,更不能肩负起教育学生、子女的责任。这样的批评让她以及身边的不少女生开始担心个人价值,并对金女大的语言教育理念产生怀疑,要求学校采取措施,提高中文教育的水平。此外,龙襄文和黄燕华曾抵制金陵自立校之日就设立的英语概括考,在学生自治会上,龙襄文还要求吴贻芳用中文发言和主持,可见英语教育带来的感情伤害之深②。

令人欣慰的是,金女大以人性、严谨的教学模式,引导着学生逐渐走出成长的烦恼,民族主义的话语在一定程度上帮助化解了情感上的伤害;同时,中国社会对英语人才的需求也坚定着她们的学习信念。虽然背负着质疑与指责,金女大人从未放弃建校之日的语言教育理念,经过严格的英语训练,一代代金女大人走出校门,或踏入社会,或扬鞭海外,创造了女性事业上的一个个奇迹。

四、结语

19 世纪以降,英语的国际化传播冲击了不同国家和地区的本土观念和文化。西学东渐为中国带来的,不仅是西方的自然和社会科学、生活方式甚至宗教信仰;随着英语裹挟而来的,还有西方特别是美国的性别观。1918 年,留美归国的胡适在《新青年》上发表《美国的妇人》一文,将新女性这一称谓介

---

① 曾潇:《记友人言》,《金陵女子大学十周年纪念特刊》(中文版),1925 年,第 21 页。
② 金女大校友会:《金陵女儿》(第三集),江苏教育出版社,2005 年,第 495 页。

绍到中国。彼时，人们把对现代化的追求诉之于中国女性新身份的建构上，女性高等教育成为中国现代化的象征之一。高等教育赋予了中国女性打破传统性别束缚的机会和权力，然而，我们必须看到，教育赋权依然受到社会结构的限制，这是因为，教育机构本身就承载着生产和复制阶层和文化的功能[①]。由美国女传教士建立的金女大，承载着美国受教育女性对性别平等的理想，是对中国社会结构的一种冲击和解构。当金女大选择使用英语为媒介来为中国培养新式公民时，它已然挑战了中国男性的权威，因为当时的男性精英们正在通过国语教育来培养"助手"，而非"领袖"。英语的学习对于中国女性而言，犹如为女性高等教育插上了一对翅膀，带领她们以更高的境界和更广阔的眼界，去摆脱男性主权的社会结构的束缚，去大胆地想象未来，以建构起新的自我。英语赋权犹如一把利剑，中国女性仗剑而行，在被男权围起的坚固墙垒上打开一个缺口，为自身寻找更多的发展可能和更大的人生舞台。

与在国立女校接受国语教育的民国女大学生相比，接受英语教育的金女大学生拥有更多样的职业选择和更广阔的人生舞台。当然，其主体性的建构也就面临更多的挑战。虽然在异域语言中接受教育，她们依然具有高度的民族责任感，并为祖国做出了巨大贡献，只是她们做贡献的方式与当时社会对女性的期待相悖，语言以及地理上的障碍也使她们的事迹不为当时的国人所熟知。金女大群体对于新女性有自己独到的见解，而她们正是金女大为中国社会变革做出的贡献：通过培养一批批具有独特精神面貌的新女性，并传播新的理念和生活方式，金女大影响了中国一个时代的女性。可以说，相对于女高师"培养白话文女教师"这一保守的革新，金女大不仅把握了女性对于中国社会的重要性，而且把对这种重要性的期望推到了极致。金女大女性对中国社会的贡献，对中国新女性乃至整个中国社会的影响，需要得到全面的评判。

当前，中国女性对英语学习的热情有增无减，概观英语课堂，总是以女性学生居多。而在语言教育领域，"女性主义英语课堂"正在兴起为一门新的研究课题，研究者们发现，对于亚、非地区的女性而言，英语学习是一种解放自我、赋权自我的手段[②]。2000 年，美国著名语言教学研究者 Lantolf 在《一个世纪的语言教学与研究：回顾与前瞻》一文中指出："我们总以为自己比前人掌

---

① Bourdieu, P. and Passeron, J. S., *Reproduction in Education, Society and Culture*, Beverly Hills: Sage, 1977.
② 刘媛媛：《从认同到性别——语言教学研究的新动向》，载《现代外语》2012 年第 3 期。

握更多知识,然而,细致的考察显示,我们对历史所知甚少,曲解颇多。那些被我们视为新颖的或革命性的研究成果,其实一再见于历史,或者,至少以某种形式存在过。"[1] 金女大建校至今已有一个世纪,此时回顾这所高等教育机构的英语教育理念、教学特色、课程设置及其在中国女性身份转变中曾经发挥的作用,对当今中国女性的语言教育和妇女发展事业有着深刻的启示。

(原载《妇女研究论丛》2016 年第 1 期)

---

[1] Lantolf, J. P. , "Introduction to the Special Issue: A Century of Language Teaching and Research: Looking Back and Looking Ahead", *The Modern Language Journal*, 2000, 84 (4), p.471.

冲破科学的性别樊篱[①]
——金陵女子大学的教育实践及其启示

杨 笛[②]

摘 要： 高等教育专业分布的性别分隔由来已久，学科亦呈高度性别化的软科学/硬科学之分，女性缺席于硬科学是一个世界性现象。而金陵女子大学在其短短的几十年办学期间，却以较高比例培养出一批女性科技英才，其中不乏在硬科学领域成就卓著者。文章从学校精英主义的教育理念、女性主体的独立学院微观机制、科学精神的培养模式以及女生在科技报国与女性独立两大主题下的选择动力入手，展示她们如何摆脱传统性别规范束缚，进入男性优势的学科领域。尽管金女大激励女生突破软硬科学的成功实践仅仅是一个个例，但为我们今天如何突破专业的性别化分隔提供了一定的启示，并留下思考空间。

关键词： 性别分隔 硬科学 软科学 金陵女子大学

"女性在科学中未被充分代表"是一个世界性现象，究竟是女性疏远科学，还是科学排斥女性？女性主义研究认为，是女性高等教育状况限制了她们参与科技领域的条件、资格和能力，决定了她们在科学共同体中的"少数民族"及其低层次者的结构和地位[③]。在高等教育阶段存在着明显的专业性别分隔，形成了所谓"男性学科"（如计算机、数学物理和工程）和"女性学科"（如语言、人文、教育、社会科学和行为科学等）以及高度性别化的所谓"硬科学"和"软科学"之分。王珺认为，这是"高等教育复制、传承社会性别等级差序的主要表现形式之一"，也是学科等级化的基础[④]。

教育史研究显示，高等教育早在接纳女性之初，就对她们的学习科目有所

[①] 基金项目：本文为2014年江苏高校哲学社会科学研究项目"教育的现代性建构与在华教会大学——以金陵大学和金陵女子大学为个案"（项目编号：2014SJD128）的阶段性研究成果。
[②] 作者简介：杨笛，女，南京师范大学金陵女子学院讲师，博士。研究方向：中国近现代女性史与社会史。
[③] 吴小英：《科学、文化与性别——女性主义的诠释》，中国社会科学出版社，2000年，第38页。
[④] 王珺：《论高等教育中学科专业的性别隔离》，载《高等教育研究》2005年第7期。

限制。由于社会传统观念对女性的要求,女性选择的专业与男性有明显的差异,她们大多选择教育和家政,而男性则选择机械和农业。女性多集中于人文学科的状况到现在也没有根本性改变①,在女子高等教育史上,金陵女子大学(以下简称金陵女大、金女大)是一个颇为与众不同的存在。金陵女大在1915—1951年的短短36年间,所培养出的毕业生不超过千人,但是其日后在"硬科学"方面成就卓著的却大有人在,如:中国科学技术史专家、英国剑桥大学终身院士鲁桂珍博士②,诊断病毒学领域的领头人、耶鲁大学实验医学终身教授熊菊贞博士③,国际著名植物学家、哈佛大学终身高级研究员胡秀英博士④,牛津大学自然地理博士、女海洋学家刘恩兰⑤,曾任美国麻省理工学院雷达研究室理论物理组副研究员、有"中国居里夫人"之誉的统计物理学家王明贞博士⑥,中国光谱研究先驱者之一何怡贞博士⑦……她们在世界名校求学和工作,也在世界科技史上留下了中国女性的足迹。

我们还可以列举出多位蜚声海外、尽显中国女性科技研究才华的金女大毕

---

① 王珺:《论高等教育中学科专业的性别隔离》,载《高等教育研究》2005年第7期。
② 鲁桂珍,1922年进入金陵女子大学主修化学生物,获英国剑桥大学营养学博士,是英国剑桥大学中国古代科技史权威李约瑟(Joseph Needham)主持的《中国的科学与文明》(《中国科学技术史》)项目的重要研究员和作者,曾任职于联合国教科文组织(UNESCO)自然科学部秘书处、李约瑟研究所副所长,1965年被选为剑桥大学路西·卡文迪许学院院士,1979年被剑桥大学罗宾逊学院授予终身院士和评议员。
③ 熊菊贞,金陵女大理学学士、密歇根大学细菌学、微生物学博士,耶鲁大学实验医学终身教授,1983年她因在诊断病毒学方面的开拓性工作和突出贡献,获临床微生物学 Becton - Dickinson Co 奖,1988年9月,当熊博士70寿辰之际,耶鲁医学院为她召开了"诊断病毒学先驱者会议"以示庆贺。
④ 胡秀英,1933年毕业于金陵女子大学生物学专业,是首位在哈佛获取植物学博士学位的中国女学生,为哈佛大学终身研究员,香港中文大学中医学荣誉讲座教授。2001年获香港特别行政区铜紫荆星章,2002年荣任香港中文大学第一届院士。
⑤ 刘恩兰,1925年毕业,1929年赴美留学获自然地理硕士,1940年获英国牛津大学自然地理学博士,是中国该领域的第一位女博士。她和竺可桢共同创建中国地理学会、中国气象学会。1949年之后,她受周恩来总理之邀参加中国科学院的组建,为发展新中国的海洋科研事业做出贡献。
⑥ 王明贞,早年在金陵女大物理系学习,燕京大学物理硕士、美国密歇根大学物理专业博士。20世纪20年代和导师合作发现电子自旋现象。她对统计物理学,尤其是玻耳兹曼方程和布朗运动有深入系统的研究,首次独立从福克-普朗克(Fokker - Planck)方程和克雷默(Kramers)方程中推导出自由粒子和简单谐振子的布朗运动。她与导师G. E. 乌伦贝克(Uhlenbeck)合作完成的《布朗运动的理论》一文,至今仍作为研究布朗运动的主要参考文献之一。博士毕业后她经导师力荐进入美国顶尖的理工科大学雷达研究室工作,是该研究室唯一的女专家,归国后也是清华大学第一个女教授。参见王明贞:《转瞬九十载》,载《物理》2006年第3期。
⑦ 何怡贞,1930年毕业于金陵女子学院数理系,美国蒙脱霍育克学院化学硕士,美国密歇根大学物理学博士,也是中国第一代留学美国物理学女博士。40年代再度赴美在剑桥学院和芝加哥大学金属研究所等机构工作,最早标定了从可见光到紫外线的钇的光谱线,回国后任燕京大学物理系教授。

业生，如中国第一位生化学和营养学家严彩韵①、化学家吴懋仪②、郁采繁③、陆慎仪④等，尽管这些女杰多是深造于国外，但她们的成就却奠基于金女大的理学基础教育，同时也受到母校继续深造的鼓励，很多人是由金女大直接推荐输送出国留学深造的。

而日后成为国内某个科技领域的拓荒者、先驱的金陵女大理科毕业生也不在少数，如中国感光化学界先驱陶其微，中国最早女性内分泌实验室的创建人俞霭峰，创建中国第一个跨国的高科技研究室、非晶态物理与光信息研究室的戎霭伦，中国引进CT和MR技术第一人李果珍，著名的原生动物学家、中国科学院院士沈蕴珍，著名细胞生物学专家曾弥白，高山病药物研究的权威彭洪福将军，传染病专家皇甫玉珊将军，中国防化领域专家钟玉征将军，遗传育种专家徐静斐……金女大可谓科学群星灿烂、竞相辉耀。

工程实验技术往往因科学研究系统的内部的级差而被轻忽，但金女大却也培养出很多这类人才。如1936年毕业于金女大化学系的吕锦瑗，在日寇敌机空袭警报声中，成功研制中国第一张黑白感光照底片和乳胶制剂；再如金女大化学系毕业的王侠飞，在美国麻省总医院实验室给诺贝尔生物化学奖得主柯瑞（Dr. Carl F. Cori）做助手，1975年她发现可将葡萄糖六磷酸酵素的活性在2小时内增加5倍的方法，因此柯瑞教授和她联合署名发表4篇论文，她本人也因此于1976年进入世界名人录⑤。

可见，中国女性中并不缺乏有志于科学事业并具有科研所需要的能力、兴趣和意志之人，而且是可以在科技的"男性丛林中"取得不俗成就的。

那么在一个女性几与科技无缘的年代、在一个毕业生总共数百人的小型学

---

① 严彩韵，在美国获营养学硕士，先后就职于美国阿拉巴马大学、联合国基金会食品保护部、哥伦比亚大学人类营养学院公共营养系，一直工作到85岁才退休，因其学术成就被列入《世界知识分子名人录》第五卷（1983）、《美国科学界杰出人士》《美国女性名人传》《美国科学领袖》《（英国）皇家蓝皮书》等，资料来自严莲韵：《我的大姐——营养学家严彩韵》，载《严莲韵蓦然回首一百年》，语丝出版社，2002年，第123页。

② 吴懋仪，毕业于金陵女大化学系，美国麻省剑桥越第夫学院化学博士，曾在哈佛大学做研究员，归国后任金女大化学系主任，编写了教育部教材《有机化学》（上）。

③ 郁采繁，因攻克痛风病而在美国声名昭著。

④ 陆慎仪，在美国大学教数学物理，后加入国防研究所从事研究。

⑤ 见金一虹2011年10月17日、10月21日、10月24日于美国新奥尔良对王侠飞的连续访谈。王侠飞本人非常低调和谦逊，如不是访谈者追问，名人奖牌证书从未示人。王侠飞在与Dr. Carl F. Cori联合发表的论文上，署名为：Hsia‑Fei Wang Chang。

院、在独立办学不过短短的 36 年期间，金陵女大何以能如此密集地涌现科技人才？她们在那个时代又是如何突破性别化的专业分离的藩篱？本文将使用金陵女大的历史档案文献、校友传记、回忆和访谈，从学校的历史渊源、教育理想、独立女子学院的机制和培养模式以及科学救国和争女权相交织的现代话语下，金女大学生在软硬科学间的自主选择进行分析，将金女大的故事置于中国现代性的历史脉络之中，分析她们艰难突围的历程，从中思考我们今天又能从这一段历史中得到什么启示。

一、独立女子学院：一个竭力摆脱性别身份束缚的微环境

如前所述，女性在科学领域"未被充分代表"无疑与高等教育的性别化专业分布存在高度相关性。因此我们先来看一下金女大学生的专业分布。

在金女大有记载的 1919—1950 年 893 个正式毕业生中，毕业于理科（在未分科前）、数学、物理、化学、生物的有 220 人，占 24.78%[1]，这在那个历史时期对一个女子学院而言，是一个很高的比例。特别是化学和生物，是除社会学（22.89%）、英语之外毕业生比例最高的专业。早期金陵女大学生的理科偏好更显著。如 1919 年第一届毕业的 5 名本科学士中，就有 3 名是理科生。前三届 23 个毕业生中共有 14 个理科生。在细分科系后的 1927 年 18 个毕业生中，有 8 个学的是数、理、化、生，2 个医学预科，3 个体育生，而学英文、历史、经济的共 5 人。为什么金陵女大学生如此垂青于理科？她们仿佛很少受到女性不适于学习科学的观念束缚。这要由金陵女大的历史渊源和特有的办学理念、学院机制和办学模式说起。

（一）精英主义教育和科学主义立基的办学理想

高等教育作为现代社会的一种重要的社会建制，既是社会经济文化制度包括性别制度的产物，也是现代社会的推进器。由于教育体系对女性长期排斥，女子高等教育的发轫通常晚于男子。如美国女子高等教育的萌生比 1636 年美国第一所大学哈佛大学晚了 200 年之久，日本女子高等教育萌生比美国晚 35 年，而中国女子高等教育萌生比美国晚近 60 年[2]。在"五四"运动爆发之前的中国，所有国立、私立大学之门均对女性关闭，中国女子高等教育之门是由华

---

[1] 数据来自南京第二档案馆藏：全卷宗 668 号，私立金陵女子文理学院，150 号，《私立金陵女子文理学院毕业生学生名单及毕业调查》。

[2] 赵叶珠：《美日中三国女子高等教育比较》，厦门大学出版社，2007 年，第 50 页。

北协和女大、金陵女子大学和华南女子大学这三所教会女子大学开启的，因此教会女大在某种意义上可被视为女子高等教育的先驱。先驱且具"化外"的身份，因此有了不必受国内外教育体制严格规制和既有性别规范束缚的条件。

金陵女大建校于1915年，由美国浸信会、监理会、美以美会、长老会以及基督会五所差会共同创立。当时美国教会的海外传教和办学也经历着一个重要转折，传教士的人员结构正在发生变化，自19世纪始，许多来华的美国传教士都是从学生志愿者运动（Student Volunteer Movement）中招募来的大学或学院毕业生，被称为结合了"传教热情和学院精神"的"浪漫主义学生运动"[1]。他/她们大多受过更高的教育，本身就是科学知识与信仰体系结合的产物，先进的科技文明以及他/她们自己的专业特长与信仰一样，是其值得骄傲的本钱，也是他/她们对于自我价值的认知。

海外传教人员的性别结构也发生了变化。19世纪末，女性传教士已开始超过了男传教士，到1905年时，在来华的3445名传教士中，女性几乎占到了2/3[2]。这些女传教士大多毕业于最早挑战男性统治的高等教育体系的那一批小型女性教会学院，她们在拥有基督信仰的同时也有较高的学术修养和女权意识。来华办女子教育对她们而言，是一个重要的机会——彼时作为男权社会的美国很少能给这些受过高等教育的女性足够的工作机会和升迁空间，而海外传教在当时的美国却受到尊重，甚至于一些以往是女性禁地的教堂讲坛也因此为女传教士开放。可以说，此间亟待走向现代文明的中国，正像一艘蓄势待发的航船，女子高等教育更像一片有待拓荒的处女地，为这些受过高等教育的美国女传教士实现自身价值提供了一个比国内更广阔更自由的新舞台[3]。她们离开美国的同时，也摆脱了本土社会文化中的男权压制机制和维多利亚时代女性气质要求对她们的束缚。

特殊的身份以及独立女子学院这样一个相对独立的性别主义建制，给了她们通过高等教育培养具有专业精神的中国女性精英、改变中国妇女生活（包括

---

[1] Hunter Jane, *The Gospel of Gentility*: *American Women Missionaries in Turn-of-the-Century China*, New Haven, CT: Yale Universy Press, 1984, p. 49.

[2] 吕美颐：《基督教在中国近代妇女中的传播及其影响》，载李小江主编：《性别与中国》，生活·读书·新知三联书店，1994年，第234—235页。

[3] Hua-ling Hu, *American Goddess at the Rape of Nanking*: *The Courage of Minnie Vautrin*, Southern Illinois University Press, 2001, pp. 3–4.

宗教生活和职业生活）的实践场所。金女大第一任美国校长德本康夫人，就是这样一个典型。她和金陵女大其他创建者多属于传教士中的"现代主义"派①，她们的兴趣更着重于训练中国精英女性成为"有基督信仰"的知识界和精神界的领袖。1928年吴贻芳开始主政金陵女子大学，她在就职演讲中阐释道："造就女界领袖，为社会所用。现在办学，就是培养人才，从事于中国各种工作。……学校于国家科学并重，既培养了中国学者的思想，又能得到科学家的方法，然后到社会上去，才能应各种新的需要，运用自己所学，贡献给各种工作。"② 尽管学校强调金陵女大的办学宗旨是培养"女界精英"，但这个精英是以"社会精英"为参照的，是分布于经济、科技、教育和社会、管理各个领域各个界别的。它内在隐含着通过高等教育为女性进入公共诸领域做准备的女权意识，这一暗含女权的精英主义教育理想，体现在金陵女大的标准化办学和课程设置中。

　　建校之初，德本康夫人的第一努力目标就是使金陵女大"标准化"。所谓标准化即以英美的现代教育为参照。金女大所用教材皆为英美大学教科书，采用的教学方法也是英美式的，如采用开放式教学、强调师生互动等。在中国教育的现代化蓝图中，英美化被视为体现教育现代性和科学性的标准，德本康等金女大创始人概莫能免，而另一重标准化则意味深长，表现在金女大的课程设置要向男性看齐。金陵女大并不强调女校专业要有所谓"女性特色"，办学第一年，金女大虽然只有9个学生，但"凡大学所应有的课程，均能开设"③。初创时期学校仅分文理两科，哲学、英国历史、化学、数学，所有的学生都要学。1922年开始分系，到1925年时，除了主修课国文、英语、宗教、历史、教育、化学、数理、生物、音乐、体育，辅修课还开有地理、卫生、心理、天文、法文和德文——早期的金女大力求门类齐全，走文理兼修的博雅教育之路，这和美国早期女子学院走过的路非常相似。如美国著名的史密斯女子学院，在建校初期就力求与最优秀的男性大学保持同样的水准，课程目录介绍十

---

① 参见 Harris. *American Mission, Chinese Realities: A Historical Analysis of the Cross - Cultural Influences on the Development of North China Union Women's College/ Yenching Women's College*, 1905 - 1943 (Ph. D. Dissertation, University of North Carolina, 1994.) 中关于美国传教运动中保守派与现代派之间关于中国教会教育的争论的记述，pp. 38 - 39, pp. 54 - 55。
② 袁贺：《吴贻芳：和平与智慧的女神》，载《人物》2007年第9期。
③ 《刘恩兰博士校史演讲》，载《金陵女子文理学院校刊》第107期，1943年11月16日。

分清楚地说:"学院不打算使妇女适合于某一领域或职业,而是通过哲学和经验所建议的最好方式来完善她的智力。"① 另一所著名的女子学院韦尔斯利学院也要求学生必须接受为男性准备的所有传统课程,包括数学和艰深的希腊语。在课程设置问题上,她们首先考虑的不是女子职业发展,而是力求以教育证实女子的智力并不弱于男性。盖因这些美国的女子学院都受到男性主导的教育系统的排斥,她们必须以女校的"高标准"向社会证实自己和男校有同样的水准和同样办学价值。在专业设置和专业标准上向男校看齐,既是对男性知识生产谱系和价值的认同,也是一种试图填平高等教育"性别鸿沟"的努力,是对教育贬抑、排斥女性的一种抵抗。

此外,独立女子学院都是私立学院,因此可以暂时逃脱国家教育体制的规制,在专业设置上较少受到所谓女生需学习"女性化专业"的束缚,形成一个女性可以根据自己兴趣选择专业的微观环境。

早期美国的女子学院都曾拒绝设立家政专业。如美国女子高等教育的先驱特罗伊女子学院(成立于1821年)的创始人埃玛·威拉德(Emma Willard)就说过:重要的是培养妇女的数学计算能力,而不是如缝纫技巧一类的实用科目②。而当时所有男女同校的大学(基本为公立学院),都把家政课作为女性高等学校教育的一部分,因此学生专业课程选择反带有明显的性别分化倾向——男生一般选择机械和农业,女生多选择教育和家政③。中国也不例外,1919年成立的国立北京女子高等师范学校就设国文、数理化、博物、家事四部。而金女大直到1940年,也就是说在建校25年后,才在教育主管部门的强烈"建议"下,开设了家政系。这种在女性高等教育发展初期,女子学院和男女同校的大学对于传统性别角色定位下的学科设置的不同态度及其对于就学的女性学生可能产生的影响,是非常值得我们深思的。

考虑到女生的专业兴趣和毕业后的就业出路等问题,从20世纪30年代起,金陵女大就开始以一种务实精神对原有的课程设置不断进行调整,逐渐停办了宗教、政治、经济、哲学等系,又将数学系和物理系合并为数理系,同时强化了社会学系,使之在40年代成为金女大第一大系。加之英语系和新增的家政

---

① Mabel Newcomer, *A Century of Higher Education for American Women*, New York: Harper & Brothers, 1959, p. 55.
② 金莉:《19世纪美国女性高等教育的发展轨迹及性别定位》,载《美国研究》1999年第4期。
③ 金莉:《19世纪美国女性高等教育的发展轨迹及性别定位》,载《美国研究》1999年第4期。

学系，三大系比重加重，开始形成文科偏重的"女子学院特色"，这是40年代后期的变化，另一方面随着接受高等教育的女性数量扩张，精英主义教育的色彩也已减退。但是尽管专业设置中多了务实精神，金女大并未全然受功利主义的影响。例如地理系一直是金女大规模最小的系，曾经有过一届只招收到一人甚至没招到人的纪录，但是学校从未有停办地理系的计划，反而支持系主任刘恩兰博士坚持教学的高标准，延请最好的教师、积极开展学术活动，把地理系办成一个学术一流、有影响力的系科，而文科学生选修地理的也不在少数[1]，这是要有一定的远见卓识才能做到的。

毕业于美国老牌的曼荷莲（Mt. Hollyoke）女子文理学院数学系的校长德本康夫人，在虔诚的宗教信仰下有着强烈的科学主义倾向。她认为此时衰弱落后的中国最缺少的是科学精神和科学训练，而哀叹当时中国人不热衷也没有意识到他们有多么需要科学！她在给纽约金陵托事部的信中写道："以一个如此薄弱的科学为起点我感到很悲哀。"她坚持金女大要建立强大的理科部，要求从美国派有能力的人来教授化学、物理和生物[2]。一般人会认为学习科学会使人滋长怀疑主义精神从而远离基督教，但德本康夫人这些现代派教徒则极力以"学习天文学可以帮助消除学生本土的迷信""数学授人以理性与分析能力，可以弥补中国民族性中不利于接受基督精神的缺陷"等为理由向保守的总部证明科学教育和宗教信仰二者并不矛盾[3]。德本康并不是孤身奋战，长期执教于金女大的美籍教师如化学教师蔡路德博士（Ruth M. Chester）、生物学教师黎富思博士（Cora D. Reeves）等一批外国女教师和她一样以极大的热情推动金女大的理学教育。黎富思发现并培养了吴贻芳和胡秀英等优秀的学生，她不仅推荐吴贻芳到美国攻读生物学博士，还力荐其成为金女大的第一个中国女校长。蔡路德为金女大工作了34年，除了教授化学还长期担任教务长，培养了吴懋仪博士等优秀的专业人才，她的科学主义精神也影响了金陵女大的几代人。

尽管1930年以后，金陵女大文科渐强，但女大重视学生科学素养训练、坚持文理兼修的博雅教育理念没有改变，每一个金陵的学生，无论选修什么专

---

[1] 王仁慈：《解放前金女大地理系概述》，载金陵女大校友会编：《永久的思念》，1993年，第156–157页。
[2] Thurston to NYC, Ginling College, UB, RG11, Box 143A, YDSL, 1917–01–19
[3] Graham, Geal, *Gender, Culture, and Christianity: American Protestant Mission Schools in China, 1880–1930*, New York: Peter Lang, 1995, p.42.

业，必须文理兼修，文科生也需修满一定学分的理科。

（二）崇尚女性独立和献身科学的培养模式

很多金女大老校友在回忆中都说到，金陵女大是受到传统性别规范束缚最少、得到成才鼓励最多的地方。学校刻意培育女生独立自强的信念，培养她们成为心怀科学救国、教育救国之鸿志的新女性。校长吴贻芳是金陵女大的第一届毕业生，在美国密歇根大学获生物学博士学位。她在大学时代就"性近科学，喜研究"[1]，追求独立平等，在民族危亡之际更是立定科学救国、教育救国的志向。她在掌政金陵女大的23年中，反复给学生灌输的理念第一就是女儿当独立，"最应注意者以自立自强为重要，无论在学业上，品格上均须以自立自强为原则"[2]。其次，就是强调女生要像居里夫人一样勇于献身科学。在女大老校友回忆录中，大家都谈到，她们心中有共同的偶像：花木兰和居里夫人，前者直接从军报国，后者追求科学真知矢志不渝。而且与前者相比，居里夫人存于现代，享誉学界，并在当时的中国被广泛宣传，可以说是为所有的在校女生、知识女性树立了一个榜样。而她成功的领域正是在科学界，这让所有女性的建功立业之梦戴上了科学的花环，也鼓励了一批中国女性，在女性高等教育发展之初，就直接涉足物理领域。

应该看到，同性别的偶像、可仿效的榜样对女性成就动机有显著的增强效应。对日本女子教育的研究表明，日本女生成就动机不足，主要因为身边缺少杰出女性的榜样，而她们看得见的女性榜样就是学校里的女教师和家中的母亲，而这两类在日本社会恰恰是缺少成就机会的人[3]。而在金女大，学生们除了居里夫人还有身边的偶像，像校长吴贻芳、化学系主任吴懋仪博士、地理系刘恩兰博士、生物系鲁桂珍博士、营养和心理学家李美筠博士、心理学张芗兰博士等（她们都是成长于金陵女大，留学归国后又服务于金陵女大的女教师）都为学生所崇拜。

即使学校在30年代后做出了学科调整，但学习钻研自然科学在金女大仍

---

[1] 戴爱云、沈韫芬：《蹉跎岁月耐人味》，载金陵女儿编写组编：《金陵女儿》，江苏教育出版社，1995年，第391页。

[2] 《金陵女子文理学院校刊》（96），档案资料，收藏于南京师范大学档案馆，1943年3月1日。

[3] Kumiko Fujimura - Fanselow, "College Women Today: Options and Dilemmas", Kumiko Fujimura - Fanselow, and Atsuko Kameda, *Japanese Women : New Feminist Perspectives on the Pass, Present, and Future*, The Feminist Press at The City University of New York, 1995, pp. 125 - 154.

然得到特别的鼓励并为学生所崇尚。"许多人觉得念科学是最枯燥无味且又极烦琐的,可是我们这位李小姐从来没有这种感觉,反而觉得有趣,她把化学楼的实验室看得像她的娱乐场,星期天也留下她的足迹;把化学方程式像歌谣一样背得烂熟"——这是1943级"级友"为李葆真画的"素描"①;"出水芙蓉映面红,钙汞氢氧兴无穷,中华儿女精科学,救国全凭一寸衷",这是1941级金女大女生毕业时的临别唱和。化学系毕业生景荷苏和道:"科学精神百炼身,胸怀壮志欲凌云,旦教杀尽倭奴日,吐气扬眉怨始平。"② 景荷苏的丈夫在南京保卫战中牺牲,她带着不满周岁的女儿,辗转入川继续学业,她和女生们坚信"精科学"方可实现报国仇家恨之愿,而科学研习无论枯燥与否,在为救国钻研中也可变得"兴无穷"了。

学校还经常通过学术活动培养女生对科学的兴趣。如据《金陵大学校刊》记载,一次德国克莱脑教授到金陵大学做《云南山川与生活之景况》的学术报告,克莱脑曾率队到中国做云南地理科考,是有国际影响的著名学者,但金大本校听众中没见一个女同学,而金女大校长吴贻芳博士则亲率五十多名女生赶来,占了全部听众的三分之一。令金陵科技男们大发竟能在金陵女大的女生中找到知音的感慨:"足证现代男女的眼光,对问题有同等兴趣矣!"③ 学校的科学救国教育和校园热爱科学的氛围,在学生心中播下热爱科学的种子。吕锦媛在一篇回忆文章中写到,她当年研制中国自己的感光胶片的动力,就来自她在金女大读书时立下的志愿④。

而女子院校的特殊环境更是为女生们的实践能力提供了锻炼机会,并造成金女大学生在这方面的特殊优势。老校友梅若兰回忆,因为金陵女大和金陵大学有共享教育资源的机制,一次两校学生一起做一个难度很大的化学实验,因为金陵大学的女生以往遇到有难度和有一定危险的实验都由男生动手,女生被动旁观,所以缩手缩脚,不知如何做才好;而金陵女大学生从来都是天大的难题自己独立完成,素日教师对实验要求又极严,所以轻松上阵、干脆利索,完

---

① 《级友素描》,载《金陵女子文理学院校刊》第103期,1943年6月16日。
② 《金陵女子文理学院校刊》第83期,1941年6月20日。
③ 《金陵大学校刊》第17期,1931年3月6日。
④ 吕锦媛:《努力实现金女大就读时的志愿》,载金陵女儿编写组编:《金陵女儿》,江苏教育出版社,1995年,第120页。

成得十分漂亮,其间的差别令两校指导教师感叹不已①。另一位校友曹怡则是在毕业分配时,展示了扎实的实验功底,通过了本来对女性参加科研工作持保留态度的著名化学家王葆仁先生的考验,进入在此之前基本不收女生的有机所工作②。

"硬科学"之"硬",除因数理逻辑推理抽象思辨居多之外,科学实践之高冷离世、艰苦卓绝也是其通常被认为是高度男性化而柔弱的女生难以胜任的原因。但因金女大特别崇尚科学的实践精神,鼓励学生不受约束地去实践,因此培养了若干敢于迎"硬"而上的学生。

例如刘恩兰,她在获得硕士学位后从芝加哥大学返回金女大任教。她没有选择从太平洋直接返回的路线,而是选择了一条漫长艰险的地理考察之路作为返程。在芝加哥大学的支持下,她和另一校友黄丽明结伴由美国到加拿大的魁北克,然后横渡大西洋到地中海,入法国,经比利时、卢森堡、德国到荷兰,渡英吉利海峡到英国,再渡北海到挪威、瑞典,再渡波罗的海到波兰,最后横穿苏联全境,入满洲里回国,成为中国连续考察北美、西欧的女地理学家第一人。她沿途跋山涉水,在挪威还曾经历冰山崩塌的惊险一幕,表现出为科学献身的无畏精神③。她在金陵女大创建的地理系,尽管是金女大最小的系,但却是本校科研活动最活跃、最接近学术前沿的系。作为系主任的刘恩兰博士亲自带领学生徒步三千里,历时两个月,考察了金沙江、岷江、灌县、威州等地的自然地理、矿产物藏和少数民族的社会结构④。在"二战"前夕,刘恩兰还在英国军方的支持下,乘小型潜艇考察海流湍急、水下地形异常复杂的英吉利海峡,取得大量科学资料,为后来英国海军战胜法西斯德国海军贡献了力量⑤。

胡秀英钟情于植物分类,她对所爱专业研究亦投入极深。为采集植物标本,她踏遍四川的峨山、穆详官古山、里番老启山、济川草坡山、灌县赵公山,她曾以在一个"飞机代步的时代",一个中国女子可以靠自己的两脚攀上

---

① 见金一虹对梅若兰的访谈记录,访谈日期:2004年5月10日。
② 曹怡:《驰骋在光化学领域,难忘母校的培养》,载金陵女儿编写组编:《金陵女儿》,江苏教育出版社,1995年,第298页。
③ 王静:《刘恩兰:中国第一位女海洋学家》,载钱焕琦:《金女大校友口述史》,南京师范大学出版社,2015年,第17页。
④ [美]德本康夫人、蔡路得:《金陵女子大学》,杨天宏译,珠海出版社,1999年,第124页。
⑤ 参见百度百科刘恩兰词条。

1.5万英尺的雪山而自豪①。90岁的时候,她还能荷锄劳作于香港中文大学的植物园中。

(三) 为女性保留主体性和成长空间创造有利微环境

作为一个独立女子学院,金女大的结构十分独特:从校长、教导主任到系主任都是由女性担任(仅个别系主任是男性),且学校拥有最高比例的女教授,因此她仿佛成了一块女性独大的"飞地",可以让女性最大限度避开男性的干扰,独立订立、执行女子教育工作,创建了一个女性为主体、女性掌控的微观环境,鼓励女孩独立、不受传统习俗约束自由选择专业。

金女大的学生在此读书期间不仅可以不受束缚地成长,自由选择自己专业②,而且有志于学业和未来事业成就的学生还可以获得特别的机会,比如勤工俭学。学校允许学生因贫困而暂时中断学业,会为她们保留学籍(甚至因婚姻和生育中断的,求学意志坚定者也有恢复学籍的),孤儿李美筠和贫寒子弟张芗兰都曾工作一段时间积攒够学费再回校学习,张芗兰甚至四出四进学校才完成大学学业。

当时的中国暂时还未为这些受了良好科学教育的女生提供足够的用武之地,而如果选择继续深造的话,国内的教育也尚不能给女生提供进一步研修科学的机会。金陵女大的教职员工们便积极鼓励有志于科学研究的女生赴国外深造。在校青年教师教育服务满6年就可出国进修和深造。吴贻芳更是利用学校与海外教育团体的广泛联系以及个人声望极力向外推荐,使金女大在中西文化交流中占有一定优势,不仅学生有很多机会出国深造,教师出国进修、讲学也机会颇多。在校刊中,不少年份都记录着一个学年终了,20多个金女大师生同乘一船联袂出国的盛况③。金女大学生毕业后继续深造的比例很高,女大前4届毕业生不过33人,赴美深造获得硕士博士学位者就有20人,至1947年金女大共有29届本科毕业生703人(去世的不算),毕业后继续深造的有191人(占27.1%),获博士学位38人,硕士学位73人,另有2人在国内继续研究④。

即使深造后毕业,中国这个尚待发展的国家,也没有能力为这些科技人才

---

① 胡秀英:《毕业十年的生活》,载《金陵女子文理学院校刊》第102期,1943年6月1日。
② 老校友甘克超在刚入金女大的一年中换了4个专业,从化学到地理又转医预,最后转到营养专业,发现这才是她所爱,每次转专业都没有任何障碍,见金一虹对甘克超的访谈记录,访谈日期:2004年6月10日。
③ 金一虹等:《吴贻芳教育思想与实践》,江苏人民出版社,2005年,第361-362页。
④《金陵女子文理学院校刊》1947年第145期。

提供更多的科学救国的舞台。金女大努力为她们提供出路，包括回母校任教。金女大教师中本校毕业生深造后回来任教的比例极高，教育成为女性人才的储备库（这大概也是 20 世纪 30 年代后半期始，科技救国的热潮逐渐为教育救国所取代的原因之一），王明贞、张肖松、邬静怡等都在母校任过教，而其中一些人成为系领导，如地理系主任刘恩兰、化学系主任吴懋仪、数理系主任鲁淑英、营养系主任容筱韵①、教务主任张芶兰等。金女大作为一个独特的女性主导机构，为女性专才特别是女性理科专才提供了很大的上升空间，在当时其他大学女教师能升至系主任是极为罕见的。

二、追求独立与科学报国：女生选择硬科学的动力

如果说金女大独特的精英主义和独立办学的理念，有利于女大学生摆脱专业性别分化的束缚、培养对科学实践精神的崇尚，推动了更多女生去学习理科，而专业更多是出自学生个人的选择，金女大那么多学生对理科情有独钟有没有内在原因？这要放在内外交困又励志图强的 20 世纪中国的背景下、放到现代化的脉络中解读。

（一）科学救国与女性使命

女子接受高等教育之始，等待她们的绝不是友好的目光和掌声，甚至在社会上看来读大学很奢侈，不是一个女孩的好选择——没有适合受过高等教育的女性的职业提供给她，而她又因岁月蹉跎会错过出嫁的合适时光。金女大第一届 9 个学生加上后来插班的吴贻芳，只有 5 个坚持到毕业。这些选择了接受高等教育特别是选择学习"男性化硬科学"的女性，必定有强大的内在驱动力。这个驱动力是什么？又是如何形成的？

学习科学以拯救民族国家是一个重要的动力。这种爱国主义的渊源由来久远，到 20 世纪变得格外强烈。王明贞的家族故事是一个历史缩影。王明贞的祖父王颂蔚官至内阁侍读学士，是朝内第一流学者。他研究地理学用于战争决策，甲午战争时期，他曾与翁同龢等一起在军机处筹划备战，最终中国败于日本，他在中日签订《马关条约》后悲愤郁结而终。她的祖母王谢达长秉承中国启蒙运动"禁缠足""兴女学"的强国理想，是苏州妇女解放运动的先驱。她

---

① 容筱韵是燕京大学毕业出国留学归来，抗战时期的鲁桂珍接替其担任营养系主任一年，鲁桂珍不要任何报酬为母校工作。

一手创办苏州振华女子学校，取其振兴中华之意，著名的何氏三姐妹和杨绛等都是从这个学校走出来的。王家几代人中，从事数学、物理和机电研究者甚众，特别是她的哥哥王守竞、弟弟王守宽都是中国一流的物理学家。王明贞对物理学的热爱也许有家族的渊源，但是，兴趣只是一种专业选择的触媒，如何以最有利同时也是自己最擅长的方式报效祖国才是首先考虑的。这从她50年代辞去研究条件优越的美国雷达所工作，甚至从此告别她心爱的物理学研究，排除万难回到祖国报效新中国的行动中得以体现①。

物理学家何怡贞，与胞妹何泽慧、何泽瑛享有科学界"何氏三杰"之誉。作为老同盟会成员的父亲何澄曾放言："我有八个儿女，将来分别让他们到打败我们的八国联军国家去学习，等学到科学技术后再想法打败他们。"② 作为长女的何怡贞选择了物理学，她的弟弟妹妹受其影响也都选择了理工科，或许是为了实现父亲科学强国的梦想③。

科学救国作为彼时中国压倒一切的爱国主义主调，对她们产生了重要影响。正如德本康等西方人士认为中国落后，落后在科学技术和科学教育不如西方，而如王明贞、何怡贞等的祖辈、父辈们则认为，中国输给列强，输在没有先进的科技，而要战胜帝国主义列强，唯有科技救国，在学校"女国民"教育的影响下，科学救国也成为女性的使命。

科学救国的理想对当时女生专业选择的影响有多大？美国密歇根大学的巴伯奖学金专业分布业的国别差异可以作为一个有趣的背景资料。美国密歇根大学在20世纪前叶是美国接受中国留学生最多的大学。它在接受国际学生方面一直排名美国前五位④，它还有一个专门针对亚洲妇女的奖学金——"巴伯奖学金"。在1917—1955年的38年间，共有13个国家和地区⑤282名亚洲妇女受惠于巴伯奖学金留学美国，其中来自中国的女生130人，几乎占了半壁江山（45.8%），金陵女大的吴贻芳、何怡贞、王明贞、邬静怡、张肖松等都是巴伯奖学金的获得者。而在对亚洲女留学生专业分析中更显出中国女留学生的与众

---

① 王明贞1953年为了回到祖国，忍受失业、贫困和被中情局监视等长达两年之久，历尽艰辛回到祖国。但从此她也告别了对布朗运动和"噪声理论"的研究，全心投入教育，足见在她的人生选择中，爱国是放在第一位的。
② 《何泽慧决定人生志向的两次抗争》，中国论文网，http://www.xzbu.com/1/view-4499504.htm.
③ 刘深：《戈与荷：葛庭燧、何怡贞传》，清华大学出版社，2011年。
④ International Directory, University of Michigan, 1936—1937; International Center, Box 10: Statistics, 1938—1954, Michigan Historical Collections, Bentley Historical Library, University of Michigan.
⑤ 在这份巴伯奖学金的统计中，夏威夷也作为一个国别统计在内，故笔者将其作为一个地区。

不同[1]——中国女生选学物理、化学、数学、医学、建筑等"硬科学"的比例高达62.5%，特别是物理学，该奖学金获得者中学习物理的学生（10名）全由中国女生包揽；而选择传统女性"软科学"（文史哲、教育）的仅占28.9%，选择经济管理类的占3.1%。而其他国家女生的专业大多限于所谓女性学科，如印度女生中有42%选学教育，日本女生中有38%学习英文，选择理科的比例低得可怜。在理科方面，唯一可与中国媲美的是菲律宾（34.2%），但她们的兴趣主要集中于植物学。

我们暂时还无法解释其他亚洲国家的女性偏爱"软科学"的原因，但是我们可以说，在中国现代性话语体系中，科技强国的影响对这些中国早期女留学生的专业选择产生重要影响是显而易见的。反过来说，其他亚洲国家女生偏爱软科学是符合当时亚洲和整个世界的性别气质规范的，而中国女留学生的选择则是"偏离常态"的，这种"偏离"可以说是近代以降中国一直处于随时可能沦为帝国主义殖民地的民族危机的产物。民族危机对那些有强烈使命感的知识分子包括知识女性产生了明显的应激效应。

（二）追求女性独立，一个强有力的选择驱动

有研究认为，相较于美国女子高等教育产生于对女性的教育公平和社会公平的追求之中，中国女子高等教育则在国家和民族存亡时刻被动产生，在于追求国家和民族独立与富强[2]，这种性别与民族的缠绕，似乎限制了中国女性的独立选择。但笔者认为，追求女性的解放和民族的独立强盛都是中国现代化的题中之义，争取女性独立、不受束缚地自由选择专业的权利和科学救国一样，恰恰构成了女生主动选择"男性化科学"的强大动力。如陈诒在金女大毕业后到美国费城学医，那时医学在美国也仍被视为男性的天下，全班只有她一人是女生。她说："我为什么要学医？我要问为什么女人总是做护士？我立志要改变它！"她说她这种挑战传统的志向来自开明父母的影响，从小父亲就鼓励她："一个女孩可以做男人的工作，（学）化学、机械都可以。"而就读金女大进一步激发了她学习科学的志向，"我喜欢进这道门，我原意代表女界做别的事情"[3]。

---

[1] 参见 Dean's Topical File, 1916—1958 Barbour Scholarship Committee; Barbour Scholarships for Oriental Women, Papers, 1918—1969; Michigan Historical Collections, Bentley Historical Library, University of Michigan.

[2] 辛均庚：《公平视野下的中美女子高等教育比较研究》，载《教育与考试》2013年第4期。

[3] 摘自笔者2002年5月对回国探亲的陈诒和、陈䜣姐妹的访谈记录。

另一方面，科学救国的民族主义话语，也给中国女性突破科学的性别禁忌和束缚以正当性，在一定程度上减弱了女性进入男性传统优势领域的阻力。科学主义话语与救国强国责任理想、现代性话语与妇女解放的各种话语的交织缠绕，既有压制女性主体的一面，但也为中国女性提供了通过教育和职业化挣脱父权制家庭束缚、释放和发展个人科学潜能的更强有力的支撑。

以王明贞为例，尽管出身书香门第，但具有浓厚封建意识的父亲并不像培养家中男孩那样培养她，10岁那年她还被继母留在家里做家务，如果不是祖母的强力干预，这个极富天分的女孩，只能成为封建时代的家庭主妇[①]。日后她读大学选择理科、解除父母包办的婚约、留学海外，每一步都障碍重重，而她选择的每一步都是为了争取独立。不抗争，就别无出路。在封建家庭压迫下，必须以一种决绝的姿态选择最艰苦的学海生涯。献身于科学研究的金女大女生不止王明贞一个，例如李美筠当年就是被遗弃的孤儿，她到国外连读营养和心理学两个博士后回国服务。可以说，这些选择了科学研究的女生，争取女性独立、女性权利和科学救国的理想始终是两个不可分的主题。陈诒、王明贞、胡秀英在留学海外时都曾经是所在学校本专业的第一个女生，也是第一个外国女性，她们以自己的能力[②]敲开这扇对女人关着的门，因此得到的是民族的和性别的双重尊严。

（三）在科技史上留下中国女性的印记

当西方列强用坚船利炮强行撞开中国的大门，中国民众自强图存、强国健种的民族主义思潮前所未有地强烈，教育救国和科学救国成为有志青年的理想，也成为知识女性选择何种专业的重要考量；而面对西方的科学技术和知识体系在中国的传播又呈现出矛盾纠结的心态。作为一所教会女校，身处东西方文化的交汇点上，更能体会这种矛盾冲突。一方面所有学业除了国文都要以英语作为第一语言，要使用美国的教材，也曾使金陵女大的女生们产生强烈的抵触，感觉到"我的感情受到了伤害"；另一方面，她们又意识到为了实现强国

[①] 王明贞的家族故事来自本人自述和王明贞访谈，参见王明贞：《转瞬九十载》（载《物理》2006年第3期；童蕍：《一代女才 玉汝以成——记我的邻居》《精神薪火 代代相传——记王明贞的祖母和姑姑》，载史际平等编：《家在清华》，山东画报出版社，2008年。

[②] 王明贞在密歇根大学攻读物理学博士期间连得三个金钥匙奖。刘恩兰在牛津一年半读完四年课程。胡秀英在自述中说，因为她入学前已经打下扎实的科研基础，在哈佛的学习非常轻松，班上的白人男生都要借她的笔记参考（此处资料来自金一虹对胡秀英的访谈，访谈时间：2003年12月29日，访谈地点：香港中文大学科学馆胡秀英工作室）。

梦，必须学习并进入这些国家的知识体系。鲁桂珍在进入大学前，就曾拒绝学习英语，她曾质疑"为什么一个中国人必须学外语"①。这些矛盾，最终在民族主义话语下得到化解，而金女大第一届毕业生徐亦臻的父亲说得更为直白，"要学习英语以及这些国家的历史，了解它们的用心。它们没有善意，不会让我们受惠，它们的目的就是填饱自己"②，强调了站在民族国家立场上学习西方语言文化和科学技术的意义。

而当鲁桂珍初到伦敦求学拜会李约瑟时，李约瑟已经是院士，他的老师是近代生物化学的奠基人，因研究脚气病在1924年得了诺贝尔奖。但鲁桂珍不卑不亢地告诉李约瑟，早在几百年前甚至更早，中国人就已经知道脚气是维生素缺乏症并用米糠治疗。这使李约瑟意识到，人类无论肤色种族在科学面前都是平等的，也由此导致他对中华文明产生终生"皈依"，说这"注定了我今后的命运除了编写一本过去西方文献中旷古未有的关于中国科学、技术、医药的历史专书外，我已别无所求"③。在某种意义上说，是鲁桂珍改变了李约瑟，改变了西方中心传统的科技史观。

胡秀英在开始其科研之初，深感中国的植物分类学还是一个空白，而国外的分类学虽臻完善，但是却没有把中国丰富的物种收集在内，她遍踏中国的大山采集发现大量中国独有植物，并将之介绍进西方植物学界。哈佛大学于2001年将胡教授多年来搜集的中国植物数据卡片数码化后，发放在互联网上，命名为 Hu Card Index（胡氏卡片）。以研究中华植物为基础，她成为冬青、萱草、泡桐、菊、兰等植物研究的世界权威，400多种冬青中，3/4由她命名④。

还应承认一点，钻研硬科学虽然比软科学更为艰苦漫长，但是其标准化衡量的特点使成就容易凸显也易得到认可，即使是存在种族和性别偏见的西方，也会在真才实学前表示折服。例如金女大第一个出国留学攻读营养学学位的严彩韵，以全A的成绩使得高傲的美国大学认可了金女大科学教育水准⑤。成效和成就，往往成为一种有力的激励，反过来会再次强化选择动机。她们的成

---

① 金一虹：《女性叙事与记忆》，九州出版社，2007年，第34页。
② New, Y. T. Zee, Typescript Biographical Material RG11, IV. Box 145-3, YDSL, p. 4.
③ 根据北京人民广播电台网站据访谈录音整理。北京人民广播电台：《李约瑟的世界难题》，2003年4月7日。
④ 参见百度百科胡秀英以及黄幸平词条，另见《第一位哈佛华人女博士、著名植物学家胡秀英》，http://blog.sina.com.cn/s/blog_49e5ad7a0102e5dr.html。
⑤ 严莲韵：《我的大姐，营养学家——严彩韵》，载金陵女儿编写组编：《金陵女儿》，江苏教育出版社，1995年，第26页。

功,激励了一届又一届的学妹们纷纷投向理科。

三、父权围城：限制与突破

如前所述,金女大因历史渊源、独立女子学院的建制以及两任校长的教育主张,成为一块相对不受传统性别规范约束的"飞地",但是这种女性的"脱序"永远只能是特例,而且只是一时的特例,她终将会受到男权体系的压制和排斥。

（一）来自国内外教育体制的排斥

在基督教海外教育体系中,金女大也是一个另类。在基督教教育联合董事会负责人葛德基的一份报告中,就把金女大等两所教会女子大学都归为偏离正常的"非特别健全者"[1]（而燕京大学、金陵大学等基督教大学则是"特别健全者"）,葛德基还特别批评金女大"独来独往","不太符合大学生水准"[2]。在专业性问题上,葛德基说,金女大学生更喜欢通识性的课程,不像金陵大学男生那样要求更专业性的课程。而德本康夫人则坚决否认,说金陵女大的学生也要求有更为专业性的课程[3]。对不守规则的金女大,"惩戒"之一即联合董事会多次提议将金陵女子大学并入金陵大学,以避免教育资源的"浪费",终因金陵女大的坚决抵制而未能实现。"惩戒"之二即资源的剥夺。金女大的海外教育资源,大多来自民间,例如作为姐妹学校的史密斯女子学院的捐助,但从教会体制内则几乎一无所获。康本德夫人曾多次向英国庚款委员会申请研究经费和希望加入哈佛燕京学社,都以缺少研究队伍为由遭到拒绝,虽然金女大并不缺乏国内知名学者。而其他非女子的基督教大学都得到过燕京学社的资助[4]。

而当国民政府"收回教育权",作为教会学校的金陵女大向民国政府注册成为中国的私立女子文理学院之后,国家也通过行使其教育统制权以及它立基的性别化制度来对金女大加以改造和规制。1919 年国民政府教育部公布了"女子中学家事一科应注重实习案"训令,明确表示家事科是女子中学的最重要科目,并敦促女子学校把教学力量倾注于家事科的教育。1924 年教育部再发布了"女学校注重家事科"令,使政府性别保守主义倾向暴露无遗。到了 20 世纪 30

---

[1] 《教会学校之四大问题》,原载《中国基督教年鉴》,1936 年,转引自李楚材:《帝国主义侵华教育史料——教会教育》,教育科学出版社,1987 年,第 482 页。

[2] Dr. Wu's Luncheon Speech, UB Archives. Box: 148, Folder: 2922. YDSL, 1943 – 05 – 07, p. 1045.

[3] 朱峰:《基督教与中国近代女子高等教育——金陵女大与华南女大比较研究》,福建教育出版社,2002 年,第 346 页。

[4] 金一虹等:《吴贻芳教育思想与实践》,江苏人民出版社,2005 年,第 403 – 404 页。

年代,政府的女子教育须以培养"贤妻良母"为目标的保守主义立场更趋强硬,在教育部1938年所颁布的《战时各级教育实施方案纲要》中,明令"中小学之女生应使之注重女子家事教育",而女子师范学院"应设家事师资养成科和专修科",为中小学提供家事课的师资①,家事科又回复到了女子教育的原初位置。因此,长期不设家政系的金女大承受了很大压力。吴贻芳不断被追问作为一所女子大学为什么不设立家政专业,她在回应时说,男人们只懂得家政学大众化的实际用途,不懂大学若开办家政专业,就"要有高度科学化的标准"②。吴贻芳巧妙地把关于设不设家政的性别立场的矛盾,轻轻一转变成大众化(家事)与专业化(家庭科学)的争议。在这里科学主义和专业精神又成了化解教育性别分化的利器。尽管金陵女大在1940年终于在教育主管部门"建议下"做出"妥协"——在建校25年后开设了家政系,进入了"女性化学科",但与众不同的是,金女大的家政系下设营养、儿童福利和家庭应用艺术3个专业方向,且属于理科类专业,学生要学物理、化学、生物(包括动物解剖学)、心理等理学科目;其宗旨是培养家庭科学、儿童福利管理的专业人才而不是主妇角色。

(二) 无处不在的男权文化

在一个男权意识浓重的社会,女性要想进入科学领域,特别是"硬"科学之冠的物理学领域,无异于是对男性垄断的优势领域的一次"入侵",必将遭到强硬的排斥。

无论是在国内还是国外学习期间,王明贞都是最优秀的学生。她在美国密歇根大学攻读物理博士时,理论课全是 A 和 A$^+$,数学课还得到 A^{++},作为班上唯一的外国女生,在校4年就得到了3枚金钥匙奖,其中一个"ΦβK"(Phi beta kappa)奖是全美学生的最高荣誉奖③。这样一个物理学天才的留学之路却困难重重,1935年她考公费留学,物理考了第一名,但物理学权威吴有训说:"送一个女的去学物理不是浪费吗,不如让第二名去。"一句话就断送了王明贞的公费留学之路。直到吴贻芳在金陵女大西迁的路上,主动为王明贞向她的母校密歇根大学写出有力的推荐信,她的深造之梦方才得以实现。无独有偶,她

---

① 中国第二历史档案馆全宗号668,案卷号:14-33-34。
② The Letter Wu I-fang to Miss Griest, UB Archives, Box 143, Folder 2910. YDSL, 1937-04-16, p.255.
③ 参见王明贞:《转瞬九十载》,载《物理》2006年第3期;童蔚:《一代女才 玉汝以成——记我的邻居王明贞》《精神薪火 代代相传——记王明贞的祖母和姑姑》,载史际平等编:《家在清华》,山东画报出版社,2008年。

的表妹何泽慧考上了清华物理系，物理系主任叶企孙和其他教授都认为女生学不好物理，一个女生也不准备要，他要让何泽慧转系。何泽慧也很迷茫，写信给正在美国攻读物理学学位的姐姐何怡贞，问是否应该转到化学系。何怡贞是一家三姐妹皆攻读硬科学的领头羊，她的回复非常强硬："坚决不转！"不转系的决定意义非凡，日后何泽慧成为物理系班上最优秀的学生，甚至领先于后来成为她丈夫的同班同学钱三强[1]。

仅仅因为性别而遭受如此不公，但我们不能将之简单归结于吴有训、叶企孙等男性学者的性别偏见，尽管那时认为女性学不好科学、科学与女性"天性"相悖的成见是普遍的。王明贞和何泽慧等受到的排斥，不是来自某一个人的，而是男性对女性进入科学高地的集体排斥（吴有训的意见也是庚款委员会的全体意见）。科学对女性的排斥，既是文化性的，也是体制性的。

（三）婚姻：阻挡女性进入科学领地的一道"幕墙"

婚姻常常是女性持续从事科学研究的硬障碍，因为科学研究需要高强度、不间断的长期投入时间和精力，而对女性最不利的是，攀援科学高峰的关键时期，常常与女性生命周期中婚育的阶段交叉重合。女校中女生很高的流失率往往与婚姻和家庭变故有关。在男权主导的时代，来自婚姻的障碍常常以制度性形式出现。在1928年的巴伯档案中有这样的记录："在最近的会议上，大家通过了一项政策，……同时规定，已婚女性除有特殊情况外没有申请巴伯奖学金资格。巴伯奖学金获得者如在授奖期间结婚，立刻取消资格，她的月津贴也立刻停止，特殊情况必须经委员会审批。"[2] 1940年5月29日，巴伯奖学金执行委员会秘书 W. Carl Rufus 给巴伯奖学金的执行委员会主任的信中再次提到，除非有委员会特别干预，已婚女性无资格申请，如在获奖期间结婚也不能继续要求奖学金[3]。一个以资助亚洲女性留学为目标、对女性堪称友好的奖学金，也存在对女性婚姻状况的严格限制，这也许不能简单说是歧视，而是说明，一个教育系统整体与整个国家社会性别制度往往是"同构"的，基于妇女无法兼顾婚育生活与科学研究的陈规定见。

---

[1] 刘深：《戈与荷：葛庭燧、何怡贞传》，清华大学出版社，2011年；本刊特约记者：《中国的居里夫人何泽慧》，载《百年潮》2007年第10期，第5–6页。

[2] News letter, 1928.1.30, Dean's Topical File, 1916—1958. Barbour Scholarship Committee; Barbour Scholarships for Oriental Women, Papers, 1918—1969; Michigan Historical Collections, Bentley Historical Library, University of Michigan.

[3] Dean's Topical File, 1916—1958. Barbour Scholarship Committee; Barbour Scholarships for Oriental Women, Papers, 1918—1969; Michigan Historical Collections, Bentley Historical Library, University of Michigan.

巴伯奖学金最初的两个获得者都是日本女性，但是随后获得奖学金的中国女性人数超过了日本，巴伯奖学金25周年纪念册上的一段文字似乎提供了某些解释线索："在日本很难招到候选人"，一方面认为当时日本女子院校水平大概只等于美国初中；另一个重要原因则是她们出来读研的年纪，按照当地习俗应该是结婚的年纪。如果留学再回国后她们就属于"很奇怪的女性"了[①]。

那么那些选择了出国深造而且选择了科学的中国女性呢？攻读理工学位的年限显然要比教育等学科更长，其同样会面临学业和婚姻时期两相重叠的冲突。金女大那些有理工科学位的女性相当一部分选择了独身，如吴贻芳、刘恩兰、吴懋仪等（但也有如王明贞、何怡贞、严彩韵、胡秀英、鲁桂珍等是后来成婚的）。她们的故事似乎说明，在那个事业和婚姻难以两全的时代，女性选择了科学就要有舍弃婚姻生活的勇气，如金女大张芗兰、李美筠等在国外攻读了两个博士学位的人，则早已做好终身不婚的准备[②]，而王明贞、何怡贞、严彩韵都是选择同行做伴侣[③]，在那个时代，能够在科学研究的途中遇到志同道合的伴侣，是幸运的少数。

四、结语

金女大在短短的36年中培养出众多杰出的科技女性，或许只能说是特殊个例。特定的年代、特殊的历史因素为一个独立女子学院的诞生提供了的条件，一群禀赋优异又意志超强的女性，发挥其能动性，建立了一个追求女性独立平等、由女性主导决策管理和教学的微型机构；这个微型的教育机构鼓励女生不受性别身份束缚自由地选择专业，鼓励她们热爱科学甚至以科学研究为终身的奋斗目标；这个微型机构为女生发展自己的科学研究潜质尽可能地提供了良好的微环境，也为她们走出新天地创造了条件；一群有着强烈的爱国情怀和科学救国与争取女性独立志向的年轻女性，义无反顾地选择了科学研究的人生。处于民族危机之中、急于振兴强盛的中国，以向西方学习先进科学、以科学和教育为救国和图强的良方，中国的现代化亦提供了对科技人才的新需求，也为部分女性进入"硬科学"的非传统领域提供了强大动力，为她们挑战学科

[①] International Directory, University of Michigan, 1936—1937; International Center, Box 10: Statistics, 1938—1954, Michigan Historical Collections, Bentley Historical Library, University of Michigan.

[②] 鲁桂珍原来也有终身不婚的意愿，但遇到了李约瑟，终在迟暮之年结婚。

[③] 2010年，美国化学学会对3.7万会员中1万名居住在美国的40岁以下年轻会员调查发现，女化学家单身的比例明显高于男性，有趣的是，女化学家选择同行做婚嫁对象的比例也远高于男性。资料源自：http://pubs.acs.org.cen。

的性别隔离提供了正当性。多种历史因素和女性群体乃至女性个人际遇交汇组合，由此演绎了一段女性"侵入"硬科学的壮美故事。这一女性科研后备力量密集涌现，并在日后能在国际国内的相关领域发出中国女性声音，是一个成功的实践。它一方面证明了女性与男性一样可以培养起热爱科研的"亲科学性"，一样具有科学研究的潜质和能力，一样可以成长为一流的科学家，只要这个环境对女性友好一点。当然局部的微观环境下的经验无法在宏观社会复制，它也无法提供在一个男权社会中消除社会的性别制度和观念意识对女性进入科学领域存在排斥的解决之途，无法解决婚姻与事业难以兼得的矛盾。

2001年密歇根大学社会学教授谢宇和加州大学戴维斯分校Kimberlee Shauman做了一项系统研究以解释"为什么女性在科学领域中被低度代表"。该研究使用了来自17个全美具有代表性的大型数据库资料、对研究对象的学术生涯追溯10年以上，研究结论为：并非女性能力不及男性，而是女性受到婚姻和生养小孩的影响[1]。这个研究结论的积极意义在于，肯定了女性在科学学习研究的能力方面并不逊于男性，障碍主要来自社会。而令人悲哀的是，将近一个世纪过去，婚育仍然是横亘在女性从事科学学习和研究的一道"围墙"（尽管不再是不可逾越，但依然存在）。当年金女大学生遇到的发展障碍在今天尚未根本消除。即便是今天女性受教育程度得到较大提高，女性科技人员队伍得到扩大，性别差异至今仍是不可攻破的堡垒[2]。

金陵女大在中国女性高等教育史上永远有一个特殊的位置。在此纪念金陵女大成立一百周年之际，回顾她的教育理念、培养模式以及建构有益于女生成长的微环境，对思考今天我们如何打破教育专业的性别隔离、改变科学领域中女性中被低度代表的现状，也许不无裨益。

（原载《妇女研究论丛》2016年第1期）

---

[1] 江淑琳：《科学中的女性——谢宇教授在台讲演纪实》，载《妇研纵横》2002年第67期。
[2] 吴小英：《科学、文化与性别——女性主义的诠释》，中国社会科学出版社，2000年，第36–37页。

苏区妇女运动中的性别与阶级

宋少鹏[①]

摘　要：本文以"土地"和"婚姻"为两个观察点，考察苏区妇女运动中的"性别中的阶级"和"阶级中的性别"，回答为什么苏区的妇女运动能够赢得劳动阶级青年妇女的支持。以国统区报纸中的两份报道、中共的工作文献、口述资料来展示中共、苏区青年妇女及中共反对者对于这场革命的不同态度。由此，从方法论角度说明言说者的"立场"如何影响了看待苏区妇女运动以及妇女的主体性。另外，本文想强调正视阶级性并以劳动妇女作为自己的社会基础，是中国共产党领导的妇女运动最宝贵的历史经验。

关键词：性别　劳动阶级　青年妇女　苏维埃政权

一、引子：国民党《妇女周刊》对于苏区妇女运动的一篇报道

1934年10月第五次反"围剿"失败，中国工农红军一方面军共8万多人撤离红都瑞金，不仅宣告了中央苏区的失败，同时也标志着中共领导的苏维埃革命陷入低谷。1936年的3月4日，国民党党报《中央日报》的副刊《妇女周刊》第二版发表了刘庆科的署名文章，刘庆科基于自己在赣南包括宁都、瑞金的视察情况，发表了一篇"介绍妇女界在赤区之地位与工作待遇及婚姻诸问题"的文章。在20世纪30年代国共对峙的社会环境下，这份来自中共敌对者的报道文章对于后世研究者了解中共苏区妇女运动提供了一份有价值的史料。刘庆科在文章中渲染苏区妇女运动存在的强迫性以及苏维埃婚姻法之简陋，基于敌对者的立场，这些描述和评论并不让人吃惊。引起笔者注意的是刘庆科对苏区妇女运动的评价："妇女对于赤匪固有甚大之裨益也。""妇女在赤区之工作成绩实佔有极重要之地位。而在各地之秘密活动，收效最大者亦多为青年妇

[①] 作者简介：宋少鹏，女，中国人民大学中共党史系副教授、博士。研究方向：妇女运动史、女权主义政治理论。

女。"并悲叹"赤匪虽遭惨败,而一般妇孺固尤迷途未反,而不以其已往之行为为非也,为可耻"①。

刘庆科的观察从敌对者的角度证实了苏区妇女运动的成功,更值得深究的是为什么"一般妇孺固尤迷途未反"呢?遗憾的是即使在中共最权威的党史通史中,妇女在苏维埃运动中的贡献都鲜有提及②。而在妇女史研究领域,关于中共领导的妇女运动,一直有几种流行的观点困扰着中国学人/当代中国女权主义者对于中共领导的妇女运动经验——理论和实践——的正面理解。

第一,关于中共与其领导的妇女运动之间的关系。一种观点认为中共为了巩固革命力量和维护政权的需要,在施行各项政策方面,对男性农民妥协,保留了父权制家庭制度和父权文化,在很大程度上延迟/背叛了解放妇女的承诺。这种观点在20世纪80年代前后西方的中国妇女史研究中比较流行。另一种观点认为中共的妇女运动是运动妇女,妇女是被动的客体。这类观点在国内的妇女研究界比较流行,尽管"运动说"相比"背叛说"温婉些,但对中共领导的妇女运动及妇女缺少主体性和自主性的批评是一致的。第二,关于性别与阶级的关系。认为在中共领导的妇女运动中,阶级议题压倒了性别议题,使妇女解放置于阶级解放之后,服务于阶级解放。性别问题被收编入阶级内部,从而造成了妇女/性别议题被遮蔽和搁置。这两个方面的问题实际上是被钩联在一起的,钩联点就是持阶级观点的中国共产党领导的妇女运动。

基于对党/国家领导的妇女运动的上述两个方面的看法,20世纪80年代重新兴起的"妇女研究运动"也呈现了分离主义的倾向。其中两个最主要的分离就是性别从阶级中分离出来,妇女运动从党/国家控制的妇女运动中分离出来③。寻求"主体性"成为20世纪80年代以来中国妇女运动的主流声音。对主体性/自主性的追寻是对之前中共领导的妇女运动——从苏维埃运动到"文化大革命"时期铁姑娘式的生产运动——缺少妇女的主体性和运动的自主性之否定性批评为出发点的。对于一个自主独立的妇女运动的想象,阻碍了20世纪80年代以来中国女权主义者对于本土妇女解放经验/理论的有效整理和应用,而把目光锁定到向西方(实质上是美国,偶涉欧洲)学习女权主义理论,

---

① 刘庆科:《匪区社会中的之女界》,载《中央日报·妇女周刊》1936年3月4日。
② 中共中央党史研究室:《中国共产党历史(1921—1949)(第1卷)》,中共党史出版社,2011年。
③ 林春、刘伯红、金一虹:《试析中国女性主义学派》,载邱仁宗编:《女性主义哲学与公共政策》,中国社会科学出版社,2004年,第96~97页。

以此作为自己的思想资源。

但是，刘庆科对苏区妇女运动的观察和评论仍留给后世研究者许多未尽的问题：中国共产党领导的苏区妇女运动确实赢得了"青年妇女""一般妇孺"的广泛支持，甚至在中共撤离苏区之后，仍对当地的社会风俗产生很大的影响。若只是把"妇女"作为被运动的对象和客体，否认其主体性，实难解释"一般妇孺固尤迷途未反"。另外，若以"动员"为唯一的理由，也难以解释在"扩红""征粮""慰劳"等运动中妇女的热情参与。其中，一定有妇女自己的理由和中共赢得"一般妇孺"支持的原因。

据当时国统区的报纸报道，收复"赤区"之后，国民党的地方官员着重需要解决"土地""债务"和"婚姻"三大问题，其中以婚姻问题最为棘手①。这也说明中共对苏区社会关系的革命性变革主要体现在经济关系和婚姻关系两个方面。土地和债务属于经济范畴，中共通过没收地主富农的土地重新分配、废除地主对于贫雇农的一切债权关系，重新分配财富，调整的是不同阶级之间的关系。婚姻变革调整的基本上是同一阶级内部的性别关系。本文围绕"土地"和"婚姻"来考察"性别中的阶级"和"阶级中的性别"，描述苏区中阶级与性别之复杂关系、对于不同阶层妇女的不同意义以及不同立场者对于这种运动的言说和评价。

二、阶级的解放：妇女内部的阶级

刘庆科在文中讲述了他在瑞金遇到的一位王姓小学女教员的故事。在苏区，各个阶级都需工作，在苏区广泛动员一切妇女走出家庭参加革命工作时，这位王姓小学教员三次被要求担任军事宣传工作，她"三次均装疯啖人粪，始得脱避"②。这个故事与刘庆科所感叹的"一般妇孺"对中共妇女运动的支持形成了鲜明的对比。文中所称的"一般妇孺"实际上指的是"劳动阶级的妇孺"与王姓教师为代表的另一个"有产阶层"或"知识阶层"形成了对苏维埃妇女运动鲜明的对立态度。换言之，刘庆科的观察指出了苏区妇女运动的主要依靠力量是"青年妇女"和"一般妇孺"。

在中共妇女运动的理论和实践中，妇女运动的阶级性从来不是一个问题。在国民革命时期，中共实行妇女运动的联合阵线，中共仍把劳动妇女视为自己

---

① 刘庆科：《匪区社会中的之妇女界》，载《中央日报·妇女周刊》1936年3月4日；《赣匪区收复后婚姻纠纷问题》，载《妇女月报》1935年5月1日。

② 刘庆科：《匪区社会中的之妇女界》，载《中央日报·妇女周刊》1936年3月4日。

的社会基础,批评知识女性的女权运动只是"法的运动",而缺少"社会的基础"①;批评上层阶级的参政运动只是少数人的运动,不关心"妇女界最受痛苦"人数最多的劳工妇女②。劳动妇女运动可以分为女工运动和农妇运动。在中共四大之前,中共的劳动妇女运动实际上是女工运动。在国民革命时期,两广、两湖、江西等地风起云涌的农民运动中开始出现了农妇运动,并呈现出组织化的倾向③。中共"四大"的妇女运动决议案(1925年)中第一次提到要注意农村妇女运动。但是,当时中共的注意力在城市和产业工人,中共四大并没有明确的意识要对农妇运动开展领导,只是提出做"准备工作"。直到中共六大(1928年),国共合作宣告破裂,中共放弃了国民革命中侧重于"一般的妇女运动"④的妇运方针,把妇运的主要任务定为"争取劳动妇女的群众",对城市女工运动(针对工会)、农村妇女运动(针对农会)、青年女工(针对青年团)运动分别作出了具体的指示。实践上,国共分裂之后,中共真正领导和实践的劳动妇女运动是苏维埃政权下的农妇运动。

(一)享有政治经济权利的劳动阶级妇女

在政治权利方面:苏维埃政权的性质是工农民主专政,即政权属于"工人、农民、红军兵士及一切劳苦民众";"军阀、官僚、地主豪绅、资本家、富农、僧侣及一切剥削人和反革命分子"成为政权的专政对象⑤。《中华苏维埃共和国宪法大纲》(1931)规定"在苏维埃政权领域内的工人,农民,红军兵士及一切劳苦民众和他们的家属,不分男女,种族,宗教,在苏维埃法律前一律平等,皆为苏维埃共和国的公民"⑥。在经济权利方面,《中央关于劳动妇女斗争的纲领》(1930)规定:"苏维埃政府之下农村妇女与男子享有同等土地权,并且妇女亦与男子一样有独立支配自己所分配得来的土地的自由——她的土地或与父母舅姑兄弟的土地共耕或自己单独耕种都可以,依她自由意志去决

---

① 《纪念向警予同志英勇就义五十周年》,人民出版社,1978年,第63页。
② 《纪念向警予同志英勇就义五十周年》,人民出版社,1978年,第53页。
③ 毛泽东:《湖南农民运动考察报告》,载《毛泽东选集》(第一卷),人民出版社,2006年。
④ 中共六大妇女决议案中的"一般的妇女运动"是指小资产阶级的妇女运动,侧重于从宗法制度下解放妇女。
⑤ 厦门大学法律系、福建省档案馆编:《中华苏维埃共和国法律文件选编》,江西人民出版社,1982年,第6页。
⑥ 厦门大学法律系、福建省档案馆编:《中华苏维埃共和国法律文件选编》,江西人民出版社,1982年,第7页。

定。"① 第一次全国苏维埃代表大会颁布的《中华苏维埃共和国土地法》（1931年），统一了苏维埃区域内的土地分配政策，规定"雇农、苦力、劳动贫民，均不分男女，同样有分配土地的权限"②。豪绅地主被剥夺了土地分配权。在有土地分配权的阶级中，贫雇农阶级与富农的分配原则是不一样的。各根据地在对待富农的问题上，曾有几次较大的调整。全国苏维埃代表大会的土地法通过之后，基本确立了以"选择最有利于贫农中农利益的方法"③ 进行分配的原则。以江西省苏维埃为例，雇农贫农、乡村工人苦力的家属、独立劳动者、医生、农村教师失业半年以上者及其家属都一律平均分配土地。富农家庭按劳动力分坏田，家庭中无劳动力的人口酌情补以坏田，而且不能超过当地分田每人数量的 2/3④。

　　由此可见，在苏维埃政权下，在抽象的法律层面上，劳动阶级的妇女获得了与同阶级男性平等的一切公民权利。在具体的实施层面，妇女的公民权——特别是参政权和土地分配权——的具体兑现是与她的阶级成分的认定相关。当然，男子也一样。

　　为了指导分田和查田运动，苏维埃中央政府制定了《怎么分析阶级》（1933）等一些文件来具体规范各根根地对每个家庭的阶级成分的划分。阶级成分是根据土地的占有情况、参加农业劳动的程度（以此来分析剥削程度）。比如，地主是"占有土地，自己不劳动，或只有附带劳动，专靠剥削为生"⑤。劳动是区分富农与地主的主要标准。中央政府在《关于土地斗争中一些问题的决定》中对"主要劳动"和"附带劳动"做了定义。主要劳动是指从事生产上主要工作部门的劳动，如犁田、莳草、割禾及其他生产上之重要劳动事项，但不限在农业生产方面，如砍柴、挑担及其他重要劳动工作，都是主要劳动⑥。

---

① 中华全国妇女联合会妇女运动历史研究室编：《中国妇女运动历史资料1927—1937》，中国妇女出版社，1991年，第77页。

② 韩延龙、常兆儒等编：《中国新民主主义革命时期根据地法制文献选编》（第四卷），中国社会科学出版社，1984年，第15页。

③ 韩延龙、常兆儒等编：《中国新民主主义革命时期根据地法制文献选编》（第四卷），中国社会科学出版社，1984年，第17页。

④ 韩延龙、常兆儒等编：《中国新民主主义革命时期根据地法制文献选编》（第四卷），中国社会科学出版社，1984年，第122－125页。

⑤ 韩延龙、常兆儒等编：《中国新民主主义革命时期根据地法制文献选编》（第四卷），中国社会科学出版社，1984年，第65页。

⑥ 韩延龙、常兆儒等编：《中国新民主主义革命时期根据地法制文献选编》（第四卷），中国社会科学出版社，1984年，第48页。

但是，把土地占有和劳动情况这一标准运用于划分妇女的阶级成分，就会遇到困难。农村妇女基本上没有土地所有权，在苏维埃政权生产动员之前，也少有女子下田从事主要的劳动。怎么来确定妇女的阶级成分呢？

根据苏区公布的一些分田的指导文件来看，苏区是以家庭为单位划分家庭的阶级成分的。家庭的阶级成分的划分，不仅根据土地占有情况、参加主要劳动的家庭成员人数，还要根据家庭生活状况，即根据家庭人口和劳动力人口的比例，分析家庭总收入与人均可消费收入的情况。换言之，家庭的阶级成分决定了家庭里所有成员的阶级身份，从而劳苦阶级通过家庭的阶级身份获得了自己独立的阶级身份，从而获得了自己的一份土地。

在政治权利方面，苏维埃政权创造了"家属"这一独特的社会身份，从而解决了妇女无法依据社会职业来确定社会身份的问题。在20世纪30年代的农村地区，赋予劳动阶级的家庭妇女以政治权利。《宪法大纲》规定苏维埃政权领域内的工人、农民、红军兵士及一切劳苦民众的家属，不分种族、宗教，年满16岁也享有选举权和被选举权[1]。《中华工农兵会议（苏维埃）第一次全国代表大会选举条例》（1930）规定"凡靠生产劳动或公益事业的服务而生活，以及替他们管理家务者"都享有选举权[2]。家属，即为劳动阶级管理家务者。

尽管苏区劳动妇女的阶级身份是通过"家庭"这个中介实现的，但是，苏区劳动阶级妇女的政治权利和经济权利是以个人为单位的，是独立的个人权利。苏区法律也保护劳动妇女对自己土地和家庭财产的自由支配权，这种财产权不因婚姻状况的改变而改变。1931年《婚姻条例》规定：男女离婚后，男女各得田地、财产债务各自处理，在结婚满一年，男女共同经营所增加的财产，男女平分，如有小孩则按人口平分[3]。1932年6月，临时中央政府发布第六号人民委员会训令《关于保护妇女权利与建立妇女生活改善委员会的组织和工作》，对一些地方出现的侵犯离婚妇女财产权利的现象进行了严厉的批评：苏维埃政府下农民妇女（同男子）一样分得了田，在经济上妇女是可以独立的，但是有（许）多地方妇女与丈夫离了婚，土地仍然没有随着女子带去，而

---

[1] 厦门大学法律系、福建省档案馆编：《中华苏维埃共和国法律文件选编》，江西人民出版社，1982年，第7页。

[2] 厦门大学法律系、福建省档案馆编：《中华苏维埃共和国法律文件选编》，江西人民出版社，1982年，第90页。

[3] 中华全国妇女联合会妇女运动历史研究室编：《中国妇女运动历史资料1927—1937》，中国妇女出版社，1991年，第153页。

政府的工作人员，不但不注意这些问题，不去保护妇女应享受的权利，反而干涉妇女财产享受的自由权，如禁止离婚女子带衣服走，等等①。中央政府成立妇女生活改善委员会，专门调查妇女生活状况，检查下级政府的执行情形，来保护妇女的权利。1934 年颁布的《中华苏维埃共和国婚姻法》，明确规定离婚女子如果移居别村，可以参与新居乡村的土地分配，但如果新居乡村已没有土地可分，则女子仍保留原有土地，其处置办法或出租或出场或与别人交换，由女子自己决定②。

（二）试图以婚姻改变阶级成分的地主富农阶级女子

劳动阶级内部按人口分配土地，意味着苏区还有一部分劳动阶级之外的地主、富农家庭的女性在拥有土地方面受到其阶级身份的阻碍。土地革命早期，一些实行按人口均分土地的根据地，曾经给地主和富农及其家属分过一份土地。甚至有的根据地，如鄂豫边根据地，对于已解决的豪绅反动派的家属经当地革命团体证明无反动嫌疑者，也分给土地③。1930 年 6 月中国革命军事委员会颁布的《苏维埃土地法》规定"豪绅地主反动派的家属，经苏维埃审查，准其在乡居住，又无他种方法维持生活的，得酌量分予田地"④。中共六届四中全会以后受"左"倾路线的影响，实行地主不分田、富农分坏田的政策，把地主不分田的政策扩展到地主家属。1931 年的《中华苏维埃共和国土地法》规定：地方豪绅及反革命及其家属不能分地；富农按劳动力分配为主、按人口分配为辅的原则分配土地⑤。地主和富农家庭的女子因为没有土地或只能分坏地，根据地出现了一些地主富农家庭招郎——招贫雇农上门为婿以保住家财，或是嫁工农贫民以获得土地的情况。为此，江西省苏维埃出台《对于没收和分配土地的条例》（1931 年 12 月）规定"豪绅地主及加入反革命组织和自动领导群众反水的富农的老婆、媳妇、女儿同工人、雇农、贫农、中农结婚的，本条例颁

---

① 中华全国妇女联合会妇女运动历史研究室编：《中国妇女运动历史资料 1927—1937》，中国妇女出版社，1991 年，第 232 - 233 页。
② 中华全国妇女联合会妇女运动历史研究室编：《中国妇女运动历史资料 1927—1937》，中国妇女出版社，1991 年，第 374 页。
③ 韩延龙、常兆儒等编：《中国新民主主义革命时期根据地法制文献选编》（第四卷），中国社会科学出版社，1984 年，第 177 页。
④ 韩延龙、常兆儒等编：《中国新民主主义革命时期根据地法制文献选编》（第四卷），中国社会科学出版社，1984 年，第 10 页。
⑤ 韩延龙、常兆儒等编：《中国新民主主义革命时期根据地法制文献选编》（第四卷），中国社会科学出版社，1984 年，第 17 页。

布以后，不得分配土地"。以招郎形式试图保住财产的豪绅地主富农家庭的财产、房屋仍一律没收，但已婚的贫雇中农仍可分得自己应得的一份[1]。1932年6月上杭县的土地部长温恒贵曾写信要求中央政府对此情况做出具体指导。中央土地人民委员会回复称，若是条例颁布前已结婚并已分地，只要"土地革命的利益落在结婚之工农身上的，可以不必撤回"。在暴动前结婚的，按工人、雇贫、中农家属分田[2]。

1933年通过的《关于土地斗争中一些问题的决定》专门对地主、富农、资本家与工人、农民、贫农互婚、收养后的阶级成分如何确认做出了更明确的规定。基本上是依据结婚时间是在暴动（苏维埃建立）前所属家庭的阶级成分和婚后是否劳动为标准来衡量：地主、富农、资本家女子嫁给工农贫民，从事劳动满一年者，承认其为工农贫民成分。不从事劳动或劳动不满一年，仍依原来家庭的阶级成分。工农贫民的女子暴动前嫁与地主富农资本家，与地富资过同等生活满五年者，承认其为地富资的成分。如生活不与夫家相同，而与工农贫民同等（即靠自己劳动为主要收入来源）或过同等生活不满五年者，仍按原来成分确定。暴动后结婚的工农贫民女子嫁与地富资，仍依原来成分。地富资女子嫁给工农贫民，须从事劳动满五年者，才能承认其为夫家成分。如不从事劳动，或从事劳动不满五年者，依原来成分。出卖和过续的子女或招郎的男子的阶级成分的认定基本类似[3]。可见，一方面地富阶级女子的命运仍受婚姻家庭的约束，在阶级政策的约束下，地富阶级的女子试图通过婚姻改变自己归属的家庭，也许这也可算是一种主体性。另一方面，"个人是否劳动"的衡量标准在一定程度上可以让个人决定自己的命运，尽管受"所属家庭"这一条件的制约。

在规定互婚后阶级成分认定的第十五款的注中隐藏了一个中共非常重要的一个理论创造。即，给家庭妇女的劳动做了一个定性，称"这里所说的劳动，

---

[1] 韩延龙、常兆儒等编：《中国新民主主义革命时期根据地法制文献选编》（第四卷），中国社会科学出版社，1984年，第123-124页。

[2] 韩延龙、常兆儒等编：《中国新民主主义革命时期根据地法制文献选编》（第四卷），中国社会科学出版社，1984年，第30页。

[3] 韩延龙、常兆儒等编：《中国新民主主义革命时期根据地法制文献选编》（第四卷），中国社会科学出版社，1984年，第61-62页。

包括家务劳动在内"①，这与《宪法大纲》和《选举条例》认定劳动阶级的"家务管理者"是劳动阶级的理论同出一源，即承认家务劳动是一种劳动。在一个努力创建劳动者的国家里，不管是在苏维埃政权还是中华人民共和国，当劳动成为判断个人身份的重要依据时，家庭妇女仍是妇女人口的绝大多数，关于"家务劳动是劳动"的理论解决了家庭妇女独立身份的问题，使家庭妇女不再需要依附所属男系（父或夫）家庭的成分来确认自己的阶级身份，可依凭自己的家务劳动获得独立的社会身份和政治身份。

综上分析，苏维埃政权对妇女权益的保障确实是基于阶级的，劳动阶级的妇女得到了与同阶级男子同等的权益。正如赣东北省委妇女部在《关于妇女工作问题给中央妇委的报告》（1932）中称："妇女得着了分配土地的利益，确实兴奋与坚定了他们为苏维埃政权而斗争的决心，对于一切革命工作，大部分的都表现得积极，如拥护红军、扩大红军、慰劳红军的热烈，反富农斗争的坚决等。"②

三、妇女的解放：阶级内部的性别冲突

中央妇委1932年5月23日出版的《妇女通讯》第一号曾报导了赣东北根据地的横峰四区发生过的一件事：一个女团员因开会回家较晚，丈夫说，"以后到什么地方去，向家里讲一声到什么地方去了"。女团员第二天就向苏维埃政府报告说，丈夫不准她出来，要求离婚。政府将她的丈夫关了黑屋，造成村里300多农民自动集会，向苏维埃政府交涉，说女团员借故离婚，丈夫并未压迫，请政府释放，否则村里500多人都不要老婆了，50岁以下的老婆都不要了。后经苏维埃政府召集会议、党组织召集党的会议、妇女工作人员会议，决定释放这名男子，处罚女团员，夫妇回家后和好如初③。这个故事很容易被用来解读成对党/政权对男性农民的妥协。但换一个角度来解读，我们会发现，相比于过去的生活，青年媳妇之所以能拥有相对较多的自主权，以及对男性农民集体产生压力，是因为妇女的离婚自由权和苏区政权的支持。这位年轻媳妇没有跑去娘家——寻找传统的支持力量，而是去找苏维埃政权。正因为苏维埃

---

① 韩延龙、常兆儒等编：《中国新民主主义革命时期根据地法制文献选编》（第四卷），中国社会科学出版社，1984年，第62页。
② 中华全国妇女联合会妇女运动历史研究室编：《中国妇女运动历史资料1927—1937》，中国妇女出版社，1991年，第251页。
③ 江西省妇联上饶地区办事处编：《赣东北苏区妇女运动史料汇编（内部资料）》，1983年，第58页。

政权的支持，有力地撬动了传统的婚姻制度，在很大程度上改变了家庭内部人与人之间的关系，提升了她们与丈夫公婆的谈判能力。

据清代的《赣州府志》记载："赣多童养媳，每在髫龀或哺乳时入门"。童养媳使男方无须为婚礼付出昂贵之财礼，也使"贫家可免溺女之患"①，但是，没有自主权的童养媳，不仅是被交换和买卖之物，更是夫家家庭关系中的最弱势者，童养媳成了妇女受封建婚姻关系和封建家庭压迫的象征。苏维埃政权坚决反对买卖婚姻，废除童养媳制度，坚决站到童养媳一边，从而也赢得了青年媳妇的支持。即使各根据地为稳定社会秩序，特别是稳定军心，对军婚做出限制，取消"离婚绝对自由"之"绝对"两字时，童养媳仍是无条件离婚的法定情况之一。1932年在湘鄂赣苏区的平江县黄金洞村的钟立秋家的年仅七八岁的童养媳被婆婆罗桃华打死了。当时湘鄂赣青年团省委在中共省委的领导下抓了钟立秋和罗桃华游全省，号召劳苦青年儿童群众组织起来，宣传苏维埃的婚姻法，反对虐待童养媳和禁止童养媳②。抓恶婆婆游街，向群众显示政权对青年媳妇的支持态度，在当时可能是一种普遍的方法。时隔60年之后，当年的儿童团员温禄军③仍记得红军到来后游斗恶婆婆给青年媳妇撑腰的事情：

当时红军来了，宣传工作做得非常好，真使我们感动，又教我们唱《十二月妇女苦》，我们听了都很有体会，因为自己就是这个经历。……那时是自由结婚，不知多好，大家都很高兴。旧社会的妇女没有主，由爹娘作主，嫁到婆家，他不高兴就把你卖掉……那时的妇女哪是人啊？妇女不是人！那时，村里的婆婆好恶，压迫媳妇，打哟，骂哟，有理无理捉你出气。那里红军来了，压迫媳妇的人就拿来游街，村头游到村尾，手上摇个铃，戴个高帽子，嘴上喊："我压迫了媳妇，大家不要跟我样！"铃铛！铃铛！大家都来看。那个时候就整一下子，做婆婆的就没有那么恶了，所以做媳妇的人非常拥护红军。那时妇女翻身了，不受婆婆压迫，也不受丈夫压迫，大家都有自由权，都参加革命，参加到红军那里去做事，妇女翻身，都是欢天喜地，好高兴。④

青年媳妇之所以敢于顶撞丈夫、反抗恶婆婆，有一个很重要的原因是苏维

---

① [清]魏瀛等修，[清]钟音鸿纂：《(同治)赣州府志·卷二十风俗》，成文出版社，1970年，第417-418页。
② 中华全国妇女联合会妇女运动历史研究室编：《中国妇女运动历史资料1927—1937》，中国妇女出版社，1991，第260页。
③ 1917年出生，福建省上杭县人，1936年嫁到江西九江。
④ 李小江主编：《让女人自己说话：亲历战争》，生活·读书·新知三联书店，2003年，第41页。

埃政权对于青年媳妇的支持。在婚姻制度上,婚姻登记制度取代传统婚俗中的六礼,青年男女只要到乡苏维埃登记即告婚姻成立,打击了父母在青年婚姻中的决定权。可以说,离婚自由权是赋权青年妇女最重要的一项权利,使青年妇女拥有了与家庭成员进行谈判的强有力的资源。

在恋爱自由、结婚离婚自由的政策下,失势最突出的男子都为贫农男子,他们无力禁阻离婚,只能叹息"革命革割革绝,老婆都革掉了!""他们也不敢打他们的老婆了,即使是十分呕气的事"[1];"丈夫骂老婆的少了,老婆骂丈夫的反倒多起来了"[2]。甚至面对跑掉的老婆,男性农民也只能"跑到乡苏维埃去哭诉",毛泽东用了"如水之就下不可制止"来描述这股"民主制度代替封建制度的潮流,是到底无法制止的"[3]。在这潮流中,最得益者和最受欢迎的应该是青年媳妇。《寻乌调查》称:"各处乡政府设立之初,所接离婚案子日必数起,多是女子提出来的。男子虽也有提出来的,却是很少。十个离婚案子,女子提出来的占九个,男子提出来的不过一个。男子在这个问题上却采取完全反对的态度。"[4] 闽西地区的情形也相似。1929年红军来到闽西时,各县妇女纷纷起来参加革命,龙岩湖帮妇女自动集会召集妇女群众大会,向政府提出各种解放的条件。当时龙岩革命委员会"简直没有一天不办几件妇女离婚的案子……尤以反对包办婚姻为厉害"[5]。赣东北省委妇女部给中央妇委报告的中也称"离婚多半是男子舍不得女子"[6]。当然,也存在男方提出离婚而女方不肯而闹出虐待或自杀事件的[7]。在这项政策下,受益的男子都为新政权下的"新贵"。比如,毛泽东在《寻乌调查》中指名道姓的"芳田赤卫队队长曾家勋",毛泽东认为"这一部分男子多半属于富农"。"有老婆又新找一爱人的,……老婆们就群起反对"的情形"差不多各乡都有"[8]。

---

[1] 中共中央文献研究室编:《毛泽东文集》(第一卷),人民出版社,1993年,第240页。
[2] 中共中央文献研究室编:《毛泽东文集》(第一卷),人民出版社,1993年,第313页。
[3] 中共中央文献研究室编:《毛泽东文集》(第一卷),人民出版社,1993年,第242页。
[4] 中共中央文献研究室编:《毛泽东文集》(第一卷),人民出版社,1993年,第240页。
[5] 中华全国妇女联合会妇女运动历史研究室编:《中国妇女运动历史资料1927—1937》,中国妇女出版社,1991年,第34页。
[6] 中华全国妇女联合会妇女运动历史研究室编:《中国妇女运动历史资料1927—1937》,中国妇女出版社,1991年,第252页。
[7] 中华全国妇女联合会妇女运动历史研究室编:《中国妇女运动历史资料1927—1937》,中国妇女出版社,1991年,第313、394页。
[8] 中共中央文献研究室编:《毛泽东文集》(第一卷),人民出版社,1993年,第241页。

综上观之,"结婚离婚自由"在调整两性之性别关系时,同一阶级中的男子与妇女之间存在着明显的性别差异和性别斗争,"贫农阶级已结婚的成年男子,一般说来是反对离婚自由的";"未结婚的青年群众中,差不多不论哪个阶级都拥护婚姻自由的口号"①。而在同阶层的妇女内部也存在斗争,特别是婆媳关系。但是,婆媳之间的斗争,与其说是女人之间的战争,不如说是青年媳妇与父权家庭之间的斗争,婆婆只是封建家庭的代言人而已。正如毛泽东在《寻乌调查》所言,"妇女在土地斗争中是表现非常之喜欢的,因为可以解决她们没有人身自由的束缚"②,而这正是青年媳妇之所以支持土地革命的另一个重要原因。

四、评价的"罗生门":妇女是受益者还是受害者

在结婚离婚绝对自由的政策下,相比于传统礼教社会,苏区一度出现了两性关系方面的相对自由。毛泽东在《寻乌调查》对这种情形有所描述和记录③。在《才冈乡调查》中,据毛泽东的观察,才冈乡"约1%的妇女,暴动后4年半中结过3次婚。秘密恋爱的,暴动前约占50%,暴动后减少至10%,今年更减少了。这是因为,一分了田,二离婚结婚自由,三则革命工作忙"④。毛泽东并不认为是苏区的婚姻政策促成了两性关系的自由,而是认为是政权支持了苏区妇女更光明正大地追求婚姻自主权。因为在暴动之前就存在很多的"秘密恋爱",因为暴动之后可以自由地结婚离婚,反而秘密恋爱的少了。苏区发生的这场两性革命,对于苏维埃政权看来,是让受压迫的广大劳动人民"不但在政治上经济上得到解放,而且在男女关系上也得到解放",同时"这婚姻制度的实行,使苏维埃取得了广大的群众的拥护"⑤。但是,对于中共的反对者而言,婚姻革命和两性关系的自由是苏维埃革命破坏社会秩序最重要的罪证之一。

当时国统区的报纸《妇女共鸣月刊》在1933年8月刊转载了一篇署名"胜苍"的记者从南昌寄回的报道《赤区中之婚姻关系》⑥,文章的目的很明确,是想解中共的"毒",因为当时国统区的地下思潮中把"赤区"视为"一个如何光华灿烂的理想境,未来的新的国家就应如此"。文章全文载录了1931

---

① 中共中央文献研究室编:《毛泽东文集》(第一卷),人民出版社,1993年,第243页。
② 中共中央文献研究室编:《毛泽东文集》(第一卷),人民出版社,1993年,第242页。
③ 中共中央文献研究室编:《毛泽东文集》(第一卷),人民出版社,1993年,第241页。
④ 中共中央文献研究室编:《毛泽东文集》(第一卷),人民出版社,1993年,第313页。
⑤ 江西省档案馆:《江西苏区妇女运动史料选编》,江西人民出版社,1982年,第150页。
⑥ 胜苍:《赤区中之婚姻关系》,载《妇女共鸣月刊》1933年第2卷第8期。

年苏维埃的《婚姻条例》。文章最主要的攻击点就是苏区两性关系的混乱,认为苏维埃的婚姻登记制度促长了男女结婚离婚的自由。刘庆科也批评简便的登记制度助长了"杂交乱爱主义"①。这也从另一个角度佐证婚姻登记制度对于打破传统封建婚姻制度的作用。胜苍文中最重量级的材料是引用据称从"共党的秘密文件中"获得的弋阳、横峰两县(属于赣东北苏区)在1932年3—6月四个月间的离婚结婚案件的统计数据,见表1。

表1　1932年3—6月弋阳、横峰离婚案件统计　　　　　单位:件

月份	三月(6—21日)		四月		五月		六月(1—25日)		总计	
	结婚	离婚	结婚	离婚	结婚	离婚	结婚	离婚	结婚	离婚
弋阳	507	820	471	605	741	804	305	424	2117	2649
横峰	441	320	501	314	606	480	211	507	1759	1621
总计	948	1140	972	919	1347	1284	516	931	3876	4270

而且特别备注每个月的离婚案件中单方面提出的比例、离婚和结婚申请同时批准的件数。凭此给国统区的读者展示苏区男女关系的混乱和随意。另外,该文特别强调离婚都是由男的单方面提出的,从而彻底否定了"结婚离婚自由"对于解放妇女的意义,把两性关系的革命描述成了"赤区内的男女关系,压根儿就是一部滑稽戏"。

胜苍自称是从"共党的秘密文件中"获得的弋阳、横峰两县的数据,与赣东北省委妇女部向中央妇委报告的数据有很大出入。中共方面的数据称在1932年4—6月三个月全省统计的离婚有809件,结婚有656件②。准确的数字自然已无法考证了,似乎也并不太重要了,重要的是苏维埃革命确实破坏了传统社会秩序——推翻封建礼教制度和地主的土地所有制——本身就是革命之目的。双方数字共通点都显示离婚多于结婚,可见苏区对于传统婚姻制度的破坏。而对于苏区革命的正当性的认识在很大程度上影响着评论者对于苏区妇女解放的评价。某种程度上,对于革命的历史正当性的理解至今仍影响着人们对于这段历史的看法。

本文把这个问题拿出来,并非想呈现历史写作中的"罗生门",或是解构所谓寻求历史真实的可能性,只是想通过不同立场的人对于一个历史现象截然

---

① 刘庆科:《匪区社会中的之妇女界》,载《中央日报·妇女周刊》1936年3月4日。
② 江西省妇联上饶地区办事处编:《赣东北苏区妇女运动史料汇编(内部资料)》,1983年,第70页。

不同的定性和看法来呈现"立场"的重要性，虽是老生常谈，但对于当今我们如何看待中共领导的苏区妇女运动和如何评价革命的正当性，似乎仍有方法论的意义。

另外，两派在定位"妇女"在这场革命中的角色和形象也是不同的。胜苍把妇女描述成"自由离婚"政策的牺牲者。刘庆科在文中也把苏区妇女慰劳红军的各类组织，包括后援组织，类比于一战时美军的劳军制度，甚至汉武帝时的"营妓"制度，从而否定了中共的妇女运动是解放妇女。但在中共文献（第二节中青年女团员的故事就发生在横峰地区）和毛泽东20世纪30年代的系列调查报告、甚至后来某些历史亲历者的口述中，妇女，特别是青年妇女，是这场变革的主要受益者和支持者。

刘庆科与胜苍一样，不喜欢苏区的妇女运动，不喜欢苏维埃革命对于传统社会秩序的破坏，甚至认为其教坏了妇女，他同样以苏区妇女在性关系上的"随意"和"自由"来指控和说明中共对于礼教制度的摧毁。但与胜苍不同，刘庆科眼中这个"随意"和"自由"的主体是劳动阶级的青年妇女，承认苏区青年妇女对于这场革命的支持。刘庆科认为在中共"占领时期，旧社会完全崩溃，推翻礼教，推翻神权，庙宇中塑像以及家庭所供之神主，悉被摧毁，破坏空气，弥漫全社会，妇女界如醉如狂，一朝冲破四千年礼教重锁之藩篱，其浪漫程度可想而知"。并哀叹即使中共撤离之后，赤区的青年妇女仍受"赤匪之邪说麻醉，故於旧日礼教之大凡，摧毁无余。其最影响社会风俗者，确为造成男女间无廉耻观念，妇女习气，极为嚣张。开口自由、闭口自由"。也许，苏维埃革命对于苏区妇女最深远的影响就在于"妇女习气"的塑造。

五、结　语

关于阶级与性别的关系，首先，中共领导的苏区妇女运动的阶级性是毋庸置疑的。在20世纪20年代多元女权主义的格局里，中共以其鲜明的阶级特色，揭橥劳动妇女运动，揭开了妇女运动内部的阶级差异。特别在以城市知识女性的女权运动为主流的20世纪20年代的妇女运动中，是其对中国妇女解放运动的理论和实践的贡献。今天看来仍有其现实意义。20世纪80年代以来城市知识女性为主的女权运动在中国社会重新复兴，同时，以生产劳动为主要载体的劳动妇女运动（包括女工和农妇）伴随着集体生产方式的解体逐渐消失。那么，今天谁来代表、组织和领导劳动妇女运动呢？阶级与性别问题的讨论，不应抽象化和概念化，必须放在具体的历史经验中。如果说1956年宣布社会主义改造基本完成之后，阶级矛盾逐渐退出社会主要矛盾的年代，可能犯了以阶级遮蔽性别的错误；如果说20世纪80年代"妇女研究运动"的去阶级化是对六七十年代错误的矫正的话，那么时过境迁，今天市场化的中国已然是一个"去阶级化的阶级社会"——不愿意谈论阶级，阶级却已经是社会主要的分层机制，我们需要正视妇女内部的阶级差异，正视妇女运动的多元性——即社会基础的差异。正视阶级性并以劳动妇女作为自己的社会基础，这是中国共产党妇女运动最宝贵的历史经验。

如果说20世纪20年代中共领导的劳动妇女运动是一种社会运动，那么，20世纪30年代苏维埃政权下的农妇运动是一种国家女权运动，即，国家政权支持的劳动妇女的解放运动，并具有鲜明的阶级性。今天，国家政权在处理阶级问题时，不可能再以赤裸裸的暴力直接行使专政手段，这是政治文明的要求，但是国家作为阶级代言人的性质是没有变的。苏维埃政权对于劳动妇女的支持是苏区妇女运动成功的关键，同时也是国家赢得劳动阶级的妇女，特别是青年妇女支持的原因。也许这也可算是苏区妇女运动的另一个历史经验。

关于党/政权与妇女运动的关系。党/政权对于妇女运动的影响和意义同样是多面的。党/政权确实存在着动员、利用、强制性的一面；但若没有以强制力为后盾的政权的支持，农村妇女根本没有力量来反抗传统的父/男权家庭。我们一方面要正视国家领导的妇女运动受制于国家的中心工作和战略目标，看到其制约性的一面；另一方面，要看到国家领导的各种政治社会运动为妇女开拓了某种新空间新机会的可能性，并要看到妇女在其间的主体性。比如，战争使大量男子走上前线，苏维埃政权需要妇女全方面的支持：扩红运动中动员自己的丈夫父亲参军、各种后援和慰劳、填补男劳力离开后的田间生产劳动、参与到苏维埃政权的各项管理。苏维埃革命需要妇女，需要把妇女组织起来，需要培养妇女干部，这种客观需要（包括中共的妇女解放理念）都促使苏维埃政权支持青年妇女挑战传统性别规范和性别秩序——走出家门、走下田间、与男性共同开会、在会议上发言、成为地方领导者、作为劳模受表彰、翻山越岭去省苏维埃开会、在自己的节日（三八节）集会、拥有了自己的组织（女工农妇代表会议）等等；并以政权的力量保护妇女的特殊利益。苏区妇女在被动员和主动参与的过程中，不仅大大拓展了妇女生活的物理空间，也拓展了其社会空间。作为一个独立的政治主体和作为一种集体性的社会力量，全面参与到苏区的各类工作，同时也被苏维埃政权承认为革命的主体。就此而言，革命需要妇女，妇女也需要革命。而且，苏维埃政权是与劳动阶级妇女自身的利益——土地权益、社会关系的重构——联系在一起的。

如果抛开非好即坏的二元思维模式，我们可以看到更复杂的历史面相，看到苏维埃妇女运动的多元侧面以及对于当时不同阶级的农村妇女的不同意义。一方面要看到苏维埃革命对于解放劳动阶级妇女的历史意义，另一方面苏区在实行激进婚姻革命以打击父权和男权的同时，仍大体保留了从夫居和夫系的家庭制度，苏维埃政权并未彻底挑战它。不管是劳动阶级家庭还是地富阶级家庭的女子，阶级成分的确认是依据所归属的男系家庭——不管是出生家庭还是婚姻家庭——的阶级成分来转移的。在不同阶级互婚后子女成分的认定方面也保留了明显的父系制特征："不论何时与何种成分结婚的，所生子女的成分与父同。"[①] 中共没有挑战家庭内部的性别化的劳动分工也促进了夫权制的家庭制度的保留——尽管中共动员和支持妇女走出家庭参加各种生产劳动和社会活动，挑战公共领域中的性别关系。在"生产劳动解放妇女"的理论指引下，给后来广泛参与社会的妇女留下了沉重的历史包袱。

最后，苏区妇女运动也给我们理解阶级与性别的交叉理论提供了一个经验证据。性别与阶级不是固化的实体或先验的认知主体，性别与阶级的交叉，并非两个实体或两种身份交叉出某一个认知的立足点，透过这个立足点来考察具体的经验。苏区妇女运动给我们展示的是一种嵌入型而非交叠型的"阶级中的性别"和"性别中的阶级"。

（原载《妇女研究论丛》2012年第1期）

[①] 中华全国妇女联合会妇女运动历史研究室编：《中国妇女运动历史资料1927—1937》，中国妇女出版社，1991年，第61-62页。

"花瓶"：20世纪30年代职业女性的形象及其语境

桂 涛①

摘 要：20世纪30年代知识女性大规模进入职业领域，与此相伴，职业女性大多时候被视为"花瓶"，于是涌现出大量有关"花瓶"的故事，形成一套"花瓶"叙事。此一现象固然含有现代化论所指出的守旧思想的因素，也有性别研究所指出的"性别压迫"的成分。但是，本文认为有关"花瓶"的论述所蕴含的意味不尽于此。本文把"花瓶"放回20世纪30年代报刊论述这一问题的语境中，发现女职员被视为"花瓶"主要是因为她们行为"浪漫"，这些"浪漫"的行为又是现代女子教育制度和社会氛围塑造出来的。现代女子教育制度被认为是盲目模仿西方的装饰教育，只教会女子一些装饰技术，为社会培养"花瓶"。资本主义生产方式下的现代社会氛围，将职业女性商品化，将之转化为国家进步与社会经济繁荣的装饰品。当时的评论者认为，现代教育制度和社会氛围生产出来的知识女性，无法嵌入到中国的社会结构中，她们只能成为中看不中用的装饰物，装点现代中国的门面。因此，有关"花瓶"的叙事实际上也是对现代社会及其制度的忧虑与批评的曲折表达。

关键词：花瓶　女职员　语境　装饰教育　社会氛围

一、引言：20世纪30年代职业女性的经典叙事

职业女性被称为"花瓶"，开始于20世纪30年代。其时中国妇女运动围绕着经济和职业问题展开，其特征表现为大批知识女性进入职业领域。女性从业并非新鲜事，但是之前从业的女性，基本上来自社会下层家庭，没有受过教育，从事的也多是体力劳动。20世纪30年代女性从业的新趋向是知识女性大规模进入职业领域。这类女性多数来自社会中上层家庭，受过初中等教育，少数受过高等教育，在政府机关、商业公司工作。与女性职业迅速发展同步的

---

① 作者简介：桂涛，男，中国人民大学清史研究所博士研究生。研究方向：中国社会史。

是，报刊围绕职业女性生产出大量叙述，形成经典的叙事结构。从这个叙事结构中衍生出来的种种故事，最终凝结为20世纪30年代职业女性的形象——"花瓶"。因此，我们姑且把这类叙事称为"花瓶"叙事。

如何理解"花瓶"叙事？在现代化论的脉络中，有关"花瓶"的种种叙述被视为传统守旧的思想对于新事物的诋毁。在性别政治的脉络中，这类叙述又被理解为"当时人们因性别角色及性别权力变化所产生的焦虑感"[1]。无疑"花瓶"叙事包含了上述意义。但是，本文认为，无论把"花瓶"放置在现代化线性关系中，还是放置在性别关系中，对它所揭示的意义理解都是不够的。要更准确地理解"花瓶"叙事中所蕴含的层次丰富的意义，我们应当把"花瓶"放回到它所产生的语境中，探寻人们如何言说"花瓶"？这些话语生成的基础又是什么？只有将"花瓶"话语置于其展开的语境中，"花瓶"这一形象所具有的意义才能被充分揭示出来，其持久的生命力也才能得到理解。

为了更好地说明"花瓶"叙事，本文将引述两个故事，然后在对这两个故事进行分析的基础上，揭示"花瓶"叙事的经典结构。

刘玉，机关职员，1931年向《妇女杂志》投稿，叙述了她的职业经历。刘玉曾在北平某大学读过两年书。后来南下，投考某政府机关。经笔试和口试，最终被录取。同考有女子200多人，仅录取15名。她们被分配在楼下，做抄写、计算等杂物工作，月薪30元。另外有四五个女同事，服装时髦，是经理的亲戚。她们则被分配在楼上经理室，每天似乎没有什么工作，但工资却是刘玉这样女职员的两倍。她们每日来得晚，穿得时髦，常常说笑，对经理或高级的男同事谦恭而带笑容，对一般女同事则态度非常傲慢[2]。

1933年3月26日的《申报》上，登载了一个关于机关女职员的故事。作者"爱莲女士"以第一人称"我"叙述了在机关工作的经历。爱莲女士在某大机关工作，但是每天一件公务也没有，上下班也不用签到，迟到早退也没有关系。男同事没有事情的时候，就会找她们聊天。甚至，有些男同事得知她爱看小说，就买小说送她。下班后，时常会有男同事来约她吃饭、跳舞、看电影。对于男同事的这些举动，爱莲女士的感受是"真是讨厌死人""使我窘极了"。为了避免男同事的纠缠，"我总喊在海关做事的大哥来接我"。与爱莲女

---

[1] 连玲玲：《"独立追求"或"崇尚摩登"？近代上海女店职员的出现及其形象塑造》，载《近代中国妇女史研究》（台北）2006年第14期。

[2] 刘玉：《服务社会后的疑问》，载《妇女杂志》1931年第17卷第2期。

士的表现相反,一同被录取的刘女士似乎对这样的工作环境很满意。"在她的四周,常常站满了男同事,戏谑的声音,不时的传到我耳边来。下公事房后,也总有三两个男同事和她同走。据说看电影是日常功课。跳舞夜餐,也平常得很。有一次竟和五位同事,在×旅馆打了一夜的麻将牌。"①

这两个故事的叙事结构惊人地相似。故事的主人公是理想的新女性,追求经济独立,不为周围的诱惑所动。在工作岗位上,想要依靠自己的工作,获取报酬。故事中的配角则与她们截然相反,在职场中与上司、男同事任意谈笑,心思全然不在工作上。显然,故事的配角正是本文探讨的对象——"花瓶"。

分析这些结构,探寻其生成的基础,重建20世纪30年代职业女性生存于其中的语境,让我们有可能触及20世纪30年代职业女性的真实处境。两个故事均对女职员做了一个二分处理。故事中的"我"一类,经理的亲戚、刘女士则属另一类。在此基础上,一切都是二元对立的。"我"和好的事物联系在一起,在诱惑面前保持纯洁;经理的亲戚、刘女士则和坏的事物联系着,她们在外界的诱惑下迷失了自我。这样的二分结构,更因作者在细节特意制造的一些场景,而显得更为强烈。例如,第二个故事中,"爱莲女士"讲述刘女士时说:"她坐在离我很远的地方。""我总有些讨厌她,所以也很少和她说话。"在相同的环境中,表现却截然相反。在这种叙事结构下,阅读者会留下这样的印象:那些沦落为"花瓶"的女职员完全是由于自身原因造成的。因为在同样的条件下,另外一些女性没有丧失自己的尊严。因此,阅读者愈发会觉得洁身自好者的可贵与自甘堕落者的可鄙。

二、"花瓶"的流转过程及其指涉范围

"花瓶"意指女职员没有工作能力,"专会消费而不会生产,专会考究妆饰而不会干其他一切",只能做办公室中的一个装饰品。"花瓶"叙事的产生,与20世纪30年代大批知识女性进入职场有密切关系。20世纪30年代女性职业发展的最大特征是知识女性进入职业领域,这一趋势与当时的政治环境和经济不景气是密不可分的。20世纪30年代妇女运动的发展与国民革命联系在一起,可以理解为大革命的一个环节,甚至是大革命的象征②。在革命的氛围中,提倡妇女权力的呼声也极为高涨,妇女运动者们要求女性要获得经济独立的权

---

① 爱莲女士:《他们的"正动"和我的"反动"》,载《申报》1933年3月26日。
② 20世纪30年代初期,流行着这样一种说法,"辛亥革命去了男子的辫子。一九二五到一九二七年的革命去了女子的髻子。"引自陶希圣:《妇女不平等的发展》(一),载《妇女杂志》1930年第16卷第9期,第2页。

力。在这种背景下,南京国民政府首开"女禁",作为其革命政府的一个象征。1929年公布的《公务员任用条例》,正式取消国家文官考试中的性别限制①。由此,开辟了一条知识女性通往职业领域的道路。南京国民政府开放"女禁",无疑在社会上起到示范作用,为随后知识女性进入其他职业领域扫除了一些障碍。促成知识女性就业领域扩大的另一个原因是20世纪30年代的经济不景气。一方面,经济不景气,要求各公司商号采取因应措施。而雇用女职员便是"招揽生意的法宝之一";另一方面,在经济不景气的影响下,"愈来愈多的女性必须出外工作以谋生计"②。

20世纪30年代对"花瓶"的解释中,一般都把这个词汇与南京和政府机关女职员联系在一起。笔者所见到的最早使用"花瓶"这个词汇的材料,是来源于南京出版的刊物——《妇女周刊》。这份由南京市妇协创办的周刊,在第2期(1929年10月)上发表的《所望于妇女周刊者》,使用了"花瓶"一词。让人感到遗憾的是,作者张季良仅提及"花瓶"是男性用来攻击女性的,没有关于这个词汇更多的信息③。1932年发表在《独立评论》第32号上的《女子的自立与教育》一文中提到"花瓶"。作者杨振声说,"花瓶"一词是机关女职员"在南京普通的名词",不是他杜撰的④。1935年,《女子月刊》第3卷第4期上有一篇题为《女职员与花瓶》的文章,作者张菊卿引用了一首关于南京习俗的诗,诗后附的注释对"花瓶"做了解释,"宁俗称女职员为花瓶"⑤。这些说法与当时妇女职业兴起的趋势是相一致的。20世纪30年代初,南京这个新首都,妇女解放运动也极为活跃,是妇女职业最为发达的地区。因此,这个新职业女性集中的地方,人们对女子职业的感受也更为强烈。一个有力的佐证是:1932年以前,使用"花瓶"一词最多的刊物,是在南京出版的《妇女共鸣》。在其他地方出版妇女杂志,都有关于"花瓶"现象的讨论,但是几乎没有使用"花瓶"这个词汇。在最初的阶段,"花瓶"似乎主要指政府机关的女职员。《女子月刊》1933年的一篇文章在总结妇女运动的成绩时说道:"在局部的政治舞台上,可以看见一些女官僚,女政客,——有些被人称作所谓'花

---

① 《公务员任用条例》,载《国民政府公报》(第308号)1929年10月31日。
② 经济不景气因素的详尽分析参见连玲玲:《"独立追求"或"崇尚摩登"? 近代上海女店职员的出现及其形象塑造》,载《近代中国妇女史研究》(台北)2006年第14期,第11—13页。
③ 张季良:《所望于妇女周刊者》,载《妇女周刊》1929年第2期。
④ 杨振声:《女子的自立与教育》,载《独立评论》(第32号)1932年12月25日。
⑤ 张菊卿:《女职员与花瓶》,载《女子月刊》1935年第3卷第4期。

瓶'的，——这样可以算作妇女运动的收获么？"①

到了1933年，"花瓶"这个词汇作为女职员的代称，开始流行。这一年里，在影响力更广泛的《申报》上，有多篇以"花瓶"为题的文章②。如9月30日，署名"华"的文章中解释道："'花瓶'这一个名字，作为机关女职员的别号；意思是好不客气的说：机关女职员简直不是去办事，而是去供在那里做装饰品，给人欣赏的。"③ 同时，"花瓶"的指涉范围也有扩大的趋势。1933年的《申报》中，就有一篇文章这样说："如今坐在写字间的女职员，却给男子们称为'花瓶'。"④ 这里面就包括了所有在办公室中工作的女职员。

随着"花瓶"的广泛流传，人们的思维中，职业女性与"花瓶"建立起固定的联系，以至于谈及女职员或女性从业问题，人们就会很自然地想到"花瓶"一词。张爱玲以20世纪30年代为背景的小说《半生缘》中，有这样一个情节：男主人公沈世钧的朋友一鹏从家乡来上海，找世钧吃饭。世钧告诉他，还约了个女同事。一鹏奚落世钧道："哦，女同事。是你们那儿的女职员呀？怪不得你赖在上海不肯回去，我说呢，你在上海忙些什么——就忙着陪花瓶吃馆子呀？嗨嗨，你看我回去不说！"⑤

根据上面的分析，关于"花瓶"一词，大致可以得出如下结论：南京国民政府建立后，开放"女禁"，知识妇女由此进入政治行政领域工作，"花瓶"一词也随之产生。"花瓶"最初是仅在南京流行的词汇，专指政府机关中的女职员。在政府示范和经济危机的合力下，20世纪30年代知识妇女开始广泛进入其他职业领域，"花瓶"一词流行开来，其指涉范围不再仅限于政府机关工作的女职员，还包括在其他领域从业的女职员。

三、浪蝶：行为浪漫的职业女性

"浪漫"在20世纪30年代的语境中，表示的是"行为不检点""品格不讲究"⑥。这个词汇经常和被称为"花瓶"的女职员联系在一起。在很多论者的理解中，正是由于女职员的"行为浪漫"，才有了"花瓶"的称号。1929年

---

① 林灏：《中国妇女运动的回顾和前瞻》，载《女子月刊》1933年第1卷第3期。
② 慎敏：《咏花瓶》，载《申报》1933年5月19日；怡怡楼主：《花瓶》，载《申报》1933年5月25日；曹聚仁：《论"花瓶"》，载《申报》1933年7月25日；华：《花欤花瓶座子欤》，载《申报》1933年9月30日。
③ 华：《花欤花瓶座子欤》，载《申报》1933年9月30日。
④ 怡怡楼主：《花瓶》，载《申报》1933年5月25日。
⑤ 张爱玲：《半生缘》，十月文艺出版社，2006年。
⑥ 吴淇：《我的时髦女子观》，载《妇女杂志》1931年第17卷第11号。

《妇女共鸣》第9期中，评论者李辉群写道："这次因革命（指国民革命——笔者），妇女得到了许多以前没有的地位……可是同时社会上的男子，对于女子也就大施攻击……如'女同志金钱化'咧，'新女性娼妓化'咧……现在女子，大都只看见外来压迫而忘记了自身的缺陷。我觉得这是一件最危险的事。……现在一般刚从束缚里面解放出来的新女子，一旦能在机关上找到一个安身的职业，他就忘记了他自身是一个如何可贵的人；更忘记了他自身是一个刚从男子铁蹄下挣扎出来的人。自身责任的重大，前途的黑暗和辽远，一概都忘记了。得意洋洋喜气冲冲的，再也不想第二个念头，专心一意地装饰得花枝一般的艳丽；……早已被跳舞场中的音乐，宴会席上的旨酒，迷离了……"[1]李辉群虽然指出把妇女视为花瓶是男性对女性的攻击，但是作者认为导致这种观念产生的更为关键的原因是女性自己迷失了方向。

行为浪漫首先表现在女职员在工作场域中与男性职员的暧昧关系。从南京政府开"女禁"，妇女踏上职业之路的一开始就引发大量批评。1929年，南京某机关拒绝用女职员，据说是该机关主任的夫人下的命令，主任夫人怕主任与女职员发生不正当关系。主任夫人的担忧并不是全无根据，当时常常有女职员与上司恋爱的传闻，如"某政治部的女职员某，和某长官发生恋爱，结果某长官抛弃其妻竟和某女职员结婚"[2]。一位妇女运动者指出："革命军到长江时，女子在各机关任事颇不乏人，这是女界中一种好现象！讵知少数年轻无知识的女子，不知尊重自己人格，与一班无聊男子嬉笑戏耍，甚至发生轨外行动，以致好多机关鉴此情形，有屏斥女职员之说，并说有女职员弄得一塌糊涂……"[3]

一位评论者朱建林也认为，女性成为装饰品，完全是咎由自取。"从前我们总以为女子之成为装饰品，都是由于男子的过失，现在才相信这是冤枉了男子。据说一般官僚的姨太太中，女学生要占多数，最近又有某大学的高材生立志要'亲侍巾栉，'亲自送到某大人的公馆里去，报纸上每天登着许多毫不相干的所谓站在时代面前的女同志的芳影，学校里每学期举行皇后选举，当选者以此自耀。这些，那些，何尝是男子造成的呢？……现在的高跟鞋是到了非借助于男子的扶掖不便行动的程度。……旗袍之长往往长到非用手撩着不能上楼下阶。烫发的时间之长以及式样之研究，其复杂远过于梳一个头髻。日本某学

---

[1] 李辉群：《中国国民革命与妇女》，载《妇女共鸣》1929年第9期。
[2] 欣：《某机关拒绝用女职员》，载《妇女共鸣》1929年第1期。
[3] 龚绮雯：《时事与自省》，载《妇女共鸣》1929年第5期。

者曾说,他曾到过欧美各国,但没有见过像中国的女子那样妖冶地在街上走路的……"①

1936年《女子月刊》第4卷第3期上有一篇名为《现代妇女对于职业生活的应有认识》的文章说道:"近来社会对于女子服务已失去很大的信仰,这便是'花瓶'的造成。……'花瓶'何由来?则系社会人士所赠送少数堕落女性的头衔。这固然一面是社会罪恶的所致,但女子没有意志,没有思想,也是不能否认的原因。"接着作者详细分析了妇女堕落的表现。"试看少数妇女堕落的种种现象,我们可以知道是什么一种原动力在主使,比如说许多女人(无论有无知识均为恒见),在某机关中当职员被上司娶为姨太太,在大公馆当家庭教师被恋为情人,在银行或公司当办事员,或店员,被行长或经理轧为姘头……还有电影明星、舞女、名媛、交际花、按摩女等化名的妓女,这许多举不胜举的事实,真令我们想来伤心!自然,这也是黑暗社会所造成,金钱所主使;可是我不相信一个女子除了当'姨太太',作'玩偶','花瓶'以外,就没有别的生活技能?我也更不相信金钱果而就可以买到女人的灵魂?尤其是受过教育的少数女子,应该是觉悟分子,不应该甘心堕落,要知道,没有受过教育的女子,还正需要你们的拯救哩。"②

关于女职员行为浪漫的表述,应当如何理解?连玲玲认为,这些言论表达了男性对于女性进入原有男性工作领域造成的性别界限混乱所带来的焦虑感。这当然是上述言论产生的一个动力,但是把这些言论仅仅放置在性别关系的脉络中来理解,显然低估了它们所具有的广度以及探讨的深度。20世纪30年代的语境中,"花瓶""浪漫"还与对女性教育制度、社会氛围的批评联系在一起。评论者遵循的是这样一个逻辑:职业女性被视为"花瓶",根本原因在于她们行为浪漫,华而不实。这种行为又是如何生成的呢?它是现代制度(尤其是教育制度)以及现代社会氛围的产物。因此,"花瓶""浪漫"不仅是性别关系紊乱的表达,更是批评现代制度的一种曲折表达。

四、装饰教育:生产"花瓶"的教育制度

关心"花瓶"问题的评论者们都注意到一个现象:知识妇女和没有受过教育的妇女在面对外界诱惑时的表现完全相同,甚至女子身上的缺陷在知识妇女

---

① 朱建林:《新旧女子与新旧奴隶》,载《女子月刊》1936年第4卷第7期。
② 赵清阁:《现代妇女对于职业生活的应有认识》,载《女子月刊》1936年第4卷第3期。

身上表现得更加明显，受过教育的女子更容易堕落为"花瓶"。由此，"花瓶"话语在有关"女子教育"的上下文中展开。

《妇女杂志》上的一篇故事直接把"花瓶"与教育联系起来。故事中，某机关的文科员，原是法大毕业的高才生，在报纸、期刊上经常发表言论，又是妇女协会的法律顾问，可以算是当时妇女界的佼佼者。该机关厅长仰慕其才学，聘用她当科员。岂知文科员在办公上极不称职，厅长只好让她"另候任用"。原来文科员在学校时，积极参加各种运动，学问上反懒得研究，遂致虚有其表，办不得实事。故事中还特别提到厅长聘用文科员绝不是像其他政事领袖，"徒然要安插几个异性，做做花样"①。这个故事既突出了女职员沦为"花瓶"是咎由自取，又在"花瓶"与女子教育间建立了一个因果关系。

《女子月刊》评论者林灏把批评的矛头直接指向知识妇女。"号称受过相当教育知识的女子"，"作了妇女界的叛徒，投降资产阶级和统治者的阵营里，过那安闲的优裕生活去了。……所谓现代式的摩登女子……依旧脱不了她们的劣根性，所谓解放，不过只是形式上的解放。她们的一切装束，神奇鬼怪，花样翻新，无非为博得男子欢欣，迎合男子心理，作男子的玩品罢了"②。另一位评论者魏锡勋观察到："有的女子因权势关系，荐入某机关办事，但是，请问她们的职务是什么？不外雇员办事员科员。她们的任务是什么？是办公室里的花瓶？……女子毕业无出路之原因，要推源到女子之消费化的教育。"③

20世纪30年代，对于女子教育一直流行着这样一种说法"中国妇女教育，是装饰教育"。署名"影丝"的作者认为："从前在学生时代的妇女们……喊着妇女解放的口号。但现在，已多是为姨太太夫人了，依然是做着男人的玩物，附属品。"究其缘由，还是在教育上。女学生"进学校的动机不是为求真正的学问，而是努力地谈着恋爱，交结异性"，没有为将来在社会上自立做准备。"起初是雄心勃勃，可是到了社会，脚踏实地，实学全无，职业不能解决，经济不能独立，便不得不低首听命于男人经济权威之下，而过着姨太太式的生活，供其蹂躏，摧残。"④ 社会学家陶希圣认为，中国的女子教育教给女学生的是一些装饰的技术。"现代的新式女子……受了几年的学校教育，用大量的学

---

① 洪竞芳：《给她另候任用罢》，载《妇女杂志》1930年第16卷第2期。
② 林灏：《中国妇女之解放运动》，载《女子月刊》1933年第1卷第8期。
③ 魏锡勋：《女子教育之社会生产化》，载《女子月刊》1934年第2卷第10期。
④ 影丝：《"妇运"成功过程中不可忽略的教育问题和职业问题》，载《女子月刊》1934年第2卷第7期。

费换得外国文字写信封和外国语言相见礼,以及外国化妆品使用法和外国糖果咀嚼法,乃至外国交际舞和摄影术。"①

1932 年《独立评论》第 32 号上,杨振声的文章《女子的自立于教育》,深入探讨了女子教育演变为"装饰教育"的更深层次的缘由。杨振声认为中国女子教育的问题出在"教育不适合社会的需要"②。具体来说,"中国在社会的演化上,还没有走出家庭的阶级,家庭就是社会最重要的组织,为什么在一般的观念中,家庭不放在社会事业中?……一个在田间工作的女子,何以不及一个机关中的'花瓶'"③?这个问题隐含着对现代社会价值体系极为尖锐的质疑。由此,作者把问题引向了更深的层面——一般社会观念。一般社会观念在家庭和社会间建立起一个等级结构。与社会相比,家庭处于等级序列中较低的位置。因此,在家庭服务与在社会服务的价值是不可同日而语的。另外,"平等""自由"已经成为一种社会时尚,而女子在家庭服务显然不符合这种观念的需求。为了所谓的"平等""自由","男子学采矿,女子最少也要学冶金";"男子学政治,女子必须得学经济"。在这种观念下产生一套不适合社会需要的教育,也制造出不适合工作的"花瓶"。

有些评论者对女子进入学校的动机提出质疑,使得女子入学与社会进步不再显现那么必然的联系。1931 年一篇署名"达心"的文章,作者把女子教育与女子毕业后的状况联系起来,发现"女子的学校教育又是一套玄妙而不踏实的戏剧,所以女生在学校,则过自矜持,不肯勤休实学,在社会则高自位置,不肯俯就实业,以致演成一种特殊阶级,不能混同社会,有功国家。多数妇女升学的动机,只是想抬高她们的身份,造就她们的地位……她们肄业学校之时及毕业学校以后,多数只关心恋爱婚配问题,不曾着意职业生活问题"④。还有评论者认为,女子教育成为装饰品,是由于"一般女子只在外形上争侈斗妍,而忽略了人格上的修养,既不甘做旧时代的贤妻良母,却又赶不上新时代的时代人物"⑤。这个评论道出了当时新女性不上不下的尴尬处境。

将"花瓶"置于女子教育语境中的论述所揭示出来的问题,不是现代化论在传统与现代的语境中表达的意义所能涵盖的。因为,作为"花瓶"的女职员

---

① 陶希圣:《新旧商品与新旧妇女》,载《妇女杂志》1931 年第 17 卷第 2 期。
② 杨振声:《女子的自立与教育》,载《独立评论》(第 32 号) 1932 年 12 月 25 日。
③ 杨振声:《女子的自立与教育》,载《独立评论》(第 32 号) 1932 年 12 月 25 日。
④ 达心:《中国妇女的过去与将来》,载《妇女杂志》1931 年第 17 卷第 6 期。
⑤ 李耐:《中国女子教育的失败及补救》,载《女子月刊》1934 年第 2 卷第 1 期。

不是从传统中孕育而出，而是现代教育制度的产物。现代制度所产生的后果，并非如预期的那样美妙。当"花瓶"话语在教育的语境中展开时，对现代教育制度深刻的忧虑亦蕴含其中。

五、社会氛围：资本社会的装饰品

20 世纪 30 年代存在这样一种观点，认为现代妇女解放的成绩是资本主义带来的，并非是女性自己争取到的。资本家把妇女解放出来，不是为了什么公益，而是为他们所追逐的利润。因此，新女性在新的资本社会中的位置仍没有改观，尽管在表现形式上确实发生巨大的变化。当论述者将"花瓶"放置在资本社会这一语境中表述时，"花瓶"话语又折射出另外一番意味。

"最近，我们走进大百货公司去，在玻璃橱里面，可以看到许多活泼美貌的女子在占着职业的位置。到运动会去，可以看到许多年轻天真的女子，在跳跃的把握着健康的体魄，在各种集会的场所，可以看见许多的女子在和男子争奋着，社会的地位……从这种种片面的观察，俨然好像是已经开始了新的时代了，尤其许多人常常夸示的说着'你看，国民议会的议席上居然会有不少的女代表哩'。"① 这些发生在 20 世纪 30 年代的景观，对于女性来说，似乎确实预示一个新时代的到来。但是，朱建林从中看出了其他的意味："……大百货公司的雇用女店员，其动机与目的，是与饮食店的雇用女招待同样的是为了'以广招徕'。国民会议的女代表，也等于是政府机关的某部或某衙门里的安置'花瓶'而已。女子自身为了生活的苦难，不得不寻找职业，于是就被男性中心的社会对女子的神秘观（由于婚姻与性行为的商品化所造成的）所利用，而趋就女店员，女招待等等，社会的从业，并视其为出路，但在失业恐慌的现在，这一种出路是极其狭窄的，牠仍然是只能容许少数有机遇与方便的（即是有人缘，与所雇用的机关当权者有关系。）人才可以通过，所以就在政治上为另一部分的少数留着了'花瓶'的宾位，女子为了'舍此无地'或为了这一种机关生活的待遇较优，并不定以能力为准则，而在夸示上又有相当的好听，大都是乐于当'花瓶'的。这二种职业与政治的出路，其实在的结果，是异途同归；从宗法封建社会的附庸跳而为资本社会的奴隶；从礼教的囚牢里转到黄金的鸟笼。"②

---

① 朱建林：《向街头的女性》，载《女子月刊》1936 年第 4 卷第 11 期。
② 朱建林：《向街头的女性》，载《女子月刊》1936 年第 4 卷第 11 期。

妇女成为社会的点缀品，有其自身的经济背景——资本主义下之女性商品化。"这为今日世界上当前的事实。产业革命虽破坏了旧礼教，但对于妇女所建设起来的，只是妇女性的功用之商品化罢了。……如今日上海电影女明星风头之健，跳舞风之盛行，莫不含有买卖妇女性的功用的意味。甚至商店之招用女店员，公共汽车之雇用女售票，皆类乎此。即资本主义下女性商品化之谓，其趋势将令大部分女子生活于性的功用上，完全供男子娱乐，形式或有不同，而其为男子之玩弄品则一。如是环境中，虽可将女子从闺阁中解放到舞场上去，但决非提高妇女地位之解放，而是低落妇女地位之解放，实足以堕落妇女之人格。"①

对于20世纪30年代的"开女禁"，许多妇女运动者如是解读："所有各机关，如商店之开放，皆别具深心，何尝真正提倡女子职业？"②"熙宇"认为，定都南京后，任用女职员一时成为衡量政治人员思想进步性的一项指标，于是各机关争先任用女职员，以为晋升之资。"有沽名钓誉者，竟以非用女职员不足以表现其尊重女权及提高女子地位之热忱，于是各机关无论如何必添用一二女职员以为标榜。然则任用之目的既不光明，则人之称职与否当然在所不计。结果演成了任用女职员为挂提倡女权之招牌，实际并不希望女职员果能办事。……染成女职员以面孔漂亮为前提。至于出身学历才能之如何，在所不问，只要有漂亮面孔，能着时髦服装，亦可为进身之阶。于是办公室花瓶之美名由此成功，影响所及，岂止妇女在社会地位之低落，更造成妇女在社会发展机会之不均等。"③在这种解读下，女性职员成为"花瓶"就不是她们自身的问题。把她们招入职业界的雇主（无论是政府机关还是资本家），才是妇女成为"花瓶"的根本原因。

把女性的点缀化、商品化与资本主义联系起来，许多评论者的目光由此转向了雇用方聘用女职员的动机上。朱璟分析了当时各项职业广开"女禁"的缘由。他认为，大略有这样两方面原因："顺应潮流"和"不能相形见绌"。"公司，银行，大商店之雇用女职员，当然也未必是缺乏职业人员故而征及此'后备军'……因为开放职业上的'女禁'是新潮流，于是近代式的商业机关便要来'顺应'。""在同类的商业机关中，甲既用了女职员，乙如不用，未免相形

---

① 云裳：《中国妇女运动的新时期》，载《妇女共鸣》1929年第1期。
② 吕云章：《现代中国需要那种女子》，载《女子月刊》1933年第1卷第1期。
③ 熙宇：《女职员之任用与妇女解放》，载《妇女共鸣》1931年第49期。

见绌；于是乙也用了，丙也用了，那就用开了。这就有一个眼前的例：上海某大百货公司已经用了女职员，所以同业的某大百货公司也就要用了。因为商店在营业竞争上，即使是窗饰一小端也不肯相形见绌的，何况是女职员。"根据对动机的分析，作者总结道："大都市的上海之女子职业的突然开展，并不基于职业人员供求相应之原则，而多少带一些'点缀品'的意味，正好像是各商店之大家采用新式的窗饰或 Neon 灯光招牌。这岂能视为妇女已在薪给阶级中占有不可侮的势力，因而在妇女的权利争取或地位提高的意义上亦就并无多大价值。"①

六、结论

女职员之所以被称为"花瓶"，无疑有着思想守旧与性别压迫的内涵，但是其所含涉的意蕴尚不至于此。追踪20世纪30年代报刊的"花瓶"话语，可以发现叙述者认为女职员被视为"花瓶"是由于女性行为"浪漫"。行为"浪漫"具体表现在：女职员在办公室中不认真工作，整日与上司、男职员聊天，并时常发生恋爱事件。这些"浪漫"行为源自哪里呢？论述者把问题引向了生产"花瓶"的女子教育制度和现代社会氛围。女职员行为浪漫是民国女子教育破产所致。20世纪30年代，对于女子教育一直流行着这样一种说法，"中国妇女教育，是装饰教育"。中国女子教育的问题出在盲目模仿西方这一点上，产生了一套不适合社会需要的教育，也制造出不适合工作需要的"花瓶"。还有评论者认为，问题不仅仅出在女子教育上，资本主义下的现代社会，更起到推波助澜的作用。在资本主义塑造的社会氛围中，女性被商品化，成为一个可被购买的装饰品。在政治领域中工作的女性，成为国家进步的点缀品；在社会领域中的女职员，则成为经济繁荣的点缀品。也就是说，现代制度及其时代氛围生产出来的知识女性，无法嵌入到中国的社会结构中，她们只能成为中看不中用的装饰物，装点现代中国的门面。因此，"花瓶"所蕴含的意味，不仅仅是守旧与压迫，也包括对现代社会制度及时代氛围的忧虑与批评。

(原载《妇女研究论丛》2011年第6期)

---

① 朱璟：《问题是原封不动地搁著》，载《妇女杂志》1931年第17卷第1期。

"无冕皇后"还是"交际花":民国女记者的媒介形象与自我认同

冯剑侠[①]

摘 要: 本文讨论民国时期女记者的出现及其形象的建构。首先考察她们是如何、为何被媒体呈现为"交际花",以及她们如何应对并重建作为"无冕皇后"的职业身份。其次分析这一现象的成因,即女记者的职业性质对传统性别规范的挑战,引发男性文人对重新定义性别角色的担忧和焦虑;她们采取"去性别化"的话语策略,强调自身的职业素养和社会功能,则是为了建构起性别中立的职业认同。

关键词: 交际花 无冕皇后 媒介形象 自我认同

晚清以来,许多知识女性挣脱传统家庭的束缚,进入新兴的报刊业,成为传播的主体。她们从最初担任内勤编辑,发展到活跃于外勤采访一线;从专司采访妇女、儿童等软性题材的新闻,发展到在政治、外交、军事等硬新闻领域获得职业名望。对于她们如何以其"专业能力、职业精神和奋斗意志"塑造了中国女新闻工作者的特色与传统,学界已有较多论述[②]。但这些研究大多出自功能主义视角,往往关注的是其历史贡献,而对于她们作为第一代从家庭走入社会的职业女性,由于中国社会从传统到现代的结构转型而导致自我身份与角色意识的变迁以及在这一过程中所经历的希望与痛苦或是视而不见,或是一笔带过,缺乏足够的同情与理解[③]。

[①] 作者简介:冯剑侠,女,复旦大学新闻学院 2010 级博士研究生。研究方向:新闻史。
[②] 对女新闻工作者的研究大多是个案式的经验总结,如谢国民:《试论杨刚新闻活动的风格》,载《新闻与传播研究》1987 年第 3 期;宋素红:《近现代中国女新闻工作者的特色与传统》,载《新闻与传播研究》2003 年第 2 期。
[③] 受后现代思潮尤其是女性主义的影响,女性在现代社会转型中的身份认同与角色困境等问题引起了史学界研究者极大的兴趣,已有不少成果面世,较有代表性的如侯杰、秦方:《近代知识女性的双重角色:以〈大公报〉著名女编辑、记者为中心的考察》,载《广东社会科学》2005 年第 1 期;夏一雪:《现代知识女性的角色困境与突围策略——以陈衡哲、袁昌英、林徽因为例》,载《妇女研究论丛》2010 年第 4 期。然而新闻史学界对这一问题的研究却极为少见,即在对近代新闻从业者的职业认同的研究中,女性未被涉及,见樊亚平:《发现记者:中国新闻从业者的职业认同(1815—1927)》,中国人民大学博士学位论文,2009 年。

事实上，翻检民国时期的报纸杂志，不难发现一个极为吊诡的现象：一方面，在鼓吹妇女经济独立与人格自主等现代性话语中，新闻记者被认为是最适宜女性的职业之一，许多女性为"无冕皇后"的荣衔进入新闻业，成为报道的主体；而另一方面，女性从事采访工作，需抛头露面于公共场所，有违于传统观念对女性性别角色的期待，一些报刊将女记者建构为新闻界的"交际花"，对她们的言谈举止大加品评，使之成为被报道的客体，仅在1945—1949年的上海一地，被频频报道和谈论的女记者约60人之多①。她们一边勤奋工作以证明自身的主体价值，同时又要在性别陈规与男性话语的重重羁绊中努力地重建自我认同。因此，本文讨论民国时期女记者出现的社会文化背景以及她们是如何、为何被媒体描述为"交际花"的同时，借助她们发表于报刊的自叙性文本，考察她们是如何应对这些标签的。通过对这些问题的初步探索，既有助于增进对中国近现代职业妇女成长历程的理解，同时也为我们探讨民国时期新闻从业者的职业化过程提供了一个性别化的观照维度。

一、女记者的出现：一种"高尚的女子职业"

尽管自清末维新运动以来，就有知识女性参与创办和编辑报刊，传播女权思想，鼓吹政治变革。但将报刊业视为一种个人的职业选择，与女性寻求自身经济自主、人格独立和人生成就等现代性话语联系起来，得益于新文化运动中妇女解放运动的推进。新文化运动的先驱们以欧美为参照，为中国的"现代"女性构建起新的角色想象，即拥有独立人格、自尊自立的新女性，并且把经济独立视为人格独立的基础，尤其是女性走出家庭后，"钱——高雅的说罢，就是经济，是最要紧的了"②。女性传播者自身也意识到经济独立的重要性，如《大公报》编辑吕碧城认为，"女子不事生业，嗷然待哺于人，一生之苦乐，胥视一人之好恶"，所以，女性需要"授以实业使得自养"，"必能自养而后能自立，能自立而后能讲立身之道"③。

因此，女性走出家庭，接受现代教育，寻求适宜的职业便成为妇女解放的中心议题，时人乐观地认为"女子若有了独立性的职业，便有了独立的经济。经济既能独立，虽不说社交公开，自然会社交公开，虽不说婚姻自由，自然会

---

① 谢美霞：《旧上海最有能力女记者：陈香梅还是谢宝珠?》，载《文史精华》2006年第10期。
② 鲁迅：《娜拉出走后》，载《鲁迅全集》（第一卷），人民文学出版社，1956年，第269-271页。
③ 吕碧城：《予之宗教观》，载刘纳编著：《吕碧城 评传·作品选》，中国文史出版社，1998年，第398页。

婚姻自由"①。新文化运动以后,"职业女性"这一新的社会角色已经获得其话语和制度层面的合法性②。在这种背景下,《妇女杂志》《东方杂志》《妇女月报》《大公报》等报刊都刊载了关于女性如何就业、女性职业保障等议题的讨论文章,并推荐适宜中国女性的职业。其中,"新闻记者"被作为"高尚的女子职业"加以推荐,因"报纸是社会舆论的喉舌,国家政治经济的监督,至于提倡一种事业,转移风尚习俗,均有赖于报纸。故此女记者,不特是一种最合女子的高尚职业,而且对于女子地位之提倡解放,也有很大的影响"③。

而对于报刊媒体来说,聘用女记者最初是因业务发展的实际需要。20世纪20年代后在广州、天津、上海等报业发达的城市,众多女性刊物和以女性为读者对象的报纸副刊开始聘用女性担任外勤记者,因其出入妇女团体或要人家庭进行采访较男记者更为方便。如郑涧云1924年学校毕业后进入广州某报担任外勤员,采访要人的家庭生活④。1927年进入天津《大公报》的蒋逸霄采访妇女新闻,彭子冈最初是为《妇女杂志》采访女性名人,同时一些高等学校的新闻系也开始招收女学生,为女记者提供了人才储备,如徐芳于1924年进入北京平民大学新闻系学习⑤,1929年上海复旦大学新闻系甫一成立,就录取了4名女学生,次年升至10人,此后每年招收的女生都占到学生总数的10%左右⑥。

吸引女性加入"外勤记者"群体的另一重要因素是随着报业的发展,采访工作的重要性日益凸显,记者职业在社会中的地位得以提升。尤其是1929年后国民政府将新闻记者纳入自由职业群体进行管理,"和律师、医师、会计师一样的已成了一种合法的自由职业"⑦,"无冕帝王"成为当时人们指称记者的"普通的习语"⑧,而与男记者的"帝王"相对,女记者就被赋予了一个极富罗

---

① 陈问涛:《提倡独立性的女子职业》,载《妇女杂志》1921年第7卷第8期。
② 北洋政府法律对妇女自谋职业有某种程度的认可。如《暂行民律草案》《商人通则》都承认在一定条件下,女性可以经商或从事其他社会职业(参见中华全国妇女联合会编:《中国妇女运动史(新民主主义时期)》,春秋出版社,1989年)。1923年,北洋政府农商部还公布女子兴业奖章规则,对"女子积极振兴各种实业""投资各种实业事项及实业银行,或经受募集各种实业及实业银行资本者"给予奖励(见《女子兴业奖章规则》,载《女子杂志》1923年第5期)。
③ 邵蕙英:《一种高尚的女子职业:女记者》,载《玲珑》1932年第2卷第72期。
④ 任白涛:《综合新闻学》,上海书店,1941年,第518页。
⑤ 宋素红:《近现代中国女新闻工作者的特色与传统》,载《新闻与传播研究》2003年第2期。
⑥ 《历年学生注册人数统计表》,复旦大学档案馆藏,ZH03-15。
⑦ 刘涛天:《外勤记者的职业生活》,载《教育与职业》1937年第184期。
⑧ 《无冕帝王》,载《良友画报》1934年第98期。

曼蒂克色彩的头衔——"无冕皇后"。许多女性正是出于对"无冕皇后"的向往，而选择进入新闻系学习或在求职时将记者作为首选。如：上海《华美晚报》的何瑶生，自述"被一个无冕皇后的神秘意念，引进了新闻专科学校"[①]；一位笔名"KY女士"的女记者写道："无冕之王，多么光荣的一个头衔！我在中学读书的时候，就有从事新闻业的志愿。我常常那样想，假使有一天能做新闻记者，那就是我最大的满足"。高中毕业后她没能进入报界，而是做了洋行职员，但她对新闻业的热情未减，用业余时间读新闻学的书籍，并向报纸副刊投稿。后来当亲戚得知她的理想，介绍她进通信社时，即使薪水比洋行更少，她也欣然答应[②]。

二、"交际花"：女记者的媒介形象

然而，由于采访工作需要经常出入各种场所，与各色人等周旋，不符合传统观念中对女性性别角色的规定与期待，因此无论是抗战时期相对偏远保守的内地，还是抗战结束后较为开放现代的都市，女记者们在日常工作中往往会引起特别的关注，"每一次参加什么会议的时候，总感到有一阵密集的眼光扫向自己来，窘得难以形容"[③]。他人的态度有如一面镜子，女记者们从中反观自身，为自己的身份感到自卑和紧张，甚至于她们的行动态度也因受异样的待遇而不安。

尤其在抗战后消费文化盛行的上海，活跃于公众场合的无冕皇后们更是成为小报和社会新闻类杂志窥视消费的对象，使女记者从报道的主体成为被报道的对象，她们的长相、衣着、性格、恋爱经历、婚姻家庭等性别特征成为小报津津乐道的话题。如《东南风》《上海滩》《风光》《大观园周报》《今报》《电声》《一周间》《中美周报》等以刊载上海的地方新闻为主的综合性周刊和小报，尤其热衷于揭露政界、影剧界、文化界名人奇闻逸事，以及描述社会上的各种畸形事态，以吸引读者的关注，获取广告利润。在编者们半真半假、半戏谑半调侃的口吻中，女记者被描述成新闻界的"交际花"，是靠其天生的美色、摩登的装扮和高超的交际手腕来获取新闻。例如，有杂志品评谢宝珠、池廷熹等女记者的容貌："女记者之不美者，然如不能取悦于人，而反予人以恶劣之印象，然我闻之来源不为阻塞者几稀。现今立报、新闻报皆有女记者，然

---

① 《海上女记者群》，载《人民世纪》1949年第1期。
② KY女士：《一位女记者的自白：我当了"无冕之王"的滋味》，载《玲珑》1937年第12期。
③ 海儿：《我的记者生活》，载《女声》1945年第24期。

几位皆不如申报谢宝珠之白皙可爱,谢固中人之姿,未可云美,然仅天真一点,也是胜他人万倍。或有人与池小姐相较,谢又不免稍加逊色耳。"① 有小报报道女记者如何注重服饰打扮,"以《申报》谢宝珠服装最为入时,每日换服装数次,有人以'时装设计家'笑赠,采访时谢手指上常串戒指数只,珠光宝气,相映成趣。杨秀琼日来工作时亦全套初夏新装,并架黑眼镜,益表其健壮之美,是故此二人之时装大竞赛,成为新闻界近来一佳话也"②。还有一些杂志热衷于报道女记者的恋爱故事,陈香梅、谢宝珠、池廷熹、彭子冈、邵琼、史沫莱特等都是他们反复炒作的对象。

而对女记者的职业身份,小报则视之为新闻界的"交际花",她们的社交活动成为小报报道的焦点,而对其采访和写作能力等职业素质则充满怀疑,"有时女记者得到一些较好的新闻,则必有人设法去研究一下,是否另有来头"③。如《申报》记者谢宝珠自从采访庐山会议以后,在上海新闻界声名大噪,成为当时小报公认的"记者之花",有报纸说她"色艺双绝",而"艺"则是体现在如何施展她的手腕,如何活跃于要人名流之中,与名人有怎样的交情,等等④。至于她的新闻报道,则毫不客气地断言为"色、香、美采访得来"⑤。

如果说小报文人的这些"无聊之举"可以被女记者们置之不理、一笑而过的话⑥,严肃报纸如《中央日报》(上海版)对女记者的形象塑造则引起了一场不小的风波。1946 年 7 月 23 日,时任《中央日报》副刊编辑的徐翊(徐开垒笔名,后任职《文汇报》)撰文写到,上海女记者们就像"花蝴蝶"一般,每天就是会见名人和参加招待会。在招待会上,她迟到、早退、吃得很少,以各种矫揉造作引人注意;访问名人时,那些名人看到她卡片上娇滴滴的名字,照例是偷闲接见。缠了多时后,留影道别,于是第二天便能在报上看到注有"本报记者××与×××"字样的照片等。总之,"她从来不知道除了高楼大厦之外,还有其他产生新闻的地方。她只在名人之间跳动着,她的卡片像雪片一

---

① 《女记者》,载《大观园周报》1946 年第 4 期。
② 清之:《女记者时装大竞赛》,载《东南风》1946 年第 9 期。
③ 莫非:《女记者在一些人眼中》,载《时代妇女》1946 年第 3 期。
④ 《"记者之花"在牯岭:申报谢宝珠落泪记》,载《风光》1946 年第 23 期;《申报女记者谢宝珠与蒋夫人关系密切》,载《快活林》1946 年第 24 期。
⑤ 《谢宝珠另有出路》,载《上海滩》1947 年第 1 期。
⑥ 笔者对 1946—1947 年任上海《联合晚报》采访记者的姚芳藻访谈记录,2011 年 9 月 30 日。

样在冷气间里飞舞"①。此文一出，引起上海女记者群的极大不满。一位笔名"足征"的女记者投书该报，为女记者辩护，说在她所供职的报社，女记者的打扮如果不漂亮，报社便不会派她去采访机关新闻，因此，不是女记者自己想做"花蝴蝶""交际花"，而是报馆乃至整个社会对女记者形象的期望使然②。

"足征"文中所言并非杜撰，当时不少报馆、通讯社确是出于迎合大众、吸引眼球、联络公关等经济目的而聘用漂亮的女记者做活招牌。例如1946年上海《华侨声报》聘"游泳皇后"杨秀琼做外勤记者，曾引起极大的轰动。杨秀琼曾因在1933年的第五届全国运动会上囊括了全运会女子游泳全部金牌，被宋美龄当场认为干女儿，以"美人鱼"的雅号成为20世纪30年代著名的"交际花"。但她本身并无采写新闻的能力，"因为华侨声报是华侨办的报纸，海上粤人很多，需要一位广东小姐如杨秀琼来联络关系。联络者也，只不过活动活动而已，所以，即便杨小姐不懂得写新闻，也是无妨。何况她是女人，只要捉刀有人就得了"③。与之相似的是话剧演员白云、歌手姚玲等加入新闻界，也都曾引来沪上舆论轰动，连同报馆本身也成为众人关注和议论的焦点。由此可见，聘请女记者也是媒体的商业策略之一。于是，女记者们"利用她们的有利条件，如面貌之美、声音之嗲、功夫之软，常常获得一些男记者所没有的内幕新闻，再得各报一捧，安能不红透半边天？"④ 在文人们嘲讽与调侃的口吻中，女记者的"交际花"形象更被固化下来。

三、"无冕皇后"：重建自我认同

对于这些来自他人的怀疑与批评，女记者们在感到尴尬难堪之余，也运用作为传播主体的话语权力，纷纷撰文反对这种"交际花"的标签，并使用各种话语策略，来重塑自我形象。她们所投书的媒体或是自身工作的大报，如《中央日报》副刊，或是如《妇女月刊》《女声》《现代妇女》《家》《妇女文化》等女性期刊，或是如《文艺先锋》《读者》（半月刊）《新闻天地》等文艺性、综合性期刊。她们常常以"我的记者生活""我是一个女记者""在上海做女记者"等标题，写下自己工作和生活的实际状况，让世人了解女记者的真实处境。

---

① 徐翙：《女记者》，载《中央日报》（上海版）1946年7月23日。
② 《从读女记者想起》，载《中央日报》（上海版）1946年9月15日。
③ 《游泳皇后讨价还价：杨秀琼做记者有问题》，载《快活林》1946年第12期。
④ 《蒋夫人筹组全国女记者协会》，载《上海滩》1947年第1期。

在这些文章中，她们把自己和"交际花"划清界限以摆脱污名，同时再三强调自身作为"无冕皇后"的职业角色以及所承担的重要的社会功能。如《中央日报》副刊上登载的《南京的女记者》一文中，作者承认女记者中是有一些在报馆坐等新闻的所谓"记者之花"，但她强调说这是少数现象，而且也被"女记者同业所弃"。甚至说这种"精劲很大，忍性儿太少，妩媚有余，活泼尚称不足"的女记者是上海才有，而南京的女记者"正如南京严肃朴素的城景，给人的印象像一个朝气蓬勃的女学生，合作、大方，正当地和男记者竞争"。且举出种种证据，表明女记者在工作能力上丝毫不比男记者逊色①。

上海某报女记者段奇斌也投书《读者》半月刊，对社会上对女记者的过分关注和恶意揣度表示不满。她开篇即谈新闻事业对于民主进程、公理正义的作用，指出女记者们本是平常的新闻从业员，"负责对社会正确报道的任务"。因此，"善于社交的面孔"不过是和"机警谨细和坚定的意志""敏锐的听觉""两双奔跑的腿"一样必备的职业素养，所以希望人们不要在装束上评断她们，给女记者以正确的认识②。同样在上海做女记者的杨惠在其自述文章中一针见血地指出："不懂为什么许多人对女记者都是另眼相看，觉得她们是属于一种特殊的'型'，甚至还有些小报文人专以女记者为讥诮的对象。对此我只有一个解释：过去中国人一向以为新闻记者只是男人的玩意儿，女人不配也不会做，如今，上海女记者活跃，就感到了新奇。"但这种新奇和对女记者长相的评论在她看来是幼稚可笑的，她强调评价记者是否称职，其标准不应是社交能力，而是写作能力。而在这方面，男记者和女记者根本没有分别："你能在报纸上分得出哪一篇是出于小姐涂着蔻丹的手吗？你既爱读她们的作品，就应该批评她们的文章是'美'还是'丑'，和脸有什么关系呢？"③

还有一些女记者则试图完全抹杀和男记者的性别差异，以抢到重要新闻来证明自身的工作能力和职业成就。如《民国评论日报》的女记者陶冰在其自述文本中说，她从不把自己当成"女"记者，并且为了证明"一个已婚的、身兼乳母的妇女能和男子一样履行职务"，她把刚出生两个月的孩子托付给母亲，重返工作岗位。为采访新闻，她去过"最低级与最下流的地方"，在集会上碰到重要人物，也总是尽力接近，率先发问，"甚至连新闻人物脸上最细微的特

---

① 《南京的女记者》，载《中央日报》（南京版）1946年9月19日。
② 段奇斌：《我是一个女记者》，载《读者》1945年第4期。
③ 杨惠：《在上海做女记者》，载《家》1946年第4期。

征，我也能仔细地看出来"①。姚芳藻刚进上海《联合晚报》做外勤记者时，报社本是派她去采访市政新闻，但她不满足于在市政府新闻发布处抄写新闻通稿，"总想跑出点名堂，想要独家新闻"，就主动去采访向来由男记者们把持的警察局，从采访小科长到处长直到局长，并因为多次揭露报道了上海市警察局的种种反民主行径而被捕入狱②。

四、结语

是专注社交、爱出风头的"交际花"，还是报道新闻、服务社会的"无冕皇后"？在这些由他人建构和自我建构的众多文本中，折射的是性别认同（gender identity）和职业认同（professional identity）的矛盾。女记者之所以引起诸多关注和讨论，主要是人们从"性别"的角度来评价她们的工作，这一点可以从与其他女性职业的比较看出来。如女教师和女护士在民国时期的数量都持续增加，但她们却未被描述为"花瓶"或"交际花"。究其原因，一般人认为女护士和女教师"生性温柔谨慎"，较能明白病人及儿童的心理及需求，这一观点所暗含的，是女性"母性"特质的延伸③。甚至同样是报社内的工作，编辑工作因能发挥女性"心细，整理力强"或是"天然之文艺性质与想象力"等特质，早就被社会人士所认可。但女性从事采访却一直备受争议，因为"冒风雪于深宵，作险阻之踽行，以从事百般社会之访问，就其体质论之，甚不适当。即勉强为之，非惟不能与男记者竞争，且恐易于丧失妇女之尊严，是乃女记者不及男记者之处，此系天然之缺陷，非人力所能补救也"④。

由此可见，女记者的出现，正是挑战了"男女大防""男主外女主内"等传统性别关系，引发了男性文人对性别角色的重新定义的焦虑和紧张，如在一篇名为《女记者难娶》的文章中，作者的理由是"为了她们见识颇广，轧的朋友不少，你要被她'屏开雀选'，似乎是不容易的事情，她成了你的太太之后，仍得在外交际……同时今天碰到某师长，明天碰到某局长，你丈夫的地位也将动摇了"⑤。因此，在这种焦虑中，"善于交际"这种公认的作为记者必备的职

---

① 陶冰：《女记者生活一叶》，载《妇女文化》1947年第2卷第3期。
② 笔者对姚芳藻的访谈记录，2011年9月30日。
③ 徐朔：《女记者》，载《中央日报》（上海版）1946年7月23日。
④ 杨崇皋：《女子职业指导》，载《妇女月报》1935年第1卷第8期；伍超：《新闻学大纲》，商务印书馆，1925年。
⑤ 《女记者难娶》，载《东南风》1946年第15期。

业技能[1],却在女记者的采访实践中被污名化为"过分活动"的体现。同时,商业利益的驱动使得众多媒体在女记者们的"性别"意义上大做文章,将女记者置于被观赏和被消费的位置,更加剧了这种紧张关系。

这就可以解释女记者在修正和重构自我形象时为何要淡化性别色彩,强调自己和男记者一样是"职业记者",具备同样的人格地位、相同的工作能力(写作而不是采访),且对于社会有十分重要的功能和贡献。在这种自我认同中,一些女记者甚至完全抹杀性别差异来证明自己,并不是因为她们毫无性别意识,是"男性化"的女人,而是因为在"男女平等"的性别观念尚未完全建立的职场中,只有性别中立的职业身份,才能获得社会的普遍认可。

民国时期女记者的认同困境,虽然是近代以来中国职业女性共同命运的一个缩影,但她们与其他职业的不同之处在于,她们作为传播的主体,掌握一定的话语权力,因此,她们积极主动地运用各种话语资源来为自身职业合法性而抗争的行为,能在一定程度上推进女权运动的发展,同时改变新闻业内既有的性别格局。但从批判的角度来看,正如盖伊·塔奇曼所指出的那样,新闻业内对于政治、权力、阶层等新闻的重视,恰恰"表现出男性对于重要新闻事件的判断,这种判断忽视了传统上带有女性特征的内容,使这些内容很难成为新闻"[2]。女记者们的"中性化"和"职业化"究竟是对这一"男性的视角"的纠偏还是强化,仍是一个值得继续反思和探寻的问题。

(原载《妇女研究论丛》2012 年第 6 期)

---

[1] 张静庐:《中国的新闻记者》,光华书局,1928 年。
[2] [美]盖伊·塔奇曼:《做新闻》,麻争旗、刘笑盈、徐扬译,华夏出版社,2008 年,第139 页。

抗日烽火中的知识女性
——以"金女大人"为例

金一虹[①]

摘　要：抗战时期，中国的知识女性与全国人民一道无畏地投入一场民族保卫战中，她们因强烈的民族认同和对女性知识分子使命的感知而表现出特有的担当与忠诚，她们以自身的专业知识和影响力做出了特有的贡献。文章通过"金女大人"这一小群体在民族危亡关头的展演，分析知识女性在民族战争中如何作为，分析在一个貌似残破但实际仍然强大的父权制社会结构中，性别身份对其公共参与的种种限定以及她们如何在民族主义与父权话语交织的语境下，对主流话语既服膺又改写、抗争，抓住"危机－救亡"的机会，重新界定性别角色，书写自己的抗战历史。

关键词：知识女性　金陵女子大学　抗战建国

20世纪中叶，中国为抵抗日本的侵略，举国上下"地无分南北，人无分老幼"地展开了一场殊死的民族保卫战。那么，知识女性在这一伟大而持久的民族战争中有何作为？这种作为有什么特别之处？

何谓知识女性？无论是维基百科还是百度百科，至今还没有收入有关女性知识分子的词条，亦即表明，她们尚未能作为一个独立的群体进入研究视野。至今对知识女性的观察，也仅限于"她们知性的身份和智性的心灵"[②] 的精神层面的价值，而她们对公共事业的介入和影响则仍被忽略。本文将使用学界主流对知识分子未分性别的定义：受过专门训练，掌握专门知识，以知识为谋生手段，以脑力劳动为职业，具有强烈的社会责任感的群体。这一定义能够涵盖男女知识分子共性的一面，而知识女性因其性别身份带来的特殊性，将在文中具体加以展开。

[①] 作者简介：金一虹，女，南京师范大学金陵女子学院教授，南京大学社会学院访问教授。研究方向：性别社会学。

[②] 夏榆：《她们的立场·她们的倾向：女性知识分子现场》，中国妇女出版社，2008年，第1页。

本文将以包括金陵女子大学（以下简称"金女大"①）师生和校友的"金女大人"，作为抗战时期国统区知识女性的一个样本，以她们的故事展现知识女性在动荡的战争年代如何抓住"危机-救亡"的机会，积极投身到抗战大业之中；分析她们在民族主义与父权制交织的语境下，对主流话语如何既服膺又部分改写乃至抗争，从而书写了自己的抗战史。"金女大人"只是一个很小的群体，但在那个时代，受过高等教育的知识女性本身就是精英小众，而金陵女子大学因留下较多的文本可供分析而成为一个分析样本。

一、知识女性：感知使命与担当

受过高等教育的知识女性是20世纪中国现代化过程中新出现的一个群体，随着这一群体的扩大，知识女性也经历了一个群体身份的认同过程。这一认同伴随社会历史文化的演变以及她们在社会结构位置中的变化而变化，特殊的历史事件和社会动荡，也将对其身份认同产生巨大的影响。

（一）从"金陵女儿"到国家的女儿

"金女大"生存发展于20世纪中国命运多舛和艰难现代转型的年代，这一小小的女性"部落"令人注目又显得另类。她在艰难求生存的过程中，形成一个以家庭化管理和家庭精神为支撑的独特模式，从而锻造内部凝聚力和应对外部危机。故此，试图以现代性、民族主义和性别重新解读金陵女子大学故事的冯进，将她的著作命名为"一个家庭传奇的诞生"②。在"金女大"的故事中充满了家庭隐喻：情同母女的师生关系③、"金陵一家亲，在校如家庭，毕业如嫁女"④ 的校园文化。"金女大"校友也一向喜以"金陵女儿"自称，以表达对金陵精神的认同和对金陵家庭的忠诚。一个世纪以来，"金陵女儿"仍是曾为"金女大人"身份认同的特殊标识。

在抗战全面爆发的时刻，"金女大"原有的发展轨迹被敌人的炮火无情轰毁，也改变着她们的集体认同。校长吴贻芳作为一个虔诚的基督徒，完成了一个心灵的重要转折，即民族利益至上、国家利益至上成为她至高无上的信条。1937年12月"金女大"被迫撤离南京迁往成都的情景，是她"一生中最痛苦

---

① "金女大"建校时名为金陵女子大学，在1930年向民国政府注册后改名为私立金陵女子文理学院，但至今人们还按习惯称之为"金女大"。

② Jin, Feng, *The Making of a Family Saga: Ginling College*, New York: State University of New York Press, 2009, pp. 13–15.

③ 胡秀英：《如母师恩胜友情》，载胡秀英等著：《秀苑撷英》，商务印书馆，2003年，第108页。

④ 胡秀英：《毕业十年的生活》，载《金陵女子文理学院校刊》1943年第102期，第5页。

的经历",中国人无自己国家的轮船可乘,只得坐英国怡和公司的轮船,在日本飞机轰炸时要向英国军舰寻求"保护",而江岸上无数被政府遗弃的难民,则死于敌机轰炸之下。她说:"是帝国主义的侵略、压迫使得我萌发爱国主义思想。"① 在1939年"双十节纪念典礼"上,她对"金女大"师生做《我能做什么》的演讲,要求大家当时时思及"个人对国家曾尽何种义务";号召全体师生在此历史时刻担当起"大时代使命,亲自进入火中","当国家需要吾服务时,吾人能有'我在这里,来差遣我'之态度"②。作为一个有宗教信仰、在国外完成博士教育的知识女性,在八年抗战中,她更像是一个民族国家的忠诚无畏战士。"金女大"的师生也经历了一个从"金陵女儿"向"国家女儿"的认同转换。从那个时期"金女大"学生的言说中可以看到,"祖国警钟声紧,唤起民族魂"③,国破山河碎的屈辱极大强化了青年知识女性的民族认同感和对国家的忠诚意识,唤起妇女既为国民一分子,国家有难,当与男子同担卫国重任的女性国民意识,"复失地,雪国恨,重任在我身"④。自此,作为"国家女儿"的"金女大人",必须首先服膺民族的需要和国家的指令,责任与担当、忠诚和勇气成为"金女大"师生在这一时代的关键词,"舍身为国之精神已漫于全校"⑤。

(二) 知识女性:感知特殊身份和责任

"金女大"曾经培养出中国最早的女学士。从进入大学那一天起,她们就相互激励:女大学生作为两万万女同胞中极少数能获得高等教育的"特权者","应知责任之重大,盖社会事业,既不能由男子独负"⑥。战争则极大强化了对知识女性特殊身份的认知,并由此激发更强大的责任意识:"国难加重,既为受国家最高教育之女子,平日所享权力果大,将来为国效劳之责任亦重。"⑦ 受教育程度越高,对国家的社会责任越大,在此特殊历史时期,应以自己特有的知识和能力做出特别的贡献,在血与火中"为我中华民族创造新的生命。"⑧

---

① 吴贻芳:《爱国爱党爱人民》,载孙岳等编写:《吴贻芳纪念集》,江苏教育出版社,1987年,第92页。
② 吴贻芳:《我能做什么》,载《金陵女子文理学院校刊》1939年第67期,第11-12页。
③ 1945级:《级歌》,载《金陵女子文理学院校刊》(27届毕业专号)1945年第127期,第2页。
④ 1945级:《级歌》,载《金陵女子文理学院校刊》(27届毕业专号)1945年第127期,第2页。
⑤ 《响应知识青年从军运动成立征集委员会》,载《金陵女子文理学院校刊》1944年第121期,第2页。
⑥ 《编者的话》,载《金陵女子文理学院校刊》1935年第24期。
⑦ 高季容:《学生自治会会长高季容报告》,载《金陵女子文理学院校刊》1936年第55期。
⑧ 1945级:《级歌》,载《金陵女子文理学院校刊》(27届毕业专号)1945年第127期,第2页。

知识女性的责任在特殊的战争时期具体又应如何体现？宋美龄在1938年5月庐山妇女谈话会闭幕演讲中说，知识妇女要"懂得如何肩负起自己的责任"。她将受教育的妇女比作"酵素"，冀望其负起"领导全国各界的女同胞"的责任①。这一对女性知识分子功能的定位，在当时历史条件下应该说是符合实际的。在此，知识妇女作为一个特殊的群体，在特殊的时期被历史地赋予了特定的使命。

随着东部中国相继沦陷，战火向西蔓延。在民族国家最危险的时刻，知识分子何以报国？为国家保存读书的种子、民族的文脉，以图日后的浴血重生，是那个时刻中国的爱国知识分子做出的选择。70多所中国的大学毅然西迁，边流亡边读书，"不到最后一刻，弦歌不辍"②。"弦歌不辍"乃成为中华民族不可征服、民族精神永存的一个象征。在这一史无前例的文教大迁徙中，"金女大"是其中唯一的一所女校。她在南京濒临城破的危急时刻踏上数千里流亡办学之路，以坚定的信念和女性的智勇，成功迁到四川成都华西坝上，坚持教学科研直至抗战胜利。

在以保存民族文脉来表达对民族国家的忠诚方面，女性知识分子与男性并无不同。但她表达的空间和路径却受到性别身份的限定。"金女大"作为一所小型私立女子学院在教育系统中的边缘性地位，使其重新建校时面临资源和人力的严重不足；而女性在动荡离乱岁月生存境遇更为不利。无论是女大的学生还是教师，因失去家庭经济支持以及结婚、生育等原因，流动性要远远大于一般院校。其"金陵女儿"—"国家女儿"的认同结构，对校园重建发挥了重要的凝聚作用。在流亡途中，校长吴贻芳在校庆纪念日仍不忘给分散在不同地方的校友发出电报，愿"金陵家庭"能通过"谦卑地增强自我和无私地分担国难"而"对得起创始人和学校的理想"③，而分散在各地的"金女大人"，亦通过电报回应，以"在民族生死存亡之秋，勇赴国难"④来相互鼓励。

---

① 新运妇指会：《我们在烽火里诞生·庐山妇女谈话会》，载新运妇指会编印：《工作八年》，南京印书馆，1946年，第3页。

② 教育部命令转引自时任武汉大学校长的王星拱对全校师生的讲话："我们已经艰辛地撑了八年，绝没有放弃的一天。大家都要尽各人的力，教育部命令各校，不到最后一刻，弦歌不辍。"转引自《武大 思君不见君，共饮长江水》，载《新京报》2010年11月6日第1版，www.bjnews.com.cn/ent/。

③ Wu Yifang, "Telegraph to Shanghai and Hong Kong", YDSL, RG：11, UB Archives, Ginling College, Box：148, October 30, 1937.

④ [美]德本康夫人、蔡路得：《金陵女子大学》，杨天宏译，珠海出版社，1999年，第104页。

当学校在成都立足后,分散在各地的"金女大"师生向成都华西坝纷至沓来。不少"金女大"学生怀揣流亡证,甚至抱着刚出生不久的婴儿,经过长途跋涉回到母校。最惊心动魄的要数"金女大"上海分部西迁成都与总部会合的故事。因战事交通已被节节阻断,11个女性师生,乘船从上海到香港,再从九龙乘车到汉口,接着走水路到达重庆,最后坐车到达成都。冒着日军的炮火,穿越满是战争疮痍的中国,她们的"长征"走了两个月,路程长达2500多英里,到达成都时,这一行人总数已扩大到34人①。"这次充满了危险和刺激的远征、金陵人的智慧坚毅和对国家的忠诚后来成为流传金陵的传说。"②

与此同时,正在英国留学的女大校友张素我在其父张治中将军的召唤下回国投身抗日;在美国拿过两个博士学位的张芗兰③也在祖国危难之时回到母校效力;到英国牛津留学的刘恩兰只用一年半时间就读完了博士,日夜兼程地赶回母校;而在美国土生土长的华裔女孩陈莲采,也和她的两个哥哥回到祖国……这些归来的女儿成为"金女大"办学的主力,她们甘愿接受一份微薄的薪金(甚至不拿薪金,如鲁桂珍博士),以服务母校来表达她们的忠诚。

二、女性知识分子:融入国家"抗日建国"的主流

尽管和男性一样怀有强烈社会责任感、一样受过系统专业知识教育,但知识女性一向少被公共政治领域接纳。她们如何才能进入抗战大业之中,实现自己报效国家的志向?

抗日战争时期,救亡和建设已成为中国当时的两大主题。吴贻芳在给前校长德本康的一封信中说"战争可能会旷日持久地进行下去……这场战争要做最坏的打算,四川、云南和贵州将是中国重建和复兴的中心"④,她以其远见卓识,确定了"金女大"在战时的发展方向,即始终围绕国家社会的需要,对抗日建国两大任务做出积极回应。

(一)做宣传组织妇女抗日的"酵素"

中国的八年抗战,是一场国民精神的总动员,也是一场规模空前的全国妇女总动员。拥有一定话语权的上层知识女性,常利用她们的社会影响力,起到

---

① [美]德本康夫人、蔡路得:《金陵女子大学》,杨天宏译,珠海出版社,1999年,第116页。
② Jin, Feng, *The Making of a Family Saga: Ginling College*, New York: State University of New York Press, 2009, pp. 185-186.
③ 张芗兰第二个博士学位是在抗战胜利后拿到的。
④ Wu Yifang, "The Letter for Mrs. Thurston", YDSL: II/IV/, RG: 11, UB Archives, Box: 148, Folder: 2912, P. 0442, April 16, 1938.

组织动员妇女抗战的作用,由此也涌现出一些具有号召力的"领袖型"妇女,"金女大"校长吴贻芳即是一位有代表性的人物。在宋美龄以个人名义邀请"各地妇女领袖"到庐山"共商动员全国妇女参加救亡工作大计"① 时,她是庐山谈话会副主席,也是抗战期间影响力最大的妇女团体——"新生活运动促进总会妇女指导委员会"(以下简称"妇指会")的副指导长,同时还兼任中国妇女慰劳抗战将士委员会的执行委员、战时儿童保育会常务理事和保育会成都地区的指导长等重要职务。

吴贻芳在战时曾三次访问美国。1943 年参加晏阳初、桂质廷等组成的六人教授团,赴美宣传和敦促美国尽快开辟第二战场,并在战后的 1945 年 2 月参加中国代表团赴美出席联合国大会,她是在《联合国宪章》上签名的第一位妇女代表。一个生物学博士、一心只念教育救国的女校校长,却因其坚定的爱国情怀与社会影响力,在民族战争风云中被推上高峰,成为女性知识界的代表人物,在国际上甚至被认为是仅次于宋美龄的"中国第二重要的女人"②。在受宋美龄之邀出席庐山谈话会的 40 余个女性精英中,除吴贻芳外,张霭真、邓裕志、张肖梅、张素我、郝映青等都是"金女大"校友,而张维帧则曾任教于"金女大","金女大"在当时女性知识界的影响力可见一斑。

值此抗战非常时期,训练培养具有宣传动员组织能力的妇女人才成为紧要任务,而吴贻芳早在全面抗战爆发之前,就已意识到"训练妇女为国家服务乃学校的使命……也是中国现实最大的需要"③。"金女大"作为女性高等学府,为"妇指会"和儿童保育会等重要妇女抗日机构输送了不少人才,她先后介绍谢纬鹏、张素我等九位"金女大"校友到全国妇女指导委员会工作,在"妇指会"八组一委的机构中,谢纬鹏和曾为"金女大"副教授的李曼瑰,分别担负乡村工作组和文化事业组组长的重要职务。

除了少数处于组织领导位置的高层知识妇女,知识女青年一如"金女大"的学生们,则凭借她们的爱国热情和行动能力,在行动层面发挥了重要作用。

"金女大"学生积极参加各种抗日宣传活动:组织歌咏队、街头演讲和用

---

① 蒋宋美龄:《妇女谈话会开会词》,载蒋夫人言论编辑委员会编:《蒋夫人言论汇编》,中正书局,1956 年,第 174 页。

② "Letter from Florence Kirk to Mr. Evans", YDSL, RG: 11, UB Archives, Ginling College, Box: 138, July 1, 1941.

③ Wu Yifang, "The Letter from Wu Yi - Fang to Miss Hodge", YDSL: II/IV/, GR: 11, UB Archives, Ginling College, Box: 147, Folder: 2904, Jan. 11, 1934.

话剧宣传抗日，为抗日将士募捐、通过义卖支援前线，慰劳征属①，组织救护队。她们表现得特别活跃。她们曾把电影放到没有通电的农村——请来有活动发电设备的美国大使馆工作人员协助，放映了《中国为何而战？》《重庆大轰炸》等新闻片，一万五千多名农民赶来看电影，有的平生从未看过电影，看电影时"有流泪，有立志从军"者②，反响极为热烈。

1930年毕业于"金女大"社会学专业的谢纬鹏，负责组建"妇指会"新开创的乡村服务队，主要任务是深入农村宣传抗战、普及教育。在"妇指会"各组中，数乡村服务组最为艰苦。队员要步行下乡、住破庙古刹农民茅舍、一日三餐"只求果腹"，白天组织活动，晚上还要在煤油灯下写标语、印传单。乡村服务队规模最大时达到400多人，18个服务队，她们的足迹踏遍四川75个县，队员多为流亡女学生，每队有一个大学毕业生担任指导员③。"金女大"的毕业生李秉贞、王民安、王镇英、胡亚兰等都曾担任过乡村服务队的指导员。李秉贞原来是被分配到慰劳组工作的，但她主动要求转到乡村服务组，盖彼时热血女学生均以服务乡村、爱国奉献为荣④。

（二）参与乡村建设与边疆建设

乡村建设运动作为一项以改造乡村社会为直接目标的社会运动，已成为知识分子在救亡中推动国家改造、实现社会变革理想的重要途径，许多大学在大后方都建立了乡村建设实验区。

对校长吴贻芳而言，西迁成都并非为了偏安一隅，她构思了一套计划，要把"金女大"迁到四川西部的农村地区，在那里推行战时课程，通过农村社区研究，使学生了解中国大多数劳苦大众的真实情况和他们的需要，并应用所学去寻求解决办法⑤。对一向以博雅教育见长、管理风格稳健的"金女大"而言，吴贻芳这一变革构想称得上是革命性的，虽因未得教育部支持而未能实现，不过这并未阻止她对女子学院在战时如何转型的探索。

1939年春始，"金女大"自筹资金和人力在四川仁寿县设立了自己的乡村

---

① 征属，指被征入伍的军人家属。
② 熊亚拿、许幼芝：《中和场放映电影》，载《金陵女子文理学院校刊》1943年第121期，第2-3页。
③ 励谢纬鹏：《天涯忆往——一位大使夫人的自传》，商务印书馆，1980年，第39-40页。
④ 李秉贞：《抗战时期我从事乡村服务工作的回忆》，载金陵女儿编写组编：《金陵女儿》，江苏教育出版社，1995年，第127-128页。
⑤ Wu Yifang, "Wu Yifang to NYC", YDSL: II/IV, RG: 11, UB Archives, Ginling College, Box: 148, April 1, 1938.

服务处，每年寒暑假都有学生来此实习服务三周左右。服务处为农村妇女提供孕检、接生、注射疫苗、宣传育儿知识等服务，指导农村妇女纺织和挑花、引进推广国外优质鸡种，还举办免费幼儿班等①。

仁寿县乡村服务处离成都有200多里，中间还要翻过一座二峨山，从成都长途跋涉抵达目的地要花三整天，但这挡不住师生的热情，她们报名踊跃，有的动身前"因精神奋激，竟至彻夜不能入寐"②。同学们在这里为农村妇女儿童服务的同时还做家访、搞社会调查，写了不少对农村社会组织有较深切观察和有质量的调研报告。抗战期间先后有10位教师在乡村服务站工作过，其中多位是海外留学归来的。她们常年驻扎在偏远乡村，把自己最好的年华献给了服务站。有一双解放脚的吴贻芳本人也曾三次翻过二峨山到服务站视察③。

当时中国形形色色的乡建团体关注重点各有不同，有批评说"金女大"的乡村服务"面面俱到"④，似乎也缺少理论建树。但"金女大"乡村建设以妇女儿童为服务对象，恰恰是其他乡村建设所不具有的特点。特别是生产技术指导和推广，一些宝贵的影像资料让我们看到数以千计的经过改良的纺织机在露天分列多行整齐排开、农村妇女在服务站指导下同时穿梭引线的壮观场面⑤，妇女们的手工制品由"金女大"组织出口换汇，改善了当地农村妇女的经济状况，农忙托儿所亦减轻了她们的负担⑥，这一专门服务于妇女儿童的实践型乡村建设的意义不应被低估。

由于中国东部地区大多沦陷，政治中心西迁，偏远的西部地区成为民族复兴的基地，西南民族地区的边疆开发也成为"抗战建国"之急需。尽管"金女大"的地理系很小，但系主任刘恩兰博士对边疆研究有很大贡献，她同竺可桢一起创建了"中国地理学会"，还是政府主办边疆建设刊物《边政公论》的特

---

① 金陵女子文理学院：《仁寿乡村服务处工作计划》，中国第二历史档案馆，全宗号：六六八，案卷号：12；《本校仁寿乡村服务处今春工作计划》，载《金陵女子文理学院校刊》1941年第81期；萧鼎瑛：《仁寿县乡村服务站》，载金女大校友会编：《永久的思念》，1993年，第109—110页。

② 景卫：《仁寿服务记》，载《金陵女子文理学院校刊》1942年第89期，第8页。

③ 萧鼎瑛：《行进在幼教师资的行列里》，载金陵女儿编写组编：《金陵女儿》，江苏教育出版社，1995年，第104页。

④ Jin, Feng, *The Making of a Family Saga: Ginling College*, New York: State University of New York Press, 2009, p. 197.

⑤ 孙建秋：《金陵女大（1915—1951）：金陵女儿图片故事》，广西师范大学出版社，2010年，第120页。

⑥ 萧鼎瑛：《仁寿县乡村服务站》，载金女大校友会编：《永久的思念》，1993年，第109页。

邀作者，其《理番四土之政治》①和《理番四土之社会》②研究了理番地区政教合一制度的演成史略、土司内部组织及其政治功能，被认为是该领域有影响力的力作。1941年和1942年夏天，她应地方政府之邀，深入川藏考察当地矿藏和水文，带领学生沿蜀道溯江而上，先后考察了金沙江、岷江、灌县、威州（汶川）等地③。考察中她们坐溜索、攀峭壁，一路风餐露宿，行走在土匪野兽出没的荒山野岭……根据考察结果她发表了许多重要成果，如《四川盆地之形成及其历史》《中国雨量变化》《河西走廊经济发展中的地理条件》《川西之高山聚落》等，考察还纠正了当时被认为是最完备地图上的一些错误，有的研究报告还在美国权威地理杂志上发表④。

（三）投身难童救助和儿童福利事业

战火使中国1000多万名儿童无家可归，四处流浪，但彼时的国民政府无暇顾及。中国妇女界发出"欲救中国，先救儿童"的呼声，中国战时儿童保育会应运而生。妇女们从前线抢救并千里转移难童到大后方，通过社会募集资金集体养育儿童，成为史无前例的壮举⑤。

吴贻芳不仅是战时儿童保育会的发起人之一、常务委员，还担任保育会成都分会的负责人。"金女大"资深教师郝映青也是分会理事。全校有70名学生和7个教师参加了贵阳难童的抢救工作⑥，青年教师刘恩兰和胡亚兰，还被委以重庆抢救难童委员会专员⑦。保育总会成都分会下属的新津保育院，院长即为毕业于"金女大"的陈肖松，她从接手一直坚持到保育院完成历史使命为止，以责任感强、爱护学生而受到尊敬，另有女大毕业生也在此服务⑧。

推动中国儿童福利事业，是"金女大"在抗战时期的另一个突出贡献。意识到儿童保护在未来现代社会中的重要意义，战时成都的五所基督教大学都开设了与儿童福利相关的课程。而"金女大"在家政系和社会学系都设立了侧重点有所不同的儿童福利专业方向，足见学校对儿童福利这一新兴事业的重视。

---

① 刘恩兰：《理番四土之政治》，载《边政公论》1948年第7卷第2期，第14—17页。
② 刘恩兰：《理番四土之社会》，载《边政公论》1948年第7卷第3期，第33—37页。
③ [美]德本康夫人、蔡路得：《金陵女子大学》，杨天宏译，珠海出版社，1999年，第124页。
④ 张永滨、卞许民、张滢华：《刘恩兰：中国第一位女海洋学家》，载金陵女儿编写组编：《金陵女儿》，江苏教育出版社，1995年，第54页。
⑤ 中央电视台人文历史栏目：《难童》，CCTV-国家地理，www.cctv.com/program 2010-01-17。
⑥ [美]德本康夫人、蔡路得：《金陵女子大学》，杨天宏译，珠海出版社，1999年，第129页。
⑦ 《信息》，载《金陵女子文理学院校刊》1944年第122期。
⑧ 阚海源：《战时儿童保育会成都分会——第四保育院简史》（上），www.zgzsetbyh.com/news。

由于众多战争孤儿的存在，所有仓促组建的孤儿院和儿童福利机构都缺少专业保育人员。基于这一社会需求，由吴贻芳领衔成立了"五大学儿童福利人才训练委员会"，使"许多年轻妇女接受了从事儿童福利工作的训练"[①]。为了增进平民儿童的福利，"金女大"的儿童福利实验所招收小天竺一带的失学学龄儿童免费入学。1943年又增设半日平民托儿所，专收家庭贫寒、父母有职无力照顾的幼儿。虽然当时在成都的托儿所并不算少，但专为贫穷儿童所办的仅此一家[②]。

（四）用知识服务社会、报效国家

冯进曾积极评价"金女大"面向社会应用的课程改革，说这不仅让师生能以她们自己的方式为抗战大业出力，也让本来百无一用的文科课程变得有价值。不过她又认为在这方面金陵大学做得更为成功，他们利用了自己的农学优势，对四川的土地和农作物做了多项研究，并最终把研究成果商业化，既取得了较高的经济效益，也赢得了政府的重视和支持[③]。但是以教育能否产生直接的经济效用做标准比较，对于一所小型文理科女子学院未免不公，而女性所从事的社会服务的价值通常被社会所低估，这一贬抑社会服务价值的倾向一直延续到今。且"金女大人"也并非没有直接参与战时经济活动的贡献。如1936年毕业于"金女大"化学系的吕锦瑗，为解决医用X光胶片奇缺的难题，于1940年研制出中国第一张黑白感光照相底片。接下来她在丈夫出国、自己身怀六甲、日寇飞机不停轰炸的困难条件下，又在华西坝一间简陋的建筑工棚内，凭申请到的区区500元科研经费，研制成功感光乳剂[④]。

当然不可否认，文理学院的专业设置限制了"金女大"以直接参与发展经济实业"报效国家"，但她们通过更贴近社会需要的服务，对民族复兴做出了自己独特的贡献。如在战时最恶劣的经济环境下，家政系营养专业的学生利用自己的专业知识努力改善民生。暑期边疆服务团到威州（汶川）羌寨帮助羌胞分析营养摄入、计算卡路里，调整营养结构，特别是通过改善幼儿的营养状

---

① ［美］德本康夫人、蔡路得：《金陵女子大学》，杨天宏译，珠海出版社，1999年，第122－123页。
② 金陵女子文理学院：《小天竺城市服务处报告》，中国历史第二档案馆，全宗号：六六八，案卷号：10。
③ Jin, Feng, *The Making of a Family Saga*: *Ginling College*, New York: State University of New York Press, 2009, p. 197.
④ 吕锦瑗：《努力实现金女大就读时的志愿》，载金陵女儿编写组编：《金陵女儿》，江苏教育出版社，1995年，第121－122页。

况，降低了当地极高的儿童死亡率①。战时米珠薪桂、民生凋敝，一般老百姓营养状况很差，学生们便四处宣传以豆奶代替牛奶，还自做送奶员，每天给小天竺街弟维小学送豆奶②。女大所办托儿所的家长多为贫苦劳工和小贩，不少孩子营养不良。托儿所一方面从海内外募得鱼肝油和维他命丸，另一方面通过增添豆类、薯类、花生等既经济又富有营养的食物加以科学搭配，改善了这些贫苦儿童的营养状况。

社会学专业的师生通过社会调查以推进社会变革。她们在社会调查中表现出独特的性别敏感，如马必宁对慈善事业的调查发现，妇女救济机构奇少，在成都市十余所救济机构中，仅有一处只收容8名妇女的济良所，备受苦难的妇女得不到必要的社会救助③。蔡淑美对全市保育院调查统计发现，难童中男童比例高达97.4%，女童仅占2.6%④，她们的研究报告既揭示了中国家庭普遍存在的重男轻女现象，也揭示了社会慈善救助资源分配亦存在严重的性别失衡问题。

社会工作的专业训练使得"金女大"无论是在后方的乡村服务，还是在日伪统治下的南京难民区救助，都会采用积极救助的模式，即不把服务仅限于人道主义的救济，而是以提升受助者能力为目的。如留守南京校园的美籍教务长魏特琳和中国员工们，通过为失去丈夫和家园的贫苦妇女开办纺织、饲养、烹饪等职业培训，以使她们日后可以谋生自立⑤。

在战时，"金女大"也凭借英语优良的语言优势积极参加对外抗日宣传，争取国际社会的支持。如"金女大"毕业生施葆真1937年在美国纽约最大的麦迪逊广场曾面对一万五千名公众用英语发表演讲，痛斥日本侵略中国的野心和淞沪之战中国军民之英勇⑥。1941年与美国结成反法西斯同盟后，中国不再孤军抗战，"金女大"英语系又适时开设通译班，培训通译人才⑦。她们的语言

---

① 《学生暑期边疆服务团家事组工作概况》，载《金陵女子文理学院校刊》1942年第92期，第10—11页。
② 鲜于明义：《求学》，载金陵女儿编写组编：《金陵女儿》，江苏教育出版社，1995年，第290页。
③ 马必宁：《成都慈善机关调查》，载金陵女子文理学院社会学系编《社会调查集刊》，1939年，第2—6页。
④ 蔡淑美：《成都保育院难童调查》，载金陵女子文理学院社会学系编：《社会调查集刊》，1939年，第7—10页。
⑤ 林弥励：《我参加过"留守校园"的工作》，载金陵女儿编写组编：《金陵女儿》，江苏教育出版社，1995年，第139页。
⑥ 施葆真：《一段难忘的经历》，载金陵女儿编写组编：《金陵女儿》，江苏教育出版社，1995年，第68—70页。
⑦ [美]德本康夫人、蔡路得：《金陵女子大学》，杨天宏译，珠海出版社，1999年，第128页。

优势在战时随时随地都可得到发挥,如为跳伞降落在仁寿县的美国空军飞行员做翻译[1]、困守上海孤岛时为英国新闻处翻译反纳粹的宣传稿[2],而其他就职或短期服务于盟军军事[3]、新闻、外事机构以及其他国际组织如国际联盟卫生队、国际救济总署的"金女大"学生有数十人之多[4]。

三、战争中的性别角色:旧规制与新突破

战争将给妇女以及性别关系带来什么样的影响?传统社会对妇女的规制约束以及社会性别秩序是否会有很大松动?

基于战时全民动员的需要,政府理应支持女性突破传统"男外女内"的性别角色分工模式,不料却在抗战进入最艰苦、士气最低迷时期遭遇性别保守主义的强烈反拨。

(一)保守主义逆流涌动

在 20 世纪 30 年代末 40 年代初的中国,有一股逆流欲把一部分已经走出家门的妇女重新打回家庭,且这种排斥力量主要来自政府:1938 年 8 月国民党福建省政府以节省开支为由,下令所属各厅处女职员一律停职留薪;1939 年 9 月 18 日中国邮政总局发出第七三五通电,明文规定限制招收女职员;1940 年 8 月福建省政府通令省营事业机关除救护及纺织厂、火柴厂、家庭副业工厂、托儿所等需用妇女外,其他一律不用女职员,并停止政治干部训练团及高级商业中学招收女生……[5];1942 年年底又发生了江西省"妇指处"被裁撤事件。江西省"妇指处"是全国唯一一个妇女工作进入政府体制的机构,成立四年来在发动组织妇女投入抗战方面做得有声有色,处长即"金女大"1931 届的毕业生杜隆元。1942 年国民党行政院突然责令江西省政府将"妇指处"裁撤。杜隆元曾多方努力试图使行政院撤回成命,除向上级机构据理力争外[6],也致电

---

[1] 细:《乡村服务处珍闻》,载《金陵女子文理学院校刊》1944 年第 121 期,第 7 页。
[2] 徐芝秀:《海外赤子》,载金陵女儿编写组编:《金陵女儿》,江苏教育出版社,1995 年,第 143 页。
[3] 吴丽云:《一个外语系毕业生的经历》,载金陵女儿编写组编:《金陵女儿》,江苏教育出版社,1995 年,第 206 - 207 页。
[4] 毕业生中服务于国际机构学生资料系根据《金陵女子文理学院校刊》1942 年第 91 期、1942 年第 92 期、1944 年第 122 期、1945 年第 126 期、1945 年第 129 期等资料汇集。
[5] 怀丹:《六百万人的职业潮》,载《新华日报》(副刊)、《妇女之路》1940 年第 17 期。
[6] 江西省妇指处:《江西省妇女指导处代电》,会字第 1269 号,中国第二档案馆藏:中国国民党中央社会部档,11/882。

"妇指会""恳祈力予俯助"①。"妇指会"总干事张霭真亦为此向宋美龄求助②，但最终未能免于被撤裁的命运③。

与此同时，教育领域表现出女子教育须培养"贤妻良母"的保守主义强硬立场，在国民党政府教育部于1938年所发的《战时各级教育实施方案纲要》中，规定"中小学之女生应使之注重女子家事教育，并设法使学校教育与家庭教育相辅推行"④。

(二) 抗争与旧规之突破

保守主义的抬头，令期待在全民的民族战争中有更大作为的知识妇女感到失望和愤怒。面对政府的"开倒车"行为，她们不是无奈遵从，而是选择了联合抗争。邮政总局颁布四项限用女邮务员办法后，各省市邮政局女职工通电全国、发布"告女同胞书"，电请宋美龄、史良、吴贻芳等妇女界领袖主持正义……成为各地职业妇女抗争的重要手段。"妇指会"联络委员会也不断发声，在1940年11月、12月连续召开两次妇女职业问题座谈会，代表们一致指斥把妇女打回家是"封建的、不合理的压制"，需要坚决斗争⑤。吴贻芳领衔的13位女参议员联署向二届二次国民参政会大会提交了《请政府明令各机关不得藉故禁用女职员以符男女职业机会均等的原则案》，迫于女界抗议声浪之压力，国民政府于1942年2月7日发布正式训令：各机关不得借故禁用女职员⑥。这一次各界妇女人士齐心合力争取职业平等权的斗争，最终获得胜利在中国也是史无前例的⑦。

"金女大"对家政系的建设可属于微观层面的一个成功"反制"事例。早在抗战爆发前，"金女大"就因不设家政系而备受压力。吴贻芳说："男人们老

---

① 杜隆元：《江西省妇指处处长杜隆元致新运总会妇女指导委员会电》，附呈《江西省县四十五处妇工行政机构裁撤敬向全国呼吁》，会字第1302号，中国国民党中央社会部档案，中国历史第二档案馆藏，卷号：11/882。

② 张霭真：《致国民政府军事委员会委员长侍从室古秘书函（1942-11-04）》，中国国民党中央社会部档案，中国第二历史档案馆藏，卷号：11/882。

③ 古兆鹏：《致张霭真便条（1942-11）》，中国国民党中央社会部档案，中国第二历史档案馆藏，卷号：11/882。

④ 《战时各级教育实施方案纲要（民国二十七年四月中国国民党临时全国代表大会通过）》，中国第二档案馆，全宗号：六六八，案卷号：14。

⑤ 夏蓉：《妇女指导委员会与抗日战争》，人民出版社，2010年，第335页。

⑥ 《国民政府公报（1942-02-07）渝字第138号》，中华全国妇女联合会、中国第二历史档案馆：《中国妇女运动历史资料 民国政府卷》（下），中国妇女出版社，2011年，第754页。

⑦ 夏蓉：《妇女指导委员会与抗日战争》，人民出版社，2010年，第335-336页。

是追问我们：金陵既是所女子大学，为什么不设立家政专业？"为了不得罪那些掌握资源的人，她把迟迟不设家政专业解释为专业设置存在歧义："我们和男性在大学设立家政专业问题上有不同的看法。"① 直到1940年，"金女大"才在四川省教育厅的"建议"下设了家政系，但如吴贻芳在1939年的一份报告中所说："金陵确有需要尝试设立家政专业……与近来大学发展的乡村重建工作有关。"② 换言之，"金女大"之开设家政专业，未如教育部所说，是仅仅为帮助女性适应未来的妻子和母亲身份，而主要是为了培养当时紧缺的家庭经济人才。冯进认为，由于从中国"抗建"需要的现实出发，"金女大"这个参照美国家政专业而设、其构想已"远远超过美国家庭经济运动的标准"，也给"金女大"学生今后在营养和儿童福利方面的职业发展提供了良好基础。她评论道：政府本来意在束缚女性的企图，反而无意中让金陵女儿们找到新的发展良机③。

（三）对性别角色的重新定义

在战争需要广泛动员的特殊情况下，妇女的社会角色和传统家庭角色尽显矛盾，这些矛盾在特定条件下，成为女性突破旧规制的强大张力。

1. 妇女走出家门和女儿从军

妇女如何兼顾职业和家庭，是妇女自走上职业道路就要面对的难题，战争年代战火离乱带来的生计困顿、家庭离散以及社会网络的破碎使这一矛盾变得更为尖锐，而生命的孕育尤如万物生长一样不会因战争而停止，战时兼顾职业和母职更为艰辛。被孙辈们认为是那个时代"最独立"的女权主义者④、自述一生以"提高女权是最重要的事"⑤的谢纬鹏也不例外。

她30岁才与在外交部工作的丈夫结婚，婚后本应随夫外放，但被基督教女青年会苦劝留下，担任了该会第一任总干事。她"终日为公忙碌"，连自己

---

① Wu Yifang, "The letter Wu Yi-fang to Miss Griest", YDSL：II/IV/，RG：11，UB Archives，Box：143，Folder：2910，p. 255，April 16，1937.

② "Minutes of Executive Committee", YDSL：II/IV/，RG：11，UB Archives，Box：148，Folder：2914，P. 0575，Dec. 8，1938.

③ Jin, Feng, *The Making of a Family Saga：Ginling College*，New York：State University of New York Press，2009，pp. 197 – 197.

④ 厉谢纬鹏：《天涯忆往续集》，商务印书馆，1988年，第204页。

⑤ 幼玲：《照片上的故事——我的姐姐谢纬鹏》，载金女大校友会编：《金陵女儿第三集》，2005年，第109 – 111页。

的婚事筹办都无暇顾及，怀孕后坚持挺着大肚子去上班，孩子出生产假未满同事们就开始登门讨论工作。她闹过儿子出生无比喜悦，却忘了把儿子带回家，要到医院失物招领处找回的笑话，也有过因工作压力奶水骤减，孩子哭自己也陪着哭的尴尬①。但1939年当宋美龄找到谢纬鹏要求她协助组建"妇指会"乡村服务队时，她还是不敢领命。因为她此时已是三个孩子的母亲了，做乡村工作一定要经常下乡，而因战事和婆婆母亲生离死别，照顾孩子没了帮手，她一人如何兼顾工作和家庭！但宋美龄"责以大义，谓在此民族生死关头……希望你本着过去热忱，来会开创乡村工作，大家和衷共济，以赴国难"②。对于她的具体困难，宋美龄也做了周密的安排——将她一家人安排住进培训机构所在的学校，便于就近照顾家庭。另多聘助手，协助下乡巡视等。至此谢纬鹏感到义不容辞，就欣然领命了。

但在乡村工作最紧张忙碌的1940年她又意外怀孕，种种原因流产未成，又生下第四个孩子。产后一上班就没有了奶汁，在香港预订的奶粉因滇缅公路被封锁而没了踪影，自己也因得了疟疾而感到力所不支，因此动了辞职回家专心抚育孩子的念头。宋美龄马上给她多加两周假期休息，同时又赠送奶粉，奶粉告罄后又每日赠送鲜奶一瓶。尽管她花高价请了一个护士照料婴儿，但独自抚育四个子女的角色紧张仍然不可避免③。在朋友眼中，谢纬鹏是一个"手脑并用、劳逸均衡"④、能自如应对多重压力的"女强人"⑤，丈夫盛赞她是"公事家事虽内外纷忙，但井井有条，紊而不乱"⑥ 的称职妻子，子女夸她能同时扮演好"职业外交官的妻子、四个不见得驯服的子女的母亲、职位不算低的政府官员、作家以至于'医师'"⑦ 多样角色的好母亲。但只有她自己才知道二者兼顾谈何容易！外表轻松实际早已是"焦头烂额，精神困乏，心余力拙，终日惴惴难安"⑧。说来谢纬鹏还是有一定特权的精英女性，而一般有职妇女在战

---

① 厉谢纬鹏：《天涯忆往续集》，商务印书馆，1988年，第179、188页。
② 励谢纬鹏：《天涯忆往——一位大使夫人的自传》，商务印书馆，1980年，第37－38页。
③ 励谢纬鹏：《天涯忆往——一位大使夫人的自传》，商务印书馆，1980年，第102页。
④ 励谢纬鹏：《天涯忆往——一位大使夫人的自传》，商务印书馆，1980年，第178页。
⑤ 厉谢纬鹏：《天涯忆往续集》，商务印书馆，1988年，第213页。
⑥ 励谢纬鹏：《天涯忆往——一位大使夫人的自传》，商务印书馆，1980年，第2页。
⑦ 厉谢纬鹏：《天涯忆往续集》，商务印书馆，1988年，第2页。
⑧ 励谢纬鹏：《天涯忆往——一位大使夫人的自传》，商务印书馆，1980年，第41页。

争年代走出家门面临的角色冲突和紧张可想而知。

乡村服务队的每个女队员经培训后一般要下乡服务两年,但女队员因升学、结婚、身体不支等原因流动性很大,谢纬鹏对女性性别角色压力有较深的体会,三年后她改变了工作模式,改由创建江北县试验区,将实验区经验向全省推广,也取得了明显成效①。在抗战胜利后,她得到一枚国民政府颁发的胜利勋章。

在1939年"金女大"的圣诞节晚会上,学生们演出了"木兰从军"的舞剧,前后义演三天,获得巨大成功②,盖像花木兰一样直接上战场杀敌成为此时女青年们的志向。"金女大"校史称,在前方激战时,"许多学生焦躁不安,急于在战争中报效自己的国家,但是她们很少有这样的机会,因为政府的政策是学生应当继续自己的学业"③。但到1944年中国兵源近乎枯竭时,国民党政府又发起知识青年从军运动。在"一寸山河一寸血,十万青年十万兵"④ 口号感召下,热血"金女大人"也掀起一股参军热,一时间有四十多人报名,教职员中报名从军第一人崔亚兰还受到张治中部长的电令嘉奖⑤。而最终成行的是化学系三年级学生王侠飞和大二的成淑生。但正如李木兰(Louise Edwards)所说:在中国历史上,妇女对军事斗争的参与总是被贬损到很低的位置⑥。女性在军队中似乎逃不脱救护等"后援"角色。王侠飞到了部队就被分配做助理护士二等兵,后来她又考上翻译官,少校头衔,待遇大为提高,但就是不让她上前线,说女的前方上厕所不方便。她说:"我当兵就是要上前线的,不上前线我当什么兵?!"半年后她就毅然放弃了少校翻译官的优厚待遇回到学校。作为个人,王侠飞以"退出"挑战了军事机构的性别隔离制度。对于一个靠勤工俭学读书的流亡学生,因这一折腾毕业也比其他同学晚了一年,但她并不因此后悔⑦。

---

① 励谢纬鹏:《天涯忆往——一位大使夫人的自传》,商务印书馆,1980年,第39-40页、第54页。
② [美]德本康夫人、蔡路得:《金陵女子大学》,杨天宏译,珠海出版社,1999年,第127页。
③ [美]德本康夫人、蔡路得:《金陵女子大学》,杨天宏译,珠海出版社,1999年,第128页。
④ 1944年9月16日,蒋介石在国民参政会即席演讲,号召全国知识青年积极从军,提出"一寸山河一寸血,十万青年十万军"的口号,见百度百科"知识青年从军歌"词条。
⑤ 校讯:《响应知识青年从军运动成立征集委员会》,载《金陵女子文理学院校刊》1944年第121期。
⑥ [澳]李木兰:《战争对现代中国妇女参政运动的影响:"危机女性"的问题》,载王政、陈雁编:《百年中国女权思潮研究》,复旦大学出版社,2005年,第222页。
⑦ 来自笔者于2011年10月17—24日对王侠飞的访谈,访谈地点在美国新奥尔良"金女大"双年会上。

这一年，政府还制定了一项把学生培养成翻译、护士及通讯工作者的计划，在"金女大"，政府的护士培训计划因仅有一两名学生参加而遭到失败，但就在同一时期，"金女大"学生响应知识青年从军和抢救难童却十分踊跃①，学生们"以脚投票"表达了她们对政府基于成规定见对女性在战争中角色限定的不满。

2. 撞到男权墙上，犹做困兽斗

在江西省"妇指处"被裁撤时，处长杜隆元在给"妇指会"的求援电报中，用"骇然"二字形容她对政府"开倒车"行为的愤怒。她在给吴贻芳校长的信中说："届此男性中心社会时，妇女是不易在政治方面抬头。生亦知呼吁无效，但困兽犹斗，吾等又焉能不做最后之挣扎？""妇指处"被撤销后，不少人劝她可以回家了，但她认为自己仍应"为社会国家尽一分子之责任"，唯"空洞之运动工作"，再也不愿参加了。裁撤事件使她深感"从事妇运无经济基础，一旦裁撤形同瓦解"，此后，她去筹办专收贫困失业妇女的妇女工厂。办工业尽管是门外汉，但她愿意尝试任何"对于大众妇女有利益之工作"②，她的泰和复兴纺织厂在最困难的经济环境下基本能做到自给，并一直坚持到20世纪40年代中期被日本炮火炸毁为止。

上述三个"金女大人"的故事，使我们看到，尽管父权制结构十分坚硬，但战争还是给女性释放出一定的表现空间和选择空间，也给女性重新定义性别角色和突破旧规制以可能。

（四）事关性与性角色，但无关风月

涉及妇女在战争中的作用和角色的争论，与妇女的性别身份相关，不仅有性别角色，也无可逃避地与性角色相勾连。

一向行事稳健的吴贻芳，曾在一件事上冒了很大风险。自美国向日本宣战后，中国和美国结盟，美国军政人员在四川也多了起来。"金女大"因其美国教会的背景，自然要在促进美中友好关系中扮演积极的角色，如应邀给美国大兵们上文化课介绍中国文化等，学校还安排了六名在校生到美国空军基地当打

---

① [美]德本康夫人、蔡路得：《金陵女子大学》，杨天宏译，珠海出版社，1999年，第128－129页。
② 杜隆元：《致吴贻芳校长信件（1941－11－07；1942－01－02；1943－01－18）》，中国历史第二档案馆全宗号：六六八，案卷号：八十七。

字员和接线员①。吴贻芳知道此举在民风保守的中国腹地,将遭致种种责难。她在给 GCC② 的报告中这样解释:首先,中国的女大学生"应该像美国英国的女大学生那样担负起更多的战争工作";其次,她希望让驻华美军有机会认识受过良好教育的中国女性,让美军了解和尊敬中国妇女③。但是,冯进对此提出质疑:她在报告中为什么不批评美国大兵在中国招妓、性侵等恶劣品行问题?冯批评道:中国女性整体乃至中国的声誉,竟然在她心中超过了个体学生的利益④。确实,在吴贻芳心目中,中国女性和中国的声誉是重要的,她曾专门教导学生,为了抗战需要,要对盟军表示友好,但不要忘记作为中国女大学生的尊严⑤,她希望用受过良好教育的好女孩改变品行不好的女孩给美国人的印象。固然,她对好女孩/坏女孩的区分表现出她的文化保守主义倾向,但她并非不关心女学生个体的利益。她既指派训育主任、心理学博士张肖松给这些到基地服务的学生以指导,也会在学生与盟军联欢时派体育教师相伴。一位陪护的凌姓教师甚至"警告"美国大兵们要注意言行,"以免贻笑大方"⑥。

国民政府无论在战前还是战时,在性与性别观念方面都是相当保守的。在军事上节节溃退、遍地狼烟的时期,无暇顾及"纲纪",但待在西南立足稍可喘息之后,就力图恢复固有性别秩序和重建性别制度。保守主义的逆动体现了对妇女"越界"介入公共政治的恐惧和因此妇女"不安于家室"的不安。时任国民党中央组织部部长的朱家骅明确说:"做妇女运动的,以为家庭是妇女的桎梏,要做到使妇女离开她的家庭,才算是妇运成功,这是一种不可宥恕的错误。"他告诫"万不可拿'打倒旧礼教''打倒贤妻良母'这一类抽象空洞的口号,来标新立异,以眩惑世人"⑦。

---

① 校讯:《盟军空军基地聘请体育系教员指导》,载《金陵女子文理学院校刊》1944 年第 122 期。
② GCC 为 Ginling College Committee 缩写,即金陵女子大学董事会。
③ Wu Yifang, "Wu Yifang to NYC", YDSL: II/IV/, RG: 11, UB Archives, Ginling College, Box: 148, January 8, 1942.
④ Jin, Feng, *The Making of a Family Saga: Ginling College*, New York: State University of New York Press, 2009, p. 202.
⑤ 谭素芬:《难忘的紫罗兰色》,载金大校友会编:《金陵女儿第三集》,2005 年,第 407 页。
⑥ 景卫:《基地参观记》,载《金陵女子文理学院校刊》1945 年第 123 期,第 4 页。
⑦ 朱家骅:《妇运之回顾与今后之希望(1941-04-07)》,载中央组织部编印:《朱家骅讲怎样做妇女运动》,1942 年,转引自中华全国妇女联合会妇女研究所、中国第二档案馆编《中国妇女运动历史资料·民国政府卷》(下),中国妇女出版社,2011 年,第 713-714、717 页。

政府的性别保守主义是一贯的，正如克里斯蒂娜·吉尔马丁（Christina K. Gilmartin）所指出的，战前国民党就试图通过"新生活运动"把"民族主义和传统价值观的培养紧密结合起来"，极力宣扬"为了国家社会的传宗接代，女子对民族负有守贞、持家和维系体面的责任"①。所以，当谢纬鹏带领一支清一色的女性队伍长年奔走于乡野，是有一定压力的。宋美龄亦再三强调女队纪律，"不许外出应酬、更不可有浪漫及外宿的情事"②。谢纬鹏曾处理过队员三例过失：失窃、外出喝酒未归和未婚怀孕。失窃属于失德，后两者则事关风化。谢纬鹏最后的处理意味深长——偷窃的，当了解到她是因丈夫有外遇又不给家庭生活费，家中面临断炊困境后而进行偷窃，谢颇为同情，认为这和普通偷窃行为不同，嘱其积极退赔，给予其改过自新的机会。未婚先孕的女队员，因年方十六，对性事一无所知，谢纬鹏认为责任在父母失于教育。而其父暴怒之下要将女儿推进嘉陵江，被谢纬鹏厉声喝住，指其"一尸两命"，杀人犯法。其实，彼时政府并无相关保护妇女的法律。最后，谢纬鹏对该女孩做因病申请退队处理，保持其"名节"，还促成了一对年轻人的婚事。唯宿醉未归者做开除处理③。虽引来"处理不公"的非议，但足见她作为一名妇运高层干部，一方面要严防"情事"招致保守势力的攻击，另一方面确有保护女性权益的自觉意识。

四、关于民族解放战争与妇女的思考

战争与妇女，是女性主义一个长久不衰的研究议题。妇女在民族战争中应该起到什么样作用？扮演什么样的角色？

（一）妇女在民族战争中的角色与任务

对女性在战争中应扮演的角色，在全民动员一致对敌的表象下，政府、社会和精英女性之间有很大歧义。

国家赋予国民在民族战争中的责任是高度性别化的。国民政府内政部、军政部公布中华民国国防妇女会组织大纲要求妇女"健全身心、教养子女，以逐行救国之任务"——妇女的责任在家庭，以使"服兵役之夫、子、兄、弟"

---

① Gilmartin, Christina K., *Engendering the Chinese Revolution: Radical Women, Communist Politics, and Mass Movement in the 1920s*, Berkeley and Los Angeles: University of California Press, 1995, p. 213.
② 励谢纬鹏：《天涯忆往———位大使夫人的自传》，商务印书馆，1980年，第48页。
③ 励谢纬鹏：《天涯忆往———位大使夫人的自传》，商务印书馆，1980年，第42-43页。

"无内顾之忧";另外,对军人和征属遗族则应"基于母性之慈爱","勉尽慰劳抚恤之责任";而对国家,妇女则应"秉救国之精诚,实行后援与救护之义务"①,可以说,对妇女战时的组织动员,是基于女性的母性和家庭职责,以建立起对国家、父权家庭和对男性的忠诚。战时尽管对性别秩序进行了重整,但骨子里的男权中心未变,只是基于实用主义,在全民抗战的话语下,对传统性别规范进行了重新组装而已。

中国的知识女性对妇女在战争中的角色认知与政府规制有很大不同,在参政员伍智梅、邓颖超、吴贻芳、张肖梅等九位女参议员提提案、沈钧儒等36人联署的《动员妇女参加抗战建国工作案》中,提出妇女应做的抗战工作有:参加社会军训、参加生产事业、实施妇女战时教育、救济战区妇女。而在战时教育部分,提案特别指出:交通、输送、消防、救护、无线电收发、电话司机以及传递信息都是妇女所能胜任的,只要施以各种技能培训②。显然,激进的知识女性不愿意被框死在仅为男性"后援"的范围之内。宋美龄也明确表示:"凡是有益于抗战建国的工作,男子能担当的,我们也要当仁不让的担当起来。"③

社会对女性在战争中应有怎样的表现,还有一些看似悖理的言说:国难期间女青年不应该谈恋爱④;女子既无力杀敌,就应有"不多子女、不拘束女装、不钟情丈夫"的"三不主义"决心⑤。还有人在报上撰文,认为女人在战争中最适合的工作是做间谍。尽管作者没有说破他谓女间谍的破坏力与"色诱"之间有什么关系,但他号召具备"美丽的姿容、纯熟的外国语言、高明的社交术、精湛的化妆术,以及游泳、骑马、跳舞、歌唱,自开小汽车等等专门技

---

① 民国政府内政部档案:《中华民国国防妇女会组织大纲(依据行政院四一三八五号指令修正)》,载于中华全国妇女联合会妇女研究所、中国第二档案馆编《中国妇女运动历史资料·民国政府卷》(下),中国妇女出版社,2011年,第572–573页。
② 参政员伍智梅等四十五人提:《动员妇女参加抗战建国工作案》(提案第六十六号),载中华全国妇女联合会妇女研究所、中国第二档案馆《中国妇女运动历史资料·民国政府卷》(下),中国妇女出版社,2011年,第593–595页。
③ 《只讲妇女解放还不够,要达到全民族的解放——蒋夫人在"三八"纪念会演词》,载《中央日报》1939年3月9日。
④ 杨敏之讲演:《中国战时妇女动态》,载《金陵女子文理学院校刊》1941年第83期,第10页。
⑤ 转引慕云:《妇女解放斗争与抗日救国战线问题》,载《救国日报》1936年6月8日,第7页。

能"禀赋的女性,应"为中国的独立自由做一次光荣的牺牲"①。无论是主张战时妇女应奉行禁欲主义,还是应以"色相"为国牺牲,看似荒诞,但却来自同一个男权本位文化的脉络。一方面国家需要把妇女整合入国家至上的集权制下,女性身体属于国家并通过对身体的规训将女性纳入国家战时体制。例如,战时教育要求大二以上的学生都要接受军训,"金女大"一产后不到40天的女生(流亡来川继续未完成的学业),不得不放弃母乳喂养,通过吃泻盐、绷带捆绑等痛苦方式回奶②。另一方面,国家又基于实用主义给妇女释放出一些行动空间,以便弥补战争中各种资源奇缺以及使用妇女的援助和慰安,达到缝合社会裂隙以缓解社会矛盾的目的。

(二)战争对女性的影响与"危机女性"

战争对女性带来什么样的影响？原有的性别秩序、性别关系因战争有哪些改变？

中国妇女因以极大热情积极参与到抗日民族战争之中,从而改写了妇女只能是战争受害者的历史,由此也使妇女领袖们普遍持乐观态度。如邓颖超就认为:"处在国破家亡,无家可归,夫离子散、迁徙流亡的情况",妇女"回到家庭回到厨房的束缚已大大的减弱了";男子上前方空出的许多职位"须要妇女来担当","自然提高了妇女在政治上、社会上的地位";且因政府需要动员全民抗战到底,也"给予全国妇女更大的抗日救国自由,更多的参加抗战工作的机会"③。吴贻芳也认为,战争给中国女性带来的"不是困厄而是机遇",在战争中,不仅接受高等教育的女性人数比以前更多了,而且女人们"走出了家门,真正参与到国家发展中来"④。这些观点都强调了战争给妇女带来参与公共生活和国家政治的机会,摆脱或起码是减弱了传统性别规范对妇女的束缚。这是中国知识妇女在参加民族保卫战时期的真实感受。

但是女性主义认为,战争固然提供了一些与原有性别角色相矛盾的表现空

---

① 王平陵:《战时妇女的特殊任务——应学习女间谍的知识及技巧》,载《妇女共鸣》1938年第4期,第11-16页。

② 黄宜君:《我热爱我的第二个母亲——金女大》,载金陵女儿编写组编:《金陵女儿》,江苏教育出版社,1995年,第115页。

③ 邓颖超:《对于现阶段妇女运动的意见》,载《妇女生活》1937年第5卷第4期,第1-2页。

④ Wu Yifang, "Talk to Smith Alumnae Association", YDSL, RG: 11, UB Archives, Ginling College, Box: 148, May 7, 1943, p.199.

间，但是妇女的角色还是被限定在男人战争中的"支持者"之内。李木兰还提出：中国长期以来存在一种"危机女性"的文化——当妇女似乎承担起比较积极的角色时，如她们化身战士常被看作妇女牺牲的象征，是用来激励男子参加军事斗争的。在这种根深蒂固的文化土壤中，妇女在战争环境下所得到的权利往往是有限的、虚假的。她指出："危机女性"可以产生女战士，但"女战士"最终并没有对男性的权力基础提出挑战。一旦战争结束，她们还得回到家庭，继续扮演妻子母亲的角色[①]。

确实，战时中国知识妇女发挥的作用无论是宣传抗日救亡、组织妇女慰劳抚恤、支援前方，还是募捐献金、勉力生产，大多未超出女性化的"后援"工作范围，且她们的组织发动也未超出影响"女界"的范围。

精英知识女性作为社会中间阶级，在政治上大多偏向保守，这也使她们所做的"抗建"工作基本是服膺民族国家，具体而言是在"党国"所框定的范围之内行动。她们在全情投入她们最为嘱意的社会建设时，也无法真正触动性别不平等的社会结构，更遑论阶级。当"金女大"师生下乡慰问时，看到众多献出爱子和丈夫的"征属"个个贫苦不堪，只能惭愧到"抬不起头"，只能在"体会到了畸形社会的诸般不合理"[②] 后，以人道主义的救济对因战争扩大的阶级裂隙做一些弥合。而当女青年们深入到中国乡村的腹地时，她们方感知到封建家长制对女性的羁绊是如此之深。农民担心这些穿制服的"绿衣女郎"会带走他们的女儿和媳妇，男人们也极力阻止妻子去接受培训、参加慰劳队救护队，因为担心她们"回来就看不起丈夫""去了就可能不回来"；而女人们则说："我们女人生坏了八字，还读什么书！只要一生少受气，少挨打挨骂就是好的！"……乡村服务队甚至只能借助地方行政势力，强制凡16岁到40岁的农村妇女都要被编入县、乡、保三级国民兵团的妇女队，接受"抗建"培训和识字教育[③]，她们在一手把妇女从私人父权家庭中"拉"出来的同时，又同时将她们整合进国家父权制的控制之中。历史评价不能与具体的政治社会历史语境相剥离，但国家指导下的新妇运乡村服务的局限性是显而易见的。

---

① ［澳］李木兰：《战争对现代中国妇女参政运动的影响："危机女性"的问题》，载王政、陈雁编：《百年中国女权思潮研究》，复旦大学出版社，2005年，第222页。
② 《慰劳征属大会》，载《金陵女子文理学院校刊》1945年第123期，第2–3页。
③ 新运妇女指导委员会：《工作八年》，南京印书馆，1946年，第37–57页。

在我们历数民国时期知识妇女以及以知识妇女为主体的妇运自身的局限性时，也不能认为中国的知识妇女完全是服膺于国家战争机器的指令，来动员组织其他界别的妇女支持男性统治的。她们不仅在行动中表现出不小的能动性，例如妇女推动的那场历时八年的抢救难童运动、40年代捍卫妇女平等职业权利的斗争，都说明中国的知识妇女在舍身投入民族战争中时，并没有将属于妇女解放的内容完全泯灭于民族国家的"抗战建国"计划之内。如前所述伍智梅、邓颖超、吴贻芳等参议员所提《动员妇女参加抗战建国工作案》，在陈述妇女应参加抗战建国活动外，最后一部分则为"改善妇女生活"提议，要求政府"用政治力量彻底禁止缠足、贩卖妇女、取缔童养媳、续婢纳妾等"，"对于劳苦妇女，应相当的改善她们的生活，使她们在日常生活之外，有余力可以为国效劳，例如女工贩卖，拟请求政府严令各工厂实行工厂法，以保障女工最低限度的生活，农村妇女方面建立保健事业"①。尽管这些精英知识妇女由于自身的局限还无法成为劳苦妇女的自觉代言人，但性别意识已使她们清楚地意识到：只有在全体妇女利益得到保障、妇女生存状况得到改善的基础上才谈得上妇女对国家的忠诚和贡献。

概言之，中国的知识妇女把与男子为国家并肩而战视为争取妇女解放的一个大好机会，正如谢纬鹏在一篇文章中所说："中国妇女同胞为了要获得真解放，就应该与男子并肩负担起历史上的使命，在这抗战的大场合，当仁不让的参加各项国家所需要的工作。""女子若不把握这空前的时机，为自己的前途奠下一个牢固的基础，则战后女子仍然会被打回厨房去。"②——对危机过后的"开倒车"可能，她们也表现出一定的警觉。

民族主义对女性而言是一把双刃剑。固然国民政府以救国之名出台一系列政策规章，并通过传统价值观的培养，力图把妇女运动纳入党国一体的体系和战争机器之中，把妇女全部变成国家忠实的女儿、忠贞的妻子、拯救国家危亡的"女战士"。甚嚣尘上的民族主义话语还力图赋国家以全面控制妇女的身体和性的权力。但是我们也看到，民族主义也可以成为妇女们突破传统性别规

---

① 参政员伍智梅等四十五人提：《动员妇女参加抗战建国工作案（提案第六十六号）》，载中华全国妇女联合会妇女研究所、中国第二档案馆编：《中国妇女运动历史资料·民国政府卷》（下），中国妇女出版社，2011年，第595页。

② 谢纬鹏：《妇女前途的大转折点》，载《妇女新运》1942年第4卷第7期。

范、争取自身权利的利器。如她们以"让千百万年青能干热情的姐妹们得到为抗战尽力服务的机会"[①] 的话语，予妇女争取男女平等职业权以正当性。就是杜隆元在为保留省县两级"妇指处"而做微弱的抵抗时，也以"事关'抗建'前途"为"妇指处"存在的合法依据，以"一俟达到抗战胜利建国完成之日，届时本处自当自动撤销"[②] 作为与行政院讨价还价的筹码。而具体到个人，宋美龄在力邀谢纬鹏暂不随夫出国、留下协助她工作时，显然也是以"民族大义""共赴国难"的民族主义话语，助她跨越"相夫教子"传统规范的屏障的。

总之，中国知识妇女在民族解放战争中表现出的责任担当和高度能动性，部分超出了国家主义给她们框定的行动范围；尽管她们没有也无力从根本上改变国家父权制的权力结构，但在一定程度上已触及和部分改变了旧有的性别秩序。在民族危难之时，这些有知识的女战士，书写了自己的抗战史。

(原载《妇女研究论丛》2015 年第 4 期)

---

① 《第二届参政会二次大会讨论妇女问题旁听记》，载《妇女共鸣》1942 年第 11 卷第 1 期，第 22 页。
② 江西省妇指处：《江西省妇女指导处代电》，会字第 1269 号，中国第二档案馆藏，中国国民党中央社会部档，11/882。

抗战宣传画中的女性形象研究

姚霏 马培[①]

摘 要: 抗战期间出现了大量宣传抗日、动员民众的抗战宣传画,其中的女性形象尚未被学界系统关注。文章将宣传画中的女性形象放至抗战的时代背景中,还原了一批基于真实境遇的"受难"的女性形象与动员宣传下"投身抗战"的女性形象,并结合"多模态话语"理论对宣传画中的女性形象特征进行分析得出:在表现受难、动员男性时,强调女性生理性别特质;在鼓励女性投身抗战时,淡化女性生理性别色彩;以女性为受众时,用中景构图和生活场景切入。总体而言,抗战宣传画中的女性形象对于抗战宣传动员起到了积极作用,同时也在潜移默化中提升了战时女性的社会地位。

关键词: 抗战宣传画 女性形象 多模态话语

作为新闻宣传的艺术形式之一,宣传画是以宣传鼓动、制造社会舆论和气氛为目的的绘画。中国宣传画的第一次勃兴在抗日战争时期[②]。这一时期的抗战宣传画丰富多样。从绘画形式来看,包括漫画、版画(木刻)、国画、油画、素描和年画等;从传播方式来看,既有张贴于公共场所、配合明确的标语口号而进行创作的宣传画,也包括绘制在街头的壁画、印刷在画报上的漫画以及印制在传单上的木刻,等等。以往对抗战宣传画的研究多停留在美术史层面。近年来,伴随图像学的兴起,图像逐渐进入史学工作者的视野,成为获取"行为

[①] 作者简介:姚霏,女,上海师范大学历史系副教授。研究方向:妇女史、城市史。马培,女,上海师范大学历史系2014级硕士研究生。

[②] 宣传画之所以在战时得以迅速发展归于如下原因:宣传画具有通俗性与直观性特点,易被民众理解接受,出于战时动员与宣传的需要,中国各抗战阵营与团体均重视宣传画的作用;抗战期间出现了一大批绘画社团与组织,网罗了胡考、李可染、胡一川、马达、唐一禾等优秀画家,为宣传画的创作提供了坚实的基础;由于战时混乱、物资匮乏、人口流动性大等特点,画家们需要利用各种材料与形式作画,推动了宣传画形式与艺术手法的发展;抗战历时长、范围广,抗战宣传画较易产生广泛影响。

事实"的基本素材①。本文综合利用抗战时期出现的各类宣传画,特别是《良友》《救亡漫画》《抗战漫画》《抗战画刊》《云南日报》等报刊上的宣传画作品,结合抗战历史背景和"多模态话语"理论,分析抗战宣传画中的女性形象及其由来和特征。

一、抗战宣传画中的三类女性形象

抗战宣传画作为动员抗战的信息载体,绘画成分以人物特别是男性为主,或宣扬奋起杀敌或丑化卖国行径,多具有线条硬朗、对比强烈、造型夸张、视觉冲击力强的特点。当然,抗战宣传画的内容不局限于军事动员,还通过反映前方作战、后方支援、战争暴行等,达到一定的宣传效果。女性的各种形象也开始出现在抗战宣传画中。纵观抗战时期的宣传画,女性形象大致表现为以下三类。

(一) 作为战争受难者的女性

"难民"是抗战宣传画中颇为典型的一类主题,其中女性受难的形象更为普遍。《良友》作为当时影响力巨大的画报之一,一度介绍了不少抗战时期各地的画展和宣传活动。在木刻画《流亡之群》中,流亡的人群中,几乎全都是女性和儿童的身影②。李可染的画作《炸弹》描述了日军炸弹下惊恐逃难的母亲和幼儿③。而在《誓报此仇》的画面里,凄风苦雨中,一位母亲站在幼儿的尸体前无助地凝视着④。1943年,国画新锐蒋兆和的《流民图》在北平太庙展出。在这幅长卷式的作品中,女性形象占据了画面的主要位置。她们是战乱中流离失所、无依无靠的女性,或满面倦容,或惊恐万分,或痛哭流涕,或羸弱无力;她们是母女、是姐妹、是祖孙,却同是天涯沦落人……作为国画家的蒋兆和没有运用仕女画符号化的五官或圆润的线条,而是将现实淋漓尽致地展

---

① 从美术史角度研究抗战宣传画的论著不少,如李树声、李小山主编的《寒凝大地——1930—1949 国统区木刻版画集》(湖南美术出版社,2000 年)、李树声主编的《怒吼的黄河——抗日战争中的中国美术》(江西美术出版社,2005 年)、黄宗贤编的《抗日战争美术图史》(湖南美术出版社,2005 年)等,它们都侧重于梳理战前、战时的美术发展情况,包括各时期艺术画作特点、相关画家的事迹与作品、战时美术活动以及战时美术作品的意义等,多未能形象产生与抗战历史背景之间的关系进行系统梳理。另一方面,由于历史研究者对绘画分析存在方法论上的欠缺,往往也未能注意宣传画人物形象上存在的较大的解读空间。幸而,西方学界在 20 世纪末开始运用"多模态话语"理论对海报、宣传画进行分析解读,近年来,中国学界特别是语言学、传播学等领域也开始热衷于该理论的本土化。本文正是在上述基础上试图将抗战宣传画与抗战时代背景、"多模态话语"理论相结合的一次尝试。

② 《流亡之群》,载《良友》1939 年第 140 期。

③ 《炸弹》,载《良友》1940 年第 150 期。

④ 《誓报此仇》,载《良友》1941 年第 171 期。

现，女性外形与内心的真实状态尽显无疑，带给人强烈的悲痛感。诚如蒋兆和后来回忆的："展出之前，我已清醒地意识到，这幅包含着一百多个人物的巨构，由于它反映出画外千百万被压抑着的各阶层人们的仇恨和愤怒及它所描绘的无声的呐喊和控诉，必将遭到不幸的后果，它的展出很可能是短命的。……果然不出所料，《流民图》展出还不到一整天，就立即被日寇勒令停展。虽然如此，看到此画的人还是不少。最使我难忘的一桩事是，展览当天的傍晚，《流民图》已经收了起来，有一个中国警察走到我面前，恭敬地向我敬了一个礼，但什么话也没有说。他当时那种沉重的心情给我留下了极其深刻的印象。可见《流民图》只要与广大人民见面，就会激发起爱国的共鸣之感。"①《流民图》这种静默而有力的指控无疑显示了抗战宣传画所具有的力量。

在控诉日军暴行的宣传画中，除了颠沛流离的妇女儿童外，还有被强暴的女性。抗战宣传画中的女性常以"受难的身体"形象出现。在《看！"皇军"的供状！奸！杀！淫！抢！》中，赤裸的女性身体暗示其被强暴的事实，而暴露在外的肠子和胎儿则进一步控诉了日军的残暴②。张仃的《兽行》表现了一个体态硕大的日军正在系皮带，而他脚下踩着一个身形弱小、赤身裸体的女孩，画外音不言自明③。许九麟、李宗津、费彝复、钱家骏创作的《暴行实录》，其中赤身裸体、遭遇日军摧残侮辱的女性形象格外引人注目④。

（二）作为抗战支援者的女性

1938年，"中华全国美术界抗敌协会"组织漫画宣传队和政治部三厅美术科的成员在黄鹤楼绘制了高三丈多、宽十几丈的巨幅宣传壁画《抗战到底》。草图构思者之一的倪贻德对这幅现已不存的壁画这样介绍道："在画面的中央，不消说是我们的最高统帅蒋委员长，英武的戎装，骑在高大的白马上，挥着军刀作指挥前进的姿态。以这为中心，画面划分左右两部，左面表示前线，右面表示后方。……那画的右方，一切的军输品都络绎不绝地向前方运输。宣传大队在向着一群民众作激昂的演说。几个少女，穿了看护的服装，为前方归来的伤病治伤裹扎。献金柜的周围，少妇们和绅士们争着以金银首饰献纳。"⑤显

---

① 蒋兆和：《我和〈流民图〉》，载中国人民政治协商会议全国委员会文史资料研究委员会编：《文化史料（丛刊）》（第二辑），文史资料出版社，1981年，第136-137页。
② 陆志庠：《看！"皇军"的供状！奸！杀！淫！抢！》，载《抗战漫画》1938年第7期。
③ 张仃：《兽行》，载中国革命博物馆编：《抗日战争时期宣传画》，文物出版社，1990年。
④ 《暴行实录》，载《良友》1940年第150期。
⑤ 倪贻德：《黄鹤楼的大壁画》，载《星岛日报》（香港）1938年10月29日。

然，在这幅极具代表性的宣传壁画中，女性的形象是后方支援抗战的代表之一。

为战士做寒衣是当时女性支援抗战的主要活动。在《救亡漫画》上，汪子美创作了《尽我们的力量，慰劳援助前方将士!》。画面中间的士兵被各种慰劳援助的手包围，他们或递上烟，或送上食品，其中带着手镯的女性之手递上了一件棉背心[1]。1939年的木刻版画《赶制寒衣，慰劳战士》中，大雨滂沱的深夜两点，年轻的女性在剪裁、年老的女性在缝纫，后方的台钟显示两人应是生活在城市的中产人家[2]。《良友》介绍的"青年美术学会第一届书画展"，也刊登了几幅反映这一主题的画作，如《妇女手中线，战时身上衣》《百万件寒衣运动》等[3]。

女性支持抗战的另一种方式是战地服务，其中又以战地救护最为要紧。《云南日报》1937年12月12日刊登了《欢送妇女战地服务团》的漫画。当时的宣传画报中最常出现的战场女性形象便是护士。而钱东生笔下的"抗日战线上的女同胞"包括站岗的女兵、照料伤员的女护士和进行抗日宣传的剧团女演员[4]。徐悲鸿的名作《放下你的鞭子》就是对抗日演剧队员王莹演出话剧《放下你的鞭子》场景的描绘。

无论在前线还是后方，劳军和投身生产都是女性支援抗战的重要形式。这一时期的根据地，出现了"女给八路军洗衣裳，男给八路军送猪羊"的宣传画，还出现了女性肩挑手挎去劳军的年画[5]。在宣传画中的根据地，女性常常用生产的方式支持抗战，如《努力织布，坚持抗战》[6]《妇纺小组》[7]。而在"反攻声中的前线印象"系列木刻版画中，身背婴儿的女性也参与到全家出动为前线战士磨谷为米的生产中[8]。

---

[1] 汪子美:《尽我们的力量，慰劳援助前方将士!》，载《救亡漫画》1937年第3期。
[2] 宋秉恒:《赶制寒衣，慰劳战士》，载李树声主编:《怒吼的黄河——抗日战争中的中国美术》，江西美术出版社，2005年。
[3] 《妇女手中线，战时身上衣，百万件寒衣运动》，载《良友》1940年第150期。
[4] 钱东生:《抗日战线上的女同胞》，载《抗战漫画》1938年第6期。
[5] 彦涵:《保卫家乡（门神）》，载中国革命博物馆编:《抗日战争时期宣传画》，文物出版社，1990年。
[6] 杨筠:《努力织布，坚持抗战》，载中国革命博物馆编:《抗日战争时期宣传画》，文物出版社，1990年。
[7] 计桂森:《妇纺小组》，载中国革命博物馆编:《抗日战争时期宣传画》，文物出版社，1990年。
[8] 《反攻声中的前线印象》，载《良友》1941年第162期。

（三）作为战斗一员的女性

早在 1937 年 7 月 19 日的《云南日报》上就出现了举枪杀敌的女性形象①。1938 年的武汉，各种抗战宣传壁画充斥街头，画中也有不少握枪女性的形象。她们往往浓眉大目、齐耳短发，和男子一同呐喊、拼搏，表现出"不让须眉"的气势②。作为颇具影响力的抗战宣传刊物，《抗战画刊》中经常出现女战士的形象。1938 年第 8 期上刊登了冯玉祥的一首诗《女军人》，讲述其深夜自吴县到嘉兴，途经的桥梁多有女兵看守，"戎装颇威武，大刀持手中，气概不平常"。赵望云为此配画。画中女兵虽没有戎装加身，却荷枪握刀，英气逼人。1939 年第 23 期的封面上是两名背着孩子、扛着枪的苗族女性。1939 年第 29 期，寄舟巧妙地运用木刻画明暗对比的效果，勾勒了一位站姿挺拔、抬头仰望的女哨兵形象。旁边还刻意配上了宋美龄在保育院院长会议上的讲词，号召中国妇女不能落西方妇女之后，应"各尽其能，加倍的努力，对国家做大的贡献"。1940 年，在荒烟的《神圣的任务》中，除了作为护士出现的两名女性位于画面下方，画面的主体是一个身背步枪、一身戎装的战士，只是那上翘、丰满的嘴唇暴露了其女性的身份③。而唐一禾的油画《女游击队员》为我们勾勒出一个英姿飒爽的女游击队战士形象，似乎在鼓舞更多女性加入她们的行列。

二、抗战宣传画中女性形象的动员功能

宣传画一般以图文组合的形式张贴于公共场所，通过直接面向受众而发挥社会动员作用。因此，宣传画的创作往往要基于两种考虑——与受众的体验产生共鸣，与动员的目标保持一致。

毫无疑问，无论是战时流亡的女性形象还是被日军强暴的女性形象都不是画家凭空想象出来的，宣传画表现的女性受难形象有着明确的现实来源。根据国民政府档案中有关战时人口伤亡和财产损失的调查来看，截至 1943 年 12 月底，日军进攻、轰炸而导致的全国人口伤亡达 106586 人，女性与儿童有 33487 人，女性死亡率达 55%，这还不包括性别不明的 22407 个伤亡者中的女性④。

---

① 王行：《前线》，载《云南日报》1937 年 7 月 19 日。
② 《战争和宣传》，载《良友》1939 年第 139 期。
③ 荒烟：《神圣的任务》，载李树声主编：《怒吼的黄河——抗日战争中的中国美术》，江西美术出版社，2005 年。
④ 参见中央党史研究室第一研究部、中国第二历史档案馆编：《国民政府档案中有关抗日战争时期人口伤亡和财产损失资料选编》，中共党史出版社，2014 年，第 370 页。由于国民政府在 1939 年 7 月才通令各地进行调查，所以截至 1943 年 12 月，前后共是 4 年 8 次调查数字的累积。此处的百分比是根据该调查数据算出的。

整个抗战过程中伤亡、流离失所的女性人数我们无从精确统计，但从国民政府所统计的部分数据来看，女性在日军攻击环境下的处境相当恶劣。这就可以理解，何以在众多反映民众受难的宣传画中，"孤儿寡母"形象占据了很大比例。无论是《壮烈的牺牲》中老母亲怀抱幼儿[1]还是《敌机去后》中怀抱婴儿、面对亲人尸体痛不欲生的老妇[2]，无论是蔡迪支的《祈求》还是万湜思的《炸后》[3]，等等，都表现了这一主题。其中，最为典型的是李可染1938年创作的宣传画《无辜者的血》。画面中一个女性倒在血泊之中，断了的右手旁，一个小孩跪坐流泪，显得那么彷徨无助[4]。"孤儿寡母"是中国文化意象中悲苦的代名词。通过这种战争状态下"母死子悲"与"子亡母哀"的意境，能够最大限度地激发整个中华民族的反抗斗志。这类创作正是建立在真实惨境的基础上的。此外，由于中国战场持续时间最长，地域辽阔，日军对中国女性的性暴力比比皆是，上至50岁老妇下到16岁少女都难以幸免。战时日军还用暴力强迫中国、朝鲜等地妇女充当军队慰安妇，这种将妇女充当性奴隶的制度持续了14年，前后有20万以上的中国妇女沦为日军性奴隶[5]。鄢中铁的《谁无姐妹，谁无妻子》展现了日本兵肆意侮辱中国妇女，或将之捆绑，或将之吊挂，或多人围追，或实施强暴的恶行[6]。这些女性受难的经历每天都在华夏大地上演，显然，宣传画用画作形式真实地反映了战时女性所处的环境与受难形象。

与女性受难者形象相比，女性作为支援者与战斗一员的形象更凸显了宣传画的动员目的。全面抗战爆发后，"新生活运动"妇女指导委员会一改之前对女性衣、食、住、卫生、教育、社交等方面的计划与要求，通过战时宣传、成立妇女动员组织、制定全国性的妇女动员工作纲领等号召广大妇女从事战时救护、征募、慰劳、救济、儿童保育、战地服务、生产事业等活动，甚至鼓励广大妇女参战[7]。战时妇女"新生活运动"的具体要求更体现了战时新女性的使命："第一，帮助政府征调壮丁和推销救国公债：抗战大时代的中国妇女，不

---

[1] 《壮烈的牺牲》，载《云南日报》1937年7月20日。
[2] 《敌机去后》，载《抗战画刊》1938年第8期。
[3] 李树声、李小山主编：《寒凝大地——1930—1949国统区木刻版画集》，湖南美术出版社，2000年，第147页、113页。
[4] 李可染：《无辜者的血》，载《抗战画刊》1939年第25期。
[5] 苏智良：《日军性奴隶——中国"慰安妇"真相》，人民出版社，2000年，第75—77页。
[6] 鄢中铁：《谁无姐妹，谁无妻子》，载李树声、李小山主编：《寒凝大地——1930—1949国统区木刻版画集》，湖南美术出版社，2000年，第103页。
[7] 《动员妇女参加抗战建国工作大纲》，载《新运导报》1938年第17期。

仅不应妨害，而且应该规劝鼓励自己的儿子、丈夫、兄弟去服兵役。有钱的应本着'有钱出钱'的原则尽量购买、推销救国公债，救济被难同胞。并且要接替男子，把后方生产、锄奸、教养子女、料理家务的责任担负起来，使男子能安心在前线抗敌。第二，参加战地服务工作。……更为广泛地成立全国各地的妇女战地服务团，同时更加健全、扩充原有的妇女战地服务团。……领导战区妇女给前方作战将士以一切必需的帮助（如送信、洗衣、烧饭、抬担架，看护；准备驻军地方，打扫房子，探报敌人行动，帮助破坏敌人交通；必要时协助正规军骚扰敌人，掩护我军行动；实行坚壁清野等）。第三，更普遍地参加生产。第四，受军事训练和参加军事工作。第五，救护和慰劳工作。第六，儿童保育的工作。此外，帮助政府肃清汉奸、敌探和侦察等工作，也是战时妇女工作之一部分。"① 显然，战时对女性行为的明确要求为宣传画女性形象的确立提供了风向标。

20世纪30年代中期创作了连载漫画《蜜蜂小姐》的女画家梁白波，一直以塑造和表现中产阶级女性形象为己任。抗战爆发后，她一改以往的艺术关注，在抗日漫画宣传队主办的《抗战漫画》上发表了不少动员女性参与抗战的宣传画。她在1938年第2期上发表了漫画《新的长城》②，指明女性应是中华抗日儿女的一分子。同时，在梁白波看来，女性还应"均匀"地担负起抗日救亡的责任。在同期的漫画《责任均匀的解释》中，在国民政府的大旗下，女性或作为护士，或作为战士，或作为献金者，或作为制作寒衣者，或用纸笔为抗战宣传呐喊，所有的女性都负担起了自己的责任③。在其后的《抗战漫画》上，梁白波又创作了鼓励中产阶级女性为抗战献金、担任战地救护、为战地服务的《妇女总动员》④《有千万个人在等待你披上这条光荣的头巾》⑤《到军队的厨房里去!》⑥，鼓励工农妇女支持丈夫参军、协助战场工作的《军民合作抵御暴敌》⑦《组织广大的农村妇女参加第二期抗战工作》⑧《锄头给我你拿枪去机器

---

① 邓颖超、孟庆树：《我们对于战时妇女工作的意见》，载中华全国妇女联合会妇女运动历史研究室编：《中国妇女运动历史资料（1937—1945）》，中国妇女出版社，1991年，第45-47页。
② 白波：《新的长城》，载《抗战漫画》1938年第2期。
③ 白波：《责任均匀的解释》，载《抗战漫画》1938年第2期。
④ 白波：《妇女总动员》，载《抗战漫画》1938年第9期。
⑤ 白波：《有千万个人在等待你披上这条光荣的头巾》，载《抗战漫画》1938年第6期。
⑥ 白波：《到军队的厨房里去!》，载《抗战漫画》1938年第11期。
⑦ 白波：《军民合作抵御暴敌》，载《抗战漫画》1938年第6期。
⑧ 白波：《组织广大的农村妇女参加第二期抗战工作》，《抗战漫画》1938年第9期。

给我你拿枪去》①。梁白波发表在《抗战漫画》的最后一幅女性题材漫画,更是提出了"跑出厨房,走出闺房,去负杀敌的重任"②的倡议。在梁白波的笔下,战时的女性并非只是受难的沉重基调,她们完全可以用圆润的线条、简洁的造型、清新的风格表现。她们在外在动员和主体自觉下,完成了从战争的受难者、抗战的同情和支援者到亲身抗战者的蜕变。事实上,这一时期反映女性经历战争、将柔弱蜕变为坚强的宣传画比比皆是。例如鲁少飞的《妇女共同起来歼恶仇》,右边漫画中,女主人公抱着婴儿,惊恐地看着头顶的飞机轰炸,背景里尽是女性被日军施暴的场面;左边漫画中,女主人公已是一身戎装,背景中的女性们或参与募捐,或护理伤员,或送男子上战场③。

在根据地,女性也有了全新的形象。中共中央早在1937年9月制定了"以动员妇女力量参加抗战,争取抗战胜利"④的妇女工作任务。1939年中共中央妇委发表了关于妇女运动方针和任务的指示信,提出在抗战建国基本原则下,团结各党派、各阶级的妇女群众开展如慰劳、救护、自卫、宣传、教育、保育儿童、办合作社、开手工厂、帮助军队服务等实际工作,并且要求建立各种各样适合当地当时妇女需要的新的妇女团体,在教育问题上提高她们的文化水准、政治觉悟和培养她们工作的能力,……尽可能地设立识字班、夜校、小组、救亡室、话剧团等,以便经常进行广泛的识字启蒙运动。可以看出,无论是发动妇女参加战地服务还是推动妇女投入农业生产,无论是通过话剧、报刊进行政策宣传还是推行识字教育,中国共产党从能够支援抗战的各方面对根据地妇女进行了鼓动,支持她们走出家门加入抗日救国的队伍中⑤。而这些对根据地女性的要求无不在抗战宣传画中得以体现。古元的《拥护咱们老百姓自己的军队》描绘了慰劳军队、运送伤员、欢送参军、优待抗属、纺织生产等内容,妇女活跃在拥军的各个场景中,标志着女性开始介入边区建设的公共领域⑥。在《抗建通俗画刊》上,"歌谣漫画"以图文互动的形式向民众宣传抗

---

① 白波:《锄头给我你拿枪去机器给我你拿枪去》,载《抗战漫画》1938年第10期。
② 白波:《跑出厨房,走出闺房,去负杀敌的重任》,载《抗战漫画》1938年第12期。
③ 鲁少飞:《妇女共同起来歼恶仇》,载《抗战漫画》1938年第7期。
④ 中华全国妇女联合会妇女运动历史研究室编:《中国妇女运动历史资料(1937—1945)》,中国妇女出版社,1991年。
⑤ 《关于目前妇女运动的方针和任务的指示信》,载中共中央党史研究室第一研究部译:《共产国际、联共(布)与中国革命文献资料选辑(1938—1943)》,中共党史出版社,2012年,第113-119页。
⑥ 周爱民:《延安木刻艺术研究》,河北教育出版社,2009年,第150页。

日和根据地建设,其中一组漫画分别表现了"张大姐""做军衣""送夫参军"三个主题。无论是"扛枪上战场勇杀敌,胜利返故乡"的张大姐,还是三三两两聚在一起做军衣的妇女,抑或是送夫参军的妻子,一律以短发示人,呈现出根据地新女性朴素而又不失干练的形象①。而八路军、新四军女兵可能是这一时期最具典范意义的女性形象了。《新四军女兵》的场景是一个谷堆旁,老大娘正在掰玉米,与她面对面的是一身军装、形象干练、笑容可掬的新四军女兵。在她们周围有做针线的女娃、抽旱烟的大爷、聚精会神看书的男孩,还有路过的当地妇女。新四军女兵似乎在说着什么,大家笑脸盈盈、连连称赞,显出一派和乐融融的景象②。女兵位于画面的中央,通过周围人物看向女兵的视线,将观者的目光进一步聚焦到女兵身上,强化了女兵的主角地位。显然,女兵形象深入战时根据地的建设与生活,已然成为最理想的女性形象。

三、抗战宣传画中女性形象的性别表达

丰子恺曾说:"(从宣传效果看)百篇文章不及一幅漫画。"③ 的确,宣传漫画不仅以简单生动的造型,直观影响战时的男女受众,从而达到抗战动员、鼓舞士气的目的。同时,画作本身也向我们展现了人物形象创作背后的潜在意识。其中,在塑造女性形象的宣传画中,利用性别特质和传统性别观念进行宣传的方法尤为明显。

融汇了语言、图形、色彩等多种符号,以一定组织方式构成的交流渠道和媒体表达方式,被称为"多模态话语"④。宣传画就是典型的"多模态话语"。1996年,语言学家 G. 克瑞斯和凡·勒文(G. Kress and Van Leeuwen)在《图像阅读》(*Reading Images*)一书中提出了系统全面地对图像这类"多模态话

---

① 汪岳云:《歌谣漫画》,载〔日〕森哲郎编:《中国抗日漫画史——中国漫画家十五年的抗日斗争历程》,于钦德、鲍文雄译,山东画报出版社,1999年,第194-195页。

② 唐和:《新四军女兵》,载李树声主编:《怒吼的黄河——抗日战争中的中国美术》,江西美术出版社,2005年,第146页。

③ 丰子恺:《漫画是笔杆抗战的先锋》,载《抗战漫画》1938年第8期。

④ 模态指交流的渠道和媒介,包括语言、技术、图像、颜色、音乐等符号系统。多模态指的是除了文本之外,还带有图像、图表等的复合话语,或者说任何由一种以上的符号编码实现意义的文本。参见李战子:《多模态话语的社会符号学分析》,载《外语研究》2003年第5期。多模态话语指运用听觉、视觉、触觉等多种感觉,通过语言、图像、声音、动作等多种手段和符号资源进行交际的现象。G. Kress & Van Leeuwen 在 Halliday 的系统功能语法的基础上,把语言的三大元功能——"概念功能""人际功能"与"语篇功能"延伸到对视觉的研究,创建了以再现功能、互动功能和构成功能为核心的视觉语法,来分析图像如何建构意义,成为多模态话语分析的重要理论和分析方法。参见胡壮麟:《社会符号学研究中的多模态化》,《语言教学与研究》2007年第1期。

语"进行分析的框架。在这个框架下,图像包含三个成分:呈现的参加者、互动的参与者和构图特征。其中,"呈现的参加者"指的是图像中出现的所有成分或实体;"互动的参与者"指的是阅读过程中的参与者,即阅读者和图像设计者或绘画者;"构图特征"指的是能产生结构连贯的成分排列方式。它们分别对应了视觉图像的三大意义,即再现意义、互动意义和构成意义①。

(一)表现受难、动员男性时,强调女性生理性别特质

"多模态话语"理论认为,图像可以造成观看者和图像中的世界之间特定的关系,它们以此和观看者互动,并提示观看者对所再现的景物应持的态度。这就是图像的互动意义。战时宣传画创作的一个潜在共识,即利用女性柔弱、无辜的形象,对民众特别是男性产生强烈的刺激。如1938年第22期的《抗战画刊》,汪子美创作了一幅鼓励男子参军打仗的宣传画。画中一个面目狰狞的日本士兵手举刺枪左右张望,画面右侧一位妙龄女子拖儿带女,地上的包裹提示其难民身份。女子眉头紧锁,面露难色,对于日兵的靠近感到惧怕。而画作配文"守卫国疆土,儿女妻子福;保护家乡粮,太平日月长",显然是试图通过对日兵迫害妻儿场景的勾勒,激发起男子参军的热情。又如《抗战画刊》1939年第26期的抗战宣传画之二中,以四格漫画的方式动员男性参战。第一幅漫画中,房间里一片凌乱,床上躺着一个婴儿的尸体,地上是一个赤裸的女性尸体,门口还有一名正欲进入房间却被杀害的老妇人。日本士兵虽然背面示人,却看得出其得意扬扬的气势。配字:"血的耻的仇恨我们要牢记,这没人性的野兽要我们去消灭"。第二幅漫画中,日本兵在一片狼藉的村庄中烧杀抢掠,一对年迈的老夫妻,抱着一个婴儿在前面逃,日本士兵在后面追赶。配字:"老弱妇孺有什么罪任鬼子们屠杀,青年力壮的同胞应该怎样?"第三幅和第四幅漫画分别配文:"后方、前方、民众士兵,紧紧的联合起来,胜利在等候我们去争取!""我们有的是广大的土地、众多的人民,只要一条心还怕什么?"这是一个非常典型的利用女性形象进行参战动员的案例。

在传统性别观中,女性是隶属于男性的,女性的身体自然也是不能轻易为外人窥伺的。于是,在抗战时期的宣传画中,利用受难的女性身体往往可以达到理想的动员效果。1938年在武汉街头就出现了著名油画家唐一禾的宣传画《索取血债》。画面下方,一个日本武士模样的军人怀抱一个赤身裸体的中国女

---

① G. Kress and T. Van Leeuwen, *Reading Images: The Grammar of Visual Design*, London: Routledge, 2006, pp. 40–41.

子，女子已惨死无疑。画面上方，一个体态健硕的中国男子正举斧相拼[1]。李桦的《辱与仇》真实地再现了日军毁村庄、杀同胞、奸淫妇女并将尸暴于荒野的罪恶行径。三具扭曲的尸体中，位于画面核心位置的女性尸体背手被束，全身上下只剩几块破布在仰天长望，像是在呐喊着什么[2]。"多模态话语"理论认为，影响图像构成意义的一个指标是凸显度。凸显度指构图中的一些元素被有意地突出以吸引观者的注意[3]。显然，这类作品中，女性身体的凸显度非常强，成为激发男性斗志的潜台词。

（二）鼓励女性投身抗战时，淡化女性生理性别色彩

在"投身抗战"的时代主题下，无论是大后方还是根据地，抗战宣传画中的女性形象一定程度上存在淡化性别特质的倾向。1937年8月7日，王行为《云南日报》创作了一幅名为《动荡年头的新女性》的宣传漫画。画面中，一位中产阶级女性一身戎装、佩刀配枪，在漫天飞机的映衬下爽朗地笑着。抗战时期，在鼓励女性服务战场、参与战斗的口号下，表现女战士形象的宣传画渐渐出现。这些画面中的女性往往以短发、戎装、手握刀枪、神情坚毅严肃的形象示人，令人无法与其他宣传画中的男性战士形象相区别。历来以时代女性为封面女郎的《良友》画报，1939年的2月号就以一位女兵为封面形象。这张宣传画里的女战士眼视前方并且表情严肃、凝重，双手紧握一把刀枪做刺杀状，宽大的军装下完全看不出女性娇美的身姿。很明显，女战士形象脱去了"摩登"女性的妩媚，甚至抹去了女性的身体特征，代之以宣传画中战士惯有的英姿飒爽。

以"多模态话语"理论来分析，短发、戎装、刀枪等都是呈现的参与者。以这些图像成分代替女性柔美化特质的描刻，突出了女性作为战时军人群体一员的身份，是战时社会对女性的动员与期冀。战时出现了许多像成本华、赵一曼、林心平等投身抗战、不惜牺牲生命的女战士，她们奔赴战场、英勇杀敌，用实际行动承担了时代给予的重任，成为战时树立的新女性典范，直接促使战时女性社会影响力的提高。战时的特殊时代背景需要女性抹去性别差异、与男性共同参战抗敌。对于女性来说，积极投身抗战也是表达男女平等、追求民族

---

[1] 唐一禾：《索取血债》，载李树声主编：《怒吼的黄河——抗日战争中的中国美术》，江西美术出版社，2005年，第18页。

[2] 李桦：《辱与仇》，载李树声、李小山主编：《寒凝大地——1930—1949 国统区木刻版画集》，湖南美术出版社，2000年，第135页。

[3] G. Kress and T. Van Leeuwen, *Reading Images: The Grammar of Visual Design*, London: Routledge, 2006, p. 41.

国家身份认同的体现。如此看来,淡化女性特质的宣传不仅是抗战时期对女性进行动员的手段,在某种程度上也是女性主动争得男女平等的途径。

(三) 以女性为受众时,用中景构图和生活场景切入

图像的互动意义同样可以通过社会距离来表达。图像所表达的三类社会距离往往通过镜头表现。特写镜头只记录人物的头部和肩部,表示画面人物与观看者之间的亲近距离;中景画面呈现人物膝盖以上的身体部位,象征其与观众之间的社会距离;而远景镜头呈现人物全身,提示着其与观众之间更疏远的公共距离[1]。在一些号召女性"投身抗战"的宣传画中,女战士、女护士的形象往往以中景镜头出现。这种方式还经常出现在号召女性劝说男性参军的主题中。如漫画《好汉要当兵》中出现了妻子、母亲、幼儿的形象,同时确立了抗战时期为人妻母的新标准,即劝导、支持丈夫或儿子上战场。特别是第四幅的配词"良母教,我当兵,是大孝,是英雄,立志救国须尽忠",仿佛在身体力行地向下一代灌输"精忠报国"的思想[2]。由于这一类宣传画的受众被设定为女性,中景形象给女性们树立了一个明确的榜样。

从生活场景出发引起女性的共鸣也是宣传画创作常用的手段。1940年11月15日第15期的《抗战漫画》上,陆志庠创作了一系列以女性为受众的画作。这一系列漫画通过对比等方式,引导女性思考战时自己的角色和价值。例如:"一个伤兵比较起你的良人,不更需要照应吗?""关心面前的丈夫呢,还是前面的抗战将士?""加一件棉衣在将士的身上,比穿在自己身上还要温暖,你不妨试一试。""国家交托这样一件工作(救护伤病)给你,你乐于接受吗?"

总之,无论是强化女性形象、淡化性别特质还是以女性为受众,都是抗战宣传动员特定需求的表达,反映了战时对包括女性在内的民众积极抗战的期待和鼓动,对抗战时期的社会动员具有积极意义。当然,我们也要看到宣传画中的女性形象仍然受到"男性主导,女性跟随""男性主要,女性次要"等传统性别观念的影响,使得一些宣传画中,女性形象的信息值[3]较低。如宋步云

---

[1] G. Kress and T. Van Leeuwen, *Reading Images: The Grammar of Visual Design*, London: Routledge, 2006, pp. 130-134.

[2] 《好汉要当兵》,载《抗战画刊》1939年第28期。

[3] "多模态话语"理论认为,图像构成意义的实现有赖于信息值。图像成分因其在构图中位置不同而拥有不同的信息值,中央的信息往往最重要;上方代表"理想的",往往也是信息最凸显的部分。参见 G. Kress and T. Van Leeuwen, *Reading Images: The Grammar of Visual Design*, London: Routledge, 2006, p. 41.

1940年创作的版画《大家武装起来参加神圣抗战》中，一男一女两位战士，男性赤着上身，暴露在外的肌肉显得粗糙有力，一手拿着带刺刀的步枪，一手握着拳头，引领前进；右边的女性亦手拿步枪，做跟随状，表现力远不如男性[①]。

抗战时期的宣传画以其通俗直观的绘画手法塑造了许多女性形象。她们或悲惨，或振奋，或惹人怜爱，或令人敬仰，这是战时女性真实境遇的写照，也是对战时理想女性形象的期待。宣传画中的不同女性形象针对不同的受众群体，体现了宣传画创作对"性别"概念有意识地利用。但无论是对性别特质的强调还是淡化，在战时政治需求的引导下，无疑都产生了广泛的宣传作用，不仅动员民众积极抗战，也鼓舞了中国人民争取抗战胜利的信心。同时，我们也应该看到，宣传画中的女性形象对促进女性追求平权同样具有不可忽视的意义。诸如女军人的形象，将关乎民族存亡的使命直接交给女性，这既是战时对女性应负责任的要求，也赋予了女性和男性同样的国民权利。宣传画塑造的一系列支援抗战的女性形象，对提升战时女性社会地位具有潜移默化的影响。

（原载《妇女研究论丛》2015年第4期）

[①] 宋步云：《大家武装起来参加神圣抗战》，载李树声主编：《怒吼的黄河——抗日战争中的中国美术》，江西美术出版社，2005年，第55页。

抗战动员与性别实践
——以战时国统区妇女医疗救护为中心

赵 婧[①]

摘 要：20世纪30年代中期，在动员全民族参与抗日战争的声浪中，占人口半数的妇女有责任积极投入抗战工作。医疗救护被认为是战争中最适合女性从事的事业之一，为解决战时救护人力不足的问题，国民政府和妇女团体纷纷动员与组织女学生、女职员以及家庭主妇等参加救护训练班，女护士、女医生等专业医疗人员更是国民政府征调至前线或伤兵医院的对象。文章试图分析动员女性从事医疗救护的话语建构，梳理妇女医疗救护的基本构想与实践，进而从个案探究性别与抗战的复杂关系。

关键词：抗战 性别 救护

20世纪90年代以来，尽管有关抗日战争的众多文章、书籍以及系列丛书相继出版，但关于抗日战争中中国妇女的研究却依然处于边缘地带。近几年，研究性别与战争问题的学者开始关注普通女性的抗战经历，力图重构妇女在战争中的实际处境，反思女性与战争之间的关系。特别是有关经历抗战的女性的口述史呈现出女性在战争中多种多样的形象，她们的个体经历和差异性有助于了解社会性别议题在抗战时期的表现以及抗战时期各种政治思想运动的复杂性[②]。

20世纪30年代初开始，随着战争危机日益临近，动员全体中国人加入这场民族解放战争的声浪愈发宏大。女性与战争的关系、女性在战争中的形象成为舆论的重要议题。"九·一八"事变后，一些媒体号召女性通过组织救护队、

[①] 作者简介：赵婧，女，上海社会科学院历史研究所助理研究员。研究方向：中国近现代医疗社会文化史、性别史。

[②] 相关研究可参见李小江主编：《让女人自己说话：亲历战争》，生活·读书·新知三联书店，2003年；游鉴明：《改写人生之外：从三位女性口述战争经验说起》，载游鉴明、胡缨、季家珍主编：《重读中国女性生命故事》，江苏人民出版社，2012年；陈雁：《性别与战争：上海1932—1945》，社会科学文献出版社，2014年；李丹柯：《女性、战争与回忆：35位重庆妇女的抗战讲述》，重庆出版社，2015年。

抗战募捐、抵制日货等形式支援抗战,在挽救国难中最大限度地发挥自身的潜力和能动性。同时,媒体也促进了众多女性救国团体紧密合作,在凝聚、增强抗战力量的同时,为女性立足公共领域、与男性平等参与社会事务创造了条件。抗战动员被赋予了性别意义[1]。

国民政府和国民党对女性参战的动员以及战时理想女性形象的建构发挥了重要作用。从1934年的"新生活运动"开始,国民政府试图挪用女性符号并使其导向以政府为主导的国家利益,即以党国的利益为优先考量,运用国家的立法、行政、教育等资源,重新定位妇女运动的方向,引导民众与妇女运动朝向发展安定社会与维系家庭伦理的目标前进。通过妇女的"新生活运动",国民政府将原本属于家庭领域的贤良美德扩及于公领域的社会服务中,鼓励妇女善尽其所能、发挥其所长地从事社会福利与慈善事业[2]。换言之,"新生活运动"具有双重角色定位:既维护女性的传统角色,注重女性的家庭责任,又鼓励妇女提高自身的智识,动员妇女参与社会事业,担当"国民"之责。1935年以后,相关妇女新运团体开始培训妇女学习军事看护、育婴等技能。尽管"新生活运动"对女性衣着与言行的禁令引发民众不满,也引起一些女权主义者、改革派知识分子的批判,但另一方面,通过对妇女进行组织和训练,在民族危机加剧的情形下,妇女开始参与民族救亡事业,而部分妇女通过这些方式逐渐实现了自主和独立[3]。

在此脉络下,至1936年左右,面对中日大战一触即发的态势,各方舆论进一步论述了女性在非常时期应做的准备。妇女大多不与敌短兵相接,救护被认为是战争中最适合女性从事的工作之一。在国民政府和妇女团体的动员与组织下,大量妇女接受了战时救护训练,其中一些还直接参与了各地的救护工作。学界以往对于中国妇女参与抗战的研究大多集中在生产救亡、劳军保育以及女英雄等方面,而对于医疗救护则甚少论及。周春燕曾专文讨论了抗战时期妇女的战地救护,主要聚焦于具体救护实践以及对护理职业专业化、性别化的

---

[1] 侯杰:《媒体·性别·抗战动员——以20世纪30年代〈世界日报〉副刊〈妇女界〉为中心》,载《南开学报》(哲学社会科学版)2010年第2期。
[2] 许慧琦:《过新生活、做新女性——南京国民政府对时代女性形象的塑造》,载邓小南、王政、游鉴明主编:《中国妇女史读本》,北京大学出版社,2011年。
[3] 周蕾:《国民政府对女性的塑造和训练——以抗战前新生活运动为中心的考察(1934—1937)》,载《妇女研究论丛》2009年第3期。

影响，从整体上梳理了妇女参与抗战救护的历史成就[①]。但可能限于研究主旨，该文对于动员话语的建构以及女性个体经验并未深入探究。在阅读相关史料时，笔者发现这一动员话语与性别实践之间颇有隔阂。战时动员话语所建构的妇女解放、两性平等等议题在个体经验中可能变成另一种叙事。游鉴明对经历战争的普通女性的口述研究提醒我们，对于女性在战争中获得主体位置这个结论有必要持保留态度[②]。

本文聚焦于20世纪30年代中期抗战前夕至1945年抗战胜利这段时间，试图分析动员女性从事战争救护的话语建构，梳理妇女医疗救护的基本构想与实践，进而从个案探究妇女与国家、性别与抗战的复杂关系。本文立足于上述研究基础，试图探究以下具体问题：动员妇女参加战争的话语逻辑是什么？国民政府动员和组织女性参加抗战医疗救护的形式有哪些？国民政府及相关舆论建构的战时理想女性形象是什么？女性在具体医疗救护中的性别实践如何？抗战动员与性别实践之间呈现怎样的关系？

在抗战这个以"救国至上"为目标导向的时代里，持不同政见或意识形态的各方阵营暂时搁置在妇女议题上的分歧，几乎无不鼓励女性以各种方式加入这场战争[③]。国民政府和国民党作为具有执行力的国家领导者扮演着重要的抗战动员者与组织者角色，因此是本文主要讨论的对象。而与国家动员相关的舆论以及提供协助的妇女团体也有必要纳入本文的讨论范畴。此外，本文所涉及的妇女主要是指中国的普通女性，兼及女性医疗从业者如女护士、女医生等。尽管相关资料较为零散，本文尽可能多地展现国统区的各阶层女性被动员参加战时医疗救护的经历。她们或身处前线或人在后方，其身份甚至姓名或已无从考证，但恰是这种"无名"代表了普通女性的抗战经验。还需要指出的是，医疗救护除医疗行为外，还涉及相关经费与物资的筹措，但本文主要讨论实际的医疗救护行为，包括止血、包扎、运输伤兵等。

一

自1931年起，日军在东北、华北、上海等地陆续挑起战争冲突。至30年

[①] 周春燕：《妇女与抗战时期的战地救护》，载《近代中国妇女史研究（台湾）》2014年第24期。

[②] 游鉴明：《改写人生之外：从三位女性口述战争经验说起》，载游鉴明、胡缨、季家珍主编：《重读中国女性生命故事》，江苏人民出版社，2012年。

[③] 随着1927年大革命失败，国共分裂，共产党及左翼力量宣扬的独立、自主、革命的女性形象开始在国民党、国民政府的言论和政策中迅速消失。有关国民党和国民政府在妇女政策上的演变，可参见本文所引许慧琦、陈雁的研究。

代中期，中日大战渐呈一触即发之势。面对此种情形，舆论不断提醒民众做好抗日救国的准备，妇女作为民族一分子自不可坐视危机。各种女性杂志纷纷刊登特辑，如《妇女共鸣》1936年第3期"妇女运动与民族复兴"特辑、《妇女月报》1936年第7期"非常时期妇女应有之准备"特辑等，号召女性以各种方式自觉加入这场战争。面对前线作战将士伤亡数量不断升高、伤兵因无人救护或救护不当导致死亡的情形，要想尽快降低伤兵死亡率，无法依靠现有医疗救护资源，因此，时人进一步呼吁开展战时妇女救护训练，以大规模储备救护人员。

从较为全面地反映国民党妇女政策的杂志《妇女共鸣》来看，国民政府和国民党将动员妇女参加抗战视为妇女运动与民族复兴的重要内容①。在"妇女运动与民族复兴"特辑中，论者首先指出妇女在民族复兴运动中的地位："妇女运动，不是单为本身谋解放，更是一个复兴整个民族的运动。谋妇女的解放，固然是很重要的工作，但在这民族生死存亡的重要时期，复兴民族工作，也是急待我们努力负起责任来。"② 因此，在整个民族中占了半数的二万万女同胞要负起复兴民族的间接责任（如教养儿童、规劝丈夫）和直接责任（政治的、社会的、经济的）。而且，在战争时期，"男子所担负的责任，我们都能担负起来，但男子所不能担负的，我们更要负起责任来"③。妇女运动的领导者要唤醒妇女的民族意识，组织妇女团体，训练妇女掌握担负民族复兴工作的各项技能，包括生产技能的训练和战时技术的训练，救护就是战时技术训练中的一项④。

虽然妇女参加民族战争不单是为了解放妇女而参加，但抗战的确提供了妇女走出家庭、实现男女平等的新契机："有人说妇女是应该住在家庭内的，这当然不值得一驳。我们的总理孙中山先生在三民主义内不是明白地告诉我们男女应该平等的吗？我们的法律上也不是明明承认男女在法律上、政治上、经济上的平等权吗？所以基于男女平等的原理来说，妇女也是应当去参加民族的战争。"⑤ 那么，妇女怎样参加民族的战争呢？具体而言有十种方式，即妇女教

---

① 《妇女共鸣》创刊于1929年，停刊于1944年，是国民党领导的比较具有代表性的一份妇女报刊。参见刘人锋：《中国妇女报刊史研究》，中国社会科学出版社，2012年，第251页。
② 《首都妇运同志对本问题之意见》，载《妇女共鸣》1936年第5卷第3期，第29页。
③ 《首都妇运同志对本问题之意见》，载《妇女共鸣》1936年第5卷第3期，第29页。
④ 《首都妇运同志对本问题之意见》，载《妇女共鸣》1936年第5卷第3期，第30页。
⑤ 俞松汶：《妇女应怎样去参加民族的战争》，载《妇女共鸣》1936年第5卷第3期，第36页。

育、教育儿童、参加生产工作、俭约、改良家庭组织、办理大规模之托儿所、参加妇女军训、组织救护队、宣传以及制造防空防毒面具。其中，"军事看护为妇女很适宜的工作，在战争上又属非常重要，一般妇女因受生理限制，不能与敌去短刀相接，而担任救护队，当然是义不容辞的"①。

而一些妇女教育刊物如《妇女月报》等也号召妇女抓住抗战这个妇女解放和妇女教育的新契机，政府和妇女团体则应对妇女进行应有的训练与全面的动员。妇女有必要在体格、吃苦、胆量、知识等方面进行训练，而战争期间，妇女总动员时应做的工作，第一项就是救护伤兵，此外还包括劝募捐款、制备粮食、保护婴孩、慰劳战士、造防毒器、教育儿童、检查奸细、经营商业、入伍杀敌等。男人们去荷枪杀敌，救护工作则要仰赖女人承担。伤兵们因受刺激太深而意志消沉，则也需要妇女们苦心劝慰，"幸得妇女的性情，温柔的居多，救护工作定能比男子胜任的"②。女性在救护工作一事上具备独特的天性，"以目前最切需智识，在女性最适当的是看护学、医学……在（与）敌人作战时，那么，这一批妇女也是间接服务的勇士，安慰那班为国牺牲的将士"③，这可以说是非常时期妇女界的神圣事业。鉴于此，"凡有勇气和热血的女子，快学习看护的技能，利用女子的天职、细密的心思、敏捷的手眼、温和的态度、柔婉的语言，准备到战场上去服务"④。

而在当时中国，不论旧式还是新式妇女，都不具备救国的能力。旧式妇女除了能够管理家庭、厨房、缝纫、养育儿童外，再也没有其他能力。新式妇女受了十几年教育，除了看书写字、欣赏艺术外，在战争发生时，既不能拿枪上战场，也不能救护伤兵，"连血都怕，救护手术都不懂"⑤。因此，妇女们要意识到自己的"无能"，"培养到有能力为国服务，才是救亡的真办法，才是求两性平等的基础"⑥。这一建构在女性特质基础上的战时动员话语，在表明两性平等的女权诉求的同时，却也强调了女性的孱弱、胆小与无能，女性被要求在为国服务的动机下，恪尽天职，努力奋进，通过训练来克服这些"缺陷"。女性对"缺陷"的自觉与克服成为民族救亡图存的必经之路。

---

① 俞松汶：《妇女应怎样去参加民族的战争》，载《妇女共鸣》1936年第5卷第3期，第38—41页。
② 剑尘：《非常时期的妇女总动员》，载《妇女月报》1936年第2卷第7期，第6页。
③ 沈仰甫：《非常时期妇女的认识》，载《妇女月报》1936年第2卷第7期，第15页。
④ 金畹香：《非常时期女子应负之责任》，载《妇女月报》1936年第2卷第7期，第17页。
⑤ 汪桂芳：《非常时期下吾国妇女应有之准备》，载《妇女月报》1935年第1卷第11期，第2页。
⑥ 汪桂芳：《非常时期下吾国妇女应有之准备》，载《妇女月报》1935年第1卷第11期，第2页。

这种"男人杀敌，女人救护"的战时分工观念在当时舆论中频繁出现，在某种程度上强化了国家动员及其对女性战争角色的诉求。全面抗战爆发后，国民党更将妇女参与救护写入其妇女政策纲领之中。1938年6月11日，国民党中央妇女运动委员会颁布《妇女运动方案》，提出"发动全国妇女力量，参加抗战建国工作"的原则，并对妇女分类进行组织和训练，其中一项即为"组织救护队，为前线伤兵服务"①。该方案对"克尽妇女天职"的强调与舆论中的抗战动员话语交相呼应②。

抗战动员话语基于"国家兴亡，匹妇有责"的逻辑，号召妇女为了民族解放而积极抗战。在民族危难之际，女性遭受的不再只有家庭或男性的束缚，而又多了帝国主义这个需要对抗的因素。从这个意义上来说，只有民族得到解放，妇女才能获得完全的解放。女性必须通过各种形式与男性并肩抗战。另一方面，战争在带来解放契机的同时，女性被赋予了更多的责任。男性原本负担的农耕劳作等生产工作因从军后留下的空缺等待女性填补，而女性温柔细心的天性又要求其从事救护、保育、劳军等战时任务。

本文接下来聚焦于政府在动员女性参与战时医疗救护方面所采取的实际行动以及那些响应动员话语的女性形象。政府通过训练、征调等方式动员与组织各阶层女性参与战时医疗救护，而主动或被动接受动员的女性形象则成为妇女报效国家的榜样，同时又为抗战动员增加了理据。

二

国民政府很早就意识到军事救护人员不足的问题。中国的现代卫生事业发轫于清末，但直到南京国民政府成立时，仍处于起步阶段。不仅受过专业训练的医护人员较少，而且连攸关国家安全的军事卫生体系亦难完善，北伐及中原大战皆造成不少伤亡。紧接着日本侵华行动日益加剧，鉴于专业医疗人才的培养远跟不上战争伤亡人数增加的速度，政府着手寻求专业人才以外的资源，希望借由短期的救护训练，补充战时的医疗人力资源③。

高中女学生是较早被动员的一个群体。1933年，国民政府教育部颁行《高

---

① 《妇女运动方案》，载中华全国妇女联合会编：《中国妇女运动历史资料（1937—1945）》，中国妇女出版社，1991年，第120–123页。
② 《妇女运动方案》，载中华全国妇女联合会编：《中国妇女运动历史资料（1937—1945）》，中国妇女出版社，1991年，第120–123页。
③ 周春燕：《妇女与抗战时期的战地救护》，载《近代中国妇女史研究（台湾）》2014年第24期，第149–154页。

级中学军事看护课程标准》，强制要求对高中女学生施以为期 2 年（第一、二学年）、每周 3 小时（讲解 1 小时、实验 2 小时）的军事看护教育，以"养成女生护病之技能，使能于平日或战时应用之"①。此后至抗战中，江西、江苏、安徽、湖北、湖南、四川、广东等多省均遵照执行，有些还颁布了本省的训练办法大纲。部分经过训练的女学生毕业后投入到前线救护队的工作中②。

除女学生外，各地政府还动员和组织职业女性，开办女职员救护训练班。如广州市政府于 1934 年至 1935 年开办了为期 4 个月的女职员救护班，每周 2 天，每天 2 小时。除讲授课程外，救护班还要求学员前往两广医院、柔济医院等处实习；实习完毕，即编为救护队，定名为"广州市政府职员救护队第 * 队"③。市长刘纪文在结业典礼上指出，救护训练的意义不仅在于战时，也在于平时或大风、雨水、火等灾害发生时，而且"有救护常识的人，不独有利于社会，且亦有利于个人及家庭，故此种救护常识，差不多是每一个国民都应要具备的了"④。但因工作忙碌而无暇抽身上课的女职员不在少数，因此市政府不得不加开一班，以调换上课时间⑤。再如，江西省社会服务处也发动党政机关女公务员编组救护队：一则可以慰劳受伤战士，例如代写书信、织补衣袜以及协助医院护士换药等；二则可以参与临时救护，例如空袭或灾后对伤病军民施以紧急救护等⑥。

女学生、女职员等这些非专业救护人员虽然在一定程度上补充了战时救护人力，但她们只能做简易的救护或协助工作，一旦遇到真正伤重的将士或是需要诊断并进一步护理的病人时，便缺乏足够的学识加以判断和处理。全面抗战爆发后，国民政府军事委员会随即成立卫生"勤务部"，卫生署则成立"救护事业总管理处"，以统筹救护业务，建立战时救护体系。中国红十字会亦与政府合作，逐步建立了"战时三合一"的救护体系⑦。在此背景下，国民政府开始动员专业医疗人员，以便使有限的医疗资源发挥最大的效用。自 1939 年开

---

① 《部颁高级中学军事看护课程标准》，载《江西教育旬刊》1933 年第 6 卷第 1 期，第 33 - 35 页。
② 周春燕：《妇女与抗战时期的战地救护》，载《近代中国妇女史研究（台湾）》2014 年第 24 期，第 154 - 167 页。
③ 《市府女职员救护班实习后分配救护队》，载《广州市政府市政公报》1935 年第 512 期，第 128 页。
④ 《市府女职员救护训练班举行结业典礼情形》，载《广州市政府市政公报》1935 年第 516 期，第 120 页。
⑤ 《市府女职员救护训练班增设党史党义课程》，载《广州市政府市政公报》1935 年第 505 期，第 157 页。
⑥ 《省社会服务处编组女救护队》，载《江西妇女》1940 年第 4 卷第 4 期，第 50 页。
⑦ 有关红十字会与抗战救护，可参见戴斌武：《中国红十字会救护总队与抗战救护研究》，合肥工业大学出版社，2012 年。

始，国民政府先后公布《战时卫生人员征调办法》《劝沦陷区内及在国外之医师、药师、药剂生、护士应召服务办法》《国家总动员法》《卫生人员动员实施办法》等措施，征调专业医疗人员参加战时救护工作。据1947年的统计，战时被动员的所有医疗相关人员至少约有32万人，其中应包含不少女护士与女医生[1]。

除国民政府外，妇女团体和女界精英也积极动员与组织妇女参加医疗救护。由于政府财力和精力有限，大规模组织女性参与抗战的工作势必需要妇女团体来给予协助，这些团体是政府力量的有益补充，其中一些由国民党直接领导。1937年8月成立的"中国妇女慰劳自卫抗战将士总会"、1938年3月成立的"中国战时儿童保育会"以及1938年5月成立的"中国妇女指导委员会"（以下简称"妇指会"）这三个当时最大、最有影响力的妇女组织，都将救护列为其重要的工作内容。它们或开设救护训练班，为国家储备更多的救护人力，或组成战地救护队，奔赴前线服务受伤将士[2]。宋美龄促成了这些妇女团体的合作，并领导了伤兵救助、经费筹措、药品征募等工作。她带领"妇指会"时常穿梭于后方大小伤兵医院，亲自为伤兵包扎伤口[3]。由"新生活运动促进总会妇女指导委员会"扩大改组而来的"妇指会"是不同党派的妇女暂时摒除政治立场上歧异的结果，标志着全国妇女抗日统一战线的建立。宋美龄第一夫人的身份及其对"妇指会"的领导（担任指导长），使得"妇指会"在某种程度上具有动员妇女参与抗战的官方组织色彩[4]。

抗战时期的报刊上经常刊登各种女救护队受训时或在战场上的照片。她们的形象成为战时恪尽天职、为国服务的女性代表之一。照片上的女学生、女职员或家庭主妇通常身着军服，头戴军帽，肩背救护包，可以熟练操作绑绷带、抬担架等救护技能。虽然这些刊物并不一定代表国民政府的立场，但这些女性形象具化了国民政府和妇女团体对女学生施行军事看护教育或是组织女职员、家庭主妇参加救护训练班的成果，进而为抗战动员增添了筹码。

---

[1] 周春燕：《妇女与抗战时期的战地救护》，载《近代中国妇女史研究（台湾）》2014年第24期，第191－201页。

[2] 周春燕：《妇女与抗战时期的战地救护》，载《近代中国妇女史研究（台湾）》2014年第24期，第167－191页。

[3] 曾静：《宋美龄抗战时期的中国妇女职责思想及其实践》，载《江西社会科学》2010年第11期，第147页。

[4] [澳]李木兰：《性别、政治与民主：近代中国的妇女参政》，方小平译，江苏人民出版社，2014年，第243页。

抗战动员与性别实践
——以战时国统区妇女医疗救护为中心 515

女大学生自愿参加的女救护队奋战在西江前线,"战士们受伤之余,企盼于急速救护是必然的,女救护员当即赶前担架运送后方";"救护员工作之前,齐趋阵地高处瞭望,一阵冲杀之后,即赶前为战士伤处敷治矣"①。当某地遭受敌机轰炸或敌军入侵等情形时,有关女救护队的消息与形象等也会迅速出现在报刊上。1937 年 8 月至 1938 年 10 月,日军对广州进行了长达 14 个月的轰炸,"在空袭警报时,这些(救护队的)女子是等候着。假如炸弹落在他们自己的区里,那末(么)便用救护车或汽车,急派到出事地点"②。一些女救护员甚至在敌机轰炸下仍冒险工作③。

在上海,大家闺秀们也加入救护的队伍。"沪上闺秀充当女看护代伤兵洗濯伤口","养尊处优之小姐们自愿降格为伤兵之盛饭女侍"④,"上海名媛闺秀均自动至伤兵医院充任看护"⑤,简讯与照片将这些"小姐们"描绘为主动抛弃优越处境、克服柔软形象的新女性。这让人想起战前"反摩登女子"的论述,无益于社会、国难当头不知觉醒是摩登女子备受指责的"罪名"⑥。上海名媛闺秀的此类行为是否自发或是否持久值得进一步探究,而舆论意在塑造这样一种上层女性形象:她们即使不是摩登女子之流,也有必要在战时以报效国家的实际行动与"摩登"一词划清界限。

上层女性参与抗战救护的理想形象通过"伤兵之母"蒋鉴得到进一步的建构与升华。蒋鉴是汉口医生周明栋的妻子,战前经常参加汉口女青年会的慈善工作,战争爆发后积极开办救护班,自己便是第一班的学员。她主动向政府请求在伤兵医院工作,获得允许后进入汉口第五陆军医院。她因细心、温柔、勇敢、耐劳的救护工作被誉为"中国的南丁格尔"⑦。武汉沦陷后,蒋鉴奉宋美龄之命带领数百名难童跋涉至四川,担任合江第五儿童保育院的院长,因此她又被叫作"难童之母"。1940 年 10 月 5 日,蒋鉴因积劳成疾而逝世,年仅 38 岁。此后,她的"伤兵之母"形象进一步受到国民政府与各界抗战领袖的褒扬,悼

---

① 《没有痛苦的战士们》,载《展望》1939 年第 6 期,第 6 页。
② 《广东女救护的效率》,载《实用英文半月刊》1938 年第 4 卷第 8 期,第 115 页。
③ 《敌机残暴轰炸我非战斗区》,载《中苏文化杂志》1938 年第 1 卷第 4 期,第 58 页。
④ 《持久奋斗中上海女界之后方工作》,载《商报画刊》1932 年 3 月 27 日,第 1 页。
⑤ 《(无标题)》,载《创导》1937 年第 2 卷第 1 期,第 1 页。
⑥ 许慧琦:《过新生活、做新女性——南京国民政府对时代女性形象的塑造》,载邓小南、王政、游鉴明主编:《中国妇女史读本》,北京大学出版社,2011 年,第 351 - 358 页。
⑦ 子冈:《中国的奈丁格尔蒋鉴女士》,载《妇女生活(上海 1935)》1938 年第 5 卷第 6 期,第 25 - 27 页。

念蒋鉴的同时动员全国妇女向这位妇女界抗战模范学习①。

在全国儿童保育总会主持的蒋鉴追悼会上,党政机关代表、伤兵及儿童代表等到场,一致推崇她为抗战中"中国妇女牺牲小我、毅然走出家庭、尽力参加抗战工作的模范"②。在有关蒋鉴的报道中,几乎无不强调她本是一位太太,却不贪图舒适享受,不分日夜辛勤工作,全心全意救护伤兵,并激励他们再赴前线。与此同时,她也没有忘记家庭责任,"她是公婆的孝媳,丈夫的贤妻,儿女的慈母"③。她以实际行动告诉每个家庭妇女不要把自己关在家里,而要发挥母爱,投入抗战工作,可谓"战时家庭妇女中可敬的典型"④"妇女服务伤兵的好楷模"⑤。

蒋鉴的事迹被写成通俗故事⑥,有关蒋鉴其人其事的细节已模糊不清:她获得的"伤兵之母"金牌究竟是宋美龄赠送的还是伤兵们集资赠予的,她的家庭生活具体如何,她又如何兼顾孝媳、贤妻、慈母的家庭角色与救死扶伤的社会角色——据说全年只有一天她没有去医院工作,因为这天婆婆病故。这些情节都被淡化或变得无关紧要,重要的是,蒋鉴的抗战故事验证了救护是战时女性最适合从事的工作之一。此外,她跨越家庭内外的性别实践也延续了国民政府和国民党自"新生活运动"后对女性角色的诉求:动员女性服务国家与社会事业(战时就是救亡工作),又劝告她们不要忘记自己的家庭。

1941年4月,国民党妇女运动委员会在回顾妇女工作时,强调了家庭与职业的兼顾关系:"我们的问题,是如何使家庭妇女必要时能有适当的职业,和如何使职业妇女仍能享受完美的家庭生活,而不是使家庭妇女离开社会或者使

---

① 事实上,蒋鉴的形象是各方政治力量共同塑造的结果,国民党为她召开追悼会,冯玉祥、邓颖超等人公开发文悼念。1935年创办于上海的《妇女生活》对蒋鉴报道较多,而该杂志的实际领导者是共产党。参见刘人锋:《中国妇女报刊史研究》,中国社会科学出版社,2012年,第254页。需要指出的是,《妇女生活》以蒋鉴踏实肯干的作风暗讽国民党在妇女工作上的形式主义,这也体现出在全国妇女抗日统一战线的大原则下,国共两党在妇女政策上的歧异。这个问题值得进一步探讨。

② 玲:《追悼周蒋鉴女士》,载《妇女生活(上海1935)》1941年第9卷第6期,第25-26页。

③ 今啸:《蒋鉴死了》,载《妇女新运通讯》1940年第2卷第19-20期,第4-5页。

④ 寄洪:《忆蒋鉴女士》,载《妇女生活(上海1935)》1940年第9卷第4期,第33-35页。

⑤ 晴川:《悼"伤兵之母"周太太》,载《军人魂》1941年第14期,第16-17页。

⑥ 具体可参见丁筱玲:《伤病之母》,载《战时民众(永安)》1941年第3卷第5期;亦五:《蒋鉴女士(续)》,载《协导》1943年第82期。

职业妇女离开家庭。"① 这在某种程度上体现了国民党抗战时期妇女政策的矛盾性：既要动员女性走出家庭、投入抗战建国大业，又将女性行动限定在适于"克尽妇女天职"的范畴内。消极抗战的女性要遭到民族话语的讨伐，而响应动员的女性在性别实践中则难以逃脱"天职"的束缚。

三

尽管无法统计抗战期间究竟有多少妇女接受过短期救护训练，也无法获悉在前线或医院服务伤兵的具体妇女人数，但从一些女护士和女医生的救护经历中，仍可窥见战时妇女医疗救护工作的实际情形。这些个体经验呈现出国家与妇女、抗战与性别之间的多种叙事：她们或主动奔赴前线参加救护，长途跋涉，辗转各地；她们或是与"伤兵之母"形象相对立的消极抗战者；她们积极参加救护，却可能在报效祖国与自我实践的双重目标之间遭遇窘境。

女护士在战时救护中处于枢纽地位，上可协助医生治疗，下可训练普通民众。重庆的11名女护士"鉴于前方伤兵医院，十二分地需要医药和救护人材（才），曾分别向院方及市政府请愿，要求去前方服务"②，虽经市长挽留及院长劝阻，但她们意志坚决，直赴前方。一名叫丽的女护士从前线回到重庆，回顾了两年的战地救护工作。她原本在上海某医院工作，后医院随军迁至宜兴、金华、九江、衡阳、桂林等地，她也一直跟随。除了施以身体上的治疗，鼓舞士兵再上前线也是护士的重要工作。另一个名叫珍的护士也经历过艰苦的救护生活："我们逗留各地的时间不长，时常跟军队进退着，所以生活是非常流动的，吃饭问题也常常采取游击式……"③ 尽管国家颁布法令征调专业医疗人员参加战时救护，但积极回应的女性医护者可能只是少数。一名叫云的护士指出了上海女护士对参与抗战救护的不同态度："愿意为国出力的也不少，也极愿意离开孤岛到内地来，但是这不是每个人都能如愿的，有的阻于家庭，有的限于经济，也有因为在内地没有关系，不敢冒险来，……还有一部分是腐化分子……贪恋上海那种糜烂的生活，一听到'内地''抗战'等字眼儿，就头痛了。"④

---

① 1941年4月7日至28日，国民党中央党部组织部在重庆召开"全国妇运干部工作讨论会"。这是抗战时期国民党官方召开的唯一一次妇运工作会议。《妇运之回顾与今后之希望》，载中国国民党中央委员会学史委员会编：《中国国民党党务发展史料——妇女工作》，国民党党史会，1996年，第208页。
② 《祝英勇的女护士上前线》，载《妇女生活（上海1935）》1938年第6卷第9期，第2页。
③ 杜丝记录：《女护士的话（座谈会）》，载《妇女生活》1939年第8卷第3期，第14页。
④ 杜丝记录：《女护士的话（座谈会）》，载《妇女生活》1939年第8卷第3期，第14页。

事实上，很多普通女性对于救护训练的态度也很消极。一位给高中一年级女学生教授军事看护课的老师在杂志上发文抱怨：女学生普遍对于这门课抱着轻视与敷衍的心理，课上看小说、聊天、打毛衣，甚至不请假，让别人代为答"到"。在此国难当头之际，她们只重视国语、算术、英文等这些"五年或十年后才能致用的东西"，对于军事看护课程这个"最实际、最有价值的救亡图存的工具"却没有认识清楚①。也有论者指出："平时训练了几百个女生救护员，到了战时实际需要她们出来服务时，便召集不到几个人了"；"女子们吃不来苦，没有恒心，被人侍候与侍候人是大不相同，现在她们来学救护，不过玩玩而已……"②

笔者接下来从女性参与医疗救护的三个个案进一步分析女性在参与战时救护中的境遇。个案中的三个女性，一个是救护班的开办者，另外两个为被征调的女军医和女护士。我们会看到，当妇女成为民族、国家计划的重要组成部分时，其为国服务意愿的达成以及女性主体性的实现并非如解放话语所宣称的那样容易。

一个名叫张汉桢的女性叙述了她在后方某镇上组织开办救护班所经历的困难。首先就是缺乏办班经验，因为有经验的人员都到沦陷区去工作了，甚至连教材都带去了。其次就是报名参加训练班的妇女人数太少，而且她们大多受到来自家庭的阻碍。即使参加训练班的人数很少（只有12人），但如果本人自愿且主动，能够坚持完成训练且日后可以长期工作，那么训练工作也是很有意义的。然而学员家庭却对救护班的宗旨产生了两种误会："第一种以为这次受训后，是要把她们带到前方火线上去工作的，所以觉得非常可怕。第二种把替受伤战士的换药（看作）是男女授受不清（亲），会有意外的事情发生。"③ 于是家属（特别是家中长辈）百般阻挠，不准学员前往上课，"以至几个热情的妇女受了这种打击，便再鼓不起勇气"④。后来，组织者不得不分赴各家访问，并举行学员家属座谈会，解释误会，甚至邀请县长出面，才得以打破困难继续前行⑤。此外，训练班上课时间为三周，每天下午三小时，不可避免地占据了妇女做家务的时间，也很可能是家属阻止其受训的重要原因。

---

① 李希圣：《为军事看护课程忠告女中学生》，载《战时教育》1938年第2卷第10期，第10页。
② 林念慈：《战时的妇女救护训练》，载《闽政月刊·教育辑》1939年第2卷第5-6期，第23页。
③ 张汉桢：《困难中产生的救护班》，载《战地》1938年第3期，第19、22页。
④ 张汉桢：《困难中产生的救护班》，载《战地》1938年第3期，第22页。
⑤ 张汉桢：《困难中产生的救护班》，载《战地》1938年第3期，第22页。

在这里，女性传统的性别角色以及男女隔离的性别界限是女性从事救护工作的制约因素。如前所述，尽管女性参加救护等抗战工作被认为有利于妇女解放和两性平等，但是女性的性别实践的首要场所仍被限定在家庭之内，这种情形在乡村地区可能更为显著。换言之，战时女性首先要做好如蒋鉴这样的孝媳、贤妻和慈母，其后再将这些传统美德在国家和社会层面加以落实。而那些跳出性别界限的女性救护者却变得"不男不女"起来。

一名叫毛琅的女医学生尚未开始实习就被征调到重庆做军医，一年后又被调至贵阳进行为期六周的集训。与她同批的六七十个实习医生比当地医院里的护士数量还多，而且其救护工作也仅限于护士的职责。训练的成果也不过是"获得了一些X光的新智识，见到了国内最完善的骨科病房"①。与医疗工作相比，毛琅讲述更多的是女军医的性别身份问题："当我们全副武装连（头）发都塞进帽子走进菜市场时，乡下人依旧喊我们'小姐'，大都还喊起'太太'来。……一些守门的武装弟兄也弄不清我们究竟是'啥道路'。真是'男不男来女不女'。"② 后来的一场舞会风波却化解了这种尴尬，"恢复了"其女性身份。为庆祝抗战胜利，毛琅所在医院与其附近的美军医院举行舞会，但只有女医生们受到邀请，"于是我们这批会跳两下的'女兵'反竟做起上宾来！"③ 但这激起了中国男医生们的极大不满，他们的男性自尊似乎受到伤害，也要自办舞会"抢舞伴"。最后，事态在"自带舞伴参加"的条件下才得以平息。毛琅对征调与受训颇为不满，女医生在国家战争动员下被迫投入救护事业中，但外界"依旧把我们当小姐看"④，女医生"变成了妇女慰劳队"⑤。女性医护者的职业与技能被淡化，与此相应，被凸显的是其女性身份，以至于成为中外男性的"争抢"对象。

女护士黄筱蕴与毛琅有着类似的经历。她1943年毕业于由南京迁至重庆的某国立护士学校，在母校工作7个月后接到了军医署的征调令："立即飞昆赴美国远征军第廿＊野战医院报到应征。"⑥ 在先后乘坐旅行车、飞机、卡车等一系列交通工具后，她与其他几名护士终于到达了目的地云南弥渡。黄筱蕴在

---

① 毛琅：《女军医受训记》，载《家》1946年第11期，第27页。
② 毛琅：《女军医受训记》，载《家》1946年第11期，第26页。
③ 毛琅：《女军医受训记》，载《家》1946年第11期，第26页。
④ 毛琅：《女军医受训记》，载《家》1946年第11期，第26页。
⑤ 毛琅：《女军医受训记》，载《家》1946年第11期，第26页。
⑥ 黄筱蕴：《女护士从军记》，载《家》1946年第2-5期。

谈自己参与的外科手术时极为简略,却不厌其烦地讲述她与美国外国医生、美国华裔副官之间暧昧拉扯的三角关系①。这种战场变成情场的电影般的情节可能只是个案,但也使我们得以窥见性别实践中,女性身份仍首先被设定为"男性的另一半"。值得指出的是,毛琅与黄筱蕴的故事都发生在抗战后期相对和平的后方,医疗事务相对较少,社交生活相对较多,这可能也是两个故事中性别议题较医疗议题更为凸显的原因之一。

女医生、女护士是近代以来中国女性较早从事的职业之一,也是妇女走出家庭、立足社会的女权诉求的产物。抗战时期,女军医和女护士更是政府征调参与战时救护的人力资源。被征调者如果逾期未到指定机关报到,除受到惩罚外,也将被吊销执照或取消毕业资格。然而在现实中,男性甚至女性自身所强调的仍是女医生和女护士的性别特质。护理之所以被视为最适合女性从事的工作,是因为将妇女职业视为母职的延伸,对女护士的要求不在于专业知识与能力,而在于她们的天性或者说女性特质②。从这个意义上说,女性从事战时救护工作就是将天职延伸至救亡图存的国家事业中。然而,职业女性即便从家庭牢笼中解放出来,特别是战争扩大了女性医护者这类职业女性的行动空间,但她们仍旧逃脱不了性别藩篱以及既定的性别角色,其主体性的建构在很大程度上仍然是以男性及其所代表的父权国家为标准的③。

四

在20世纪30年代中期民族危机迫近的时局下,国民政府通过各种形式动员女性参与抗战救护工作,如训练女学生、女职员等非专业医疗人员,行政征调女护士、女医生等专业医疗人员。国民党亦将组织战时妇女救护队写入其妇女运动方案中,国民党领导下的妇女团体如"妇指会""妇慰总会"在训练救护人员、筹措经费、征募药品等方面弥补了政府的不足。

舆论动员全国妇女以参与战争医疗救护的女性为榜样,在求得民族解放的同时,实现自身的解放,也就是要将女性从家庭的束缚、男性的奴役下解放出来。动员话语创造了扩大女性行动空间的可能性,但事实上很少有女性能够真

---

① 黄筱蕴:《女护士从军记》,载《家》1946年第2-5期。
② 连玲玲在讨论近代上海女店职员的"花瓶"形象时也指出这种性别认同与工作认同的矛盾,女店职员首先被看作"女人",而不是"工人"。参见连玲玲:《追求独立或崇尚摩登?——近代上海女店职员的出现及其形象塑造》,载《近代中国妇女史研究(台湾)》2006年第14期。
③ 有关职业女性的困境,还可参见陈雁:《性别与战争:上海1932—1945》第四章,社会科学文献出版社,2014年。

抗战动员与性别实践
——以战时国统区妇女医疗救护为中心

正走到外面去实施救护。一些女医生和女护士可以跟随军队南征北战，而大部分有意愿参加战时救护的女性却仍旧被限定在传统的性别角色与性别藩篱中。如本文所述，女职员因工作关系无法保证按时参加救护训练班，城市和乡村的家庭主妇更是为家事所累。经历过抗战的女性在口述采访时都强调，在战争中作为一名女性生存有多么艰难以及她们在抗战中照顾家庭并确保家人生存的责任有多么沉重[1]。

然而，正如"伤兵之母"蒋鉴这个战时理想的女性救护者形象所展现的，国民政府的战争动员话语对女性角色的诉求是全方位的，跨越家庭内外、性别界限。女性在从事战时社会事业的同时，"更不可忘了国家的基础——家庭，陷于无人管理的境地，而影响到国家的动摇。我们要把工作分开来负担，社会家庭双方兼顾，到战争爆发的时候，男子们到前方去了，女子来维持社会上的秩序，作男子的后盾，这样才能救我们垂危的国势"[2]。女救护队成员要兼管家庭内外，"倘被敌机轰炸，她们从家庭里跑出来参加救护，任务完毕，仍旧回到家庭去从事日常工作"[3]。国民政府和国民党在战争这个非常时期需要女性作为战时人力资源，从而对其开展动员与组织，但在实际操作中，又必须将女性行动控制在一定范畴内，即强调"克尽妇女天职"的原则。动员话语建构的理想女性形象可以被视为"新生活运动"塑造新女性的延续，即女性贤良特质的公领域化。这就是为什么尽管动员话语宣扬妇女解放与两性平等，却又强调了女性特质及其弱势。细致、温和、柔婉、忍耐等女性特质决定了救护工作是战时女子最适合从事的事业，而中国妇女身体孱弱、精神涣散、能力不足，因此有必要对其加以训练。国家与民族话语接管了女性身体乃至生活的规训权。

参加战时救护队的女性经历进一步显示出性别的移动界限以及女性主体性与民族话语、解放话语之间的裂痕。女性作为军医出现时，其性别界限是模糊的"不男不女"，为男性所鄙视；而作为日常生活中的女人，却又成为"小姐""太太"，受到男性的追捧甚至"抢夺"。这在某种程度上展示出抗战期间性别实践的复杂性。从女性主体性的发展来看，爱国可能成为她们"生命中难以承受之轻"[4]。不论她们在社会与家庭间如何取舍，她们都被要求扮演好贤妻

---

[1] 李丹柯：《女性、战争与回忆：35位重庆妇女的抗战讲述》，重庆出版社，2015年，"引言"第11页。
[2] 金畹香：《非常时期女子应负之责任》，《妇女月报》1936年第2卷第7期，第17页。
[3] 《民众救护队》，《中华（上海）》1939年第82期，第30页。
[4] 许慧琦：《过新生活、做新女性——南京国民政府对时代女性形象的塑造》，载邓小南、王政、游鉴明主编：《中国妇女史读本》，北京大学出版社，2011年，第361页。

良母以及"男性的另一半"这类角色。战争很难使女性获得主体性,相反却使女性陷入各方关系相互纠葛的更为复杂的处境,正如李丹柯所论,战争中的中国妇女"必须得在公共和私人需求之间,在国家与家庭之间、国家需要和个人需要之间、国家存亡和个人生死抗争之间,以及社会划分给男性的阳刚英雄主义与划分给妇女的阴柔韧性之间不断博弈"[①]。

(原载《妇女研究论丛》2015 年第 4 期)

[①] 李丹柯:《女性、战争与回忆: 35 位重庆妇女的抗战讲述》,重庆出版社,2015 年,"引言"第 7 - 8 页。

组织下乡：现代国家中的妇女组织建构[①]
——以华北黄县的史料分析与实证调查为例

杨翠萍[②]

摘　要：本文从现代国家建构的角度，对农村妇女组织渗透乡村社会的过程进行了剖析，认为妇女组织是伴随着"政权下乡"和"政党下乡"的过程而萌生的，其成长的路径、特点和形式均体现了浓厚的国家建构色彩，是国家意志作用于乡村妇女的体现。也正因如此，妇女组织在下乡过程中承担的任务亦是动员、组织和吸纳妇女，以适应国家的政治需要为主。

关键词：现代国家　国家建构　妇女组织　乡土社会

一、问题提出与理论依据

在中国近现代史上，妇女组织是个"晚生儿"。对妇女组织的学术研究更是凤毛麟角。相比于其他社会团体，妇女组织直到清末民初才初露端倪，而在封建思想根深蒂固的农村地区，它更姗姗来迟，甚至不少都是新中国成立后在政府主导下才得以建立。所以，中国的农村妇女组织从一开始就是个发育欠缺的他组织，而非自主成长的自组织，这是贯穿至今的基本线索。近年来，虽然全国妇联与基层民众要求农村妇代会角色转型的呼声越来越高，并采取了多种途径推动其转型，例如，全国妇联自上而下实施"巾帼科技星火工程"和"巾帼信用致富工程"以密切妇代会与农村妇女的利益关联，增强它对后者的整合能力；地方也在摸索创新实验，如湖北省广水市在联合国妇女发展基金会的资助下依托妇代会创建妇女文化小组和妇女经济合作组织。但从目前来看，这些做法均影响范围有限或收效甚微，绝大多数地区妇代会与农村妇女的利益需求间依旧脱节，例如2007年我们在湖北农村的问卷统计显示，仍有70.8%的调

[①] 基金项目：本文是联合国社会性别工作组、妇女发展基金项目"将社会性别意识纳入村治主流"和教育部人文社会科学重点研究基地重大项目"妇女在农村发展中的地位、角色变迁及公共政策研究"（项目批号：06JJD840006）的阶段性成果。

[②] 作者简介：杨翠萍，女，华中师范大学管理学院2005级博士研究生，研究方向：社会性别与公共管理。

查对象认为，妇代会在村民自治中不起作用或没有实质作用，与7年前的调查结果无根本差别。缘何如此？中国妇女组织发展的瓶颈在哪里？未来之路又通向何方？应如何协助妇代会完成从他组织向自组织的艰难蜕变？要回答这些问题，就必须将研究目光回溯历史长河中，剖析妇女组织在乡土社会的渗透与扎根过程，尤其是抗日和土改时开始着床农村的过程，从时间源头来探究国家对妇女组织的型塑以及由此而产生的结构性问题，这便是本文立意的现实需求。

从学理层面而言，目前为数不多的妇女组织研究成果，依路径、风格不同可大致分为两类：一是纯粹的史料收集与整理类，这以20世纪80年代末90年代初，全国妇联妇女研究所编纂的《中国妇女运动史料》（三套册）和《中国妇女运动史》为代表，基本特点是将妇女组织的发展纳入妇女运动史的背景下，平实陈述其变迁历程；二是立足学术研究的角度，集中于对妇联组织的角色定位、妇联改革、妇联与其他妇女自组织的关系等问题的关注，研究视角涉及政治学、管理学、社会学等。

纵观上述研究成果，有几个显著特点：一是对县级以上妇联组织关注多，对农村妇代会关注少；二是理论研究多，史料分析和实证调查少，现有的史料型成果缺乏一定的学理分析，虽然有助于我们把握妇联组织的历史变迁脉络，但鲜有提出价值含量高的观点，而纯粹的理论研究又易囿于自说自话的形式主义；三是现实问题研究多，历史变迁性研究少。鉴于此，本文将研究视角投放到华北黄县，以丰富的历史档案和个案访谈为基础，探讨百年来黄县农村妇女组织产生、发展和变迁的历史过程，并剖析其与国家建构间的关系。

本文是在近现代国家与农村社会、妇女组织间关系变迁的历史背景下展开的，借用的分析工具是现代国家建构理论。现代国家建构又称"国家政权建设""国家形成"等，最早由查尔斯·蒂利提出，以研究西欧现代国家形成的进程，吉登斯、杜赞奇等人也对此多有著述。近年来，中国学者徐勇教授借用与发展了这一概念并用来分析农村社会的历史变迁，他认为在解析农村时虽应关注社会的发育自主性，但更要强调国家在其中的作用，没有国家对农村社会的改造与整合，一个自由、民主与平等的公民社会也不可能建构起来。而在中国，现代国家面对的是高度分散的农村社会，农民与国家间关系疏散，男女两性间相互分离，欲将他们整合为一个有机的整体，现代国家需要建构的面向是多维的。但大体而言，笔者认为可以为两类：一是对组织的建构，包括政权组织和民间组织，通过这些组织，农民能够被重新吸纳、组织和整合为一体；二是对人的建构，即通过各种力量使人的思想、理念和行为符合一体化社会的需要。组织和人的建构都是不可或缺的,前者是国家权力渗透的必要条件,后者体现出权力渗透的合法性,但从发生发展的路径来看,组织建构往往是人的建构之前提,只有借助这些政治实体,现代国家才能完成对人的改造与整合。

本文便是从组织建构的视角出发,以华北黄县为个案,重点研究政权政党体系中妇女组织的成长与现代国家建构间的内在逻辑。笔者的关注点在于:百年来国家都采取了什么路径、通过什么方法来建构农村妇女组织?而这些组织在农村社会又经历了怎样的变迁过程?它们的形态、结构属性、承担之功能又有何特点?需要说明的是,由于妇女组织的基本属性形塑于渗透农村社会的初期,故从时间布局看,文章更多地着墨于抗战及土改时期妇女组织的萌生与成长。

二、国家建构与组织下乡:妇女组织的萌生与成长

在传统中国,农村游离于国家正式体制之外,妇女则游离于乡村自组织之外,与男性相比,她们处于更加分散的状态。在中国传统的治理结构中,"王权不下县",亦即国家的正式性体制只到县一级为止,县以下主要依靠的是以士绅、族长和头人等为代表的宗法家族组织进行统治。这种以血缘关系为纽带的宗族成为组织和整合农民的主要载体,是乡村社会自组织的重要形态。然而,从性别角度看,由于严格遵循父系家长制的统治秩序和注重血亲关系纽带,宗族组织整合的对象仅止于男性,妇女作为一个外姓人是无法独立获取准入权的。所谓"异姓主名,治际会"[1],即指妇女是通过婚姻关系,按丈夫的名分进入夫家宗族的,因此,她们在宗族中的身份与地位只能通过自己的丈夫来代表,无权直接参与宗族活动。在"女正位乎内,男正位乎外"[2]的儒家礼教规范下,妇女逐渐成为外化于社会组织的"家庭动物",其离散状态和非组织化程度更甚于男性。著名的妇女运动先驱秋瑾女士在分析妇女的奴从地位时也谈到了组织弱化的问题,并认为妇女"欲自立,非求学艺不可,非合群不可"[3],因此,现代国家要想实现对农村社会的有效整合,就必须建构起以性别为主体的妇女组织,将分散和外在于政治的农村妇女组织起来,纳入到国家体系中去。

正基于此,晚清及国民党政府在加强国家政权建设的过程中,亦开始关注

---

[1] 《礼记·大传·十三经注疏》,中华书局,1980年。
[2] 《易经·家人·十三经注疏》,中华书局,1980年,第50页。
[3] 秋瑾:《致湖南第一学堂书》,上海古籍出版社,1979年,第32页。

妇女群体，尝试通过组织的渠道来整合妇女，其主要做法如下。第一，鼓励并催生民间妇女组织。清末民初各地纷纷出现了女子参政同盟会、女界自立会等妇女组织，以争取女子参政、受教育权和参加革命为己任，其中不少组织得到了孙中山等革命领袖的赞扬与支持。国民党政府于1931年还专门颁布了《妇女团体组织大纲》，对妇女团体的成立与运作做了初步规定，从而使妇女组织的发展有了制度和法律的依靠。就黄县而言，民国初期成立的妇女放足会可以说是该县历史上第一个以反对封建压迫、维护妇女利益为旨意的非正式组织。据有关资料记载，1927年在该县举人杨佩荣的倡导下，五位先进妇女坐着马车，现身说教，宣传放足的好处，从而掀起了民间妇女的放足运动①。第二，成立官办的妇女组织。在民族革命旗帜的催生下，1924年，国民党政府在中央设置妇女部，各地视具体情况也分设了省县妇女会等组织。据记载，黄县国民党政府也于1937年成立了妇女界救亡会（简称妇救会），当时主要目的是发动妇女开展抗日救亡运动。按照国民政府精英人士的设想，通过组织团体的力量来领导妇女翻身，进而发动她们组成革命的大联盟，共同参加革命。然而，这一理念在农村地区并未取得成功，原因在于：首先，由晚清及民国政府组建的妇女团体，立足点主要在城市和上层的妇女知识分子，未渗透和扩展到广大农村妇女。对此，《黄县妇女运动史》也有记载：县妇救会成立之初，主要成员来自国民党官太太，而她们只是挂个虚名②。这种状况实质上与国民党政府"政权下乡"③失败，在农村地区缺乏有效的行政渗透能力直接相关。其次，由于传统观念作祟或为保证革命团体内部的一致性，晚清及民国政府对一些激进的妇女参政团体持否定态度，阻碍了妇女组织的成长。再次，男女平权的目标并未实现。国民党政府重视强调妇女的义务而忽视其应有的权利，特别在黄县农村，直到新中国成立前大量穷苦妇女尤其是童养媳仍处于夫权统治之下，毫无人身自由而言，她们既无法参与妇女组织，也质疑妇女组织的合法性与正当性。因此，由晚清及国民党政府创办的妇女团体未能有效地将农村妇女组织起来，把她们从政治的边缘纳入国家的中心。

---

① 黄县妇女联合会：《黄县妇女运动史》（打印稿），第3页。
② 黄县妇女联合会：《黄县妇女运动史》（打印稿），第12页。
③ "政权下乡"这一概念由徐勇教授提出，指的是国家政权组织体系在乡村社会的渗透与扎根过程，他认为，晚清和国民党政府并未在广大农村建构起政权组织体系，无论是权力集中能力还是渗透能力都相当弱，农村处于失控状态。详见徐勇：《政权下乡：现代国家对乡土社会的整合》，载《贵州社会科学》2007年第11期，第4-9页。对此杜赞奇也有论述，他所讲的"国家政权内卷化"实际上与"'政权下乡'失败"有异曲同工之意。

组织下乡：现代国家中的妇女组织建构
——以华北黄县的史料分析与实证调查为例

真正建立系统而完备的妇女组织并将这一组织延伸至农村地区的是中国共产党。共产党注重从底层动员民众，在"政党下乡"[①]的过程中，始终将发动和组织最贫苦的农村妇女作为党工作的主要目标。早在1922年，中共"二大"妇女运动决议案对此就有所阐述，认为"为集中本党女党员之活动及系统的指导全国妇女运动起见，应设立妇女委员会"，而中共六大专门针对农村妇女组织问题，明确提出"为有系统的在农妇中工作起见，必须在农民协会中组织妇女委员会"，"党必须在劳动妇女中作有系统的、经常的指导，自中央直至支部，必须至少有一人负妇运之责，或视相当情形组织妇女委员会"。可以说，妇女组织工作始终与共产党的工作相伴相随，党的支部发展到哪里，妇女组织就建立到哪里。1935年，重新恢复工作的黄县地下党着手组建韩庄女校，并从省会调来中共党员郭文芳（化名）任教，郭以教书做掩护，在学生中宣传马列主义和革命道理，培养积极分子。1935年冬，郭先后介绍了三名女学生入党，并建立了妇女党小组。这是黄县第一个妇女党小组，标志着由共产党领导的黄县妇女组织的开始。随后，在1936年至1938年期间，妇女党小组又培养了一批妇女先进分子入党，其中不乏来自农村的贫困妇女。随着妇女党组织规模的扩大，1939年秋中共黄县党委研究批准成立了县第一个妇女党支部。根据史料记载，妇女党组织成立后，其中优秀的妇女党员很快被派入妇救会开展工作，她们对外称妇救会，党内称妇委，成为实际领导妇救会的主力成员[②]。

妇女党小组和党支部的建立无疑为开展妇女工作提供了平台，但由于黄县当时仍处于国民党政权统治之下，组织的主要成员仅是少数女党员，纵深发展的程度还显不够，正如邓颖超对抗战时期的评判一样："今天最大的缺点是大多数妇女还没有组织起来"，"已经组织起来的基础非常薄弱，经常是流动性的"[③]。就黄县而言，直至1946年中共初次胜利夺取政权后，党组织由地下走向公开，着手在农村发动土地改革、重建村级政权，妇女组织才开始大规模向农村扩展和渗透。主要表现为：①成立村级妇女组织。按照党在土改时期的工作设想"乡村妇女联合会应在农会统一领导下工作，农会可设妇女部（亦即妇联会）……妇女会员编组的方法，无论是与农民混合编组或单独编组，可依照

[①] "政党下乡"这一概念也由徐勇教授提出，特指中共党组织由城市向农村发展，并最终在农村建立完备的党组织系统，从而有效实现了整合农村社会的过程，详见徐勇：《政党下乡：现代国家对乡土的整合》，载《学术月刊》2007年8月号。

[②] 黄县妇女联合会编：《黄县妇女运动史（打印稿）》，第14页。

[③] 中华全国妇女联合会编：《蔡畅、邓颖超、康克清妇女解放问题文选》，人民出版社，1988年，第31页。

当地情况与农民及妇女群众的自愿原则商量选定"①。从黄县情况来看，除地主富农外，大多数妇女都被纳入村妇女组织，当时的名称不一，有叫妇女会、妇代会，甚至有的还沿袭着抗战时期的妇救会称号。各村根据规模不同选出若干妇女代表，并从中推选产生妇女委员，形成妇女组织的领导机构。据统计，黄县第一批参加土改的 56 个村中，妇女共计 23863 人，选出代表 1172 人，妇女委员 480 名，村村都建立起了妇代会②。这一时期的妇代会是伴随着重建村政而组织的，它隶属并接受农会的领导。从妇代会结构上看，黄县绝大多数农村也并未对妇女进行单独编组，而是采取与农民混合编组的办法，但这并未影响妇女组织对乡村社会的渗透影响。首先，父权家长制的宗族组织被打破，农村妇女终于走出家庭的藩篱，第一次在乡村构建起以性别为主体的组织。毛主席在考察湖南农民运动时曾精辟评论道："妇女跟着组织了乡村女界联合会，妇女抬头的机会已到，夫权便一天一天地动摇起来。"③ 调查中，不少妇女表示，家里的老人和丈夫起初都不同意她们参加妇女会议，但"形势成那样了，上面天天讲要解放妇女，谁也不敢不让参加"，所以"只要铃一敲，小脚老太婆也慌得赶快来开会"。其次，通过参与组织活动，农村妇女有了明显的组织归属感。一些妇女干部回忆起土改时期的活动，不无自豪地讲道："村里有了妇救会后，我就参加了，那时的妇救会很吃得开，声誉很高。"②发展农村女党员，健全党组织中的妇女队伍。尽管黄县早在抗战期间就建立了妇女党支部，但由于长期属于国民党统治区域，中共党组织中的妇女队伍仍比较薄弱，根据第一批参加土改的 62 个村统计资料显示，新中国成立前这些村原有党员仅 104 名。所以，当共产党通过武装斗争夺取政权后，吸纳农村女党员、壮大党组织便成了重要任务。蔡畅为此曾指出："为了便于我党扩大和加强与劳动妇女的联系，便于我党扩大和加强对于妇女群众的领导作用，在发展新的党员时，希望能够包含一定数量的女党员。……在新区乡村中，也希望能发展一些具备党员条件的劳动农妇入党。"④ 正基于此，在黄县解放后短短的三年时间内，62 个村的党员数量从 104 名急速发展为 582 名，其中妇女党员 158 人⑤，党组织中的妇女队伍得到了迅猛发展。

---

① 中华全国妇女联合会编：《蔡畅、邓颖超、康克清妇女解放问题文选》，人民出版社，1988 年，第 135 页。
② 黄县档案馆编：《黄县第一期土改工作综合材料》，1949 年。
③ 中华全国妇女联合会编：《毛泽东、周恩来、刘少奇、朱德论妇女解放》，人民出版社，1988 年，第 29 页。
④ 中华全国妇女联合会编：《蔡畅、邓颖超、康克清妇女解放问题文选》，人民出版社，1988 年，第 216 页。
⑤ 黄县档案馆编：《黄县第一期土改 62 个村党员发展处分情况统计表》，1949 年。

通过土地改革,黄县的妇女组织第一次真正下沉乡村,成功将农村妇女组织起来。但这一时期的妇女组织是为适应土改运动而产生的,它因此也具备了一些特殊性。第一,由于当时国家意志主要通过政权体系和各种外派的土改工作队向乡村传递,加之尚未建立自上而下的妇女组织系统,农村妇女工作也主要依赖外派的工作队来引导与主持,组织内部缺乏有效的黏合剂。第二,黄县的土地改革是在残酷的革命斗争氛围中进行,妇女组织主要借助暴力强制开展工作,这显然不能适应和平年代的工作要求。第三,妇女组织是农会的附属机构,依托后者而存在,当农会完成土改的历史使命解散时,妇女组织也一度出现涣散危机。鉴于此,实现全国解放后,国家自上而下迅速建立了完备的妇女组织系统,黄县妇女民主联合会也于1949年正式成立,并伴随着农业社会主义改造,将组织的触角延伸到了社队一级。1957年,新通过的《中华人民共和国妇联章程》规定"基层妇联组织在农村应该以乡为单位建立",妇女组织正式下沉乡一级;1962年《农村基层妇女代表会工作条例(试行草案)》又明确规定妇女代表会"设在大队或公社的,生产队的妇女代表一般可以成立妇女代表小组",进一步规范了村内的妇女组织,所有这些都是为健全妇女组织,重新将分散的农妇组织化。从黄县情况看,经过这次整顿,基层妇女组织正式形成了与"三级所有、队为基础"的人民公社体制相一致的层级架构,即在公社和大队分别设相应级别的妇代会,生产队设妇代会小组,各级妇女组织必须接受同级党组织和上级妇联的领导。由此,在党政合一、政社合一的人民公社体制下,妇女组织成为依托党组织及生产单位的机构,而后者也在事实上兼管了农村妇女的工作,特别是在能够进行直接生产和独立核算的生产队一级,队长因为拥有较强的生产资料和劳动支配权成为直接领导妇女群众的核心人物。

20世纪80年代,随着家户经营责任制的推行和人民公社制度的解体,妇女迅速从政治经济共同体回归家庭,集体时期为有效动员妇女参与生产而设置的妇女队长等职位也被取消。缺乏了生产单位体制的支撑,妇女组织变成只有妇代会主任参加的空壳组织,工作陷入瘫痪状况。面对这一状况,国家多次借助整党建党和村民自治工作,加强对妇代会的整顿改建,促进其角色转型。而与此同时,经济体制的转变也催生了一些农村妇女自组织,黄县近两年出现了妇女信贷担保协会、养猪协会等松散性妇女组织,这些组织内生于妇女自身的利益需求,得到国家和政府的引导与支持,成为新时期吸纳和重组妇女的有效形式。

三、吸纳、组织与动员：妇女组织下乡的功能分析

妇女占农村人口的一半，又是一个高度分散且外在于政治的社会群体，所以，现代国家必须将这部分人组织起来，整合到政权体系中去，成为政权的支持力量。革命时期的妇救会、妇女党小组以及新中国成立后的妇代会等等都是整合妇女的有效形式，这些组织下乡的过程，实际上就是国家将妇女纳入政治、寻求她们认同与支持的过程。正是在此意义上，我们说妇女组织在国家整合农村的过程中发挥着举足轻重的作用。

（一）组织妇女

列宁1905年说过，"在夺权的斗争中，无产阶级除了组织以外，没有其他武器。……唯有通过组织，无产阶级才能成为一支无法征服的力量"[1]，因而，妇女组织的首要任务便是"组织妇女"，改变她们的分散性。当年的国民党政府在政权下乡的过程中虽然也意识到了组织妇女的重要性，但并没有找到正确的路径，所以组织的意图终究流于失败。而中国共产党将妇女组织的发展同党组织紧密联系，当党的组织延伸到乡村，突破了家族共同体的局限将农民以政治共同体方式团结起来的同时，妇女组织也成功地把农村妇女从封闭的家庭小天地带到了乡村社会的大舞台上来。特别是新中国成立以后，随着农村基层组织的建设，每个乡镇和村落都设置有妇女组织，妇女被正式纳入自己的组织系统中，表现在：优秀的农村妇女被吸收到妇代会中；除特定时期的敌对分子外，每个达到法定年龄的妇女都属于妇女联合会成员；有共同需求的农村妇女还自发组建了不同类型的自组织。通过纵横双向的妇女组织网络，传统的家庭妇女获得了政治身份并接受组织的约束和领导，而党和国家的意志也借助于妇女组织网络渗透到了每个妇女身上，妇女组织成为领导与组织妇女参加政治、经济和社会活动的主要机构，由此，她们终于超越了家庭的限制进入了更广阔的政治共同体，其组织化程度得到迅速提高。

（二）动员妇女

"共产党的专长是组织，他们的目标是把大众动员到他们的组织中去。对他们来说，动员与组织是齐头并进的。"[2] 作为党的群众团体，"动员"也成为妇女组织的一项重任。在传统中国，农村妇女被排斥在政治体系之外，绝大多

---

[1] [美] 塞谬尔·亨廷顿：《变革社会中的政治秩序》，李盛平等译，华夏出版社，1988年，第443页。

[2] [美] 塞谬尔·亨廷顿：《变革社会中的政治秩序》，李盛平等译，华夏出版社，1988年，第332页。

数是目不识丁的家庭妇女，缺乏必要的政治参与意识和能力，因此，妇女组织成立后的迫切任务，一是解决贫苦妇女的切身利益问题，使她们形成对党和国家的认同感，自觉自愿地参与到组织活动中去；二是宣传、教育和发动妇女大众，使她们具备基本的政治素养。就前者而言，以革命时期的黄县为例，不少党员最初都是深受封建家庭迫害的贫苦妇女，在组织的帮助下才脱离封建家庭，加入党的队伍。如黄县有名的女烈士张超（化名），就是在党员乔子平（化名）的鼓励下，才敢于反抗母亲包办的婚姻，同其傻丈夫决裂，最终走向革命[1]。而就宣传教育来讲，妇女组织自诞生之日起，就始终将其作为自己的主要任务。根据《黄县妇女运动史》记载，新中国成立前，妇救会的主要工作就是进行抗日宣传，为此还专门组织了青年妇女抗日讲演队，"每至傍晚时分，就教唱抗日歌曲，进行讲演，宣传抗日救亡的道理"，所到之处，均影响了一批农村妇女[2]。解放战争时期则发动妇女为军队筹粮筹款，缝制军用衣物，并动员家属参军支前，从当时流传的歌曲"母亲叫儿打东洋，妻子送郎上战场"中我们就可感知出妇女组织在战争中的伟大动员作用。而新中国成立后，农村妇代会正式成为隶属党组织的群众团体，因此配合党的中心任务宣传和发动妇女就更是妇代会义不容辞的责任。据调查，新中国成立后妇女组织的动员工作主要通过三个途径进行。一是下派农村的妇联干部。某下派干部回忆道："我当时也包了一个生产队，每天跟着群众一块干活儿，……干完活还要领着学习，学习革命理论，唱革命歌曲"。二是农村妇代会干部。"国家发政策我们就负责宣传，大队的妇女主任开会布置这段时间的工作内容，传达文件，我们再往下宣传。像当时的计划生育政策，我们就要挨家挨户宣传动员。"三是村级妇女宣传员。尤其在集体时期，村村都有宣传员，不少有文化的青年妇女都被吸纳为宣传队成员，在该方面发挥了重大作用。正是通过这种有组织有安排的宣传动员，党和国家的意志以及男女平等的观念逐渐渗透到妇女的内在心理，而妇女在经历了这一政治社会化过程后，其政治意识以及对国家体系的认同感也得以基本形塑。

（三）吸纳和输送妇女精英

除了组织与动员外，妇女组织下乡还有一个重要作用就是吸纳与输送妇女精英，为她们提供施展才华、参与政治的平台。加拿大学者宝森通过研究费孝

---

[1] 黄县妇女联合会编：《黄县妇女运动史》（打印稿），第15页。
[2] 黄县妇女联合会编：《黄县妇女运动史》（打印稿），第12页。

通先生《云南禄村》一书，得出结论：20 世纪 30 年代的农村妇女"在政治等级中没有担任任何直接、正规的角色"，"民国政府及其保甲制下的地方部门似乎也完全将妇女排斥在外"。换言之，在正式体制中农村妇女缺乏参与政治的渠道。"直到共产党革命的到来，才发生了戏剧性的变化。"[①] 而共产党首先就是通过其领导的妇女组织来吸纳精英的，妇女组织中的政治职位被天然认定为妇女专属，通过这些职位，精英们拥有了实质的参政机会。以集体时期的妇女队长为例，她们通常都属于队委会成员，可以经常参与、讨论生产队内部公共事务，享有比普通社员更多的参政机会。妇女组织还实际承担着输送党员和为其他职位培养女干部的责任。从理论上讲，培养女党员同妇女组织间并无直接联系，但在现实运作中，许多妇女精英往往是在担任了妇女干部以后才有了入党的要求和机会，特别是改革开放后这一特征尤具普遍性。以黄县吴村为例，20 世纪 80 年代后，该村共培养了 4 名女党员，她们均当过村妇代会主任，其中 3 名是任职后入党。访谈中，不少女党员也表示："如果不干妇联，我肯定不会入党的，没啥用处，……主要是在这个位置上，所以才入。"另外，除输送党员外，妇女组织也承担着为权力核心职位培养女干部的重要任务。典型例子就是，黄县目前担任村支书和村主任的 7 名妇女均有从事妇女工作的经历，这一现象并非偶然，部分女干部解释道："妇联这个岗位就好像一个跳板，你必须得经过这个跳板，别人才能发现你，不经过这个阶段，女人是很难当一把手的。"可见，无论是从政治意识还是政治机会上而言，妇女组织都为精英的进一步发展提供了锻炼的机会和平台。

四、余论

通过对华北黄县农村妇女组织构建过程及功能的追溯和分析，可以看出，妇女组织的建构与现代国家对乡土社会的整合齐头并进。晚清与民国时期的"国家政权建设"是妇女组织萌生的历史契机，当时中国如雨后春笋般地出现了一批名目繁多、弥散纷杂的妇女团体，但由于晚清与国民党政府"政权下乡"的失效，这些妇女团体成为无根的组织，仅滞留于城市发展，未能渗透到乡土社会。共产党注重从底层动员民众，在"政党下乡"的过程中，将妇女组织建设同党组织的发展紧密相关，通过抗日救亡、土地改革与农业合作化等运

[①] [加] 宝森：《中国妇女与农村发展——云南禄村六十年的变迁》，胡玉坤译，江苏人民出版社，2005 年，第 359 页。

动，党成功地将妇女组织扎根于农村社会。但由此，也使其结构深深地烙上了国家主义与政党的色彩，表现在：抗日时期我党最早构建的妇女组织便是脱胎于党组织的妇女党小组和党支部，而妇救会更是在中共党组织的实际掌控下运转；土改时期轰轰烈烈的妇女会则以中共领导的农会为组织依托，其工作方式亦沾染上特殊年代革命的色彩；新中国成立后，妇代会更被赋予党的群团属性，接受党的领导并建立了与党组织相似的层级架构，时光流转、社会变迁，农村妇代会的这一结构属性却被保留下来，影响至今。更进一步地讲，结构影响功能，百年来妇女组织在乡土社会的作用也与其结构性质相吻相合，即吸纳妇女、动员妇女与组织妇女，而同样，这些功能亦是现代国家整合农村社会的产物，是适应其政治需要而产生的，体现出明显的国家建构色彩。

（原载《妇女研究论丛》2009 年第 1 期）

资源、技术与政策：妇女的角色转变
——以近现代的胶东渔村为例

王 楠[②]

摘　要：自19世纪晚期以来，伴随着资源变动、技术发展与政策演进，胶东渔村的妇女摆脱了男性主导的渔业分工体系。在新中国成立初期的合作化浪潮中，妇女广泛参与劳动，向经济独立与政治平等迈进。这一过程挑战着以种植业为核心的传统研究模式。结合西方理论与中国历史实际，揭示自然、社会和性别的交融互动，是考察近现代农村性别分工和妇女角色转变的有效途径。

关键词：资源　技术政策　妇女　胶东渔村

在传统的农本社会里，土地父权制构成了"男耕女织"的性别分工体系的经济基础，拥有土地的男性比从事家务的女性掌握着更多的家事发言权。正因为如此，新中国成立初期的地权变化往往被视为农村性别革命的拐点。特别是在农业集体化阶段，新的土地改革法令打破了父权制对女性劳动力的束缚，社会主义国家广泛地发动妇女参与农业生产。这些改革推动了性别分工体系的更新，妇女的家庭地位和社会角色也随之转变。

我们承认地权变化对改善女性的境遇和发展的意义，然而农村妇女的新角色并非纯粹的土地因素的产物。早在1967年，海伦·斯诺（Helen Snow）就强调社会福利政策的作用，新政府设立的托儿所和食堂等公共服务机构减轻了琐碎的日常家务，让妇女有更多的时间投入农业劳动[③]。相对而言，杰华（Tamara Jacka）更关注技术进步如何改变了女性的地位。在依靠人畜耕作的早期农业阶段，身体羸弱的女性很少从事繁重的体力劳动。1949年以后，机械化生产降

[①] 基金项目：本文为国家社会科学基金重点项目"清代以来北方水文化史料整理与研究"（项目编号：14AZD063）的阶段性成果。
[②] 作者简介：王楠，男，厦门大学历史系2012级博士生。研究方向：海洋环境史和渔业史。
[③] Helen Foster Snow, *Women in Modern China*, Paris: Mouton, 1967, p. 3.

低了种植业的人力需求，妇女与生俱来的技巧和耐心等天赋也被激发出来①。除此之外，中国政府还致力于从意识形态层面解放女性。正如贝弗利·胡珀（Beverley Hooper）指出的那样，共产主义者抨击儒家思想的陈规陋习，帮助农村妇女摆脱传统的"贤内助"角色②。这些研究成功地展现了20世纪50年代中国农村的"性别革命"，遗憾的是，其核心对象仍然是从事种植业的妇女。面对复杂多样的农村生产方式，仅仅凭借种植业的经验，恐怕无法全面地揭示自然与社会因素对性别分工以及妇女角色产生的影响。

以渔业活动来说，与农民耕种的土地相比，海洋是一个富饶的资源库，因此渔业性别分工与渔场所有权之间的联系比较淡薄。20世纪30年代的调查报告显示，在环境变迁和经济破产的困境中，渔民可以通过借贷或迁移等方式维持生计③。尽管有记载表明，捕鱼并非沿海人口唯一的收入来源，大多数渔村都沿袭着半渔半农的生产方式④，然而渔场的存在至少减缓了失去土地所造成的影响，渔村妇女的角色转变过程也不同于农业妇女。

本文考察的是近现代胶东渔村的女性。通过发掘利用档案和报刊资料，我们追溯了渔村妇女自摆脱男性主导的渔业分工以来，直到20世纪50年代末参与合作化运动，实现经济与政治地位转变的过程。在我们看来，这段历史固然蕴含着类似于农业的急剧变革，但更多地呈现为资源、技术和政策影响下的渐变过程。本文尝试结合自然、社会和性别等进行多视角分析，揭示资源变动、技术发展以及政策演进如何推动了渔村妇女的角色转变。

一、传统渔业性别分工的解体

从地图上俯瞰，胶东半岛被黄渤海渔场环绕着，海滨分布着小块的冲积平原。渔场和土地提供了重要的收入来源，沿海居民大都遵循半渔半农的生产模式。19世纪的男性除了捕鱼还耕种着小块土地，他们在结绳劳动中度过寒冬，开凌前有"剖冰击鲜"的传统⑤。大地上的冰雪初融，男人就拿起犁耙到田间劳作；春汛来临时，他们登船出海。春汛结束后，男人又返回家中，接过了繁重的收割工作。等到索饵洄游的鱼群形成秋汛，他们又回到渔场上，赶在下雪

---

① Tamara Jacka, *Women's Work in Rural China: Change and Continuity in an Era of Reform*, Cambridge: Cambridge University Press, 1997, p. 167.
② Beverley Hooper, "Women in China: Mao v. Confucius", *Labour History*, 1975, (29), pp. 132 – 145.
③ 李士豪：《中国海洋渔业的现状及其建设》，商务印书馆，1936年，第96 – 100页。
④ 王刚：《渔业经济与合作》，正中书局，1937年，第6页。
⑤ 李天鹭：《荣成县志》（卷3），道光二十年刊本，第8页。

前拉起最后一网大头鳕返航。海上劳动经常遭遇危险，很多渔民被风浪吞噬，地方志里记载着他们守寡的妻子①。妇女主要从事岸边劳动，腌渍工艺的成熟应该归功于女性：鱼干是越冬的重要食物，美味的河豚干和腌鲅籽还能贩卖到外地市场。当然，这些都被视为男性劳动的注脚。

传统渔业活动依赖于某些重要资源的维系。在历史上，胶东渔场盛产鲱鱼、真鲷、鳓鱼和对虾，它们拥有庞大的种群数量，每逢春秋两季就游向近海产卵索饵，农业渔民在土地和渔场之间灵活地转换着。嘉道年间，鲱鱼大旺发挽救了成千上万的饥民。考据学家郝懿行记录说，春汛期的鲱鱼"挂网之繁，无虑千万"，捕鱼的迁徙者们在海岸线上建起大量的渔村②。19世纪前期，真鲷的资源量同样相当可观，莱州湾渔民创造过"一网可获数万"的惊人产量③。

在延续了几个世纪之后，很多重要的渔业资源陷入匮乏阶段。环境变化造成了某些鱼群的减产。19世纪晚期，鲱鱼离开了水温升高的黄渤海产卵场④。与此同时，过度捕捞也加剧了资源的崩溃。1915年，来自九州岛和日占旅顺港的渔船在黄海北部捕鱼。1921年，日本船队在海州湾的真鲷产卵场对越冬群系进行酷渔滥捕⑤。还有一些海洋生物也难逃厄运，30年代的福山县渔民抱怨鳓鱼已经灭绝，对虾的体长也明显缩短了⑥。

受到生物种群变动的影响，渔民告别了依靠传统的资源结构谋生的时代。随着黄海鲱鱼的消失，胶东渔民纷纷背井离乡，到朝鲜西侧的海域捕鱼。1880年，偷捕渔船的数量达到五六百艘，全罗道的官员奏报李朝国王，海面上的中国渔船"广张数罟，遮绝渔路"⑦。甲午中日战争后，日本军舰封锁了通往朝鲜的航道。胶东渔民合伙建造起大风网，转向渤海湾内捕捞小黄鱼，拿到河北鱼市上出售。这些远海渔业几乎不需要两性合作，妇女从事的岸边劳动开始明显减少。

20世纪前期，胶东渔场上发生着前所未有的技术革新。1924年，烟台渔

---

① 宋宁章：《牟平县志》（卷8），民国二十五年铅本，第40页。
② 郝懿行：《记海错》，光绪五年重刻本，第21页。
③ 张云龙：《招远县志》（卷5），光二十六年刊本，第17页。
④ 李玉尚：《海有丰歉：黄渤海的鱼类与环境变迁（1368—1958）》，上海交通大学出版社，2011年，第248-253页。
⑤ 《日本渔船至海州湾浸渔》，载《渔况》1930年第2期。
⑥ 《山东渔业急应改进之要点》，载《山东水产导线》1933年第1期。
⑦ 国家图书馆出版社辑：《李朝实录·高宗实录》，国家图书馆出版社，2012年，卷17第5页。

业公司从国外买进几艘渔轮，青岛港也成功地试造出机帆船。这片海域集中了近200艘汽船，大量招募男性渔工。渔工需要度过大半年的漂流生活，当时的渔谣唱道："夏季汽船停埠旁，渔夫回家探老年，但等伏末秋初到，骨肉分离再上船。"[1] 1928年夏天，德国轮船在青岛港附近搭救了一艘机帆船，船上的五位中国渔民都是男性，从即墨县远道而来[2]。新技术的应用延长了生产期，放弃休渔期的农业渔民逐渐转向职业化。

随着海上捕捞时间和距离的扩展，男人们需要即时处理渔获物，不能返回岸边再加工。1931年，青岛和烟台创办了两家制冰厂。拖网渔轮可以携带冰块出海，对渔获物采取冷冻保鲜。与此同时，腌鱼的重要原料——廉价粗盐的供应也出了问题。20世纪20年代，日商在青岛生产精盐，销往日本和朝鲜，而中国本土的煮盐户纷纷破产逃亡。1935年，青岛近海迎来了一场鳓鱼旺汛，可是盐价却居高不下，渔民只能忍痛把捕获的鱼倒回海里[3]。冷藏技术的进步以及渔盐危机的爆发，都降低了妇女所承担的腌渍工作的重要性。

抛开资源和技术要素，政策同样影响着女性的境遇。众所周知，国统区的很多农村发生了小农破产和妇女务工的浪潮，国民政府专门设置了妇女部，通过立法保障女性的职业权利[4]。当时妇女的劳动报酬偏低，不过在主流的社会学家看来，有收入毕竟是赢得经济独立的前提[5]。而渔村的情况却并非如此：与脱离土地的农民相比，破产的渔民仅仅失去了资本和工具，却保留着渔场和资源。他们从私营渔行借贷，或者受雇于汽船渔业。抗战胜利后，海上生产有所恢复，涌入城市务工的渔村妇女并不是太多。

从1941年起，中国共产党陆续在胶东解放区的渔村里推行互助化改革，实施渔具公有、男女社员共同吃饭和劳动的制度[6]。这项制度类似于内陆解放区的土改政策——不分性别地将土地分配给农民。但不要忽略两者的差别：有土地的妇女可以从事种植，有渔具的妇女却未必能出海捕鱼。事实上，渔业仍

---

[1] 张玉芝：《四季杂感》，载《山东省渔民歌谣集解》，山东水产学会，1947年，第57-58页。
[2] 《德国领事馆关于德轮爱尔斯达号救渔夫王佩福等五人义勇可感的函（1928-06-14）》，青岛市档案馆藏，档案号：32-1-422。
[3] 李士豪、屈若搴：《中国渔业史》，商务印书馆，1937年，第158页。
[4] 《妇女运动决议案》，载《政治周报》1926年第6期。
[5] Alicja Muszynski, *Cheap Wage Labour: Race and Gender in the Fisheries of British Columbia*, Montreal and Kingston: McGill-Queen's University Press, 1996.
[6] 《东海地委渔民工作报告（1946-02-19）》，威海市档案馆藏，档案号：G005-001-170。

然是男性的劳动。持有渔具股份的妇女要求分红,对此,男人们坚决反对,甚至拒绝登船以示抗议。1947年,除了几个模范互助组,大多数渔村又退回分散经营的老路上,妇女仅仅在名义上占有渔具。1949年秋天,胶东地委大量征调渔船和渔民,投入局势紧张的台海前线,渔村的改革被暂时搁置①。

自19世纪晚期以来,资源变动冲击着以少数鱼类为纽带的生产模式,汽船的应用扩展了海上捕捞的时空范围,冰冻保鲜降低了腌渍工作的重要性,再加上战争的影响,由男性主导的渔业性别分工体系走向崩溃。国民政府保障女工权利的法令以及解放区的互助化改革,都或多或少地提高了女性的社会地位,但并没有从根本上解决渔村妇女的劳动困境。

二、握起锄头和镰刀:渔农结合社的女性农民

20世纪50年代,传统的渔业资源日益枯竭。海州湾的真鲷已经被捕捞殆尽,小黄鱼和鳓鱼尚未恢复。面对战后的食物危机,日本船队闯入东海等越冬场酷渔滥捕。海面上的中日渔船经常爆发冲突。由于越冬鱼群被过度捕捞,胶东沿海的渔获量也就不可避免地受到影响。

幸运的是,技术进步缓解了传统渔获物的减产。新政府把战时征用的运输船归还给渔民,发展先进的渔具渔法,宣传"苏联渔民用汽船捕鱼,过着美好的生活"的故事②。钓钩、拉网和拖网替代了古老的风网,渔民纷纷放弃休渔期,冒着严寒酷暑出海捕鱼。1951年以后,新式的围网渔轮大显身手,鲐鱼和带鱼的渔获量持续攀升③。随着工业化进程的加快,特别是鱼肝油萃取技术的问世,鲨鱼、孔鳐以及东方鲀等"杂鱼"成为渔民的新宠。

初级渔业社仍然沿袭着半渔半农的生产习惯。除了耕种自身的土地,社员还要管理军属的代耕田。谷雨季节,政府会指示村社发动男劳力,优先完成代耕劳动。村社里纯粹的农民比重不高,主要是老年人。青壮年男人大都是职业渔民或者季节性的农业渔民。农业渔民过着时忙时闲的日子,徘徊在渔场和土地之间④。惊蛰后的一个多月是春耕的高峰期,犁地、松土和播种玉米等都是男人的差事。直到洄游鱼群抵达渔场,他们才把锄头交给妇女。最繁忙的春耕

---

① 《胶东区党委、军区、行政公署联合决定(1949-08-28)》,文登市档案馆藏,档案号:1-1-12。
② 《高恒山渔业生产合作社是怎样组织起来的(1952-12-01)》,荣成市档案馆藏,档案号:16-1-48。
③ 朱树屏:《烟台海区鲐鱼渔场调查》,载《太平洋西部渔业研究委员会第二次全体会议论文集》,科学出版社,1960年。
④ 《一九五五年伏、秋生产情况报告(1955-09-06)》,海阳市档案馆藏,档案号:56-1-3。

阶段已经过去了，剩下的往往是锄草和施肥等轻松的农活。

春汛来临前，海洋里还有稀薄的越冬鱼群，可是海面上风暴频繁，经常打翻渔船。1952年，荣成县的一个模范渔业社只有13艘舢板打冬。一位冒着严寒出海的渔民捕获了40多万元（合1955年后的40元）的毛虾，反而遭到其他社员的忌妒。第二年春天，政府对"迎鱼头、追鱼尾"的劳动模范进行褒奖。有些村社集资购买了小型机帆船，在低强度的风浪里，可以把定置网渔船拖到渔场上。几处最重要的港口都设立了暴风站，由暴风员负责接收预警。1955年，台风和寒潮预警的精度明显提高，渔业活动被掌控在相对安全的范围内①。

定置网和拉网渔民纷纷赶在清明节前出海捕鱼，农业就面临着劳动力不足的困境。1952年春天，山东分局妇委会建议发动妇女参加春耕②。农业社对此没有提出异议，早在土地革命时期，那里的妇女就撑起了半边天③。而渔农结合社最初不愿响应这个号召，每到农忙季节，它们可以从农业社里雇来短工代劳。没过多久，农业社内部开展了丰产运动，超过60岁的老年人也要参加定额劳动，招募短工就变得非常困难了。

1952年成立的邵长贵渔农结合社有25户人。建社初期，男性几乎包办了全部的渔业劳动以及主要的农活，妇女们平日能做的"重活"也只是锄草施肥，有些人甚至连犁头都不会使用。1953年，村社里的网具增加到33副，大多数青壮年男子投入渔业生产。农业队员本来就匮乏，还要扔下家庭土地，到代耕田上劳动，他们纷纷抱怨起"白占便宜"的军属。最后，政府从外地紧急抽调了一批人手，教会渔村妇女一些简单的农活。第二年春天，邵长贵社的农业生产队增加了14位女队员，她们同留守的9个男劳力共同承担起春耕劳动④。

渔农冲突还在延续着。捕完春汛后，农业渔民迎来了夏季的休渔期。鱼群进入分散索饵阶段，集中捕捞的效率降低了，浅海渔场上只剩下几副流网和定置网。再过一个多月，索饵和适温洄游的鱼类形成秋汛，又该出海捕鱼了。两个旺汛之间是小麦的收割季节，这些农活就理所当然地交给了休渔期的男人。

---

① 《一九五五年上半年度暴风警报工作总结（1955-07-01）》，海阳市档案馆藏，档案号：56-1-3。
② 山东省地方史志编纂委员会：《山东省志·妇女团体志》，山东人民出版社，2004年，第343页。
③ 《关于春耕运动的决定》，载《红色中华》1934年第2期。
④ 《海阳县第九区邵家村邵长贵渔、农生产合作社调查报告（1954-6-2）》，海阳市档案馆藏，档案号：56-1-2。

20世纪50年代前期，青岛和烟台竖起了几座化工厂的烟囱，鱼肝油工业的原料需求在持续增长。渔业机构发动渔民捕捞肝脏含油量较高的鲨鱼、鲐子鱼和东方鲀。1952年，荣成县水产科劝说渔民扔掉夏季的农活，到远海渔场上钓鲨鱼。牟平县也发展过类似的捕鲨业和延绳钓渔业①。这些夏季渔业的发展加速了农业渔民转向职业化的步伐。

捕鲨活动赶上了麦收季节，很多地区不愿意执行计划，把水产工作者派往山区进行小麦育种试验。有些渔民只是出海碰碰运气，发现鱼群稀薄就放弃捕鲨业，返回土地上干农活。荣成县蔡家庄有270多亩麦田，还担负着30多亩玉米地的代耕任务。1953年夏天，社长高恒山向政府递交了丰产竞赛书，从麦田里抽调劳动力到旅顺渔场钓鲨鱼。出发前碰上了阴雨天气，有人担心抢收不及的小麦会生芽，就拒绝登船出海②。

虽然蔡家庄把闲置的男劳动力集中起来，成立了夏季农业互助组，可是对这个13人的互助组来说，300多亩土地的收割任务还是太繁重了。村社最终决定发动13个大脚妇女和10个小脚妇女参加麦田收割。县政府从农业社抽调了十几个帮手，还嘱咐高恒山要照顾小脚妇女的劳动强度。渔农业的劳动力匮乏问题很快就缓解了，蔡家庄的社员们拍手称赞："今年的土地做的真好，还少使了不少工夫钱。"③ 几个邻近的村社发现蔡家庄尝到了甜头，也纷纷发动妇女参加麦田收割。

在半渔半农的初级合作社里，种植业还占据着重要地位。发动妇女务农为家庭和村社提供了巨大帮助，特别是大脚妇女，能够胜任从播种到收割的全部农活。当然，绝大多数初级社仍不赞成妇女出海，但这种状况随着合作化运动的进程而改变着。

三、从麦田到渔场：高级渔业社的妇女劳动者

20世纪50年代中期，一场被喻为"大海的怒涛"的合作化浪潮席卷了胶东沿海。管理者相信，一个专业化的大家庭要比分散的、半渔半农的小家庭更有前途。牟平县的七处渔业社把土地、果园和山岚转交给农业社经营，乳山县的30多个初级社被合并成9个大社。经过生产资料及劳动组织的调整以后，一方面，农业社不再添置渔具，海上生产陷入停滞。有些地区除了年轻人还在

---

① 《牟平县1954年渔业代表大会记录（1954-12-16）》，牟平区档案馆藏，档案号：75-1-6。
② 《荣成县八区蔡家庄高恒山渔业生产合作社总结（1953-07-19）》，荣成市档案馆藏，档案号：16-1-73。
③ 《荣成县八区蔡家庄高恒山渔业生产合作社总结（1953-07-19）》，荣成市档案馆藏，档案号：16-1-73。

资源、技术与政策：妇女的角色转变
——以近现代的胶东渔村为例

捕鱼，剩下的季节性渔民已经转向农业。另一方面，渔业社交出了全部土地，只能依靠海洋维持生活来源，"男性捕鱼、女性种田"的老办法就行不通了。男人完全投入海上生产，而务农的妇女显然不能再做回家庭主妇了。很多渔业社把妇女派出去打短工，可她们在农业社里无事可做，还经常受到歧视①。

这并不代表劳动力过剩，相反，渔场上的技术革新增加了人力需求。1956年，荣成县的机帆船增加到10艘。其中有4艘被派往舟山渔场，学习渔业经验；有两艘穿梭在黄渤海之间的航道上，把挂网渔船运到黄河口附近②。政府号召基层村社，将劳动力尽量投入先进的拖网和围网渔业，适当放弃其他生产。即使如此，很多渔业社仍然需要雇用渔工。男人被推向更远的渔场，相对次要的近海渔业和副业就无人问津了。

大鱼岛位于石岛东南端的岬角上。初级合作化时代，妇女耕种着小块的家庭土地，却很少从事渔业和副业劳动。1954年，几位妇女参加了渔业互助组，男人们对这件事嗤之以鼻。渔民宋仁堂家里有八口人，还有一片麦田，由妻子和女儿打理着。有人劝他把女儿送到渔业生产队里养家糊口，却被他拒绝了："闺女大了是人家的人，参加社不参加社是一样。"③ 依靠出海捕鱼的收入，加上几亩贫瘠的土地，很多贫困家庭还能维持生活。

在合作化浪潮中，大鱼岛的几个初级社和互助组合并起来，把土地转交给邻近的农业社经营。这个近800户人的高级社拥有172艘渔船，创造出全县10%的渔获量。村社还购买了纺草绳机、织网机和纺线机，发展渔具生产等副业部门④。所有的副业劳动由一个15人的小队承担着，队长经常抱怨人手不够。根据一份账务清单，为了雇用副业男劳力，村社每年支付的工资比所有社员两个月的口粮钱还多。

专业化的渔业社成立后，一些半渔半农的家庭面临着生活危机。1955年，一贯反对女儿参加劳动的宋仁堂找到社长，要求解决女儿的入社问题。他的土地已经被转交出去，失去了农业这条臂膀，靠捕鱼养家的日子就很吃力了。随后，他的大女儿成为最早入社的5位女社员之一。宋仁堂式的家庭并不罕见，在几个月后整社运动中，又有20多位妇女要求参加合作社。第二年，大鱼岛

---

① 《关于半渔半农应根据实际情况改渔农结合或渔业社的通知（1956-12-07）》，牟平区档案馆藏，档案号：75-1-10。
② 《荣成县水产局关于渔业代表技术会议情况报告（1956-08-19）》，荣成市档案馆藏，档案号：40-1-1。
③ 《荣成县大鱼岛合作社副业生产专题总结报告（1956-06-29）》，荣成市档案馆藏，档案号：40-1-1。
④ 《荣成县烟墩角渔业合作社办社的经验（1957-01-07）》，荣成市档案馆藏，档案号：16-1-190。

合并了一个手工业初级社，得到 30 个从事修补编织的女工。

由于长期从事副业生产，男队员的技巧比妇女娴熟得多。相反，生理条件和劳动经验的局限降低了妇女的工作效率。水产科指示生产队对妇女进行培训，经过半年的学习，女社员们熟练掌握了织网、编绳等技能。1956 年夏天，水产科把大鱼岛的成功经验推广到其他渔业社，妇女参加副业生产已经相当普遍。根据按劳分配的原则，很多渔业社颁布了"超产者奖、缺产者罚"的定值条例。职业培训和奖惩制度激发了女队员的工作热情，1956 年下半年，草岛寨的织网女工把每台机器的日产量由 6 个提高到 8 个；烟墩角的副业队每日人均只能编 15 公斤草绳，在妇女参加劳动后，人均日产量增加到 18 公斤①。

此外，到了高级合作化阶段，为了让男渔民投入高效的围网和拖网捕捞中，浅海渔业劳动就理所当然地交给了妇女。1955 年春天，乳山县白沙滩镇的渔民把大船集中起来，装上圆网捕捞带鱼。圆网渔业需要大量劳动力，很多钓鱼队员被抽调走了。渔联社很快就发现了渔船闲置的情况，马上组织妇女从事小型拖网渔业。

最先发动妇女的是两个模范渔业社，那里的女队员很快就掌握了劳动诀窍。她们白天休息，夜晚登上一艘可以搭载四人的舢板，由一位妇女划船，其他几位负责钓带鱼。这种渔业成本很低，用不着投放鱼饵，操作起来也非常容易，每个人只需要一把钓钩，一艘舢板每天晚上至少可以钓到十几条带鱼②。两个模范社的妇女工作进行得顺风满帆，其他的渔业社也开始纷纷效仿。到 1956 年春天，乳山县的 9 个高级社共有 200 多位女渔民。在劳动时间和强度的安排上，渔业社给予妇女特殊的照顾：赶上每月三天的例假，女渔民可以不出海，临时编入补网队③。还有些不理智的跟风现象——例如盲目吸收妇女造成的劳动力质量下降等问题，也都得到了纠正④。

受到渔业歉收的影响，有些高级社最终回到半渔半农的道路上，另一些则维持了很久。但是无论如何，从高级合作化时期开始，妇女承担起更多的渔业和副业劳动，这对她们赢得自身的经济与政治独立产生了重要影响。

---

① 《荣成县水产局关于渔业代表技术会议情况报告（1956-08-19）》，荣成市档案馆藏，档案号：40-1-1。

② 《为报告渔民出海情况（1956-04-01）》，乳山市档案馆藏，档案号：58-1-50。

③ 《海阳县第九区邵家村邵长贵渔、农生产合作社调查报告（1954-6-2)》，海阳市档案馆藏，档案号：56-1-2。

④ 《牟平县 1956 年渔业生产合作工作及 57 年工作意见（1956-10-09）》，牟平区档案馆藏，档案号：75-1-10。

四、女性的经济解放和政治诉求

借用女权主义者的经典比喻，政治平等和经济独立象征着女性的两条臂膀。20世纪前期，渔村妇女的两只手臂还没有完全从绳索中挣脱出来。20世纪50年代，村社发动妇女在很大程度上源自国家建设的需求，"许多合作社感到劳动力不足了，有必要发动过去不参加田间劳动的广大的妇女群众参加到劳动战线上去"[①]。当然，除了生产力要素本身，社会主义国家还致力于从意识形态上解放妇女。新政府宣扬男女平等，要求妇女参与生产活动，而不再作为家庭和社会的包袱。

合作社成立初期，男人们仍然瞧不起"种地不好、修理外行"的妇女。渔村里流传着迷信的说法，认为妇女登船会带来不吉之兆。当水产科决定将妇女编入渔业生产队时，男人们闹起了情绪，抱怨妇女只能充人数，有些人甚至公开指责："咱们二小队来了两个'妈'，什么也不能干。"事实证明，妇女在织网、压线和纺绳等部门表现出良好的天赋，增产幅度达到20%以上，超过生产队的平均产量[②]。此外，经过长期的劳动训练，从事春耕、夏收和捕鱼等繁重劳动的妇女，生产效率也得到显著提高。这些事实颠覆了传统的性别歧视，让说闲话的男队员闭上了嘴。

根据按劳分配的原则，妇女摆脱了对男性的经济依赖。1954年，邵家庄农业队的妇女平均可以赚到200多工分，相当于半个男农民的劳动量。1956年5月，大鱼岛的女社员创造出5000多元（第二套人民币）的产值，其中大部分来自副业生产。村民张洪奎长期卧病在床，靠政府的救济维持生活。他的妻子参加劳动后，这个家庭不用完全依赖救济款度日了。另一位男社员经常抱怨养女儿只赔不赚，当女儿从生产队拿回第一笔钱时，他逢人便夸："现在还幸亏闺女帮助我。"女社员吕鸿发赚到工资后很兴奋："我过去手中常是分文无有，每次要花钱还得向丈夫婆母要，而现在自己手中有了钱，买东西也方便。"她用工资买来两块布料，给照管孩子的婆母和未成年的小姑各做了一件衣服[③]。一个能劳动而且有收入的妻子、女儿或者儿媳，对于维持家庭成员之间的融洽

---

① 毛泽东：《〈为发动妇女投入生产，解决了劳动力不足的困难〉一文按语》，载《中国农村的社会主义高潮》（中册），人民出版社，1956年，674-675。
② 《报告我社劳动竞赛情况（1956-09-08）》，乳山市档案馆藏，档案号：59-1-56。
③ 《荣成县大鱼岛渔业生产合作社经营管理和搞副业生产的经验（1957-02-13）》，荣成市档案馆藏，档案号：16-1-190。

相当重要。

参加社会劳动的女性,往往无暇从事缝补和做饭等日常家务。1955年,大鱼岛有500多位青年妇女,大部分带着年幼的孩子。一位女社员的丈夫在外服兵役,村社替她耕种着几亩代耕田。高级社成立后,代耕田被交换出去,生活变得拮据起来。她本想入社赚钱,而婆母却不愿意照看孩子。第二年春天,合作社发动老年人成立了托儿组、推磨组和缝衣组,还专门购买了4台缝衣机和几头驴,孩子们在新试办的家庭小食堂里吃饭。抚养子女等家庭义务转变为合作社成员的共同责任,参加劳动的年轻妇女就没有了后顾之忧。

通过辛勤劳动,妇女获得了社会的尊重与认可。1951年,荣成县派渔业模范参加省工农业代表会议,却没有给妇女参会名额。到1956年年底,水产科在筹划渔业模范表彰大会时,规定必须有妇女出席会议。五龙咀村的张云卿只读过3年初小,辍学后就像其他渔村妇女那样赶海度日。1952年,政府创办了水产养殖场,熟悉蚶类习性的她成为养殖场里唯一的女工。凭借高超的养殖技术,张云卿被聘为副业生产队的养殖组组长。她动员村里的少女到养殖场里打短工,这支队伍很快就增加到40多人。1956年,养殖场播撒了500多亩蚶苗。第二年春天,张云卿出席了全县的渔业模范表彰大会。得知这个23岁的姑娘尚未嫁人,县长还专门为她说了媒[1]。在这次会议上,其他几位妇女代表也像男模范那样佩戴起奖章。

不仅如此,村社的重要职务也逐渐对女性开放了。渔业合作社的内部设有管委会和监委会。50年代初期,这两个基层自治组织中的女性比重还很低,主任的职位被男性把持着。1951年,乳山县的渔村管委会和监委会中只有1/10的妇女。到了高级合作社阶段,妇女成员的比重迅速增加。秦家村有一位叫秦秀芬的女强人,利用闲暇时间组织妇女编织渔网,给村社省下一大笔开销。合作社选举时,秦秀芬发现自己不是监委会主任的竞选人,于是要求加上自己的名字。有人打圆场说,秦秀芬已经是管委会的委员,就不要再进监委会了,没想到秦秀芬竟然当众提出抗议。由于县妇联和水产科的公开支持,秦秀芬当选为监委会主任[2]。秦秀芬的成功不是个例:在很多渔农业生产队里,妇女同样担任着"一把手"的职务。

就像桑德拉·马尔堡(Sandra Lin Marburg)揭示的那样,女性的从属地位

---

[1] 《张云卿个人模范报奖材料(1957-02-19)》,荣成市档案馆藏,档案号:16-1-190。
[2] 《关于民主建社的经验总结(1954-02-05)》,乳山市档案馆藏,档案号:59-1-55。

是父权制经济体系的产物。随着自然与社会环境催生出对女性劳动力的需求，她们的经济乃至政治解放进程可能会加快[1]。在20世纪50年代的胶东渔村，女性通过劳动改变着自身的社会角色：她们在"男女同工同酬"的原则下投入生产，领取工资，摆脱了家庭经济的依附关系。与之俱来的是妇女政治地位的变化，很多"女强人"成为基层村社的管理者。

五、结论

从目送丈夫远航的渔家女，到登船出海劳动的女社员，胶东渔村的妇女经历着前所未有的角色转变。在这片不起眼的渔场上，资源、技术和政策等要素共同搭建了一个广阔的舞台。

翻开有关新中国农村妇女的著作，1951年颁布的《土地改革法令》往往被视为一个拐点。该法令不分性别地将土地转交给农民耕种，因此西方人称其为一场激进的"性别革命"[2]。然而农村的生产方式千差万别，正如高世瑜评论的那样，这种差异造成了妇女生存状态的多元化[3]。与种植业中暴风骤雨般的改革相比，渔村妇女的角色转变过程更加温和。如果说50年代的新法令产生了急变效应，那也是建立在长期的累积或者渐变之上的：渔业资源的产量随着环境变化而波动，捕捞技术的发展带有继承性，而新中国成立后的合作化浪潮也是解放区的互助化改革的延续。

具体而言，自19世纪晚期以来，产量变动冲击着以鲱鱼等资源为纽带的渔业分工体系；技术发展增加了两性劳动场所的隔离，男性逐渐丧失了在合作分工中的支配地位；国民政府的法令以及解放区的互助化改革，都提高了女性的社会地位，但没有完全解决渔村妇女的劳动困境。新中国成立初期，合作化运动加速了男性渔民转向职业化的进程，妇女握住镰刀、扛起锄头，从春耕忙碌到夏收。高级渔业社建立后，女社员广泛地参与副业劳动，投入近海捕捞。辛勤劳动让妇女获得了经济独立，由家庭走向社会。考虑到"女强人"的政治诉求，新政府还将她们列为基层村社的管理者。

以历史的眼光来看，欧美学者将自然歧视与性别歧视联系起来，除了逻辑

---

[1] Sandra Lin Marburg, "Women and Environment: Subsistence Paradigms, 1850—1950", *Enviromental Review*, 1984, (1).

[2] Rosalind Rosenberg, "The 'Woman Question'", *The Columbia History of the 20th Century*, New York: Columbia University Press, 1998, pp. 52–80.

[3] 高世瑜：《关于妇女史研究的几点思考》，载《历史研究》2002年第6期。

上的相似性，恐怕也带有某种时间上的巧合性——毕竟，机械论哲学的诞生几乎同时宣告了西方人对自然和女性的双重支配[1]。可是在大洋彼岸的中国渔村，男女两性却在资源、技术以及政策的共同推动下走向协作。开发自然的征程不会理所当然地伴随着性别压迫。

这些事实提醒当代人关注种植业者之外的女性群体——她们的过去、现在和未来，或许并非由纯粹的政治力量所决定，自然与社会变化都将产生重要的影响。借鉴西方理论是一种有益的尝试，但必须结合中国自身的历史轨迹，重新探讨各要素之间的有机联系。如果将妇女的角色转变融入一个广阔的、由资源、技术与政策构成的"大舞台"内考察，我们就开启了一扇窥视女性境遇和发展的窗户。

（原载《妇女研究论丛》2016年第2期）

---

[1] Carolyn Merchant, *The Death of Nature: Women, Ecology and the Scientific Revolution*, New York: Harper & Row, 1980.

组织动员下新疆支边妇女的婚恋研究

王 颖 石 彤[①]

摘 要：1949年新疆解放，在屯垦戍边的背景下，新疆动员大量妇女进疆。其后，组织对妇女的婚姻动员经历了从组织安排到道德婚姻和自主婚姻的转变。妇女个体的进疆选择本身就是对于传统依附的性别模式的抗争。面对组织动员的婚恋，新疆支边妇女对婚姻模式和组织力量发展出了一套自我解说逻辑。新疆支边妇女关于婚恋的历史记忆和叙述，将为我们理解集体主义时期组织动员下个人生活的集体整合提供例证。更为重要的是，妇女在个体与组织的张力中能动地寻求和获取妇女自我解放之路的同时，也完成了对于国家和组织正义的守护。

关键词：组织动员　新疆支边妇女　婚恋　道德

一、问题的提出

1949年9月，新疆和平解放。同年12月中央发布《关于一九五〇年军队参加生产建设工作的指示》，要求人民解放军"应当负担一部分生产任务，使我人民解放军不仅是一支国防军，而且是一支生产军，借以协同全国人民克服长期战争所遗留下来的困难，加速新民主主义的经济建设"[②]。1951年1月新疆军区政治部发出指示，要求各部队广泛深入地开展以"在边疆长期安家立业为中心内容的思想教育运动"，号召全体指战员树立"屯垦军""劳动军"思想，"安家落户，建设边疆，保卫边疆"[③]。新疆屯垦戍边事业拉开了序幕。

屯垦事业开创之初，新疆军区即从内地动员大批妇女进疆，参加边疆建设，同时为广大官兵成家立业创造条件。这些妇女进疆后，成为新疆解放和生

[①] 作者简介：王颖，女，中华女子学院社会工作学院讲师。研究方向：性别研究、教育社会学、社会福利与社会政策。石彤，女，中华女子学院社会工作学院教授。研究方向：社会学、社会工作和社会性别。
[②] 《毛泽东文集》（第六卷），人民出版社，1999年。
[③] 新疆生产建设兵团史志编纂委员会：《新疆生产建设兵团大事记》，新疆人民出版社，1995年。

产建设的生力军。本文所研究的新疆支边妇女[①],指从 1949 年开始,来自陕西、甘肃、山东、湖南、上海等地的女青年、女知识分子等,部分妇女以参军方式进疆并拥有军籍;部分妇女以支边身份进疆,进入新疆各条劳动战线;还有一部分妇女则被安排进家属队,没有正式工作。对这一群体大规模的政治动员,缘起于部队官兵较难解决的婚姻问题[②]。本文试图分析在以妇女解放为重要内容的社会全面改造特别是婚姻制度改造的社会背景下,新疆支边妇女这一特殊群体具有时代特点和地域特点的婚恋经历。

长期以来,学术界认为,中国 20 世纪的婚姻从家庭压迫转变为个人有限自由,特别是新中国成立初期婚姻家庭和性别关系经历了大规模的重构。20 世纪 50 年代新婚姻法的颁布和政府推动家庭改革的做法,使青年人的择偶自主权发生了显著变化[③]。新婚姻法废除了封建婚姻和买卖婚姻并建立了婚姻自主的基本原则,被认为是新政权对婚姻家庭制度实施国家干预的最重要的法规[④]。这种干预试图将婚姻从被长辈控制的两个家族群体的交换,转为平等个体的个人关系。国家试图将已婚妇女(和男性)从血缘关系中抽离出来,转为进入到社会主义国家的亲密共同体中,这使年轻妇女得以受益[⑤],特别是没有听说过男女平等的、不识字的农村妇女,她们在利用新婚姻法来实现离婚或自由择偶方面更加积极,也更为有效[⑥]。

这些研究指出了新中国成立初期国家对于妇女婚恋的影响,特别是对 1950 年婚姻法的研究,突出了集体主义时期国家对于家庭和婚姻的动员和介入以及对家庭的社会主义意涵的重新赋予。以往关于新疆支边妇女的婚恋研究,大多沿袭"国家压迫"的视角,突出国家在新疆支边妇女婚恋中的作用,鲜有在当时的历史语境中从支边妇女自身的角度来探究和挖掘这段历史。

新疆支边妇女的婚恋经历,作为集体主义时期更为特殊的案例,可以使我

---

① "妇女"一词承载着革命动员意义,并与中国传统家庭和社会制度紧密联系。
② 王颖、石彤:《新疆支边妇女寻求"解放"的进疆选择》,载《中华女子学院报》2014 年第 4 期。
③ William Parish and Martin Whyte, *Village and Family in Contemporary China*, Chicago: University of Chicago Press, 1978.
④ 陈映芳:《国家与家庭、个人——城市中国的家庭制度(1949—1979)》,载季卫东编:《交大法学第一卷(2010)》,上海交通大学出版社,2010 年。
⑤ S. L. Friedman, "The Intimacy of State Power: Marriage, Liberation, and Socialist Subjects in Southeastern China", *American Ethnologist*, 2005, 32 (2), pp. 312 - 327.
⑥ Neil J. Diamant, *Revolutionizing the Family: Politics, Love, and Divorce in Urban and Rural China, 1949—1968*, Berkeley and Los Angeles: University of California Press, 2000.

们更深入地了解这一时期的性别关系和婚姻模式。更为重要的是,了解在集体主义形塑下妇女的主体性是如何彰显的。独特的婚恋经历是新疆支边妇女生命历程中极为重要的一项内容。支边妇女对这一经历的叙事和解读,呈现出妇女对于自我的意识以及支边群体和国家建设及历史时代的联结,彰显出集体主义时期组织动员所塑造、裹挟和隐匿的性别议题和妇女解放问题。在20世纪50年代的新疆,有关婚恋的议题是与边疆稳定、经济建设相关联的。集体主义理念和革命伦理成为恋爱和婚姻的前提,也是组织婚姻动员的道德基础和依据。与此同时,进疆的确给妇女带来了身份、地位的改变,而妇女在边疆建设中的意义亦呈现于妇女的婚姻、生活和工作中。她们在国家政治动员下为了寻求解放而坚定出走,在面临婚恋问题时,通过自我意识的建立,个人经历与集体、国家和时代背景的连接,发展出颇为复杂却极具主动意识的解读。

二、研究方法

本文采用口述历史的方法对新疆支边妇女进行研究。口述历史从20世纪80年代开始被女性主义者用以提取被忽视的女性的生活经验和故事,以期通过口述故事的补充,将女性的声音引介到历史的中心[1]。口述历史在弥补传统历史空白的同时,更为重要的是其展演的"主体间性"问题,"自我叙述本身就是建基于他者的认同。……当受访者收到自己叙事的记录,她们才重新发现自己,为自己走过的岁月下定义"[2]。在访谈过程中,受访者最经常提到的一句话是"我们太普通了,这些都没价值和意义"。而在访谈结束后,随着访谈人与受访者的接触和交往,书写和记录她们所经历的历史,则不但让这段历史获得了丰富和修正,同时,受访者本身对其自身生命价值和群体价值获得了重新界定和自我认可。

本文研究资料来自对11位新疆支边妇女及其中1位支边妇女配偶的口述史访谈[3],受访者年龄均为70岁以上。受访妇女1951年至1954年进疆,主要来自湖南和山东两地,进疆前的身份为农民、学生等,进疆后的身份为拖拉机手、招待员和家属队员等。受访妇女结婚时间为1953年到1961年,与配偶年

---

[1] Joan Sangster, "Telling Our Stories: Feminist Debates and the Use of Oral History", In Robert Perks and Alistair Thomson (eds), *The Oral History Reader*, London: Routledge, 1998, pp. 88–92.

[2] 黄慧贞:《主体的追寻:口述历史作为香港妇女史研究的进路》,载《社会科学战线》2011年第2期。

[3] 本课题为中华女子学院中国女性图书馆口述历史项目。XJ1、X4、XJ5、XJ6及XJ4H的访谈者为石彤;XJ2、XJ8、XJ9的访谈者为李洁;XJ3、XJ7、XJ10、XJ11的访谈者为王颖。

龄差距最小为 2 岁，最大为 15 岁（见表1）。

表1 受访的进疆妇女基本信息

受访者编码	出生地	出生年份	受教育程度	进疆年份	进疆前身份	结婚时间	配偶出生年份	配偶受教育程度	配偶工作和职级
XJ1	湖南长沙县接驾岭	1936	中专	1951年参军	学生	1953年8月22日	1923		营长
XJ2	湖南省湘阴县	1936	三年级	1952年参军	农民	1954年1月2日	1921	黄埔军校	参谋
XJ3	湖南望城县莲花	1934	没上学	1952年参军	童养媳	1954年5月1日	1921		天山畜牧场厂长
XJ4	山东栖霞县	1938	高小	1954年支边	农民	1955年3月6日			副团
XJ4H（XJ4的配偶）		1931						高小	
XJ5	山东省栖霞县	1933		1954年支边	农民	1955年7月	1924		驾驶员
XJ6	山东荣成梁家村	1935	没上学	1952年参军	农民	1955年10月22日	1931		初级干部
XJ7	山东栖霞县	1934	二年级	1954年支边	农民	1956年	1921		班长
XJ8	湖南省长沙市郊	1938	初二	1952年参军	学生	1956年3月8日	1933		文教
XJ9	湖南长沙市郊	1935	高小	1952年参军	农民	1956年10月13日		高小	干事
XJ10	山东省济宁柳行	1933	高小五年级	1952年参军	务农（地富子女）	1957年1月1日	1931		拖拉机手
XJ11	山东荣成县	1938	初小四年级	1954年支边	农民	1961年1月1日	1931	八一农学院	生产科

尽管这些支边妇女口述访谈中所陈述的内容大多不存于既有文献中，笔者试图通过查阅历史档案、刊物、书籍、补访相关人员及受访者内容互相佐证等方式，力求还原真实。通过受访者的陈述，可以管窥妇女群体自身对于历史的建构性叙事，这将帮助我们超越宏大历史叙事和革命叙事，获得更为深入和广阔的历史理解，重新审视集体主义时期妇女个体、婚姻家庭和国家之间的关系。

三、组织动员下的妇女进疆与婚恋

1949 年和平解放新疆后，国家提出军垦政策以解决部队的生活问题和新疆的稳定发展。但是，长期的战争造成了大量部队军人未婚，而屯垦戍边、建国立家方针的确立使部队的婚姻问题更为紧迫。一部分指战员为了解决婚姻问题，要求回家和复员。"某部 13 名干部集体要求复原，理由是回家找媳妇，结婚生孩子"；"某部 82 名 30 岁以上的干部和老战士申请回家，其中有老红军 7 人，老八路 21 人"[1]。1951 年，新疆部队以师（独立团）为单位报告本单位的婚姻情况统计数字以具体掌握部队婚姻的真实情况[2]。档案资料显示，改编为第二十二兵团的国民党起义部队，到 1951 年 10 月，第二十五师官兵已婚的有 1947 人，订婚的有 401 人，而未婚的有 4383 人[3]。二军六师 1952 年排连两级干部已婚的是 1001 人，未婚的是 1069 人，订婚的有 63 人，40 岁以上还没结婚的有 44 人[4]。

官兵的婚姻问题，关乎边疆和平稳定。自进疆始，部队已注意到官兵婚姻问题的严峻性，并提出组织对于个人婚恋问题的关照和解决的重要性。王恩茂（二军政委）1950 年在二军政治工作会议上讲话："关于老婆问题，彭副总司令说从口里[5]动员女同志到新疆来。……我们的毛主席是中央人民政府主席，一定会照顾我们的，他说我们的经济建设会一年一年的变好，一切问题都很好解决。总之千言万语是我们同志在部队中努力工作完成任务，个人的问题是一定会解决的。……彭副总司令和王司令员都说过，……年轻的同志不要着急，首先是三十岁以上的同志，然后是二十八九岁的同志，二十五岁的还要后一步，应该按次序，小的让大的，不要乱了。"[6] 可以看出，婚姻问题，不仅关乎官兵组织家庭的现实需要，同时关系到边疆的安定和发展，将个人的婚姻问题上升为国家的议题，更展现出国家对于解决军人婚姻问题的高度重视，同时也是对其革命贡献的承认。当时新疆军区解决部队婚姻问题的办法主要有官兵自己解决、军委调拨女兵、新疆军区和人民政府到内地招收妇女进疆等方式。而招收妇女进疆的方法更能大规模、快速有效地解决部队的婚姻问题。

---

[1] 公丕才：《五万进疆女兵的婚姻白皮书》，载《西部人》2003 年第 3 期。
[2] 《新疆军区政治部关于保障革命军人婚姻的通知》，新疆军区档案馆档案，1951 年 5 月 7 日。
[3] 《第二十五师政治部婚姻状况统计表》，新疆军区档案馆档案，1951 年 10 月 21 日。
[4] 《男女婚姻情况统计表二军六师》，新疆军区档案馆档案，1952 年，转引自姚勇：《湘鲁女兵在新疆》，光明日报出版社，2012 年，第 28 页。
[5] 古时新疆一带通称西域，在内陆与西域未通行的唐朝以前，甘肃玉门叫玉门关，是内陆、中原通往西域的关口，所以新疆人一般称内陆人为"口里人"。本处"口里"指内地。
[6] 《王政委在政治工作会议上的讲话》，新疆军区档案馆档案，1950 年，转引自姚勇：《湘鲁女兵在新疆》，光明日报出版社，2012 年，第 28 - 29 页。

组织初期动员的是有文化的、年纪较轻的青年学生,后来转为动员年龄较大的农村妇女和寡妇;1949年是通过干部学校招生、动员参军等方式,部队整编后改为动员妇女支边、参加经济建设的方式。大量的支边妇女进疆后,组织对进疆妇女的婚恋进行了不同程度的动员、安排和影响。这一过程中,妇女婚恋不再属于私人的事务,而是影响边疆稳定、边疆建设并与国家有关的集体"公事"。与此同时,进疆妇女也并非完全被动地接受组织对婚恋的影响,而是在与组织、国家的互动中,在集体主义话语和婚恋自主的解放话语中积极寻找能动的空间,彰显自身的主体性。

(一)组织安排的婚恋(1949—1952年)

1949年,王震带领的第一野战军挺进西北,并在临洮建立第一兵团军政干部学校。1949年5月到1949年10月,第一兵团"共招收知识青年1万多名,其中女知识青年1127名","既有20多岁的女大学生,也有十四五岁的女中学生"①。当时的动员以"军政干部学校招生"为名,陕甘妇女成为第一批进疆的女兵。

从1950年开始,新疆部队开始面向湖南招收未婚女兵②。王震致信湖南省委书记黄克诚、湖南省人民政府主席王首道:"新疆人口稀少,配偶难找,部队要屯垦戍边,长期安家,不解决婚姻问题是不行的,今派熊晃同志去湖南,请你们大力协助,帮助招一批女青年,最低年龄18岁,初高中文化程度,未婚,有过婚史但已离婚的也行。家庭出身不管,把她们招来新疆,纺纱织布,繁衍人口,与我部队将士同建繁荣富强的新疆。"③ 1950年5月、6月到1951年5月,新疆招聘团共招收13批湖南女兵进疆;1952年,又招收了几个大队的女兵进疆。1951年,王震向陈毅和华东军区要女兵和女医务工作者。1952

---

① 新疆军区编:《屯垦军魂》,新疆大学出版社,2004年,第295页。
② 本文的受访对象XJ9回忆道:"1954年底,我参加新疆军区首届党代会筹委会政工组筹备展览会当翻译和解说员时,我曾翻译和解说了关于新疆军区招聘湖南、山东女兵资料,妇女工作情况报告等内容,在我脑海里打下了深刻的烙印,有这么一段内容还清楚地记得:1950年初,毛泽东命令驻新疆人民解放军,把战斗武器保存起来,拿起生产建设的武器。新疆二十万驻军开始就地转业,铸剑为犁,屯垦戍边。首届党代会还决定将新疆二十万大军整编为三大部分:为国守边疆,选编了国防四师守新疆军区;为屯垦生产,成立了新疆军区生产建设兵团,原参加大生产劳动的官兵就地集体转业,建农场;为贯彻地方民族区域自治,支援地方建设,动员了大批年轻力壮的子弟兵充实和加强地方党政机关,成为地方干部的主力军。为了保卫边疆的长治久安,使屯垦大军'安下心,扎下根,长期建设新新疆',解决'没有老婆安不下心,没有儿子扎不下根'的问题。时任新疆军区代司令员的王震将军想到了家乡妇女,经请示中央批准后,向当时的湖南省委书记黄克诚写信,希望能在湖南招收志愿戍边的女兵,于是从1950年7月到1952年底三年时间里,便有了八千湘女上天山的伟大壮举。"(XJ9访谈)
③ 朱茂洲:《王震将军与新娘招聘团》,载《党史博览》1999年第6期。

年春，新疆军区招聘团在山东开始招女兵。1950 年至 1952 年，新疆军区接收进疆学生和妇女一共 22870 人①。陕西、甘肃、湖南等地女兵进疆后，组织上按照一定比例将她们分派到各师，进行工作安排。而这种工作安排，包含着婚恋安排的目的。随着女兵进疆，部队首先解决师、团、营以上干部和老革命的婚姻。

作为初中生的 XJ1 于 1951 年 4 月在湖南报名参军，同年 6 月进疆。"我们这批人文化程度稍微高点，来得早，大部分分在机关，基本上都被分到团部，只有一个被分到营里，她没有文化，年龄也大。"（XJ1 访谈）组织对她的工作分配也与婚姻安排联结。

我那个时候配对的是个一把手，他是个老红军，36 岁，我和他相差 20 多岁。当时给我定的位置是司令部的一个秘书，按照我的条件，我是没有那个能力，但是他就把我安排在那个位置。没公开说配对，就是说有意识安排交往，我归他直接领导。（XJ1 访谈）

尽管这一时期由于现实的需要，组织安排影响着妇女的婚恋，而早期进疆的大部分妇女也选择了接受。但是，妇女如不同意也有抗争的自由和可能，如 XJ1 主动要求下调以拒绝组织安排婚姻。"我当时不到 16 岁，根本没想成家的事，但是如果不跟那个老红军好的话我就要往下分，于是我希望领导把我分到团里，领导问我'宣传队、卫生队由你选'，我去了卫生队。"

刚来卫生队的时候，药房里有一个做司药的，他是个学生兵。我们护士要去拿药，跟他接触多，人家看出他好像有那么点意思，领导很快就把这个司药调到另外一个单位了。因为这些老干部年轻时都在打仗，没时间解决个人婚姻问题，年轻的怎么能排上队呢？……当时结婚是有条件的，干部们也是根据年龄大小依次有计划一步一步地解决。（XJ1 访谈）

组织在进行婚恋安排时，基于对革命伦理的尊重、对革命贡献和资历的承认以及大龄老兵组织家庭的现实需求，按照从高到低、从老到幼的原则进行。同时，部队通过谈话向女兵进行组织观念教育："在家靠父母，参加革命了，要靠组织。"（XJ9 访谈）但是，基层组织的婚姻安排，在较为仓促的工作中不可避免地产生了一些问题。

一位 1950 年 7 月首批进疆的长沙女兵，长得俊俏，在"组织安排婚姻"

---

① 新疆军区政治部：《新疆军区一九五〇年至一九五二年接收进疆学生、妇女统计》，新疆军区档案馆档案，1952 年。

的速决战中心理受到了严重的打击，婚后三天就入院，虽治愈，但每次怀孕就要犯病入院治疗。……她对我说："我只能用封建的三从四德来束缚自己的意志，听党的话，用革命的道德包裹着我的婚姻度日。"（XJ9访谈）

而对这一现象，组织也有警觉：兵团六师十六团政治处《1951年上半年妇女工作总结》中提及，女兵们"普遍怕与年纪大的干部结婚，怕不顺个人意，由组织上决定，不按婚姻法办事"①。针对工作中出现的问题，部队做了调整。XJ9提及，"1952年负责新疆军区生产建设的总务处长刘锡宪，对当时的婚姻状况有点看法，他向王震建议找一些农村的姑娘，最好是找革命根据地丈夫在抗日战争中牺牲的青年寡妇，带着遗腹子的也无妨"。随后，部队逐步调整了招收妇女的年龄和条件，并改变了组织安排的婚姻模式。

（二）从道德婚姻到自主婚姻（1953—1957年）

1953年5月，新疆军区根据毛泽东主席和西北军区的命令，将所属部队分别整编为国防部队和生产部队。当时国防部队41500人，生产转业部队135000人，其中已婚1.1万人，家中有配偶（包括订婚）的1万人，可以在本地结婚的民族军1万多人，即将复原还乡和调出的1万多人，部队还可以解决婚姻问题的6200人（当时部队尚未结婚的妇女有6200人），尚不能解决婚姻问题的还有近10万人左右②。基于前一时期的问题，新疆军区调整了妇女动员的对象和条件。1953年6月新疆军区向中央军委总政治部、西北军区政治部再次请求输送妇女入疆，并强调"动员妇女，最好是年龄大些或寡妇较宜，如只动员青年学生，恐不能适当解决问题。如山东来的妇女（多为18岁以下，我们动员年龄过小的妇女进疆是有错误的，应该多动员年龄较大的妇女）"③。"主要从四川、湖北、湖南、河南、河北、山东、山西、陕西、甘肃等省，动员年龄在20岁以上、30岁以下的农村妇女或寡妇入疆，参加生产建设。"④ 新疆分局则要求进一步放宽年龄限制，"20岁以上35岁以下则好"⑤。这一时期的妇女动

---

① 周明、傅溪鹏主编：《西上天山的女人们》，华夏出版社，1999年，第42页。
② 中央军委政治部组织部：《输送妇女入疆的五年计划之初步意见》，新疆军区档案馆档案，1953年。
③ 新疆军区政治部：《新疆军区请求输送妇女入疆的报告》，新疆军区档案馆档案，1953年。
④ "今年（1953年）下半年5千，1954年3万，1955年2万，1956年2万，1957年2万，1958年上半年5千。……各省动员多少，请中央人民政府政务院考虑确定。"参见中央军委政治部组织部：《输送妇女入疆的五年计划之初步意见》，新疆军区档案馆档案，1953年。
⑤ 新疆分局、新疆军区党委：《军委黄副总长转山东向明同志并报西北局、西北军区党委》，新疆军区档案馆档案，1953年。

员从征召有一定文化程度、年龄较小的女青年学生，转为强调动员年龄相对较大的农村妇女或寡妇，以"适当解决问题"。

1953年新疆军区出台了《婚姻条例暂行规定》。针对国防部队的婚姻条例暂行规定为男方凡具备下列条件之一者准予结婚：①现任营以上干部；②凡具有5年军龄，年龄在26岁以上之排连干部；③1937年7月7日以前的红军战士；④年龄在30岁以上、具有6年斗争历史的老战士[①]。针对生产部队的婚姻条例暂行规定是男方凡具备下列条件之一者准予结婚：①现任连、排干部年满20岁，并有5年革命斗争历史者；②具有6年革命斗争历史，年满20岁的班以下人员；③年满28岁的指战员[②]。规定女方必须年满18岁，此规定不适用本地民族干部和战士。

在面临妇女紧缺、部队官兵婚姻问题紧迫的情况下，相比于《中华人民共和国婚姻法》（1950年）和《军委总政治部关于目前全军统一执行中华人民共和国婚姻法的暂行规定》（1950年）[③]，新疆军区对于妇女的结婚条件仅包括年龄的限制，而对于男性仍强调职级和年龄。但是，婚姻条例暂行规定的出台，客观上使组织更为正视初期婚姻安排中出现的问题。兵团高层对婚姻安排进行了拨乱反正，并强调了婚姻自主的原则在部队的贯彻执行。

1953年上半年，部分妇女由于不适应新疆部队的强体力劳动、对组织介绍的婚姻不满、远离家乡思念家乡和父母等原因得癔病的情况引起了军区的高度重视。针对这种情况，1953年8月3日，新疆军区党委《对农二师女精神病情况报告的复示》，提出采取一系列紧急措施，包括在全体妇女中同时进行一次正确的婚姻法教育，对妇女进行安慰和治疗疾病，不准禁止已订婚妇女和原来爱人通信或扣押来往信件，绝对禁止强迫她们和原来爱人离婚、强迫断绝关系的行为，等等。军区党委还责成各部在接此指示后"立即全面检查一次自己部队中妇女参加劳动和其思想情绪以及对妇女同志的工作情况，作出纠正缺点改进妇女工作的具体办法，严格贯彻执行并向军区党委作出报告"[④]。

兵团高层及时对基层工作中的问题进行了纠正。1953年，新疆军区政治处组织部长刘一村在会议上，批评有些干部不顾女方自愿与否，单纯为了照顾老

[①]《国防部队婚姻条例暂行规定》，新疆军区档案馆档案，1953年。
[②]《生产部队婚姻条例暂行规定》，新疆军区档案馆档案，1953年。
[③]《有关20世纪50年代婚姻法的颁布及实施情况的一组文献》，载《中共党史资料》2009年第1期。
[④] 新疆军区党委：《对农二师女精神病情况报告的复示》，新疆军区档案馆档案，1953年。

干部,从各方面来所谓打通思想,使女方勉强同意,致使有的女同志说,"过去旧社会在家里父母包办,今天在部队上组织包办"。刘一村指出,这种行为导致女同志悲观、苦恼、工作不安心,甚至发生自杀行为。他代表军区督促各单位进行婚姻条例的专门学习,彻底实行婚姻自主原则[①]。

在这一过程中,组织的婚姻工作进行了调整和转变:由初期的组织安排转变为组织介绍和个人同意相结合的道德婚姻,直至后期的自主婚姻。

1. 组织介绍和个人同意相结合的道德婚姻

面对国家新的《婚姻法》和部队《婚姻条例暂行规定》的颁布,婚姻自主成为当时主要的婚姻理念。但是,在特殊的背景下,部队官兵婚姻问题的解决仍需要组织力量的在场。在这种矛盾中,婚姻模式从初期的安排婚姻转向道德婚姻,组织安排转为"有意识创造条件"并强调个人同意的原则。将初期以组织命令式出场为主的介绍方式转变为家属介绍的非结构化方式,同时,强调无产阶级婚恋观的塑造。

首先,基于妇女婚姻自主权利的个人同意原则,组织更多地转向通过专门负责女兵工作的干事和教导员等"有意识创造条件"来影响和解决婚姻问题。XJ4的丈夫H先生当时负责将妇女安排到未婚的部队官兵身边工作。

> 我当时是组织干事。主要是根据连队情况,我提出意见,就是看哪个连队有老同志,就照顾一下。……把条件好一点的女青年交到他单位去,给他造成机会,不然他到哪找去。……分配女的到老兵的单位工作,她就不可能找别人,别人都不够条件,只能找他,成功的可能性就大。……分配女青年前,也不需要做女的工作,就是放到单位让他们自己去接触。(XJ4H访谈)

> 营里的副教导员就来给我们作介绍。……我那时候还小,十六七岁,什么也不懂。副教导员就过来吓唬我:"哎,你一个人也不找个对象,那个地窝子你一个人住着,你不害怕吗?"那时候地窝子也没有个门,就是挂一个门帘子,那时候狼什么的都有,确确实实也有点害怕。(XJ2访谈)

组织通过牵线和教育使妇女同意,这一过程绝非强迫和刚性的。但是,领导的介绍作为组织力量的出场,切实影响着妇女的婚恋选择。"当时结婚,一个单位的教导员管的就是这些事,我说你跟这个你不能跟另外一个。……当时单位还是跟我做了工作,教导员说场长没成家,年龄大一点,年轻也肯定到不

[①] 李开全主编、新疆生产建设兵团史志编纂委员会、兵团党委党史研究室编:《新疆生产建设兵团史料选辑:兵团早期女兵与妇女专辑(13)》,新疆人民出版社,2003年,第15页。

了这个位置。可能说了个把星期，10来天，3对，就结婚。我们不是自己找的。"（XJ3访谈）

其次，组织介绍也逐渐改变了初期的命令式和组织正式出场的方式。家属介绍这种去结构化的方式也开始出现在组织的婚恋安排中。1954年以支边身份进疆的XJ7，其婚姻的介绍人是连队的家属："开始的时候都不介绍，那些连队的家属就拉着这些女的说到我家去吃饭、玩去，可亲热了。去了就有介绍的，给你介绍个朋友、对象啊。……我结婚的老头就是连里（的家属）介绍的。"这种非官方和非正式场合的去结构化，缓和了兵团组织婚姻工作的刚性，从而赋予了进疆妇女更多的婚恋自主性。

再次，组织强调无产阶级婚恋观的塑造。这一过程包括两个方面：一方面，组织进行无产阶级婚恋观的符号塑造和话语实践；另一方面，组织对自由追求者进行管制，并对其以"不道德"和"小资产阶级思想"进行赋名。

基层组织在对妇女进行婚恋安排的同时，采取了具有一定策略的方法，将妇女组织起来进行集体主义道德观念教育。XJ1提及，"3天一汇报，还要开班务会，总结工作情况，安排政治思想工作"。组织通过思想政治工作对无产阶级革命观、恋爱观和友爱精神进行话语塑造。

当时给女兵脑海里灌输最多的是：建国前参加革命的老同志基本都是劳苦大众无产者，……为了共产党打天下，牺牲了美好年华，奉献了青春，耽误了个人的终身大事。现在年龄大了，不好找对象，党组织对他们实施关心照顾，牵线搭桥当月下老，这是道德行为；现在和平解放了，不打仗了，要搞生产运动，创建新生活，女兵们也应该与老同志结为革命伴侣，共同建设新家园，这就是共产主义思想的具体表现，这就是无产阶级革命友谊的结晶。……经常组织学习讨论：老同志为谁打仗负了伤，老同志为什么没文化，老同志为什么没成家。提倡要树立正确的人生观和为革命讲道德的无产阶级恋爱观；老同志为了解放全中国，牺牲了个人青春，耽误了个人婚姻大事。找不到对象，年轻、有文化的让一让是应该的，这是无产阶级友爱精神。（XJ9访谈）

组织以无产阶级婚恋观进行动员，通过具有明显立场暗示的阐释内容，将牺牲和奉献赋予"道德"的意涵，赋予了组织对婚恋影响的合法性。当组织以"道德"为充分的符号力量时，既不是包办也不是自由恋爱、有一定"自主"性的道德婚姻，得到了更多妇女的接受。"道德"的无产阶级革命婚恋观，使组织完成了对进疆妇女的规训。而这一规训的完成，建基于进疆妇女革命道德观念的建立、对革命伦理的接受和内化。

同时,"无产阶级友爱精神"的正义观也为"从老到小"的安排原则正名。XJ4 的丈夫在当时负责女兵的分配和安排,他特别强调"我不能有自私的概念,把好的留给自己","分到连队的那些女的条件都比她(XJ4)好,文化程度都比她高,长得也比她好。咱们就是希望这些老同志过好日子,老同志从解放战争过来的,舍生忘死为革命,不能最后连个爱人都找不到"。对于革命贡献和资历承认下的无产阶级友爱精神为男性接受这一婚姻模式提供了基础。

而对于完全自由恋爱的"不道德"和"小资产阶级意识"的符号赋予,不仅成功地使妇女接受了"道德"的无产阶级婚恋观,更激发了妇女对组织权威的认同。"在那个特殊岁月里,完全自由恋爱还存在风险,容易被定为'小资产阶级思想作怪''恋爱观不端正',当时部队每周要开自我教育的'生活检讨会'。如果组织介绍了,个人没有听从,那么在周末生活会上做不完的'自我检讨和自我批评'。"(XJ9 访谈)

组织将妇女完全的自由恋爱与"不道德"和"小资产阶级思想"相关联,将婚姻赋予政治意涵,通过不断制造并强化"妇女—组织"之间看似真空且毫无余地的空间,使妇女主动地服从组织安排。而更为重要的是,集体主义话语的实践,使妇女接受并内化了这种集体的道德观念,当婚恋被妇女自我认定为"公事"时,妇女成了道德婚姻的主动接受者,由此,"道德"的婚姻私人生活与集体和政治话语获得了统一。

2. 自主婚姻的空间与实践

尽管组织希望通过宣传"道德"的无产阶级婚恋观、批评"不道德"的"小资产阶级思想"来影响进疆妇女的婚恋,但进疆妇女仍旧有抵抗的空间和可能。1952 年参军进疆的 XJ10 以地富子女的身份和少数民族(回族)的身份拒绝早期组织安排的婚姻:"有人给我介绍对象,我都不要。我一个成分不好,一个少数民族,我只能用这两个去掩护自己的婚姻。最早是 1954 年、1955 年,他们给我介绍对象,给我找了一个首长,我不愿意,我说我少数民族,我成分不好,我不要。我能顶住。…… 我还是要等一个我喜欢的。所以等到了叫 WSJ 的。我们 1957 年的元旦结婚了。我们真正地相爱。"

出生于 1938 年的湖南籍女战士 XJ8 于 1952 年进疆,由于年龄小组织一直未安排介绍结婚,直到政委爱人介绍对象并于 1956 年结婚,而在介绍之前就已经与丈夫通过"歌声相识","既然在这个地方扎根,你早晚得找个对象。接触多了以后,我就感觉这个人还可以。……最初领导都还没有给我介绍,因为都还认为我比较小。后来他们这些战士也知道我有对象了,也就不难为我了"。

随着婚姻问题的解决，兵团的婚姻模式也从道德婚姻转变为自主婚姻。此时部队也更进一步地贯彻了国家《婚姻法》的精神，强调婚姻自由。"当时各级领导想了许多办法。当时的八一钢铁厂、十月拖拉机修配厂、七一棉纺厂、农业机械厂、军区总医院、兵团机关等部门每周末都要举办形式多样的联欢、联谊、郊游、交友等活动，为男女自由恋爱创造条件、搭建平台。"（XJ9访谈）XJ4与丈夫是自主恋爱结婚的："1955年，我们在单位跳舞时认识谈恋爱的。我们是通过一个技术员说合的。……我没有被强迫，我们都是自愿的。……结婚之前给政委打个报告批准，没有登记，政委说你不够岁数就结婚，那年我17岁，他24岁，还不允许成家，成家就扣你工资，那么几个工资三扣两扣就没有了。"（XJ4访谈）

不同于早期没有履行法律程序、只由领导签署意见男女双方签名的"结婚报告"，XJ9提及："从1955年开始，自由恋爱婚恋者均享有了盖有各所在地政府大方印章的结婚证了，是中华人民共和国颁布的《婚姻法》要求的结婚证。"《婚姻法》的颁布和部队《婚姻条例暂行规定》的执行，保证了支边妇女婚姻的自主权利，成为兵团从安排婚姻、道德婚姻到自主婚姻转变的重要制度保证。而集体主义的道德教育，使妇女在国家宣传的婚姻自由的理念下接受并认可了组织对于婚姻的影响。进疆妇女的婚恋被裹挟进解决新疆部队婚姻问题、安定和建设边疆的话语和实践中。

四、妇女对于婚姻模式和组织力量的自我解读

在劳动光荣、走出家庭、妇女解放等成为社会主流话语的年代，部队组织动员中宣称的军人身份、读书、工作等符号，吸引着寻求解放的妇女进疆。部分作为家中主要劳动力的妇女，为了改变种地嫁人的命运或获得上学的机会赴新疆参军支边。16岁的XJ11谎报年龄以获得进疆机会："我那时也跟我父亲说我想上大学，但是我得帮着我父亲种地没法上学。……后来新疆招人，问你多大，16岁太小了不要。第二次又去了，报的18岁，还不行，最后又去了，报到20岁，不行。最后一次报的22岁。我当时报名的时候，家里面不同意，我走了家里少了劳动力了。我那时候就想没有出头之日了，所以就背着我的父母亲、家里人自己悄悄去报名。……当时去招人，就听说像我们这个年龄来了以后可以叫上学。我们都高兴，一心都要来。"（XJ11）

而特殊年代下的"不问成分论"的支边，成为经历过土地改革、被划为地富子女等出身不好的妇女"去除出身"的出路。"我19岁了，在城市里连个工

作都没有。听说兵团来招兵，不唯成分论。我们的亲戚不是资本家就是地主。都十七八的小姑娘，一听要招兵，都说'走啊，咱参军吧'，就报名参加了。我嫂子的妹妹，我嫂子的侄女，都是姊妹俩、姊妹三个一起来的，就说参军吧，那在当时当然只有这个出路，你再没有什么出路了。我这个家庭我不能够在了。我地富子女（和工作）都不沾边，我们怎么在家里生活啊。我来的时候，把俺家的一床被子卷了，偷跑走的。"（XJ10 访谈）

尽管受到家庭的反对，在"参军""上学""工作"的许诺下，妇女还是主动选择了进疆以摆脱传统依附的家庭角色和性别模式。同时，支边妇女追寻着建设边疆、为人民服务的理想进疆。"我是老大，当时下面还有七个小的。我跟家里说我要到新疆当兵去了，我妈就哭了不愿意。我爹说你走了家里生产谁来干，我说我不管谁来干，出去以后我挣钱给你们寄回家。我当时想到新疆，当兵了我要为人民服务，建设祖国边疆，就这么个心。他们再讲得不好我都不动摇，说是新疆找瘸子瞎子、复员军人转业的残废的介绍给你们，我们都没动摇，就到新疆了。一心一意地就觉得出来干公家的事好。"（XJ5 访谈）

在热烈的建设年代，为人民服务的参军和支边，吸引着进步的青年女学生："参军的事情我觉得主要与年代有关系，当时国家解放，整个社会和学校就是进行爱国主义教育，搞得轰轰烈烈。……学校动员参军时，我是初中一年级。我所在的学校是女子'明宪中学'。我们同学里面也有家庭背景好的，她说咱们到新疆去，新疆来招兵了，我说'好'，咱们报名。"（XJ1 访谈）

无论是试图获得求学机会的农村女青年，期望改变出身的"地富妇女"，还是寻求进步的青年女学生，个体的进疆选择本身就体现出了她们对于传统依附的性别模式的抗争。而妇女进疆的确改变了原生家庭中的贫穷境况，使妇女获得了经济和社会地位，部分妇女其后将老家父母、兄弟姐妹等接来新疆，共同进行生产建设。尤为重要的是，对于妇女而言，能否参加工作才是获得解放的根本。进疆参加生产劳动获得了解放，改变了出身和地位，对于妇女而言，具有重要的个体解放意涵。由于军队改编、"两勤"方针出台后的下放持家等政策使部分妇女无法获得正式工作、无法参加生产劳动，这些是进疆妇女认为最为后悔的事情。就这一意义而言，参加生产劳动获得解放这一深入人心的国家话语与历史实践，消解了组织影响妇女婚恋所带来的抵抗。参军、参加工作在当时不但具有重要的经济解放意涵，还具有极高的政治意义。参加工作即参加革命，是否积极参加生产建设成为妇女能否获得解放、是否对国家和组织忠诚的重要标志。对妇女来说，参加生产劳动不仅意味着从小家庭的束缚中解脱出来，更重要的是不在家里吃闲饭，为社会主义添砖加瓦，为边疆建设贡献力量。支边妇女婚后与丈夫一起成为屯垦戍边、发展边疆的革命同志，也从一定程度上解释了妇女对于组织安排婚姻和道德婚姻的接受。

尽管进疆后妇女的婚恋受到组织的影响，但是，妇女主动的拒绝和抵抗始终存在。早期，部分妇女以要求下放基层等方式拒绝了组织安排婚姻。部分妇女甚至以癔病的方式进行了抵抗，这种无言的实践诠释着自主的身体经验，甚至影响到了部队的组织生活，使其不得不正视这一现象并对基层婚姻安排中的偏激行为进行纠正。而在婚姻条例颁布后，在国家的婚姻自由理念贯彻执行的同时，基层以集体主义教育来形塑革命伦理，确保组织对于妇女婚姻介入的合法性。随着妇女大量进疆，部队官兵婚姻问题得以缓解，对于妇女的婚恋自由也逐渐放宽，道德婚姻逐渐转为自主婚姻。相较于前期组织介绍的婚姻，后期自主结识和恋爱的妇女进疆时年龄较小。可以看出，《婚姻法》和《婚姻条例暂行规定》也成为年龄较小的妇女延缓婚姻安排的挡箭牌。

支边妇女对于集体主义的婚姻模式和组织力量有着特定时空背景下的解读。首先，面对组织动员下的妇女进疆和婚恋，进疆妇女强调了婚恋中存在的自主性，同时也对组织的道德政治进行了认可。XJ10拒绝组织安排婚姻，但她认为"这是毛主席和王震将军的战略部署。实际上骗来不骗来也是你自愿的，你想来人家也没强迫你，非要你来"。面对这一按照职级、年龄安排的婚恋，XJ7指出："毛泽东就和父母一样，新疆这么多的官兵都没有家，要是回去成家又耽误任务，就招些女的来解决这个问题。领导们他有这个功劳，他在新疆负责这个事情。……不管怎样生气，我感觉国家做的也是对的，我不埋怨嫁个老头不嫁别的。领导就像父母官，他要把我们下面安排好。国家搞建设，你不解决他的这些问题不行。……共产党总是解决老百姓的疾苦，这也是其中的一个方面，我是这样理解的。你大儿子不结婚，二儿子结，就把大儿子剩下来了。"妇女将自我客体化为边疆建设的资源，将个人的婚姻阐释为解决"百姓疾苦"，基于革命伦理将组织和领导解释为"父母官"，有安排"儿女"结婚的责任和义务。她们将传统伦理中的纲常纳入对组织力量和组织道德政治的解读，在组织婚恋动员的行为中，自我对于组织的服从和遵守，是具有和符合无产阶级观念、革命伦理和革命道德的。在集体主义的形塑中，妇女基于革命伦理对组织影响下的婚恋模式进行着现实解读。

王震他有他对的地方，新疆没有女的不行，只有结婚才能子孙后代在那里，不然新疆的稳定和建设怎么办？他这个政策还是可以的，使解放大军成家立业。……那时候我没有满意不满意,我必须听领导的。过去部队就是这样。……我觉得也应该,如果不安排,当时年轻的都是当兵的,老的不就越老,肯定这样。他也是一心为这个国家地区,为大家。……也不是说去了就让你结婚,到时候领导给你介绍,但是真正不愿意也不勉强。(XJ3 访谈)

在兵团组织集体主义的教育下,支边妇女无产阶级婚恋观的塑造和认可,使本属于个人自由的婚恋,被强调道德地从革命需要和集体利益出发,被赋予"稳定军心、繁衍后代、扎根边疆、固守疆土,使屯垦戍边事业后继有人"的政治意涵,个人婚恋自由和集体目标得以统一。组织通过道德伦理的塑造和身份在场的动员,获得了妇女对婚恋安排和组织合法性的认同。但在这种认同中,妇女不是完全被动和无助的。进疆之后经济解放和政治身份的获取,使妇女对于组织动员的婚姻并非完全抵制和反对,同时,支边妇女将个人嵌入组织和国家的事业中,使个体婚姻成为国家建设的一部分,支边妇女在集体主义的国家和组织的共同体利益中赋予"自我"和支边妇女"群体"以意义,从而实现了进疆意义的升华。

五、结论

大规模政治动员下的进疆妇女,参与了新疆和平解放和屯垦戍边,在结婚组成家庭后扎根新疆,同时,这批妇女作为第一代兵团母亲,为祖国的边疆建设贡献了青春。在个人婚姻和生活中,实现了其建设新疆的进疆诉求。组织的动员,使兵团公私领域的一切问题,都被赋予了稳定边疆、建设边疆的政治意涵。组织通过动员和安排进疆妇女的婚恋,使其感受到组织的存在,从而实现了组织对妇女个体生活的集体整合。但是这一过程中呈现的并不是"受害"和"无助"的妇女。

首先,妇女作为主体的进疆选择,是一种对于传统依附的性别模式的抗争:作为家庭重要劳动力,出走新疆遭到家庭特别是父亲的反对。访谈中,这些妇女之所以参军支边,主要是妇女解放思想的深入和自我解放的追求,并非完全是出于国家动员。支边妇女主动争取为国家付出而不是被动的政治动员,为我们呈现出在妇女解放的历史长河中极具主体性的一面。

其次,面对组织动员的婚恋,在服从组织和强调道德的支配性意识形态下,新疆支边妇女发展出了一套自我解说逻辑。而这套解释逻辑是在组织的道德政治的话语体系中进行的。组织基于集体主义道德政治对妇女进行动员和教育,对其婚恋选择进行价值赋予,强调道德的革命情感而非个人情爱,也被融入了妇女的解说逻辑中。

　　组织动员下的妇女进疆和婚恋，其第一层意义在于，进疆参加生产劳动获得了解放，改变了出身和地位。而这一层意义，对于妇女而言，是最为重要的个体解放意涵。第二层意义在于，在组织婚恋动员的行为中，自我对于组织的服从和遵守，是具有和符合无产阶级观念、革命伦理和革命道德的；第三层意义在于将个人婚恋问题与国家屯垦戍边、边疆安定和边疆建设进行联结和契合，使个体婚姻成为国家建设的一部分，从而实现了进疆意义的升华。在国家历史发展的脉络和维度中，妇女的进疆行为不但具有个体层面的意义，同时，进疆妇女将日常的婚姻和恋爱与革命和建设事业联系在一起，并逐步在此过程中建立了组织动员下的"自我"意识，将"自我"的意义和支边群体的意义，与国家建设和历史时代相联系，确立了自我在宏大的社会结构中的历史定位。

　　我们应该看到，无论是否获得身份地位、目前经济状况如何，支边妇女并非以受害者的身份回忆这段历史，反而认同这段共同经历，并对这种安排进行了合理解释。这些妇女在生产建设和日常生活中，并没有放弃对自由和自主性的争取。在个人婚恋被裹挟进国家和集体建设的话语时，其"自我"特别是性别自我意识出现过矛盾、冲突和摇摆，而这在一定程度上局囿于深沉的传统文化和特殊时代背景的集体主义性别模式。但是，组织道德政治和道德话语的确立，使这种矛盾和冲突得以消解和安置。新疆支边妇女的历史记忆和叙述，将为我们理解集体主义时期组织动员的个体婚恋和工作安排、国家和集体对个人生活的集体整合提供例证。而其中更为重要的是，我们应该看到妇女在个体与组织的张力中，能动地寻求和获取自我解放之路的同时，也完成了对于国家和组织正义的守护。

（原载《妇女研究论丛》2016 年第 5 期）

20世纪50年代"劳动光荣"话语的建构与中国妇女解放[①]

光梅红[②]

摘 要: "劳动光荣"话语的建构与20世纪50年代中国农村妇女就业实践有着密切的关系,它们都从属于建设社会主义强国的历史主题。在动员农村妇女参加劳动、确立农村妇女劳动者身份时,代表国家意志发声的知识精英、农民、学者等不同群体共同建构了"劳动光荣"的价值观。由于片面强调"劳动光荣"的劳动在形式上的一致性,忽略男女两性差异及其不同的利益诉求,因此,"劳动光荣"价值观的建构对农村妇女解放程度的提高又是不彻底的,因此,在一定程度上抑制了"劳动光荣"价值观的形成。

关键词: 劳动光荣 妇女解放 话语

20世纪50年代中国妇女就业达到了一个巅峰时期,这不仅是新中国妇女解放的标志,更引起了一些西方女性的神往,甚至将中国妇女的解放视为"神话"。20世纪80年代,随着后现代主义思潮的传播,学界对毛泽东时代的妇女解放实践产生了很大争议,争议的焦点集中于妇女在"得"解放的过程中是否失去了"女性气质"和主体性意识。认为中国妇女解放只不过是从家庭及宗族的附属品转变为集体与国家的工具,妇女始终处于"被解放"的客体地位,国家对她们的解放始终带有功利性[③]。近年来,一些学者开始反思上述评价与定位。他们认为,尽管在这场运动中女性远没有获得完全个体意义上的解放,但她们融入社会发展主流,在推动社会发展的过程中实现自身的解放,在就业方

[①] 基金项目:本文是国家社会科学基金项目"妇女解放路径的中国特色研究"(项目编号:11BKS076)和山西师范大学校级课题"集体化时期农村妇女问题研究"(项目编号:ys1010)的阶段性成果。

[②] 作者简介:光梅红,女,山西师范大学历史与旅游文化学院讲师。研究方向:中国现当代乡村社会史、妇女史。

[③] 郭于华:《心灵的集体化:陕北骥村农业合作化的女性记忆》,载《中国社会科学》2003年第4期。

面实现了相当程度的解放和两性平等①。无论从何种角度解读，中国妇女解放实践总是从属于民族国家建构的历史主题，这是中国国情的规定。

新中国成立后，建设社会主义强国的目标进一步推动着妇女解放的进程，实践着恩格斯的"妇女解放的第一个先决条件就是一切女性重新回到公共的劳动中去"②的理论。"劳动光荣"话语的建构与妇女就业的实践有着密切的关系，国家、普通男性农民、普通女性农民以及学者共同参与了"劳动光荣"话语的建构，他们在动员妇女参加社会生产的过程中不仅颠覆了儒家文化标榜的"劳力""劳心"价值观的生存空间，也使妇女群体实现着自身主体身份的建构，但这种身份的建构又是不彻底的。本文以山西农村妇女为重点考察对象，从"劳动光荣"话语建构的主体，即国家、普通男性农民、普通女性农民和学者4个方面分别阐述其与妇女解放之间的复杂关系。

一

"劳动"是马克思主义理论体系中的一个核心概念，"劳动创造了人本身""劳动是一切财富的源泉""劳动是万物的尺度"等基本观点，赋予了"劳动"史无前例的神圣性和优越性。马克思主义在向中国传播之初，早期共产党人就根据马克思主义的劳动观提出了"劳工神圣"的口号，甚至还预言未来中国社会的政治结构为"劳力者治人，劳心者治于人"③。这一口号的提出"有效地确立了'劳动者'的主体地位，这一地位不仅是政治的、经济的，也是伦理的和情感的，并进而要求创造一个新的'生活世界'"④。此后，这一思想指导着中国共产党制定农村妇女解放政策。1943年中国共产党中央委员会《关于各抗日根据地目前妇女工作方针的决定》确立了以生产为中心的妇女解放政策。1948年中国共产党中央委员会《关于目前解放区农村妇女工作的决定》再次强调妇女要以经济建设为中心，全面参与社会发展。新中国成立后，国家非常重视劳动对妇女解放的作用。具体来讲，主要通过以下三种方式建构"劳动光荣"的话语。

---

① 左际平：《20世纪50年代的妇女解放和男女义务平等：中国城市夫妻的经历与感受》，载《社会》2005年第1期。
② 《马克思恩格斯文集》（第4卷），人民出版社，2009年，第88页。
③ 中国社会科学院近代史研究所编：《五四运动文选》，生活·读书·新知三联书店，1979年，第365-367页。
④ 蔡翔：《革命/叙述：中国社会主义文学——文化想象（1949—1966）》，北京大学出版社，2010年，第224页。

(一) 按照社会主义革命和建设的需要确定劳动的工具性

新中国成立后,国家领导人对劳动生产的重视直接与国家实现工业化的目标挂钩,而实现国家工业化所需的资本原始积累、原料和市场均依赖农业、农村和农民。土地改革之后的家庭私有制生产无法与这一目标对接,因此,新中国成立伊始,动员一切能利用的劳动力参加经济建设成为首要任务,妇女尤其是农村妇女作为"潜在的劳动力""伟大的人力资源"受到国家的高度关注。毛泽东曾形象地比喻:在社会主义建设中要充分发动妇女,这好比一个人有两只手,缺少一只不行,缺少了妇女的力量是不行的,两只手都要运用起来。几十年的实践充分证明,无论在战争年代或经济建设时期,妇女都是不可或缺的重要力量①。作为妇女组织的全国妇联也在多种场合中宣扬这一点。如在1953年召开的第二次全国妇女代表大会上,邓颖超做了《四年来中国妇女运动的基本总结和今后任务》的工作报告。报告指出,"我们伟大的祖国已进入一个新的历史时期,国家建设已开始,大力发动和组织广大妇女群众,充分发挥其潜在的劳动力量,参加工农业生产和祖国各方面的建设,是今后妇女运动的中心任务",并"鼓励农村妇女在自愿原则下,参加农业互助合作运动"②。1954年"三八"节前夕,邓颖超再次指出:"妇女日益成为社会主义建设中的一支重要力量。只有逐步实现社会主义工业化和社会主义改造,才能够为广大工农劳动妇女和各族各界妇女参加社会生产开辟广阔的道路,才能逐步地提高妇女的经济地位,改善妇女的物质文化生活,逐步实现妇女的彻底解放。"③ 在此,农村妇女是作为一种劳动力资源而不是作为女性被动员参与国家建设的,"劳动"具有一定的工具性。

(二) 通过塑造革命和国家所需要的劳动妇女形象,确定妇女个体的价值追求

奖励劳模是中国共产党在抗战时期鼓励民众发展生产的创新方法,这种做法在新中国成立后得以继续沿用,并成为改造妇女自身的一种资源。就山西而言,1950年全省评选出了55名农村妇女参加全省工农业劳模会,占劳模总数(533名)的10.3%,占农业劳模总数(303名)的18.2%,占妇女劳模总数

---

① 转引自丁如剑:《毛泽东与中国妇女解放》,载《德州学院学报》2001年第1期。
② 中国妇女管理干部学院编:《中国妇女运动文献资料汇编》(第二册),中国妇女出版社,1981年,第176页。
③ 冯书耕:《中华全国妇女联合会四十年》,中国妇女出版社,1991年,第63页。

(61名)的90.2%[1]。1954年130名农村妇女代表出席全省农业生产劳动模范大会,占代表总数的10.6%[2]。"劳模"的身份使她们"从旧的妇德和吃苦耐劳的观念中获取合法性"[3]认同的同时,还获得了丰富的物质奖励和精神鼓励。例如石牛弟、朱文华、陈凤仙被评为1950年山西省一等农业劳模,政府奖励她们耕牛一头、海昌蓝布半匹、被面一块、袜子一双、茶缸一个、毛巾两条[4]。更重要的是,她们在小车接送、撒彩纸、献鲜花、群众夹道欢迎、首长迎接等仪式中享受了"劳动"带来的愉悦。她们对这种奖励的回报就是"努力搞好生产"[5]。妇女劳模的感受通过媒体的大肆报道不断强化了"劳动光荣"的宣传,向其他农村妇女传递了"劳动光荣"的正能量,建构了进步、忠诚、能干的妇女新形象。

(三)通过制度设计,为妇女参加社会劳动提供保障

新中国成立后,为了彰显社会主义制度的优越性,国家通过制定《共同纲领》《婚姻法》和《五四宪法》保障妇女享有与男子平等的就业权利;全国妇联通过出台《为发动农村妇女积极参加爱国生产运动,争取今年全国农产丰收,给各级民主妇联的指示》《农业合作化运动中必须贯彻男女农民一齐发动的方针》《全国妇女为实现1956年到1967年全国农业发展纲要的奋斗纲要》等一系列政策鼓励办农忙托儿所以解决妇女参加劳动的后顾之忧以及培养农村妇女干部,推进妇女社会化的进程,等等。

在"劳动光荣"话语的建构中,农村妇女在价值预设中要实现由"内"而"外"角色的转换,国家法律条例的制定使其获得了参加社会劳动的合法性,但这种角色转换又是伴随着"国家"利益的需要而转换的,而不是妇女自己觉悟的结果,因此是不彻底的。

二

受父权制思想的影响,中国传统社会形成了"男主外,女主内"的性别分工,社会劳动专属男性的分工反映了男女尊卑的身份。新中国成立后,伴随着中国工业化、农业集体化,劳动已不再专属于男性,女性同样享有劳动的权利

---

[1] 山西省农牧厅编:《山西农业劳模录》,山西人民出版社,1989年,第1页。
[2] 山西省妇女联合会:《山西妇联四十年》(内部印刷),1996年,第26页。
[3] 贺萧:《社会性别的记忆:中国农村妇女与1950年代》,http://wenku.baidu.com/view/fc0e5a196bd97f192279e90c.html。
[4] 山西省农牧厅编:《山西农业劳模录》,山西人民出版社,1989年,第1页。
[5] 曹普:《山西省工农业劳动模范大会总结报告》,载《山西政报》1951年第1期。

和义务。作为人口半数的妇女参加社会劳动成为必然趋势，这就冲击着男尊女卑的社会架构，因此，男性对待妇女参加劳动的态度影响着妇女对"劳动"的态度。有些男性认为"女人在炕头是个人，去了地里叫个甚"[1]；有的认为"妇女劳动不顶事，没有技术瞎胡混"[2]；也有的认为"男人少吃半袋烟也顶妇女干半天"[3]；有的甚至对妇女参加劳动报以恶意的讥讽。左权农民中流传着（妇女）"劳动好，进步快，活动多，不保险"[4]的思想。然而，随着农业合作化的推进，农业劳动强度的增加，经济作物种植面积的扩大，农村劳动力短缺问题初现端倪。如晋南是山西的小麦和棉花的主要种植区域，1954年，晋南棉花种植面积不断扩大，当棉田和麦田的活挤到一起时，仅依靠男劳力无法做到麦田、棉田同时增产的情况下，时驻翼城县里砦乡感军村张进财农业生产合作社的干部李德梧就主张发动妇女参加劳动以解决劳动力短缺的问题[5]。到了高级社和人民公社时期，劳动力短缺的状况日益凸显。如1957年春天，昔阳县大寨新胜社领导陈永贵在组、队会议上算了一笔账，全社仅耕地投工即需305个劳动日，加上修渠等基本建设工作，每个男性需投工340个劳动日才能完成生产任务。而1956年的实际情况是每个男性仅可做劳动日260个，这样还有15000个劳动日没有人做，如果不发动妇女，就完不成生产计划[6]。为了完成农业生产计划，乡村男性借助国家话语——妇女是"潜在的劳动力"资源，动员妇女参加农业生产。具体的做法是丈夫动员妻子参加生产，动员掌握技术的男性传授妇女农业技术。

（一）动员妇女参加生产

在动员妇女参加生产的过程中，丈夫对妻子的评价成为妻子参加劳动的动力之一。在平顺县西沟村，秦克林对媳妇李二妞说："你要吃饭，就去锄麦子，要不吃，就拉倒。"[7] 妇女参加劳动增产的事实改变了男性对妇女的看法。翼城县里砦乡感军村张进财合作社由于妇女参加了农业劳动，社员们看着茁壮成长

---

[1] 申纪兰：《忠诚：申纪兰60年工作笔记》，北京联合出版，2011年，第35页。
[2] 王绪丕、李德生：《山西省怎样发动农村妇女走上生产战线》，载《人民日报》1952年3月7日。
[3] 申纪兰：《忠诚：申纪兰60年工作笔记》，北京联合出版，2011年，第35页。
[4] 山西省妇联筹委会编：《山西妇女副刊汇集》，国家图书馆藏，1950年，第33页。
[5] 赵骏：《农业生产上一支生力军——张进财农业社发动妇女下地劳动的经过》，载《山西日报》1954年4月15日。
[6] 昔阳县妇联会：《大寨新胜社妇女参加生产推向了高潮（1957-08-23）》，阳县档案馆藏，档案号：16-1-23。
[7] 申纪兰：《忠诚：申纪兰60年工作笔记》，北京联合出版，2011年，第32页。

的麦苗说:"这是妇女们的功劳。不是她们,光男人们可锄不出来。"① 平顺县西沟村金星农业社的张志秀最初听说动员妇女参加主要劳动时说:"看透你们了,起不了大作用。"当妇女们3天之内锄完35亩麦地时,他便改变先前的看法,说:"妇女们可看不透呢,就是行!"张雪花的男人在看到雪花的工票比他的并没差多少时,又高兴又不好意思地说:"以前说你是吃闲饭的,真不应该,现在应该说你是家中宝了。"② 由于妇女积极参加生产,农村中逐渐树立了尊重妇女劳动,男女团结生产的风气。

(二) 动员男性传授妇女农业技术

为了提高妇女的劳动技能,鼓励有技术的男性向妇女传授农业技术就是一种重要的手段。平顺县西沟村金星合作社的男社员说:"教会你们(妇女)技术就等于多打粮食啦,对谁都有利!""一年来全凭妇女参加劳动才完成了计划呀!"③ 妇女在"如今男女平等了,咱们可不能再落后。男人们会甚,我们也应该学会甚"④ 口号的鼓动下,在劳动竞赛中,逐渐成了农业生产上的"全把式"。

为完成生产计划,农业社借助国家话语,发动妇女参加劳动生产,共同推动了妇女解放事业。男性在实践中逐渐消除了轻视女性的思想,甚至还提出"财旺还得人旺,妇女们要注意身体,不要累坏了"⑤ 的口号。但也有许多男性片面地宣传"劳动光荣"的口号,出现了不照顾妇女生理特点和体力的情况,片面要求参加田间生产的妇女越多越好,让她们担任一些力不胜任的繁重劳动,有的地方不分老、少、孕和有慢性疾病的妇女,一齐动员下地生产。如武乡县下合村由于初级社内活计少,劳力多,男社员中普遍产生了反对和排挤妇女参加劳动的思想。有的专门给妇女安排重活,少给妇女开工票⑥。再如高级社时期,昔阳县东冶头公社各生产大队总害怕妇女技术不行,总是让妇女做诸

---

① 赵骏:《农业生产上一支生力军——张进财农业社发动妇女下地劳动的经过》,载《山西日报》1954年4月15日。
② 《劳动就是解放,斗争才有地位》,载《人民日报》1953年1月25日。
③ 《山西李顺达农林畜牧生产合作社,男女社员团结生产进一步提高劳动效率》,载《人民日报》1954年2月14日。
④ 李文珊:《新的妇女、新的生活——阳曲县上庄爱国生产模范村访问记之三》,载《山西日报》1952年11月4日。
⑤ 《劳动就是解放,斗争才有地位》,载《人民日报》1953年1月25日。
⑥ 《下合村农业发动妇女参加生产》,载《山西日报》1954年5月30日。

如担粪、刨地、担土等重体力劳动①。"大跃进"运动开展后，男性的这种行为更为普遍，它不仅伤害到女性的身体，更主要的是影响到妇女参加生产的积极性。"劳动光荣"的价值观在妇女身心疲惫的苦难面前大打折扣。

三

在传统中国，妇女深受儒家"劳力""劳心"文化观念的影响，自觉不自觉地建构着轻视体力劳动的思想。她们认为"嫁汉嫁汉穿衣吃饭""要是自己劳动，就不用嫁个汉子了""劳动是迫不得已……要是自己命好，就不用下地了"②。那些常年参加劳动的妇女认为自己"命苦""凄惶"③。在妇女被动员参加农业生产劳动时，她们对"劳动"充满了怀疑。长治县大峪村的妇女说："婆娘就是做个饭吧！还能上地？"④ 平顺县西沟村的老年妇女说："妇女离不了'三台'（锅台、炕台、灶台），咱怎能参加主要劳动！"⑤ 这一系列的反问体现了妇女的自卑和对男性的依赖，成为妇女参加劳动的主要障碍。通过妇女劳模的宣教和劳动竞赛的开展，妇女逐渐打消了这种自卑观念，逐渐认同了"劳动光荣"的价值观，进而自觉地建构自身的主体性。

（一）妇女劳模的宣教

妇女劳模的宣教将"劳动光荣"的话语灌输到妇女的日常生活中，实现着对传统乡村伦理体系的改造，进而完成对妇女群体的改造。她们或引导妇女诉苦，如1954年，昔阳县第一区大寨村多次举办了动员妇女参加生产的座谈会，宋立英主动引导妇女回忆旧社会的无数痛苦，不少老、壮年妇女在会上诉说了过去受婆婆骂、丈夫打的痛苦，说到苦处最深时，有许多人都落下了眼泪。受到启发的妇女表示，今后一定要参加各种劳动，争取彻底解放和未来的光明⑥。或对妇女进行前途教育，如1955年，平顺县西沟村的申纪兰，经常启发女社员"想过去受尽困难，比现在吃穿有余，望将来幸福美满"，鼓舞她们积极参加生产。许多女社员都认识到："过去不生产，男人小视咱；现在上高山，男

---

① 昔阳县妇联会：《认真执行同工同酬，加强妇女劳动保护（1961-06-29）》，昔阳县档案馆藏，档案号：16-2-46。
② 马秀玉、徐燕英：《新区怎样发动妇女参加生产》，载《新中国妇女》1950年第7期，第12页。
③ 山西省妇联筹委会编：《山西妇女副刊汇集》，国家图书馆藏，1950年，第33页。
④ 山西省妇联筹委会编：《山西妇女副刊汇集》，国家图书馆藏，1950年，第87页。
⑤ 《劳动就是解放，斗争才有地位》，载《人民日报》1953年1月25日。
⑥ 昔阳县妇联会：《昔阳县第一区大寨村春夏两季妇女工作总结报告（1954-10-07）》，昔阳县档案馆藏，档案号：16-1-13。

女都一般。"她们了解到：农、林、牧全面发展以后，如果完成了社里的 15 年计划，每人每年将要得到收入和粮食 7100 斤。那时候，真是"吃不完，穿不尽，自由幸福没穷人"。她们也知道：这个美好的远景，必须依靠咱们的双手来建设。她们一致提出："社会主义好，坐着等不着，要想享幸福，大家要勤劳。"① 或通过算账的方式鼓励妇女主动参加农业生产。解县西张耿农业社的女副社长姚凤兰给妇女们算了一笔细账："一个妇女一天纺四两线，才赚两千五百元，要是上地劳动一天，至少可赚一万多元。"② 或通过改善家庭关系来动员妇女，如平顺县西沟村的申纪兰在动员村中"钉子户"李二姐参加劳动时说："参加了劳动，多挣些劳动日，就能多分些红利，也能缝件新衣裳穿，不用一直穿破衣烂裤的"，"如今是能劳动就能享受，多劳动多分粮。你只要去劳动，他爹保险就对你好了"③。在此，"劳动光荣"的话语被转化为"走出家门""不再受婆婆和丈夫气""增加社会财富"等话语。

（二）劳动竞赛

抗美援朝时期，中国掀起了一场爱国增产节约运动，广大农村妇女在爱国主义教育下，也掀起了一场劳动竞赛。山西妇女的劳动竞赛首先由榆社县妇女劳模裴志英发起，她提出了"保家卫国，人人有责，妇女姐妹，也不后人"的口号，并从1951年1月起先后多次向全省农村妇女发出了爱国丰产竞赛的号召。在这场竞赛运动中，当民族国家利益与家庭利益相结合时，农村妇女表现出了高度的责任感，她们不仅自己踊跃参加生产，还动员其他姐妹安排好家务劳动，参加各种农业生产。榆社偏良庄 46 岁妇女李三梅就是例证④。劳动竞赛与其他各项运动相结合使农村妇女意识到"劳动光荣，不劳耻辱"，"妇女参加劳动是光荣的，不干活就不得解放"。

（三）借助权威建构主体性

同工同酬政策的制定就是证明。平顺县金星农业社的申纪兰在动员妇女锄麦地时，社里每天给妇女只记 5 个工分，妇女觉得锄地还不如在家里纳鞋底，都不干了。申纪兰作为农村妇女的代表积极与农业社社长李顺达、主任宋金山沟通，社里决定派宋金山、张偏则负责教授妇女技术，派申纪兰、吕桂兰等 3

---

① 杨树培、陈杰：《金星合作社怎样运用妇女劳动力》，载《人民日报》1956 年 3 月 15 日。
② 《晋南的"申纪兰"》，载《山西日报》1954 年 3 月 8 日。
③ 申纪兰：《忠诚：申纪兰 60 年工作笔记》，北京联合出版，2011 年，第 31－32 页。
④ 光梅红：《观念·竞赛·制度：20 世纪 50 年代农村妇女参加生产动因再探讨》，载《古今农业》2013 年第 3 期。

人到县里去接受技术培训。春忙时,社里组织了耙地、撒肥、间苗三次比赛,妇女通过比赛最终争取到了和男性"同活同酬"的待遇①。几乎同时,时任中共中央妇女工作委员会第三书记的章蕴在北京召开的全国妇女工作会议上指出:"应认真研究和适当解决当前互助合作组织中有关妇女劳力的特殊问题,努力争取实现男女同劳同酬,反对对妇女劳动不记分、少记分或男女同样记分而分值不等的轻视妇女的观点和不合理的办法。"② 这种一致性使申纪兰名声大噪,申纪兰的这一做法经《人民日报》宣传后,轰动了全国,进而成为国家的一项政策。到1954年9月,男女"同工同酬"政策正式写入《中华人民共和国宪法》。这又为妇女参加劳动生产提供了法律保障。

女性动员改善了家庭关系,提高了妇女的家庭地位,增强了女性的人格尊严。如平顺县西沟村的王招根老太太乐得到处对人家说:"我活了六十多年啦,从没人给烧过火,每天人家回来了,我双手把饭端上去。这下子大家在一起做饭,有说有笑真是劳动解放了我啦!"申纪兰婆婆说:"从前常说一家八口全指靠老汉过呢,现在看来离了纪兰就不行。往年只给八尺布,今年给纪兰做了两身新衣服,一条花褥子。"③ 随着农村妇女生产技术的提高和同工同酬政策的执行,许多妇女开始担任合作社的社长、副社长,生产队的队长等职务。到了"大跃进"时期,妇女更是自觉地参加劳动。昔阳县北关村妇女们说:"要提高生活水平,唯一的办法是好好地劳动,增加收入。现在吃饭有食堂,生下小孩别人看,穿衣缝补裁缝管,真是心里无愁事,家里没事干,只有加强第一线。"为此,她们头天晚上都要主动询问第二天劳动的地点和所需的工具,干活中不怕脏不怕累,与男性一争高低④。她们的这种"解放"感彰显了新社会妇女地位的变化,她们和男性一起为社会主义建设做出了贡献。正如一些研究者所评价的:"新中国成立初期的土地改革、参政选举、婚姻自由乃至妓院改造,如果没有广大妇女的觉醒、参与和斗争,男女平等性别关系的构建只能是一纸空谈。因此,妇女不仅仅是'恩赐'的对象和被解放的客体,而是这场变革的主体力量。"⑤

当然,也有妇女因为觉悟程度低或认识不到位,对"劳动光荣"的实质不

---

① 申纪兰:《忠诚:申纪兰60年工作笔记》,北京联合出版公司,2011年,第37-42页。
② 中国妇女管理干部学院编:《中国妇女运动文献资料汇编》(第二册),中国妇女出版社,1981年,第147页。
③ 《劳动就是解放,斗争才有地位》,载《人民日报》1953年1月25日。
④ 昔阳县妇联会:《北关的妇女工作调查(1960)》,昔阳县档案馆藏,档案号:16-1-30。
⑤ 肖扬:《1950年代国家对性文化和性别关系的改造与重构》,载《山西师大学报》2013年第6期。

能深刻理解，她们在生产中存在着"争先进"的思想，错误地认为不下地干活就是"落后"。山西不少地区都发生过妇女因劳动过度而流产、吐血、子宫出血，儿童因缺乏照顾而跌伤甚至死亡等现象①，甚至有的地方还出现了怨恨孩子多、歧视家务劳动等不良风气②。

四

尽管国家法律条例和制度设计为农村妇女走出家庭、走向社会提供了合法保障，但农村妇女在参加劳动的过程中仍然遇到了诸如集体劳动和个人劳动、家务劳动与社会劳动等冲突。针对这些冲突，当时的学者或在实践调查中关注了这些问题，或通过媒体展开讨论。学者的调查、讨论与研究不断将这些问题合理化，推动了农村妇女的解放事业。

（一）对集体劳动的态度

经过民主革命的洗礼和社会主义过渡时期总路线的宣传，农村妇女逐渐树立了"劳动光荣"的思想，涌现出一批赵树理笔下高质量、全面参加社会主义农村改造，在集体劳动中向"社会主义新人"蜕变的"玉梅"形象。同时，农村妇女中也有人不认可"劳动光荣"的价值观，她们经常以身体有病或家庭拖累为由与劳动打游击。《山西日报》记载，有的拿家里做饭、缝洗衣服等为借口推诿不下地③；有的抱怨说"解放妇女哩，把咱解放到地里了""提高妇女哩，手上也磨起泡来了"④。赵树理在山西农村的调查也证实了这点，他在小说《锻炼锻炼》中塑造了"小腿疼"和"吃不饱"的形象。至于为什么会出现"小腿疼"和"吃不饱"这种现象，赵树理在谈及《锻炼锻炼》的创作动机时说："就是我想批评中农干部中的和事佬的思想问题。中农当了领导干部，不解决他们这种是非不明的思想问题，就会对有落后思想的人进行庇护，对新生力量进行压制。"⑤ 在赵树理看来，"小腿疼"和"吃不饱"的自私自利、好吃懒做、投机取巧等落后思想是旧社会的极端个人主义在农业生产劳动中的体现，是基层干部姑息养奸工作作风的结果，因此要对落后思想和基层干部的工作作风进行道德上和政治上的批判。赵树理的小说在当时成为指导农村工作的

---

① 《合理安排农村妇女劳动力》，载《山西日报》1956年7月11日。
② 《纠正片面强调田间生产的倾向》，载《人民日报》1956年8月8日。
③ 《晋南的"申纪兰"》，载《山西日报》1954年3月8日。
④ 中共山西省委妇委会：《璩寨村发动妇女工作的经验》，载《山西日报》1953年6月19日。
⑤ 黄修己编：《赵树理研究资料》，北岳文艺出版社，1985年，第371页。

一面旗帜，道德批判和政治批判成为当时纠正"落后"思想的通行做法。如此，"落后"农村妇女在道德和政治批判的高压中将个人利己主义思想隐藏起来，逐渐参与到集体劳动中来。

（二）家务劳动的性质讨论

农村妇女参加生产劳动在一定程度上打破了传统"男主外，女主内"的分工模式，提高了农村妇女的经济地位，但随着农村妇女参与社会劳动程度的增加，家务劳动与社会劳动间的冲突也与日俱增。在1951年的增产节约运动中，农村妇女通过劳动竞赛的方式比较合理地解决了家务劳动与农业劳动的冲突。随着农业合作化运动的开展，农村妇女也出现了角色紧张的状况，因此，全国妇联在总结1952年妇女工作问题时，第一次明确指出：一方面应该有条件地、逐渐地、适当地解决这一矛盾，不应该把妇女完全束缚在家务劳动上；另一方面，又必须在社会上展开教育，说明家务劳动是社会不可缺少的劳动，打破那种不承认家务劳动成果的错误观念[1]，并总结农村妇女的经验，提出利用农闲及阴雨天气准备好全家一年的吃穿用度，农忙季节应主要从事农业劳动。一般日常家务，应通过家庭成员之间的合理分工来解决，或适当采用互助合作的办法处理某些家务劳动[2]。此后，妇联领导人多次申明家务劳动是为社会主义生产服务的，妇女从事家务操作又比男人更适合些，妇女担负这种劳动是光荣的，并对那种企图使农村妇女完全摆脱家务劳动的思想进行了批评[3]。1957年，《中国妇女》又围绕读者马文治来信反映的职业妇女角色紧张和男性的焦虑问题展开了讨论，全国妇联主席蔡畅、副主席章蕴以其长期对此问题的关注和思考，对家务劳动的性质进行了中国化、时代化的解释。她们认为，"在社会主义社会中，一切为社会主义服务的劳动都是社会劳动；所以家务劳动也是社会主义劳动的一部分"[4]。这种解释使社会主义劳动成为超越公共劳动和私人劳动之上的一种劳动，家务劳动和社会劳动的分工已不再是判断妇女解放与否的标志[5]。在这种思想的指导下，单纯强调社会劳动和忽视家务劳动的思想得以批判，妇女在经期调干不调湿、孕期调轻不调重、乳期调近不调远等行之有效的保护妇女身体健康的方法得以贯彻执行。

---

[1] 中国妇女管理干部学院编：《中国妇女运动文献资料汇编》（第二册），中国妇女出版社，1981年，第143页。
[2] 中国妇女管理干部学院编：《中国妇女运动文献资料汇编》（第二册），中国妇女出版社，1981年，第197页。
[3] 中国妇女管理干部学院编：《中国妇女运动文献资料汇编》（第二册），中国妇女出版社，1981年，第275页。
[4] 肖扬：《1950年代国家对性别文化和性别关系的改造与重构》，载《山西师大学报》2013年第6期。
[5] 肖扬：《1950年代国家对性别文化和性别关系的改造与重构》，载《山西师大学报》2013年第6期。

但是，学者的论证在政治运动面前显得苍白无力。伴随着"大跃进"运动的到来，片面地强调"妇女从事家务劳动是落后和不解放，只有参加农田劳动才是妇女彻底解放、实现男女真正平等的必由之路"等再次成为动员妇女参加劳动的冲锋号。在"妇女什么都能干，什么都会干，什么都干得好"的激励下，90%以上的农村妇女冲破了重重阻力，参加了各类农业生产劳动。高强度的体力劳动和营养不良导致妇女患疾病的比例增加，加之集体福利事业中存在着种种问题，妇女在农田劳动之余依旧忙于家务劳动。"装病""偷懒"再次成为妇女们对抗"劳动"的"武器"。昔阳县经常参加生产的妇女说："现在的人，偷懒的偷懒，装病的装病，按住这老实人死不放咱，一个月不放一天假，不给家务活留点时间。如果你要有事，就非装病不可。"[①] 对于妇女们的这些行为，正如一些学者指出的："小腿疼""吃不饱"等形象的塑造揭示了社会主义集体劳动中存在着内部危机，表明集体主义理想进入不了个人利益的现实以及无法改造现实的危机，预示着"妇女"和"劳动"结盟的解体[②]。

五

"劳动光荣"和"解放妇女"是中国共产党指导新中国社会革命和建设的主流价值观之一，它们均从属于建设社会主义强国的历史主题。当"劳动光荣"的话语建构与农村妇女解放的利益相一致或基本一致时，国家、男性农民、女性农民和学者在互动中推动了农村妇女解放事业的发展，将农村妇女这一劳动力资源整合到国家体系中，农村妇女在其中逐步实现劳动者身份的建构，改变着传统中国不平等的性别关系；当二者发生冲突甚至是悖论时，又影响到农村妇女解放的程度。这既是由妇女解放的从属地位所规定的，又是由具体实践中过分强调男女劳动平等，忽略男女两性差异和不同利益诉求所致。农村妇女解放的不彻底性在一定层面上解构了"劳动光荣"的价值观，使妇女对"解放"的记忆呈现身体劳累与精神愉悦的复杂认识。

(原载《妇女研究论丛》2014年第2期)

[①] 昔阳县妇联会：《认真执行同工同酬，加强妇女劳动保护（1961-06-29）》，昔阳县档案馆藏，档案号：16-2-46。

[②] 董丽敏：《"劳动"：妇女解放及其限度》，载《中国现代文学研究丛刊》2010年第3期。

党和国家话语与农村女性的声音
——以白茆山歌为例的观察（1956—1966）

叶敏磊[①]

摘　要：本文以江苏常熟的白茆山歌为例，考察在1958年的新民歌运动中，国家、女性、民间文艺三者之间的复杂关系。国家以民歌这种传统民间文艺形式动员农村妇女参加社会主义劳动，但女性仍然可以通过积极回应、消极对抗和反面形象的言说三种策略利用民歌来拓展女性空间，彰显女性意识。

关键词：党和国家话语　女性的声音　白茆山歌

1988年，佳亚特里·斯皮瓦克（Gayatri C. Spivak）提出了一个问题：下属群体能说话吗（Can the Subaltern Speak）？她本人的回答是下属群体不能说话，尤其是在数重关系中处于下层地位的第三世界女性群体更是一如既往地保持沉默[②]。具体到中国社会，处在边缘地位的农村妇女的声音更是支离破碎、模糊不清。作为一个从农村开始立足的政党，中国共产党早在20世纪20年代就注意到被长期忽视的农村妇女对革命的重要意义。农村妇女的"解放运动"是与共产主义革命及党和国家的话语紧密联系在一起[③]，特别是进入1949年以后，当农村成为毛泽东时代革命的中心，农村妇女与国家的关系成为聚焦国家/个人、现代/传统、男性/女性等复杂问题的中心。本文试图通过考察一个名叫白茆的江南小镇深入展开农村女性与国家的复杂关系。

目前有关毛泽东时代中国农村妇女的研究，多从政府、知识分子、政治家、革命者、男性笔头记录下来的史料发掘女性的历史经验，或者使用口述历

[①] 作者简介：叶敏磊，女，南京大学历史系硕士研究生。
[②] Gayatri C. Spivak, "Can the Subaltern Speak?", Patrick Williams and Laura Chrisman ed., *Colonial Discourse and Post-Colonial Theory*, New York: Columbia University Press, 1994, pp. 66-111.
[③] 李小江认为近代以来的中国女性解放与民族国家紧密相联，而不是像西方那样由女权主义运动所启动。见李小江等著《身临"奇"境——性别、学问、人生》，江苏人民出版社，2000年，第1页。

史的方法①，而忽略了民间文化这个重要资源。事实上，中国共产党从江西政权（1927—1934）时代就开始利用民间文化，特别是民歌，发动农村妇女参加革命。在延安时期（1935—1947），共产党文艺干部搜集了大量陕北民歌信天游，并利用信天游的形式编写反映共产党意识形态的新民歌，进行政治宣传和动员。而1958年的新民歌运动无疑是国家以政治力量改造民间文化最深入最广泛的尝试②。另外，戏曲戏剧、民歌民谣等民间文化形式是农村女性认识世界和表达自身的重要途径以及保持和扩展自我空间的重要领域③。本文试图通过考察两个问题揭示以民歌为代表的乡民象征世界中，国家与女性之间的互动关系：第一，在新民歌运动中，国家如何通过民歌这种民间文艺形式动员农村妇女参加社会主义劳动；第二，当民间文化遭遇最深刻的"改造"之时，农村女性能否发声，如何发声。

本文所说的"党和国家话语"，是指1949年以后，中国共产党掌握了国家政权，形成了具有中国特色的党和国家的体制（party-state system），中国共产党以马克思、恩格斯、列宁、斯大林、毛泽东的理论为基础，形成了一整套的意识形态解释体系，将党和国家的一切实践合法化。在相当长的一个时期，它强调毛泽东和共产党的绝对领导地位，突出少数服从多数、个人服从集体、地方服从中央的集体主义思想，根除"小农意识"的个人主义，力求建立一个政府主导的、突出集体主义的社会主义社会。

本文集中关注的白茆镇是江苏省常熟县下属一个乡镇，总面积47.98平方公里，耕地面积33078亩（约2216公顷），20世纪50年代末的人口是19813人，多从事农业（水稻和小麦）和渔业，是一个典型的中国江南农村④。本文之所以选择白茆镇作为研究的案例，是因为在1949年新中国成立之后，该地

---

① 例如 Laurel Bossen，*Chinese Women and Rural Development: Sixty Years of Change in Lu Village*，Yunan，Rowman & Littlefield Publishers，2002（[加]宝森著，《中国妇女与农村发展：云南禄村六十年的变迁》，胡玉坤译，江苏人民出版社，2005）；Gail Hershatter，"The Gender of Memory: Rural Chinese Women and the 1950s"，*Signs*，2002，28（1）：43-72；Anne E. McLaren，"The Grievance Rhetoric of Chinese Women: From Lamentation to Revolution"，*Intersections: Gender, History and Culture in the Asian Context*，2000，（4），见网页 http://wwwsshe.murdoch.edu.au/intersections/issue4/mclaren.html.

② Barbara Mittler，*Dangerous Tunes: The Politics of Chinese Music in Hongkong, Taiwan, and the People's Republic of China since 1949*，Wiesbaden：Harrassowitz，1997.

③ Schimmelpennick，Antoinet，*Chinese Folk Songs and Folk Singers - Shan'ge Traditions in Southern Jiangsu*，Leiden：the Chime Foundation，1997，pp. 89-95.

④ 路工等：《白茆公社新民歌调查》，上海文艺出版社，1960年，第3页。

的民歌运动被国家树立为先进典型，向全国示范。1958年9月23日，时任中共中央副主席、全国人大常委会委员长的刘少奇视察该镇，同年12月，国务院总理周恩来授予白茆"农业社会主义建设先进单位"的称号。对白茆镇的研究将有助于考察20世纪50年代和60年代国家权力如何对女性进行影响和动员以及女性在此过程中的回应。

一、新民歌运动与党和国家对民间文化的改造

1928年以前白茆没有国家行政组织，除了向国家交纳财税以及不经常出现的诉讼案件以外，农民很少与国家政权直接接触，处在一个"日出而作，日落而息"的传统乡村自治社会中。民国时代这里曾先后设白茆乡议事会、行政局和区公所。1937年11月15日，日本军队进入白茆，设日伪维持会。1945年国民党重建白茆镇，并派驻军队。中国共产党的活动早在1939年5月就已展开，新四军第六团以江南抗日义勇军的名义在常熟地区活动，不久，共产党派民运干部在白茆钱家桥、李市一带以教书做掩护进行抗日活动。1940年4月成立的白茆坞丘党支部有五六位党员，第二年在日伪清乡运动中被迫解散。1942年重建党支部，并在坞丘山、李市、山泾等地发展新党员。1945年9月，苏常太地区大部分党员北撤，白茆保留了三人秘密党组织，后与上级失去联系直到共产党政权进入白茆。1949年4月27日，中国共产党军队进入常熟，随后建立白茆镇人民政府，建立行政村、组，各乡建立党支部。1951年7月，历时近一年的土地改革结束。1952年，上塘村农民陆福兴组织8户农民成立白茆乡第一个互助组，4年后发展为全乡第一个农业高级社，按高级社建立党支部。1957年，中共白茆乡委员会（后改中共白茆公社委员会）成立。1958年9月15日，常熟县第一个农村人民公社——和平人民公社（后称白茆人民公社）成立，包括14个农业合作社，4700户人家。

1949年，共产党一进入白茆，就注意加强对农民的宣传和动员。其时出现了欢庆解放、控诉旧社会、歌颂新社会、歌颂党、支持党的政策等内容的新民歌。为了加强党的宣传，地方基层领导根据在江西和延安的经验，建立起一套党的文艺宣传机构。1957年，白茆乡文化站成立，工作人员利用黑板报、画廊、文艺宣传队等方式宣传党的方针政策，组织群众性文娱体育活动。1958年8月建立的常熟县白茆乡文学艺术工作者联合会（白茆文联）是在新民歌运动高峰时期负责地方文艺工作的主要机构，由乡党委副书记姜祖根兼任主任，包括委员8人，会员303人。文联在全乡组建了190个创作组，参加人员有303

人，包括233名男性和70名女性。与此同时组建的白茆乡文工团包括团员29人，他们自编自演戏剧、相声、舞蹈、歌曲共14个节目在全乡巡回演出，并创作快板、小调等演出材料50多篇。

国家在农村的宣传方式既包括早期城市斗争经验发展出来的新形式，也利用民间本身的文艺形式。1955年开始，白茆共建立170多个农业俱乐部，通过出黑板报、读报、创作、文明戏、幻灯、小型图片实物展览、劳动状元台、跑马竞赛栏等形式宣传党的主张，激发民众对新社会的认同感①。公社还成立了广播站、图书馆、生产快报、博物馆配合大跃进运动。但最受群众欢迎的新文化形式无疑是每月两次（市镇）或一次（农村大队）的电影放映活动，除了《董存瑞》《上甘岭》《历史的一页》《苏联的一个集体农庄》等革命故事片和反映社会主义建设事业蒸蒸日上的新电影以外，另一类群众百看不厌的片子是《梁山伯与祝英台》《天仙配》等从民间文化演化出来的传统片。显然共产党也意识到民间文化在这个江南农村根深蒂固的影响力，并非常注意利用民间文化的旧形式讲述新故事。1958年9月，乡党委为了庆祝白茆公社成立举办了一次龙舟赛。作为水乡常见的一种民间文化活动，划龙船的比赛并非罕见，一般一年一次甚至两次。此次比赛的不同之处在于，龙船上有男有女（旧时认为女人不干净不能上龙船，否则会带来霉运），而且取消了保佑本队获胜的菩萨。类似对传统民间文化形式的改造还包括评弹、书话、地方戏（锡剧、京戏、越剧等）、打腰鼓等，包括推广从北方引入的秧歌，但这些努力的成效非常有限，最有效也是基层党领导最着力的改造项目是民歌。

在1957年文化站致力于推广新民歌之前，传统民歌一直在白茆民间文化中占据主要地位。新民歌的出现大多并非民间自发，而是受到党的直接或间接领导。30年代就开始利用五更调等民间文化形式进行抗日宣传活动的工会成员邹振庭编写了一些民歌、小演唱和儿歌，包括《鸣放》《小麦状元出五社》《新婚夫妻比干劲》等，都是根据党的中心工作创作的。他说："乡里领导人要啥内容，给材料，我来编……我写的《鸣放》，就是听了乡领导人报告后写的。"②

作为有着悠久唱山歌传统的白茆，民歌无疑是对群众影响最大的民间文化形式。正因为意识到这一点，公社党委书记万祖祥把编唱、推广新山歌视为推

---

① 常熟市档案馆 G6-3-3：《常熟县白茆公社和平第一农业生产社建立俱乐部工作总结（1955年）》。
② 路工等：《白茆公社新民歌调查》，上海文艺出版社，1960年，第67-68页。

动生产、搞好政治工作的主要鼓动工具。1958年4月14日，《人民日报》发表社论《大规模地收集全国民歌》，引发了全国性的民歌运动。白茆公社党委配合大跃进运动不遗余力地利用各种形式促进新民歌的创作和传播，提出"人人能唱歌，学会五只歌；人人都创作，每人写五篇；人人能表演，队队有演出"的目标①。为了让白茆到处飘扬新山歌，党委做出了很大的努力。①干部带头。公社党委8个委员中有5个经常编新歌，大队干部4/5能编歌，小队干部一半能编歌。②推出新宣传手段。当时白茆有墙头诗栏2500处，发表新歌5000首；鼓动牌20000块，一块一首歌；民歌展览会约300次，展出新歌1000首；跃进门口号诗歌约200首；大字报发表新歌40000首②。③利用赛歌会的旧形式传播新山歌（见表1）。④组织山歌训练班、农村俱乐部、民校等教唱新民歌。⑤发现尖子，重点培养新歌手。⑥召开业余文艺骨干训练班。1957年冬至1959年初，白茆人民共创作新民歌8万多首，参加创作的有5000多人，占全社人口1/4以上③。到1958年，白茆已经"路有宣传牌，村有跃进门，诗画满墙头，遍地是歌声"。

表1　1956—1966年白茆公社赛山歌活动与山歌队情况

1956年8月	对山歌
1957年8月	对山歌
1958年	万人对歌会，并成立第一支山歌队
1959年秋	万人山歌会，并成立第一支白茆山歌创作队
1960年9月	龙王庙门前白茆塘两岸山歌会
1961年9月	白茆大礼堂山歌晚会
1962年3月	白茆小学操场山歌晚会
1963年	白茆小学操场山歌晚会
1964年9月15日	白茆塘畔庆祝白茆公社建社六周年万人山歌会
1965年	新曲调"水乡新歌"完成，并组建第二支白茆山歌队

二、新山歌与妇女动员

中国传统观念强调"男主外，女主内""女子无才便是德"，女性的活动

---

① 常熟市档案馆G6-2-3；《1958年11月15日在白茆现场会议上贯彻放出文化卫星，迎接国庆十周年——今冬公社文化工作意见》。
② 路工等：《白茆公社新民歌调查》，上海文艺出版社，1960年，第69、137页。
③ 路工等：《白茆公社新民歌调查》，上海文艺出版社，1960年，第41页。

党和国家话语与农村女性的声音
——以白茆山歌为例的观察（1956—1966）

在政府和文化精英的观念里是被严格限制在家庭之内的。共产党进入农村以后面临的一个重要问题是：农村女性的国家意识、阶级意识、政党意识比较薄弱，她们更关心个人生活，对参加集体劳动马虎敷衍。1956年白茆公社开展三查三比运动之前，社员争工分、干活粗糙的现象普遍存在①，甚至对社会主义意识形态并不热衷。面对这些困难，共产党如何以新山歌的形式动员女性呢？

首先，党委鼓励妇女通过新山歌忆苦思甜，突出社会主义制度下女性翻身得解放的幸福。通过传唱"过去妇女不是人，如今妇女翻了身"②的观念，新山歌描述公社女性从繁难的家务劳动中解放出来，可以没有挂碍一心投入生产劳动，通过劳动体现自己的价值。公社开办幼儿园、托儿所、洗衣组、食堂，女性不用洗衣做饭、烧水带小孩，生小孩有产院，产后还有1个月产假，工资照发③。比较下面两首山歌，旧社会苦媳妇的形象和新社会当家做主的女性形象形成鲜明对比，社会主义时代下的女性怎能不备感幸福？

（山歌一）
公社食堂真灵光，
编歌来把食堂唱：
专人做饭不慌忙，
按时上工心定当，
妇女劳力大解放。
从前妇女真苦恼，
天勿亮起身把饭烧，
三顿茶饭忙下来，
干活辰光没多少，
上工常常要迟到。
感谢毛主席好章程，
办起食堂最称心，
妇女姊妹齐出勤，

---

① 刘昔非：《三查三比》，载《新华日报》1956年4月14日。
② 常熟市档案馆 E21-2-11：《常熟县白茆乡和平一社发动女社员参加大放大鸣大争工作总结》（1957年11月1日），第74页。
③ 常熟市档案馆 E21-2-13：《关于白茆乡共产主义建设规划第一阶段工作小结的简报》（1958年9月13日）。

生产个个争跃进,
今年亩产超千斤。①

(山歌二)
天窗里亮光光就起身,
头光滑面出房门,
铜勺菜刀轻轻放,
勿要闹天闹地闹公婆。
扫地轻轻扫,
勿要碰天碰地碰家生。
提水要提七八分,
勿要搁浆搁水进大门。
囤里搬米问声婆,
基上拔柴问声公。②

其次,通过劳动竞赛,增强女性作为主人翁的自豪感。大跃进中一首广为传唱的新山歌是通过比赛激发妇女的劳动热情:"白茆女英雄,干劲冲破天;行动赛火箭,智谋胜神仙,水稻夺高产;秋后北京见。"③ 1964 年,项宝英等 11 名妇女组成白茆公社妇女竞赛小组,与其他公社的妇女比赛劳动干劲和劳动成果,她们不怕累不怕苦,和男人一样干活,被人们称为赛过穆桂英的女英雄④。全公社 11400 多位妇女组织了 19 个妇代会,在妇联的领导下真正显示出"妇女能顶半边"的巨大威力。在农忙季节中,莳秧、拔秧等农活大部分由妇女承担了下来,而且妇女心细,干活质量好,棵棵秧莳得整,像五大队"七仙女"莳秧小组莳得人人说好⑤。甚至新山歌中的情歌也表现出你追我赶、爱情基于劳动、劳动美化爱情、跃进成功再结婚等主题,而不是像传统私情山歌强

---

① 常熟市档案馆 E21-2-11:《常熟县白茆乡和平一社发动女社员参加大放大鸣大争工作总结》(1957 年 11 月 1 日),第 15-16 页。
② 路工等:《白茆公社新民歌调查》,上海文艺出版社,1960 年,第 97-98 页。
③ 常熟市档案馆 E21-2-11:《常熟县白茆乡和平一社发动女社员参加大放大鸣大争工作总结》(1957 年 11 月 1 日),第 52 页。
④ 常熟市档案馆 E21-2-30:《白茆小组竞赛书》(1964 年 4 月 5 日)。
⑤ 常熟市档案馆 E21-3-40:《各公社妇女先进事迹 (1965 年)》。

调对方英俊伶俐、善于调情、通过山歌缔结姻缘等叙述。

再次，树立先进典型，鼓励落后女性。在大跃进运动中，白茆党委提出"三麦赶水稻，水稻翻一番"的口号，发动社员挑河积肥，并在宣传中推出了女英雄榜样，动员广大妇女积极参加社会主义建设。1958年的国际妇女节，《新华日报》的记者在参观白茆后发表了一篇文章：

这里有三个女英雄，她们是周阿林、顾凤英、罗杏英。在冰天雪地里，她们赤脚做肥料仓库，脚上出血也不喊疼，四天做了八十多亩。她们干活和男子汉一样，人们称她们是女中英雄。……英雄中还有老太太。一个右眼失明的何老太，今年六十八岁了。在这次大跃进中，青年妇女挑灯夜战，她也来参加。老太太能来参加，青年妇女还不干得更起劲吗？就是这样，青年妇女积肥的热潮掀起来了。①

接着，公社又隆重推出"万斤大嫂陆彩英"的光辉形象。十大队副队长陆彩英在烂脚又发烧、身体虚弱的情况下，仍然带领社员在零下11摄氏度的严寒天气敲冰挖塘泥，她领导的小麦试验田和水稻试验田都取得了高产量。在党委书记创作新山歌的号召下，陆彩英尽管识字不多，仍然坚持创作，在大跃进高潮的一年多时间里就创作了100多首新民歌，其中《要得水稻翻一番》传播提高产量的种稻新技术。其他典型还有苦干实干的陈金妹、1天割草300斤的妇女状元周金金、新婚期间带领妇女队连夜赤脚挑塘的董妹及其丈夫。

最后，党和政府的相关部门引导女性编唱新歌，歌颂社会主义新生活。回乡知识青年王凤英在公社党委书记万祖祥的帮助下逐渐学会了编新山歌，劳动技术和政治思想也有很大进步，被评为公社"五好"团员和文艺标兵。她能编能唱，成为有名的新歌手。她通过山歌表达女性解放的自豪感："女性有双解放手，又拿枪杆又拿锄，舞锄刨开金银库，扛枪捍卫祖国好山河。"② 原来一字不识的朱阿炳在扫盲班的帮助下脱去了文盲帽子，并且开始编唱新山歌："三月桃花红喷喷，女性翻身做主人。秋后欢庆丰收年，女将也要上北京。"③

通过新山歌动员妇女参加集体劳动，热爱新生活，培养积极向上、奋勇向前的精神，党和政府塑造和宣传了一大批健康向上、活力充沛的女性形象，1959年，参观白茆公社的吕博然、曾传炬看到这样的景象：

---

① 《跃进的常熟，沸腾的常熟》，载《新华日报》1958年3月8日。
② 常熟市档案馆 I28-2-91。
③ 常熟市档案馆 I28-2-369。

白茆女性一个个都是自由自在的快活人。……这就是她们一天的生活，这种从未有过的生活方式，对她们来说是如此自然，而又如此称心满意，好像生活本来就应该这样似的。

怎能不高兴呢！她们成了生活的主人，对劳动充满了炽热的感情，在晨曦未明的时候，她们就在田里操作了。

她们用绳子牵在田里，然后像绣花似的莳起秧来，莳得又快又直，只一眨眼，田里的水就被秧苗映得绿生生的了。

有人领头唱了一支山歌，马上四面八方就应和起来。她们唱劳动的歌，也唱缠绵的情歌，但是这里面没有旧中国女性的悲怆哀怨，而是每字每句都渗透了无比的欢愉。①

三、新山歌中女性的声音

尽管中国共产党利用新山歌动员妇女的直接目的是动员妇女为大跃进建设服务，但新山歌中是否没有女性自发的声音？事实上，女性积极利用党和国家的话语讲述自己的故事，在被纳入国家叙事的同时，保留了自己的空间。可以说，在一定意义上，党和国家话语与女性话语在妇女解放的层面上构成一种共谋互惠关系。

1957 年白茆乡召开训练女乡长大会，三社的殷二男说："过去我常被丈夫打，办了社我和男人都当了社长，有话有商量，家里有权，队里有主，社里有名，大家看得起。"党和国家把农村女性纳入妇女解放的轨道是要妇女走出家庭，顶起社会主义建设的半边天，而这里女性却利用妇女解放的契机首先在家庭内部争得了主控权。在白茆乡 4 个社 53 个女干部中，过去在家庭内部有经济权的仅 14 个占 26%，现在有 39 个当家掌权，占 73.6%，还有 14 个年轻的虽不当家，但有用钱的自由。妇女支持合作社更直接和重要的原因是从中获得了直接的好处，三社的周秀珍说："我们妇女过去死活没人问，我养了两个小孩，不到三天下田生产，腰酸背痛生病，入了社我生第三个小孩，社里补贴我工分，我安心休息二十天，爹亲娘亲合作社更亲。"②

为了避免涉及"不健康"的内容，新山歌大多描写社会主义生产劳动或歌颂新生活，情歌占的比例非常小，这些少量的新情歌力主表现男女在劳动中你

---

① 吕博然、曾传炬：《白茆人民公社散记》，载《雨花》第 48 期，1959 年国庆特大号，第 14–17 页。
② 常熟市档案馆 I28–2–23：《白茆乡女队长训练总结》(1957 年 8 月 9 日)。

追我赶、相互竞赛,最后双双成为劳动模范,即"男女搭配,干活不累",男女情爱成为鼓动生产激发劳动干劲的次要因素。而在传统山歌中,情爱(私情)是主要内容,男女相悦让双方陷入一种恍惚状态,常常因为贪看对方的面容或声音,不能继续手里的活计甚至发生一点小意外。但是比较下面两首情歌,无论是新情歌还是旧情歌都表现出了男女相恋过程中的某些要素:美丽伶俐干活麻利、相互观看、相互应答(或暗答)、牵手并行的结局。五六十年代的女性之所以热衷于演唱"渗透了无比的欢愉"的新情歌,是因为这些歌唤起了与传统私情山歌非常类似的心理感知——男女相恋初时的甜蜜愉悦。在党和国家话语系统内部,一些与传统山歌类似的因子获得了女性的认可。共产党可以坚持社会主义劳动的叙事并占据主流地位,女性也可以默默地坚持自己的理想,互不相扰甚至相互激发。

(山歌一)
墙头上画画一朵云,
画出罱泥船上好恩情;
船头上哥哥摆动罱篙金钟响,
妹妹摇船赛过凤凰鸣。

墙头上画画一朵云,
画出秧田好恩情,
哥哥莳秧又快又好六棵六条线,
妹妹又齐又快答郎情。

墙头上画画一朵云,
画出除草田里好恩情,
哥哥挥动双手眼观六棵棵里稗,
妹妹紧跟哥哥双手除草、眼观六棵、有说有笑好恩情。
墙头上画画一朵云,
画出公社丰收的好光景,
哥哥妹妹喜笑盈盈同上光荣榜,

光荣榜旁边粮山稻囤接白云。①

（山歌二）
姐勒三层楼里绣鸳鸯，
眼窥塘里有船行，
新戴珍珠勿要看，
要看吊绷做橹好后生。

姐勒看郎针戳手，
郎勒看姐船要横，
十指尖尖擦眼泪，
跳下船头一道行。②

在白茆，女性积极回应新民歌运动的典型人物是共青团员陆瑞英（1932——）。陆瑞英从小随祖母、亲戚、邻居学习山歌，"肚里山歌万万千"，是白茆继承传统民歌最多的人。作为文艺活动的积极分子，她是乡俱乐部宣传组的成员，经常用山歌、演戏等形式宣传普选、肃反、合作化等政治运动。她还担任过乡妇联主任、妇女委员、"刘胡兰突击队"队长等职务。在新民歌运动中，陆瑞英积极编唱新山歌，带领14个中小学生组成山歌训练队，一边劳动一边教唱新山歌，并多次组织参与对山歌活动，成为白茆著名的山歌手。编唱和传播新民歌，对陆瑞英来说，获得了进入白茆社会活动中心的好时机。只有在党领导的新民歌运动中，山歌的地位才提升到一个空前的政治高度，山歌手也随之获得了空前的承认。尽管在一次对山歌活动中陆瑞英的嗓子唱坏了，但其作为老山歌手的形象并没有消退，直到今天还是白茆山歌的一块牌子。③

另一方面，有些女性对新山歌没有兴趣也不会唱，旧山歌又不能唱了，就

---

① 常熟市档案馆 E21-2-11：《常熟县白茆乡和平一社发动女社员参加大放大鸣大争工作总结》（1957年11月1日），第63-64页。

② 《姐勒看郎针戳手》，载常熟市文化局、常熟市文化馆、白茆镇人民政府编：《中国·白茆山歌集》，上海文艺出版社，2002年，第76页。

③ 路工等：《白茆公社新民歌调查》，上海文艺出版社，1960年，第63-65页；《姐勒看郎针戳手》，载常熟市文化馆、常熟市文化馆、白茆镇人民政府编：《中国·白茆山歌集》，上海文艺出版社，2002年，第475-476页。

"闷声不响"。有些青年则"对山歌听不惯，觉得不好听"①。即便是女干部亦并非必然积极响应党的社会主义建设和新民歌运动。1957 年 7 月 31 日到 8 月 1 日，白茆乡召开全乡女队长训练大会，这次大会的目的是激发女队长的工作热情，但开会时有 90% 以上的干部都抓了绣花边（常熟女性最重要的副业之一），显然把绣花边当成真正的正事。开会前的调查显示，88 个女干部中有 56 个不高兴工作，五社 10 个女干部全部不高兴工作②。十大队副队长陆彩英原来也不唱歌，大跃进运动中在党委书记的启发下才开始编唱新山歌，但有些女性并非如陆彩英那样积极回应新山歌运动。1959 年时，白茆公社共有 19813 人，男 9771 人，女 10043 人，但在创作新民歌的 5000 多人中，男性反而比女性多，分别为 2750 人和 2250 人。在创作骨干 27 人中，女性占的比例更小③。

女性的声音也有与党和国家的话语不协调的地方，这样的声音很多没有被记载下来，并很快被人遗忘了，但幸运的是，笔者在一些报告和文件中发现了作为反面形象的女性刺耳的声音，表达了自我感知和生活体验。1957 年下半年，白茆乡和平一社党委发动女社员参加大放大鸣大争运动，有些女性借此机会表达了对党和国家政策的不满情绪：有人认为 520 斤口粮标准太紧，实行统购统销忙煞妇女、饿煞妇女、冻煞妇女、做煞妇女；下中农毛老太讲统购统销使她"早上无不喂鸡食，晚上无不老鼠粮"；有人说加入合作社不如单干，入了社以后妇女有三多五煞，三多即"妇女病多，担子挑得多，身体坏得多"，五煞即"小囡在家饿煞，落雨妇女滴煞，吃了冷水撒煞，风大冻煞，生活做煞"④；有人反映布不够穿，油不够用，人民政府来一样都买不到，样样要计划，太不自由。同时工业品价格高，农产品价格低，农民一世不翻身，赚点钱明里来暗里去⑤。"大跃进"时期，公社党委提出"三麦赶水稻，水稻翻一番，麦五百，稻一千"的指标，有些人认为这个指标高得离谱，通过漫画和山歌表达反对意见："栀子花开心里青，党委号召大跃进。指标定了一千斤，一步登天要跌死人。"这些口号、顺口溜和山歌中，发出了另一面女性的声音。

和其他地区的民歌一样，传统白茆山歌也以情歌为主，所谓"无姐无郎不

---

① 常熟市档案馆 I28 - 2 - 91。
② 常熟市档案馆 I28 - 2 - 23：《白茆乡女队长训练总结》（1957 年 8 月 9 日）。
③ 路工等：《白茆公社新民歌调查》，上海文艺出版社，1960 年，第 138 - 140 页。
④ 常熟方言，意思是：因为妇女必须下田劳动，不能照顾家里的孩子，孩子在家里挨饿；下雨天妇女还得劳动，更辛苦；没有热水喝，喝不卫生的凉水很容易生病；大风天在田里劳动身体容易冻伤；劳动任务又特别繁重。
⑤ 江苏民间文学研究会：《白茆歌谣故事集》，江苏文艺出版社，1960 年。

成歌"。新中国成立以后,少部分情歌被定义为"争取婚姻自由、反封建"的好歌,大多数情歌则被认为是"黄色的""不健康的"。公社党委书记万祖祥在接受中国民间文艺研究会和江苏省文联工作人员的采访时说:"过去的山歌,讲私情,黄色的很多,譬如'夹河看见好佳女,眉毛弯弯像我妻','一位大姐面皮青,十八岁无郎算啥个人'。这种不健康的山歌在新中国成立前蛮普遍。它促使妇女和青年走下坡路。"① 万祖祥强调自己人很老实,从小不唱黄色山歌。但是,黄色山歌的定义非常模糊,哪些山歌是黄色的?哪些是反封建的?政府的文件、报纸中频频提到黄色歌谣,在1957年下半年至1958年还发起了一个反对黄色歌谣的高潮,但是我们在这些文件中看不到对黄色歌谣的确切定义。正因为黄色山歌是一个政治正确、定义含混的词语,人们为了保持安全性,必须尽可能远离一切可能被定义为黄色的山歌,实际上,许多人都认为只要是涉及男女恋情的歌,都是不好公开唱的。2001年,笔者在采访70岁的邹雪英阿婆时要求她唱情歌,她一开始说黄色山歌不好在陌生人面前唱。

尽管有被定义为黄色山歌的危险,情歌在新中国成立后的白茆地区仍然很流行,即便到1958年新民歌运动的高峰时期,部分地区仍然有旧山歌活动的阵地,这就是为什么党委书记还要三番五次地强调共产党干部的工作之一是要"反掉过去的黄色山歌,使正面山歌传播,使下一代成为共产主义的新人"②。

对女性来说,情歌特别重要,因为私情山歌表现了女性在情爱中的复杂心情和性别意识,性别特征最明显。黄色山歌的概念提出来以后,女性并未完全停止演唱私情山歌,只是这种演唱变得更加小心翼翼。

郎在河边唱山歌,

姐在房中暗思量,

唱仔山歌娘要骂,

勿唱山歌要断啊私情。

郎要断情西湖里河干水浅船难过;

姐要断情常熟山翻过来种红菱。③

需要注意的是,女性唱私情山歌是在相对封闭和隐秘的场合,大多是在做

---

① 路工等:《白茆公社新民歌调查》,上海文艺出版社,1960年,第113页。
② 路工等:《白茆公社新民歌调查》,上海文艺出版社,1960年,第113页。
③ 《姐勒看郎针戳手》,载常熟市文化局、常熟市文化馆、白茆镇人民政府编:《中国·白茆山歌集》,上海文艺出版社,2002年,第475页。

家务活或三姑六婆聚在一起绣花边、纺黄纱、乘凉聊天的时候相互交流演唱。陆瑞英的情歌就是在绣花边时向隔壁邻居老太学的。绣花边是常熟地区非常普遍的副业之一，20世纪50年代和60年代，绝大部分女性或多或少都以绣花边补贴家用或赚点私房钱。女性在劳动之余绣花边，一条能赚5~7厘，一天下来大约能赚4~5角。1958年白茆公社花边收入共8万元，有1200人参加绣花边的手工劳动，平均每人收入66.6元[①]。也有个别男性绣花边的，但他们一般不和女性扎堆，而女人做手工喜欢扎堆，一边做事一边聊天。老年女性视力下降，不能绣花边就纺黄纱，坞丘山河村有100多台夏布织机[②]。通过绣花边和纺黄纱，女性获得了一个合法的相对独立封闭的空间，在这个空间里，她们可以讲述党和国家话语之外的自己的故事，用私情山歌表达自己的情爱想象、抒发抱怨、交流持家理财的技巧或者通过自己的人生经验告诫小辈生活的复杂。这些"女人说话"[③]不是公开的、可以大声说出的，一旦发现无意或有意闯入的男性，她们就默然不语了。在这个意义上，党和国家话语不曾完全淹没女性的声音，女性用这种默默的、小心翼翼的方式顽强地保留着自己的言说阵地。

四、余论

1966年，江青指出民歌全是情哥郎子情哥妹妹非常不健康，使中国共产党多样性的文艺宣传让位于单调的八个样板戏，在常熟，白茆山歌的地位很快就无法与名闻全国的阿庆嫂相提并论。尽管白茆山歌依然被当地人民传唱着，山歌已经走出了历史的中心舞台，直到1976年，重新组织的万人山歌会标志着白茆山歌的回潮。2000年5月，白茆被命名为"中国民间艺术之乡"。

20世纪70年代以后，党和国家话语并未完全消失。可作为例证的是70年代后创作、现在仍然是各场山歌活动保留曲目的新民歌《白茆人民爱山歌》仍然保留了毛泽东时代党和国家话语的痕迹："白茆人民爱山歌，首首山歌党教我。千人唱来万人和，声声句句震山河。"除了少数经典作品，"大跃进"时代创作的数量繁多（1960年统计有8万首）的新民歌完全被人遗忘了，白茆传统山歌的再次崛起是作为一种可以利用的文化资源。

虽然中国共产党把"妇女解放"视为实现社会主义必不可少的重要环节，但国家尚未真正把性别关系纳入社会变革，而仅仅是将"妇女解放"作为衡量

---

① 路工等：《白茆公社新民歌调查》，上海文艺出版社，1960年，第5页。
② 《白茆镇志》，第185页。
③ 常熟方言，女人之间的话。

社会主义和民族国家取得成功的标志①。新民歌运动集中体现了国家如何利用"革命通俗文艺"（revolutionary popular art）② 的形式发动妇女参加社会主义生产。通过新民歌运动，白茆女性被建构成一种无私奉献、热心劳动的社会主义新女性形象。在与党和国家话语的关系方面，一方面，她们在党和国家话语体系内讲述自己的经验，与党和国家话语保持一定的同谋互惠关系；另一方面，她们小心翼翼地避开主流话语，在自己的女性圈子里言说。

有待进一步考察的问题还有很多。如：农村女性和国家之间的这种权力互动是如何形成的？中国共产党的妇女解放话语在多大程度上改变了农村女性的言说？1978年开始的市场化改革使党和国家话语逐渐变化，农村女性的言说策略又发生了怎样的变化？

（原载于《妇女研究论丛》2006年第3期）

---

① Harriet Evans, "The Language of Liberation: Gender and Jiefang in Early Chinese Communist Party Discourse", Intersections: Gender, History and Culture in the Asian Context, 1998, (1), 见网页 http://wwwsshe.murdoch.edu.au/intersections/back_issues/harriet.html.

② 李陀：《1985》，《今天》1991年第3、4期，转引自刘禾：《一场难断的"山歌"案：民俗学与现代通俗文艺》，载于《语际书写——现代思想史写作批判纲要》，上海三联书店，1999，第64页。

塑造和表彰

——对20世纪五六十年代"五好"活动的历史考察[1]

周 蕾[2]

摘 要：在服从于社会主义建设的总目标下，妇联组织将"五好"活动从职工家属扩展至城市家庭妇女，以独特的角度触及了家庭内部，用集体主义的道德规范改造家庭内部关系和邻里关系，同时将互助组这种集体主义合作形式广泛应用，在一定程度上减轻了妇女的家庭负担。"五好"活动是对马克思主义妇女解放理论中国化的探索。然而，家务劳动在"五好"宣传中成为妇女们的职责之所在，无疑强化了家庭内部性别化分工。在服务于生产的"中心任务"以及为社会主义建设做贡献而获得肯定的前提下，这一时期的"五好"活动被深深打上了时代的烙印。

关键词：五好 妇联宣传 表彰 妇女解放

"五好"活动起源于20世纪50年代，是以妇联组织[3]为主开展的一项家庭建设活动。"文化大革命"期间，这项活动处于停滞状态。70年代末80年代初，全国妇联重新恢复"五好"活动，更名为"五好"家庭活动。80年代末，一些地方妇联开展家庭文化建设，1996年，全国妇联发展为"五好文明家庭"创建活动。2000年至今，开展了家庭教育、家庭文化、家庭健身等更为丰富多彩的形式，在城乡家庭中影响广泛。

目前学界专门关于"五好"活动的研究很少。学者们主要围绕着新中国成立初期的家庭、家属、家庭劳动与妇女解放等问题进行深入研究。张弛认为，以职工家属为代表的家庭妇女之所以能在新中国成立初期获得肯定和褒扬是因

---

[1] 基金项目：本文系全国妇联妇女研究所重点课题"20世纪中国妇女运动简史"的阶段性成果。
[2] 作者简介：周蕾，女，全国妇联妇女研究所助理研究员。研究方向：当代中国史、中国妇女运动史与性别史。
[3] 妇联的名称不同时期有一定变化，1949年至1957年称为民主妇联，1957年之后称为妇联，本文统一称为妇联。

为她们能"一切为了生产",家务劳动也是为了社会主义建设①。宋少鹏提出,家属在家庭和社区的互助性劳动是集体主义时期单位处理集体福利事业的主要方式。国家努力对家务劳动进行理论化,以确立家务劳动及其承担者在社会主义生产体制中的位置②。肖扬认为"五好"活动体现出社会性别关系和家庭关系的改造始终是从属于社会主义建设需要的③。

以往学者的研究为对"五好"活动深入分析提供了很多思路和线索。笔者以20世纪五六十年代为研究时段,所用的史料主要是国家及各省级各大报纸、刊物,全国妇联档案,妇联系统出版的刊物和书籍等。本文提出的问题是,"五好"活动在家庭空间里尝试着塑造什么样女性,用什么道德标准进行规范和改造,"五好"活动对性别关系产生了什么影响。

本文有两点说明。第一,20世纪五六十年代的"五好"活动,不仅在城市家庭里开展,在军队、民兵、工人、教师等群体中也开展过"五好"活动。本文主要研究20世纪五六十年代妇联为主包括工会在城市家庭里开展的"五好"活动。第二,文中所指的城市家庭妇女,不仅包括职工家属,还包括工商业者家属和手工业者家属。

一、"五好"活动发起的背景

新中国成立之初,为改变国家贫穷落后的面貌,中国共产党着力于经济的恢复建设。国家经济恢复发展迅速,但这一时期工人们的生活比较贫困,相当一部分处于社会平均水平以下。如何在相对匮乏的物质条件下,尽量满足职工合理且基本的生活需要以保障其全身心地生产,是亟待解决的问题。

尽管20世纪50年代女工和女职工的数量有了很大增长,但绝大多数的城镇女性是家庭妇女。1949年在全民所有制各部门就业的女职工有60万人,1953年年末全民所有制各部门中女职工人数为213.2万人④。妇女可以大规模地参加生产,只有家务劳动仅占有她们很少工夫的时候才有可能。所以,妇女

---

① 张弛:《塑造新型的家庭妇女——以新中国初期的职工家属为例》,载《首都师范大学学报》(社会科学版)2010年S1期。

② 宋少鹏:《从彰显到消失:集体主义时期的家庭劳动(1949—1966)》,载《江苏社会科学》2012年第1期;宋少鹏:《集体主义时期工矿企业里的家属工作和家属劳动》,载《学海》2013年第3期。

③ 肖扬:《1950年代国家对性别文化和性别差异的改造和重构》,载《山西师大学报》(社会科学版)2013年第6期。

④ 中华全国妇女联合会妇女研究所、陕西省妇女联合会研究室编:《中国妇女统计资料(1949—1989)》,中国统计出版社,1991年,第316页。

要实现彻底的解放，消灭私有制、实现阶级的解放只是第一步，更重要的还要投身社会劳动和实现家务劳动社会化。50年代初期国家经济状况和现实的社会条件是国家根本无力解决这么多人的就业，让所有城市家庭妇女全部就业不可能实现。中国共产党解放妇女的理想与现实之间存在不可调和的冲突。

工业化建设的客观需要和家庭妇女无法全部就业的现实，使得国家关于家庭妇女的态度悄然发生了变化。新中国成立之初，把组织发动妇女参加社会劳动作为解放妇女的主要途径，并将"劳动光荣""不在家吃闲饭"等向广大妇女宣传，家务劳动受到贬抑和排斥，是"可耻"的"寄生式生活"。1951年全国妇联、全国总工会等联合下发了"三八节"的宣传口号，其中有"职工家属们，要搞好家务，协助职工完成生产任务"①。1952年，全国妇联在贯彻政务院《关于劳动就业问题的决定》、积极推动家庭妇女就业时，提出"宣传劳动就业中要极力防止轻视家庭劳动的情绪，要有意识地说明家庭劳动的意义，使不能和暂时不必就业的家庭妇女安于家庭劳动"②。家属群体的地位也得到了肯定，很早就被划归了"劳动妇女""劳动人民""中国革命的主要力量"③。

这一时期，关于家务劳动在理论方面也有了新的定义。家务劳动在社会主义制度之下获得了肯定。蔡畅指出，家务劳动也是社会主义劳动的一部分。章蕴认为"在现阶段，无论从事家务劳动和社会劳动，只要尽自己所能从事的劳动，都是光荣的"④。这一态度和观点为开展"五好"活动奠定了思想的基石。

"五好"活动能够进入城市的家庭内部顺利展开活动，还有一个重要背景就是"单位组织"构成了中国城市社区的基本结构。新中国成立初期，面对社会组织很不健全、社会功能衰微、社会无力满足其成员特别是单位成员需求的局面，国家不得不通过"单位办社会"的方式，让单位在履行其专业职能的同时，承担起更多的社会功能。"单位组织"在中国社会里已经远远超出了一般社会组织的意义，是一种深刻地受制度环境影响、"嵌入"在特定制度结构之

---

① 中国妇女管理干部学院编：《中国妇女运动文献资料汇编》（第二册），中国妇女出版社，1988年，第87页。
② 中华全国民主妇女联合会：《为协助执行中央人民政府政务院关于劳动就业问题的决定给各级妇联的通知》，载《人民日报》1952年8月10日。
③ 《黎毅忠问，夏雯敏答：何谓劳动妇女？何谓知识妇女与职业妇女？她们之间有什么不同？》，载《新中国妇女》1950年第15期。
④ 章蕴：《谈谈对妇女参加社会劳动和家务劳动的看法问题》，载《中国妇女》1957年第5期。

中的特殊的组织形态①。在"单位组织"的形式下，生产和再生产的结合也体现在空间安排上，生产单位有意识地把职工家属组织起来集中居住，使生活区靠近生产区，以方便生活和生产。公权力可以无孔不入地进入社会生活的私人领域。这样就为"五好"活动能够在家庭内部里顺利开展起到了十分关键的作用。

新中国成立初期，伴随中共中央把工作重心从农村转向城市，根据"以生产建设为中心"以及"全心全意依靠工人阶级"的方针②，妇联也把城市妇女工作定位在以"女工为基础"。这样就造成了妇联与工会在女工和职工家属的管理权和领导权方面的重叠和冲突③。全国妇联与总工会通过协商，规定各自的管理范围。1955年4月，全国妇联在第一次城市妇女工作会议上明确提出"在进行职工家属工作中，集中居住的职工家属工作主要由工会负责，散居职工家属工作主要由妇联负责"④。全国总工会和全国妇联共同规定过重点分工，但在实际工作中是双方协调合作共同开展的。

随着过渡时期总路线的提出和确立，围绕生产建设已成为妇联组织的中心任务。1953年，中国妇女二大上，政务院副总理董必武在致辞中提出，要"把生产作为压倒一切的中心任务，作为妇女工作的长期任务"⑤。妇联组织提出"家庭妇女中的职工家属，尤应以爱护职工，鼓励职工搞好生产作为她们的光荣任务"⑥。这种以生产为中心任务的定位对"五好"活动的开展产生了深刻的影响。

二、道德规范的初步建立——"五好"活动的缘起

道德规范源于生活在一起的言语和行动主体的意志，调节着主体行为之间的关系。"五好"活动的道德规范缘起职工家属内部。据目前的史料记载，最早开展"五好"活动的是解放较早重工业集中的东北地区，是在城市职工家属

---

① 李汉林：《转型社会中的整合与控制——关于中国单位制度变迁的思考》，载《吉林大学社会科学学报》2007年第4期。
② 毛泽东：《在中国共产党第七届中央委员会第二次全体会议上的报告1949年3月5日》，载《毛泽东选集》（卷四），人民出版社，1991年，第487页。
③ 中国妇女管理干部学院编：《中国妇女运动文献资料汇编》（第二册），中国妇女出版社，1988年，第95页。
④ 中国妇女管理干部学院编：《中国妇女运动文献资料汇编》（第二册），中国妇女出版社，1988年，第214页。
⑤ 全国民主妇女联合会宣传教育部编：《中国第二次全国妇女代表大会文件汇集（内部资料）》，1953年，第9页。
⑥ 全国民主妇女联合会宣传教育部编：《中国第二次全国妇女代表大会文件汇集（内部资料）》，1953年，第3页。

开展"三好"活动的基础上发展起来的。新中国成立初期,辽东、辽西两省及沈阳、旅大、鞍山、抚顺、本溪5个直辖市妇联,根据辽宁工业城市多、职工家属居住比较集中的特点,在一些大的工矿企业的职工家属中,开展了以保证职工吃好、睡好、休息好为主要内容的"三好"活动。号召职工家属开展团结互助,一家有事,大家相帮,保障了职工全身心投入生产。

理性的道德原则本身是一种社会建构。从新中国成立初期,国家一直强调集体主义道德原则。辽宁省沈阳市七二四厂职工家属工作委员会高凤琴小组是这一活动开展初期的典型。职工家属小组是将职工家属集合管理的组织,改造私人领域。高凤琴小组明确将开展家属工作为生产服务的观点,经常关心生产,鼓励工人提高生产积极性,在日常生活中团结互助,并建立了定期会议制度,订立爱国公约进行批评和自我批评。提出家庭生活应保证职工休息好、生活计划好、卫生好、家庭和睦及邻里团结好等内容。七二四工厂推广了高凤琴小组的经验,全厂职工家属组织了99个互助组、98个托儿站,在鼓励工人提高生产情绪方面起了很大作用[1]。在七二四工厂经验的基础上,1953年1至8月,辽东省西安(现辽源市)煤矿富国三坑的1165户职工中,有416户因家属生育、疾病而受到帮助,保证了他们出勤。在这一活动中,涌现了一批先进模范职工家属和集体[2]。"五好"活动很快被推广至松江、黑龙江等地。

南方地区仍然是按照这样的模式进行,有所不同的是,武汉地区首先是由妇联在分散的职工家属、家庭妇女中开展,而这种分散也是相对的,因为依托于街道、居委会等单位组织在空间上为活动的开展创造了条件。1954年,武汉市配合宣传总路线,调动家属支持职工生产的积极性,开始对职工家属进行"五好"宣传,即日子计划好,鼓励职工生产好,团结互助好,卫生好,学习和教育子女好。与东北地区相比,除以生产为中心、团结互助外,突出"日子计划好",增加了"学习好"的内容,强调了职工家属自身的学习。通过这些活动和教育,职工家庭都能保持勤俭的习惯,家庭里充满民主、互助和友爱的气氛。1956年武汉市出现了将近8万个新型的职工家庭[3]。

鉴于南北方取得的较好效果,"五好"活动逐步在全国推广开来,从职工

---

[1] 中华全国总工会女工部:《高凤琴模范职工家属小组》,载《人民日报》1953年5月8日。

[2] 辽宁省地方志编纂委员会办公室主编:《辽宁省志·妇女志》,辽宁科学技术出版社,2000年,第191－192页。

[3] 《妇联组织深入职工家属中开展"五好"运动 武汉出现近八万个新家庭》,载《人民日报》1956年11月18日。

家属推广到所有的城市家庭妇女。"五好"构建的道德规范原则和标准也统一起来。1956年2月,全国妇联与全国总工会、团中央等13个单位发出倡议,动员所有的职工家属、手工业者家属、工商业者家属以及其他家庭妇女进一步提高社会主义觉悟,努力争取做到"五好":家庭邻里团结互助好,家庭生活安排好,教育子女好,鼓励亲人生产、工作、学习好,自己学习好,从而发挥家属在社会主义建设和社会主义改造中的作用①。"五好"标准只是表述上有了调整和变化,内容没有本质的差别。家庭生活安排好与原来的日子计划好基本是同样的内容,明确了家庭和邻里要团结互助,仍然强调的是为生产服务。

需要指出的是,"五好"活动能够顺利在全国推广并且深入到家庭进行宣传改造的活动与50年代初基层妇联组织建立有直接关系。1953年2月,全国31个大中城市建有基层妇代会3373个,联系妇女群众580余万人②。街道、居委会的妇代会成为城市基层妇联组织的主要形式。到1956年,省(自治区、直辖市)下的地区、市、县、街道建都有妇联组织,初步完成组织建设。这些基层妇联组织的建立尤其是基层妇联的建立为"五好"活动能够在家庭内部开展宣传改造奠定了坚实的组织基础。

三、道德规范的推广——宣传和改造

"五好"活动的道德规范建立和统一后,宣传倡导并使之深入人心十分关键。随着"五好"宣传的开展,家务劳动逐步获得承认和肯定,家庭妇女在"家庭内"的劳动有了国家层面的意义。北京市妇联在全市各区先后开展了"五好"的普遍宣传。许多家庭妇女表示"才知道我们搞好家务对社会主义建设也有好处"。不少妇女对计划开支、勤俭治家,也有了新的理解:"如果每家的开支计划得不好,职工就要向国家借支,这样就会增加国家的负担!"③ 然而另一方面,家务劳动包括生育、养育、照料等在"五好"宣传中成为妇女们的职责所在,无疑强化了家庭内部的性别化分工。

妇联介入家庭空间内开展工作,通过宣传和塑造,深入家庭内部进行帮助和促成改变,实现"家庭生活安排好"。武汉市海员工人家属王秀英之前的生活是"贪图享受,爱吃喝,贪玩",家庭入不敷出,妇联倡导"五好"活动以

---

① 中国妇女管理干部学院编:《中国妇女运动文献资料汇编》(第二册),中国妇女出版社,1988年,第238页。
② 《全国各城市基层妇代会与参加文化学习统计表(1953年)》,《全国妇联档案:E11-119-2》。
③ 北京市妇联通讯组:《北京市妇联开展"五好"宣传 家庭妇女普遍受到教育》,载《人民日报》1957年3月2日。

后，妇联干部鼓励王秀英积极参加"五好"活动，帮助她订出家庭计划，勤俭安排家庭生活，王秀英逐渐改变了铺张浪费的习惯。妇联干部进一步教育和帮助她在家庭和邻里中建立新的关系，鼓励她积极参加学习和社会活动。她的丈夫变成了生产积极分子，她自己也被评选为家属模范①。

"五好"活动的道德规范无不体现集体主义的原则，注重邻里的友善和互助。"家庭邻里团结互助好"是"五好"的标准之一。"五好"活动介入的不仅是家庭内部，还通过社会主义道德规范和改善了邻里关系。经过宣传，北京市过去在家庭或邻里之间团结不够好的情况，也有了不同程度的改变。在上海的上万条里弄里，出现了邻里团结互助、家庭和睦的新风气。夫妻打架、婆媳纠纷和孩子打架，原来每天要发生十多起，经过"五好"宣传之后，再也看不到居民委员会排队等待调解的人群。

互助主要包括家属之间的家务互助、经济互助和照料互助，这种劳动形式有着集体主义的性质，"是一种完全自觉自愿的不讲交换条件的互相帮助"。互助组的形式一定程度上减轻了妇女家务劳动的负担。福州市一个由 20 户家庭主妇组成的互助小组自 1955 年 5 月成立后的一年时间里，互助了 320 多次②。除了日常生活中的家务互助，还有经济互助，帮助解决家庭的临时困难。1957年武汉市的职工家属就有 4052 个储金互助组③。

"五好"活动不仅改造了家庭内部的关系而且改造了邻里之间的关系，在一定意义上，也可以说，"五好"活动是计划经济时代妇联组织在单位、街道、居委会的形式下开展的一种最初形式的社会工作。

1956 年，中国妇女三大"勤俭建国、勤俭持家"方针确立。"五好"更加突出了"勤俭"，勤俭持家被正式纳入了"五好"的评选标准。关于"两勤"方针与"五好"关系问题，全国妇联书记处书记曹冠群提出"勤俭建国、勤俭持家"方针是党和国家为全体妇女制定的总方针。"五好"是每一个妇女实现"勤俭建国、勤俭持家"这一总方针的行动口号④。"两勤"方针实际上是国家进一步明确要求妇女在家庭领域中努力实现节约。"勤俭持家，是家庭全体成

---

① 《妇联组织深入职工家属中开展"五好"运动 武汉出现近八万个新家庭》，载《人民日报》1956 年 11 月 18 日。
② 《社会新风尚 家庭新气象 "五好"积极分子大批出现》，载《人民日报》1956 年 12 月 5 日。
③ 中华全国总工会女工部编：《全国职工家属代表会议主要文件》，工人出版社，1957 年，第 31 页。
④ 全国妇联办公厅编：《中华全国妇女联合会四十年（1949—1989）》，中国妇女出版社，1991 年，第 110 页。

员共同的责任，必须依靠全家男女老少一齐努力，而家庭主妇更要负主要责任。"①

"两勤"的提出以及与"五好"的结合实质上仍是以生产为中心的体现。"五好"评选标准改为"勤俭持家好，团结互助好，教育子女好，清洁卫生好，努力学习好"。1957年6月，职工家属代表会议通过《给全国职工家属的一封信》，号召全国职工家属提高觉悟，加强团结，贯彻"五好"，为社会主义建设服务②。根据对吉林省47个县（市）的统计，1957年共节约粮食12万吨，全省1957年群众储蓄额比1956年增加了800多万元③。"五好"强调勤俭，一方面为家庭和国家节约了物资，另一方面进一步强化了家庭妇女在家庭领域的特殊责任。

20世纪50年代中期以后，国家进一步强调工业化生产的重要性。在1955年全国民主妇联召开的第一次全国城市妇女工作会议上，提出民主妇联要在职工家属中贯彻为生产服务的方针，号召职工家属学习文化和科学知识，准备在可能和需要的条件下，逐步参加社会生产劳动。"五好"活动开始鼓励妇女参加家庭之外的副业生产。家庭副业生产被认为"是适合妇女从事的一种生产"④。她们在家务劳动之余，代轻工业、手工业工厂加工一些产品，为社会创造了物质财富，同时也增加了家庭收入。

1958年，"大跃进"对"五好"活动无疑是个巨大的冲击。在全民大炼钢铁的号召下，劳动力不足已成为"大跃进"中迫切需要解决的问题。把广大家庭妇女从家务琐事中解放出来并使其投入到生产中去成为客观需要。动员妇女走出家庭从事生产劳动成为妇联组织工作的重心，家务劳动社会化也取代家务劳动光荣的说法，"五好"活动一度停止。在全国范围内，公共食堂、托儿所、幼儿园、缝纫组等集体福利事业迅猛发展起来。这些集体福利事业基本由妇女承担。由于公共食堂、托儿所在兴办过程中存在盲目发展的问题，很多都难以为继，纷纷垮掉，妇女们又重新回到了家里承担起做饭、育儿等家务劳动。家

---

① 章蕴:《勤俭持家，勤俭建国，为建设社会主义而奋斗》，载中华人民共和国全国妇女联合会编:《中国妇女第三次全国代表大会重要文献》，中国妇女杂志社，1958年，第24页。

② 《家务劳动是光荣的 劳动职工家属代表会议号召加强团结贯彻"五好"》，载《人民日报》1957年6月13日。

③ 中国妇女管理干部学院编:《中国妇女运动文献资料汇编》（第二册），中国妇女出版社，1988年，第352页。

④ 章蕴:《勤俭持家，勤俭建国，为建设社会主义而奋斗》，载中华人民共和国全国妇女联合会编:《中国妇女第三次全国代表大会重要文献》，中国妇女杂志社，1958年，第24页。

务劳动的社会化只持续了很短的一段时间就宣告终结,妇女重新回归小家庭。

1960年,"大跃进"结束,经济进入调整时期,妇联的工作重心也从动员组织妇女参加社会生产重新转移到对"两勤"的宣传,并重新开展"五好"活动,肯定家务劳动在社会主义建设中的价值。但是,"五好"活动的强度和声势无法与前期相比。

20世纪60年代之后,随着政治运动的频繁开展,"五好"活动也开始强调政治因素。评选标准中增加了"政治挂帅思想好"。1959年8月9日,武汉市委要求妇联继续贯彻"五好"在强调勤俭的同时,也将学习政治纳入"五好"标准。调动全市数以万计的"五好"积极分子,发挥她们的骨干带头作用。"大插红旗、大树标兵",开展竞赛。"文化大革命"开始后,随着妇联组织的解散,包括"五好"活动在内各项活动停顿。

四、道德模范——受表彰群体的特点

"五好"除了宣传改造外,还要进行"五好"积极分子评选活动,将较好地执行道德标准的模范评选出来。"五好"活动从一开始,就树立了很多模范,即"五好"积极分子。1956年,武汉全市已有15000多名"五好"积极分子,还有78000多名职工家属正在积极贯彻"五好"[①]。"五好"活动所进行的表彰,是对家务劳动的一种国家层面的肯定和精神奖励。

模范人物是一段历史时期内社会某个行业、某个群体当中涌现出的杰出代表。模范人物的树立具有鲜明的时代性,代表了这一时期国家的主流立场和观念。"五好"活动评选出的模范折射出这一时期国家对妇女的期待和具体要求。受表彰的"五好"积极分子都是勤俭持家、操持家务的能手。她们精打细算,计划好家庭开支,在家务劳动中勇于发明创造,厉行节约。如苏州市的一个职工家属莫国英,她反复比较了炒米焖饭法、晒米焖饭法,最后她改进了两次加米烧饭法,并且在其所在的居委会推广,使以前一斤米多出了两碗饭,每月能节省17斤米[②]。

"五好"活动最重要的目的是服务生产,其亲人在生产中的优秀表现是家庭妇女的劳动能否获得表彰的重要考量因素。1957年3月3日下午,天津市河东区举行街道妇女"五好"积极分子大会,表扬和奖励了444名家务劳动能

[①] 曹葆铭:《"五好"家庭》,载《人民日报》1956年8月8日。
[②] 江苏省妇女联合会编:《勤俭持家的好榜样》,江苏人民出版社,1958年,第24-27页。

手。这些家庭妇女善于勤俭持家、教育子女,并且不断地鼓励自己的亲人努力生产、努力工作,在这 444 名"五好"积极分子当中,229 人的亲人是先进生产者、先进工作者、劳动模范或优秀教师①。"五好"评选活动与生产建设之间产生了深刻的联系。

1957 年 6 月,全国总工会与全国妇联在北京召开了全国职工家属代表会议,会期 9 天,有 1300 多名职工家属代表参会。期间,毛泽东、刘少奇等党和国家领导人接见了代表。家属代表在会上介绍了在勤俭持家、教养子女、互助团结、开展副业生产等方面的经验。中华全国总工会主席赖若愚指出,职工与家属之间关系不仅"是亲人关系",而是"共同建设社会主义新生活的同志关系",表达了国家对家务劳动的肯定,对家属在社会主义建设中身份的承认。

五、小结

"五好"的开展是为了服务工业化生产。家务劳动对社会主义生产发挥作用,成为社会主义建设的一部分而被国家承认。对"五好"积极分子的表彰是国家赋予的荣誉,也是对家务劳动的肯定。1957 年,周恩来在《关于劳动工资和劳保福利政策的意见》中也指出:家务劳动是社会劳动的一部分,参加家务劳动也是光荣的。家庭妇女能够勤俭持家,把家务搞好,使丈夫、子女能够积极从事各种劳动,同样是对国家和社会的贡献,而丈夫、子女所得的工资,也有她们家务劳动应得的报酬在内②。

"五好"道德规范体现了以生产为中心以及集体主义原则,折射出时代的特点。妇联将"五好"活动从职工家属推广至城市家庭妇女,妇联组织在家庭空间创造性地开展工作,妇联以独特的角度触及了家庭内部,就集体主义道德规范的开展宣传教育,规范和改造家庭内部关系和邻里关系。互助这种集体主义劳动形式得到广泛应用,减轻了妇女的负担,也使得家庭内部和邻里的关系得以稳固和团结。"五好"活动是希望能够将职工家属塑造为"新型家庭妇女",而不是"服侍丈夫,做旧式贤妻良母"。1957 年,全国民主妇联召开的城市妇女工作会议上指出,要正确解释社会主义制度下家务劳动的意义,使家庭妇女成为"有社会主义觉悟的、自觉地为社会主义建设事业服务的新型家庭妇女"。可以说,"五好"活动是中国特色社会主义妇女解放道路一种新的尝

---

① 《勤俭持家全面做到"五好"——天津市河东区奖励四百多家庭妇女》,载《人民日报》1957 年 3 月 7 日。
② 中共中央文献研究室编:《周恩来经济文选》,中央文献出版社,1993 年,第 381 页。

试,也是对马克思主义妇女解放理论中国化的探索。

  "五好"活动反映出,家务劳动不仅涉及家庭内部的问题,也与整个社会结构和制度密切相关。"五好"活动对家务劳动的表彰,在当时的历史环境和现实条件下,无疑强化了家庭和社会中的性别不平等。"五好"活动的发起是缘于工业化建设服务生产的需要,开展活动的目的始终是服务生产建设。在服务于国家政治的"中心任务"、为社会主义建设做贡献而获得肯定的前提下,这一时期的"五好"活动被深深打上了时代的烙印,这也对改革开放之后"五好"活动的开展产生了深远的影响。

(原载《妇女研究论丛》2015 年第 1 期)

家—国逻辑之间[①]
——中国社会主义时期"大跃进妇女"的"泥饭碗"

唐晓菁[②]

摘 要：作为"妇女解放"的象征，同时也是 20 世纪五六十年代一项重要的国家政治动员，城市"大跃进妇女"的就业具有多重的研究意义——尤其是对性别问题、劳动制度与对政治权力运作形态的理解。引入国家－家庭－个人/妇女的关系视角，具体分析作为一种"泥饭碗"——廉价劳力蓄水池的妇女临时工/外包工就业体制如何在"全民就业"（铁饭碗）与男女平等的意识形态下建立起来，并进而成为"妇女解放"的象征。

关键词：家庭　国家　大跃进　泥饭碗　妇女解放

一、问题指向与研究视角

（一）问题提出

半个多世纪前的"大跃进"期间，一场由国家主导的就业动员将众多城市家庭妇女带入职场。一般认为，这段历史是"妇女解放/两性平等"的象征，即妇女从此走出家庭、步入社会，其就业权和同工同酬权得到了实现。经常被援引的数据为：自 1957 年至 1960 年，全民所有制单位的女职工人数从 328.6 万（占男女职工总数的 13.4%）上升至 1008.7 万（占男女职工总数的 20%）。进入集体经济中的妇女人数则更为可观，根据当时 22 个省市自治区的统计，在 1958 年兴建的 73 万多个民办工业企业中，85% 以上的职工是女性[③]。

然而，仅以就业率作为"妇女解放"的依据显然有被主导话语吸纳之嫌。值得注意的是，"大跃进妇女"[④] 所处的劳动关系尤为特殊。临时工、外包工/

[①] 基金项目：本文得到了笔者的博士论文导师巴黎高师社会学系 Christian Baudelot 先生和合作导师 Tania Angeloff 女士的悉心指导，特致谢忱。文责自负。

[②] 作者简介：唐晓菁，女，华东师范大学社会学系讲师。

[③] 陈雁：《"大跃进"与 1950 年代中国城市女性的职业发展——以上海宝兴里为中心的研究》，载吴景平、徐思彦主编：《1950 年代的中国——复旦史学专刊》（第二辑），复旦大学出版社，2006 年。

[④] 文中"大跃进妇女"是指在"大跃进"期间（1958—1961 年）被动员就业的城市妇女。

里弄工/家属工，这类就业形式相比于"铁饭碗"，属更为艰苦的岗位，工资低廉，就业保障与职业流动机会缺失。在这里，笔者将之称为"泥饭碗"，即在"铁饭碗"制度之外的随时可能被打碎的廉价就业。这类就业支撑着一个象征社会主义的"铁饭碗"就业系统，却长期为后者所遮蔽。虽然其中一部分人在20世纪50年代末及60年代被转为正式工[1]，但外包工[2]的就业形式长期存在。直至1977年7月，上海这类就业者仍有14.28万，其中城市妇女占很大比例[3]。

那么，如何理解这一现象？本文尝试回答的问题是，这类"泥饭碗"的妇女就业状况如何在两性平等的法律和意识形态下成为可能，甚至成为"妇女解放"的象征，它与1949年前的性别规范又有何关联？

(二)"国家—家庭—个人"关系与妇女角色

如上所述，以往的妇女研究者虽然注意到城市妇女在"固定工"制度之外的就业，但或将之归为经济发展阶段的问题[4]；或质疑国家的角色和意图，认为前者将妇女解放作为较之于经济发展的次等计划[5]，在"妇女解放"的背后是由国家强制力塑造的一个由城市妇女和农村劳动力组成的"劳动力蓄水池"[6]。

本文认为，"阶段论"的看法陷入了男性中心的意识形态。而"国家—个人/妇女"的二元路径虽然突出了国家的力量，说明了社会主义时期劳动就业的国家政治动员、道德义务规定的特点，但遗漏了或并未说明国家如何经由"家庭"这一社会基本设置与社会性别规范发生关系。通常认为，在中国现代化过程中，家庭/家族作为一种传统的价值、组织单位被消解在民族/国家之

---

[1] 20世纪70年代曾经有一批临时工陆续转正，在上海，从1971年底至1975年，全市全民所有制单位有14.45万名临时工先后转为固定工（参见上海劳动志编纂委员会：《上海劳动志》，上海社会科学院出版社，1998年，第175页）。

[2] 1973年，上海市劳动局曾经将在企业的外包内做工转为企业的非在册人员，采取"一个不变"（即人员的集体性质不变）、"二个恰当"（即适当提高工资，适当解决某些劳保福利待遇）的办法，使他们稳定在企业中。此后，这类就业又被称为"计划外用工"。

[3] 1979年，在国务院批转国家计委《关于清理压缩计划外用工的办法》之后，这类就业人员被逐年清退。

[4] 蒋永萍：《两种体制下的中国城市妇女就业》，载《妇女研究论丛》2003年第1期。

[5] D. Delia, *Women-Work, Women and the Party in Revolutionary China*, Oxford: Oxford University Press, 1976; Elisabeth J. Croll, *Feminism and Socialism in China*, London: Routhledge & Kegan Paul, 1978; Elisabeth J. Croll, *Chinese Women since Mao*, London: Third World Book 1983; Phyllis Andors, *The Unfinished Liberation of Chinese Women 1949—1980*, Bloomington: Indiana University Press, 1983.

[6] 金一虹：《"铁姑娘"再思考——中国文化大革命期间的社会性别与劳动》，载《社会学研究》2006年第1期。

中。而实际上在中国 1949—1979 年的社会主义实践中，"国家—家庭—个人"之间存在着多义性的互动关系①。为此，本文拟从三者之间的关系出发，说明妇女的"泥饭碗"何以可能。

"社会性别"的概念早已引入国内，它强调区别于生理性别的社会性性别身份。这里，笔者主要选取已婚妇女作为家务劳动者的"妇女角色"。在中国传统社会中，"夫—妻"的关系意味着角色的等级化分工，"男主外，女主内"，已婚妇女是家务劳动的主要承担者，而这一劳动是没有收入的，妇女依靠丈夫的收入生活。社会主义的一项基本承诺即实现妇女的就业权，使得她们成为家庭中平等的成员。那么，妇女的传统家庭角色是否被打破？抑或妇女是经由国家与家庭、个人的关系被带入了劳动体制之内？

本研究的资料主要来源是历史档案和劳动志。与此同时，笔者曾在上海一家食品企业（以下简称 A 厂）中进行长期调研，对曾经在该厂工作的几十名临时工、外包工进行了深入访谈，构成本文的一项经验资料。

二、谁是"家庭妇女"：失业安置（1949—1957 年）与类别建构

（一）从一名"大跃进妇女"的典型经历谈起

首先，笔者从"大跃进妇女"的典型经历引入，以提出具体的问题。

姚阿婆是一名典型的"大跃进妇女"。她出生于 1933 年，祖籍浙江农村。1949 年，她逃难至上海投奔亲戚，并寻找工作。但直至"大跃进"前，她一直未能谋到厂里的工作，只能先在亲戚家中帮佣，之后在自己家中从事家务劳动。而姚的丈夫，在登记失业之后于 1953 年被政府安置就业，进入一家烟草厂，在 1956 年国有化之后成为该厂的正式工人。

1958 年，"大跃进"开始了。姚阿婆的儿子 2 岁，她在里弄动员下，被家附近的 A 厂招入，成为一名临时工。1959 年，A 厂解除与一部分"临时工"的劳动合同。姚被留下了，从这一年起，姚的工资涨至每月 25 元。1962 年经济萧条期，姚阿婆等一批"临时工"遭 A 厂辞退。姚阿婆用了当时的一句动员口号来解释这次失业："国家困难，我们挑重担就下来了。"此后，姚一家五口（姚的婆婆、姚氏夫妻和两个儿子）仅靠其丈夫的一份收入糊口，生活极为艰难。两年后，姚以"困难家属"的名义再次招入 A 厂，成为"外包工"。此

---

① 陈映芳：《国家与家庭、个人——城市中国的家庭制度（1940—1979）》，载《交大法学》2010 年第 1 期。

后，姚阿婆在 A 厂中连续工作了 20 多年，但一直没能"转正"。

姚阿婆的经历向我们提出了一个问题。早在 1949 年，具有临时宪法性质的《中华人民共和国共同纲领》就宣告了"男女享有平等权利"。那么，为何在经历了 20 世纪 50 年代初期的经济恢复和就业安置之后，1958 年的城市社会中仍然存在着一个庞大的家庭妇女群体？

笔者在田野调研中发现，很多家庭中的男性在 20 世纪 50 年代初的失业登记后获得就业机会，之后成为正式工，但妻子却等到"大跃进"期间才得以"走出家庭"。根据"大跃进"期间的国家话语，广大妇女被"束缚"于家庭之中，但实际上有一些妇女并无家庭束缚（如姚阿婆），很多妇女即便有家务负担也有很强的就业意愿。因此，理解"大跃进"期间的妇女就业体系，有必要追溯新中国成立初期的失业安置。

（二）失业登记与政府安置

众所周知，20 世纪 20 年代以来，由于政局动荡等原因，工商业衰微，中国城市中的失业问题已十分严重。根据 1929 年上海特别市社会局的调查，仅参加各行业工会的会员失业就达 10009 人，占全市工会人员总数的 6.45%[①]。但实际上处于失业、无业状态的人远远不止这个数字。有关资料显示，1930 年至 1936 年，上海失业、无业人口达 60 万至 70 万；到 1949 年年初，全市失业人口达到 300 万。在全国范围内，新中国成立初期的资料显示城镇失业人数为 472.2 万人，失业率高达 23.6%[②]。当时的失业、无业人口，既包括工厂停顿、减产后失业的人群，也包括从外省市来到上海的难民，旧社会遗留公职人员以及乞丐、妓女等流民。

因此，新政权一建立，经济恢复和就业促进就成为执政党一项刻不容缓的任务。其中，就业登记、安置的方式起了重要作用。以上海为例，由总工会筹备委员会负责的"上海失业工人工作委员会"，自 1949 年 8 月成立至 1952 年 10 月共登记了全市失业人员 206536 人。在这几年里，企业需要招用职工，可向劳动介绍所提出申请，由劳动介绍所代企业招收职工；也可以不通过劳动介绍所自行在社会上招用职工，但须向劳动部门备案。1952 年 8 月，政府在《关于劳动就业问题的决定》中首次提出就业要向劳动力的统一调配过渡，此后新

[①] 陈文彬：《1927—1937 年上海失业人群再就业状况述略》，载《安徽史学》2004 年第 3 期。
[②] 国家统计局社会统计司编：《中国劳动工资统计资料（1949—1985）》，中国统计出版社，1987 年。

政权开始对就业发挥统包统配的主导作用。同年同月，中央人民政府政务院在发布《关于失业人员统一登记办法》的同时，提出"国营和私营工商企业需要从社会招收职工，均由劳动部门的调配机关统一介绍，未经劳动部门同意，不得登报、贴广告自由招工"①。从1949年到1952年，经济恢复虽然取得了一定的成效，但同时又产生了新的失业②。于是，就业促进和安置工作一直延续至1956年。是年，伴随着社会主义改造的完成，政府宣告失业问题在中国已经"基本解决"。与此同时，"固定工"的制度也得以确立。

（三）"家庭妇女"：一个被制度化的类别

由于1949年前，在现代工业化生产条件下，相当数量的妇女已经进入产业工人行列③，因此，在失业人口中，她们也占据了一定的比例。从仅有的工会统计数据来看，1929年女性会员的失业率（3.88%）大约是男性（7.35%）的50%。但是，这一数据显然有一定的局限性。在20世纪20—40年代，工业中的女性较多从事临时工（短工）④、养成工/包身工等，不属于工会会员，而其所处的又是失业现象尤为突出的行业（如缫丝、烟草、火柴业）；再加上不少女性就业于隐性行业（如女佣、小贩等），容易受经济影响而失业；因此，女性的失业率应该远高于这一比例。

那么在1949年至1956年的失业安置中，妇女的处境如何？相关资料表明，为了完成"全民就业"的目标，除了遣返难民、游民等限制城市人口的举措之外，不少城市妇女也被排斥在就业体制之外。据《上海劳动志》记载，失业工人登记和就业介绍最初面向的是失业技术人员和技术工人，之后很快扩展到其他类别的失业人员，但是"对从未参加过社会劳动的家庭妇女未列入登记范

---

① 国家统计局社会统计司编：《中国劳动工资统计资料（1949—1985）》，中国统计出版社，1987年，第98、94页。

② 至1952年年底，社会总产值已达到1015亿元，是1949年的1.8倍。参见袁志刚、方颖：《中国就业制度的变迁》，山西经济出版社，1998年，第7页。

③ 据1930年国民政府工商部的统计，当时全国共有女工374117人，仅上海就有188188人；而当时上海男工人数为154955人。可见，上海的女工已经超过男工人数（参见《申报年鉴》，1934年，第96—97页）。转引自陈雁：《近代上海女性就业与职业妇女群体形成》，载王政、陈雁编：《百年中国女权思潮研究》，复旦大学出版社，2005年，第360页。

④ 这部分女工为工厂所召之即来，挥之即去，她们的工资以计件制或者按天计算，收入远低于男性，就业很不稳定，也没有任何保障，在生病或者怀孕之后，往往就失去工作。参见 E. Honig, *Sisters and Strangers: Women in the Shanghai Cotton Mills, 1919—1949*, Stanford: Stanford University Press, 1986.

围"①。

然而，哪些是"从未工作过的家庭妇女"？根据1952年国家颁布的《关于失业人员统一登记办法》，有两类人员暂不作为失业登记的对象："长期无固定职业，但有其他收入或有亲属供养，生活尚可维持者"，"从事季节性行业的工人和职员②，因在非生产季节期间停止工作者"。在这两个群体中，妇女都占大多数。

一个多月后，上海市人民政府劳动就业委员会制定颁布了《关于失业人员统一登记办法施行细则》（以下简称《细则》），进一步细化了失业登记的类别，将要求登记的人群分为"登记对象"（安置就业的主要考虑对象）、"备案对象"（原则上后于登记对象）和"转报对象"。其中，包括在"登记对象"中的妇女是"长期做过工，以后从事家庭劳动，现在要求就业维持家庭生活的家庭妇女，根据中央统一登记办法第四条第一款规定予以登记"。"备案对象"则包括"求职青年"和"家庭妇女"。这里的"家庭妇女"具体指定为："具有初中以上文化程度和就业条件的家庭知识妇女，要求就业以维持家庭生活者；过去曾短期做工，以后依靠家属供养，已长期不做工的家庭妇女，生活困难，要求就业者。"③ 换言之，既不具备初中以上文化程度和就业条件，又未曾短期做工或未达生活困难标准的家庭妇女则连备案的条件都不符合。

什么是"长期做过工"，什么又是"短期做工"？根据1952年11月4日颁布的《上海市劳动就业委员会关于失业人员统一登记施行细则草案中登记范围若干问题的说明》："短期失业及短期做工、长期失业问题，在掌握上不应将工龄与失业时间的数字作绝对的、机械的对比。除了长短期这一登记的因素外，还应考虑失业后做什么，失业到现在的时间的长短，和国家需要（就业条件）与生活困难不困难等情况。"④

可见，关键不在于"家庭妇女"是谁，而在于国家需要多少人成为或者继续做"家庭妇女"。在这里，"家庭妇女"实际上是一个建构起来的劳动力蓄

---

① 上海劳动志编纂委员会：《上海劳动志》，第78页。
② 如前面所提到的，新中国成立前，从事季节性行业的工人以女工为主。
③ 上海市劳动就业委员会：《关于失业人员统一登记办法施行细则草案》，1952-10-06，上海档案馆，档号：B131-1-7-17。
④ 《上海市劳动就业委员会关于失业人员统一登记施行细则草案中登记范围若干问题的说明》，1952年11月24日，上海档案馆，档号：B131-1-7-48。

水池（男性无论失业时间长短，都不会因为性别问题而受就业排斥——不存在"家庭妇男"）。其中，缺乏知识和工作经验的"家庭妇女"则处于最为弱势的位置。如果在新中国成立之前，家庭妇女尚可自行寻得工作，那么在此之后，她们则难以摆脱家庭妇女的身份。

如此操作下，1953年上海失业人口中的"登记对象"中妇女仅占27.3%。而在"备案对象"中，"家庭妇女"占77.4%，"失学青年"占23.6%（见表1）。

表1　1953年3月上海市21个区失业人员分类统计

	人员种类	人数总计	男	女	女性所占比例（%）
	总共	130039	94591	35448	27.3
登记人员	甲类（职工）	104294	71678	32616	31.3
	乙类（知识分子）	5568	3458	2110	37.9
	丙类（小业主行商贩）	15343	14872	471	3.1
	丁类（旧军官、旧官吏）	1733	1723	10	0.6
	戊类①（僧尼道士等）	3101	2860	241	7.8
转报人员	己类（城市贫民缺乏劳动能力的无业者）	12708	7477	5231	41.2
备案人员	庚类（求职青年和家庭妇女）	65279	14759	50520	77.4

资料来源：《上海劳动志》编纂委员会编：《上海劳动志》，上海社会科学院出版社，1998年，第101-102页。

（四）家务劳动与建设社会主义

但是，新中国成立后全国各地都有不少家庭劳动妇女有着强烈的就业意愿，这部分人数量众多。而根据《关于失业人员统一登记办法》，她们不够登记条件。一些人因此心生悲观情绪，对政府表示不满。例如：有的妇女埋怨政府全是照顾有钱人家的知识妇女，是资产阶级的②；有的妇女本以为"劳动就业"就是解决像她们这样家庭劳动妇女的问题，后来听说她们暂不登记，就产生失望不满情绪，说："地主官僚家的女人过去有办法；人家有文化，现在也

---

① 戊类中包括旧警察、包打听、伪军士兵等其他人员。
② 《内部参考》，1952年10月4日，香港中文大学中国研究服务中心馆藏资料，第30-31页。

还是比咱们睁眼瞎（不识字）有办法。"她们因此迫切地要求学习文化和技术①。1957年，上海等城市也出现了家庭妇女以就业为目的的"闹事"②。

为了平息这些诉求，国家特别强调了妇女作为家务劳动者的角色，并指出她们"并不是失业人员"。这在"大跃进"前夕，即1957年的经济"反冒进"期间表现得尤为突出。该年8月19日，《人民日报》的评论指出："从各地的材料中看出，目前向劳动部门登记要求就业的，有一部分实际上并不是失业人员。……对于从事主要家务劳动的妇女，应该动员她们管好家务，教养好子女，使自己的亲人安心工作。"③ 与此同时，在城市中，通过集体动员的形式掀起了一场动员全体妇女通过家务劳动来支援亲人，并以此来"建设社会主义"的运动。这场运动既强化了所有妇女作为无偿的"家务劳动者"的角色，也为家庭妇女"安心家务"创造了社会舆论和风气。1957年1月14日，全国妇联书记处书记罗琼在妇女报刊工作座谈会上这样解释当时的"五好"活动：我们提倡"五好"的目的，是提高家庭妇女的社会主义觉悟，启发家庭妇女的社会主义积极性，从家庭中支援亲人积极参加社会主义建设，同时也是为了增进家庭妇女对社会主义建设的作用，树立新社会的新风气，而从"学习好"中间，又为家庭妇女提高觉悟、提高能力创造条件。现在许多"五好"积极分子，受丈夫公婆以及社会的尊重，也证明了这一点。所以我们提倡"五好"与旧社会的贤妻良母又有根本的区别，既有利于国家，又有利于妇女本身④。同年9月，"中国妇女第三次全国代表大会"召开，其开幕辞中明确提出动员全体妇女"勤俭持家"："我们这次大会的主要任务，就是要进一步团结和动员全国妇女为建设社会主义祖国而奋斗。为了建成社会主义，中国共产党向全国人民提出了勤俭建国、勤俭持家的基本方针。对勤俭建国，我们妇女当然有责任，对勤俭持家，妇女更有着特殊的责任，因为主持家务的，主要是妇女。毛主席说："要实现勤俭持家，特别要依靠妇女团体来做工作。这正是因为妇女群众是家

---

① 《成都人民劳动就业的反映》，载《内部参考》1952年11月4日，香港中文大学中国研究服务中心馆藏资料，第36-37页。
② 《上海职工闹事有发展趋势》，载《内部参考》1957年6月7日，香港中文大学中国研究服务中心馆藏资料，第3-7页。
③ 本报评论员：《劳动就业的门路是广阔的》，载《人民日报》1957年8月19日。
④ 《全国妇联书记处书记罗琼在妇女报刊工作座谈会上的发言摘要》，载中国妇女管理干部学院编：《中国妇女运动文献资料汇编》（第二册），中国妇女出版社，1988年，第277-278页。

务主持者的原故。"① 《人民日报》为这次大会发表的专稿中写道:"全体妇女,不论是家庭主妇或者是参加社会劳动的妇女,都有责任治理好自己的家庭,所以贯彻勤俭持家的方针,妇女们有特别重大的责任。"② 很快,在全国各地都掀起了一场"妇女勤俭持家"的活动,如组织和召开相关的经验交流大会、积极分子评比等③。

三、"大跃进"期间的城市妇女"临时工"(1958—1961年):国家和家庭的双重逻辑

形势随即发生了转变。1958年,在"大跃进"的经济热膨胀下,工业生产急需大量劳动力。而当时自然增长的劳动力不足以满足工业的需求,国家因而开始大规模地动员城市妇女劳动力,并且广泛使用临时工的用工形式。那么,又如何将之正当化,并且与已经建立起来的固定工制度、全民就业的意识形态相适应?

(一) 什么是"临时工"

如上所述,"临时工"这类雇工形式在1949年前就存在。1949年之后,这种就业形式经历了一个反复变动、规则被反复操作的过程。

1950年,新政权曾出台政策限制资本家使用"临时工"以保护工人权益④。但是,政府的态度很快变得暧昧。1954年6月26日,上海市政府修订了以上政策,规定"不应机械执行临时工工作满6个月后即改为长期工的规定,但不得招用临时工担任长期性质的工作"。这一修订对"临时工"转正做出了限制,但没有对"长期"进行具体时间上的界定。1956年,随着国有化的完

---

① 蔡畅:《开幕词——在中国妇女第三次全国代表大会上》,载《人民日报》1957年9月10日。
② 本报评论员:《动员全国妇女勤俭建国,勤俭持家 祝中国妇女第三次全国代表大会开幕》,载《人民日报》1957年9月9日。
③ 参见在此期间《人民日报》上的多篇报道:《精打细算 量入为出 鞍山等地许多妇女勤俭持家》(1957年12月3日,第4版);《周总理在上海 同各界妇女座谈家务劳动 向人民解放军军官讲话 接见体育工作者和运动员》(1957年12月25日,第4版);《"五无家庭"的口号响遍上海 二百万妇女星期天出动除五害》(1958年1月21日,第1版);《勤俭并重 建好国持好家 全国妇联决定掀起勤俭持家的宣传热潮 辽宁举行各界妇女勤俭持家经验交流大会》(1958年1月29日,第4版);《重庆多数家庭又勤又俭:一万六千多妇女成勤俭持家积极分子》(1958年3月7日,第4版)。
④ 1950年2月7日,上海市军事管制委员会公布《关于上海市各企业雇佣临时工暂行办法》,规定:"凡企业不是长期的连续的工作,可以直接雇佣临时工,但临时工人数不得超过正式工的20%。临时工每期工作以不超过3个月为原则,连续工作满6个月后,而资方仍继续该项生产经营者应改为正式工。"

成,很多临时工转为正式工①,但仍遗留了不少未转正的临时工,尤其是在建筑、运输等行业②。此后,这部分临时工被严格限制转为正式工③。而1958年"大跃进"开始之后,招用临时工开始受到大力鼓励。当年,中共中央在批转劳动部党组《关于工业企业补充劳动力的报告》中正式提出:"今后企业在招收新工人时,应该广泛使用合同工,少用固定工,以逐步改进企业用工制度。"这里的"合同工"和临时工相似。

1962年10月,国务院又颁发了《关于国营企业使用临时职工的暂行规定》(简称《规定》),再次确认"临时工"的就业形式。《规定》提出,使用国营企业临时工是"为了保证临时性、季节性的生产和工作的需要,节省人力、财力,和适当安排社会劳动力",并规定:"凡是临时性的工作,如临时搬运,临时修建,货物临时加工、翻晒,临时增加生产任务和基本建设中的部分壮工活等,应当使用临时职工;季节性的工作,如晒盐、制糖、制茶、扎花和烧取暖锅炉等,除少数长年需用的管理人员和生产骨干以外,也应当使用临时职工。对于临时职工,应当是有生产任务时招用来厂(场)生产,无生产任务时辞退离厂(场),都不得转为长期职工。招用临时职工的单位,应当与职工或者职工所在的组织(合作社、公社、生产队)签订劳动合同。劳动合同的主要内容,应当包括工作任务、工作期限和工资福利待遇等。对于季节性的临时职工可以在工作结束时签订预约合同,以便稳定其基本队伍;对于其他临时职工,应当在劳动合同期满时立即辞退。"

可见,在历次颁布的政策法规条例中,对于"临时工"时限的界定是模糊的,对这类人员的待遇、权益也无明确规定。这为各单位提供了很大的自由

---

① 《上海工运志》编纂委员会编:《上海工运志》,上海社会科学院出版社,1997年,第489页。

② 例如,根据1957年的数据,全国70万建筑工中只有20万固定工。(参见《杭州四千多临时工闹事经过》,《内部参考》1957年6月17日,香港中文大学中国研究服务中心馆藏资料,第16-21页);又如,在上海的一些经动员返乡又流回上海,被安插在市内成为搬运工的临时工(参见《目前上海继续在闹事的几类工人》,载《内部参考》1957年6月24日,香港中文大学中国研究服务中心馆藏资料,第11页),等等。1957年,各地纷纷出现临时工闹事,要求转正、提高福利。

③ 据统计,1957年3月,上海工厂企业有临时工5万余人。进厂时间在半年以上的约占60%,超过1年以上的约占10%~15%。当年1月12日,国务院发出《关于有效地控制企业事业单位人员增长,制止盲目招收工人和职员的现象的通知》,规定现有的和新招的临时工都不能转为正式工。1957年12月5日,上海市人民委员会发出《关于本市工厂企业1956年底以前所招临时工处理问题的通知》,提出对1956年底以前所招收的临时工,一律不得转为正式工,如生产仍有需要,均应续订劳动合同。对1957年以来所招收的临时工一律按合同办事,到期辞退。当年辞退临时工0.7万人。

度。因此，在实践中，不仅存在大量的"任务工""季节工"形式的"临时工"——例如，很多妇女回忆，"东做做，西做做；不要了就退回里弄再介绍别处的工作"；还存在着大量以"临时工"的名义使用工人在企业内长期工作的情况①。例如，在笔者所调研的 A 厂中，有一大批"大跃进妇女"是从 1958 年工作至 1962 年的"临时工"，期间从未中断工作。1962 年后，由于"经济困难"，她们自称"国家困难，我们挑重担"，被辞退回家。还有一批则是从 20 世纪 50 年代末以"临时工"的身份在 A 厂中工作几十年。

可见，"临时工"的关键不在于"临时性"，而在于其非正式性。即国家为了维系一个"固定工"制度，对体制内职工编制和资源进行控制的一种方式。

"临时工"随时可能被辞退，这既可能是根据各单位劳动力需求的具体情况而减员，也可能由于中央的经济战略和劳动力调整目标而大批被辞退。后者在 1959 年和 60 年代多次发生。如在上海，1959 年，根据中共上海市委关于整顿劳动组织、克服劳动力浪费，精简多余人员的指示精神，各企业陆续辞退了"生产上不需要或者条件很差的里弄工"约 4 万人，更大批的辞退发生在 1961 年第三季度之后。1962 年 4 月 13 日，中共上海市委劳动工资委员会发出《关于工厂企业精简辞退一部分临时工、里弄工的意见》，规定 1957 年年底以前参加工作的长期临时工一般不辞退，人员多余时应做其他安排。1958 年以来参加工作的临时工，一般可以辞退。这样一来，1961—1963 年，上海在调整经济、精简职工的过程中，一部分已经参加社会劳动的妇女重新转向家务劳动。1963 年年末，全市全民单位的女职工减为 52.73 万人，比 1960 年压缩 11.73 万人，女职工的比重由 1960 年的 28.9% 下降至 27.6%。同期，街道、镇、里弄生产、服务事业中的从业人员减为 19.14 万人，净减 25.52 万人，基本是妇女②。这些"挑重担"的妇女回到家庭之后没有任何收入来源和其他保障，只能依靠丈夫生活。

（二）集体主义劳动观下的"家庭束缚"与家庭保障

1958 年之后，"家庭妇女"大量进入临时工岗位。对国家而言，使用妇女劳动力所节省的"成本"是双重的：一方面，如上所述，她们随时被招用，随

---

① 《上海劳动志》中将这类就业人员亦称为"长期临时工"。
② 上海劳动志编纂委员会：《上海劳动志》，上海社会科学院出版社，1998 年，第 79 页。

时被退回，雇用的灵活性为固定工的体制节省了成本。另一方面，她们是被作为廉价劳动力使用的。临时工一般被分配到苦、累、脏甚至对健康有危害的岗位（1962年国务院规定中所界定的"壮工活"）。如上文所介绍的姚阿婆，在1958年与她一批进入A厂的临时工普遍被分配到正式工不愿意干的工种上，如在高温条件下"洗瓶子"，这一工作不仅对手工的速度和灵巧度要求高、体力消耗大，而且工伤概率很高："稍不留神就要受伤，瓶子爆掉了溅在身上哪里就伤在哪里，大多数人都有过伤。"（访谈记录）姚阿婆腿上的疤痕至今仍然可见。但是，她们的工资却极其微薄。A厂的临时工在1958年几乎没什么收入（以义务劳动的名义），主要是免费吃饭；从1959年起，能留下来的临时工的收入也大大低于正式工，而且这种情况极为普遍，A厂并非特例。根据《上海劳动志》记载："里弄工进入企业工作，开始时带有义务劳动或临时志愿性质。"① 此外，临时工不享受产假、公费医疗等国家福利。一旦遇上生育或者生病，只能中断工作。

那么，这一就业条件和劳动条件极不平等的工作如何被合法化？首先，"解放"的话语成为动员妇女的主导意识形态。当时的劳动部长马文瑞称："仍然有千千万万个妇女'英雄无用武之地'，她们仍然过多地被束缚在繁重的家务事中。"② 在这里，家庭成了需要挣脱的对象。蔡畅在全国妇女积极分子代表会议上积极呼吁："已经并正在破坏的是旧的封建的家长制的家庭，已经并正在建立的是新的民主团结的家庭。"③ 全国妇联书记处书记曹冠群也呼吁："妇女劳动力的解放，决不是和和平平就能达到目的的，它是经过农村两条道路的尖锐斗争，经过群众中先进思想与落后思想的尖锐斗争才能实现的。"④ 于是，就业被赋予"集体主义思想""社会主义觉悟""有认识""先进""新型妇女"等积极的政治意义。反之，不愿意参加社会劳动的家庭妇女则是"落后的""思想不解放""认识不够"。有的女干部回忆："那时候有的人思想得早，

---

① 上海劳动志编纂委员会：《上海劳动志》，上海社会科学院出版社，1998年，第177页。
② 金一虹：《"铁姑娘"再思考——中国文化大革命期间的社会性别与劳动》，载《社会学研究》2006年第1期。
③ 新华社：《妇女们，提高觉悟，学好本领为建设社会主义奋勇前进！蔡畅在全国妇女积极分子代表会议上作报告》，载《人民日报》1958年12月5日。
④ 曹冠群：《进一步解放妇女劳动力，为多快好省地建设社会主义服务》，载《人民日报》1958年6月2日。

但有的人呢，还没有认识到。"①

　　动员的任务落到了城市街道居委会这一组织机构。宣传、座谈、诉苦都成为动员"家庭妇女"参加社会工作的方式。祝阿婆回忆起当时的场景仍感慨不已："那时候讲三座大山被推倒了，妇女解放了……里弄经常来开动员大会，宣扬新思想，讲妇女解放，妇女有地位了，要走上社会。批评旧社会对妇女的压迫。很多苦的家庭妇女都哭啊，家里被婆婆、老公欺负，没地位……很苦的，有的哭得很厉害了……"（祝阿婆，1929年生）

　　其次，将妇女从家庭中"解放出来"之后，她们的工作被赋予集体主义、社会主义的意义，又以"多、快、好、省地建设社会主义"为名，支付其极少的劳动报酬（如上文所述，不少妇女最初都以义务劳动或临时志愿性质进行劳动，之后的收入也很低）。对妇女的思想政治工作主要由基层妇女干部负责。例如，一位妇女干部在人民代表视察时"真挚而严肃地说：'妇女们已懂得要政治挂帅，要在思想上只想集体利益，把集体利益放在前面，忘掉自己'"②。而义务劳动也成为了一种氛围："里弄妇女在参加劳动之后，组织上决定第一次分发工资时，她们都表示不需要，经过开会讨论，决定'自报互评'的方法，才说服了。而当领到工资时，她们兴高采烈，很多人买了毛主席的像，买了国旗，挂在家中客间里，像办喜事一样。"③

　　在这里，"集体主义"逻辑与社会性别相互交织。虽然在"大跃进"期间，有各种义务劳动性质的活动，但是"大跃进妇女"的义务劳动仍具有特殊性，因为她们是在基本工资未有保障的前提下进行的义务劳动。实际上，国家利用了家庭作为保障体系的功能以及这些妇女的"家庭妇女"身份。考虑到当时有一部分托儿所是收费的，而那一代妇女通常生育多子女，很多"大跃进妇女"的收入都不足以交付托儿费用。

四、60年代："外包工"／"计划外用工"制度的建构

　　经济困难期过后，工业系统对劳动力的需求有所恢复，另一种就业形

---

① 陈雁：《"大跃进"与1950年代中国城市女性的职业发展——以上海宝兴里为中心的研究》，吴景平、徐思彦主编：《1950年代的中国——复旦史学专刊》（第二辑），复旦大学出版社，2006年。

② 本报评论员：《把城市人民进一步组织起来　把家庭妇女进一步解放出来　赵祖康代表谈上海张家宅里弄的新气象》，载《人民日报》1960年4月10日。

③ 本报评论员：《把城市人民进一步组织起来　把家庭妇女进一步解放出来　赵祖康代表谈上海张家宅里弄的新气象》，载《人民日报》1960年4月10日。

式——"外包工"又得到了发展。其中,"大跃进"期间进厂,之后又被辞退的妇女"临时工"占了很大比例①。

(一)妇女"外包工":街道里弄中的"家庭妇女"

"外包工"是一种间接的用工方式,当时又被称为"计划外用工"。它来自于新中国成立前常常被用在搬运装卸工和建筑业中的包工制度。这一用工形式在1959年之后用在妇女就业上,成为另一种压缩编制内人员的方式。当年,上海劳动工资委员会发文要求,"根据节约用人、提高劳动生产率的原则,在充分挖掘潜力,适当压缩现有在册人员的同时,对已经在企业工作的家庭妇女,也应认真地进行一次整顿,尽可能地加以压缩,尽量转为外包工"。

"外包"形式的妇女就业一般是用工单位与里弄居委之间发生雇工关系,劳动报酬一般由街道向使用单位结算后转发给本人,有以下几种劳动形式:一类是在20世纪60年代初快速发展起来的"劳动服务队"。根据《上海劳动志》的记载:"1964年初,为了适应城市生产和居民生活服务需要,解决社会闲散劳动力和生活困难的职工家属就业问题,市区各街道逐步建立劳动服务队,从事一些修旧利废、综合利用、原材料整理加工工作,以及为工厂企业某些突击临时性任务服务,实行'有工做工,无工即散'的原则。"②这一就业形式很快得到政府的正式承认,并发展至一定的规模。1966年,仅上海一地的"劳动服务队"人数就达到10万余人③。另一类是进入工厂与本厂职工一起劳动,被称为"外包内做工"。1967年8月,在劳动服务队中,"外包内做工"的人数达5.9万人,占总人数的79%。1971年,据上海市劳动局的调查,劳动服务队3.5万人中,在厂内做的外包内做工占80%左右。

当时,为数众多的外包工实际上已在厂里的长期岗位上工作:"大部分人已进入生产车间顶岗劳动,一部分从事辅助劳动,基本上是属于长期性生产需要的。有的劳动服务队组织建制没有打乱,服务队人员在企业里集中劳动;有的建制已打乱,同固定工、临时工编在一起劳动。"④ 但是由于"外包工"不

---

① 除了"大跃进"时期进企业的里弄妇女,在20世纪60年代成为"外包工"的还包括1963年、1964年推行两种劳动制度时的亦工亦农人员和1970年前后被组织起来从事生产劳动的职工家属。
② 上海劳动志编纂委员会:《上海劳动志》,上海社会科学院出版社,1998年,第176页。
③ 1967年对劳动服务队采取"人数不增加,范围不扩大,并逐步压缩"的方针后,同年8月劳动服务队减少至7.5万人,到1971年3月才缩减至3.5万人。
④ 上海劳动志编纂委员会:《上海劳动志》,上海社会科学院出版社,1998年,第177页。

属于用工企业的编制，因此在不少单位中，她们的"地位"比"临时工"更低，所从事的工种比"临时工"更苦、更累，而收入却极低。在 A 厂，"外包工"进入后，替代"临时工"被分配到最苦、最累的岗位上。姚阿婆进入 A 厂后被分配到运输瓶子的工种上。工作的强度用她的话来说："赛过上海到苏州一天跑几个来回！那种装大瓶蒸馏水的玻璃瓶，一个瓶子 50 斤，我要把 4 个装满水的木格子装在手推车上推出去装货，再把 8 个空瓶子推回仓库。这力气活，人家男的小青年都不要做的……"作为"外包工"，她的月工资仅为人民币 15 元，不仅与正式工相差很大，也低于临时工的工资。

（二）"困难家属"和"家务拖累"

以里弄外包工的形式雇用妇女，无疑与她们的性别身份密切相关。在上文所引的一些文件中，这部分妇女常常作为"家庭妇女"或者"职工家属"出现。在这里，与"大跃进"时期不同的是，她们再一次回归到"家庭身份"。上海市政府根据家庭人均收入的情况，以"解决生活困难的职工家属就业问题"为题，将"家庭生活困难"——即家庭人均收入低于 12 元——的妇女作为就业安置对象。据统计，至 1963 年年底，市区社会待业人员中，符合以上条件，需要重新就业的妇女有 13.8 万人①。"困难家属"在这里有两层含义，首先它以解决贫困问题作为逻辑起点，这掩盖了它的后一层意义，即将妇女的就业与家庭联系在一起，就业的意义被简化为家庭经济的补充，这也进一步合理化了妇女外包工的低工资。

没过多久，政府对这部分妇女的"就业条件"提出了质疑，并调整了就业条件。根据《上海劳动志》的记载："对被安置的妇女偏重家庭经济困难，忽视了就业条件。据杨浦、普陀、南市 3 个区对已安置的 675 名妇女的分析，其中，平均有 3 个半子女、家务拖累很重的占 61%，她们参加工作以后，在料理家务、教育子女方面带来很多问题。相反，一部分有一定熟练技能、符合生产需要，又能摆脱家务的妇女，由于家庭经济并不困难，未予列入安置就业的范围。"②

为此，1965 年上海市劳动局召开市区社会劳动安置管理工作会议，要求"各区劳动部门对家庭妇女加强劳动就业的形势和政策教育，宣传增产增事

---

① 上海劳动志编纂委员会：《上海劳动志》，上海社会科学院出版社，1998 年，第 79 页。
② 上海劳动志编纂委员会：《上海劳动志》，上海社会科学院出版社，1998 年，第 79 页。

不增人或少增人,依靠提高劳动生产率的方针,宣传现阶段家务劳动的必要性。会议指出家庭妇女就业登记的范围,要从生产需要出发,不能不顾本人条件和生产需要,把生活困难作为就业登记的唯一条件。提出家庭妇女就业登记的对象主要是年龄在40岁以下,身体健康,1958年以后在企事业单位连续工作一年以上,被精简以后生活困难,本人要求工作,而又确能摆脱家务拖累的妇女。对于有熟练技能,生产上又经常需要的人员,可不受经济条件的限制……"[①]

可见,为了招到有技能且能最大化地将时间和精力投入在工作上的妇女,"摆脱家务拖累"在这里再一次成为合法化一部分妇女就业,而排斥另一些人的正当化理由。"困难家属"这一通过给予妇女就业机会来辅助贫困家庭的逻辑为"提高劳动生产率"的生产利益所取代。与此同时,妇女的家务劳动角色又一次获得了正当性,而这部分妇女的生活保障则再次成为家庭的责任。

五、讨论

从"家庭妇女"到"临时工"再到"外包工"/"计划外用工",从"家庭束缚"到"家庭责任"再到"家庭拖累",这些反复、坎坷的经历折射出中国社会主义"妇女解放"的特殊形态。

如上所述,这部分城市妇女所进入的是一个边缘化、不稳定、低薪且隐性的"泥饭碗"就业体系。正是该就业体系的存在,支撑、强化了一个社会主义"全民就业"的铁饭碗制度。在"大跃进"期间,国家以"社会主义建设"和"妇女解放"的名义将妇女从家庭中调动出来,但她们并未因此获得平等的就业待遇和福利保障,相反成为一个次等的就业群体。

在这一过程中,妇女传统的家庭角色发挥了重要作用。一方面,妇女的母责"移家为国",成为国家经济建设可随时调动的资源。正是出于这一逻辑,妇女在家务劳动中无偿奉献、无收入的角色被延续下来,并移用至工业生产中,成为"又好又省地建设社会主义"号召之下的廉价劳动力。另一方面,她们对于家庭的妇职、母职并没有被取消。当经济不景气或求职人数大于需求时,这部分妇女的"家庭责任"则屡屡被强调,成为将她们退回家庭的理由。在这儿,"大家"与"小家"都是妇女效力的对象,妇女的个体性淹没在"为

[①] 上海劳动志编纂委员会:《上海劳动志》,上海社会科学院出版社,1998年,第79页。

国"和"为家"之间。而这两者之间的切换是由国家来定义的。因此,对"大跃进妇女"而言,这场"妇女解放"运动一开始就缺乏制度和价值上的空间。

　　由此可见,"妇女解放"作为当时的政治话语,发挥的是调动劳动力、构建一个次等就业体系的功能。而在政治动员的具体运作过程中,国家与家庭、国家与妇女以及妇女与家庭之间的多元关系被重构,妇女看似获得了走出家庭、参与经济生活的机会和"解放"的意识形态支持,但制度的设置却使她们难以摆脱传统的妇女角色。家庭身份仍然是构建她们就业身份的来源。在这里,值得注意的是,中国1949年之后个人与家庭、国家的关系显然不如现代化理论(个人化与家庭消解)所概括的那么简单,其中的复杂关系值得深入探究。

(原载《妇女研究论丛》2013 年第 3 期)

王苹与中国社会主义女性电影

——主流女性主义文化、多维主体实践和互嵌性作者身份

[美] 王玲珍 著　　王玲珍　肖　画 译②

摘　要： 这篇文章主要研究社会主义中国第一位女导演王苹和她的主流代表作品《柳堡的故事》（1956），重新定义女性作者概念并着力质疑和批判现存女性主义电影理论和中国电影研究中的两个重要结论：女性电影是个体边缘实践并自然具有颠覆性；社会主义电影是铁板一块的政治宣传品，没有艺术价值。具体来说，这篇文章首先勾勒对中国现代女性电影起着至关重要作用的早期社会主义女性主义公共/官方空间的形成；然后通过梳理多重历史背景，简要揭示对女性电影发展不容忽视的社会主义早期电影的公共生产模式和能动实验性；最后通过分析王苹的电影重审社会主义时期女性文化实践的多维主体性，将其视为镶嵌于多重历史力量互动作用中的一个具有机动/偶合性的呈现。

关键词： 女性电影　社会主义女性主义公共/官方空间　社会主义实验性电影　多维主体实践　互嵌/偶合作者身份

"女性电影"（women's cinema）是西方女性主义学者于20世纪60年代晚期结合符号学、心理分析学和意识形态学等理论而提出的女性主义电影研究和实践的新概念。到20世纪70年代初，女性电影的概念发展成为一种具有政治意义的对抗性电影，通过全面抵抗父权语言来挑战主流（好莱坞）电影制作。克莱尔·强斯顿（Claire Johnston）于1973年发表的《作为反电影的女性电影》一文里，为女性未来的斗争设想了一种真正的具有革命性质的"反电影"

---

① 基金项目：本文大部分内容是笔者发表于美国《符号》杂志的一篇英文文章的翻译。见 Lingzhen, Wang, "Wang Ping and Women's Cinema in Socialist China: Institutional Practice, Feminist Culturs, and Embedded Authorship", Signs: Journal of Women in Culture and Society, 2015, 40 (3), pp. 589–622。

② 作者简介：王玲珍，女，美国布朗大学东亚系教授、博士。研究方向：跨国女性主义理论、女性主义电影理论、性别研究、中国文学和电影研究。肖画，男，中南财经政法大学新闻与文化传播学院中文系讲师，文学博士。研究方向：世界华文文学。

(counter cinema)①。强斯顿认为,女性的反话语实践作为一种瓦解力量可以从主流好莱坞电影内部的意识形态矛盾中产生②,但她没有详述这种具有瓦解和破坏性的力量如何发展成为女性的反电影。另一位70年代最有代表性的英国女性电影理论家劳拉·穆尔维(Laura Mulvey)同意强斯顿的观点,将女性电影视为一种反电影,但她否认女性主义的反电影从主流电影中诞生的可能性。在《电影、女性主义与先锋》一文中,穆尔维将女性反电影置于具有政治意义的现代主义艺术传统中,将先锋电影视为女性主义电影的模型,原因是先锋电影采用了陌生化、断裂、自主辩证等多种(后结构)女性主义美学策略③。

"女性电影"的概念和实践在20世纪80年代引起了争议,因为黑人和第三世界女性主义开始全面质疑并批判整个女性主义理论和实践中以西方、白人和中产阶级为中心的基础,但"反电影"这一概念却并未受到根本质疑。艾莉森·巴特勒(Alison Butler)在她2002年出版的《女性电影:有争议的银屏》一书里指出,与20世纪70年代的女性主义电影实践不同,当时女导演拍摄的电影寥寥无几,当代女性电影的形式和内容不拘一格,连最宽泛的反电影定义都再难以囊括这些新兴电影④。她将女性电影重新界定为"少数电影"(minor cinema)⑤,借用了德勒兹与葛塔里(Gilles Deleuze & Felix Guattari)的"少数文学"概念——被边缘化的作家用主流语言创作的文学⑥。巴特勒提出少数文学的决定性特征,例如错置、剥夺和去地域化,同样适用于女性电影。正如"少数文学"看重的是一个群体的期待和设想,而不是一个既定群体的定义和表达,女性"少数电影"也立旨于想象未来的群体,而不是对女性的本质主义的理解。

巴特勒对女性电影的重新定义是为了扩展英语语系女性电影的概念,以便

---

① Johnston, Claire, "Women's Cinema as Counter – Cinema", In *Feminism and Film*, ed., E. Ann Kaplan, Oxford: Oxford University Press, 2000. Originally published in *Notes on Women's Cinema*, London: Society for Film and Television, 1973, pp. 22 – 33.

② Johnston, Claire, "Dorothy Arzner: Critical Strategies", In Her *The Work of Dorothy Arzner: Towards a Feminist Cinema*, London: British Film Institute, 1975, pp. 1 – 8.

③ Mulvey, Laura, "Film, Feminism and the Avant – Garde", *Framework*, 1979, (10), pp. 3 – 10; Butler, Alison, *Women's Cinema: The Contested Screen*, London: Wallflower, 2002, 6.

④ Butler, Alison, *Women's Cinema: The Contested Screen*, London: Wallflower, 2002, pp. 1 – 24, pp. 119 – 123.

⑤ Butler, Alison, *Women's Cinema: The Contested Screen*, London: Wallflower, 2002, p. 1.

⑥ Deleuze, Gilles & Felix Guattari, *Kafka: Toward a Minor Literature*, translated by Dana Polan, Minnesota: University of Minnesota Press, 1986.

能容纳新近在世界范围内出现的多种多样的女性电影实践。可是，将20世纪70年代的英语语系女性主义电影理论和实践作为"少数电影"的源头，巴特勒似乎在建议"少数电影"是早期西方女性电影在当代全球扩张和生产中顺理成章的产物①。也就是说，巴特勒"少数电影"概念中存在的最大问题在于她将西方20世纪70年代在资本主义体系内受后结构主义影响而产生的特定的女性主义电影理论和实践确立为世界上所有女性电影实践的本源。怎样看待20世纪70年代之前在世界其他地区出现的具有女性主义意义的女性导演的电影？怎样分析在非资本主义体系中产生的女性主义的电影实践？此外，"少数电影"虽然更正了"反电影"全面对抗主流语言的激进观点，但它对女性电影的定位仍旧是边缘化的实践，是离散无根或文化上被边缘化的群体创作的，而且这种边缘本身直接具有政治颠覆性②。

女性电影即"反电影"（或"少数电影"）这一概念流传已久、影响深远，不论它出自主流电影还是先锋、少数电影，这种观念暗示或建议女性主义政治和文化实践可以是独立自主或出污泥而不染的，具有一种自治性而且可以产生颠覆性。这种边缘相对主流的颠覆性概念遮蔽了女性主义文化实践与主流政治、经济制度之间复杂的关系，因为在实际过程中前者是无法脱离后者的。笔者在《中国社会主义女性主义实践再思考——兼论美国冷战思潮、自由/本质女性主义对社会主义性别研究的持续影响》（以下简称《中国社会主义女性主义实践再思考》）③一文中考察了女性主义实践与其所处体制间的重要关系，以及不同关系对女性主义实践产生的不同意义和局限。西方女性主义电影实践的确处于资本主义文化生产的边缘，因为资本主义商业经济体制直接限制了其发展的可能性。虽然20世纪70年代的女性主义实验电影坚持边缘立场，在揭露和挑战好莱坞主流商业电影中的性别差异方面起到了批判作用，但如果以为女性实验电影可以颠覆好莱坞，并挑战整体的资本主义父权制那就掩盖了西方女

---

① Butler, Alison, *Women's Cinema: The Contested Screen*, London: Wallflower, 2002, p. 119.

② 关于对英语世界的女性主义电影理论的具体批评和对巴特勒（Alison Butler）修正性理论的进一步评估，见 Lingzhen, Wang, "Socialist Cinema and Female Authorship: Overdetermination and Subjective Revisions in Dong Kena's *Small Grass Grows on the Kunlun Mountain* (1962)", In *Chinese Women's Cinema: Transnational Contexts*, ed., Lingzhen, Wang, New York: Columbia University Press, 2011, pp. 1 – 46; Butler, Alison, *Women's Cinema: The Contested Screen*, London: Wallflower, 2002, pp. 20 – 21.

③ 王玲珍：《中国社会主义女性主义实践再思考——兼论美国冷战思潮、自由/本质女性主义对社会主义妇女研究的持续影响》，王玲珍、肖画译，载《妇女研究论丛》2015年第3期，第5 – 15页。

性主义文化实践与资本主义体制之间的错综关系。女性主义实验先锋电影虽然在西方资本主义体制下处于边缘地位，但它却得到私有财产话语和中产阶级个人主义意识形态的卫护。其实，带有精英色彩并且具有男性中心的先锋电影或艺术电影已经在主导经济和政治体系中被体制化了，它在艺术领域里的经典化和精英地位是不容忽视的。这也就是说，边缘化立场本身并不必然意味着任何文化实践对其所处的政治经济体系的颠覆或全面对抗。许多边缘化的实践被包容在更广阔的体制内，往往同核心的政治、经济力量在其他社会问题上或在其他领域里产生共谋合作。从"反电影"到"少数电影"，现存的关于女性电影的女性主义理论一再强调女性电影的边缘性和反抗主流父权制的独立作用，但这种理论通常忽视了那些让特定女性主义实践成为可能而同时又在其他领域里，例如阶级、种族和帝国主义扩张等方面，抹杀或制约更广泛的女性主义实践进一步发展的主流体制成分。

当然，这里之所以要用一定的篇幅谈"女性电影"的起源和发展，更主要的是因为英语语系女性主义电影理论借助它在世界上具有的强大的地缘霸权地位，将其提倡的观念扩展至全球，直接并深刻地影响了世界其他地域不同政治、经济制度内的女性电影研究。这种影响在当代中国同样存在，特别是自20世纪90年代初以来，当中国经历了十多年的经济改革与门户开放政策以后。另外，中国学者在重新反思和评判社会主义时期"文化大革命"的过程中，也把目光投向了西方，力图寻求一个不同于中国的却同时具有"普世现代性"的模式。由于这种种因素，当代中国女性电影研究——特别是对1949—1976年这个阶段的研究——集中在揭示女性导演的失败，因为她们没能拍出反抗的、先锋的、少数的或边缘化的电影[1]。有些研究甚至还做出非常"错位"的结论，即社会主义阶段没有产生出女性主义电影。这种违背历史具体复杂性的普世性研究方式和充满盲点的结论要求我们对女性主义与它特殊的政治、经济语境之

---

[1] 例如在20世纪90年代初，有些学者运用西方女性主义电影理论的框架对女性电影的界定来讨论中国女导演电影，那么结论常常是中国女性导演，尤其是王苹等社会主义时期的女导演，都没能拍出真正的女性或女性主义电影，因为"几乎无一例外的，当代女导演是主流电影或'艺术电影'的制作者，而不是边缘的或反电影（anti - cinema）的尝试者与挑战者"。虽然这种见解在20世纪90年代初对中国女导演作品研究起到一定的反思作用，但它混淆了不同政治、经济和社会体制内对女性主义电影的界定和建构，因而没能真正揭示社会主义时期女性电影的特定意义、政治意义和历史局限。见戴锦华:《不可见的女性：当代中国电影中的女性与女性的电影》，载《当代电影》1994年第6期，第42页；Cui, Shuqin（崔淑琴）, *Women through the Lens: Gender and Nation in a Century of Chinese Cinema*, Honolulu: University of Hawaii Press, 2003, pp. 177 - 180.

间的关系做出批判性的重新解读,因为这种关系在不同的地缘政治环境里有不同的表现,因而蕴含了不同的历史、政治意义。

在《中国社会主义女性主义实践再思考》一文中,笔者侧重追溯并建构了中国社会主义女性主义成为社会主义革命实践中主流话语和实践的历史。不同于西方资本主义体系内边缘化的女性主义实践,中国社会主义女性主义是西方多种女性主义观念本土化并在20世纪20—40年代社会主义革命过程中体制化的主流实践,是社会主义革命的主体部分之一,同阶级解放、民族解放、反帝反封建运动以及社会主义经济建设紧密联系,因而具有多维主体性。中国社会主义女性主义实践的这些核心特征质疑任何单一、普世化的女性主义设想的可行性,也为社会主义女性主义文化包括女性电影实践,提供了不同的分析基础和框架。接下来,笔者首先探讨一下社会主义女性主义文化在社会主义中国成立后创立发展的历史特征、艺术走向和政治意义。

一、社会主义中国早期的公共/官方空间建构和女性主义文化实践

江西苏维埃于1931年建立后,革命政府就开始了社会主义女性主义在新体制各个方面(宪法、法律、经济和政治政策、法律实行步骤、妇女组织和教育运动等)的制度化实践。虽然由于特定的历史原因,体制化实践在不少方面还具有实验性质和不稳定性,但苏维埃政府采取的对社会主义女性主义多层次的制度性建构为其后的社会主义革命时期和中华人民共和国成立后的女性主义实践创建了一个样板[1]。"女权"这一现代政治概念早在1900年左右就从西方经由日本介绍到了中国[2],但直到半个世纪后,不同阶级、年龄和地区的中国妇女才真正获得了法律、政治和经济权利。1949年3月24日,中国共产党刚刚接管北京不久,第一届中华全国妇女代表大会就召开了,宣布成立"中华全国民主妇女联合会"。马克思主义关于妇女解放的唯物主义史观构成了社会主义女性主义政策的中心原则,鼓励支持妇女直接参与社会大生产[3]。虽然中国私有财产到1956年已经基本公有化,但中国经济仍然严重落后,而且面临着冷战的强大制约。中国共产党把社会主义的经济发展作为国家建设和妇女解放

---

[1] Cheng, Lucie, "Women and Class Analysis in the Chinese Land Revolution", *Berkeley Women's Law Journal*, 1988, 4 (1), p. 64.

[2] Sudo, Mizuyo, "Concepts of Women's Rights in Modern China", trans. Michael G. Hill, *Gender and History*, 2006, 18 (3), p. 475.

[3] 仝华、康沛竹主编:《马克思主义妇女理论发展史》,北京大学出版社,2004年,第133页。

的关键。社会主义的胜利给中国大陆在政治、经济和社会各方面带来了一系列史无前例的变化，包括在全国范围内推进社会主义女性主义的全面制度化。

社会主义女性主义在社会主义中国建立后逐渐发展成主导的主流话语和实践，表现出多维度多层次的主力作用。除了指导和协助新婚姻法（1950—1953）的颁布和执行，提倡性别平等和女性的特殊权益，社会主义女性主义也融入了其他重大的国家运动中，诸如土地改革（1950—1953）、公有制化（1950—1956）、抗美援朝（1950—1953）、早期工业化（1950—1955）以及扫盲运动（1950—1956）。对于推进新建的社会主义体制的方方面面，社会主义女性主义发挥了核心作用。女性主义和其他社会主义实践之间这种相互依存的密切关系促使了社会主义初期出现的公共/官方空间在本质上既是社会主义的也是女性主义的。

社会主义女性主义的全国制度化以及社会主义新政府对新型观念教育的加强促进了社会主义女性主义公共/官方空间的形成，带来了社会主义女性主义大众文化的繁荣。在20世纪50年代，这些文化上的变革对抗击父权制价值观、倡导女性权益、提升新的社会主义女性主体形象至关重要。如果说中国共产党在农村革命年代（1927—1948）由于诸种原因无法发动持续的宣传和教育运动以抵抗父权制传统的方方面面，那么新的社会主义国家政府全面展开了社会主义女性主义的体制化，特别提倡批判父权观念和习俗的女性主义文化生产。中国社会主义女性主义文化实践，结合提高妇女经济、法律和政治地位的政策，显示出马克思主义女性主义理论在不同地区的不同发展特色和突破，因为它不仅仅只在所有制和社会大生产方面解决女性平等的问题，同样重要的是，它在文化层面上、在意识形态领域里，开创了一场前所未有的批判父权、树立社会主义妇女样板的全民运动。

中国社会主义女性主义在20世纪50年代的文化发展之始就呈现出多元异质的特色，而且随着时间和国际国内形势的变化而不断变化，产生了不同的新型女性形象和多样的审美价值，远非像冷战意识所"宣传"的，凡是社会主义国家政府介入的文化活动都是教条和铁板一块的简单政治宣传。国际社会主义话语——尤其是来自苏联的女性主义话语和模范形象（icons）——对20世纪50年代中国社会主义女性的架构产生的影响显而易见，对此国内外学者已有充分的研究①。同样重要的是，现代中国历史上的女性主义实践，诸如"五四"时期的反传统的都市自由主义、个人主义女性主义潮流、20世纪30年代的左翼女性主义批评、社会主义革命时期以无产阶级女性为主体的女性主义实践都被借鉴地容纳到社会主义中国的女性主义文化实践之中②。从另一个角度，我们也可以说"五四"和左翼女性主义在社会主义时期也经历着重要的转型和发展。女性主义实践的主体在社会主义制度的时空两个维度里都具有多元变化性。

虽然中国社会主义女性主义文化有多元异质的特色，但并不代表它没有一以贯之的重点主题。"无产阶级化"这个概念和实践正是区分中国社会主义女性主义和早期中国女性主义以及世界其他地区女性主义的关键。从广义来讲，无产阶级女性是在社会主义中国出现的新的政治、社会和经济主体。而在大众传媒中，工农妇女成为新型社会主义主体的模范人物，显示了社会主义女性主义文化最关键最有意义的建构。陈庭梅（Tina Mai Chen）在研究20世纪50年代中国妇女模范形象时指出，社会主义为工农女性塑造的公众新角色——拖拉机司机、火车调度员、高压电焊工等——说明了"社会主义现代性的到来必须建立在对儒家、封建与资本主义世界观的枷锁和父权制的彻底粉碎基础上"③。此外，第一批体现社会主义性别平等的女性，用重型机械的现代知识"武装"自己，使中国女性站立在"新的国家、国际和世界秩序的前沿"④。在陈庭梅看来，这些通过大众传媒宣传而变成日常生活偶像的工农女性劳模，代表了社会主义中国的妇女解放和历史进步的无产阶级化⑤。在她的研究文章中，陈庭梅还突出了女劳模的多层次生活经验，让人们意识到在个体的、国家的和国际的框架中这些劳模和她们的官方再现形象之间多层面的互动，从而表明社会主义女性的主体性必须在这些动态力量的复杂协商中进行考察和鉴定。这种历史规

---

① Chen, Tina Mai (陈庭梅), "Female Icons, Feminist Iconography? Socialist Rhetoric and Women's Agency in 1950s China", *Gender and History*, 2003, 15 (2), pp. 284–289; Chen, Tina Mai, "Socialism, Aestheticized Bodies and International Circuits of Gender: Soviet Female Film Stars in the People's Republic of China, 1949—1969", *Journal of the Canadian Historical Association* (Online), 2007, 18 (2), pp. 53–58.

② Zheng, Wang (王政), "Creating a Socialist Feminist Cultural Front: *Women of China* (1949—1966)", *The China Quarterly*, 2010, (204), pp. 827–849.

③ Chen, Tina Mai (陈庭梅), "Female Icons, Feminist Iconography? Socialist Rhetoric and Women's Agency in 1950s China", *Gender and History*, 2003, 15 (2), p. 270.

④ Chen, Tina Mai (陈庭梅), "Female Icons, Feminist Iconography? Socialist Rhetoric and Women's Agency in 1950s China", *Gender and History*, 2003, 15 (2), p. 282.

⑤ Chen, Tina Mai (陈庭梅), "Female Icons, Feminist Iconography? Socialist Rhetoric and Women's Agency in 1950s China", *Gender and History*, 2003, 15 (2), p. 270.

约（而并非"独立"的或"自由"）的主体性体现了社会主义话语和国家女性主义划时代的创建，虽然后者也难免受到前者的一定制约①。

中国社会主义女性主义通过体制化和多维主体性促进性别平等，在早期社会主义中国的经济和社会条件下取得了最有效和最大范围的成果。但由于各种国际、国内因素，某些旧问题持续存在，新问题也开始产生。例如，冷战期间美国和其他西方国家对中国实行严厉的经济和技术制裁，严重制约了中国的经济发展，直接、间接造成了城乡经济的不平衡，致使劳动性别分工难以根除②。另外，中国不同的区域经济、文化形势和地区习俗也牵制了各种政策的及时和有效实行，因为不顾当地环境而在短时间内自上而下强行开展激进的运动，在革命历史上和社会主义中国都造成过严重的负面效果③。与此同时，虽然在社会主义公共/官方领域、新的教育体系以及主流文化实践中，男性中心和保守思想开始遭到严格制约并逐渐消退，但在私人领域、内地农村和一些保守人群中包括部分中共干部，某些传统观念依然根深蒂固④。最后，在社会主义妇女主体的社会建构过程中，因为主流提倡无产阶级集体化，某些个体女性（特别是知识分子女性）的历史经历和声音遭到忽视甚至压抑⑤。中国社会主义女性主义实践向来都是个复杂、能动的历史过程，完全不是也不可能是一个一蹴而就的完美体系。实际上，它是在不断地同国内国际的经济、政治、社会、文化环境互动中发展出来的，所以其在历史和政治上的局限和在不同场景中的变数也都是这一过程的一部分。无可否认，尽管废除了私有制，并发动了抵抗父权制的大规模意识形态运动，在社会主义中国仍然存在某些性别和阶级问题，但这些问题并不代表社会主义系统对妇女问题的搁置，而是进一步说明了性别和阶级的平等、整体经济发展以及新文化的创立之间的平衡共进是一个长期复杂的过程。只有认识到中国社会主义女性主义在世界特定的政治环境、中国具体

---

① Chen, Tina Mai（陈庭梅）, "Female Icons, Feminist Iconography? Socialist Rhetoric and Women's Agency in 1950s China", *Gender and History*, 2003, 15 (2), p. 268, p. 292.

② Moise, Edwin E., *Modern China: A History* (3rd edition), New York and London: Longman, 2008, pp. 138 - 144; Lin Chun, *The Transfrmation of Chinese Socialism*, Duke University Press, 2006, pp. 60 - 83.

③ Tang, Shuiqing（汤水清）:《乡村妇女在苏维埃革命中的差异性选择——以中央苏区为中心的考察》, 载《中共党史研究》2012 年第 11 期, 第 85 - 94 页。

④ Wang, Lingzhen, "A Chinese Gender Morality Tale: Politics, Personal Voice, and Public Space in the Early Post - Mao Era", In *Lingzhen Wang's Personal Matters: Women's Autobiographical Practiced in Twentieth - Century China*, Stanford: Stanford University Press, 2004, pp. 140 - 166.

⑤ Wang, Lingzhen, "A Chinese Gender Morality Tale: Politics, Personal Voice, and Public Space in the Early Post - Mao Era", In *Lingzhen Wang's Personal Matters: Women's Autobiographical Practiced in Twentieth - Century China*, Stanford: Stanford University Press, 2004, pp. 140 - 166.

的历史条件以及社会主义经济发展的局限下所取得的成就，才有可能在真正意义上进一步探索中国社会主义女性主义理论以及实践中存在的问题。正因为任何女性主义实践同其政治、经济和文化体制和话语密切相关，所以女性主义实践某些存留的问题又不是孤立的，需要触及整个经济、政治社会和文化体系的发展。

在笔者具体分析社会主义女性电影之前，想再总结和重申几点有关中国社会主义女性主义文化实践的要点。第一，社会主义女性主义文化，包括电影生产，不仅不是"边缘化"的或"独立于"其所处政治经济体系的话语实践，反而同社会主义体制密切相连，而且属于政治主流文化。第二，尽管如此，社会主义女性主义文化实践却具有多元异质性，包容了多种女性主义实践并促进这些不同女性主义在社会主义时期的进一步变革。第三，由于社会主义女性主义主体具有多维性，性别在中国社会主义女性主义文化中并不是孤立的类别，而是同其他政治、社会议程直接关联。第四，无产阶级女性在中国历史上第一次被塑造成社会的主体和国家模范，而这个无产阶级化过程是理解中国社会主义女性主义特征的一个要点。第五，社会主义女性主义文化是面向大众的，为工人、市民和大量的农村人口服务。第六，中国社会主义女性主义和其他第三世界女性主义一样，具有明显的民族主义特征。无论对于内容还是对于艺术形式来说，这种民族主义特征都是社会主义女性主义电影实践的重要组成部分。

二、女性主义主体性在多重话语互动中的建构：社会主义主流电影和王苹的《柳堡的故事》

社会主义建立初期，女性电影导演作为一个群体第一次登上中国现代历史的舞台①。这些女导演在1949年前既没有受过电影培训也没有制片经验，但凭借她们在五六十年代的电影实践成为中国电影史上知名的艺术家并获得了国家奖项，为主流社会主义电影的诞生和发展做出了巨大贡献。为了更好地给这些社会主义中国女导演们定位，也为了更深入地理解她们电影实践的历史意义，我们首先需要关注有关性别和电影业在社会主义初期的几个重要转型。

中华人民共和国成立以后，全国上下在经济、政治、法律、社会和文化各方面都展开了性别平等的体制变革。在电影业里，性别平等的社会主义意识形态具体体现在电影制片厂招募编导以及制片流程中的资源分配上。虽然电影制

---

① 在中国电影历史上，有明确记载的女性导演只有谢采真一位，她在1925年拍摄了电影《孤雏悲声》。关于不同地区的华语女性导演的详细讨论见 Lingzhen, Wang, "Chinese Women's Cinema", In *A Companion to Chinese Cinema*, ed. Yingjin, Zhang, Malden, MA., and Oxford: Blackwell Publishing, 2012, pp. 299–317.

片厂在20世纪50年代初期起用非专业人员的部分原因在于早期社会主义中国缺乏职业电影人，但在当时放手任用女导演的更重要原因却是来自社会主义性别平等的新信仰。王苹（1916—1990）在三四十年代的上海参演过多部左翼电影，1951年初被分派到部队协助人民解放军建立一所军事教育电影制片厂，这就是八一电影制片厂的前身。同年，这所电影制片厂的领导鼓励王苹执导制片厂的第一部电影《河川进攻》（1953），也是早期的一部军事教育纪录片。由于没有制片经验，对军事又知之甚少，王苹对这个请求犹豫不决。刘伯承将军当时任南京军事学院院长，而电影就在他的学院拍摄。他说服了王苹并保证动用一切资源全力支持影片的拍摄[1]。这些前所未有的官方和体制性支持，不仅使王苹成功地完成了拍摄这部纪录片的任务，也让她变成了中国现代历史上第一位女电影导演。王苹完全是在拍电影的过程中学会了电影制作。《冲破黎明前的黑暗》（1956）是王苹的第一部故事片，也是八一制片厂的第一部故事片，此片的制作时间长达两年多，第一次剪辑后放映长达八个多小时。王苹事后回忆，假如没有国家为她支付的"高昂学费"——特别是20世纪50年代当社会主义电影业在资金上举步维艰的时候——她不可能成为电影导演。同样重要的是，早期社会主义中国建立的公共托儿所、寄宿学校给王苹这样的职业女性解除了后顾之忧。王苹有四个孩子，当她丈夫在1956年去世的时候，他们最小的孩子只有九个月。没有公共托儿所和寄宿学校等帮助妇女解决日常家务的服务设施，王苹的电影事业就难以为继[2]。

中国电影自1905年发端以来，一直由男性掌控。王苹之前，从来没有女性得到体制和社会的支持去拍电影[3]，也没有哪一位女导演在中国大陆拍过一部以上的电影。但在新的社会体制里，王苹和董克娜（1930—）、王少岩（1923—）、颜碧丽（1928—）等其他女性，不但跨进了各家电影制片厂，而且被委以导演的重任。第一代中国大陆女性电影导演在历史上的崛起和她们所取得的空前的成就，是社会主义社会性别角色的转型、社会主义女性主义的国家体制化以及早期社会主义女性主义官方/公共空间的形成和发展的结果。

（一）社会主义中国早期的电影生产模式变革和实验电影

社会主义性别转型无法独立于早期社会主义中国在阶级结构、政治经济体

---

[1] 宋昭：《妈妈的一生：王苹传》，中国电影出版社，2006年，第71-80页。

[2] 宋昭：《妈妈的一生：王苹传》，中国电影出版社，2006年。

[3] 陈波儿可以被认为是更早的受到体制支持的例子。她在20世纪40年代的延安从事制片时得到了体制上的支持，后来在参与建立社会主义中国第一个（东北）电影制片厂时起到了重要作用。但由于各种原因，她没有能够完成自己导演的一部片子。

制和文化生产等方面的重大变革。同样，发端于20世纪50年代初的社会主义女性主义电影文化也是同电影工业与生产模式公有化的社会主义重组同步发展的。早期社会主义电影实践出现了三大转变。第一，题材和观众变成了首要考虑的对象。无产阶级——工人、农民、士兵——成为影片的主要角色和电影的预设观众。第二，社会主义电影再现的目的和功能发生了根本性的转换。在截然不同的社会主义经济、政治体制里，作为当时最有效的大众媒体，电影成了表达新兴的世界观、促进不同社会关系、塑造社会主义新主体和建构以马克思主义理论为依据的革命历史的主要载体。换言之，在社会主义中国初期，整个电影业都处在自我蜕变的过程中，从受效益和利润驱动的商业行为转变为以无产大众为本位的公有制文化生产和教育机制。第三，民族艺术形式和风格成为电影理论与实践的一个中心议题。中国社会主义革命所具有的民族独立性质以及接下来的国际政治阵营的冷战，特别是朝鲜战争，都驱使20世纪50年代中国大陆迅速建立自己的文化再现体系，强调中国民族艺术特色，包括通俗文化和民间艺术。20世纪50年代末，在中苏关系产生裂痕以后，电影界对中国电影的民族化要求更加迫切[1]。国际政治构成了探讨社会主义中国电影形式的重要历史背景。

在社会主义初期，文化生产的公有制转型与社会性别变革是评估社会主义中国女性进入电影业历史意义的关键因素。但这里需要指出的是，这些文化生产与社会的重大变革并非简单、教条、一统性的政治宣传；也没有给中国电影和性别再现带来一个具有终极目的、单向、线性的发展[2]。实际上，它们开启了一个动态的充满张力的过程，不断受到各种历史力量及其互动产生的影响，这些历史力量包括不稳定的国内外政治环境、传统文化的持续影响以及每个作

---

[1] 钟大丰、舒晓鸣：《十七年中国电影（1949—1966年）》，载钟大丰、舒晓鸣：《中国电影史》，中国广播电视出版社，1995年，第200-204页。

[2] 以下这些英文研究著述对扩展、丰富社会主义电影研究起到了重要作用：Clark, Paul, *Chinese Cinema: Culture and Politics since 1949*, Cambridge: Cambridge University Press, 1988; Clark, Paul, "Artists, Cadres, and Audiences: Chinese Socialist Cinema, 1949-1978", In *A Companion to Chinese Cinema*, ed., Yingjin, Zhang, Hoboken, NJ: Wiley-Blackwell, 2012, pp. 42-56; Hershatter, Gail, The *Gender of Memory: Rural Women and China's Collective Past*, Berkeley: University of California Press, 2011; Marchetti, Gina, "Two Stage Sisters: The Blossoming of a Revolutionary Aesthetic", *Jump Cut*, 1989, (34), pp. 95-106; Wang Ban, "Desire and Pleasure in Revolutionary Cinema", In Ban, Wang's *The Sublime Figure of History*, Stanford, Stanford University Press, 1997, pp. 123-154. Berry, Chris, *Postsocialist Cinema in Post-Mao China: The Cultural Revolution after the Cultural Revolution*, New York: Routledge, 2004; Lingzhen, Wang, "Socialist Cinema and Female Authorship: Overdetermination and Subjective Revisions in Dong Kena's *Small Grass Grows on the Kunlun Mountain* (1962)", In *Chinese Women's Cinema: Transnational Contexts*, ed., Lingzhen, Wang, 2011, pp. 47-65.

者、艺术家的不同背景。作为对崭新的政治、经济、社会体制的回应,社会主义"十七年"时期的电影从许多方面来看都带有高度的实验性。

这种实验性表现在多个方面,因篇幅限制,笔者在此仅强调两条。第一,社会主义电影的实验性质充分体现在国家政策和电影实践之间的张力和不断磨合之中。虽然社会主义电影的作用是在社会主义革命和建设的大方向下教育大众,提倡社会主义意识形态,但国家的文化政策和电影实践之间的特定关系在任何具体历史关口都具有一定的不可预测性。从 1949 年到 1976 年的中国社会主义电影生产经历了四次高潮(1946—1950,1953—1957,1959,1961—1963)和四次低潮(1951、1957—1958、1959—1960、1964—1966)①。社会主义电影生产的上下波动一方面显示出政治的和文化的(艺术的)关系一直在不断地互动和变化;另一方面也说明,电影评论者和电影制作者一直在不懈地探索不同的影像、主题和风格。更重要的是,这种反反复复的运动史本身质疑了那种认为社会主义时期存在着整齐划一的文化政策和固定统一的政党权威和监控的观点。第二,社会主义电影的实验性还体现在艺术、技术以及美学等方面的跨媒介、跨文化的实践。一方面,民族形式和美学价值在国际冷战形势下、在新建的社会主义体制内都要求有创新和突破,因而社会主义电影人对中国传统文艺(诗歌、戏曲、绘画、民间音乐和表演、白话小说)进行了各种跨媒介再创造②。另一方面,社会主义电影生产并没有与世隔绝。从 1950 年到 1966 年,上海译制片厂一家就引进了 320 部外国电影,除了苏联和其他社会主义国家外,余下的来自亚洲和西欧③。其间中国还译制和上映了意大利新现实主义和法国新浪潮中有代表性的影片,并在 1961 年到 1963 年期间系统地译介他们的理论以及其他国家的电影理论和运动④。中国"十七年"间的电影实践和理论,远非长期以来学界所想象的那么单一和狭窄,而是相对多元、广泛并具有异质性的。

如果主流社会主义电影指的是在国家公有制体制内、在国有电影制片厂里

---

① 钟大丰、舒晓鸣:《十七年中国电影(1949—1966 年)》,载钟大丰、舒晓鸣:《中国电影史》,中国广播电视出版社,1995 年。
② 陈山:《经典的建构:五六十年代中国电影理论的成熟》,载郦苏元、胡克、杨远婴主编:《新中国电影 50 年》,北京广播学院出版社,2000 年,第 230 - 232 页。
③ 吕晓明:《对"十七年"上海电影译制片的一种观察》,载郦苏元、胡克、杨远婴主编:《新中国电影 50 年》,北京广播学院出版社,2000 年,第 278 - 288 页。
④ 陈山:《经典的建构:五六十年代中国电影理论的成熟》,载郦苏元、胡克、杨远婴主编:《新中国电影 50 年》,北京广播学院出版社,2000 年,第 233 - 236 页。

生产的全部电影,那么,如上文所揭示的,社会主义主流电影并没有因此而排除创新、实验、变化甚或争议。"十七年"期间的社会主义主流电影从来不是铁板一块、单一性的实践,相反,它体现了电影界在政治和艺术两方面的互动和实验,一方面在不断创建社会主义电影模式,而另一方面又在不断挑战和质疑现存模式和范畴。

第一代中国女性导演正是在这样多重的体制、社会、文化转型与广泛的电影实验中脱颖而出,开辟了中国妇女在中国(大陆)历史上电影制作的道路。社会主义"女性电影作者"(female cinematic authorship)中的女性是一个变动的历史概念,既不是生理的也不单纯是政治的。由于社会主义初期中国电影受到多元异质影响,"女性电影作者"也不可能呈现一个固定或单一的特征和风格,而是机动地取决于各种力量在特定时期互动而产生的特定效果。

(二) 革命故事、知识分子话语、无产阶级女性自我的诞生

第一代社会主义女性电影导演是在社会主义中国全面提倡妇女权利的制度化的公共空间中,在电影生产机制公有化的基础上进入电影行业的。在她们的电影中,既有对新制度的拥戴和支持,又有对某些主流文化政策的质疑和对男性中心主义的批判[1]。但她们的质疑和批判并不是为了建立一个对立或对抗的立场,而是为了进一步推动社会主义女性主义在新制度下的发展。同时,作为社会主义妇女,这些女性导演又以创造一种新的民族、大众电影为己任,为展现新中国、建立社会主义美学观而努力。王苹有几部电影都被普遍认为探索了从前未曾涉足的主题和艺术领域。她最有代表性、影响最大的电影包括《柳堡的故事》(1957)、《永不消逝的电波》(1958)、《槐树庄》(1961)和《霓虹灯下的哨兵》(1964)。《槐树庄》让她于1962年荣获了百花电影节最佳导演奖。她所执导的著名的音乐舞蹈史诗剧《东方红》(1965),开创了一个新的电影艺术片题材,取得了划时代的成就。

王苹在"文化大革命"之前社会主义电影业取得的非凡成就说明了社会主义制度的重大意义,因为这个体制不仅系统地提倡和保证了妇女参与各行各业(包括电影行业)的工作,而且还提供充分的资源并支持女性导演取得成功。同时,社会主义女性主义在新体制中的主流化和整合化进一步开拓了女性主义

---

[1] Wang, Lingzhen, "Socialist Cinema and Female Authorship: Overdetermination and Subjective Revisions in Dong Kena's *Small Grass Grows on the Kunlun Mountain* (1962)", In *Chinese Women's Cinema: Transnational Contexts*, ed., Lingzhen, Wang, New York: Columbia University Press, 2011, pp. 47 - 65.

的多维实践性,为中国妇女在文化创作中的多重地位确立了根基。所以,中国女性电影的研究不能脱离对其赖以生存的经济、政治和社会制度的分析和论述。当然,王苹的个人经历和人生轨迹对她的空前成功也至关重要。王苹毕生投入各种社会政治文化运动,从左翼戏剧和电影运动到社会主义革命再到社会主义建设。1934年,17岁的王苹便因在南京扮演了易卜生的戏剧《玩偶之家》中的女主角而闻名中国,被誉为"南京娜拉"。那时她深受"五四"和左翼女性主义的影响,很早就锻炼成为一名具有独立意识、集体归属感和政治能动性的女性[1]。她的这种独立性和政治视野在三四十年代起到很大作用,使她没有像当时很多都市新女性那样沉溺于个人情感矛盾并禁锢于孤立无助的政治状态中,从而在中国社会的巨变中丧失了历史主体性。更有意义的是,王苹的这种独立性和集体感让她在电影创作中,一方面积极与电影同仁合作,另一方面表达出她独特的思想和艺术价值,从而促进了社会主义主流电影的多样化,也让她自己的电影体现出多层次的意义。下面,笔者将以王苹最著名的电影《柳堡的故事》为例,深入分析与女性作者身份相关的问题并探讨性别在经典社会主义电影中与其他话语的共生、共存性。

《柳堡的故事》没有像其他社会主义电影那样突出性别或着力展现一位具有榜样性的女主角,但这部流行的社会主义经典影片表现了一整套社会主义电影理念,对研究社会主义女性主义文化、社会主义电影生产中女导演的多重角色以及社会主义电影的民族形式起到至关重要的作用。在20世纪50年代的中国,社会主义女性主义文化的普及与流行不仅仅体现在那些塑造了模范女性形象的电影中,也表现在像《柳堡的故事》这样的电影里,其中一位青年农家姑娘的内在坚强、阶级感受和个体主动性,虽然并非影片的中心主题,却非常清晰地再现出来。作为导演,王苹在拍摄电影的过程中,有意识地改变了人物行动细节,特别是对人物心理状态和情感性质进行了调节和重新定位,从而重塑出一位在社会主义影片中具有独特意义和美学价值的年轻农民妇女形象。

社会主义电影生产在很多方面都体现了集体合作的特点,每个参与电影制作的人都在最后的成品中留下了各自不同的印迹。电影《柳堡的故事》改编自胡石言于1950年3月发表在《文艺》期刊上的同名小说。剧作家黄宗江得到上级指示,和胡石言合作完成该剧的剧本。可是1951年文化界出现了批判电影《武训传》的运动,国家的电影政策开始收紧。因为这两位作者都特别关注

---

[1] 对王苹的生活和经历的详细介绍,见宋昭:《妈妈的一生:王苹传》,中国电影出版社,2007年。

怎样在革命战争电影里再现爱情——一个在社会主义时期不再强调并且带有敏感性的话题,黄胡二人拟定的前两个版本,都没有通过。有意思的是,当他们放弃了自己的主要立场而完成了一个凸显革命战争的版本时,他们的成果仍然没有通过,原因是参加座谈的同行和领导认为新版本已经不是原来的柳堡的故事了①。

1951年关于《武训传》的批判运动结束后,由于文化政治环境的变化,黄宗江和胡石言改编的剧本评审开始有了突破性的进展。从1953年到1955年,为了提高社会主义电影制作的产量和艺术质量,国家文化部门对几项电影政策和生产管理规则做出了调整。在1956年的百花运动中,这些规程变得更加灵活,社会主义电影创作(1953—1957)终于到达了第二次高潮中的顶峰(1956—1957)。

《柳堡的故事》剧本在1956年年末通过审批。1957年年初,八一电影制片厂决定拍摄此片,并指任王苹当导演。王苹对这个剧本十分认可,诚邀胡石言和黄宗江参与最后拍摄剧本的创作。所以,《柳堡的故事》影片的成功是王苹、黄宗江、胡石言三人合作的结果。他们三位都来自故事的发生地——江南/江北一带;在三四十年代,他们都在上海参加了左翼文化和抗日运动。他们三人后来都加入了共产党的军队,成为军中作家和导演。他们共同的左翼知识分子背景和参加过共产主义革命的资历,使他们在创作中既强调个人情感的重要性,也看重无产阶级革命的意义。他们非但未将爱情和革命视为不可调和的对立物,反而着力将个人爱情和无产阶级的革命呈现为相互关联的主题。在社会主义初期,过度强调私人情爱常常被视为西方个人主义与资产阶级情调的表现,所以在艺术作品中,特别是在电影里,爱情开始被相对边缘化②。王苹、黄宗江、胡石言三位主创,通过联手创作《柳堡的故事》,侧面地质疑了官方对个体情感的忽视。更重要的是,通过重新确立情感同共产主义革命与无产阶级大众之间的关系,他们给爱情注入了新的生命,成就了爱情在社会主义电影中的再现。

这三位电影人的通力合作使《柳堡的故事》成为社会主义经典电影,赢得了中国广大观众的青睐。但如果对这部电影做进一步研究,就会发现王苹、黄

---

① 石言:《党·集体·作者——"柳堡的故事"创作的体会》,载《中国电影》1958年第10期,第69–70页。
② 中国文学中革命与恋爱之间关系的详细谱系,见 Jianmei, Liu(刘剑梅), *Revolution Plus Love*: *Literary History*, *Women's Bodies*, *and Thematic Repetition in Twentieth-Century Chinese Fiction*, Honolulu: University of Hawaii Press, 2003。

宗江、胡石言三位主创对该片成功的具体贡献是不一样的，既有互补也有差异。只有通过详细对比和分析这篇小说在电影创作过程中经历的各个阶段和不同版本，才能鉴别和评价王苹在这部创作中的作用和影响。

胡石言的小说对社会主义文艺的贡献，除了革命与恋爱的主题外，主要体现在对革命战士之间情感纽带的建构。这篇半自传性质的小说的故事取材于胡石言对一名年轻的中国共产党新四军副班长徐金成的回忆。这名牺牲于抗日战争的副班长在抗日反攻前夕告诉胡石言自己爱上了宝应的一名农村姑娘。在谈话过程中，徐金成坦白自己曾经想离开军队去宝应工作，但他却对自己的最后决定，即留在军队并抗日到底，感到自豪。这位年轻的副班长后来不幸在战斗中牺牲，而作为指导员的胡石言却无法忘怀他的故事，尤其是他为了革命所做出的感情牺牲。胡石言在20世纪50年代的一篇文章中写道："人们往往只知道革命都牺牲生命，却不很知道，许多革命都还曾牺牲过爱情。而后者，有时比前者还更困难。"① 起初，胡石言曾考虑过让李进（以徐金成为原型）像徐金成那样在战争中牺牲，但他始终无法接受这样悲伤的结局，最后胡石言让笔下的年轻恋人在1949年部队再次经过柳堡、在解放全国的征程中重逢。

从某种角度上看，《柳堡的故事》这篇小说源于一个男人对另一个男人无法释怀的忆念，也来自前者对后者为革命牺牲情感和生命的哀悼，因而原小说的意义并不局限于革命与异性爱的主题上。在具体文本叙述中，小说运用了宋伟（以作者胡石言为原型）第一人称叙述，而当叙述逐步展开后，读者被主角李进和他的政治指导员宋伟之间深厚的感情所震撼。李进和二妹子间的爱情发展关系不仅是李进、宋伟之间反复沟通的话题，而且增进了李进、宋伟之间的相互理解和彼此认同。换言之，尽管小说有着明显的异性恋情节，它在另一个层面上却建构和再现了男性革命战士之间深厚的情感纽带和战友情怀。小说第一人称叙述和主观倒叙都强化了故事的感染力，烘托出一种独特的同性情谊。

当黄宗江和胡石言创作电影剧本时，他们开始关注另外一些问题②。首先，电影这种大众媒体不易采用过多的内心对白和第一人称叙述。其次，中国社会主义电影面对的观众是无产阶级大众，因此需要更直白的风格。宋伟的知识分子背景和自我反省的倾向因而得到弱化处理，剧本中的人物动作却有所增强。最后，黄宗江、胡石言两位编剧也考虑到当时对原著故事的一些批评和建议，

---

① 石言：《党·集体·作者——"柳堡的故事"创作的体会》，载《中国电影》1958年第10期，第69页。
② 石言：《党·集体·作者——"柳堡的故事"创作的体会》，载《中国电影》1958年第10期。

特别是关于宋伟的评价。他们删除了宋伟大量的矛盾心理和感情告白,将宋伟改造成更符合要求的政治指导员,能够给战士们提供切实的引导和指示。

然而,黄宗江和胡石言在剧本的最后一稿中似乎都还不能割舍原著的情感结构。客观上,尽管他们对宋伟的角色做了重大调整,他们仍然把宋伟作为电影叙述的主体,采用了倒叙和画外音。结果,许多爱情故事的重要场景都超出了宋伟的视野和知性范围(由于剧本对他角色的调整)。由此一来,宋伟的叙述主体发生了技术性的偏差。有意思的是,这种叙述结构上的局限和"闪失"反映了编剧在同当时的政治要求进行协商时,对某些风格和情感的坚守。他们的作品正体现了 20 世纪 50 年代社会主义电影创作中微妙复杂的实验性。在主观上,尽管两位编剧接受了当时的一些批评,但他们还是表现了人物在情感上的"摇摆不定"和内心的挣扎[1]。

在改编的剧本里,黄宗江和胡石言还成功地将异性爱情直接搬移到大屏幕之上,使其成为主导元素。因为这个变动,女主角二妹子便由小说中的相对被动状态(主要都是通过李进和宋伟的叙述)转换成银幕上的中心人物之一。这样一来,二妹子便同李进、宋伟二人一样,能直接面对镜头和观众。虽然两位编剧在改编中给了二妹子不少主体体现,但是因为剧本里保持了大量的李进、宋伟间的对话,特别强调李进的情感与内心挣扎,所以相比而言,二妹子这一角色缺乏心理深度,她的情绪和想法主要是通过暗示,有时仍需通过李进的转述,所以她行动的心理逻辑和底蕴缺乏清晰度。

当王苹于 1956 年接受拍片计划时,剧本的中心主题、叙述结构和主要角色都已敲定。因此,如何衡量王苹个体的电影作者身份,不能通过分析故事的总体情节这样的方法,而要通过她对具体细节的改编、她拍摄这部电影的独特处理方式、她为增强剧本的视觉效果而采取的电影叙述手段以及她对主要人物的银幕视觉呈现来考察。作为一名早期社会主义中国的电影导演、资深的左翼知识分子、艺术家和有强烈政治意识及能动性的女性,王苹在影片制作中体现出来的"电影作者"的意义是多层面并且是互嵌式的(embedded)。性别虽然是王苹改编《柳堡的故事》的一个焦点,但这个焦点并没有脱离也没有凌驾于电影所要传达的其他思想而独立存在。

王苹对影片《柳堡的故事》的主要贡献,应该可以从以下四个彼此相关的方面进行分析:第一,她对中国知识分子关于情感和革命话语的认同和肯定;

---

[1] 石言:《党·集体·作者——"柳堡的故事"创作的体会》,载《中国电影》1958 年第 10 期,第 70 页。

第二，她响应国家文化政策，创造了新的民族电影风格和形式；第三，她对中国无产阶级/大众观众群体的建构和培育；第四，她在电影改编过程中，对再现二妹子这个形象所做的性别化的再创造。在大多数中国电影史里，《柳堡的故事》常常以其"阴柔"的和诗意的风格而受到赞许，学者们还通常把这种诗性美感归因于导演的女性性别①。虽然关于这部电影诗意风格的评价是准确的，但直接把这种风格归结为作者性别却存在很大的问题。这种泛泛而论不仅否认了王苹在创作这部影片时所做出的特别选择，而且也忽略了她所导演的其他电影的不同风格，因为王苹的其他电影大都不能以"阴柔"来描述。如果我们仔细比较《柳堡的故事》的不同版本——小说、剧本和电影，不难发现影片的"阴柔"风格来自胡石言的原著，来自小说中所表现的革命知识分子对情感、爱情和革命的主观感受和思考。与同时期的强调战场上生死存亡的英雄事迹和阳刚气概的文学不同，胡石言将战场推向了背景，着重表现的是情感纽带和主体关系。此外，尽管第一人称叙述者是军队里的政治工作者，但他所带有的知识分子的感伤情绪和优柔寡断性格极大促成了小说的"阴柔"风格，同当时流行的英雄革命话语形成对比。

王苹在拍摄这部电影时，一般遵循剧本的情节；她的艺术创意在很大程度上体现在电影风格和具体表现手法的运用上。根据胡石言的回忆，王苹热爱这个剧本，"坚定地支持了剧本的抒情风格"②。在她的《〈柳堡的故事〉导演阐述》(1959)中，王苹直接将这部电影的风格定位为"一首美丽的诗"③。要拍出一部诗意的电影，足以说明王苹赞同原著的感情结构，也说明她作为导演有信心运用电影语言来营造最适合原著感情特质的视听氛围。但这里需要强调的是，王苹的诗意、阴柔性审美超越了原著中的知识分子的情感范围。她匠心独运，通过对江南水乡自然风光的视觉描画、对民间音乐和情歌回肠荡气的运用以及对影片中主要人物面部特写和声音的掌控，在深度和广度上都扩展了原来小说中诗意表达的范畴。江南江北的风景特写在电影中占很大比例，特别是影片开头反复出现的空镜头：白云、垂柳、木桥、小舟、清澈的河流、疏落的村舍和水田里的风车。经过电影镜头如此处理后的风景呈现出一派妩媚阴柔的视觉风格，不由人们不想到中国的古典诗画。而音乐对营造电影的诗意氛围也起

---

① 远婴：《历史与记忆——论王苹导演》，载《电影艺术》1991 年第 2 期，第 26 - 31 页。
② 石言：《党·集体·作者——"柳堡的故事"创作的体会》，载《中国电影》1958 年第 10 期，第 70 页。
③ 王苹：《〈柳堡的故事〉导演阐述》，载佐临等：《电影导演阐述集》，中国电影出版社，1959，第 151 页。

到与图像同等重要的作用。不少人认为这部电影之所以脍炙人口,一部分原因在于那首根据当地民间曲调而精心打造的情歌《九九艳阳天》。这首歌在影片里四度响起,不仅起到将电影划分成诗章的作用,也将李进和二妹子之间的恋情层层推进。但更重要的是,当歌声响起的时候,李进和二妹子不仅表达了自己的心声,而且还成为推动电影叙述的情感能指。毋庸置疑,该片的美学效果展示了王苹这位革命艺术家探索民族形式并激发中国大众观众的非同一般的才华;她开创了独树一帜的中国电影风格,糅合了经典诗歌意象和民间曲辞,将知识分子的个体情感和(农民、士兵)大众的情感融为一体。

王苹的另一个重要的改编集中在剧中的女主角二妹子身上。在电影里,虽然二妹子的故事遵循原著和剧本,但她的再现方式和在影片中的作用却同前两个版本有着微妙却显著的不同。胡石言的原著重在表现男性革命者的战友情谊,二妹子完全存在于李进、宋伟甚至她弟弟的主观视角和叙述之中。读者主要通过其他人物才能对她有零星的了解。故事发展到2/3的地方,地方恶霸汉奸刘胡子在他的妻子(二妹子的姐姐)死后,又强迫二妹子嫁给他。这个情节是通过李进向全班报告中揭示出来的。从很大程度上来看,二妹子的故事更多的是为了教育李进,使其认清当时社会的残酷现实以便调整个人的情感和欲望。与此同时,这种对二妹子遭遇的揭示方法也激起了战士们拯救她的决心,因而也就赋予了新四军独一无二的政治主体和拯救者形象。

在黄宗江主创的电影剧本中,因为考虑到电影这一大众媒介的特点以及20世纪50年代官方和社会对性别平等的提倡,二妹子的形象开始鲜明化,而且在同李进的关系里也起到积极作用[1]。例如,她主动寻找解决问题的方法,而不是一味地应付李进的问题。在李进和二妹子单独在一起的一个主要场景中,当得知新四军里男女平等,二妹子便急切地表达参军的意愿。但是尽管剧本做了一些修改,二妹子的心理活动以及她行动的心理动机并没有得到足够的勾勒。在上面提到的这个主要场景之前,她对新四军部队并没有表现出有什么兴趣,而在这个主要场景发生之后,当她误以为部队就要离开村子的时候,马上要她弟弟去宋伟那里打听新四军允许不允许战士结婚。她想参军以便逃脱她悲惨的命运吗?抑或她已爱上李进并想和他结婚?还是她想通过任何可行的方式

---

[1] 黄宗江、石言:《柳堡的故事》,载罗艺军编:《中国新文学大系·电影集(1949—1966上卷)》,中国文联出版公司,1988年,第601-626页。

和手段离开刘胡子长期控制的村庄？同李进和宋伟相比，剧本中二妹子的想法和感情显得非常模糊。或许因为李进的故事才是叙述的主线，两位编剧也就不那么在意二妹子性格塑造中的这些矛盾了。

王苹在导演这部电影时较大程度地修改了二妹子这一角色，但靠的不是改变情节，而是重构和阐明二妹子的心理情感动机，然后通过陶玉玲的表演，让观众切实感受到二妹子行动的内在逻辑。王苹在《〈柳堡的故事〉导演阐述》里用一整章节来分析角色和人物之间的关系[①]。她用了很长一段文字来分析二妹子，仔细描述了她的性格、背景，与父亲、弟弟、李进的关系，更重要的是揭示了二妹子做各种决定时的心理状态和逻辑。从王苹的阐述来看，二妹子是贫农家的女儿，幼年丧母，日后成长为坚强能干的年轻女性。她爱父亲，爱弟弟，但不愿效仿胆小、老实的父亲。她非常清楚刘胡子的势力，但宁死也不愿像她姐姐那样嫁给他。尽管绝望，二妹子依然积极寻求脱身的办法。所以当她亲眼目睹新四军战士怎样帮助当地农民，如何保护村庄，又如何抗击当地和日军有勾结的伪军时，她萌生了改变命运的希望。按照胡石言发表的文章，王苹在电影的开场部分增加了几段关于二妹子的剧情，特别表现她对新四军信任日渐增长的过程以及她开始积极关注部队要求的言行[②]。王苹显然注意到，在前几个版本中，二妹子缺乏心理深度而且行动前后充满矛盾。王苹在电影前部增加的场景为二妹子的行动奠定了重要的心理和感情基础，由此才能顺理成章地进入影片中最为关键一场戏，即李进和二妹子第一次面对面的交谈。在此前的版本里，李进要见二妹子的动机比较清晰，但二妹子的心理却模糊不清。王苹所做的关键性的修改之一就是表现出二妹子也有接近李进的强烈愿望，但是她的愿望的性质却与李进的不同。

在分析全剧的要点时，王苹在"爱慕"这个标题下首先将二妹子对爱的感觉和李进的区别开来。李进对二妹子纯属个人的爱情，但二妹子对李进的爱来自她对部队整体的信任和爱戴。王苹在分析李进和二妹子单独一起交谈的那幕场景时，特别强调他们见面的意愿和动机的不同。李进爱二妹子是因为被她吸引，但二妹子接近李进是为了更多地了解新四军以及自己加入的可能性。虽然

[①] 王苹：《〈柳堡的故事〉导演阐述》，载佐临等：《电影导演阐述集》，中国电影出版社，1959年，第160–161页。

[②] 石言：《党·集体·作者——"柳堡的故事"创作的体会》，载《中国电影》1958年第10期，第69页。

其中可能不乏爱的萌芽（例如她对李进的特别信任），但是大都处于潜意识阶段，因为二妹子，用王苹的话来说，"有着自身的重担压着她，根本没有考虑到爱人的问题，唯一的想法就是如何能救出自己"①。在电影版本中，"如何救出自己"变成了二妹子的主要心理动机和故事主题。

在王苹讨论的十八场电影场景中，五场是关于二妹子积极自救的行为，强调了她的主体性以及她从李进和军队获得帮助的决心。王苹对第七、第九、第十场的阐释中都是将二妹子作为事件的主动发起人：二妹子要小牛（他弟弟）找宋伟打听情况；二妹子要小牛去约李进；二妹子在李进拒绝小牛的提议后，直接去面对李进。虽然李进努力把革命目标和部队纪律置于个人感情之上，因而和二妹子保持距离，但二妹子勇敢地冲破一个普通农家女孩的被动角色，主动寻找机会和李进见面。王苹对二妹子性格的分析，清楚表明了在二妹子心目中新四军是解救她自己和家人的唯一希望，因此二妹子果敢地在夜间截住李进，当面向李进解释自己的处境。在王苹的导演下，二妹子在获得个人自由之前，不想也不会向李进表白她的感情②。在很多方面，影片中的二妹子比李进显得更成熟和果敢。为了进一步强化二妹子的一贯作风和独立人格，王苹删除了剧本里二妹子对于部队婚姻政策的询问。

作为一名社会主义时期的革命电影工作者，王苹在拍摄《柳堡的故事》时，积极响应社会主义新中国的号召，成功创建了具有中国民族特色的面向无产阶级大众的主流电影；她还坚守了崇尚个人情感的左翼知识分子情怀，凸显情感和革命的关系，并创造性地增强、扩展了原著的情感诗意结构。与此同时，王苹还在《柳堡的故事》里建构了一种非感伤的、执着并坚定的性别话语，展现了一名年轻农村妇女在自我拯救和自我实现中体现出的能动主体性、积极心理特质和坚强性格。她对二妹子个性和行为逻辑的定位和详细描画为陶玉玲的表演奠定了坚实的心理基础。王苹为社会主义电影成功地塑造了一位脚踏实地、坚韧不拔和自强自立的新型无产阶级青年女性，为社会主义电影再现革命时期的年轻农民妇女的多元化和异质性形象做出了巨大贡献。

王苹年轻时和二妹子生长在同一个地区，她自身的性别经验和她身为社会主义女性导演的自我意识，都影响到她对剧本的改编。在其他经典的社会主

---

① 王苹：《〈柳堡的故事〉导演阐述》，载佐临等：《电影导演阐述集》，中国电影出版社，1959年，第154页。
② 王苹：《〈柳堡的故事〉导演阐述》，载佐临等：《电影导演阐述集》，中国电影出版社，1959年，第160页。

电影中，无论是陕西农村的《白毛女》（1950年），还是海南岛上的《红色娘子军》（1961年），农村妇女在参加革命前的自我身份一般等同于她们受害者的地位，她们革命前的能动性则通过中国传统报仇（家族复仇）话语而显现。在《柳堡的故事》中，王苹塑造了新中国成立前的江南地区一个不同的农村女性形象，她的冷静机敏、自我拯救意识和果敢行动为改变自己命运和未来发挥了重要的作用。之前的有关女性和社会主义革命电影的研究由于限于极少数几部社会主义电影，例如《白毛女》和《红色娘子军》，因而容易将社会主义时期年轻农村女性的塑造定型化，忽视了社会主义中国电影性别再现的丰富性和异质性。

三、结语

通过重新审视王苹在创作电影《柳堡的故事》过程中所起到的作用，本文意在揭示出以下几条关于研究20世纪50年代的中国社会主义女性主义、女性主义文化和社会主义电影作者的要点。

首先，主流以及多方面机制化的社会主义女性主义以及公有制电影生产模式不仅催生出了中国大陆第一代女性导演，也为创建一种大众的、多元的社会主义女性主义文化开辟了体制化的公共空间。这种体制化的女性主义公共/官方空间，对制约地方和某些群体以及个人的父权行为和男性中心，对持续并广泛地挑战父权制传统和观念，创建新的社会主义女性主体起到了不可替代的重要作用。无产阶级妇女包括革命知识女性占据了银幕，更为重要的是，她们的革命历程、她们的心理和情感基础以及她们的能动性呈现出多元别样性。但多样化的女性主义文化也并不意味着政治上包罗万象，并不意味着以均等的态度对待历史上所有存在着（过）的女性主义实践。比如说，自由女性主义，因为其存在和发展的根源是私有财产所有权和资本主义个人主义，因而在中国社会主义语境里受到制约和批判；而"五四"时期发展的个人主义女性主义的文化批评也需经过改造而融入社会主义女性主义的实践中。

其次，与跨国女权主义电影研究相关，对社会主义中国第一位主流电影女导演的研究质疑了女性电影研究中的中心论断，即无论其具体的地缘政治以及社会经济背景，女性主义电影只能占据一个反电影的、小众的、边缘化的或者独立的位置。虽然社会主义时期电影不免有其自身的历史局限性，有些艺术家在电影实践中亦带有男性中心的盲点，但是社会主义主流电影大体上拥有鲜明的女性主义或妇女解放的本质特色，致力于性别平等和社会主义女性主义事业。如果因为社会主义女导演对当代主流政治以及艺术意识形态的认同，就否认她们对女性主义文化的贡献，那么这反映的只是女性电影研究对不同政治经济系统的无知或教条性的理解，同时也暴露了某些女性主义理论在否认女性主义实践同其特殊的政治经济体制之间的内在关联时表现出的虚伪和幼稚。其实，"顺应"（conformity）是一个复杂的概念，它是个人进入任何政治、社会和文化领域并进行主体实践的前提①。我在另一篇文章中也同样提到，社会主义女导演对社会主义制度的"热情拥护"实际上显示了这一新体系的女性主义特色。同时，她们的"顺应"在 20 世纪 50 年代以及 60 年代初期既没有枯竭也没有僵化她们艺术实践的意义，更没有阻止她们对体制的相关批评②。当然，她们的批评并不是要建立一个与体制对立或对抗的立场，而是为了进一步修正体制内的问题。

最后，社会主义电影作者或创作主体是一个协作、机动和偶合（contingent，具有一定的不可预知性）的概念。社会主义电影的政治和大众教育作用需要团体合作，而 20 世纪 50 年代电影生产的实验性质又推动电影创作者探索不同视野和版本的革命、情感、阶级和性别，所以社会主义的电影作者概念和实践具有较强的主体互嵌性。由于中国社会主义电影创作的过程被多种形式记录下来——包括定期出版的导演阐释，每个故事在不同版本和媒体中的变化，比如文学、剧本和电影，（自）传记、采访和回忆录——不同艺术家对一部影片的相似的和不同的贡献可以相对清晰地探究出来。如上所述，《柳堡的故事》的改编呈现了三位电影创作人共同的以及鲜明个体的协商和创作。所以，社会主义电影作者或创作主体性更具有互动、偶合性，体现了合作者动态的以及实验性的"互嵌"合作形式。

仔细考察社会主义"十七年"间女性电影导演，就会发现她们的性别表述

---

① Louis Althusser 通过"质询"这个概念首次将这一观念理论化。见 Althusser, Louis, "Ideology and Ideological State Apparatuses", In *Lenin and Philosophy and Other Essays*, ed., Louis Althusser, New York: Monthly Review Press, 1971, p. 174。

② 请参看笔者对另一位社会主义女导演董克娜的电影《昆仑山上一棵草》（1962 年）的论述。见 Wang, Lingzhen, "Socialist Cinema and Female Authorship: Overdetermination and Subjective Revisions in Dong Kena's *Small Grass Grows on the Kunlun Mountain* (1962)", In *Chinese Women's Cinema: Transnational Contexts*, ed., Lingzhen, Wang, New York: Columbia University Press, 2011, p. 48.

和再现还表达了另一层互嵌性。女性在社会主义中国没有形成一种单一或自治的身份,她们也没有通过什么"标准的"视角来体验和参与历史的转型。相反,由于社会主义女性主义同其他政治、经济和社会变革紧密联系,它强调多维度的主体性。同时,由于中国女性在社会主义阶段不断扩充的公共以及职业身份,中国女性在社会主义时期开始占据多重的政治和社会位置。当王苹在导演《柳堡的故事》的时候,她是八一电影制片厂的社会主义革命电影人,也是受过良好教育、深受20世纪三四十年代左翼戏剧和电影影响的知识分子,还是在丈夫去世之后依靠社会主义公费幼儿保育和公费学校系统支持的首批母亲和职业妇女。这些不同的身份和位置并非总是协调一致,新的情况也会不断出现,因此需要持续性的调整。虽然性别是王苹的一个主要关注点,但它并非以"自治"和独立姿态超越王苹其他政治、社会、文化实践之上,而是以一种复杂形态深嵌在她的多重实践和作品之中。也就是说,研究《柳堡的故事》的女性作者及其女性主义文化建构需要将其置放于王苹所进行的多重话语实践中去检审和辨析。这些实践主要包括三个方面:她对社会主义政府提倡中国审美、面向无产阶级大众的新型革命电影号召的积极响应,对特定的有关情感、爱和主体间关系的知识分子话语的认同和开拓以及她对一个无产阶级女性自我的独特呈现。

(原载《妇女研究论丛》2015年第4期)

人民公社时期大田农作的女性化现象[①]
——基于对西部两个村落的研究

胡玉坤[②]

摘　要： 当下愈演愈烈的"农业女性化"趋势，实际上是人民公社体制下的历史遗产，并与那个时代的农作实践在很多方面一脉相承。文章主要依据对内蒙和陕西两个村落研究的第一手数据，旨在较系统地剖析农田劳作女性化的微观经历并探究其背后的主要影响因素。研究揭示，在人民公社时期，担任大小队干部、占据技术性岗位及从事社队企业等非农劳动的基本上是清一色的男性。从事大田作业的农村妇女人数及其所承担的劳动份额时常超过男性，因而成为一个不争的常态化事实。然而，妇女的农业贡献与其在社会政治领域的劣势形成了鲜明的反差。

关键词： 人民公社　大田劳动　女性化　西部村落　排斥　性别歧视

一、问题的提出

伴随中国融入全球化进程的不断提速，"农业的女性化"问题逐渐进入人们的视野。"男工女耕"和"386199部队"[③]等现象，莫不折射了当代中国种植业主劳力日渐凸显的"女性化"趋势，并成为"三农"危机的表征之一[④]。

殊不知，当下愈演愈烈的"农业女性化"现象，实际上是人民公社体制下的一个历史遗产，并与那个时代的日常农作实践在很多方面一脉相承。在人民公社时期（1958年至1984年），致力于农田作业的妇女人数及其所承担的劳动

[①] 基金项目：本文系国家社会科学基金一般项目"国家与农村妇女就业"（项目编号：09BSH030）的研究成果之一。

[②] 作者简介：胡玉坤，女，北京大学人口研究所副教授，博士生导师。研究方向：社会性别与发展、人口、环境与可持续发展，生殖健康。

[③] 该隐语源自有关妇女、儿童和老人的三个节庆日的日期。相关内容参见胡玉坤：《转型期中国的"三农"危机与社会性别问题——基于全球化视角的探究》，载《清华大学学报》2009年第6期。

[④] 胡玉坤：《转型期中国的"三农"危机与社会性别问题——基于全球化视角的探究》，载《清华大学学报》2009年第6期。

份额时常超过男性。换言之，女性化事实上是一个司空见惯的常态化现象。毋庸说，农村妇女在大田劳动中的作用并不亚于男性。

新中国成立后，大规模动员和组织农村妇女走出家门参加社会生产劳动旋即被提上了政策议程。这既是出于当时经济建设的需要，也是出于妇女解放的目标①。从土改到一连串农业合作化运动，再到农村人民公社建立，接踵而至的一波波政治经济运动很快就将大部分妇女裹挟到集体大田劳动中。

1956年高级社成立之后，妇女们走出家门参加集体劳动已是大势所趋。自那时起，除了参加集体劳动挣粮挣钱，乡村劳动力别无其他生活来源。像男人们一样，多数妇女不得不外出劳动，共同承担起养家糊口的责任。一线劳动者的性别构成遂在不知不觉之中开始"变脸"，农村妇女也逐渐从辅助劳动力变成了与男子并肩劳动的一支生力军。在1958年"大跃进"和人民公社化运动中，全国农村妇女的劳动参与率达到了一个顶峰。

有关人民公社的文字成果已汗牛充栋，但时至今日鲜有学者问津这个议题。目前仅有少数研究者对此有过零散的叙述。旅美学者李怀印对江苏东台县某大队的研究发现，每个生产队通常都是女劳力人手多，男劳力人手少。例如，1977年，该大队第11生产队19~47岁的女性"整劳力"共计51人，20~49岁之间的男性"整劳力"有54人。在这些男劳力中，只有17人（占31%）参与日常分派的农活，其余劳力共计37人（占69%）均有固定工种，不在派活之列，其中含3名队干部、3名机工、4名耕田手、3名队办企业工人、3名养猪场人员、2名窑工、2名渔民、3个木匠、1个铜匠，另有3人分别负责鱼塘、粮食加工厂和治虫等工作。相比之下，在51名妇女劳力中，有39人可供日常分派农活之用②。这些数据很直观地告诉我们，投入日常农作的妇女比男性多了22人。据该队一个前队长估计，"至少有70%以上的农活"皆由妇女完成。他由此感叹：``要不是有妇女支撑，生产队早就完蛋了。''③

在整个人民公社时期，日常农事活动的"女性化"，事实上显然不是一时一地的孤立现象。加拿大学者劳拉·宝森（Laurel Bossen）在云南禄村做田野调查时，曾获得了该村一个生产队1980—1981年男女社员出工人数及工分数的详尽信息。共34户人家的这个队有男劳力37人、女劳力51人。尽管女性的

---

① 李巧宁：《陕西农村妇女的日常生活（1949—1965）》，中国社会科学出版社，2014年。
② 李怀印：《乡村中国纪实——集体化和改革的微观历程》，法律出版社，2010年，第180-181页。
③ 李怀印：《乡村中国纪实——集体化和改革的微观历程》，法律出版社，2010年，第180-181页。

工分值比男性低（前者每天 10 分，后者 12 分），但妇女所挣的工分却占工分总数的 53%①。这无疑是农村妇女承担了更多日常生产劳动的又一证据。

基于对陕西 3 个村 72 名老年妇女 20 世纪 50—60 年代生产和生活经历的口述史研究，美国学者盖尔·贺萧（Gail Hershatter）揭示，农村妇女成为农耕劳动力不可分割的重要组成部分，在某些时候甚至是农田劳动的重要支柱。她转引了一个前妇联干部的评说："妇女不是顶起了半边天，在农业生产中，她们顶起大半边天，占了 70% ~ 80%。她们是农业生产的主力。"② 贺萧还指出，"农业的女性化"支撑了毛泽东时代的农村经济发展，也支持了党和国家的积累战略，甚至为改革后的经济繁荣奠定了重要基础③。但不无遗憾的是，除了"大跃进"这个时段，她主要透过妇女的回忆做了粗线条的勾勒，既未放在特定的村落场域中加以描述，亦未深究女性化的根源。

一言以蔽之，由于第一手历史材料的匮乏，农田劳动女性化的主题迄今仍被遗忘和漠视，公社女社员的经济贡献也依旧被淹没在主流政治经济的宏大叙事之中。依据对内蒙和陕西两个村落研究的第一手数据，本文旨在较系统地剖析农田劳作女性化的微观经历并探究其背后的主要影响因素。

二、两个西部村落及其农业概貌

本研究涉及的两个北方村落都位于西部，在文中我们姑称为 A 村和 B 村。A 村地处塞北的敖汉旗，是一个蒙汉杂居的自然村。A 村在集体化时代有 4 个生产队。这里为一年一熟制的种植结构。集体化时期的主要作物有谷子、高粱、荞麦、糜子、黄豆和黑豆等。当地的种植期较短，一般从 5 到 10 月。畜牧业相对而言较为发达。

B 村坐落在渭北高原的合阳县，位于号称"八百里秦川"的关中平原。B 村既是一个自然村又是一个行政村，由两个生产队构成。在集体化时代，它曾是所在公社数一数二的富裕村，常成为全公社农副业生产的领跑者。这里是一年两熟的种植模式，不仅有春种秋收，还有夏收夏种。那时，粮食以夏粮为主，主要有玉米、小麦、豌豆和大麦等，秋粮含玉米、糜子、豆类、荞麦、红

---

① [加] 宝森：《中国妇女与农村发展：云南禄村六十年的变迁》，胡玉坤译，江苏人民出版社，2005 年，第 123 页。

② Gail Hershatter, *The Gender of Memory: Rural Women and China's Collective Past*, Berkeley: University of California Press, 2011, pp. 129 - 130、265.

③ Gail Hershatter, *The Gender of Memory: Rural Women and China's Collective Past*, Berkeley: University of California Press, 2011, p. 265.

薯，还有棉花之类的大宗经济作物。

A 村和 B 村的户数和人口规模大致相当。据旗地名志记载，1985 年的 A 村有 125 户，500 多口人。据 B 村的档案记录，1957 年，全村 64 户，282 人，劳动力共 96 个。到 1984 年人民公社解体时，全村有 120 户，540 人，劳动力已增至 294 个。

如下文所述，尽管两个村的种植结构和劳动过程不尽相同，劳动性别分工和农田劳作的女性化现象却有很多相似之处，甚至有着惊人的一致性。

三、"大跃进"运动：农业女性化的起点与巅峰

1958 年发起的"大跃进"运动，既是全国范围内农田作业女性化的一个起点，也是整个人民公社时期的一个顶峰。新中国成立初期，农村妇女不过是农业的辅助劳动力。在动员妇女外出之初，国家政策把妇女与其他半劳力相提并论。1955 年 12 月，毛泽东亲自主持编辑了《中国的农村社会主义高潮》一书。在他亲笔撰写的按语中有 5 则以饱含激情的笔调提到并高度赞扬了妇女的经济作用，这对农业合作化高潮中动员女劳动力起了不可低估的催化和鞭策作用。1958 年 8 月，中央政治局在北戴河举行扩大会议并正式通过了《关于在农村建立人民公社问题的决议》。此后短短一个多月的时间里，全国各地农村就一哄而起基本实现了人民公社化。

随着"大跃进"运动不断升级，各种大大小小的工程遍地开花。大量青壮年劳动力纷纷转到钢铁和水利等战线，劳动力紧缺问题随即初露端倪。在这样的背景下，越来越多的妇女被组织和动员起来投入农业生产。据《人民日报》的报道，在云南曲靖、玉溪、楚雄各地，当男人们被调去大中型水利工地后，诸如小型水利、积肥、盖猪厩、牛厩、厕所等农活几乎统统落到了妇女身上。很多妇女还学会了犁田、挖田及使用手推车、赶牛车等活计。在丽江县白沙农业社，纳西族妇女一年平均每人出勤 300 天，有的达 320 天，自 1957 年冬以来，已积得人畜肥料 4634 万斤。江川县妇女更是提出了"'妇女要抵男人用'，3 月底要完成妇女坝 24 个，绿化荒山 800 亩"①。

大田主劳力的"女性化"现象不期而至。湖南宜章县妇女响亮地喊出了"男子大力炼钢铁，妇女接班搞农业"的口号。在河北衡水，经常参加农业生

---

① 《云南妇女要抵男子用 积肥治水植树样样能》，载《人民日报》1958 年 3 月 20 日。

产的男劳力仅占总劳力的 20% 左右①。全国知名劳模申纪兰所在的山西省壶关县金星人民公社，妇女们也不甘落后，她们几乎包下了夏种和秋收的全部任务，共做了 32 万多个劳动日，占全社农业总工数的 53.8%，每个妇女的劳动日平均比上一年增加了 2 倍多②。在四川，当地媒体大力宣传"半劳顶全劳，妇女赛男子，老汉赛壮年""男子上前线，妇女顶住干，决心搞深耕，亩产要破万"。结果，不少地方田里只见女人，不见男人，无怪乎，有人背地里挖苦人民公社为"人民母社"③。

在"大跃进"运动中，除了一般农事活动，各地还开展了深翻土地、密植及养猪积肥等诸多运动。因男人外出的较多，繁重的劳作就落到了妇女头上。李怀印详尽描述过江苏秦村妇女成为深翻主力的情况：

大队把成年男女劳动力组成两个连，并进一步分成若干排以及更多的队。连、排、队的头领戴着红袖章，上面有不同数量的黄线确定等级。这些袖章取悦了一些女性积极分子，她们对自己的领头人地位非常自豪，因此劳动起来格外卖力，同时也使其他女性的积极性高涨。秦村几乎所有 20 岁至 30 岁的女性都加入了深翻任务。而在"社会主义大协作"口号的鼓舞下，其他大队的女性也加入其中。大队用彩旗和写着标语的横幅装饰工地，还任命一位音乐老师领着年轻女孩在劳动时歌唱劳动号子，以激励斗志。晚上，当女性们在搞深翻时，大队会在工地周围点上煤气灯。部分完成大队任务后，所有人便迁至几里之外的邻村干同样的活。因此，妇女成为深翻的主力军④。

在"一天等于二十天"的冒进运动中，全国各地的农村妇女都身不由己地被裹挟到大田劳动之中。例如，1958 年，陕西农村妇女的劳动出勤率高达 95% 以上，1959 年常年出勤的妇女仍维持在 95% 以上，妇女劳动日数也由占总劳动日数的 25% 左右上升为 35% 以上。全省参加各项生产和劳动的妇女占劳力总数的 41%⑤。

1958 年入秋之后，各地大量青壮年劳动力仍被捆绑在各种工程的第一线，

---

① 《衡水红旗公社抽男换女全面调整劳动力　六千妇女包干"后方"工作　大批男劳力走上生产前线》，载《人民日报》1958 年 12 月 22 日。

② 《妇女种地赛神农　农村生产夺大功　妇女积极分子报告农林牧副渔各个战线上的成就》，载《人民日报》1958 年 12 月 9 日。

③ 东夫：《麦苗儿青菜花黄——川西大跃进纪实》，http://www.doc88.com/p-8079224142518.html，2007。

④ 李怀印：《乡村中国纪实——集体化和改革的微观历程》，法律出版社，2010 年，第 75 页。

⑤ 陕西省地方志编纂委员会：《陕西省志·妇女志》，陕西人民出版社，2001 年，第 171 页。

以至于留在村里负责秋收的只有妇女、儿童和老人等弱劳力①。例如，1958 年秋，延安胜利人民公社四十里铺生产队有男劳力 71 个，其中 59 人都被抽去从事水利、煤矿、铁矿、瓦厂、运输及养路等工作，仅 12 人参加了队内生产。秋收、秋打、公购粮入仓等工作因而都以女劳力为主，特别是在入仓过程中，妇女们日夜突击进行晒、扬、碾压及送公粮等②。《人民日报》10 月 13 日还专门刊发了《组织更多的妇女参加秋收秋种》的社论③。

作为"大跃进"时代的新生事物，妇女的超常规劳动得到了大力张扬。翻阅这个时期的《人民日报》不难发现，主流媒体大量予以报道。在狂热跃进中，农村妇女的劳动参与程度之高、范围之广、劳动强度之大是前所未见的。时任全国妇联书记处书记的曹冠群还特意撰文颂扬农村妇女的空前热情：

出勤率高、出勤经常、劳动范围广、有大胆创造革新的精神。各地妇女出勤的一般占女劳力的 90% 左右，所作劳动日一般都比过去提高几倍以至十几倍，在兴修水利制服穷山恶水的战斗中，妇女参加的人数占全部劳力的 30% 到 40%。妇女渠、妇女塘、三八水库、三八林等等，各省各县到处都是。积肥的任务大部分是由妇女承担的，涌现了大批劳动模范、生产能手，其中不少闻名乡里，甚至是誉满全国的高额丰产创造者④。

为了顺应"大跃进"的形势，1958 年，A 村和 B 村所在的县、公社和大队各级纷纷推出了应景工程。农田水利建设、大炼钢铁、深翻土地等各条战线都抽调了不少青壮年劳动力，一些未婚和已婚的女青年也投身其间。例如，B 村男女劳力参与了合阳县有史以来第一座水库——白家河水库的建设。该工程于 1958 年 4 月破土动工，村里 20 多人构成的先头部队参加了水库前期的清基工作，到后期，上劳（派出去干活的劳力）达 40 多人。据村档案，1957 年全村共有 96 个劳动力，这就意味着仅这个水库工程就占用了一小半劳力。其余的劳动力还投入了大炼钢铁及其他项目。

像其他地方一样，"大跃进"期间，到了秋收时节，村里只剩下一些已婚妇女和老幼病残等辅助劳力。尽管农村妇女付出了艰辛的劳动，但因劳力严重匮缺，不少庄稼还是未能及时从田里收割搬运回来。村志里就提到，棉花开白

---

① 罗汉平：《农村人民公社史》，福建人民出版社，2003 年，第 93 - 94 页。
② 李巧宁：《陕西农村妇女的日常生活（1949—1965）》，中国社会科学出版社，2014 年，第 155 - 156 页。
③ 《组织更多的妇女参加秋收秋种》，载《人民日报》1958 年 10 月 13 日。
④ 《组织更多的妇女参加秋收秋种》，载《人民日报》1958 年 10 月 13 日。

后无法全部捡拾回来,糜谷熟了落在地里也无力收,霜降后红薯没人挖也有不少烂在地里①。

1958 年,A 村也派出了以男人为主的强大阵容参与了村内外的水库建设和大炼钢铁等工程,妇女硬是被动员起来走出家门参加各种劳动。就连身怀六甲的孕妇、哺乳期的母亲和家庭身份"不好"的小脚女人也都不例外。除了一般性的田间劳动,不少妇女还参加了深翻土地和村内小水库的建设。有的地方农地深翻得比坑还要高。回想起那段不寻常的日子,妇女们抱怨最多的就是忙得团团转,白天马不停蹄地参加集体劳动,晚上还要照管孩子和从事大量家务劳动。"你不去都不让,出工迟到了还会挨罚。"为此,"妇女孩子们吃尽了苦头"。

继 1958 年狂飙突进的"大跃进"之后,农村居民很快陷入了随之而来的 3 年大饥荒。到了 1960 年,很多男劳力仍被捆绑在水利建设工地,日常农活只得由妇女等承担。当年下放到安徽六安县基层的何方,这样回忆其亲历亲见的当地情形:

毛主席说"妇女能顶半边天",在我们那儿就不止"半边"了。那里的农活基本上都是妇女干的。在我的印象中,还没有和男人一同劳动过。那男人跑到哪儿去了?原来是大办水利,按老乡的说法是上工地去了。……男劳力都上工地了,农活就只能靠妇女。……她们除生病或其他特殊情况外,一般都能做到服从命令听指挥,按时集合下地和回家吃饭。②

为了纠正男性壮劳力被调离农业生产第一线的失误,中共中央 1960 年 11 月发出的《关于农村人民公社当前政策问题的紧急指示信》(简称《12 条》)明确指出:"凡是能用半劳动力和辅助劳动力的,都不应该用强劳动力,绝不能各行各业尽先挑选强劳动力,把剩下来的妇孺老弱用于农业生产。"③ 这显然是针对妇孺老弱在农业生产中"扛大梁"的弊端提出来的。

紧接着,中共中央通过了具有人民公社宪法性质的两个发展蓝图,即 1961 年 3 月下发的《农村人民公社工作条例(草案)》和 1962 年 9 月通过的《农村人民公社工作条例修正草案》。它们都被简称为《农业六十条》或《农村六十

---

① 民间编撰小组:《永恒的守望——B 村解放后六十年变迁写实(内部资料)》,2009 年,第 44 页。
② 何方:《在饥饿线上挣扎的 1960 年》,http://www.aisixiang.com/data/70366 – 3.html。
③ 《关于农村人民公社当前政策问题的紧急指示信(1960)》,http://www.zgdsw.org.cn/n/2012/1207/c2445 20 – 1982 0663.html。

条》，系此后20多年人民公社体制的主要政策依据。这两个文件触及社员代表大会女代表、男女有别的放假制度、女劳力的保护与照顾、男女整半劳动力的基本劳动日数及同工同酬等内容。《农村人民公社工作条例修正草案》第33条规定："生产队应该组织一切有劳动能力的人，参加劳动。在规定女社员的基本劳动日数的时候，要照顾到她们从事家务劳动的实际需要。生产队还要组织一切能够从事辅助劳动的人，参加适合他们情况的劳动，并且按劳付酬。"① 之后，伴随"大跃进"运动的退潮，农村妇女参加集体劳动开始步入了常态化和制度化的轨道。

四、日常农作实践的女性化

在人民公社体制下，尽管有较为明确的劳动性别分工，但"男人活"与"女人活"的性别界限却不是凝固不变的。受传统性别角色定型、性别偏见与歧视、文化程度低下、社会参与率低以及家务劳动的拖累等诸多不利因素的影响，妇女在获得经济机会方面总是处于劣势。无论垂直抑或水平流动，她们的机会都较少。因男劳力时常被调派出村干活或致力于村域范围内的非农田劳动，传统上属于男人的活计时常被派给妇女去完成。

在人民公社时期，村落内外田间地头到处都有妇女活跃的身影。从春种、夏锄、秋收到冬藏，两个村妇女参与的大小农活有数十种之多。春天的活计主要包括选种、药剂拌种、点种、打簸梭、打磙子及植树造林等劳动。到了夏天，锄草、间苗、灭虫等一般都由妇女承担。入秋后，妇女参与收割、打场、晾晒及清场等劳动。到了冬闲季节，妇女参与积肥、垫圈、拉粪、送粪、铡草以及平整土地等农田水利建设活动。

经过年复一年、周而复始的历练，绝大多数成年妇女都不会被上述农活难倒。到了20世纪70年代，她们已掌握了精选种子、合理密植、除草、间苗保苗、补苗、施肥、防虫治虫等农业生产技术。少数妇女成了有过硬本领的全能手，甚至像犁地之类的传统男性活计也很在行。从很多方面来讲，她们对农田作业的贡献丝毫不亚于男性。照A村和B村一些村民的通俗说法，"生产队离了妇女的劳动都不行"。下面我们将从妇女在大田作业中所占的比例、庄稼种植的女性化环节及女性化作物三个维度勾勒日常农作实践中的女性化主题。

---

① 《农村人民公社工作条例修正草案（1962）》，http://www.moa.gov.cn/zwllm/zcfg/flfg/200601/t20060120_539367.htm。

（一）妇女不成比例地投入大田劳动

据 B 大队留存下来的《历史资料常用手册》记载，从 1975 年到 1981 年连续 7 年时间里，女性在含农林牧副业在内的农业劳动力中所占的比例一直超过半数（见表1）①。而在现实生活中，实际涉足农田劳动的村民的性别失衡情况恐怕要比纸面上的记录严重得多，因为统计在册的男劳力有可能被各级基层组织或长或短调派出去从事其他劳动。例如，1977 年的一份会议记录显示，当年 3 月，B 大队共有 215 个劳动力，具体的原因和性别不详，公社共抽调了 62 人，接近总劳动力的 1/3（占 29%）。

表1 B 村 1975—1981 年农业劳动力的性别构成

年份（年）	合计（人）	男性（人）	女性（人）	男女之差	妇女所占的双例（%）
1975	216	105	111	-6	51.4
1976	216	101	115	-14	53.2
1977	216	101	115	-14	53.2
1978	212	100	112	-12	52.8
1979	220	98	122	-24	55.5
1980	206	100	106	-6	51.5
1981	196	89	107	-18	54.5

资料来源：B 大队《历史资料常用手册》，1982 年。

下面的两则统计可进一步证实男女整半劳动力的性别之差。1976 年 2 月，B 大队男性整半劳动力共 110 人，若将半劳力也折成全劳力的话，共计 100 个；妇女整半劳力共 130 人，若全部折合成整劳力共 121 人。也就是说，即便在男女整半劳动力年龄界定不对等的情形下②，女劳力的人手还比男劳力多出了 21 人。如前所述，这不过是按大队劳动力人数统计的保守数字而已。

1981 年 9 月的一项统计资料提供了更具体细微的证据。当时 B 大队第一生产队共有劳动力 131 人，在 60 个男劳力中有饲养员 3 人，参与猪场工作的 2 人，参与羊场工作的 1 人，参与菜地工作的 1 人，还有外出放牧者 7 人。减掉上面 14 人，而且在不考虑人员外派的情形下，参与农田劳作的男性仅 46 人。相比之下，女劳力有 71 人，她们几乎全部致力于农田作业。

到了集体化末期，伴随大队企业的长足发展，B 村的这种性别失衡就愈加

---

① 《B 大队历史资料常用手册》，载《B 村档案》，1982 年。
② 男全劳的年龄为 18~50 岁，女全劳为 18~45 岁，男半劳由 16~17 岁和 51~60 岁的人构成，女半劳分别由 16~17 岁和 50~55 岁的人构成。

明显了。表2反映了B大队1982年即分田单干当年非农劳动者的性别差异。在34个非农工作人员中,妇女仅7人,约占1/5(20.6%)[①]。假如再算上饲养员及不涉足农田劳动的大小队干部,致力于非农田劳动的男性人数会比妇女多得多。

表2 B村1982年男女非农劳动力的分布

部门	男性(人)	女性(人)	合计	男女之差
大队干部	6	1	7	-5
医疗站	4	1	5	-3
机站	2	0	2	-2
林场	2	0	2	-2
苇箔厂	3	3	6	0
机房	3	1	4	-0
代销店	1	0	1	-1
抽水站	1	0	1	-1
农科队	2	0	2	-2
学校	3	1	4	-2
合计	27	7	34	-20

资料来源:B村档案"1982年非农劳动力的分布"。

翻阅B村历史档案时笔者还发现一个有趣的现象,大凡统计了参与者性别的社员大会,妇女参会者的人数总是多于男性(见表3)。值得注意的是,超出后者30人的情形也不罕见。这无疑是日常生活中更多妇女留在村里务农的一个有力旁证。20世纪70年代末的一份村级档案文书显示,抽取黄河水灌溉工程调走了大量男劳力,第一生产队的妇女不得不承担犁地等男性活路。

表3 B村一些会议参与者的性别构成

时间	会议名称	男性(人)	女性(人)	男女之差
1972年12月	社员大会	46	78	-32
1973年2月	春耕生产动员大会	56	77	-21
1973年11月4日	社员大会	37	72	-35
1974年2月20日	批林批孔社员大会	88	103	-15

---

① 《1982年非农劳动力的分布》,载《B村档案》,1982年。

续表

时间	会议名称	男性（人）	女性（人）	男女之差
1974年11月4日	农建誓师动员大会	79	85	-6
1974年11月4日	社员大会	68	100	-32
1975年11月7日	社员大会	37	62	-25
1976年1月12日	社员大会	51	83	-32
1976年6月	三夏动员大会	27	66	-39
1978年5月4日	大队选民大会	67	83	-16

资料来源：B村档案。

村档案所承载的历史记忆虽有些支离破碎，却有根有据地印证了村民嘴里的口述。每当男性强劳力大批外出人手不够时，妇女们就会顶上去填补男人留下的空缺并负担起男性主导的活计，甚或挑起"大梁"。尤其是在"农业学大寨"期间，日常劳动的性别越界更是屡见不鲜。在B村，鉴于劳力紧缺，拉车送粪等重活长期以来都是由妇女承担的。

这类事情在各地都屡见不鲜。在主流媒体中，也不难找到一些碎片化的报道。例如，《红旗》杂志于1969年第10期刊登的一份调查报告称：黑龙江省兰西县团结公社卫兴大队能够参加劳动的妇女有258名，相当于全大队男劳动力的95%。从全大队劳力最多的第四生产队来看，全队有2640亩土地，62个男劳力。除了民工、水利、基建、饲养、积肥等专职人员外，能够常年参加农田劳动的仅28人，因有病、开会及临时抽调等原因，平时坚持出勤的仅20人左右。夏锄期间，不少男劳力出工在外，仅有十几个人参加了农田生产。全大队男劳力只铲了210亩地，其余1620亩全是妇女完成的，并且比原来规定的多铲了一遍。妇女被公认"是咱们生产上离不了的硬手，少不了的力量"[①]。农村妇女在日常农作中占多数的现象，在各地农村已成了见怪不怪的平常事。

（二）庄稼种植的女性化环节

自妇女介入农田劳动之后，某些活计几乎成了专属妇女的"女人活"。在一年四季的农作链条中，娘子军们承揽了一些必不可少的重要环节。像种地时的点籽、田间管理时的薅地、冬藏时的苕谷子和扦高粱等等，莫不如此。由于社会文化的建构，男人往往不愿意也很少染指这类"娘们活"。即便加入其中，

---

① 黑龙江省革命委员会/兰西县革命委员会调查组：《农村妇女是巨大的革命力量》，载《红旗》1969年第10期。

他们也未必能撵上心灵手巧的妇女，有时还会与后者差一大截子。在这些方面，A村和B村非常相似。

以A村为例，较之播种和收割，一年当中最忙最累的时候当属夏季的田间管理，其中又以薅地最为烦琐。薅地的主要任务是锄草、间苗和松土。谷子是A村交公粮的主要粮食，小米则是村民的主食（谷子脱皮后即小米）。虽比其他庄稼费时费劲得多，各个生产队每年都不少种。尤其是雨水较多的年份，草苗齐长，薅地的任务往往十分繁重。

这项农活主要由不同年龄段的女性完成。每到薅地时，一帮帮小姑娘、大闺女、小媳妇、中年妇女乃至老年妇女都涌向田间。薅地是细活，看似轻松，实则十分累人。劳动者需蹲着往前蹭，左手拔掉多余的小苗，右手用小刮锄把杂草连根拔起并将土铲松。蹲久了两腿便会发麻，有人累极了只好跪着一边干一边前进，腰膝酸痛自不必说。早先买不起手套，有人薅得手上起了血疱，有的还起了老茧。

妇女们起早贪黑每天都在重复这些机械性的劳动，而且一干就是连续作业40～50天。像谷子等庄稼有时需要薅上两到三遍。阳历6—7月份正值炎炎夏日，多数时候，妇女们都在火辣辣的骄阳底下忙活，有时却要冒雨进行。其辛苦和劳累可想而知。薅地不及时，庄稼便不长。眼看实在是干不完时，为了不误农时，队长有时才会派男人们来增援。所以，称薅地为一个女性化的环节一点儿也不为过。

（三）棉花生产的女性化

在整个人民公社时期，B村的棉花一直是一种女性化作物。关中地区盛产棉花，早在1955年，在距离B县约100来公里的渭南县八里店村就涌现了享誉全国的女劳模张秋香。1958年4月，中共陕西省委发出"推广张秋香植棉经验"的指示，要求全省各地大力推广她的丰产经验。陕西省妇联也不失时机地提出了"学秋香、赶秋香"的口号。高小贤在其《"银花赛"：20世纪50年代农村妇女的性别分工》一文中探究了20世纪50年代陕西农村最大的一场植棉竞赛运动及性别劳动分工，并触及了棉花生产的女性化问题[1]。在此后几十年里，"银花赛""秋香田"和"秋香作务组"在陕西植棉区层出不穷。B村的棉花作务组有时也是以"秋香"来命名的。

对位于植棉区的B村来说，每年按上级下达的指令性计划如数播种棉花是

---

[1] 高小贤：《"银花赛"：20世纪50年代农村妇女的性别分工》，载《社会学研究》2005年第4期。

一项硬性的政治任务。棉花是工业化不可或缺的一种战略物资。即便在"以粮为纲"的发展战略下,就像交"爱国粮"一样,交售"爱国棉"成为村民雷打不动的头等大事。据笔者统计,整个20世纪70年代B村棉花的平均亩数为323亩。

在人民公社时期,B村一直将绝大多数女劳力投放到棉花的生产中。为此,生产队往往成立棉花作务组并由各组包揽各种活计。例如,1978年,全大队种植了340亩棉花,当年耕地总面积为1722亩,棉田约占耕地总面积的1/5(19.7%)。当年共组建了10个一般性的作务组,参加者共计83人,另有两个银花组,共18人,每组承包30来亩"银花田",银花组有时以作务组组长的名字来命名。1978年全大队共有212个劳动力,女劳力占112个,而参加棉花作务组的妇女就达101人。由此可见,全大队90%以上的女劳力都投入了棉花生产。

在棉花种植的整个过程中,除了移栽、打农药和采摘等工序有部分男性加入外,田间管理的主要环节基本上都是由清一色的"娘子军"包揽的①。棉花的种植期很长,一般每年4月中旬播下棉籽,棉苗长到四指左右高时开始往大田移栽。自播种到11—12月下霜上冻后拔棉秆,整个大田生长期长达200天左右时间。在这期间手工劳动的工序多达数十道,从选种、移栽、施肥、间苗、除草、喷药、培土、采拾到晾晒,每个环节都不甚烦琐。若以每亩留苗3000~4000株计算,仅一亩棉田每道工序就得机械性地重复数千次。

这样一些活路无须负重,看似很轻松,实则是令人劳累不堪的"苦差事"。例如,棉籽下种7~8天后,若遇到干旱就得用钉耙破除板结的表土以助棉苗出土。出苗三五天后便要进行第一次疏苗和锄地拔草,叶子长出2~3片后就要定苗。随后最为烦琐的劳动要数所谓的整枝"五部曲"。这五个步骤包括去叶枝、抹腋芽、摘旁心、打顶心(尖)和除老叶五项,俗称"五步整枝"。到了炎炎夏日,棉株常常长得比人还高,弯腰除草殊为不易。在似火的骄阳下,喷洒农药同样十分艰难。那时候,棉铃虫十分猖獗,前后需打药7~8回。棉花的采摘同样不轻松。

B村在植棉方面常走在全公社的前列。棉田管理的技术含量较高,为此,村里不断对文盲半文盲的妇女进行技术培训。多数妇女学会了深翻、施肥、浇

---

① 这部分关于棉花种植的描述,既基于对村民的访谈,也来源于村志《永恒的守望——B村解放后六十年变迁写实》(第91-101页)的描述。

水、"五步整枝"等作物技术并掌握了防治病虫害的基本要领。有的妇女因刻苦钻研还成为先进工作者。公社干部多次在 B 村召开棉田管理现场会。村里几十个妇女集体亮相,她们一字摆开进行整枝,其出色的表演令观摩者赞叹不绝,对当地植棉也起到了示范引领作用。

棉花的大面积种植与销售是 B 村现金收入的一个主要来源。按档案所载,1978 年小麦价格 1 斤为 0.138 元,而 1 斤棉花为 0.9 元。据此可以判断,两者的价格之差达 6 倍以上。鉴于棉花种植面积较大,加上其较可观的卖价,B 村妇女在村经济中的作用是不言而喻的。

五、"大田农作的女性化"何以发生

在人民公社时期,由于村内外各种因素的合力,令人艳羡的非农劳动机会总是向掌握了资源和权力的男性倾斜,日常田间劳动因而不成比例地落到妇女身上。究其原因,我们不妨从国家、社区、家户与个人层面寻找答案。

(一) 国家政策制度的缺失

从宏观决策的角度来看,在人民公社体制下,因集体劳动模式、口粮分配及户籍制等多重钳制,绝大多数农村居民被束缚在农村和农业劳动之中。1953 年国家实行统购统销政策后,农民失去了处理余粮及其他农副产品的自由,并被切断与市场的联系。1958 年实行户籍制后,农民通往城市的路又被切断了。

尽管在不同时期不时强调"多种经营"和"全面发展",但"以粮为纲"的方针政策始终占主导地位。在长达 16 年的"农业学大寨"期间,不管是否具备粮食生产的比较优势,各地都千篇一律地执行此项政策,乡村男女劳力都别无选择地被拴在农地上搞粮食生产。

再从妇女发展政策来审视,新中国成立伊始,国家就通过立法、政策措施、政治经济运动、行政组织及强大的意识形态宣传等途径自上而下地促进农村妇女就业,这不仅使走出家门变成绝大多数农村妇女的一种生活和生存方式,而且也使妇女参加社会生产的观念深入人心。当时的主流话语一直在大力宣传外出参加社会生产给农村妇女带来的平等与解放,参加集体劳动常被浪漫化地建构成为社会主义革命与建设做贡献,从而被赋予浓郁的政治含义。

由于广泛的宣传动员,到了 20 世纪 60—70 年代,"妇女能顶半边天"等意识形态已进驻农民的心灵并在社会底层产生了不可低估的深刻影响。然而,在日常农业实践中,这个主流话语给普通农村妇女带来的平等和解放并不彻底。A 村一个前妇女主任的一番坦率评述,颇为发人深省:

当地社会流传这样一首歌谣:"妇女提高,男的打腰①。柴火不整,水也不挑。冬天睡炕头,夏天睡炕梢。"所以嘛,真正提高起来的不是男人嘛!妇女干活上也顶起"半边天",哪里干活也少不了妇女。原先打场女的不上场院,按过去的说法妇女去了粮食会减产。后来提倡"妇女能顶半边天",打场女的也干。以前妇女不扶犁杖,后来说"女同志能顶半边天",妇女也扶犁杖。逐渐地妇女参加大会战;现在男的出去打工,留下来的妇女一个人把各种活包了下来。

国家虽然进行了男女平等的大力宣传,也把农村妇女当作农业劳动力的主要来源,但乡村世界的一些父权制实践②依然在运行,"男主外,女主内"的性别分工模式仍然比较普遍,妇女再生产劳动和家务劳动的价值也很少得到承认。更值得关注的是,农村妇女自身的权利诉求、健康保护及福祉等问题在当时并没有成为国家政策和实践的优先关注目标。

(二) 社区场域的性别权力失衡

在人民公社时期,少数男性精英主宰着村庄共同体的政治经济大权。大小队领导基本上是纯男性的世界。尤其是在 B 村,迄今都不曾有过一个妇女担任过要职。翻遍该村几十本档案包括好几摞会议记录,笔者很少见到妇女主任及其他妇女的讲话记录,农村妇女在政治生活中缺乏话语权由此可见一斑。在那个年代,男性领导们有意无意地维系着父权制的社区秩序,妇女们可自由选择的余地有限。

在劳动力的使用和调配方面,一般是男队长说了算。妇女自身无权挑活,妇女队长也受男队长支使,被村民公认只是"领着妇女们干活的"。即便妇女大规模外出劳动逐渐常规化之后,男人仍被建构为主要的养家糊口者。在日常派活时,大小队干部总是有意无意地维护男性户主的权威地位,尽可能地把有酬的户外或村外工作优先分配给男性户主。每当集体生产不需要女劳力时,就以女性体力弱或家务劳动繁重等为由将她们拒之门外,而需要时,则不顾其生理和体力做硬性动员,甚至强使她们从事男人才能承受的劳动,日常派活和劳力安排上的性别偏见和男性特权十分常见。

第一,不管在 A 村抑或 B 村,不同时期脱产和半脱产的大小队干部一般有

---

① "打腰"是当地方言,意思是说腰板挺直,不用干活了。
② Kellee Tsai, "Women and the State in Post‐1949 Rural China", *Journal of International Affairs*, 1996, 49 (2);金一虹:《父权的式微——江南农村现代化进程中的性别研究》,四川人民出版社,2000 年。

一二十人。除了妇女主任外,他们几乎都是男性。在生产队一级,身居要职的男性队长经常外出开会或在村内外处理各种日常杂事,即便有时跟随队员去田里监工,也很少亲自参加劳动。像会计等人,名义上并不脱产,由于队里财务和账目事务千头万绪,他们几乎整日忙于算账和文字事务,事实上享有不参加农田劳动的特权。

第二,按照惯例,大小牲口的饲养员几乎都是男性。A村和B村虽以种植业为主,但牧业是一项极为重要的补充。虽然妇女在牲口饲养上不见得比男性干得差,但仅存的少数副业活动和岗位如牧羊人、饲养员、兽医和大车老板等,几无例外地都分派给了男性。以A村为例,每个生产队一般有200~300头牲口,得占用好几个男劳力。譬如,每个队至少有一个赶大车的车老板①,一到两个羊倌,其中一人负责外出放牧,另一人负责看护小羊羔。另有专门负责耕牛、母牛及其他牲口饲养的饲养员。

第三,大队所属的赤脚医生、民办教师、拖拉机手、电工等非农工作岗位也基本上由男性占据。例如,A大队1978年购置了一台东方红-75型链轨拖拉机后,曾选派了4名男青年去技校接受专门培训,仅A村就派出了3人。鉴于国家政策不断强调妇女的"半边天"作用及向妇女倾斜,唯有民办教师和赤脚医生等少数岗位向妇女敞开了大门。

第四,在公社、大队和生产队三级常年、季节性或临时抽调的人员中,男性总是多于妇女。如上文所示,男性在B村社队企业工作人员中占了多数。在人民公社时期,倚重"人海战术"的农田水利大会战一直不断。为了及时完成这类政治任务,大队和生产队有时不得不集结一大拨精壮男劳力和一些未婚女青年前去应战。每当遇到大型建设项目时,还得派出含后勤保障人员在内的强大阵容。大部队撤回后,少数人继续驻扎工地,一年半载也回不了村。在生产队一级,选派去负责苗圃、试验田、生产队园田(即菜园)的也常常是男性。

少数男性在上面这些位置上一干就是几年、十几年甚至几十年。男人在地位、能力和收入上一般高于妇女是不争的事实。久而久之,一般妇女也就不再期盼这些非农工作/岗位。

在人民公社时期,男性外出就业的机会也多于妇女。尤其是集体化末期,不少男性获得了梦寐以求的非农就业机会。有本事的男人不惜代价找机会甚至

---

① 自20世纪60年代末起,两个村都有了胶轮车这一新式交通工具。每个队一般都有一个固定的男性车把式,即赶大车的"车老板"。

托人"走后门"去附近工厂、矿山、国营林场或社队企业成为合同工，少数男性还成了工资劳动者。A村的一个前支书谈到，到集体化末期，他家5个成年兄弟中有4人先后退出了集体农田劳动：老大去了矿山；老二是生产队队长；他自己排行老三，在大队当干部；老四成为大队拖拉机手；老五参了军。

无独有偶，B村跳出农门的男子也远多于妇女。例如，西韩线试车成功后，曾从参与建设的民工中抽调了少数人组成一个养路队负责扫尾工作。B村有几个男性被抽中，有的人因工作时间长并积累了丰富的经验，后来有幸转为正式的铁路职工。村里个别男社员还因参与村外修水库建设或在林场做工而后留在外地工作。B村还有若干男子因参军提干而离开农村。相比而言，妇女们则没有那么幸运。所以，两个村都有少数所谓"一头沉"的"半边户"，即男人在外工作、妻小留在生产队参加集体劳动的家庭。

（三）个人与家庭的无奈选择

在人民公社时期，成年劳动力参加集体劳动有时是强制性的任务。随着时间的推移，基层集体组织动员和组织妇女参加大田劳动的制度渐趋成熟，例如，常设带领妇女们干活的妇女队长，规定妇女出工的天数，完善各种激励与惩罚机制等。妇女只有在坐月子期间才可以名正言顺地不去生产队干活。

能劳动的不去出勤或者出工迟到也会受到惩罚。这是农村妇女在访谈中反复强调的一个主题："以前你要不去劳动就罚你，扣你的工分。""不请假就不出工的话就会倒扣工分。""那会队长说了算，叫你去你不得不去。如果说孩子病了无法上工，队长有时还要到家里来看孩子是否真的病了。"一个没有公婆帮助打理家务的妇女这样描述自己当时的无奈和艰辛：

农忙时，四五点钟就走，一直干到中午12点回家。你家有人的，有老公公老婆婆在家给做熟饭，你可以吃现成的，还能休息一会儿，没有公公婆婆跟我这样的回来得现做饭，还得经营孩子。你匆匆忙忙回来做熟吃完了，小队一吹哨，麻溜就得走，你去晚了要罚你。

由此可见，常年奋战在农田劳动第一线，是农村妇女缺乏自由选择的结果，还源于生活的巨大压力。事实上，人民公社从一建立就陷入了不能自拔的经济困境。告别三年大饥荒之后，老百姓的吃饭问题并没有就此解决。据农业部的官方统计数字，整个六七十年代的20年中，农村居民人均粮食年消费量平均为179.4公斤，超过200公斤仅有1979年一年，为207公斤①。B村所在的合阳县，到1979年年底，全县98%的生产队负有外债，社员分配（包括实物折价）每人年均仅69元。1980年，全县年人均纯收入低于40元的生产队占65.2%，个别生产队的劳动日值还不到1角钱②。所以，为了自己和家人的生存，大凡能参加集体劳动的妇女一般都努力出工挣工分挣粮食。

从家庭和个体层面来看，出工既是农村妇女的一种谋生手段，也是她们使家庭摆脱饥饿和贫困的重要途径。集体化时代的粮食分配总是遵循一定的人口和劳动比例。前者为基本粮，后者是劳动粮（也叫工分粮）。两者之比在不同地方不同时期不尽相同。两者之比为8:2，或7:3，或6:4。为了体现社会主义的优越性，按人口分配的部分所占的比重往往较大。为了激励人们更积极投入劳动，有时劳动粮所占的份额也较大。每到青黄不接时分，劳动一天好歹还能额外挣到2~3斤补助粮。为了有米下锅，家里能劳动的男女老少都努力去挣补助粮。

已婚妇女往往更勤勉，更有家庭责任感和自我牺牲精神。每当激励机制恰当时，即便是被各种家务缠身，她们也会拼命多出工以便多分粮多分钱，甚至重活、苦活、脏活也不挑不拣。想想也是，处于生存的边缘，最要紧的是通过劳动挣粮食糊口。少数家庭生活困难又有沉重责任感的妇女都舍不得缺勤，起圈和送粪等力气活还样样抢着干。

挺着大肚子的孕妇照样去农田干活的情况并不罕见，有的人到临产前还在农田里忙活。A村1937年生人的魏继红便是一个典型例证。她一共有5个成年子女，因丈夫长期有病不能经常出工，她年轻时就是家里"扛大梁"的养家者。她回忆说：

生产队比我累的没有，有公有婆的就轻快。我生孩子3天后没吃的就去碾道压碾子。生产队7天一分粮食，我拿到苞米后去压碎了就煮粥，都不赶现在猪吃得好。端不动时用脑袋顶大簸箕就觉得轻快点。不知道那时的人咋那么皮实。坐月子一个月，生产队不找你了。家里的活还得干，那也不休息。我这些孩子都是白天干活，晚上回来生的。有的人上午在地里耨地，回来就生了。生产队不让你产前休假，但坐月子给你5斤小米。

---

① 中华人民共和国农业部计划司：《中国农村经济统计大全（1949—1986）》，农业出版社，1989年，第576 - 577页。

② 合阳县志编纂委员会：《合阳县志》，陕西人民出版社，1996年，第159页。

B村的情况也很相似，1948年生人的一个前支书感慨道：

> 我们这代人基本上都有三四个孩子。很多人干农活干到都快要生了才停活，有的早上还在上工，下午就生孩子啦，也没有人因生孩子出大问题的。过去的人真是皮实，生得还特别快。产妇一般都还是要坐月子的，但有的家庭没有条件，可能3到5天就下炕干活了。家里没人给你干活，只好下地自己干嘛。年轻时落下病感觉不到，到老的时候就呈现出来了。我3个孩子都在家里出生的，哪个也没有上医院。不像现在的青年人一怀孕就待着，生之前就提前住院。

即便拖着好几个孩子甚至有乳儿拖累的妇女，为了不耽误挣工分，也自己设法克服各种困难去出工。假如没有公婆帮助照看孩子，她们甚至将孩子带到田间地头去。处于哺乳期的妇女因牵挂着嗷嗷待哺的孩子，有的宁愿自己多吃点苦头，也利用歇息时间徒步飞奔回家给孩子喂奶。这种情况在两个村都不鲜见。

> 坐月子这个月生产队不来找你，要不你不去要挨罚，不去不让。我家老太太不给看孩子，孩子太小又出不去，他不会走时我自己带，这也不挣粮食呀！第二年春天，我就逐渐下地。孩子到一生日（即一周岁）会走那工夫，我就把他带上山，一天都不耽误的，薅地时也带上，我拿上水瓶，拿上被子，拿上一块塑料布。我还背着孩子到南沟去挑水，我可干过！
>
> 你不去生产队干活，人家不让。我2月份生了老儿子（即最小的儿子），5月份正是薅地的时候。人家上午上一次山，我就得上两次山。人家歇了，我就回来给孩子喂奶。人家薅2垄，我就薅3个垄，要不怕回家后再回去赶不上人家，我一点不比人家少薅。我就那么干，要不你挣不到10分工，你撑不上人家。上山干活歇着时，我们就捡茬子，背一捆回来烧两顿够了。这个日子我们都过过，这个累我们都受过。现在人真是享福呀！

基于上述分析，我们有充分的理由说，日常农作女性化的深层次原因，既是国家政策缺失的产物，是社区层面歧视和排斥妇女的结果，也是迫于巨大生存压力的个人与家庭的无奈选择。

六、结语

对A村和B村微观历史的考察表明，农田作业的女性化现象发轫于"大跃进"和人民公社化运动，并且在运动期间达到了顶峰。《农业六十条》颁行后，伴随"三级所有、队为基础"体制的确立以及"大跃进"运动的落幕，农村妇女参加集体劳动开始步入了常态化和制度化的轨道。在长达四分之一世纪的人民公社时期，农村妇女同男性一道被束缚在集体农田里从事低效率的劳动。在人民公社体制下，公社社员，无论其性别，都既不能选择和改变自己的职业和身份，亦无法自主决定自己的劳动，更甭提支配自己的劳动成果了。

那个时代就像今日农村，非农劳动的工作机会总是向掌握了资源和权力的男性倾斜。按照惯例，农村妇女一直被排斥在各种技术含量高、轻松且工分值较高的岗位之外。诸如饲养员、兽医、赶大车的"车老板"、链轨车驾驶员、电工、赤脚医生、民办教师等各种"美差"一般都由男性包揽。这类工作往往是长期固定的，从事者可以不下或很少下庄稼地，其报酬和待遇也好于纯粹的农田劳动者。而且，公社、大队和生产队各级基层组织时常短暂、季节性或常年调派一些精壮男劳力外出干活。正因为如此，一些男性几乎很少正儿八经干农活。凡此种种也就注定了妇女会不成比例地滞留在农田。农村妇女与管理性、技术性或非农劳动岗位无涉，无疑是农村妇女在社区政治经济生活中处于边缘境地的折射。

在人民公社时期，妇女的农田作业是那个时代农业发展的基石。风风雨雨一路走来，农村妇女从无关紧要的辅助劳动力逐渐成了农业生产领域举足轻重的"半边天"。经过几十年的历练和积累，到了集体化末期，一些妇女已成为生产能手，正像农村妇女自己宣称的，"没有能把她们难倒的活计"。这为在改革时代男性率先实现非农转移后，女性在农村"一肩挑"奠定了基础。难怪美国知名学者贺萧敏锐地指出，尽管妇女的劳动酬报不高，但她们却是社会主义革命的关键性因素，而不仅仅是一种补充力量。

上文勾画的农田作业的女性化图景显然不是一时一地的孤立现象。尽管 A 村和 B 村在地理位置、自然条件、农业基础、生计活动乃至集体化农业的发展路数等方面不尽相同，纵有千山万水之隔，两个村在性别劳动分工和农业女性化方面却有颇多相似之处。鉴于人民公社时期妇女就业带着那个时代无法抹去的印记，而且女性化背后的社会文化决定因素具有普遍性。可想而知，A 村和 B 村的这一现象已跳脱了地域性。还有一点可以肯定，与改革时代相比，那个时代各地农村妇女在劳动内容和就业模式上具有很大的同质性。所以，农田劳作的女性化现象应是那个时代全国农村妇女普遍经历的缩影。

审视人民公社时期农田劳动女性化现象，对于检讨今天的农业女性化极具启发意义。家庭联产承包责任制取代人民公社体制之后，男女分途发展的现象进一步显性化，更多妇女滞留农田和农业，"男工女耕"亦已成为一个不争的事实①。须知，城乡二元体制的藩篱尚未冲破，家庭和社区层面传统性别角色的刻板定型观念也依旧根深蒂固。这也就不难理解，农田作业的女性化何以有顽强的生命力。然而在全球化的裹挟下，妇女农田作业的内容和性质绝非简单的历史翻版。

与城市妇女和农村男性相比，处于多重劣势的农村妇女尤其是贫困弱势妇女在农村改革与发展中的处境值得深思，"农业女性化"的过程远未终结。

（原载《妇女研究论丛》2016年第3期）

---

① 胡玉坤：《性别劳动分工与农业的女性化》，载胡玉坤编：《社会性别与生态文明》，社会科学文献出版社，2013年。

论妇女解放、妇女发展和妇女运动

李静之[①]

摘　要： "妇女解放"这个概念有其特定的含义，有针对性，不是"发展"这个概念所能代替的。妇女解放可分为阶级解放、社会解放、人类解放（或人类彻底解放）三个阶段，我国现在处于社会解放阶段。妇女发展属于人的发展的子系统，要从人的发展角度来思考妇女发展，确定促进妇女发展需要做的事情。社会主义初级阶段妇女运动的任务，一是推进以男女平等为目标的妇女进一步解放，二是促进以提高妇女综合素质和主体发展为目标的妇女发展。前者是根本任务。

关键词： 妇女解放　妇女发展　妇女运动

一、关于妇女解放

现在对妇女"解放"一词非议颇多，有人认为，妇女解放的任务已经完成，妇女解放运动也没有了，再提"妇女解放"就"左"了，应该用"妇女发展"代替"妇女解放"；有人认为，"解放"这个词不是时代语言，主张不要再用"妇女解放"，而改用"妇女发展"；也有人说"解放"这两个字政治性强，男性不喜欢，为了得到社会认同，还是用"发展"为好。持上述观点的人认为马克思主义妇女解放理论所说的妇女解放就是阶级解放，而阶级解放的任务已经完成了，"解放"的理论也就过时了，所以主张用"发展"代替"解放"，从而同马克思主义的阶级解放观区别开。我认为，这是对马克思主义妇女解放理论的误解。

我并不反对使用"妇女发展"这个概念，但不赞成用"妇女发展"来取代"妇女解放"。我认为，"解放"是一个社会历史概念，有特定含义，不是"发展"这个概念所能代替的。"解放"和"发展"有何异同，人们常常把握

[①] 作者简介：李静之，女，全国妇联妇女研究所研究员。

不定，因此，对它们从概念上加以规定和区分，就显得很有必要。

"解放"是针对压迫和束缚而言的，"妇女解放"泛指推翻妇女所受的压迫，解除妇女所受的束缚，使她们能够同男性平等地生存和发展。之所以提出妇女解放问题，就是因为存在男女不平等，存在对妇女的压迫和歧视。可见，妇女解放是一个特定概念，特指把女性从男女不平等、妇女受压迫、束缚和歧视的状况下解放出来。妇女解放是一个长期的历史过程，不仅要使妇女摆脱阶级压迫和男权制度的压迫，还要矫正性别歧视，解除由于两性不平等带给妇女的种种束缚，直至同男性一起，实现自由而全面的发展。妇女解放的根本问题是提高妇女地位，发挥妇女作用，展示妇女作为主体的人的尊严和价值，基本内容和基本标志（实质）是男女平等。经典作家常把妇女解放同男女平等并提，把争取男女平等、妇女解放联系在一起讲，人们也往往认为争取妇女解放就是争取男女平等，男女平等就是妇女解放。

男女平等是妇女解放的核心概念，但是把妇女解放等同于男女平等也显得过于简单。妇女解放在其长期的历史过程中，必然存在不同的发展阶段，每个发展阶段的内容、目标和任务都是不一样的。我认为妇女解放至少可以分为三个大的阶段，即阶级解放阶段、社会解放阶段、人类解放（或彻底解放）阶段。新中国成立前是妇女解放的第一阶段，这一阶段的主要任务是推翻以私有制度为基础的剥削阶级统治和阶级压迫，同男性一起实现阶级解放，并在这个过程中争取男女平等，保护妇女的特殊利益。新中国成立标志着完成了妇女解放这一阶段的任务，中国妇女获得了根本制度性的解放，妇女的主人翁地位和男女平等得到法律上的确认和国家政权保护。接着，妇女解放便进入其发展的第二阶段，即社会解放阶段。这一阶段可以设想同整个社会主义时期相适应，其任务和目标是，构建新型的性别平等关系，使男女平等在经济、政治、文化和社会生活、家庭生活各个领域得到较充分的实现；推动妇女广泛参与社会，在参与中使妇女作为活动主体得到较充分的发展；妇女立法更加完备并有效地实施，妇女特殊利益得到有力保障；从男权文化下、从家务劳动中解放妇女，改变各种歧视妇女的思想和行为。我国妇女解放目前正处在这个阶段。社会解放和阶级解放是既有联系又有区别的两个概念。在阶级社会中，阶级解放就是基本的社会解放，只有实现了阶级解放，才有可能实现更广泛、内容更深刻的社会解放。妇女解放必须经过相当长的社会解放阶段，才能进入人类解放（彻底解放）阶段，即妇女和男子都同样地实现自由而全面的发展，这是妇女解放长远追求的目标，也是人类解放的美好前景。

男女不平等不仅是一个历史上出现的现象,而且也是当前存在的客观现实情况。所不同的是,男女不平等已经从根本制度性转化为非制度性的,妇女解放的任务和表现的特征也由实现阶级解放发展到在社会各领域全面构建新型的男女平等的性别关系。社会主义为妇女解放创造了制度性条件和主导的意识形态,但是还有许多不确定因素和不完善的中间环节,现阶段仍然存在大量的由于性别不平等而产生的妇女问题,说明实现男女平等仍然任重而道远,妇女解放这面旗帜仍然不能丢掉。因此,继续使用"妇女解放"这个概念是非常必要的,它旗帜鲜明,有针对性,强调了现在还存在问题,有解除男权文化(父系文化)束缚的特殊含义。妇女解放是一个长期的历史过程,这个过程远未完结,必须不断推进妇女解放进程,进一步实现男女平等。

二、关于妇女发展

"发展"是指一种向前或上升的变化过程,指事物由小到大、由简单到复杂、由低级到高级的变化,更多地体现了过程。它没有针对性,侧重进步,反映有积极意义和正面价值的前进过程。

"妇女发展"被认为是相对于社会发展的一种性别视角,对此我有一点思考。

妇女发展到底指什么?妇女发展理论要研究和回答什么问题?"十六大"报告在阐述全面建设小康社会的时候,提出要促进人的全面发展,这为我们思考妇女发展提供了全新的视角和理论创新的生长点,即从人的发展角度思考妇女发展,构建妇女发展的理论和实践框架。

研究发展理论有不同的领域定位,可以分为不同的研究层次(如历史观层次的社会发展,社会学层次的社会发展,还有政治上就人权状况而提出的发展权等),但总的来说应该是整体地研究社会发展问题,研究人的发展与社会发展的和谐统一。邓小平讲的"发展是硬道理"原本意思是从发展经济、促进经济增长角度讲的,以后扩展为经济和社会发展,经济、政治、文化协调发展,全面、系统、可持续发展,"十六大"报告更把发展定位于"推动社会全面进步,促进人的全面发展",即追求社会全面发展和人的全面发展和谐统一。

社会发展是指客观物质世界的变化和前进过程,人的发展则是一种价值取向。社会发展和人的发展之间不是包含关系,而是并列关系,二者互为条件,互相促进。马克思把揭示人类社会发展的客观规律作为始终不渝的科学追求,同时把寻求人类解放和人的全面发展作为一以贯之的价值目标,可见二者缺一不可。但就其实质来说，人类追求一个理想的社会，就是追求人的发展，因为人是社会的主体，社会是人的存在方式和存在形态，社会发展归根到底是为了人，为了人的发展。而我们过去对这方面理解得不全面，讲发展，往往侧重于物质财富的增长，侧重于经济发展和社会进步，对人的发展没有单独加以强调，即使提到人，也只是把人当成可以开发利用的资源，提高人的素质只是为了适应经济和社会发展的需要，而较少关注作为活动主体的人如何发展。所以，"十六大"对发展的定位是一个理论创新。

人的全面发展是马克思主义诞生前空想社会主义者提出来的，圣西门、傅立叶、欧文著作中都有过关于人的全面发展的论述，他们的论述是马克思主义关于人的全面发展理论的重要来源之一。人的自由全面发展是马克思主义建设理想社会核心的价值目标，而为了实现所有人的全面发展，首先必须有个人的全面发展，所以《共产党宣言》在描述未来社会时，用了一句经典名言："在那里，每个人的自由发展是一切人自由发展的条件。"[1] 在《资本论》中，又设想这个社会是一个"自由人联合体"[2]，是"以每个人的全面而自由的发展为基本原则的社会形式"[3]。

人是什么？人同世界上的万事万物一样，是一种存在物，人区别于其他动物的特性是，他有作为自然存在物表现的自然属性，作为社会存在物表现的社会属性，作为有意识的存在物表现的精神属性，人的属性是自然、社会和精神的统一体。社会属性是人的根本属性，现实的人的自然属性是已经社会化的自然属性，人的精神因素更离不开社会因素，意识就是社会的产物。

人的属性既然是自然、社会和精神的统一体，人的发展就是在社会实践基础上人的自然素质、社会素质和心理素质的发展，在各种素质综合作用的基础上人的个性的发展。

除人的属性外，还要了解人的本质，即人区别于其他动物的内在根据。马克思指出人的本质是劳动，是一切社会关系的总和。人的发展，实际上又是指人的本质力量的发展，即人的劳动能力的发展，人的社会关系的发展，是人在劳动和社会关系中形成的主体性的发展。

按照唯物辩证法的观点，事物总是不断发展变化的，发展变化是永恒的。

---

[1] 马克思、恩格斯：《马克思恩格斯选集》（第一卷），人民出版社，1972年，第273页。
[2] 马克思、恩格斯：《马克思恩格斯全集》（第二十三卷），人民出版社，1972年，第295页。
[3] 马克思、恩格斯：《马克思恩格斯全集》（第二十三卷），人民出版社，1972年，第649页。

发展是一个无限延续的历史过程，人也是这样。那么，讨论人的发展有什么意义呢？我理解，这不是就发展一般意义上说的，不是指人是不是、要不要发展，而是指人要发展什么、如何发展。马克思讲人的发展，是针对资本主义条件下人的畸形发展，提出了人的发展应当是全面发展、自由发展和充分发展。人的全面发展，从马克思对人的定义理解，应该是每个人在劳动、社会关系和个体素质诸方面全面、自由而充分的发展，是由自然和社会长期发展赋予每个人的一切潜能的最充分、最自由、最全面的调动[1]。

妇女是人这个存在物的一部分，是人当中的女人。妇女作为人的属性同样是自然、社会和精神的统一体，妇女作为人的本质同样是劳动，是社会关系。妇女发展理应属于人的发展的子系统。我们今天讨论妇女发展问题，就要把它纳入马克思主义、"十六大"报告提出的人的发展这个系统之下，讨论如何促进妇女在劳动、社会关系和个体素质诸方面逐步得到全面、自由而充分的发展，她们的潜能如何逐步得到最充分、最自由、最全面的调动。而不是离开人的发展的特定含义，把作为人的发展子系统的妇女发展，直接链接到社会发展系统下去讨论。如果考虑性别视角，也只能从人的发展角度提出妇女发展。

这样，我们就可以对妇女发展概念做一个定位，即在人的发展框架下，来确定促进妇女发展需要做的事情，并对与此有关的理论问题进行讨论，使之在逻辑上和内涵上更加清晰。

妇女发展必须关注妇女作为主体的人应该发展什么、如何发展。以下一些内容我们不能不讨论：妇女劳动能力的提高，包括体力和智力、内在能力和外在能力、潜在能力和现实能力、妇女社会关系的丰富和扩大，交往和交往形式的普遍发展，作为社会关系体现的旧式分工逐步消失（分工决定个人职业和能力，从而决定个人发展）；妇女的个性发展，包括能动性、自主性发展，主体意识不断增强、人格不断完善等，集中表现为综合素质的提高。有人不同意提高素质的提法，主张讲能力建设。讲能力建设也可以，但讲提高素质特别是提高综合素质，是从作为主体的人的发展角度来讲的，更有针对性，甚至可以说，妇女发展就是提高妇女这个主体的综合素质，促进个性发展。

还要关注妇女如何发展：生产力（人改造自然的能力）发展是妇女发展的前提和动力，生产力发展不仅为妇女发展创造了物质条件，而且，人是生产力的首要因素，生产力发展同时也是每个妇女的个人生产力水平的提高，是人的

---

[1] 袁贵仁：《马克思的人学思想》，北京师范大学出版社，1999年。

能力（如运用科学技术的能力）的发展；妇女发展还同怎样生产、在什么样的社会关系下生产相联系，社会关系实际上决定着一个人能发展到什么程度；教育作为传递知识和经验的手段，能够使人拥有新的认识能力、劳动能力和生活能力，提高人的素质，使原始状态的劳动力转化为人力资本，这对妇女发展有重要意义；身心健康和完善的健康服务、良好的生态环境，也是妇女发展的题中应有之义；妇女发展还需要妇女自身的实践活动，没有积极的实践活动，就谈不上个人的任何发展。

当今的妇女问题，有"发展"问题，也有"平等"问题。"发展"问题当然放到妇女发展中去讨论，"平等"问题（包括发展中的不平等）则要放到妇女解放任务中解决，如：在社会发展和人的发展中消除对妇女的歧视，依法维护妇女权益，推动全社会树立文明进步的妇女观，解除妇女受到的各种束缚等。只有妇女进一步解放了，男女平等进一步实现了，才能为妇女发展创造更好的条件。至于组织妇女参与经济和社会发展，在参与中提高妇女发展的水平，这既是妇女发展的必由之路，又是妇女解放的正确途径。

平等和发展（即解放和发展）二者是辩证统一的关系，互为条件，互相促进。只有争得了进一步解放，才能获得进一步的发展，也只有在发展中才能争得进一步的解放。马克思说"任何一种解放都是把人的世界和人的关系还给人自己"[1]，妇女解放的实质也在于把人的世界和人的关系还给妇女，即女性从两性不平等的社会关系和社会地位中解放出来，恢复妇女作为人的尊严和独立人格，达到自由而全面的发展。到了马克思所描述的共产主义社会，人类解放（包括妇女解放）、人的全面发展（包括妇女的全面发展）作为统一的过程就实现了。

三、关于妇女运动

同妇女解放有关的是妇女运动。所谓运动，指事物的变化和过程，妇女运动是妇女群体联合起来争取解放的过程和活动，其完整的表述是"妇女解放运动"。妇女解放是一种思想，也是一种运动。一定的妇女解放思想，指导一定形态的妇女运动。妇女解放的目标没有实现，争取解放的运动就不会停止。

有一种观点认为，社会主义时期只有妇女工作，没有妇女运动，或者有意无意地强化妇女工作，淡化妇女运动，用妇女工作取代妇女运动。可见，对社

---

[1] 马克思、恩格斯：《马克思恩格斯选集》（第一卷），人民出版社，1972年，第433页。

会主义初级阶段妇女运动进行界定是非常必要的。

社会主义初级阶段妇女运动是由妇女广泛参与，为解决特定的妇女问题并推动社会进步而开展的有组织、有目标、有一定规模和影响的社会群体行动。它有三个要素：①它的主体是妇女；②其目标是解决妇女问题，促进男女平等、妇女进一步解放和发展并推动社会进步；③有一定规模并对社会产生广泛影响。它以妇女广泛参与社会为方向，以促进男女平等、妇女进一步解放和发展为主题，是中国妇女以主体身份，自觉参与社会变革，推动社会发展，从而争取妇女进一步解放和促进妇女全面发展的过程及活动。

社会主义初级阶段妇女运动的基本特点是：它已不带有新中国成立前妇女运动那么鲜明的阶级性质，但并不是孤立的运动形态，而是把自己融入社会发展主流之中，紧扣社会主义现代化建设这个时代主旋律，既推动社会发展，也使妇女自身得到进一步解放和发展。

"妇女工作"和"妇女运动"的区别在于：①二者的主体不一样，妇女工作的主体是妇女组织和妇女工作者，而妇女运动的主体是妇女群众；②工作任务是主观性质的，是我（妇女组织和妇女工作者）要去做什么，而运动是事物客观运行的过程和表现，是运动主体的内在要求，而不是别人要我（妇女群众）做什么。

妇联不能把自己主要定位于党委的妇女工作部门，应主要定位于妇女运动的指挥部。妇女运动，意味着作为整体的女性有意识地倡导并参与了解放自身的活动，是女性主体意识觉醒的标志。妇女解放不是靠救世主去解救妇女，而是妇女作为运动的主体，通过实践活动，一步一步地实现自身解放。妇联要在实践上真正使妇女成为运动的主体，不要把妇女看成单纯的受教育者、受益者、工作对象。

所以强调运动，是为了强调妇女解放的实践性、过程性，没有运动，妇女解放只能停留在思想理论上。

社会主义初级阶段妇女运动的任务是什么？这要看当前妇女问题到底是什么？当前妇女问题既然有平等（即男女平等和妇女进一步解放）和发展（即提高妇女的综合素质，促进妇女作为主体的人的发展）两大问题，那么，社会主义初级阶段妇女运动的任务也有两方面：一是推进以男女平等为目标的妇女进一步解放，这是妇女解放第二阶段的任务，妇女解放属于人类解放系统工程的一部分，之所以把妇女解放从人类解放这个大命题中抽象出来，就是因为妇女比男性受到更多的压迫和束缚，解放的步履更为艰难；二是促进以提高妇女综合素质和主体发展为目标的妇女发展，这属于人的全面发展的一部分，是人的发展的性别视角，之所以要强调这个视角，也是由于存在男女不平等。提出妇女发展，标志着对妇女解放提出了更高的要求。我们也可以提倡"两手抓"：一手抓平等，一手抓发展，现在妇联提出的"一手抓维权，一手抓发展"，就可以做这样的理解（维权是为了实现平等，但还不是平等这个概念的全部）。

我不同意说社会主义初级阶段妇女运动的根本任务是妇女发展，因为"发展"本身并没有针对性，没有标志性的概念来表达和支撑其内涵，不能体现争取男女平等这一法律和基本国策都规定了的言简意赅的基本内容，容易忽视性别歧视这种现阶段仍然存在的重要社会现象，也难以用男女平等作为衡量其成果的标准。我认为，实现男女平等为标志的妇女进一步解放，仍然是社会主义初级阶段妇女运动的根本任务，男女平等的旗帜仍需高高举起，我们的妇女运动仍然是名副其实的妇女解放运动。

（原载《妇女研究论丛》2003年第6期）

图书在版编目（CIP）数据

历史书写中的女性话语建构：中国妇女/性别史研究集萃 = Constructing Gender Discourse in Historical Writing：A Reader of Chinese Women's/Gender History Studies / 谭琳主编. — 北京：中国书籍出版社，2017.7
ISBN 978-7-5068-6305-6

Ⅰ.①历… Ⅱ.①谭… Ⅲ.①妇女史学—研究—中国 Ⅳ.①D442.9

中国版本图书馆 CIP 数据核字（2017）第 168199 号

历史书写中的女性话语建构：中国妇女/性别史研究集萃
谭　琳　主编

策划编辑	李立云
责任编辑	魏焕威　李立云
责任印制	孙马飞　马　芝
封面设计	文人雅士
出版发行	中国书籍出版社
地　　址	北京市丰台区三路居路 97 号（邮编：100073）
电　　话	(010) 52257143（总编室）　(010) 52257140（发行部）
电子邮箱	yywhbjb@126.com
经　　销	全国新华书店
印　　刷	北京振兴源印务有限公司
开　　本	710 毫米 × 1000 毫米　1/16
字　　数	755 千字
印　　张	43
版　　次	2017 年 10 月第 1 版　2017 年 10 月第 1 次印刷
书　　号	ISBN 978-7-5068-6305-6
定　　价	128.00 元

版权所有　翻印必究